憲法と行政法の交差点

神橋一彦　鵜澤 剛
櫻井智章　栗島智明

Intersections of Constitutional
and Administrative Law

日本評論社

はしがき

　本書は、法学セミナー 2022 年 4 月号（807 号）から 2024 年 7 月号（834 号）まで、2 年余にわたって掲載された連載「憲法と行政法の交差点」を書籍化したものである。内容は連載における初出論文と大きな変化はないが、書籍化に当たり、連載の期間中から終了後に出た判例などにつき、若干の加筆修正を行った。

　本書の基本的なコンセプトについては、冒頭のプロローグ（1 頁以下）において詳細に述べたので、そちらをご覧いただきたいが、ひとことでいうならば、憲法と行政法という、「国家」（国や地方公共団体など）の組織や活動に関わるという点で共通する 2 つの法分野の接点を探るとともに、そこにどのような共通点があるか、またどのような違いがあるかについて、改めて検討してみることにある。通常、法学を学ぶ学生にとって憲法は比較的なじみのあるものであろうが、具体的な問題や事件では行政法が問題となることも多々あるところであり、さらに進んで行政法を学ぶ学生にとっては、今一度憲法に立ち返って、両分野の理解を深める必要があろう。そのような観点から、憲法と行政法に共通する基本的な問題を取り上げ、それについて各分野からどのようにみることができるかについて、憲法専攻 2 名（櫻井智章、栗島智明）、行政法専攻 2 名（神橋一彦、鵜澤剛）の執筆メンバーが、お互い他方の分野を意識しつつ自由に論じた。それぞれの論稿に、各人の個性が出ていることはもちろんであるが、問題を考える際に支えとなる理論的な基礎は何かということを重視している点で、志は一致しているはずである。また、本書では連載中 2 度にわたって行った座談会も収録した（本書 Discussion1、2──126 頁、433 頁以下）。そこでは、執筆メンバーそれぞれの現時点における問題意識がより明確に示されているとともに、話題も日々学生と教室で接している経験を踏まえた内容もあるので、参考にしていただけるのではないかと思う。

以上のような構成から、本書の読者としては、まず大学の学部や法科大学院において現に法学を学んでいる学生の皆さんを想定している。中にはかなり突っ込んだ考察を行った部分もあるが、ここでの「突っ込んだ考察」とは、細かい知識に言及したということではなく、土台や基礎となる部分まで突っ込んだ議論を展開したという意味だと理解していただきたい。本書の中にはやや難しいと感じる箇所もあるかもしれないが、それら含め、一緒に考えていただくことによって、読者の深い理解につながることを期待している。

　また本書は、近年の重要判例や学説の議論を多く取り上げた。それらは、一般の訴訟はもとより、現在さまざまな形で展開されている公共訴訟や制度改革訴訟に関心を寄せておられる法曹関係の方や行政実務に携わる方にも、基礎的な知見を提供できるのではないかと思われる。その意味で、学生の皆さんだけではなく、広く実務家の方々、さらには公共訴訟などに関心を寄せる市民の皆さんにも、手に取っていただけたら幸いである。とりわけ、昨今、法治主義や民主主義の根幹にかかわるような——ややもすれば憂慮すべき——政治社会の動きがみられるところであるが、そのような状況であるからこそ、憲法や行政法の基本に立ち返り、そこに共有する基盤を形成することによって、将来にわたる問題解決を模索することができるのではないかと考えている。

　最後に、2年余りの連載をお読みいただいた読者の皆さんにお礼申し上げるとともに、連載中から本書刊行まで丁寧にサポートをしていただいた、日本評論社編集部の皆さん、とりわけ小野邦明氏、市川弥佳氏に対し深甚の謝意を表するものである。

2024 年 12 月

執筆者を代表して
神橋　一彦

目 次

はしがき　i

プロローグ……………………………………………神橋一彦　1

Unit 1　表現の自由

1　「表現の場」としての「公の施設」…………………櫻井智章　9

2　公共施設の使用と集会の自由…………………………神橋一彦　22

Unit 2　経済的自由

1　職業の自由と各種事業規制
　　──特許／許可の区別と規制目的二分論…………………栗島智明　39

2　営業・職業の規制手法と行政法学………………………鵜澤　剛　53

Unit 3　平等原則

1　行政法における平等原則
　　──法の一般原則としての意義を中心に…………………神橋一彦　68

2　平等取扱いの要請と行政・立法の「自己拘束」………栗島智明　84

Unit 4　法律の留保

1　憲法学と法律の留保………………………………………櫻井智章　95

iii

2 法律の留保論と基本権侵害の概念
　　──法律の留保論の未来・過去・現在 ………………… 鵜澤 剛　110

Discussion 1

表現の自由・経済的自由における憲法と行政法の関係 …………126

Unit 5　司法権

1 「司法権」概念に関する若干の整理──序論的な検討… 神橋一彦　170

2 司法権の外縁と憲法裁判 …………………………… 櫻井智章　185

3 法令の違憲・違法を争う訴訟と司法権 …………… 鵜澤 剛　200

4 「コップの中の嵐」と裁判所──部分社会論のゆくえ… 栗島智明　217

Unit 6　裁量

1 立法裁量と行政裁量 ………………………………… 鵜澤 剛　233

2 裁量をめぐる憲法論 ………………………………… 櫻井智章　248

Unit 7　比例原則

1 基本権審査と比例原則 ……………………………… 栗島智明　263

2 行政法における比例原則 …………………………… 神橋一彦　280

Unit 8　地方議会

1 地方議会と憲法学 …………………………………… 櫻井智章　295

2 地方分権と地方議会の機能 ………………………… 鵜澤 剛　310

Unit 9 防衛

1 防衛作用の特殊性と行政法
——自衛隊関係の行政判例を中心に ……………………… 神橋一彦　325

2 防衛組織の民主的統制（文民統制）………………… 栗島智明　342

Unit 10 国家賠償の機能

1 公務員の職務上の義務と国家賠償の機能
——公務員の法解釈を中心に ………………………………… 鵜澤　剛　360

2 立法国賠訴訟における憲法判断の先行
——付随的違憲審査制の黄昏？ ………………………… 栗島智明　379

Unit 11 憲法原理と行政法

1 憲法原理と行政法
——憲法原理とその活かし方 ……………………………… 櫻井智章　402

2 行政法と憲法原理
——「法律による行政の原理」とその周辺……………… 神橋一彦　417

Discussion2

裁量・比例原則における憲法と行政法の関係…………………………433

索引　471

プロローグ

神橋一彦

1 憲法と行政法のかかわり

　本書のねらいは、タイトルの通り、憲法と行政法について、その両者で共通したり、関連したりするようなトピックを選び、そこに横たわるなんらかの「かかわり」について考えていこうというものである。まず、このプロローグでは、本書のねらいや構成について簡単に説明し、この「かかわり」＝「交差点」のイメージを共有したい。

　大学（法学部など）で法律学をある程度体系的に学ぶ場合、学習の順番としては、まず憲法、民法、刑法を基本的な科目として学び、その後、行政法、商法、さらには訴訟法などの科目に進んでいくのが普通であろう。そしてその中で、憲法と行政法は、さしあたり別々の科目となっているが、ともに国家（国や地方公共団体など）にかかわる、さまざまな規律を内容とする点で共通しており、「公法」という1つの法分野として扱われることもある。これは、行政が、立法や司法と並んで国家の作用の1つであることにもよるが、実際にも、行政法を学ぶ際には、憲法の知識がある程度必要であるし、逆に憲法において学んだことが、行政法のさまざまな場面で深まっていくということもある[1]。

　このことは、学問の成り立ちや沿革からもいえる。すなわち、日本におい

1）　さらに憲法も行政法も、実際の訴訟ということになると、民事訴訟法、刑事訴訟法、さらには行政事件訴訟法などの訴訟法にも関連が拡大するし、訴訟法ではないが、国家賠償法もさまざまな公法関係の訴訟で登場する。

て明治期に近代的な法体系が確立された際、よく知られているように、憲法とともに行政法の基本的な考え方が主としてドイツから輸入され、少なくとも戦前の一定の時期までは、ひとりの学者が両方の領域を研究し、あるいは大学で講義を担当することも多かった[2]。ところが、特に第2次世界大戦後、学問が専門分化していったことにより、この2つの法分野は、学問領域としても、また研究する学者も、徐々に分離していったわけである。

そしてそのような状況自体、現在も基本的には変わっていないといってよいであろう。それどころか、特に行政法についていえば、時代の経過とともに、取り扱う分野が拡大の一途をたどっている[3]。しかし、憲法と行政法の両分野で、相互の関連が意識されていないわけではない。憲法と行政法を1つの領域として統合する整然とした体系や確固たる基本原理（「公法」の基本原理というもの）があるかどうかはともかく[4]、単に学習上の前提知識としてということに限らず、行政法の問題を考える際に憲法との関連が指摘されることもあれば、憲法にかかわる論点が、行政法の問題として展開されることもある。また、法科大学院においても、カリキュラム上、憲法と行政法が

---

2) そのような例としては、美濃部達吉（東京帝国大学教授・1873～1948年）と佐々木惣一（京都帝国大学教授・1878～1965年）が著名である。最近、岩波文庫版が刊行された美濃部達吉『憲法講話』（岩波書店、2018年）は、明治末期に美濃部が行った（現在でいう中学校・高等学校の）教員向け研修における講義を基にしたものであるが、高見勝利教授の解説とともに、憲法や日本近代法史の理解にとって有益であることはもちろん、行政法の観点からも、現在に通じる興味深い内容を含んでいる。ぜひ手に取ってみて欲しい（この点については、神橋一彦「社会や歴史の観点で行政法を考える」法セ796号〔特集・法学入門2021——法学者の本棚から学ぶ　Part.2〕〔2021年〕24頁以下参照）。

3) 行政法の領域的な拡大は多方面にわたるが、1つは、第2次世界大戦後、行政活動やそれをめぐる利害調整が複雑化したこととも関連して、結果としてなされる処分など行政機関の行為が根拠になる法令に適合しているか否かという実体法的な側面だけではなく、そこに至るまでの手続や判断の過程、さらには前提となる基準といった手続法的な側面が重視されるようになったことは重要である。行政手続法の制定や裁判所における裁量審査の進展は、こういったことを背景にしている。さらに、行政情報の管理の重要性も急速に拡大しており、情報公開をめぐる判例の展開や、近時の個人情報保護法の改正などは極めて重要であり、今や「情報法」という独立の分野も成立している。また環境法や租税法などは、もともと行政法各論としても扱われていたものであるが、かなり前から独立の法分野となっている。

4) この問題は、いわゆる公法・私法をめぐる二元論か一元論かという形で議論されてきた。この点については、塩野宏『行政法Ⅰ〔第6版〕』（有斐閣、2015年）28頁以下参照。

2

プロローグ

「公法」という1つの科目で構成されている。これは、法曹の実務においても、具体的にどのような事件に遭遇するかはともかく、両分野について基本的な事柄を、ある程度一体的に理解しておくことが必要であるとされるためであろう。さらに、行政法を勉強する学生の多くが志望する公務員のキャリアにおいても、単に法律や条例などの法令を執行・実施するだけではなく、一定の政策目標（例えば街づくり）などに向けて、既存の法令を使い、新たに条例を立案し、さらには事後の争訟に対応するといった内容の「政策法務」という領域が、とりわけ地方公共団体のレベルで論じられている。このような行政の現場においては、既存の法令を解釈することはもちろん、条例などを立案するにあたって、行政法はもとより憲法（条例制定権の限界、財産権保障、表現の自由など）が当然視野に入ってくることになる[5]。いずれにしても、実際に直面する多種多様の問題解決にあたって、憲法と行政法の双方に目配りをすることが必要であろう。

2　本書のねらい

ところで、本書の読者の中でも、とりわけ法科大学院の学生や司法試験受験生の場合、憲法と行政法の双方を必然的（義務的？）に学習することになるわけであるが、それ以外の法学部などの学生にとっては、通常のカリキュラムにおいて提供されている科目は、この両分野にかかわる科目以外にも、相当な数に及ぶであろう。つまり憲法はともかく、行政法は、数多くある法律科目の1つに過ぎないのかもしれない。かつて多くの大学では、履修登録をすれば上限なく何科目でも単位をとることもできたが、最近では、履修上

5）　例えば、条例制定権の限界や財産権が問題となった事例として最大判昭和38・6・26刑集17巻5号521頁〔奈良県ため池条例事件〕がある。なお「政策法務」に関する概説的文献としては、北村喜宣ほか『自治体政策法務——地域特性に適合した法環境の創造』（有斐閣、2011年）、川﨑政司編集代表『シリーズ自治体政策法務講座1　総論・立法法務』（ぎょうせい、2013年）、礒崎初仁『自治体政策法務講義〔改訂版〕』（第一法規、2018年）、さらに最新のものとして、北村喜宣ほか編著『法令解釈権と条例制定権の可能性と限界——分権社会における条例の現代的課題と実践』（第一法規、2022年）などがある。

3

限という制度上のキャップがかかっていて、そもそも履修の登録ができないようになっている。これは、学生に雑な単位修得を認めると大学教育の質が下がるという理由によるものであるが、いずれにせよ、最初に憲法は履修しても、なかなか行政法までたどり着けない（あるいは途中でお腹いっぱいになる）学生が、以前より増えたのではないかとおもわれる[6]。

　そのような状況に鑑み、本書では、憲法と行政法の両方で問題となるトピックを選び、これについて、憲法と行政法からそれぞれ1話読み切り方式で解説を行い、ともあれ両方の分野に触れてもらうこと、できればどこからでもよいから、この両分野に興味を持ってもらうことをねらいとした。したがって、最初から読んでいただければありがたいが、途中に興味のあるトピックがあれば、それを読んでいただくということでも一向に構わない。

　ここで若干補足すると、このように憲法と行政法、両分野のジョイントで問題を論じる書物や雑誌連載などは、過去にもあって、いずれも学習の参考になるとともに、学問的にも水準の高い議論が展開されている[7]。その意味で、本書もコンセプト自体、基本的にそれらと変わるところはないが、当然、法の世界は常に変動していて、新しい問題や視点も出てくるわけであるから、このような試みは、常に何年かの間隔で行われるべきものであろう。

　さらに、これは「憲法と行政法の交差点」という本書のタイトルともかかわるが、今回の企画を構想する際にあたって考えたことは、憲法と行政法のかかわりにはいろいろな形があるのではないかということである。すなわち、「憲法と行政法のかかわり」というと、両分野の「融合」や「架橋」が必要とされる領域、さらにはそれに対応する試みが常に念頭に置かれることになる[8]。もちろん、そういった場面が大事な論点を提供しているのは確かであ

6）　これは私法（民法・商法系）や訴訟法（民事訴訟法・刑事訴訟法など）についてもいえることであろう。

7）　市川正人ほか編著『ケースメソッド公法〔第3版〕』（日本評論社、2012年）のほか、雑誌連載として、石川健治＝駒村圭吾＝亘理格「憲法の解釈」法教319号（2007年）〜342号（2009年）、石川健治＝土井真一＝中川丈久＝神橋一彦「公法訴訟」法教368号（2011年）〜392号（2013年）などがある。とりわけ憲法と行政法の融合と訴訟との関係については、連載「公法訴訟」の完結にあたり、4人の担当者で行われた座談会「『公法訴訟』論の可能性(1)、(2・完)」（法教391号97頁以下、同392号69頁以下〔ともに2013年〕）を参照されたい。

プロローグ

るが、考えてみれば、憲法と行政法がそれぞれ独自の規律領域をもち、また規範の構造も異なる面があるのだとすれば（後述3を参照）、むしろ「融合」する場面（両方が溶け合わされるというイメージか？）というのは、実は限られたものかもしれない。そうだとすると、この両者の間には、両分野で同じ専門用語（ターム）が用いられていても、そのつながりがはっきりしないものもあるし、また、いろいろな経緯から各々議論が別の方向を向いているものもあるのではないか、というのが我々執筆者共有の認識である。その意味でいえば、憲法と行政法の統一的な調和（ハーモニー）を図るといったきれいなゴールが必ずしも見えているわけではないが、仮に両分野において不揃いな議論であったとしても、それが憲法と行政法における現状の一端であろうし、また場合によっては、そこに新たに両分野の「谷間」が発見できるかもしれない。つまりこれから見えてくる「交差点」には、必ずしもセンターラインがあるとは限らず、信号が設置されているとも限らない——そのような考えから、本書では、憲法と行政法のつながりを緩やかに捉え、各執筆者が他方の分野にも適宜目配りをしながら、当該トピックについて、今までの議論を踏まえながらも、（多少の重複も含め）ある程度自由に解説することにした。

3　憲法と行政法の規範構造

このように、憲法と行政法の相互にはさまざまなかかわりがある反面、違いも存在する。ここではそのイメージを持ってもらうという観点から、特に憲法と行政法の規範構造の特質について、以下の点を補足的に説明しておこう。

①　憲法（日本国憲法）や行政法（行政に関する種々の法令）における規範には、さまざまな種類のものがあるが、憲法において、基本的人権（基本権）、とりわけ自由権規定には、国家権力の行使に対する「制限規範」としての側

8）　具体的には、最判平成 8・3・8 民集 50 巻 3 号 469 頁〔エホバの証人剣道受講拒否事件〕などが、憲法の人権論と行政法の裁量論の交錯するものとして、好個の素材として取り上げられる。

5

面がある[9]。例えば表現の自由（憲法 21 条）は、「国家は表現の自由を侵害してはならない。」という立法・行政など国家の活動を制限する規範と解される。これに対して、行政法における多くの法令の規定は、「〜のときは、……することができる（しなければならない）」といった形のもので、行政権の行使（行政活動を行う際）の要件（〜のときは）と効果（……することができる・しなければならない）について規定した「根拠規範」（授権規範）である[10]。この両者の関係は、ブレーキ（制限規範）とアクセル（根拠規範）の関係とイメージしてもよい。

　②　国家（国・地方公共団体）の組織にかかわる組織規範については、憲法（憲法典）、行政法（法律）がともに定めるところであるが、憲法学においては、「実質的意味の憲法」（国政の組織や作用に関する基本的な原理や規範）は、日本国憲法（憲法典）に限らず、一定内容を含む法律（憲法附属法）や自律的規則などからなると説かれている[11]。いうまでもなく、日本国憲法の改正は、通常の法律より要件が厳格であることもあり、現在まで行われてはいない。しかし、内容的に見ると、国政の組織や作用に関する基本事項を定めた法律は、かなりの変容を被っている（そのもっとも顕著な例の 1 つが地方自治の分野であろう）。したがって、憲法と行政法の双方がかかわる法律が存在する

9）　渡辺康行ほか『憲法Ⅱ——総論・統治』（日本評論社、2020 年）14 頁以下［工藤達朗］、憲法と憲法上の権利全般の概観として、櫻井智章『判例で読む憲法〔第 3 版〕』（北樹出版、2024 年）16 頁以下参照。

10）　塩野・前掲注 4）82 頁以下。制限規範も根拠規範も、国家機関の権限についての規範であるとすれば、いずれも授権規範であって、制限規範は消極的な授権規範、根拠規範は積極的な授権規範（通常、単に「授権規範」というときは積極的な授権規範を指す。）ということができる。また、基本権保護義務論のように、基本権から国家の作為義務を導き出す議論もある（渡辺ほか・前掲注 9）22 頁［工藤達朗］、小山剛『「憲法上の権利」の作法〔第 3 版〕』〔尚学社、2016 年〕129 頁以下、行政法の文献として、山本隆司『判例から探求する行政法』〔有斐閣、2012 年〕453 頁、570 頁以下参照）。

11）　大石眞『憲法概論Ⅰ——総説・統治機構』（有斐閣、2021 年）12 頁以下。同書は、「憲法附属法」として、皇室典範、公職選挙法、国会法、内閣法、国家行政組織法、財政法などの法律を挙げている。これらの法律の中には、行政法においても扱われるもの（国家行政組織法、財政法など）が含まれる。憲法学と行政法学とで考察の観点が違うにせよ、学問領域の重なりをそこにもみることができる。

ことになる。

③　行政法の「法源」として、日本国憲法が通常挙げられている。これは、日本国憲法が、「行政の組織及び作用並びにその統制の基本原則」を定めていることによるものであるが、直接に行政作用の法源（具体的には裁判規範）として機能することもある。すなわち、行政手続については憲法31条、35条、38条などとの関係が問題となるほか（最大判平成4・7・1民集46巻5号437頁〔成田新法事件〕、最大判昭和47・11・22刑集26巻9号554頁〔川崎民商事件〕など）、損失補償請求権については憲法29条3項が直接に援用される可能性もある（最大判昭和43・11・27刑集22巻12号1402頁〔河川附近地制限令事件〕）。さらに比例原則や平等原則は、行政法ではとりわけ裁量審査で問題となるところ、これらも「行政法の基本原理」であるとされると同時に、より根源的には憲法原理（憲法13条、14条）として位置づけられるものである[12]。このほか、行政法のさまざまな解釈に当たって、憲法の趣旨を踏まえることが要請されることもある（Unit 3、7参照）。

④　さらに行政法の基本原理としては、「法律による行政の原理」（法治主義）という最も根本的な原理がある。これは、「行政の諸活動は、法律の定めるところにより、法律に従って行われなければならない」というもので、憲法原理にその基礎を置く[13]。具体的には、次の3つの原則からなる。(i)「法律の法規創造力の原則」により、「法規」（私人の権利・義務に変動を及ぼす内容を有する一般的規律）を定めることは、国会（法律）の専権に属することであって、行政機関がこれを定めるには法律の授権が必要である。憲法41条はこの趣旨を含むものと解される。(ii)「法律の優位の原則」により、行政活動は法律に違反して行うことはできない。(iii)「法律の留保の原則」により、行政活動は、それが行われるためには、法律の根拠が必要とされる。この原則の妥当範囲については、従来から議論があるが、少なくとも私人の権利・義

---

12)　田中二郎『新版　行政法　上巻〔全訂第2版〕』（弘文堂、1974年）57頁以下、塩野・前掲注4）62頁参照。

13)　具体的には、自由主義（私人の権利・自由の保護）と民主主義（国家権力に対する民主的コントロール）という2つの憲法原理を支えにもつものといえる。

7

務に変動を及ぼす行政活動につき、これが妥当することにつき争いはない（侵害留保理論)[14]。

4　本書の構成

　本書は、法学セミナーに2年余りにわたって掲載された連載をまとめたものであるが、ここで本書全体の構成について概観すると、連載1年目にあたる前半においては、主に憲法の人権論・司法権論からトピックを抽出した。具体的に挙げると、①表現（集会）の自由と公の施設の利用の関係、②職業の自由や営業の自由に対する規制、③法の一般原則である平等原則をめぐる諸問題、④憲法、行政法双方で問題となる法律の留保の問題、そして⑤司法権をめぐるさまざまな問題を取り上げた。その後、連載2年目にあたる後半においては、少しテーマを統治機構などに広げ、⑥裁量論をめぐる憲法、行政法双方からの検討、⑦平等原則とともに法の一般原則の1つとされ、違憲審査にもかかわる比例原則の問題、さらに統治機構にかかわるものとして、⑧地方議会と⑨防衛について憲法と行政法の双方から検討を行い、終盤は、⑩国家賠償法1条（とりわけ違法の問題）、⑪法治主義など憲法原理と行政法の関係について論じている。

　このように11のトピックをそれぞれ1ユニットとし、憲法と行政法それぞれ1本の論稿（司法権については2本）で扱い、同じテーマをめぐる両分野の交錯やすれ違いについて検討した。そして前半と後半に1回ずつ、まとめの座談会を行っている。

　それでは、具体的なトピックに入っていくことにしよう。

---

14)　以上の点も含め、「法律による行政の原理」に関する詳細については、藤田宙靖『〔新版〕行政法総論　上』（青林書院、2020年）58頁以下参照。塩野・前掲注4) 76頁は、行政法は、「端的にいえば憲法的価値の実現の技術に関する法」であり、「法律による行政の原理」を始めとする行政法の基本原理は、そのような憲法的価値（実体的価値）を実現する過程で行政が遵守すべき価値（手続的価値）であるとする。

Unit 1-1　表現の自由
「表現の場」としての「公の施設」

櫻井智章

1　「規制」と「給付」

　近年、表現の自由の分野[1]で、伝統的な表現の自由の「規制」の問題と並んで、表現に対する「給付」の問題が理論的にも実際的にも重要なテーマとなってきている。研究上も重要な業績が蓄積され[2]、教育上も教科書レベルでも扱われるようになる[3]とともに、学生向けの解説も増えてきている[4]。ヘイト・スピーチ対策としての「公の施設」の利用拒否の可否など実務的にも重要な問題となってきている。このように憲法学において重要性を増してきているテーマであるが、他方で「規制行政」と並んで「給付行政」を論じてきた行政法学との関係を考えるには格好のテーマでもある[5]。

　一口に表現に対する「給付」といっても多様な問題があり、補助金による

1）　憲法21条の解釈はそれ自体1つの問題である。櫻井智章『判例で読む憲法〔第3版〕』（北樹出版、2024年）92頁。集会は表現を目的とするとは限らないが、本稿では表現の手段としての集会も「表現」の問題と位置づけている。

2）　この分野を開拓した蟻川恒正の業績が何よりも挙げられるべきである。蟻川恒正「国家と文化」岩村正彦ほか編『岩波講座　現代の法1――現代国家と法』（岩波書店、1997年）191頁、同「政府と言論」ジュリ1244号（2003年）96頁など。研究書としては、横大道聡『現代国家における表現の自由』（弘文堂、2013年）。

3）　高橋和之『立憲主義と日本国憲法〔第6版〕』（有斐閣、2024年）260頁、安西文雄ほか『憲法学読本〔第3版〕』（有斐閣、2018年）166頁［宍戸常寿］など。

4）　蟻川恒正「論点解説『規制と給付』」法セ754号（2017年）50頁、曽我部真裕「表現の自由(6)」法教494号（2021年）71頁など。

5）　石川健治＝駒村圭吾＝亘理格の連載「憲法の解釈」でもRound4で「給付と規制」の問題が扱われている（法教328～330号〔2008年〕）。

Unit 1-1　表現の自由

表現助成をめぐる問題も重要なテーマではある[6]が、本稿では「表現の場」としての「公の施設」の問題を扱う。表現（集会）のための「場所の提供」も「給付」の一環である、という出発点がまず確認されなければならない。

2　パブリック・フォーラム論

　この問題については、泉佐野市民会館事件の最高裁判決[7]（以下、「泉佐野最判」という）が最重要判例である。Xらが「関西新空港反対全国総決起集会」を開催するために市立泉佐野市民会館の使用許可を申請したのに対して、泉佐野市長は不許可事由を定めた市立泉佐野市民会館条例7条のうち1号「公の秩序をみだすおそれがある場合」および3号「その他会館の管理上支障があると認められる場合」に該当すると判断して不許可とした。そこでXが市に対して国家賠償を請求したという事案である。泉佐野最判は、集会の用に供する「公の施設」（地方自治法244条）が設けられている場合には、「住民は、その施設の設置目的に反しない限りその利用を原則的に認められることになるので、管理者が正当な理由なくその利用を拒否するときは、憲法の保障する集会の自由の不当な制限につながるおそれが生ずることになる」（696頁）と判示した。ここでは、「正当な理由」のない集会用の「公の施設」の利用拒否は、単なる地方自治法違反ではなく、憲法21条違反（基本権侵害）になりうることが示されている。利用を拒否したとしても、集会を「規制」するわけではなく「給付」を与えないだけなので集会の自由とは関係がない[8]、という見解は採用されていないのである。

　本来、施設の所有者は、自らが所有する施設を、誰にどのように使用させ

6）　特集「芸術と表現の自由」法セ786号（2020年）、平裕介「文化芸術助成に係る行政裁量の統制と裁量基準着目型判断過程審査」法セ804号（2022年）2頁など。近時の重要判例として、最判令和5・11・17民集77巻8号2070頁〔映画「宮本から君へ」事件〕。本判決については、櫻井智章「助成金不交付『違法』の最高裁判決がもたらす補助金行政への影響」公益・一般法人1093号（2024年）40頁を参照。

7）　最判平成7・3・7民集49巻3号687頁。以下、本文中に記載の頁数は本判決の公式判例集（民集）の頁数である。

8）　これが本来はオーソドックスな見解である。兼子一「判批」季刊労働法5号（1952年）105頁。

るかを自由に決定できるはずである。表現や集会のためだからといって他人の財産を勝手に使ってよいわけではない。「ある施設における集会の開催をその施設の所有者等が容認する義務を負うわけではない[9]」というのが出発点である。しかし、「公の施設」については「正当な理由」がない限り利用を拒否することは許されない（地方自治法 244 条 2 項）。「公共施設の管理権者は」「公共施設としての使命を十分達成せしめるよう適正にその管理権を行使すべき」（696 頁）ことが要請され、「集会用の」「公の施設」であれば集会のために利用できるのが「原則」となる。そのため「給付」の拒否も「規制」と同様に基本権の「制限」と評価されることとなる。注意すべきは、泉佐野最判で問題となったのは、あくまで「集会用の」「公の施設」だったことである。したがって、①そもそも「公の施設」（公共用物）ではない場合[10]だけでなく、②「公の施設」ではあっても「集会用」ではないものの目的外使用（地方自治法 238 条の 4 第 7 項）の場合[11]にも、泉佐野最判の射程外である。当該施設の「供用目的」が重要だということを理解しておく必要がある。「供用された目的に従って均しく……利用しうる」と判示した皇居外苑事件[12]に始まり泉佐野最判も含めて各種の裁判例の大勢において重視されているのは、当該施設の「本来の供用目的（用途）」である[13]。

　泉佐野最判は、調査官が「本判決がパブリック・フォーラムの法理を念頭に置いていることは疑いがない[14]」と指摘していることもあり、パブリック・フォーラム論と関連づけて説明されるのが定番である。泉佐野市民会館は「指定的パブリック・フォーラム」といえるので、パブリック・フォーラム論「でも」説明できることは確かである。しかし、パブリック・フォーラム論では、パブリック・フォーラムの「典型例[15]」である道路や公園（伝統的パブリック・

9）　近藤崇晴「判解」最判解民平成 7 年度 289 頁。

10）　公用物である公務員宿舎につき、最判平成 20・4・11 刑集 62 巻 5 号 1217 頁〔立川ビラ事件〕。

11）　学校施設につき、最判平成 18・2・7 民集 60 巻 2 号 402 頁〔呉市教研集会事件〕。

12）　最大判昭和 28・12・23 民集 7 巻 13 号 1561 頁（1563 頁）。

13）　やや古い指摘であるが、道路につき、木谷明「判解」最判解刑昭和 57 年度 320 頁。

14）　近藤・前掲注 9）295 頁。

15）　中林暁生「1952 年 4 月 28 日の 21 条論」（2012 年）中林暁生＝山本龍彦『憲法判例のコンテクスト』（日本評論社、2019 年）196 頁。

11

Unit 1-1　表現の自由

フォーラム）に関する判例を十分に説明しえない。道路などに関する判例と
泉佐野最判の間に「強いコントラスト」「ダブルスタンダード」[16] が存在し
ていることは確かである。典型例を説明できないのであれば「説明のための
理論」としては適格を欠く。パブリック・フォーラム論は、現状の判例を整
合的に説明する法理ではなく、道路・公園などについて、表現・集会の自由
の重要性を適切に考慮するよう判例を教導しようとする見解という色彩が強
い。

3　屋内集会と屋外集会

　集会の自由については、憲法の明文上、屋内集会と屋外集会を分けて規定
している例（ドイツ基本法 8 条[17]）もあるように、整合的な理解のためには屋
内集会と屋外集会は分けて考える必要がある[18]。
　集会に際して問題となってきたのは、日教組 vs. 右翼団体、共産党 vs. 解
放同盟といった対立に代表される反対派による妨害である。屋内集会につい
ては、「主催者が集会を平穏に行おうとしているのに、その集会の目的や主
催者の思想、信条に反対する他のグループ等がこれを実力で阻止し、妨害し
ようとして紛争を起こすおそれがあることを理由に公の施設の利用を拒むこ
とは、憲法 21 条の趣旨に反する」（700 頁）と泉佐野最判が判示したように、
反対派の妨害は利用拒否の理由にはならないという原理原則[19] が確立しさ
えすれば、よほどのことがない限り利用を拒否する理由は乏しい（もっとも、

---

16)　山本龍彦「鳥籠の中の『言論』？」（2013 年）中林＝山本・前掲注 15）279 頁。曽我部真裕「市
　民の表現の自由」宍戸常寿＝林知更編『総点検 日本国憲法の 70 年』（岩波書店、2018 年）134
　頁も参照。
17)　初宿正典「《集会の自由》に関する若干の考察」（2001 年）同『日独比較憲法学研究の論点』（成
　文堂、2015 年）317 頁。
18)　渋谷秀樹『憲法〔第 3 版〕』（有斐閣、2017 年）453 頁。
19)　こうした考え方は、泉佐野最判以前の下級審でも説かれることがあった（代表的には、京都
　地決平成 2・2・20 判時 1369 号 94 頁）。「敵意ある聴衆（敵対的聴衆）の法理」などと名付ける
　までもなく、正当な権利の行使が不正な実力行使によって妨げられてはならないのは当然のこと
　である。

「表現の場」としての「公の施設」

昔から難しい問題を提起してきた暴力団員であることを理由とする利用拒否については更なる検討が必要であると思われる[20]）。「鳥籠の中の言論」と評される[21]が、それだけに利用を否定する理由も乏しいのである（その結果として手厚く保護されているように見える）。「鳥籠の中の言論」でしかないから、差別を助長する集会であることも、それだけでは利用を拒否する「正当な理由」にはならない[22]。

それに対して屋外集会は、メッセージを他者に伝達するものであり、表現の自由の観点からは屋内集会よりも重要性は高いといえる[23]。しかし、他者との関係が出てくるため調整の必要性も高くなってくる。共感であれ反発であれ、ともかくメッセージが他者に伝達されること自体を重視するのが憲法学の主流の考え方だと思われるが、ヘイトデモのようにメッセージが他者に伝達されること自体が問題になる類型もある。また、そうでなくても、道路にせよ公園にせよ、集会は「本来の目的に沿った一般利用者」に迷惑を及ぼす。表現・集会の場であることが道路や公園の本来の目的であることを判例は理解していないと批判されることがある[24]が、道路であれ公園であれ、表現・集会は「目的に副う使用の範囲内[25]」であるとしても「本来の供用目的」ではない。道路であれば交通、公園であれば種類にもよるが中心的にはレクリエーションが本来の目的（第一次的目的）である。パブリック・フォーラム論は「伝統的に集会・集団行進の場とされてきた公園・道路について、集会・集団行進も『本来の利用目的』として承認させようとする法理であ

20）　長野地判昭和 48・5・4 行集 24 巻 4・5 号 340 頁、浜川清「暴力団には市民会館の利用権があるか」室井力＝塩野宏編『行政法を学ぶ 2』（有斐閣、1978 年）348 頁。集会用ではないが「公の施設」である市営住宅につき、最判平成 27・3・27 民集 69 巻 2 号 419 頁。

21）　山本・前掲注 16）を参照。

22）　最判昭和 54・7・5 判時 945 号 45 頁（共産党による同和行政・解放同盟に対する批判）。毛利透「ヘイトデモ禁止仮処分命令事件」同ほか『憲法訴訟の理論と実践』（判例時報社、2019 年）18 頁をも参照。

23）　木下智史「集会の場所の保障めぐる事例」毛利ほか・前掲注 22）31 頁。

24）　佐藤幸治『日本国憲法論〔第 2 版〕』（成文堂、2020 年）327 頁（道路）、市川正人『憲法〔第 2 版〕』（新世社、2022 年）154 頁（公園）など。

25）　皇居外苑事件・前掲注 12）1564 頁。

Unit 1-1 表現の自由

る」[26]。本来の目的に沿った一般利用者の利益を損ねてでも表現・集会を認めさせる点にこそパブリック・フォーラム論の意義はある[27]（先に、パブリック・フォーラム論は、現状の判例を整合的に説明する法理ではなく、道路・公園などについて、表現・集会の自由の重要性を適切に考慮するよう判例を教導しようとする見解だと評した所以である）。そして、第二次的目的である表現・集会のために「本来の目的（第一次的目的）に沿った一般利用者」に譲歩を迫るという点に、当該施設の「使命を十分達成せしめる」という観点から割り切れなさが残るのではないかと思われる。

　以下では、表現に対する「給付」の問題を扱い、しかも給付の主体は行政なのであるから、給付行政論との関連が視野に入れられるべきであるという点に着目することにより、学問的な奥の深さを示したい[28]。

4　営造物法Ⅰ——給付行政

　公の目的のために設けられた人的・物的施設の総合体は、伝統的公法学では「営造物」と呼ばれてきた（国家賠償法2条の「営造物」とは同義ではない）。その物的側面は公物法の対象であるため、公物法とセットで扱われることも多い。公共の用に供される営造物は、「公共の福祉を増進する目的」（積極目的）で設けられる。地方自治法上の「公の施設」も昭和38年改正までは「営造物」という表現が用いられていたし、「住民の福祉を増進する目的」で設けることとされている（244条1項）。静態的・組織的概念である営造物は、動態的・作用的概念である公企業と対象的に重なる部分が多い。消極目的の警察法が規制行政の典型であるのに対して、営造物法・公企業法は給付行政の中心をなすものとして位置づけられてきた[29]。

　給付行政の手法としては、行政処分だけでなく契約を用いることも可能であり、どちらを採用するかは立法者の政策判断に委ねられる[30]（例えば、社

---

26)　木下智史＝伊藤建『基本憲法Ⅰ　基本的人権』（日本評論社、2017年）184頁。
27)　中林暁生「パブリック・フォーラム論の可能性」憲法問題25号（2014年）35-36頁。
28)　櫻井・前掲注1）156頁。

14

会福祉分野では「措置から契約へ」という改革が行われた）。地方自治法上の公の施設では、「利用する権利に関する処分」についての規定が置かれており（244条の4）、多くの場合に「使用許可申請」と「使用許可」という行政処分の手法が用いられている（泉佐野市民会館条例でも）。しかし、同条は常に行政処分の手法を用いなければならないという趣旨ではなく[31]、現に公の施設である水道[32]では「申込」と「承諾」という契約の手法が用いられている。

　契約であれば、施設管理条例を約款とする附合契約と捉えることができる[33]。しかし、通常の約款による契約とは異なっている点もあることを理解しなければならない。ここで重要なのが、「民法学よりも行政法学の方に大きなインパクトを与えている[34]」と評される内田貴の「制度的契約」論である[35]。公的なサービス（役務）を提供する制度的契約は、①個別交渉排除原則、②締約強制・差別禁止原則、③参加原則、④透明性・アカウンタビリティという特質を備えている[36]。通常の約款取引でも個別交渉は事実上行われていないが、個別交渉によって約款とは異なる契約を行うことは可能であるし、むしろその方が望ましい本来の姿だと考えられている。しかし、制度的契約においては、《給付における公平性[37]》が重要であり、個別交渉はむしろ排除すべきことが規範的に要請される[38]。また、民法においては契約自由が原

---

29)　例えば、原龍之助『公物営造物法〔新版増補再版〕』（有斐閣、1982年）は「序論」として給付行政法について一般論を展開してから公物・営造物法の説明に入る。田中二郎『新版 行政法下巻〔全訂第2版〕』（弘文堂、1983年）は「公企業法」に副題として「給付行政法」を付けている。

30)　山田幸男「給付行政の理論」雄川一郎＝高柳信一編『岩波講座 現代法4——現代の行政』（岩波書店、1966年）49頁、宇賀克也『行政法概説Ⅰ〔第8版〕』（有斐閣、2023年）135頁。

31)　宇賀克也『地方自治法概説〔第10版〕』（有斐閣、2023年）433頁。

32)　最判平成18・7・14民集60巻6号2369頁。

33)　田中孝男「契約の約款となる条例〔上〕」自治実務セミナー673号（2018年）33頁。

34)　原田大樹「行政法学から見た制度的契約論」（2008年）同『公共制度設計の基礎理論』（弘文堂、2014年）130頁。

35)　内田貴『制度的契約論』（羽鳥書店、2010年）。

36)　内田・前掲注35) 86-87頁。

37)　参照、原・前掲注29) 53頁、成田頼明「非権力行政の法律問題」公法研究28号（1966年）155頁など。

38)　内田・前掲注35) 65-66頁、126頁、136-137頁。

Unit 1-1　表現の自由

則であり、その1つとして契約をするか否かの自由、すなわち契約締結の自由が含まれる[39]が、制度的契約においては、「正当な理由」なく契約の締結を拒絶することはできない（水道法15条など[40]）。

　このような特徴は、提供するサービスの性質（公共性）に基づくものであって、行政処分を用いるか契約を用いるか（という立法者の選択）によって異なるものではない[41]。行政処分であっても「正当な理由」なく利用拒否はできない。地方自治法244条2項・3項も、このような文脈な中で捉えられる必要がある[42]。

　さらに、この理はサービスの提供者が公的部門か民間企業かによって異なるものでもない。制度的契約論自体、民営化の進展により従来公的部門が担っていた業務を民間企業が担うことが多くなってきたという状況を背景に、サービスの性質に着目して構想されたものである。自由化の波を受けた法改正はあったものの、水道は原則として市町村の事業である（水道法6条2項）が、電気事業・ガス事業は大部分を民間企業が担っている（「公企業の特許」を受けた特許企業[43]の代表例とされる）けれども、「正当な理由」のない契約の拒絶は認められていない（電気事業法17条、ガス事業法47条）[44]。公共的なサービスは「すべての人に開かれて」いなければならない。それが「パブリ

39）　契約締結の自由は、平成29年の民法改正により明文の規定が置かれた（521条1項）。

40）　表現は異なるが、拒絶の禁止を定めるものとして、鉄道営業法6条、道路運送法13条など。利用の公平（差別禁止）を定めたものとして、郵便法5条、電気通信事業法6条など。これらの義務は明文規定の有無を問わないと説かれる。原・前掲注29）449頁、山内一夫「営造物とその利用関係」田中二郎ほか編『行政法講座 第6巻 行政作用』（有斐閣、1966年）161頁。

41）　制度的契約論の背景には、契約（私法形式）を用いることによって公法的拘束を免れることは不当だという考え方が看取できる。この考え方は、最判平成元・6・20民集43巻6号385頁〔百里基地訴訟〕に再考を迫るものとなる。

42）　原・前掲注29）448-449頁。

43）　薬事法違憲判決（最大判昭和50・4・30民集29巻4号572頁）が「国民生活上不可欠な役務の提供の中には、当該役務のもつ高度の公共性にかんがみ、その適正な提供の確保のために、法令によって、提供すべき役務の内容及び対価等を厳格に規制するとともに、更に役務の提供自体を提供者に義務づける等のつよい規制を施す反面、これとの均衡上、役務提供者に対してある種の独占的地位を与え、その経営の安定をはかる措置がとられる場合がある」（580頁）と述べる類型である。薬局はこれには該当しないとされた。

「表現の場」としての「公の施設」

ック」の意味である[45]（逆に、こうした公共的サービスの提供を業務としない通常の企業には原則通り契約締結の自由が認められる[46]）。

このような考え方は、私有地であっても「一般公衆が自由に出入りすることのできる場所」について「パブリック・フォーラム」を問題にする伊藤正己の見解[47]につながってくる。パブリック・フォーラムの「パブリック」を「政府の」という意味ではなく「公衆に開かれた」という意味[48]で理解して発展させる方向性である[49]。もっとも、こうした見解は公私の境界線の引き直しを求めるものでもあり、どこまで進んでいくのかが見通せない。「公的」存在として位置づけられた者は特別な公的義務を負うことになるのであるから、こうした方向での発展が当然に望ましいものとは言えない。「表現の場」を要求する理論としては、他にもマス・メディアに対するアクセス権がある[50]。マス・メディアも私的な企業であり、表現の自由の主体として編集の自由が認められる[51]。独占的地位は公的規制を課す1つの指標となり得る[52]が、まさにメディアによる情報独占という状況を前提として、自由な表現空間の確保という公益（社会全体の利益）を実現する「公的な任務の担

---

44) 他にも締結強制を伴う契約があるなかで、これらが特に注目されるのは、電気・ガス・水道の供給や交通・通信（前掲注40)参照）が給付行政の中心課題とされてきたからである。背後には、給付行政論を開拓したフォルストホフの見解（「生存配慮」論）がある。

45) 大村敦志『不法行為判例に学ぶ』（有斐閣、2011年）203頁以下。

46) 最大判昭和48・12・12民集27巻11号1536頁〔三菱樹脂事件〕。

47) 最判昭和59・12・18刑集38巻12号3026頁における伊藤正己裁判官の補足意見。

48) 紙谷雅子「パブリック・フォーラムの落日」芦部信喜先生古稀祝賀『現代立憲主義の展開上巻』（有斐閣、1993年）661頁以下、平地秀哉「判批」長谷部恭男ほか編『憲法判例百選Ⅰ〔第7版〕』（有斐閣、2019年）127頁。ドイツの判例に即した検討として、岡田俊幸「集会の自由の場所的保護範囲」法学紀要61巻（2020年）163頁。

49) こうした方向に進んでいるドイツの状況について、岡田俊幸「私有地における集会の自由」日本法学85巻2号（2019年）175頁を参照。日本では、プリンスホテル事件（東京地判平成21・7・28判時2051号3頁、東京高判平成22・11・25判時2107号116頁）の評価に関わってくる。

50) 芦部信喜『憲法学Ⅲ〔増補版〕』（有斐閣、2000年）273頁。

51) 最判昭和62・4・24民集41巻3号490頁〔サンケイ新聞反論権事件〕では、編集の自由を制限して特別な義務（負担）を課すことが委縮効果を招きかねないことから反論権は否定された。

52) 塩野宏『行政法Ⅰ〔第6版補訂版〕』（有斐閣、2024年）212頁。

17

Unit 1-1　表現の自由

い手」としてメディアの位置づけ（役割）を捉え直し、編集権（＝紙面・放送内容の「管理権」）に制限を課そうとするのがアクセス権論であった（一般的な表現の自由ではなく「特権と義務」の主体としてのマス・メディア[53]）。さらに状況の変化した現在では、当然にデジタル・プラットフォーム事業者がターゲットにされることとなる。

5　営造物法Ⅱ──管理権者としての政府

　公法学で営造物法が登場するもう1つの場面が特別権力関係論であり、官吏の勤務関係とともに営造物の利用関係は特別権力関係の典型例とされてきた[54]。特別権力関係論はもっぱら克服すべき批判対象として扱われてきたが、正確に理解されてきたとは言い難い。「通常の世界の理屈が通用しない特別な世界」のようなイメージを持っている読者も多いのではないかと思われる[55]。刑罰は一般統治権でしかありえないにもかかわらず、刑罰までも特別権力関係論のせいにする見解まで見られる[56]。

　蟻川恒正は「統治権者としての政府」と（使用者や管理者を含む）「管理権者としての政府」の区別の重要性を指摘している[57]。学説に多大な影響を与えている蟻川の見解であるが、この点についてはあまり受け入れられていないように思われる。しかし、「統治権者としての政府」と（使用者や管理者を含む）「管理権者としての政府」を区別することは、「インペリウム」と「ド

---

53)　石川健治『自由と特権の距離〔増補版〕』（日本評論社、2007年）152頁以下。

54)　園部敏『公法上の特別権力関係の理論〔増補版〕』（有斐閣、1955年）1頁、76頁。同書の著者は泉佐野最判で補足意見を執筆した園部逸夫の父である。敏のドイツ（獨逸）留学中に生まれたので逸夫と名づけられたという。磯部力ほか「エンジョイ！行政法 第12回（最終回）行政法のこれから」法教329号（2008年）50頁［園部逸夫］。

55)　実際にこのように説く見解も見られる。山本博「特別権力関係論ということ」法セ298号（1979年）103頁。

56)　例えば、君塚正臣「特別権力関係論・終論」横浜国際社会科学研究22巻1・2号（2017年）21頁。

57)　蟻川恒正「日本国憲法における公と私の境界」（2008年）辻村みよ子＝長谷部恭男編『憲法理論の再創造』（日本評論社、2011年）19頁、同「表現『不助成』事案の起案(1)」法教417号（2015年）88頁以下など。

「表現の場」としての「公の施設」

ミニウム」の区分という思想史的観点からも興味深いが、「刑罰」と「懲戒」、「公物警察」と「公物管理」の区分など、判例を読んでいく上でも重要な意義をもつ。そして、この区別を行っていたのが特別権力関係論であった。

美濃部達吉は「特別権力関係に於ては国家は一般統治権者として現はるるものに非ず、或は使用者として或は営造物管理者として……の地位に於て其の権力を行使する[58]」と指摘していた。特別「権力関係」といわれるが、その実際は「使用者・施設設置者としての立場」としての国・公共団体との「非権力関係」、つまり私人間でも見られる管理関係に他ならない[59]（私法上の特別権力関係も考えられていた[60]）。最高裁も昭和女子大事件で「大学は、<u>国公立であると私立であるとを問わず</u>、学生の教育と学術の研究を目的とする<u>公共的な施設</u>であり、法律に格別の規定がない場合でも、その設置目的を達成するために必要な事項を学則等により一方的に制定し、これによって在学する学生を規律する<u>包括的権能を有する</u>[61]」と判示しているところである）。

公務員に対する懲戒は「所謂特別権力関係に基く行政監督権の作用[62]」である（法律の根拠に基づく処分であり司法審査にも服するのであるから、国会による統制も裁判所による統制も排除する特別権力関係論に固有の問題は最早ここにはない[63]）。つまり「管理権者（使用者）としての政府」の権限である。他方で、刑罰は一般統治権でしかありえず、「統治権者としての政府」の権限である（猿払事件判決の表現では「あたかも私企業における使用者にも比すべき立場」と「統治の作用を営む立場」[64]）。その上で、公務員法関連の憲法判例における中心的争点は刑罰であった[65] ことに注意すべきである。

公物警察と公物管理は、泉佐野最判において園部逸夫裁判官が補足意見で

---

58) 美濃部達吉『日本行政法総論』（有斐閣、1919 年）80-81 頁（表記は改めた）。

59) 杉村敏正『全訂 行政法講義 総論（上巻）』（有斐閣、1969 年）61 頁以下、原・前掲注 29）411-412 頁。

60) 美濃部・前掲注 58）80 頁。

61) 最判昭和 49・7・19 民集 28 巻 5 号 790 頁（793 頁、強調は引用者）。

62) 最判昭和 32・5・10 民集 11 巻 5 号 699 頁（701 頁）。

63) 櫻井・前掲注 1）274 頁。

64) 最大判昭和 49・11・6 刑集 28 巻 9 号 393 頁（407 頁）。この相違には反対意見の方が敏感であった（415-419 頁）。

Unit 1-1　表現の自由

問題にした点である[66]。公共の安全と秩序の維持を目的とする警察は「統治権者としての政府」の権限であるが、管理は「管理権者（管理者）としての政府」の権限である。泉佐野最判では「公の秩序をみだすおそれがある場合」（7条1号）という「管理」を超えて「警察」に関係する条例の文言が問題となった。そのため、法廷意見は「本件会館における集会の自由を保障することの重要性よりも、本件会館で集会が開かれることによって、人の生命、身体又は財産が侵害され、公共の安全が損なわれる危険を回避し、防止することの必要性が優越する場合をいうものと限定して解すべきであり、その危険性の程度としては……明らかな差し迫った危険の発生が具体的に予見されることが必要である」（697-698頁）とかなり大胆な限定解釈を施した。法廷意見は「本件条例7条1号に該当する事由があるとされる場合には、当然に同条3号の『その他会館の管理上支障があると認められる場合』にも該当する」（698頁）と述べており、これは論理的に3号の方が1号よりも範囲が広いこと（3号⊇1号）を意味する（【図1】参照）。これを「1号と2号は3号の例示であるという見解によるもの」[67]と理解したのでは、何故より広い3号の方を限定解釈しないのか意味不明になってしまう。そうではなく、1号を「管理」（3号）以下の範囲にまで絞り込んだのであり、だからこそ園部逸夫は「意見」ではなく「補足意見」に

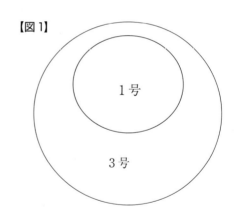

---

65)　最大判昭和41・10・26刑集20巻8号901頁〔全通東京中郵事件〕、最大判昭和44・4・2刑集23巻5号305頁〔都教組事件〕・685頁〔全司法仙台事件〕、最大判昭和48・4・25刑集27巻4号547頁〔全農林警職法事件〕、猿払事件・前掲注64)、最判平成24・12・7刑集66巻12号1337頁〔堀越事件〕・1772頁〔世田谷事件〕など。すべて「刑集」登載の刑事事件である。

66)　皇居外苑事件・前掲注12)における栗山茂裁判官の意見でも問題とされていた。園部補足意見に着目したのが神橋一彦であった。神橋一彦「公共施設をめぐる『管理』と『警察』」行政法研究36号（2020年）1頁を参照。

67)　近藤・前掲注9) 294頁。

とどまったのである[68]。他方で、上尾市福祉会館事件（最判平成 8・3・15 民集 50 巻 3 号 549 頁）では「会館の管理上支障があると認められるとき」という「管理」の問題であった。そのため、特に限定解釈は行われていない。合憲限定解釈をめぐる両判例の相違は、警察と管理の差異に原因があると考えることができる[69]。こうした考え方からすれば、「管理上支障があると認めるとき」という文言を泉佐野最判と同様に限定解釈した裁判例[70] は、泉佐野最判を適切に理解しているものとは言い難い。

6　おわりに

　営造物法の分野が、憲法上のさまざまな論点に関わっているというだけでなく、行政法や民法など他の法分野とも密接な関連をもつことを理解してもらうのが本稿の目的であった。学説と実務の距離が遠いのが表現の自由の分野であることはしばしば指摘されている。実際、判例も表現の自由の重要性を一般論としては承認している一方で、違憲判決が 1 件も存在しないことが問題視されてきた。なかでも学説による批判が強いのが公務員法および公物・営造物法の領域である[71]。このズレを解消するためには、従来通り表現の自由の重要性を説き続けることも重要かもしれない。しかし、それ以上に、伝統的な法理論を（克服すべき批判対象として一面的に捉えるのではなく）適切に理解することが必要かつ有効ではないか、というのが本稿筆者の見解である。

---

68)　佐々木弘道「公の集会施設における『集会の自由』保障・考」高橋和之先生古稀記念『現代立憲主義の諸相下』（有斐閣、2013 年）341 頁。園部補足意見は「3 号を適用したことについては……違法はない」（702 頁）と述べている。調査官は園部補足意見の意義も適切に理解できているとは言い難い。近藤・前掲注 9) 293 頁。

69)　木下昌彦「公共施設の管理権とその憲法的統制」横大道聡編『憲法判例の射程〔第 2 版〕』（弘文堂、2020 年）175-176 頁。

70)　那覇地判平成 8・3・28 判時 1603 号 106 頁など。

71)　参照、樋口陽一ほか『新版 憲法判例を読み直す』（日本評論社、2011 年）132 頁［蟻川恒正］。

Unit 1-2　表現の自由
公共施設の使用と集会の自由

神橋一彦

1　はじめに

　日本国憲法は、集会の自由を「表現の自由」の1類型として位置づけている（21条）。一般に「集会」とは、「多数の人間が共通の目的のために一時的に会合すること」と解されるが、その目的は、政治、宗教、学術・文化、経済、社交などさまざまであり、集団示威行進（デモ）も「動く集会」として保障の対象とされる[1]。いずれにしても、集会を行うためには一定の場所や空間が必要であり、そこでは、何らかの公共施設が使用されることが多い。現に、以下、本稿で取り扱う判例で問題となった事例をみても、①市の設置する施設（泉佐野市民会館）において一定の政治的主張を目的とする集会（最判平成7・3・7民集49巻3号687頁〔泉佐野最判〕）、②同じく市の設置する施設（上尾市福祉会館）における葬儀（最判平成8・3・15民集50巻3号549頁〔上尾最判〕）、③学校（呉市立中学校）施設を利用した教職員組合（広島県教組）の教育研究集会（最判平成18・2・7民集60巻2号401頁〔呉最判〕）、④（金沢）市庁舎前の広場を利用して行われる政治的主張を目的とする集会（第1次訴訟第1審＝金沢地判平成28・2・5判時2336号49頁、同控訴審＝名古屋高金沢支判平成29・1・25判時同号6頁、上告審＝最決平成29・8・3 D1-Law.com 判例体系〔28253215〕／第2次訴訟上告審＝最判令和5・2・21民集77巻2号273頁[2]〔金沢市庁舎前広場判決〕）などがある。これらの事案においては、それぞれ、施

1）「集会の自由」の前提となる「集会」の意義については、渡辺康行ほか『憲法Ⅰ──基本権〔第2版〕』（日本評論社、2023年）277頁以下参照。

設の法的位置づけ、特性、集会の内容などに違いがあるものの、集会の開催
にあたって、行政による施設の提供が前提となっている。

　本稿は、Unit 1-1 の櫻井論文（以下「櫻井・本書○○頁」として引用する。）
をうける形で、この公共施設の使用許可と集会の自由との関係について、行
政法（特にこれら施設に関する法的仕組み）に焦点を当てながら考えてみるこ
とにしたい[3]。

2　前提となる事項

　最初に、この問題を考える際に前提となる憲法、行政法上の知識について
整理しておこう。

(1)　憲法 21 条の「集会の自由」

　集会の自由を含む自由権は、基本的に、国家（国・地方公共団体など）に
対して自由への介入・制限を行わないことを求める消極的権利（防御権）と
される。これに対して、集会用の公共施設を利用して集会を行おうとする場
合（泉佐野最判、上尾最判のような場合）、公共施設の提供という国家からの
一定の「給付」（役務の提供）が前提となるところ（「集会用」という供用目的〔用
途〕という限定につき、櫻井・本書 11 頁）、当該施設の使用が不許可になれば、
そこで計画された集会はできなくなる。しかし、そのような状態（役務の提

2）　この事件については、神橋一彦「公共施設をめぐる『管理』と『警察』——集会の自由との
　関係を中心に」行政法研究 36 号（2020 年）1 頁（以下、「神橋①」として引用）、同「公共施設
　の使用許可と集会の自由——金沢市庁舎前広場事件を中心に」法時 93 巻 7 号（2021 年）98 頁（以
　下、「神橋②」として引用）を参照。なお、金沢市庁舎前広場の使用をめぐっては、2 度の不許
　可処分がなされており、第 1 次訴訟については、上告審において上告不受理・上告棄却決定がな
　されている（最決平成 29・8・3）。その後提起された第 2 次訴訟については、本稿の初出論文（法
　セ 808 号〔2022 年〕70 頁）刊行後に上告不受理決定（最決令和 5・1・31）と上告棄却判決（最
　判令和 5・2・21）が出されたが、同訴訟については、下級審判決も含め、神橋一彦「判批」行
　政法研究 50 号（2023 年）259 頁（以下、「神橋③」として引用）を参照されたい。
3）　この問題に関する最新の関連文献として、曽我部真裕「表現の自由(6)——表現等への政府援
　助とパブリック・フォーラム論」法教 494 号（2021 年）71 頁以下参照。

Unit 1-2　表現の自由

供の拒否）は、集会そのものに対する直接の規制とは異なる。

　そこで問題となるのは、公共施設を使用する私人（主催者）の法的地位である。そもそも、公共施設の提供は、国家による設置、管理の範囲内でおこなわれるものであるから、主催者について、憲法 21 条を直接の根拠に公共施設の設置、提供を求める権利（給付請求権）を導くことはできないであろう。だからといって、公共施設の提供が、法的に保護されない国家からの「恩恵」（施し）であるというわけでもない。したがって、そこでの主催者の地位は、さしあたり、当該公共施設が国家による設置と「管理」によって運営されること（役務ないしサービスが提供されること）を前提に、その使用につき、平等に扱われることを求める権利（平等取扱い・恣意的な利用拒否の禁止の保障）と解すべきであろう（「給付における公平性」ということにつき、櫻井・本書15 頁）[4]。要するに、国家（管理者）は平等取扱い（平等原則）に拘束されることにより、結果として、当該施設を使用する私人の「集会の自由」も保障されることになるし、また管理の具体的な運用に当たっても、「集会の自由」への配慮が要請されることになる。そしてこのことは、次に取り上げる地方自治法 244条の「公の施設」について、特に問題となる[5]。

---

[4]　この他に、使用許可が「申請に対する処分」の場合、行政手続法に基づく申請権とそれに関連する手続法上の地位（同法第 2 章）が問題となる。ただし、施設使用許可が（申請型）処分の形式をとる必然性はなく、契約形式によっても行われうることについては、櫻井・本書13 頁参照。

[5]　阪本昌成『憲法理論Ⅲ』（成文堂、1995 年）157 頁以下、塩野宏『行政法Ⅲ——行政組織法〔第5 版〕』（有斐閣、2021 年）247 頁以下。平等原則とそれに基づく国家（行政）の自己拘束を媒介に一定の法的利益を導出することに関しては、行政手続法 12 条 1 項に基づく処分基準において、先行の処分を受けたことを理由として後行の処分に係る量定を加重する旨の不利益な取扱いの定めがある場合、当該行政庁の後行の処分における裁量権は当該処分基準に従って行使されるべきことが覊束されるとした上で、先行処分を受けた者は、当該先行処分に当たる処分の効果が期間の経過によりなくなった後においても、当該処分基準の定めにより上記の不利益な取扱いを受けるべき期間内はなお当該処分の取消しによって回復すべき法律上の利益を有するとした判例（最判平成 27・3・3民集 69 巻 2 号 143 頁）がある。

24

(2)　地方自治法 244 条の「公の施設」

　地方自治法 244 条は、「普通地方公共団体は、住民の福祉を増進する目的をもってその利用に供するための施設（これを公の施設という。）を設けるものとする。」と規定した上で（1項）、「普通地方公共団体……は、正当な理由がない限り、住民が公の施設を利用することを拒んではならない。」（2項）と定めるとともに、「普通地方公共団体は、住民が公の施設を利用することについて、不当な差別的取扱いをしてはならない。」としている（3項）[6]。

　この「公の施設」は、学校、図書館、博物館、病院、保健所、保育所などのほか、公園、公会堂、道路、墓地、給水事業、下水道事業などがその例とされ、講学（学問）上の「営造物」概念に該当するとされるとともに、かつて地方自治法の条文においても「営造物」と称されていたものである。しかし、「営造物」という用語は、その範囲も含めて、一般にわかりにくく、また解釈上も疑義があったため、1963 年の同法改正により、「公の施設」という用語に代えられたという経緯がある（櫻井・本書 14 頁）[7]。

　ここで若干の説明を補足すると、①講学上の「営造物」概念は、「行政主体により継続的に一般公衆の使用に供用される人的要素および物的要素（施設）の総合体」である[8]。「公の施設」であり、講学上の「営造物」の典型例である学校は、学校施設という物的要素（校舎など）と教職員（先生など）という人的要素から構成され、教育という公の事業（役務の提供）を行うものである。したがって、学校について、これを「営造物」として利用する関

---

6)　地自法 244 条 2 項は、利用関係の発生についての不当な拒否を禁じ、同条 3 項は、利用関係の継続中における不当な差別の取扱いを禁ずるものである（松本英昭『新版　逐条地方自治法〔第 9 次改訂版〕』〔学陽書房、2019 年〕1102 頁）。

7)　宇賀克也『地方自治法概説〔第 10 版〕』（有斐閣、2021 年）426 頁。法令上、国家賠償法 2 条に「営造物」という用語があるが、講学上の「営造物」概念とは異なる（塩野宏『行政法Ⅱ──行政救済法〔第 6 版〕』〔有斐閣、2019 年〕356 頁参照）。

8)　宇賀克也『行政法概説Ⅲ──行政組織法／公務員法／公物法〔第 6 版〕』（有斐閣、2024 年）624 頁。伝統的な概念の説明として、美濃部達吉『日本行政法 下巻』（有斐閣、1940 年）574 頁、田中二郎『新版 行政法 中巻〔全訂第 2 版〕』（弘文堂、1976 年）298 頁以下、原龍之助『公物営造物法〔新版再補（増補）〕』（有斐閣、1982 年）357 頁。もっとも、講学上の「営造物」に該当するものは多種多様であり、統一的な説明は困難であることが指摘されている（塩野・前掲注5）439 頁以下）。

Unit 1-2 表現の自由

係とは、あくまで学生、生徒等の在学関係を指すということになる[9]。もっとも、集会用の「公の施設」については、人的要素の独自性は希薄といえよう[10]。そして、②これを利用者の側からみると、住民は、そのような事業[11]ないし役務（サービス）を利用するということになる。このような私人（利用者）と行政主体（管理者）との間の利用関係が「営造物利用関係」であり、伝統的行政法理論において、特別権力関係の一例とされてきたわけである（櫻井・本書18頁以下）。

(3) 行政財産の目的外使用

この他、公共施設が集会に使用される場合として、行政財産の目的外使用がある。地方自治法は、「公有財産」（238条1項）を「行政財産」と「普通財産」とに区分するが（同3項）、「行政財産」とは、「普通地方公共団体において公用又は公共用に供し、又は供することと決定した財産」をいう（同4項）。そして、この行政財産については、「その用途又は目的を妨げない限度においてその使用を許可することができる」と規定されている（238条の4第7項）。

以上で述べたように、公立の学校が講学上の「営造物」と位置づけられるのは、児童・生徒などに対し学校教育を行う場面（在学関係）であって、校舎、教室などの学校施設を学校教育以外の集会の用に供するのは、物的要素たる学校施設を使用するのみであるから、それは「公物」（公有財産）の使用で

9）判例も、国公立大学は「公の教育研究施設として、一般市民の利用に供されたものであり、学生は一般市民としてかかる公の施設である国公立大学を利用する権利を有する」としている（最判昭和52・3・15民集31巻2号280頁〔富山大学（専攻科）事件〕）。

10）したがって、地自法244条の「公の施設」は、物的施設を中心とする概念であり、人的側面は必ずしも要素ではないとされることもあるが（松本・前掲注6）1100頁）、役務の提供にあたって、何らかの人的要素が必要不可欠であるとすれば、結局は、両者の位置づけやウェイトの違いということにもなろう。ちなみに、「公の施設」（地自法第10章）を「財務」（同第9章）と別の章にしたのは、「公の施設」について財産管理の面からではなく、住民の福祉を増進する目的でその利用に供するという行政管理面から規律しているからである（地方自治総合研究所監修『逐条研究 地方自治法Ⅳ 財務―公の施設』〔敬文堂、2000年〕630頁以下）。

11）これを講学上「公企業」ということもある（営造物との関係につき、田中・前掲注8）303頁、原・前掲注8）364頁参照）。

あって、「営造物」（公の施設）としての利用ではないということになる。呉最判が、判示の冒頭において次のように述べているのは、このことを前提としたものである。

> 「地方公共団体の設置する公立学校は、地方自治法244条にいう『公の施設』として設けられるものであるが、これを構成する物的要素としての学校施設は同法238条4項にいう行政財産である。したがって、公立学校施設をその設置目的である学校教育の目的に使用する場合には、同法244条の規律に服することになるが、これを設置目的外に使用するためには、同法238条の4第4項に基づく許可が必要である。」（下線部、本稿筆者）

そして、行政財産は、「公用財産」と「公共用財産」とに分かれる（地方自治法238条4項）。公用財産とは、「普通地方公共団体がその事務又は事業を執行するため直接使用すること」をその本来の目的とする公有財産をいう（庁舎、議事堂、試験場、研究所、実習船など）。これに対して、公共用財産とは、「住民の一般的共同利用に供すること」をその本来の目的とする公有財産をいい、公の施設を構成する物的要素である場合が多い（道路、病院、福祉施設、学校、公園等の敷地および建物など）[12]。

3 「公の施設」の使用

(1) 具体的な設例

まず最初に、「公の施設」（営造物）を利用した集会について、泉佐野最判の事例をもとに考えてみよう。

【設　例】
　Xは、A市民会館のホール（200名収容）を使用して集会（以下、「本件集会」という）を開催することを計画し、A市長に対して使用許可申請を行った。A市市民会館条例 a 条では、市長は「公の秩序をみだす

12）　松本・前掲注6）992頁。

Unit 1-2　表現の自由

おそれがある場合」（1号要件）や「その他会館の管理上支障があると認められる場合」（3号要件）に該当するときは、不許可とすることができると規定されていた。下記のような理由によって、Xの申請が不許可とされた場合、どのように考えるべきか。

（理由①）　申請前に、別の者が同日同時刻に使用許可申請を行っていたため（先願順）。
（理由②）　本件集会は1000名の参加者を予定しており、収容人数超過のため。
（理由③）　申請後、コロナ感染が拡大し、A市に緊急事態宣言が発令されたため。
（理由④）　本件集会が、「新設が予定されているB空港は、騒音だけではなく、軍事転用もされる危険性があり、建設を実力で阻止する。」という主張を行うものであるため。
（理由⑤）　Xらの集会に反対する他のグループが当該集会を実力で阻止し、妨害しようとして紛争を起こすおそれがあるため。
（理由⑥）　本件集会の実質的な主催者と目されるCグループは、B空港反対闘争で、実力行使を繰り返し、対立する他のグループとも暴力による抗争を続けてきた。当該集会が開催されたならば、A市民会館内またはその付近の路上等においてグループ間で暴力の行使を伴う衝突が起こるなどの事態が生じ、その結果、グループの構成員だけでなく、同会館の職員、通行人、付近住民等の生命、身体または財産が侵害されるという事態を生ずることが、具体的に明らかに予見されるため（泉佐野最判の事例）。

(2)　公の施設の「管理」に関する観点

　泉佐野最判は、上記の1号要件「公の秩序をみだすおそれがある場合」が単独の意味を持つことを許容せず、3号の「会館の管理上支障があると認められる場合」の1つとして、これに吸収している（櫻井・本書20頁）。一般

28

的にいえば、1号要件の「公の秩序」の維持は、行政目的の中でも公共の安全や秩序の維持、危険の防止といった「警察」という観点に基づくものと解されるが[13]、3号要件は、文言上、会館の「管理」という観点に基づくものである。そこでこの2つの観点の関係が問題となるが、上記の泉佐野最判によれば、3号要件の「管理」には、「警察」（1号要件）の観点を含むものがあるということであり、その重複の限りにおいて、条例（1号要件）は合憲であるということになるのである。そして、伝統的な学説（営造物法）も、（耳慣れない言葉であるが）「営造物警察」と「営造物管理」の両者を区別してきた[14]。

そこで営造物の「管理」とは何かであるが、「営造物」というのは、上述のように、公共の福祉を増進する目的のために国民や住民の利用に供する施設であるから、そのような利用の提供に適した状態に当該施設を維持するということが、そこでの「管理」の基本となる。したがって、前掲【設例】の理由①②は、利用者相互間の調整や会館の事業運営を円滑、安全に行うという観点に基づくものであり、いずれも「営造物管理」の問題（ないし「管理」固有の問題）といえよう。しかし、理由③になるとやや微妙である。すなわち、施設利用者から感染者が出て、消毒の必要が生じた場合は「管理」固有の問題ともいえるが、緊急事態宣言が発出されたことにより、一般的な感染拡大予防の観点から、施設利用を中止するのは、公衆衛生の維持という「警察」目的の観点によるものであり、「営造物警察」に属するものであろう[15]。そ

---

13) ここにいう「警察」は一般的に、公共の秩序を維持するために行われる行政活動を指す。したがって、警察官や警察署の遂行する事務だけではなく、伝染病の感染予防など公衆衛生（衛生警察）は、保健所の事務となる（この点につき、塩野宏『行政法Ⅰ——行政法総論』〔有斐閣、2015年〕9頁以下参照）。警察目的の場合、通常は、権力的な規制（命令・強制）が用いられ、営造物の管理それ自体は、基本的には非権力的な作用であるとされる。

14) 営造物をめぐる「管理」と「警察」との関係に着目し、地方自治法244条は公の施設の「管理」について委任したものとして、1号要件を3号要件に吸収する見解（合憲解釈）を理論的に裏打ちしたのが園部逸夫裁判官補足意見である（櫻井・本書21頁）。本文における以下の説明の詳細については、参照文献も含め、神橋①・前掲注2）を参照。

15) 当然、そのような施設の利用制限は、公共の福祉の観点からも許容されることになる。なお、佐々木惣一『日本行政法論各論 通則・警察行政法』（有斐閣、1922年）121頁以下では、まさにこの伝染病発生の例が挙げられている。

29

Unit 1-2　表現の自由

のように考えると、施設の「管理」（3号要件）といっても、（区別に微妙なものがあるが）「管理」固有の「営造物管理」の観点に加えて、施設の中を超えた社会公共との接点において「営造物警察」の観点が、一定程度含まれることになる。

　そうだとすると問題は、このような「営造物警察」の観点を、どこまで3号要件の「会館の管理上支障があると認められる場合」として考慮してよいかである。市民会館のような建物施設の場合、普通は一般の公衆とは仕切られた、その意味で閉じられた空間であるから、その建物（許可された空間）の中で参加者たちが勝手に盛り上がって、集団暴徒化するということは考えにくい（ただし、反対者も出席した討論の類で、両者が激高して、ケンカになることは考えられる）。したがって、何らかの「営造物警察」としての要素があるとすれば、建物施設の外部（公衆など）との接触に起因する危険（具体的には外部からの集会の妨害）ということになる。すなわち、そこで「管理」と「公の秩序」（1号要件）との接点が生ずるわけである。そして、市民会館が集会用の「公の施設」であるという前提に立てば、【設例】の理由④は、集会の表現内容のみを理由とするものであり、泉佐野最判からしても、不当な差別的取扱いであり、最終的には集会の自由を侵害するものとして違法ということになるが、理由⑤の妨害活動の可能性については、「営造物警察」の観点として考慮することは許されるものの、集会の自由との関係で、警察機関と連携して、警備を行うなどの配慮が必要ということになろう。いわゆる「敵意ある聴衆の法理」[16] は、この文脈で位置づけられることになる。そして最終的に、「営造物警察」の要素を考慮して、不許可処分をすることが許されるのは、理由⑥の段階（「危険」の程度が、明らかな差し迫った危険の発生が具体的に予見される段階）に至ってからということになる。

　なお、この3号要件は、地方自治法244条2項の「正当な理由」を具体化したものであり、かつ憲法の集会の自由に関わるものであるから、その該当性につき、司法審査において管理権者の裁量は認められず、基本的に、認定事実を前提に判断代置審査がなされることになる。

---

16)　この法理については、渡辺ほか・前掲注1) 287頁、さらに上尾最判を参照。

(3) その他の問題

　集会の用に供することを目的とする「公の施設」の場合、その基盤に「集会の自由」があることから、【設例】の理由④のように、集会の目的・内容を理由に使用不許可にすることは、原則として許されない[17]。もっとも近時、重要な問題を提起しているのは、「本邦外出身者に対する不当な差別的言動」（本邦外出身者に対する不当な差別的言動の解消に向けた取組の推進に関する法律２条——いわゆる「ヘイトスピーチ」）を目的とする集会をめぐる「公の施設」の利用制限（使用不許可）の可否である。すなわちそこでは、そのような利用制限がそもそも許容されるか否か、また許容されるとして、どのような要件（とりわけ手続的保障）の下に許されるかなどについて、さまざまな議論がなされている[18]。

---

17)　したがって、集会用の「公の施設」につき、「市民の税金で作った施設を特定の政治的主張のための集会に提供することは、行政の（政治的）中立に反する」などといった抽象的な理由で特定の申請を不許可にすることは、当該集会の目的・内容を理由とするものであるから許されない。ただし、「公の施設」であっても、設置目的を踏まえ、当該施設の運営方針として、例えば「葬儀等不祝儀の使用は認めない」といった一般的基準を立てること自体は、集会の自由との関係や方針としての当不当はあるにせよ、当然に違憲、違法とはならないと解される（上尾最判）。また、「女性の社会的地位の向上」に寄与するために設置された施設を使用し、そのような目的を明白に否定するような集会が計画される場合は、何らかの包括的要件（例えば、東京ウィメンズプラザ条例４条２項４号「……知事が不適当と認める場合」）に該当するなどの理由で不許可にすることも違法ではないであろう。ただし、その場合にあっては、法令（行政手続法・行政手続条例）の定める処分理由の提示を十分に行うこと、また不許可の前提として当該申請の内容を事前に十分確認することが求められよう（次の注18）で挙げるヘイトスピーチの場合も同様である）。さらに、公民館のように、法令上使用目的が限定されているものもある（社会教育法23条１項）。

18)　東京都オリンピック憲章にうたわれる人権尊重の理念の実現を目指す条例（2018年）８条は、「知事は、公の施設において不当な差別的言動が行われることを防止するため、公の施設の利用制限について基準を定めるものとする。」とし、審査会への意見聴取などを規定する（ヘイトスピーチに関しては、曽我部・前掲注3) 74頁以下参照、最新判例として、最判令和４・２・15民集76巻２号190頁〔瑞慶山広大「判批」法セ808号（2022年）128-129頁〕参照）。

Unit 1-2 表現の自由

4 行政財産の目的外使用

(1) 学校施設を利用した集会

　これに対して、公共施設における集会でも、行政財産の目的外使用の場合は、本来の使用目的とは異なる目的として集会の用に供することから、その使用の範囲は限定されるとともに、管理権者に認められる不許可の裁量（拒否裁量）の幅も大きいということになる。そして学校の場合、施設をむやみやたらに外部の集会などに利用させると、本来の目的である学校教育に悪影響を与えることはいうまでもない[19]。

　呉最判も、地方自治法238条の4第4項、学校教育法85条、学校施設の確保に関する政令（学校施設令）1条、3条を援用し、「学校施設の目的外使用を許可するか否かは、原則として、管理者の裁量にゆだねられているものと解するのが相当である」とした上で、次のように判示する（以下は、民集60巻2号408-409頁の「要旨1」～「要旨3」と付された部分をまとめたものである）。

　①「学校教育上の支障」があれば使用を許可することができないことは明らかである。そしてそこにいう「学校教育上の支障」とは、「物理的支障に限らず、教育的配慮の観点から、児童、生徒に対し精神的悪影響を与え、学校の教育方針にもとることとなる場合も含まれ、現在の具体的な支障だけでなく、将来における教育上の支障が生ずるおそれが明白に認められる場合」も含まれることになる。

　②「学校教育上の支障」がない場合にあっても、「当然に許可しなくては

---

19)　終戦直後、1948年のニュース映画「日本ニュース」は、「―カメラ報告―"雑居"小学校」と題して、戦災を免れた小学校の4階建て校舎で、教室不足にもかかわらず、大人の芸能教室（長唄、仕舞、尺八、お茶、小料理の学校）があるため、3階以上につき児童立入禁止になっていると伝えている（https://www.nhk.or.jp/archives/）。呉最判が援用する学校施設令は、学校施設が学校教育の目的以外の目的に使用されることを防止し、もって学校教育に必要な施設を確保することを目的とするものであるが（1条）、その制定が、この映画の翌年（1949年）であるのは興味深い。

32

ならないものではなく、行政財産である学校施設の目的及び用途と目的外使用の目的、態様等との関係に配慮した合理的な裁量判断により使用許可をしないこともできる」ものである。そして、「管理者の裁量判断は、許可申請に係る使用の日時、場所、目的及び態様、使用者の範囲、使用の必要性の程度、許可をするに当たっての支障又は許可をした場合の弊害若しくは影響の内容及び程度、代替施設確保の困難性など許可をしないことによる申請者側の不都合又は影響の内容及び程度等の諸般の事情を総合考慮してされるものであり、その裁量権の行使が逸脱濫用に当たるか否かの司法審査においては、その判断が裁量権の行使としてされたことを前提とした上で、その判断要素の選択や判断過程に合理性を欠くところがないかを検討し、その判断が、重要な事実の基礎を欠くか、又は社会通念に照らし著しく妥当性を欠くものと認められる場合に限って、裁量権の逸脱又は濫用として違法となるとすべきものと解するのが相当である」として、拒否裁量とそれに対する司法審査の観点を明らかにしている。

③また、「従前の許可の運用は、使用目的の相当性やこれと異なる取扱いの動機の不当性を推認させることがあったり、比例原則ないし平等原則の観点から、裁量権濫用に当たるか否かの判断において考慮すべき要素となったりすることは否定できない」として、拒否裁量の恣意的な行使が許されないことも示唆している。

その上で同判決は、本件について、次のような考慮事項を挙げている（民集60巻2号409-411頁のアからオの5項目）。まずそこでは、(a)教育研究集会が休校日に行われていることや、右翼団体の街宣車による妨害についても、「本件集会について具体的な妨害の動きがあったとは認められない」としていることから、そもそも許可することができない絶対的な拒否事由である「学校教育上支障」がある場合にはさしあたり当たらないとした上で、(b)「そのような支障がない場合」であることを前提に、拒否裁量の行使が許されるか否かについて、検討したものとおもわれる。すなわち、そこでは(i)教育研究集会が、教員らによる自主的研修としての側面を有するという使用目的の妥当性、(ii)本件集会をもって人事院規則14-7所定の政治的行為に当たるとはい

33

Unit 1-2　表現の自由

えず、本件集会を学校施設で開催することにより教育上の悪影響が生ずるとする評価は合理的なものとはいえないこと、(iii)教育研究集会の中でも学校教科項目の分科会の場として必要性が高く、他の公共施設との間で利便性に大きな差異があること、(iv)本件不許可処分は、校長が、職員会議を開いた上、支障がないとして、いったんは口頭で使用を許可する意思を表示した後に、市教委が、過去の右翼団体の妨害行動を例に挙げて使用させない方向に指導したという事情があり、しかも、その処分は、県教委等の教育委員会と主催者・県教組との緊張関係と対立の激化を背景として行われたものであったことを挙げている。そしてこれらの諸点や事実関係等を考慮すると、本件不許可処分は、「重視すべきでない考慮要素を重視するなど、考慮した事項に対する評価が明らかに合理性を欠いており、他方、当然考慮すべき事項を十分考慮しておらず、その結果、社会通念に照らし著しく妥当性を欠いたものということができる」と結論づけている。

　この判決は、拒否裁量の行使における考慮事項について、その選択と選択された考慮事項の軽重の評価に焦点を当てて裁量審査を行っているが、全体として集会の自由を保護する方向での判断がなされているといえよう。

(2)　市庁舎の一部を利用した集会

　その他、行政財産の目的外使用許可をめぐるものとして、金沢市（Y市）庁舎前広場の使用不許可処分をめぐる2次にわたる訴訟がある。

　ここでは、主として拒否裁量が問題となった第1次訴訟について紹介する。本件で問題となった「Y市庁舎前広場」（本件広場）は、独立の公園として設置されたものではなく、Y市庁舎の一部とされるものであるが、従来から市長の許可の上で市民の利用に供していた[20]。したがって、（異論はあるものの）公園などのような設置条例に基づく「公の施設」という扱いではなく、さしあたり行政財産の目的外使用ということになるが、市庁舎の場合は、行政財

---

20)　現場の「金沢市庁舎前広場」については134頁の写真参照。この他、代替地として使用された石川県中央公園（現・いしかわ四高［しこう］記念公園）も含め、Googleマップなどで確認できる。

産のうちでも、学校のような「公共用財産」ではなく、「公用財産」である点で異なる。つまり、庁舎が仮に「公用財産」であるとしても、従来から市民の利用に供してきた（その意味でいうとパブリック・フォーラムとも考えられる）本件広場を市庁舎の建物などと一括して「庁舎等」として管理することが妥当かという問題がでてくるのである。実は、その点につき、事件当時、Y市においては、従前から、本件広場について、庁舎一般に関する「Y市庁舎等管理規則」（庁舎規則）とは別に「Y市庁舎前広場管理要綱」を定めていたところ、その両者の関係は必ずしも明らかでなく、訴訟においてY市側主張の弱点の1つともなった。

　本件は、本件広場において「軍事パレード（自衛隊の市中パレード）の中止を求める集会」を開催するために、市民団体など（Xら）がY市長に使用許可申請をしたところ、「庁舎前広場内において、特定の個人、団体等の主義主張や意見等に関し賛否を表明することとなる集会を開催すること」は、庁舎等における禁止行為を規定した庁舎規則5条のうち、12号に定める「示威行為」に該当するとして、これを不許可としたため、Xらが国家賠償請求訴訟を提起したというものである。

　事案の詳細については、別稿[21]に譲るが、判決（第1審、控訴審とも同旨）は、①庁舎規則5条12号の「示威行為」につき、「同条14号に『前各号に掲げるもののほか庁舎等の管理上支障があると認める行為』とあることや、同条1号ないし7号までの行為〔注：1号「物品の販売、寄附の募集、署名を求める行為その他これらに類する行為」など〕については『庁舎等の管理上特に支障がないと認めるときは』許可される余地もあることなどを踏まえると、<u>示威行為一般のうち庁舎等の管理上支障がある行為に限定されたものであると解するのが相当である</u>」（下線部、本稿筆者）として一応の限定解釈を行いながらも、②そこにいう「管理上の支障」については、「本件集会が本件広場において開催された場合、Y市が自衛隊市中パレードに反対するというXらの立場に賛同し、協力しているかのような外観を呈することとなり、地方公共団体であるY市の中立性に疑念を抱かれる可能性」があり、「Y市

---

21)　神橋②・前掲注2) 99頁。

Unit 1-2 表現の自由

が自衛隊市中パレードに反対するという立場をとったと捉えた第三者において、Y市に対する抗議行動や抗議の申入れを行い、あるいはY市の行事等に協力しないとの立場をとることも予想されるところである。そうすると、本件広場で本件集会が開催された場合、その当日やその前後のみならず、将来にわたって、Y市の事務又は事業の執行が妨げられるおそれがあるといわなければならず、その弊害は決して小さいものとはいえない」として、不許可処分を適法としている[22]。

この判決については、「Y市の中立性」なるものに対する疑念から生じる「Y市の事務又は事業の執行が妨げられるおそれ」が果たして「庁舎等の管理上」の支障といえるか疑問がある。またこの点に関しては、そもそも「Y市の中立性」とは何かという問題があるほか、公用物を公共用物的に利用することを促進する観点から、「公用物の場所を限定したり……、時間を限定したり……することにより、公用物としての本来の用途を妨げることなく、公共用物的利用を行う余地」を拡大すること（空間的時間的分割使用の観念）も提唱されている[23]。そのような観点からすると、「庁舎等」という形で庁舎本体の建物も市庁舎前広場も一括して論じることが妥当かどうか、問題となるであろう。

結局、この第1次訴訟は、上告不受理、上告棄却の決定で終了し、最高裁としての実質的判断は示されなかった。その後、同じ広場の使用（護憲集会）の不許可処分をめぐって第2次訴訟が提起されたが、最高裁（第三小法廷）は、憲法違反が争われた上告事件については請求棄却判決をし（前掲・最判令和5年2月21日）、本稿で取り上げた裁量論が問題となった上告受理申立事件については、上告不受理決定を行った（前掲・最決令和5年1月31日）。したがって、裁量論（とりわけ呉最判との関係）に関する最高裁の判断は示されなかったが、憲法論について応答した上告棄却判決において、最高裁は、「……

---

22) さらに同判決は、呉最判を引用して、裁量審査も行っているが、仮に「示威行為」に該当するのであれば、庁舎規則の適用上、そもそも許可される余地はなかったともいえよう。この点については、後掲注25) 参照。

23) 宇賀・前掲注7) 427頁、宇賀・前掲注8) 607頁。

36

公務の中核を担う庁舎等において、政治的な対立がみられる論点について集会等が開催され、威力又は気勢を他に示すなどして特定の政策等を訴える示威行為が行われると、Y市長が庁舎等をそうした示威行為のための利用に供したという外形的な状況を通じて、あたかもY市が特定の立場の者を利しているかのような外観が生じ、これにより外見上の政治的中立性に疑義が生じて行政に対する住民の信頼が損なわれ、ひいては公務の円滑な遂行が確保されなくなるという支障が生じ得る」とし、「特定の政策、主義又は意見に賛成し、又は反対する目的で個人又は団体で威力又は気勢を他に示す等の示威行為」を禁止行為としたY市庁舎管理規則5条12号（第1次訴訟時点より、文言が詳細になっている。）は、「上記支障を生じさせないことを目的とするものであって、その目的は合理的であり正当である」とし、かつ同号を本件に適用することは、憲法21条1項に違反しないと判断している。なお、同判決には宇賀克也裁判官による詳細かつ根本的な反対意見が付せられている（最高裁ホームページ掲載の判決文14頁中、5頁後半から末尾までに及ぶ）。さらに、上告不受理決定にも宇賀裁判官の反対意見があったことが記されているが、その内容は公表されていない。このように、同じ事件をめぐる違法を憲法論（憲法）と裁量論（下位法令）に分断し、前者のみについて判断を公にしたことは、司法判断のあり方として問題があるといわざるをえない（これらの点の詳細については、神橋③・前掲注2）の解説を参照されたい）。

5　おわりに

以上、みてきたように、公共施設における集会については、憲法の集会の自由を踏まえ、行政法上の施設管理をどのように考えるかがポイントとなる。残された問題としては、公共施設の使用許可基準（「公の施設」の設置条例や行政内部の管理規則などが定める要件や基準）そのものの合憲性[24]や、裁量審

---

24)　この点は、金沢市庁舎前広場事件において、庁舎等管理規則（第1次訴訟第1審判決後に改正された現行5条12号「特定の政策、主義又は意見に賛成し、又は反対する目的で個人又は団体で威力又は気勢を他に示す等の示威行為」など）について問題となる点である。

Unit 1-2　表現の自由

査における考慮事項の評価において、憲法的価値をどのように考えるか[25]
などがある。これらは、今後の検討課題といえよう。

---

25)　例えば、行政財産の目的外使用不許可処分において、代替施設確保の困難性をどの程度重視
してよいかについては議論の余地があろう。呉最判では、確かに代替施設確保の困難性を、拒否
処分を違法とする理由として挙げている。これに対し、金沢市庁舎前広場判決は、「本件集会の
開催日時や集会の規模等の客観的な事情により、本件広場以外に適当な開催場所を確保すること
が困難であったとは認められない」としているが（判時 2336 号 66 頁 4 段以降）、ここでは困難
性の否定という形で、実質的には代替施設確保の容易性を、拒否処分の適法性を維持する理由と
している。そもそも「集会の自由」は、集会場所の選択を含むものであること（この場所でこの
集会をしたいということも、一定の制約は当然あるものの、集会（表現）の自由の一内容であろ
う。）、さらにいえば、金沢市の規模の都市であれば、代替施設といえば多数存在するはずであり、
この理屈を持ち出せば、本件広場における集会は、ほぼ代替施設ありということになる。したがっ
て、考慮事項審査により不許可処分を適法とする理由として、かような代替施設確保の容易性
（ないし困難性の否定）を考慮事項として重視したり、一種の切り札にしたりすることは、「集会
の自由」の保障の観点から賛成できない。

Unit 2-1　経済的自由
職業の自由と各種事業規制
──特許／許可の区別と規制目的二分論

栗島智明

1　本題に入る前に──職業の自由／事業規制という「交差点」

(1)　芦部『憲法』と行間の広さ

　はじめから雑談めいた話で恐縮なのだが、本書の担当初回ということで、少しばかりお付き合いいただきたい。

　いまでも、多くの大学の憲法の講義で、芦部信喜『憲法』（岩波書店）[1] が教科書・参考書として指定されているようである。筆者が学部生として学び始めたのはもう 15 年ほど前のことだが、同書は当時、すでに標準的教科書としての地位を確立していた[2]。これほど長い間、同じ教科書が読み継がれるというのは、興味深い現象である。

　何を隠そう筆者自身も、同書で憲法の勉強を始めたのだが[3]、当時から、「芦部『憲法』は行間が広いから、注意して読まなければならない」とよく言われていた。まだ初学者だったため、筆者は当時、その言葉の意味をつかみか

1）　最新版は、芦部信喜（高橋和之補訂）『憲法〔第 8 版〕』（岩波書店、2023 年）。なお、初版は 1993 年刊だが、その基礎となった『国家と法 I』（放送大学教育振興会）──当時、相当広く読まれたようである──は 1985 年刊なので、そこから数えれば 35 年を超えるベストセラーである。

2）　なお、その頃は佐藤幸治『憲法〔第 3 版〕』（青林書院、1995 年）がちょうど絶版（かつ、同『日本国憲法論』〔成文堂〕は未刊）だったので、その分、芦部『憲法』の人気が特に高かったように思う。

3）　ちなみに、当時は法学セミナーで宍戸常寿「憲法 解釈論の応用と展開」なる連載が進められており（640 号〔2008 年 4 月〕〜 669 号〔2010 年 9 月〕）、筆者も、司法試験を志す友人とともに、毎月、「ああでもない、こうでもない」と言いながら一緒に楽しく読み進めていたことを思い出す（同連載はその後、同名で日本評論社より書籍化されている〔2011 年。第 2 版は 2014 年刊〕）。

Unit 2-1　経済的自由

ねていたのだが[4]、それなりの勉強をして教壇に立つようになったいま、同書を改めて読み直してみると、その「行間の広さ」に驚かされる。確かに、多くの箇所で、必要な説明が大胆にカットされているのである[5]。

(2)　憲法の行間と行政法／個別法

　他方で、芦部『憲法』の行間が広いのは、憲法学という学問の性質と密接に関係しているのではないかと思う。この点が、今回のテーマに関わる。

　もともと、憲法典それ自体、非常に「行間が広い」文書である。しかも、比較法的に見て、日本国憲法は個々の規定が簡略で概括的であるから、特にそれが当てはまる（例えば、ドイツの憲法にあたる「基本法」は日本国憲法の約5倍の分量があるとされ、インドの憲法は約30倍〔！〕だとされる[6]）。

　実際、憲法の行間は――判例や有権解釈・学説はもちろんのこと――極めて多くの法令（個別法）によって満たされており、その法令を読むことなしに、憲法を学ぶことは不可能なのである。

　例として、Unit 2 のテーマである、職業の自由でこれを考えてみよう。憲法は 22 条で「何人も、公共の福祉に反しない限り、……職業選択の自由を有する。」と規定する。非常に抽象的な書きぶりだが、憲法学では例えば、この条文を読んだうえで、〈リサイクルショップの経営に都道府県公安委員会の許可を求めることは合憲か〉という問題について、具体的に考えることが求められる。

　一般論としていえば、古物商の許可制が合憲であることは最高裁の初期の判決で明らかにされており[7]、学説においても異論はない。

---

4 ）　なお念のため付言しておくと、物理的には、同書の「行間」は必ずしも広くはない（1 頁あたり 18 行というのは、同じく縦書きの野中俊彦ほか『憲法Ⅰ・Ⅱ〔第 5 版〕』〔有斐閣、2012 年〕や、塩野宏『行政法Ⅰ 行政法総論〔第 6 版〕』〔有斐閣、2015 年〕とまったく同じである）。

5 ）　なお、著者自身が「行間を補った」ものとして、芦部信喜『憲法学Ⅰ・Ⅱ・Ⅲ〔増補版〕』（有斐閣、1992・1994・2000 年）がある。さらに、統治機構については、高見勝利『芦部憲法学を読む 統治機構論』（有斐閣、2004 年）を参照。

6 ）　ここでの計算は、次の資料に依っている。

　　Comparative Constitutions Project, "Constitution Rankings" (https://comparativeconstitutions project.org/ccp-rankings/、2024 年 8 月 13 日閲覧)。

もっとも、古物営業法による古物商の規制の目的としては、盗品の売買の防止という理由——これは典型的な消極目的規制（後述）である——が挙げられるところ（参照、同法1条）、私がかつて留学をしていたドイツでは、古物商のなかでも自動車や宝石など特定の高価な物品を扱う事業者のみが、許可制の対象とされていた（§38 GewO）。翻って考えてみれば、日本でも、不要になった安物の洋服や食器をごく少額で引き取って売るリサイクルショップや、同様にして仕入れた物品を週末のフリーマーケットに定期的に出品している市井の人にまで営業許可を厳密に求めるのかと言われると、答えに窮する（そこまでして盗品の売買をしたとしても、実際上、利益などほぼ望めるはずもない）。どうも、「そこまで規制するのは、憲法22条に違反するのではないか」という感じがする（＝個別法による事業規制と憲法の職業の自由の「交差点」）。この問題について、もう少し考えてみよう。

　具体的にいえば、上述のような活動が、古物営業法2条2項1号にいう「古物を売却すること」にあたるかが問題になる。これを調べてみると、警察庁では次のように整理していることがわかる[8]。

　　「いわゆるリサイクルショップ又はバザー若しくはフリーマーケットにおいて行われている取引が古物営業に該当するかどうかについては、その取引の実態や営利性等に照らし、個別具体的に判断する必要がある。例えば、無償又は引取料を徴収して引き取った古物を修理、再生等して販売する形態のリサイクルショップは、法第2条第2項第1号の『古物を売却すること』のみを行う営業として法の規制の対象から除外されるが、古物の買取りを行っている場合には、古物営業に該当する。」

　つまり、上述の例についていえば、取引の実態や営利性等を個別具体的に判断する必要があり、「引取料を徴収して引き取った」うえで「修理、再生等して販売」している場合であればセーフ、そうでなく単に「古物の買取りを行っている」とみられる場合はアウト、ということになる。

7）　最大判昭和28・3・18刑集7巻3号577頁。
8）　警察庁生活安全局生活安全企画課長「古物営業関係法令の解釈基準等について」（平成7・9・11警察庁丁生企発第104号）。

41

Unit 2-1 経済的自由

　これでもまだ不明確ではあろうが、上述の憲法条文からすると、だいぶ、現実の社会に近づいてきていることが分かる。このような細かな規制のなかで、私たちは実生活上、職業の自由を享受しているのである[9]。もちろん、上述の区別が憲法22条に違反しないか、という問題は別に立てられるが、それを考えるうえでも、まずは現在の規制がどうなっているかについて、きちんと学んでおく必要がある。

(3)　小括──憲法だけでは完結しない

　さて、芦部『憲法』の行間の広さの問題から始まり、だいぶ話が長くなってしまったが、要するに、憲法を勉強するうえでは、個別の法令、とりわけ行政法についての知識を身に着けることが肝要なのである。そして、このことは、精神的自由の分野と比べて多くの規制が用意されている経済的自由の分野で、特に当てはまる。「いまは憲法を勉強しているから」といって、細かい法令の条文に目を通すことを、決しておろそかにしないで欲しい。

　ここまでの記述で、「憲法と行政法の交差点」と名付けた本書の意義が、少しでも明らかになっていれば幸いである。なお、近時では「ミクロ憲法学」という学問的試みもなされているが[10]、類似の問題意識／視点に立つものといえよう。読者には、併せて参照することをお薦めしたい。

---

9)　実際には、この事例における活動は営利性が極めて低いので、「職業」の問題（憲法22条）ではなく、単なる行為自由の問題（憲法13条）ではないか、と考えることもできる。詳述は避けるが、例えば小説の執筆やバンド演奏、海辺のゴミ収集など、同じ行為でも、プロ／アマチュア（趣味）、あるいは、営利事業／非営利事業（ボランティア）の区別があり、その間に幅広いグレーゾーンが存在することから分かる通り、職業の自由の保護領域を考える際に、営利性をどこまで考慮すべきかは難しい問題である。

10)　片桐直人・上田健介ほかによる「ミクロ憲法学の可能性」は、『法律時報』の92巻9号（2020年）から94巻10号（2022年）にかけて連載され、その後同名で日本評論社より書籍化された（2023年）。

2 職業の自由の憲法的保障——基本の確認

さて、以上で、憲法、なかでもとりわけ職業の自由を学ぶことの難しさと、その際に個別法を併せて読みとくことの重要性を理解してもらえただろうか。

ここからは、今回の本題に入りたいと思う。読者の多くは、「公企業の特許」と「警察許可」——あるいは簡単に「特許」と「許可」——という区別について、聞いたことがあるのではないだろうか。このテーマについて、憲法学の観点から考察せよ、というのが本稿筆者に与えられた課題である。

その作業に入る前に、まずは憲法学の基本的知識の確認から始めよう。

(1) 規制の諸類型と目的二分論

まずは、出発点として芦部『憲法』のなかの関連する記述をみてみたい。

同書は、経済的自由権に関する章のはじめに「職業選択の自由」の項目をたて、その意義と限界として、第1に「規制の根拠」、第2に「規制の類型」を順に論じている[11]。以下、その内容を簡単にみてみよう。

はじめに、「規制の根拠」というところでは、⑦経済的自由が、精神的自由と比較して、より強度の規制を受けること、⑦憲法22条の「公共の福祉」への言及も、職業について公権力による規制の要請が強い趣旨を示したものであること、そして、⑦規制が強く要請される理由としては、第1に、職業は性質上、社会的相互関連性が大きく、公共の安全・秩序の維持のための規制が必要となること、第2に、社会国家の理念を実現するため、時として政策的な配慮に基づく積極的な規制を加える必要があること、が述べられる。

次に、「規制の類型」というところでは、職業選択・営業の自由に対する様々な規制の類型化が行われる。いわく、規制手段としては、①届出制（理容業等）、②許可制（風俗営業・飲食業・貸金業等）、③資格制（医師・薬剤師・弁護士等）、④特許制（電気・ガス・鉄道・バス等の公益事業）などがあり、その他に、⑤国家独占（旧郵便事業・旧たばこ専売制等）とされている営業もある、と。

---

11) 以下の記述は、芦部（高橋補訂）・前掲注1）245頁以下による。傍点は栗島による（以下同じ）。

Unit 2-1　経済的自由

　なお、④の「特許制」については、注で説明が付されている。重要な部分なので、そのまま引用しよう。

　　特許制とは、「許可制と異なり、国民は当該事業を自由に行う権利を本来有しておらず、事業を営む権利は国が独占するものであることを前提とし、事業を経営する能力ある者、もしくは事業を行わせることが公益に適合する場合に、国がその特定人のため事業を行う特権を付与する、という制度。したがって、事業計画の策定義務、料金の認可制、改善命令その他種々の形で国のコントロールが及ぶ。」

　そのうえで、これらの規制は、規制の目的に応じて、Ⓐ消極目的規制とⒷ積極目的規制に区別されるという。

　Ⓐ消極目的規制とは、主として国民の生命および健康に対する危険を防止もしくは除去ないし緩和するために課せられる規制であり、通常、警察的規制と呼ばれてきたものである。「行政法に言う警察比例の原則」にも触れたうえで、芦部は「各種の営業許可制は、おおむね消極目的規制に属する」という。

　これに対し、Ⓑ積極目的規制とは、福祉国家の理念に基づいて、経済の調和のとれた発展を確保し、とくに社会的・経済的弱者を保護するためになされる規制であり、社会・経済政策の一環としてとられる規制とされ、芦部によれば「④の特許制などは、積極目的規制の典型的な例」だとされる。

　Ⓐの消極目的規制については、「警察比例の原則」が妥当し、規制措置は社会公共に対する障害の大きさに比例したもので、規制の目的を達成するために必要な最小限度にとどまらなくてはならない、とされる。そのうえで、その合憲性の審査には、いわゆる「厳格な合理性」の基準が用いられ、裁判所が規制の必要性・合理性および「同じ目的を達成できる、よりゆるやかな規制手段」（いわゆるLRA）の有無についての審査がなされる。これに対し、Ⓑの積極目的規制については、採られた立法措置が「著しく不合理であることの明白である場合に限って違憲とする」いわゆる「明白の原則」が妥当する。したがって、そこでは立法府の広い裁量が認められ、規制立法の「合理性」の有無の審査が緩やかに行われる。

44

(2) 「特許」と「許可」の区別について

さて、本稿で特に注目したいのは、上述の「特許制」（④）と「許可制」（②）の区別、および、その合憲性審査のあり方の違いである。

この問題の検討に入る前に、上の記述から読み取れる内容を改めてまとめるならば、以下の通りになる。

❶ 風俗営業・飲食業・貸金業等については「許可制」が採られており、それは、電気・ガス・鉄道・バス等の公益事業について採られる「特許制」とは異なる。

❷ 「特許制」の下では、事業を営む権利は国が独占するものであることが前提とされる。ただし、事業を経営する能力ある者、もしくは事業を行わせることが公益に適合する場合に、国がその特定人のため、事業を行う特権を付与することがある。

❸ 「特許制」の下では、事業計画の策定義務・料金の認可制・改善命令その他種々の形で国のコントロールが及ぶ。

❹ 営業に関する「許可制」の多くは消極目的規制に属するため、合憲性が厳しく審査されるのに対して、「特許制」は積極目的規制に属するから、そこでは立法府の広い裁量が認められる。

上述の記述のうち、❶から❸の内容については、主として行政法学で議論がなされており、憲法学は基本的に、その成果を「受容」しているに過ぎない（これについて詳しくは、Unit 2 の鵜澤論文で取り扱われることになる）。したがって、詳細をここで論じることはしないが、さしあたり重要なのは、近時では、電気・ガス等の公益事業について「特許」の語は避けられる傾向にあり、「公益事業許可」（や「公益事業規制」）の言葉が用いられることが多い、という事実である。

それはなぜか。その背景として、次の2つの事由が挙げられる[12]。

第1に、明治憲法とは異なって、現行憲法の下では、〈電気・ガス等の公益事業の経営権は、もともと国家が独占している〉と想定する根拠に乏しい。

第2に、私人が憲法上、職業の自由（営業の自由）を有していることからすれば、個人から見たときに、例えばガス事業と飲食店営業を原理的に区別することはできない（両者は性質において多少の差異があるかもしれないが、ど

---

12) 参照、塩野・前掲注4）130頁。

Unit 2-1 経済的自由

ちらも等しく職業遂行である）。

　つまり、公益事業に関する各種の許認可は、〈国民が通常では取得しえない特別の能力ないし権利を設定する行為〉という意味での「特許」と呼ぶにはもはや相応しくない、と考えられているのである。

　もっとも、現在でも、電気・ガス等の公益事業に関する規制が、飲食店や古物商等の一般的な警察規制と区別して考えられていることに変わりはない。したがって、上述の❶〜❹の記述は、「特許」を「公益事業許可」と読み替えれば、大筋において、現在の行政法学の基準でも妥当するといえる（ただし、繰り返しになるが、事業を営む権利を国が独占することが前提だという部分については修正が必要であろう）。

　そのことを前提として、本稿で、特に憲法学の観点から検討を加えたいのは、❹の記述の妥当性である。すなわち、それによれば「公益事業許可制」においては、事業計画の策定義務・料金の認可制・改善命令など、通常の「許可制」——以下では、言葉の違いを分かりやすくするために「警察許可」と呼ぶことにする——には見られない様々な営業上の制約が課されている（＝強い基本権制限）にもかかわらず、その合憲性審査は緩やかになされるとされる。果たして、これはどういうことだろうか。

3　具体例から考える——タクシー事業を例に

　ここでは、タクシー事業の規制を具体的な例にとって、考えてみよう。

(1)　免許制から許可制への移行（規制緩和）

　タクシーは、とりわけ歩行が困難な交通弱者にとって不可欠の公共交通機関だということができる（そのようなものとして実際に広く認められているかは別として、そのようにみることができる）。そうすると、タクシー役務は——電気・ガス・水道・郵便などと同様——なるべく安い料金で、あまねく、公平に提供されることが大切だ、と言えそうである。この観点からは、公益事業許可（芦部のいう「特許」）の制度を採ることが正当化されうる。実際、かつてタクシー事業については厳格な需給調整のために増車が厳しく制限され、

46

その料金も具体的に統制されていた[13]。

ところが、2002（平 14）年 2 月に、需給調整規制の廃止等を内容とする改正道路運送法等が施行され、これによって新たに、事業の参入については、（需給調整規制を前提とした）免許制から、輸送の安全等に関する資格要件をチェックする許可制へ移行し、運賃制度についても、事業者の創意工夫により多様な運賃を設定することが可能となった[14]。

さて、たしかに法律上、タクシー事業について「許可」という言葉が使われるようになったからといって、その性質が講学上の警察許可に変わったものと即断することはできない。また、そもそも、法改正以前は公益事業許可だったと言い切ることも、問題かもしれない。しかし、いずれにしても、需給調整を原則として廃止し、運賃制度を柔軟化させたことは、タクシー事業の性質を〈公益事業許可的なもの〉から〈警察許可的なもの〉へと変化させたことは、疑いがない（例えば道路運送法 1 条の目的規定について改正前と改正後を比較すると、現在は〈輸送の安全の確保〉が重要な目的として挙げられていることが分かる）。

(2) 憲法的評価

さて、このような変化は、憲法が保障する職業の自由（営業の自由）の観点からどのように評価されるだろうか。

一般的に言えば、この改正によって営業に関する公的規制が緩められたわけだから、タクシー事業者の自由がより広く保障されるようになった、とい

---

13) タクシー事業の規制は、もちろんこの理由のみで説明できるわけではない。例えば、かねてより、タクシー事業者の多くは零細であるとされ、「不当な競争」は容易に経営状況・労働条件の悪化を招き、ひいてはサービスの質の低下が危惧される、といったことが言われてきた。また、漫画『巨人の星』にも登場する「神風タクシー」のような交通の危険要因を未然に防止することも、規制の根拠として考えられる。この点を指摘するものとして、安念潤司「判批」長谷部恭男ほか編『憲法判例百選 I〔第 7 版〕』（有斐閣、2019 年）195 頁。

14) 国土交通省『平成 14 年度 国土交通白書』（https://www.mlit.go.jp/hakusyo/mlit/h14/H14/html/E2013120.html、2022 年 4 月 11 日閲覧）。なお、実際にはその後、規制が再び厳しくされた経緯もあるのだが、ここでは割愛する。これに関する簡潔な整理として、まずは友岡史仁「判批」金井貴嗣ほか編『経済法判例・審決百選〔第 2 版〕』（有斐閣、2017 年）264-265 頁を参照。

47

Unit 2-1 経済的自由

えよう。そうすると、過去の制度のほうが違憲の疑いが強く、現在の制度は合憲的だといえそうである。

しかし、過去の制度が公益事業許可の性質を持つものであり、現在の制度が警察許可だと解するならば、もともとの規制は積極目的規制として、採られた立法措置が「著しく不合理であることの明白である場合」でなければ違憲とはなりえなかったのが、現在のタクシー事業規制は（社会国家の理念を実現するために、政策的な配慮に基づく積極的な規制を加えるという趣旨が退いたがゆえに）消極目的規制に分類され、したがって、それについては厳格な合理性の基準によって、より厳しい違憲性審査がなされることになる。つまり、この観点から制度の合憲性について考えると、上述の記述とはむしろ逆の判断になる。

具体的にみれば、例えば、料金設定においては、現在のほうが事業者の選択の余地が大きくなっている。それは確かにその通りであるが、規制の目的が変わった以上、いまの規制のほうが、その合憲性は厳格に審査されなければならない、ということになる。実際、現行の法制度のもとで、タクシー事業に関する司法審査は厳しくなっており、職業の自由の観点から規制権限の行使について慎重さを求める裁判例が相次いでいる。

紙幅の都合から事案を詳述することはできないが、例えば、関西MKタクシー事件に関する大阪高決平成27・1・7判時2264号36頁では、いわゆる公定幅運賃の範囲を定めた近畿運輸局長の公示が、その前提となる事実の基礎を欠き、社会通念に照らして妥当性を欠くものとして裁量権の逸脱濫用にあたり、違法と判断された。この決定については、「実質的に適用違憲と評しうる」[15]、「制度運用の次元における実質的な違憲判決と見ることもでき」る[16]との憲法学者の評価がある。さらに、同様の違法判断がなされたワンコインドーム事件に関する大阪高判平成28・6・30判時2309号58頁もまた、「実質的にみて……憲法適合的解釈を行っている」可能性が指摘されている[17]。

---

15) 巻美矢紀「判批」法教425号（2016年）別冊付録・判例セレクト2015［I］10頁。

16) 押久保倫夫「判批」平成27年度重判解23頁。

(3) 考 察

　もちろん、道路運送法の改正によって、事業者の創意工夫によって多様な運賃を設定することが可能とされたのだから、その趣旨に反するような実務が、同法の解釈上、問題視されるのは当然だとも考えられる。

　しかし、ここで問題としているのは、道路運送法（ないしタクシー特措法）の解釈の問題ではない。運賃変更命令や運賃の指定といった行政の活動が、憲法上の職業の自由（営業の自由）に対する制限として、かつてよりも厳しく審査されるようになっていることが、ここで注目されるべきなのである[18]。

　上述の裁判例の判示内容よりもさらに進んで、例えば巻美矢紀は、タクシー料金に関する現在の公定幅運賃制度は、旅客の安全や地域公共交通の確保という、一見もっともらしい目的の達成のための目的の連鎖（→運転者の労働条件の改善→事業の「適切な」運営→運賃以外での「健全な」競争の促進）から成り、真の目的を見極める必要があることから、制度それ自体の合憲性について、手段の必要性・合理性を厳格に審査すべきだと説く[19]。

　この議論は、〈薬局の開設の自由→薬局の偏在による競争激化→一部薬局の経営の不安定→不良医薬品の供給の危険性〉という因果関係が、立法事実によって合理的に裏づけることはできないとした薬事法判決（最大判昭和50・4・30民集29巻4号572頁）を念頭に置いているものと考えられる。最高裁は同事件で、薬局の距離制限規定が実際には業界の保護を主目的としていたことを「暴いた」とされ[20]、これは、消極目的規制における典型的な審

17）　湊二郎「判批」新・判例解説 Watch【2016年10月】40頁。

18）　この点、改正前の道路運送法の下においても、かつて運輸当局の行政方針とされていた「同一地域・同一運賃」の原則の画一的な適用を違法とした京都 MK タクシー事件（大阪地判昭和60・1・31行裁例集36巻1号74頁）が存在したことはたしかである。しかし、同事件が問題視した当時の行政実務では、まさに同一の運賃しか認められていなかったのであって、近時問題とされた公定運賃幅の設定の問題とは、権利制限の程度が相当に異なっていた。

19）　巻・前掲注15）10頁。

20）　長谷部恭男は、「国会が特定の業界の保護立法をあたかも国民一般の福祉に貢献する消極的警察規定であるかのように装って制定した場合には、裁判所は目的と手段との関連性を立ち入って審査」すべきだとする。そのような審査の結果として、「立法過程において手段と直接に関連する特定の業界保護という本来の立法目的が明示される効果が期待できる」というのである。同『憲法〔第8版〕』（新世社、2022年）257頁（傍点引用者）。

Unit 2-1 経済的自由

査手法である。現在の道路運送法の建前からすれば、タクシーについて同様の審査が求められるのも自然の成り行きかもしれない。

他方で、上述したように、〈歩行が困難な交通弱者にとっての不可欠の公共交通機関として、タクシーはある種の公益事業としての性格を持つのであって、ゆえに業界を全体として保護することが必要だ〉という前提——現在の超高齢化社会においては、それ自体、必ずしも否定しえない想定のように思われる——を立法者が正面から受け入れるならば、このような問題は発生しないものと考えられる。すなわち、その場合に、採用される事業規制の種類は、（行政法的にいえば）公益事業許可（的なもの）になるだろうし、憲法上は、当該規制は積極目的のためのものとして、緩やかな審査を受けることになるだろう（憲法が掲げる社会国家の理念——とりわけ社会的・経済的弱者の保護——に照らしても、そのように基準を変えることが、基本的に妥当だといえる）。

4 まとめにかえて

以上の考察から分かる通り、規制緩和の流れのなかで、立法者が公益事業許可を廃止し、警察許可の制度を採用するならば、憲法の職業の自由は立法裁量・行政裁量のいずれにも厳しく食い込んでくる。これは規制目的二分論の当然の帰結であるから、もし、立法者（ないし国民）がその事態を防ごうとするならば、積極目的／公益事業許可の建前をあくまで維持すべき、ということになる。

なお最後に、ここまでに触れられなかった問題を2点、付言しておきたい。

第1に、規制目的二分論それ自体について学説上、根本的な批判が展開されており[21]、そこには傾聴すべき点も多い。しかし、日本国憲法が福祉国家的理想のもと、特に経済的劣位に立つ者に対する適切な保護政策を要請しており、ゆえに、国の責務として積極的な社会経済政策の実施を予定していることは、出発点として、やはり否定しえないだろう（最大判昭和47・11・22刑集26巻9号586頁〔小売市場判決〕）。そのような社会経済政策の実施が、

---

21) 例えば、棟居快行『人権論の新構成〔新装版〕』（信山社、2008年）223頁以下、259頁以下。

50

職業の自由を根拠として容易に違憲とされるようでは、憲法の諸理念が全体として正しく実現されているとはいえない。そうすると、理論上の様々な難点を抱えつつ、規制目的二分論は、職業の自由に関する基本的な思考の型として、いまなお有効であると考えられる[22]。

第2に、本稿では「規制緩和」の事例を扱ったが、「規制強化」の事例、すなわち、ある事業について、警察許可（ないし自由放任）が公益事業許可へと転化する事案があることも、考えなければならない。これが現在、具体的に問題となりうるのは、電気通信事業法に「あまねく日本全国における提供が確保されるべき」と規定されているユニバーサル・サービスの制度の見直しである。同制度は基本的に、社会的格差に結びつくおそれのある、国民生活に不可欠な情報通信サービスに係る格差の発生防止を目標としている[23]。このように聞くと、いまの若い学生ならば、「そういえば、お年寄りが新型コロナワクチン接種の予約をスマホでできなくて問題になっていたな」などというかもしれないし、LINE、Facebook や X（旧 Twitter）などの各種 SNS を思い浮かべるかもしれない。いずれにせよ、すぐに思いつくのは「スマホ」、「ネット」、「文字・映像」の情報だろう。しかし、現在、ユニバーサル・サービスとして実際に想定されているのは、基本的に、加入電話（光 IP 電話を含む）、公衆電話、緊急通報（110 番・118 番・119 番）の電話サービス

---

22) 最高裁は近時、視覚障害者であるあん摩マッサージ指圧師の生計の維持が著しく困難とならないようにするため必要があると認めるとき、視覚障害者以外の者を教育し、または養成するあん摩マッサージ指圧師に係る養成施設等の認定をしないことができること等を定めるあん摩マッサージ指圧師、はり師、きゅう師等に関する法律の附則 19 条 1 項が憲法 22 条 1 項に違反しないと判断した（最判令和 4・2・7 民集 76 巻 2 号 101 頁）。この判決では、積極・消極の規制目的二分論に直接の言及こそされていないものの、問題となった規定が「障害のために従事し得る職業が限られるなどして経済的弱者の立場にある視覚障害がある者を保護するという目的」を有することを合憲判断の 1 つの要素としているほか（傍点引用者）、判決理由の最後で「以上は、当裁判所大法廷判決……〔＝小売市場判決〕の趣旨に徴して明らか」としていることからも、規制目的二分論の基本的な発想は引き継がれていると評価できる。もっとも、同判決については、「社会福祉、社会経済、国家財政等の国政全般からの総合的な政策判断」の必要性を説いている部分などは、酒類販売の免許制に関する最判平成 4・12・15 民集 46 巻 9 号 2829 頁の影響が見られるところであり、今後、より深い検討が必要であろう。

23) 曽我部真裕ほか『情報法概説〔第 2 版〕』（弘文堂、2019 年）164 頁［林秀弥執筆］を参照。

Unit 2-1　経済的自由

なのである（これらの事業では、約款の事前届出や公表、役務の提供が法律上、義務づけられている）。これに対して、いまや日常生活に必須ともいえるGoogle の検索サービスや各種の SNS 事業について、現状、同じような規制は採られていない。時代とともに、生活必需の不可欠なサービスが何であるかは変化する。それとともに、インターネットやプラットフォーム事業者などの新たなアクターが「公益事業」の担い手として規制を受けることもありうるのである。

Unit 2-2　経済的自由
営業・職業の規制手法と行政法学

鵜澤　剛

1　営業・職業の自由を規制する法律

　「営業」という言葉を題名にもつ法律は、実はあまり多くない[1]。大抵の場合、「○○事業法」とか「○○業法」といった題名である。しかしいずれにせよ、これらの法律が憲法的には「営業の自由」を規制するものであることは論をまたない。

　他方で、弁護士法や医師法など、一定の業務を行うのに資格を要求する法律が存在する。「職業」と「営業」をどのように使い分けるかは憲法学における1つの論点であるが[2]、これらの法律は、「営業」とは区別された意味の狭義の「職業」を（も）規制する法律であるということができよう。

　本稿は、このうち主として前者を念頭に置いて、営業を規制する法律を考察するために、伝統的行政法学がどのような道具立てを提供してきたのかを振り返り、さらにこうした道具立てが今日どのような意味をもっているのか（あるいはもちうるのか）を明らかにしようとするものである。

1）　2022年4月時点で、「鉄道営業法（明治33年法律第65号）」、「風俗営業等の規制及び業務の適正化等に関する法律（昭和23年法律第122号）」（いわゆる風営法）、「古物営業法（昭和24年法律第108号）」、「質屋営業法（昭和25年法律第158号）」、「生活衛生関係営業の運営の適正化及び振興に関する法律（昭和32年法律第164号）」の5つのみである。

2）　渋谷秀樹『憲法〔第3版〕』（有斐閣、2017年）295頁。

2 営業許可と公企業の特許

営業の規制について行政法学が伝統的に用意してきた道具立てとしては、Unit 2-1 栗島論文（本書 45 頁）でも言及されていた、営業許可と公企業の特許の区別がある。伝統的学説によれば、「許可」とは「一般的な禁止（不作為義務）を特定の場合に解除し、適法に一定の行為をすることをえしめる行為」をいい、「何らの権利を設定するものではなく、単に不作義務を解除するに止まる」と説明される[3]。また、「自由を回復する行為」、より詳細には「自然の自由[4]」あるいは「私人が本来有している自由[5]」を回復する行為とも説明される。これに対し、「特許」は「権利能力・行為能力・特定の権利又は包括的な法律関係を設定する行為[6]」とされ、特に「公企業の特許」に関しては、「国家が自己の権利として保留せる一定の事業を経営する権利を他の者に付与する行為[7]」と説明されてきた。「営業許可」との区別を際立たせるために、「通常の営業許可の場合には私人が本来有している営業の自由が回復されるのであるのに対し、公企業についてはその経営権は本来国家が独占しており、私人にはこれらの企業を経営する自由は本来的に無く、「公企業の特許」とはこのような特権を特定の私人に賦与するもの[8]」とも説明される。また、許可は命令的行為、すなわち「私人が（事実として）ある行動をすることしないこと自体を規制する結果をもたらす行政行為」であるのに対し、特許は形成的行為、すなわち「私人が行う行動の法的効果を左右する結果を伴う行政行為」に分類されてきた[9]。

このような伝統的な「営業許可」と「公企業の特許」の区別は、今日の行政法学においてはあまり評判がよくないが、その最たる理由は、栗島論文で

---

3) 田中二郎『新版 行政法 上巻〔全訂第 2 版〕』（弘文堂、1974 年）122 頁。

4) 美濃部達吉『日本行政法 上巻』（有斐閣、1940 年）208 頁。

5) 田中・前掲注 3) 125 頁。藤田宙靖『新版 行政法総論[上]』（青林書院、2020 年）219 頁。

6) 田中・前掲注 3) 123 頁。

7) 美濃部達吉『日本行政法 下巻』（有斐閣、1940 年）647 頁。

8) 藤田・前掲注 5) 217 頁。

も指摘されているように、「国家の公企業独占」という考え方にあるといってよい[10]。たしかに、伝統的学説においては、「命令的行為が人の自然の自由を拘束し又は其の拘束を除くことに付いての効果を内容とする行為」であるのに対し、形成的行為は「人の自然には有しない法律上の力の形成に関する効果を其の内容とする行為である[11]」というように、「許可」と「特許」の区別は人が自然的に有しているかどうかによって決まるかのごとき説明もされている[12]。しかし、伝統的学説においても、何を公企業として国家が独占すべきものとするかは、立法政策の問題であるとされていたことを見逃してはならない。すなわち、「国又は公共団体の経営する事業でも、別段の法律の定めの無い限りは、原則として其の独占に属するものではなく各人は自由にこれと同種の事業を経営し得るのであるが、唯事業の性質が自由競争に適せず、或は国家のみにこれを独占し、或は国家の特別の監督の下に国家の特許を受けた者のみをしてこれを経営せしむることを適当とすべきものに在りては、法律の特別の定めに依り、これを各人の営業の自由の外に置き、其の事業の経営を国家の権利に専属せしめて居るものが有る」とされていたのである[13]。営業許可と公企業の特許の区別は、伝統的学説においても、「憲

---

9) 美濃部・前掲注4) 205頁・210頁、田中・前掲注3) 126頁。命令的行為、形成的行為の定義は、藤田・前掲注5) 205頁から引用した。命令的行為と形成的行為の区別は、今日権利論の分野などでも参照される行為規範と権限規範の区別に対応するものである。憲法上の権利論への応用例として、新正幸『憲法訴訟論〔第2版〕』(信山社、2010年) 181頁以下。国家賠償法1条1項への応用例として、神橋一彦『行政判例と法理論』(信山社、2020年) 191頁以下。

10) 藤田・前掲注5) 217頁以下。

11) 美濃部・前掲注4) 210頁。

12) このような「自然の自由」と「自然の自由に対する何らかの付加物」の区別は、有名なイェリネックの公権論 (*Georg Jellinek*, System der subjektiven öffentlichen Rechte, 2.Aufl., 1905.) にも顕著に見られるものであるが、これに対する批判として、*Hans Kelsen*, Hauptprobleme der Staatsrechtslehre, 2.Aufl., 1923, S.637, 651f.

13) 美濃部・前掲注7) 603頁。「公企業」も特許によって私人に経営させることがあるのであれば、国家自身も経営するが、独占はせずに私人も経営し得る事業 (このような事業も法律により何らかの規制を受けていることは容易に想定される) と、国家が独占するという建前のもとに特許により私人に行わせている事業とを、どのように区別するかという問題が生ずるが、美濃部においてもこの点は明らかではない。伝統的学説においても、公企業の特許と営業許可の区別は理念的なものにすぎず、実際にはその区別は相対的・連続的なものにすぎなかったという可能性もある。

Unit 2-2 経済的自由

法上ないし自然法上の問題[14]」として決定されるものではなかったのである。「公企業の特許」に批判的な戦後の学説においても、「公益事業には法制度上、公共の安全の維持という消極的目的だけでなく国民の生活配慮という積極的視点から一般の自由営業とは異なった、きびしい規制（たとえば、参入規制など）が課される」ことは否定できないとされる[15]。そもそも戦前の学説においても「営業許可」と「公企業の特許」の区別は立法政策の問題であったのならば、問題の核心は、それぞれはどのような立法政策に基づいているのか、そしてその規制手法にどのような特徴があるのか、ということでなければならないだろう[16]。

3　立法目的およびその達成手段における特徴

立法目的に関しては、許可規制は消極目的であるのに対し、特許規制は積極目的であると説かれてきた。あるいは、上記の美濃部の論述にも表れているように、「公企業の特許」は自由競争に適さない事業とも言われる。もっとも、「営業許可」においても全く自由というわけではなく、法令の規制を受けていることは当然である。そうすると、「営業許可」と「公企業の特許」の違いは、何らかの公益を害しさえしなければ[17] あとは放任という態度で規制に臨むか、それとも公益の維持・増進のためにより積極的に経営に介入していくかの違いであるといえよう。

以上のような規制の態度、国家がその事業に対してもつ関心の違いが、条文上にどのように反映されるかを見ていこう。「公企業の特許」規制に特徴

---

14)　藤田・前掲注 5) 219 頁。

15)　原田尚彦『行政法要論〔全訂第 7 版補訂 2 版〕』（学陽書房、2012 年）173 頁。

16)　小早川光郎は「許可」や「特許」などの伝統的概念を「行政作用の法的仕組み」の違いとして類型化している（同『行政法(上)』〔弘文堂、1999 年〕185 頁以下、特に 197-205 頁）。

17)　どのような利益を、消極目的規制における害されてはならない公益と位置づけるかも立法政策の問題であり、たとえば都市計画法 29 条 1 項の開発行為の許可規制も、都市の健全な発達と秩序ある整備に対する支障を防止するための消極目的規制ということができる。参照、鵜澤剛「ストロングライフ事件」法教 447 号（2017 年）21 頁、同「行政裁量と考慮事項──行政訴訟における要件事実・序説」金沢法学 64 巻 2 号（2022 年）47 頁。

56

的に見られる規定として、まず、許可を受けた事業の開始・継続義務を定めるものが挙げられる。たとえば、電気事業法2条8号にいう一般送配電事業[18]については、同法3条でその経営に経済産業大臣の許可が要求されている一方で、7条1項で、経済産業大臣が指定する期間内に、事業を開始しなければならないとされる[19]とともに、14条で事業の休止・廃止や事業者の解散にも経済産業大臣の許可が要求されている。社会公共にとって不可欠な事業であるから勝手にやめられては困るという国家の関心を表したものといえる。

公企業の特許においては「特許企業者は其の特許せられた事業を経営する権利を有すると共に其の経営の義務を負ふ」と説かれる[20]のと対照的に、講学上の許可においては、自動車の運転免許が典型であるが、許可を受けたからといって必ずしもその行為をしなければならないというわけではない。もっとも、一般送配電事業の場合のような規定がないかというと、そういうわけでもない。たとえば、風営法8条3号は、正当な事由がないのに、許可を受けてから6か月以内に営業を開始せず、または引き続き6か月以上営業を休止し、現に営業を営んでいないことを許可の取消事由としている。しかし、このような規制は、一般送配電事業の場合のように、その営業が公益上不可欠であるからという理由で課せられたものではない。そうではなく、営業をしていないのに許可証だけ有している者は許可証を悪用する可能性がある等の理由に基づくものであり、あくまでも消極目的からのものであると考えら

---

18) 「一般送配電事業」は、平成26年法律第72号による電気事業法改正（平成28年4月施行）において設けられた電気事業の類型である。同改正は、送配電分離（発電事業と送配電事業を分離すること）および電力小売の自由化の一環として、電気事業者を、発電事業者、一般送配電事業者、小売電気事業者の3つに類型化した。一般送配電事業者の役割は、小売電気事業者の委託を受けて、発電事業者が発電した電気を、小売電気事業者の顧客に送り届けることにある。発電および小売の分野は自由化されており、多数の事業者が競争関係にあるが、一般送配電事業者は地域独占事業であり、全ての発電事業者・小売電気事業者に対して公平に送配電サービスを提供する義務がある。こうした提供義務も、特許事業の特徴の1つである。もっとも、提供義務の存在は、今日特許事業としての性格を有さず自由競争に委ねられている事業に関しても見られる（たとえば、旅館業法5条）。

19) その違反は、15条1項で、許可の取消事由とされている。

20) 美濃部・前掲注7) 661頁。

Unit 2-2　経済的自由

れる。結局、ここで重要なのは、許可を受けた事業を行っていないことに対して不利益を課する規定の有無ではなく、その規定が公益のために積極的に事業の開始・継続の義務を課したものと解されるかどうかである[21]。

　また、公企業の特許においては、その事業が公益上不可欠な事業であるからこそ認められる特別な法的地位が付与されることがある。たとえば、一般送配電事業に関していうと、土地収用法3条17号で「土地を収用し、又は使用することができる公共の利益となる事業」の1つとして掲げられており、電気事業法3条1項の許可を受けることにより、土地収用法の定める手続に従って土地を収用・使用することができるという特別な法的地位が手に入ることになる。風営法上の風俗営業や食品衛生法上の飲食店営業のような典型的な許可事業に、このような法的地位が認められていないことはいうまでもない。他方で、鉄道事業法上の鉄道事業や道路運送法上の道路運送事業については、後述のように、規制緩和により需給調整規制が廃止されるなど、自由化されている面があるが、土地収用法3条の掲げる土地の収用・使用ができる事業として、7号で鉄道事業が、9号で路線定期運行の乗合バス事業が列挙されており、公共事業としての位置づけが維持されている。前述のように、伝統的行政法学においては、営業許可が命令的行為であるのに対し、公企業の特許は形成的行為であると説明されてきたが、その形成的効果はこのような点に見出すことができる。

　他方で、公企業の特許の「形成的」性格は、国家が独占している公企業の経営権を付与する点、しかもその経営権は独占的性格を有する点に求められてきた。このことは、立法上は、許可基準における需給調整規制として表れる。一般送配電事業の許可でいえば、電気事業法5条5号の「その一般送配電事業の開始によつてその供給区域の全部又は一部について一般送配電事業の用に供する電気工作物が著しく過剰とならないこと」という規定が、典型

---

21)　藤田・前掲注5) 231頁は、「理論的にいえば、このような特別の義務〔事業開始義務——鵜澤注〕は何も『公企業の特許』のケースに限られず、典型的な『許可』の場合であっても、法令が定め得るところ」であるとするが、積極的に事業開始義務を課すものかどうかは解釈問題であることを看過しているように思われる。

的な過剰供給を抑制する規定である。また、同条1号の「その一般送配電事業の開始がその供給区域における需要に適合すること」という規定は、すでに需要が満たされている場合に新規参入を妨げるという点で、需給調整機能を営むといえる。もっとも、このような需給調整規制は、今日の規制緩和の流れの中で、次々と廃止されつつある。いずれにせよ、伝統的学説は、特許が独占的経営権を付与することをもって、形成的行為と性質決定してきたわけであるが、いうところの独占的経営権は、このような許可基準の運用によって事実上確保されるにすぎないものであり、形成的行為の定義にいう観念的な権利や法的地位を設定する行為と呼ぶにふさわしいものかは疑問が残る[22]。

　需給調整規制のほかに、公企業の特許における許可基準として特徴的な規定としては、先に言及した電気事業法5条1号もそうであるが、当該事業の開始の公益上の必要性を問うものがある。また、その事業が社会公共にとって不可欠なサービスを提供するものであるという性格上、その事業を適確に遂行するに足りる諸々の能力を要求するものがある。一般送配電事業の許可でいえば、電気事業法5条2号の「その一般送配電事業を適確に遂行するに足りる経理的基礎及び技術的能力があること」という許可基準がそれである。前述のように、需給調整規制は廃止される傾向にあるが、その場合でも申請者の能力を問う許可基準は残されている。たとえば、道路運送法6条3号の「当該事業を自ら適確に遂行するに足る能力を有するものであること」という規定がそれである。

　「公企業の特許」の許可基準が申請者の能力を積極的に問い、適格者を選ぼうとするものであるのとは対照的に、「営業許可」における許可基準は不

---

22)　実際、美濃部・前掲注7）650-651頁は「国家事業たるが為めには、必然に公共的の性質を有すと認むべき事業であり、且つ事実上に独占的傾向を有するものでなければならぬ」と述べており、特許によって付与される独占的地位が事実上のものにすぎないことを示唆しており、さらに、同661頁では、「特許企業権」について、「法律上の意義に於いての独占権ではなく、第三者に対する排他的禁止的の効力を有するものではない」とし、「勿論、特許企業は実際上は概ね或る程度に独占的傾向を有するものであるが、それは唯法の反射としての事実上の独占たるに止まり、権利として主張し得べきものではなく」と明言されている。

Unit 2-2 経済的自由

適格者を排除しようとするものである。風営法4条1項は人的な欠格事由を定めるものであるし、同条2項は営業所についてふさわしくないものを排除する規定である。

　以上、「公企業の特許」と「営業許可」の条文上における具体的な相違点を整理してきたが、こうしてみてくると、伝統的学説において説かれてきた、許可は命令的行為であるのに対して特許は形成的行為であるとか、許可は自然の自由の回復であるのに対して、特許は自然には有しない権利等を設定するものであるというような論述は、いかにも大雑把で精密性を欠いていることがわかる。公企業の特許においても、その事業を行うには行政庁の許可を受けなければならないとする条文が必ず置かれており、この点では命令的行為である。また、事業の開始・継続の義務付けも、命令的行為として行われることである。独占的経営権と呼ばれるものも、許可基準の運用によって事実上保障されるものにすぎず、観念的な権利や法的地位ではないのではないかという疑問が拭えない。しかし、土地収用法3条の掲げる土地の収用・使用が可能な事業というような、公益にとって必要な事業であるからこそ認められる観念的な法的地位の設定という側面があるのは確かである。精確にいえば、公企業の特許は、このような命令的行為と形成的行為の複合体と捉えるべきものであろう。他方で、営業許可においては、その営業の開始・継続の積極的な義務付けはないし、土地を収用・使用できる事業というような特別な法的地位の設定もない。形成的効果がないという点で許可は純粋な命令的行為といえる。また、自由とは義務の不存在であり、許可によって不作為義務が解除されるだけでなく、作為義務（開始・継続義務）も課されないという意味では、許可は正しく自由の回復といえるであろう[23]。

4　規制緩和と公益事業──道路運送事業を中心に

　かつては「公企業の特許」とされていた鉄道事業や道路運送事業も、現在

---

23)　以上について、森田寛二「許可・公企業の特許などの合理的再構成(上)(下)」自治研究78巻7号（2002年）22頁、78巻8号（2002年）3頁。

では需給調整規制が廃止されているが、しかしその一方で土地収用が可能な事業には位置づけられているように、「公企業の特許」と「営業許可」の間には中間的な領域が横たわり、また、時代状況により、その間を揺れ動いている。伝統的学説が、ある事業を「公企業」とするかどうかは立法政策の問題としてきたことはすでに見たが、このような規制の変遷は、この問題が基本的に立法政策の問題であることを如実に物語っている。

しかし他方で、このような規制目的の設定の問題が、完全に立法政策に委ねられるのか、それとも何らかの限界があるのかは、検討の必要がある。たとえば、この規制緩和の流れの中では現実的でない想定だが、飲食店営業のようなものにまで「公企業の特許」的規制を施すことはさすがに違憲ではないかと思われる。逆に、電気事業や水道事業を完全に自由競争に委ねることまで憲法上許容されるかも、考えてみなければならないだろう。電気事業は、平成26年の電気事業法改正で、小売と発電の分野は自由化されたが、送電・配電の分野は地域独占が維持されている[24]。水道事業も、平成30年の水道法改正で、民営化が容認されたが、民間資金等の活用による公共施設等の整備等の促進に関する法律（いわゆるPFI法）による公共施設等運営権の設定の方法[25]が採られており、その地位は独占的なものである[26]。我々の社会生活にとって不可欠なインフラを提供する公益事業について、どこまで規制緩和・自由化が可能かは、生存権あるいは社会権保障という観点からみても、無視できない問題であるように思われる。

Unit 2-1 栗島論文（本書47頁）でも具体例として取り上げられていたタクシー事業は、しばしば、特許制から許可制へと移行したと説明される[27]。たしかに、現行の道路運送法が、需給調整規制を廃止し、「輸送の安全」を主たる目的

---

24) 平成26年改正については前掲注18）も参照。また、より詳細には、友岡史仁『経済行政法の実践的研究』（信山社、2022年）186頁以下。

25) 友岡・前掲注24）787頁以下、特に民営化の具体的手法に関して105頁以下。

26) 公共施設等運営権の設定を受けた選定事業者は、指定された期間内に当該公共施設等運営事業を開始する義務を負う（PFI法21条1項）。PFI法8条1項による民間事業者の選定は抗告訴訟の対象となる処分であり、民間事業者の選定は、全く異なる起源をもつ法制度であるが、「公企業の特許」と親近性があるということもできる。

27) 原田・前掲注15）170頁。

Unit 2-2 経済的自由

とした規制を敷いていることは確かである。しかし、後述のように、道路運送法の規制を全て「輸送の安全」という目的に解消するのはいささか乱暴であろう。また、道路運送法は、タクシー事業（一般乗用旅客自動車運送事業）と並んで、乗合バス（一般乗合旅客自動車運送事業）および貸切バス（一般貸切旅客自動車運送事業）の3つを、「一般旅客自動車運送事業」という類型にまとめて規制しているが、それぞれが公共交通機関として有する意義が異なるのは言うまでもなく、これらに対する規制が全く同一であるはずもない。

許可を受ける段階、つまり参入段階では、たしかに道路運送法上は、許可基準はタクシー事業か乗合バス事業かで特に区別はなく、一般旅客自動車運送事業として同一の基準が適用される。しかし、路線定期運行の乗合バスについては、「一般乗合旅客自動車運送事業の許可及び事業計画変更認可申請等の審査基準について」（平成13年12月27日公示）において、事業計画が「クリームスキミング的運行を前提とするものでないこと」が定められている（1.(3)⑦）。クリームスキミング的運行とは、既存のバス事業者がすでに運行している路線に新規参入する場合に、当該路線の通勤・通学時間帯など需要の多いピーク時間帯のみを狙って参入することをいい、「一般乗合旅客自動車運送事業の運行計画の届出等の処理要領について」（平成13年9月27日付け国自旅第90号）において、道路運送法30条1項で禁止される「公衆の利便を阻害する行為」の1つとして挙げられているものである[28]。

また、路線の休止・廃止、さらに事業そのものの休止・廃止は、届出により行うことができることとされているものの（同法15条の2第1項、38条2項）、届け出てから休廃止まで6か月を空けなければならず、地域協議会（関係地方公共団体の長等から構成される地域住民の生活に必要な旅客輸送の確保に関する協議会）における協議が調った場合に、その期間が30日に短縮される（同法15条の2第1項、38条2項、同法施行規則15条の4第2号、25条2項）。

---

[28] 現行の道路運送法においては、運行回数や運行時刻は事業計画の記載事項から運行計画の記載事項となり、その設定・変更は認可制から届出制となった（15条の3）。そこで、クリームスキミング的運行を「旅客の利便を阻害している事実」（31条柱書き）と位置づけ、運行計画の改善命令の対象としているわけであるが（同条1号）、許可段階においても、事業計画がクリームスキミング的運行を前提とする場合には不許可とすることとしているわけである。

営業・職業の規制手法と行政法学

　実際のところ、特に地方部における路線バス事業がかなり苦しい経営状況に置かれていることは周知のとおりである[29]。地方バス路線の運行については、地方公共団体がバス事業者に車両購入費や運行赤字の補助を行った場合、80％の特別交付税措置があるが、その交付額は毎年増加傾向にある[30]。また、平成19年には「地域公共交通の活性化及び再生に関する法律」（地域公共交通活性化再生法）が施行され、地方公共団体が作成する「地域公共交通計画」のもと、様々な施策が行われているところである。さらに、令和2年には「地域における一般乗合旅客自動車運送事業及び銀行業に係る基盤的なサービスの提供の維持を図るための私的独占の禁止及び公正取引の確保に関する法律の特例に関する法律」（独占禁止法特例法）が施行され、地域の乗合バス事業者や地域銀行が主務大臣の認可を受けて行う合併等や、乗合バス事業者が国土交通大臣の認可を受けて行う共同経営について、独禁法の適用除外とする制度が開始された。同法1条の目的規定に掲げられているように、この制度は、これらの事業者の提供するサービスが「国民生活及び経済活動の基盤となるもの」にかんがみて導入されたもので、その「経営力の強化、生産性の向上等を通じて、将来にわたって当該サービスの提供の維持を図ることにより、地域経済の活性化及び地域住民の生活の向上を図」ることを目的としている。このように、乗合バス事業については、道路運送法においては規制緩和が進む一方で、特に地方部におけるサービスの提供を維持するための様々な取組みがされている状況にあるといえる。

　これに対し、タクシー事業に対しては、「特定地域及び準特定地域における一般乗用旅客自動車運送事業の適正化及び活性化に関する特別措置法」（タクシー適正化・活性化法）のもと、逆に都市部における競争を抑制するための施策がとられている。特定地域および準特定地域の指定は、それぞれ「供給過剰であると認める場合」、「供給過剰となるおそれがあると認める場合」

---

29)　国土交通省自動車局資料によれば、平成30年度における乗合バス事業の収支は全体で約5％の赤字構造にあり、地方部では15％程度の赤字とされる。

30)　総務省資料によれば、平成21年度（約466億円）から令和元年度（約722億円）までの10年間で約55％増加している。

63

Unit 2-2　経済的自由

にされるものである。平成 25 年法律第 83 号により改正された現行法におい
ては、14 条の 2 で特定地域における新規参入が、14 条の 3 で増車が一律禁
止されるに至っている[31]。また、特定地域および準特定地域では公定幅運賃
が設定され、下限割れには変更命令が発せられる（16 条 1 項、16 条の 4 第 2 項・
3 項）。さらに、「一般乗用旅客自動車運送事業者に対する行政処分等の基準
について」（平成 21 年 9 月 29 日付け国自安第 60 号、国自旅第 128 号、国自整第
54 号）という通達レベルにおいてであるが、特定地域、準特定地域における
一定の違反に対する行政処分を加重し、あるいは減車した事業者に対する行
政処分を軽減する措置が採られている。

　道路運送法は、30 条 1 項で「公衆の利便を阻害する行為」を禁止し、同
条 2 項で「一般旅客自動車運送事業の健全な発達を阻害する結果を生ずるよ
うな競争」を禁止しているように、単純に「輸送の安全」のみを志向してい
るわけではない。しかし、同法のみでは、一方で地方部における乗合バス事
業の経営悪化に、また一方で都市部におけるタクシー事業の競争の激化に対
応できず、特別法や実際の運用で取り繕っているのが現状と言える。しかし
このような状況が恒常化するならば（すでに恒常化しているようにも思われるが）、
道路運送法で需給調整規制を廃止し、規制は輸送の安全等の観点からの最小
限にとどめ、サービスの質・量は事業者の自主的な経営判断に委ねることと
したことの意味そのものが問われることになろう[32]。

　近年、タクシー事業者に対する行政処分をめぐって各地で訴訟が頻発して
おり、行政側に不利な判決も少なからず出されていることは Unit 2-2 栗島
論文（本書 49 頁）でも触れられているとおりである[33]。これらの事案は全て
都市部において、タクシー適正化・活性化法のもとで生じたものであり、そ

---

31)　平成 25 年改正法以前は、一律の禁止ではなく、厳格化にすぎなかった。友岡・前掲注 24)
　58 頁は、「道路運送法 15 条 2 項において認められた届出制に対し事前に抑制する機能を果たす
　という意味において、平成 12 年改正法［需給調整規制を廃止し、営業所ごとに配置する事業用
　自動車の数等については届出制とした──鵜澤注］に伴うタクシーの総量的規制の緩和が、ここ
　で明確に改められた」と捉えている。
32)　独占禁止法特例法は、附則で、「10 年以内に廃止するものとする」と定められている。しかし、
　その 10 年の間に地方部のバス事業者が置かれている状況が改善するかどうかは怪しいところで
　あろう。

64

の具体的分野は、運賃規制や乗務距離規制、増車したことを理由として加重された不利益処分など様々であるが、いずれも「輸送の安全」という目的との関係で手段の適切さが問われた点は共通している。

　一般に、憲法学では、消極目的規制については厳格な合理性の審査が、積極目的規制については合理性の審査が用いられるべきとされ、目的二分論と呼ばれている[34]。また、行政法学においても、営業許可においては行政庁の裁量の余地が狭く、公企業の特許においては裁量の余地が広いとされてきた[35]。もっとも、このような学説に対しては、今日、憲法学・行政法学双方において疑問が投げかけられているところである。

　ごくごく一般的に言えば、消極目的規制は「制約対象行為自体が除去されるべき弊害をもたらすところから、その行為を制約すること自体が制約利益になる」ため、比例原則による審査に馴染みやすいのに対し、積極目的規制においては「その行為を制約する事自体が制約利益ではなく、他に制約利益があり、これを実現するための一つの手段としてその行為を制約する」のであり、「対象行為を制約することのほかに制約利益があり、替え得る代替手段の範囲……が広い」から、より裁量を認めやすいとは言える[36]。しかし、これもあくまで傾向的なものにすぎず、実際の審査の密度はそれ以外にも多様な要素が絡んでいる。

　たとえばタクシーの運賃規制について言えば、その運賃設定により「不当な競争を引き起こすおそれ」（道路運送法9条6項3号、タクシー適正化・活性化法16条2項3号）があるかどうかは、市場全体への影響など、不確実な将来への予測を不可欠とし、多かれ少なかれ行政庁の裁量の余地を認めざるをえない[37]。他方で、乗合バス事業に関する独占禁止法特例法は積極目的の立法例であるが、積極目的だからといって必ずしも比例原則が妥当しないわけではない。そもそも同法は基本的に事業者に有利な措置を定めるものである

---

33)　もっとも、これらの事例は平成25年改正以前のタクシー適正化・活性化法のもとで生じたものであり、平成25年改正で規制強化の方向に舵を切っていることに注意すべきである。

34)　芦部信喜（高橋和之補訂）『憲法〔第8版〕』（岩波書店、2023年）247頁以下。

35)　原田・前掲注15）173頁。

36)　香城敏麿『憲法解釈の法理』（信山社、2004年）29-30頁。

Unit 2-2　経済的自由

から、事業者側が提起する争訟があまり想定できないが、たとえば、共同経営に関する協定締結の認可基準に適合しなくなった場合にされる適合命令（15条1項）をめぐって争訟が提起されることは考えられる。問題となる認可基準としては、①共同経営により、基盤的サービスに係る事業の改善が見込まれるとともに、その改善に応じ、計画区域内において当該基盤的サービスの提供の維持が図られること（11条1項2号）、②地域公共交通活性化再生法の基本方針に照らして適切なものであること（同項3号）、③利用者に対して不当な不利益を生ずるおそれがあると認められないこと（同項4号）、④計画区域内における基盤的サービスの提供の維持を図るために必要な限度を超えない範囲内のものであること（同項5号）があるが、適合命令が適法かどうかは、適合命令の内容がこうした目的からみて必要で相当なものであるかどうかによって決せられることであり、必要性あるいは相当性が認められなければ端的に違法になるはずである。

　重要なのは、手段が目的に見合ったものであるかどうかである。そして、消極目的規制における具体的「目的」と積極目的規制におけるそれとは当然に異なるわけであるから、そうした具体的「目的」との関係で必要かつ相当な手段かどうかの検討内容もおのずと異なるはずである。漠然と、消極目的規制と積極目的規制とを比較して、前者のほうが裁判所の審査が厳格になるとか、違憲・違法になりやすいとか論じることに、あまり意味があるとは思われない。また、実際の規制目的は、1条の目的規定に示されているようなものに尽きるわけではなく、より複雑であることにも留意すべきであろう。

5　許可と特許の区別の現代的意味

　かつて「公企業の特許」の典型の1つとされた鉄道事業は、世界的に見て

---

37)　大阪地判平成21・9・25判時2071号20頁に関する横田明美「判批」自治研究87巻6号（2011年）108頁。この点に関する裁判例を、行政庁の「予測力」に対する司法審査において、行政庁に対して最小限の予測力を期待する（あとは事業者の自主的判断を尊重する）か（最小限予測力期待審査）、最大限の予測力を期待するか（最大限予測力期待審査）という観点から分析するものとして、友岡・前掲注24)　71頁以下。

も、実際に国がみずから運営してきた時期があり、また国によっては現在でも国営であり、民間事業者が行う場合にも独占的地位が認められるのが常であったが、黎明期においてはむしろ中小の民間事業者が乱立し、その投機的活動が鉄道網の発展を促した。すでに鉄道が実用化されて久しい欧米からその技術を輸入した日本においても、当初は官設官営を基本方針としていたものの、政府の財政難（西南戦争のための多額の戦費支出が大きな要因とされる）のために方針転換し、私有資本を用いた鉄道建設が進んだ。全国的な鉄道網を官設鉄道に一元化し、私鉄は地域輸送のみに限定されたのは、1906年（明治39年）の鉄道国有法の制定以降のことである。かつて「公企業の特許」とされた事業も、当初は民間事業者の自由な経済活動の中から発展し、これを国家が回収するという経過を辿っていたのである。

　Unit 1 で扱われた「公の施設」は、Unit 1-1 櫻井論文の表題が示すとおり「表現の場」の提供、それも国や地方公共団体が提供する「表現の場」であった。一方で、今日の我々の生活において、これらに劣らず「表現の場」として重要となってきているのが、各種 SNS やブログサービス、note などのオンラインのメディアプラットフォームである。これらはまさに、鉄道事業と同様、民間事業者の提供する公共サービスともいえる。近年、「公の施設」におけるヘイトスピーチの規制が問題となっているが、他方、SNS 等におけるヘイトスピーチ、あるいは誹謗中傷に対する対応も様々に議論されているところである。賛否はともあれ、民間事業者が提供するものであるから、全て自由という論理は、もはや成り立たないであろう[38]。「公企業の特許」は、民間事業者の提供する公共サービスを規制する伝統的枠組みであったのであり、そのようなものとして捉え直し、再評価する時期が来ているように思われる。

---

38)　曽我部真裕「表現の自由(4)　インターネットがもたらした変容」法教 492 号（2021 年）59 頁は、表現の自由を守るためにも国家の介入が要請されると説く。

Unit 3-1　平等原則

行政法における平等原則
──法の一般原則としての意義を中心に

神橋一彦

1　はじめに

「平等」というテーマは、憲法はもちろん、行政法においてもさまざまな形で論じられる[1]。Unit 3 ではこの平等の問題を扱うことにするが、まず最初に行政法の観点から考察を行うことにしよう。

(1)　法の一般原則としての平等原則

そもそも「平等」ないし「等しきものは等しく扱え」とは、具体的にどういうことをいうのか──このこと自体、1 つの根源的な問題である。しかし、さしあたり憲法典（日本国憲法）には平等についての規定（14 条）があるから、憲法の方では、それを前提にして、授業や教科書でも平等が 1 つのテーマ（章）として取り上げられている。これに対して行政法において、平等は「行政上の法の一般原則」（以下、「法の一般原則」という）の中の 1 つ（平等原則）として、比較的あっさりと触れられているにとどまる。

すなわち、この法の一般原則は、行政法の教科書の最初の方に出てくる「行政法の法源」（法の存在形式）の説明の中で、法源の 1 つとして位置づけられているものであるが、そこでは、行政法の法源には「成文法源」と「不文法源」があるとした上で、法の一般原則は、この平等原則も含め、不文法源の中に分類されている[2]。もっとも、行政法においても、平等原則が憲法 14

---

1)　本稿では、基本的に私人（国民）が、国家（国・地方公共団体）に対して（他の私人との関係で）平等な取扱いを要求する場面に考察を限定する。

条を根拠とするものであることについて、特に異論があるわけではない。そうだとすると、成文法源の中に「憲法」があるのに、なぜそこに分類されず、不文法源である法の一般原則の中で論じられるのか、という疑問が生ずることになる。

　このことについて少し考えてみると、さしあたり次のようにいえるであろう。すなわち、行政法の分野では、法源としては、基本的に（憲法より下位の国内法である）法律や条例などが中心となり、憲法が行政活動を直接に規律することは余り多くない。もっとも、憲法による規律が全くないわけではなく、例えば、行政手続については、憲法31条などがかかわってくるし、損失補償請求権については、憲法29条3項が直接の根拠になることも考えられる。したがって、そういった場合においては、特定の事項（行政手続なり財産権）について、憲法が一定程度具体的な規律を及ぼしているといえる[3]。これに対して、平等原則は一定の「法」を基準とし、他者との比較において「等しく扱え」ということを求めるものであるから、それ自体、何か具体的に特定の規律の対象領域を持っているわけではない。すなわち、法の一般原則というときの「一般」とは、行政法の領域全般にわたって（領域横断的に・共通して）妥当するものという意味であろう。現に、法の一般原則として挙げられているその他の原則（法律による行政の原理、比例原則、行政手続上の諸原則、信義誠実の原則、信頼保護の原則、政府の説明責任の原則など）をみても、概ね行政法の領域全般にわたって問題となるものであり、個別の法的根拠もさまざまである[4]。したがって、平等の問題は、憲法においては、法（法律など）そのものの平等（法内容の平等——後述）が問われるため、違憲審査との関係で比較的詳細な議論がひとまとまりのものとしてなされるが、行政法の教科書などにおいては、一般的説明は最初の部分で簡潔なものにとどめ、

2）　行政法の法源のうち、成文法源としては、憲法、条約、法律、命令、条例・規則が挙げられ、不文法源としては、法の一般原則のほか、慣習法や判例法が挙げられる（塩野宏『行政法Ⅰ——行政法総論〔第6版・補訂版〕』〔有斐閣、2024年〕61頁以下）。
3）　この点については、**プロローグ**において、「憲法と行政法の規範構造」の違いとして説明したので参照していただきたい（本書5頁以下参照）。
4）　塩野・前掲注2）71頁。

Unit 3-1　平等原則

具体的には各個別論点（例えば、行政裁量）や各個別領域（行政法各論、租税法、社会保障法など）において論じられることになるのである[5]。

(2)　行政法における平等原則の意義

　平等に関する憲法的考察については、次の Unit 3-2 の栗島論文にゆずるが、「自由」と「平等」は、憲法の人権論でも枢要をなす概念である。本書 Unit 1 でも、市民会館など地方公共団体が設置する「公の施設」（地方自治法 244 条）の使用との関係で、その平等取扱い（同 2 項、3 項）が、集会の「自由」と密接不可分の関係にあることを論じた[6]。この例からみてもわかるように、現代の福祉国家においては、とりわけ給付行政との関係で、平等原則は、自由権やさらには生存権などとの関連で重要な意味をもっているし[7]、法律の規定そのものに平等原則の考え方が組み入れられている例もみられる[8]。また規制行政（各種営業活動に対する許認可や事業者に対する不利益処分など）の場面においても、平等原則（およびそれと表裏の関係にある例外的な取扱いの可否）が問題となるのである[9]。

---

5)　例えば、行政法総論の分野を扱った塩野・前掲注 2) の索引において「平等［取扱い］原則」の項をみると、法の一般原則のほか、法適用と公法・私法、委任立法権の行使、行政裁量、給付行政における契約、行政指導といった諸分野に関連していることがわかる（ⅴ頁）。

6)　Unit 1-1 櫻井論文 9 頁以下、Unit 1-2 神橋論文 22 頁以下参照。

7)　町が簡易水道事業給水条例を改正し、別荘に係る給水契約者の基本料金を別荘以外の給水契約者の 3.57 倍に改定したことについて、最高裁は、当該簡易水道事業の施設は地方自治法 244 条 1 項所定の「公の施設」に該当するとした上で、原告ら「住民に準ずる地位にある者」による公の施設の利用関係について、「当該公の施設の性質やこれらの者と当該普通地方公共団体との結び付きの程度等に照らし合理的な理由なく差別的取扱いをすること」は、同法 244 条 3 項に違反するとしている。そこでは、同項は、「憲法 14 条 1 項が保障する法の下の平等の原則を公の施設の利用関係につき具体的に規定したもの」としている（最判平成 18・7・14 民集 60 巻 6 号 2369 頁）。公の施設の利用関係が契約によって形成される例であるが（その他、水道法 15 条 1 項など）、行政契約についても平等取扱いが要請されることについては、大橋洋一『行政法 I ──現代行政過程論〔第 5 版〕』（有斐閣、2023 年）290 頁参照。

8)　行政関係法令において「平等」という用語が用いられている例として、国家公務員法 27 条、地方公務員法 13 条、生活保護法 2 条、男女共同参画社会基本法前文などがある。

9)　現代民主主義的福祉国家にあっては、民主主義的参加と福祉国家的配分との関係で、平等の保障が「体制正当化の鍵」を握っているということが指摘されている（棟居快行『人権論の新構成』〔信山社、1992 年〕114 頁）。

2 前提となる事項

最初に、本稿で取り上げる問題を考える際に前提となる憲法、行政法上の知識について整理しておこう。

(1) 憲法との関係——法内容の平等と法適用の平等

平等原則をめぐる（とりわけ憲法上の）論点は多岐にわたるが[10]、歴史的にも早い時期に論じられたのは、「法の下の平等」とは、(a)既に存在する法を平等に適用すること（法適用の平等）を意味するのか、それとも(b)それだけではなく、法の内容そのものの平等（法内容の平等）も含むのかという点である。憲法学の現在の通説は、(b)の考え方に立ち、憲法 14 条の「法の下の平等」は法内容の平等をも含むものと解し、それを前提に、平等原則違反の観点からの違憲審査が論じられてきたのである[11] [12]。

(2) 行政法との関係

これに対して、行政法との関係は、行政活動の形式（行為形式）に従って、(a)行政行為など個別的な行為と(b)行政立法とに大別し、(b)を法規命令（委任立法）と行政規則とに分けて考えることができる。

---

10) 憲法 14 条をめぐる論点を列挙したものとして、棟居・前掲注 9) 115 頁以下参照。

11) 渡辺康行ほか『憲法 I ——基本権〔第 2 版〕』（日本評論社、2023 年）137 頁以下［渡辺康行］参照。戦前において平等の問題全般を論じた文献として、柳瀬良幹「平等の原則に就て」同『行政法の基礎理論(1)』（清水弘文堂書房、1940 年）43 頁以下がある。今までの歴史的経緯をみると、旧憲法において平等原則を明示した規定は存在しなかったものの、文武官就任の平等（19 条）に平等の思想が表れているとされる（美濃部達吉『憲法講話』〔岩波文庫版、2018 年 = 原著は1918 年〕489 頁以下）。しかし、司法による違憲審査制も未確立の段階であったので、法内容の平等が実際に問題になる基盤がなかったといえる。その後の現行憲法制定時における憲法 14 条をめぐる議論については、木村草太『平等なき平等条項論——equal protection 条項と憲法 14 条1 項』（東京大学出版会、2008 年）5 頁以下参照。

12) 平等原則と平等権との区別については、その要否も含め、渡辺ほか・前掲注 11) 139 頁［渡辺康行］参照。

Unit 3-1 平等原則

① 行政行為など個別的・具体的な行為

行政法で問題となるのは、行政行為（行政庁の処分）など一般的規範（法令）を個別の事案に適用し、執行する行為であるが、そこで問題となる平等は、法適用の平等ということになる。

② 法規命令（委任立法）

行政活動の中にも、一般的な規範を定立する行為がある（行政立法）[13]。そのうち、法規（私人の権利義務に変動を及ぼす一般的規範であって、裁判規範として裁判所をも拘束するもの）[14]たる内容・効果を有するものを法規命令という。そしてそれは、法律の委任を受け、その内容や手続の詳細を具体化するため発せられることになる。もっとも、法規命令の制定は、法律の授権の範囲内で行われるものであるから、その内容が平等に反するとされる場合、それは、そもそも授権する法律そのものが平等に反しているか、そうでなければ、授権の趣旨や範囲を逸脱したものであるかのいずれかということになるであろう[15]。現に法規命令の違法性を審査する際には、授権を行った元の法律の趣旨・目的なども考慮しなければならないから[16]、単に他と比較して等しくないというだけでは、説得力のある論拠とはならない。したがって、法規命令について、法律において論じられるような法内容の平等が問題となる場面は、

---

13) 行政立法に関する全般的な説明としては、塩野・前掲注2）102頁以下参照。

14) 「法規」の概念については、藤田宙靖『新版 行政法総論[上]』（青林書院、2020年）63頁以下参照。

15) 児童扶養手当法は、4条1項において、児童扶養手当の支給要件としての支給対象児童につき、1号（父母が婚姻を解消した児童）から5号（その他前各号に準ずる状態にある児童で政令で定めるもの）までを規定し、同法施行令は、5号に規定する政令で定める児童の類型の1つとして、「母が婚姻…（略）…によらないで懐胎した児童 （父から認知された児童を除く。）」（下線部、筆者）を規定していた（1条の2第3号）。これは婚姻外懐胎児童を認知の有無で別異に扱うものであるが、最高裁は、この括弧書（下線部）につき、「法の委任の範囲を逸脱した違法な規定」として無効としている（最判平成14・1・31民集56巻1号246頁）。

16) 判例において委任立法の限界を超えているか否かの判断に当たっては、①授権規定の文理、②授権する法律が下位法に委任した趣旨（行手法38条1項）、③授権法の趣旨、目的および仕組みとの整合性、④委任命令によって制限される権利ないし利益の性質、さらに⑤授権規定の立法過程における議論などが参照されるとされている（岡田幸人「判解」最判解民平成25年度20頁）。

かなり限定されたものとなるであろう。

③ 行政規則

行政立法には、法規としての内容を有しない（また法律の委任によらない）行政規則と呼ばれるものがある。行政手続法に基づく申請に対する処分に関する審査基準（行政手続法2条8号ロ）や不利益処分に関する処分基準（同2条8号ハ）、行政指導指針（同2条8号ニ）などは、これに分類されるものである[17]。これらについては、その適用につき平等が要求されることはいうまでもないが（それは、上述の①の一場面となる）、その内容についても、平等が問題となるであろう[18]。

3　平等原則と他の一般原則との関係

以上述べてきたように、平等原則は、さしあたり「等しきものは等しく扱え」ということであるが、それは他者との比較において意味をもつものである。したがって、その具体的な要請や帰結については、他の原則との重複や関係が問題となる。

(1)　比例原則との関係

行政法において平等原則が問題となる場面として、行政裁量がある。行政機関の裁量判断について平等原則が何を要求しているかについては、個別の例外的取扱いとの関係も含め問題となるが、その点は後に譲るとして（**5**で触れる）、ここでは、比例原則との関係について考えてみよう。比例原則も、平等原則と並んで行政裁量において問題となる一般原則である[19]。

比例原則とは、もともと公共の秩序を維持するために私人の権利自由を制

---

17)　塩野・前掲注2) 318頁以下参照。
18)　行政指導の中でも、法令に違反する行為の是正を求める行政指導のような場合は、行政指導指針の内容も当該法令の趣旨や目的に拘束されることになるであろうが、法令とは独立に行われる行政指導の場合には、行政指導指針の内容が平等原則に照らして問題となることがありえよう。
19)　塩野・前掲注2) 147頁。

Unit 3-1 平等原則

限する権力的活動（「警察」行政）に関する基本原則として成立したものであるが、現在では、一般的に、私人の権利自由を制限する権力的行政活動について、①それがその目的に照らして必要なものであり、かつ②目的と手段が均衡のとれたものであること（その意味で比例していること＝過剰の禁止）を要求するものとされている[20]。

例えば、地方公務員がセクハラ行為を行った事案において、懲戒権者が設定した懲戒処分の基準が、セクハラ行為については「6月以下の停職」としているにもかかわらず、（1ランク上の）免職処分とした場合、処分基準（さらには他の被処分者についてなされた従前の処分例）との関係でいえば、平等原則に違反する可能性がでてくる。これに対して、仮に基準通りの「6月以下の停職」であっても、実際に6月の停職とした場合、それが行った行為との関係で重すぎるのではないかという問題は別途生ずる。その場合は、さしあたり当該個別事案に着目した評価ということになり、比例原則との関係[21]が問題とされよう（最判平成30・11・6判時2413・2414号22頁）。

このようにみてくると、平等原則と比例原則との関係は、さしあたり水平的な関係（横の軸＝他者との比較）と垂直的な関係（縦の軸＝当該個別事案についての判断）とイメージすることができよう。すなわち、行政庁が裁量処分をするにあたっては、基本的に1つひとつの個別事案について、当該事案に即し、法令の枠内で行政目的や公益を踏まえた適切な判断（裁量権の行使）がなされるべきである（縦の軸）。しかし他方において、裁量に基づく判断に不合理なばらつきがあるとすれば、それは平等取扱いの観点から問題ということになる（横の軸）。したがって、裁量権の行使について一定の基準を立てることは、その限りで裁量権の行使を制約するものではあるが、私人の側における法的安定性や予見可能性に資するという意味をもつのである。このことは、次の信義誠実の原則とも関連する。

---

20) 塩野・前掲注2) 93頁。この比例原則は、過剰に私人の権利自由を制限してはならないということ（過剰の禁止）を求める点で、憲法13条に基づく憲法原理ということができる。詳細については本書 Unit 7 参照。

21) 解説として、山下昇「判批」法セ768号（2019年）131頁参照。

(2) 信義誠実の原則（信頼保護）との関係

このように平等原則が他者との比較において問題となるとすれば、そこでは、同一の事項に関して、行政の取扱事例がある程度集積した状況が通常、前提となるであろう。そしてそこで行政機関に対して、他者との比較で平等取扱いが要請されることになると、行政活動の相手方の私人においては、そのような要請の下における取扱いの一貫性に対して一定の「信頼」が生ずることになり、信頼保護の原則とも連続する[22]。

この点に関しては、「行政主体が法を適用して公益を実現する行動を首尾一貫させること」や「法秩序そのものの首尾一貫性の要請」といった「一貫性・無矛盾性の要請」は、信頼保護や法的安定性、さらには平等原則とも連続性を有し、それらが次の**4**で述べる「行政の自己拘束」の根拠にもなりうることが指摘されている[23]。

(3) 法執行の平等？

ある要件を充たしたとき、一定の処分をすることが「できる」という規定がある場合、当該処分をするかしないかについて、行政機関の裁量が認められるとされている（効果裁量）[24]。とりわけ一定の非違行為を理由に不利益処分（規制権限の発動）がなされた場合において、「自分は当該不利益処分を受けたが、同じような状況の他の者は不問に付されている。自分（たち）は狙い撃ちにされたのではないか。これは平等原則に反する。」という主張がな

---

22) ここで平等原則や信頼保護の原則の下に想定しているのは、適法な行政上の取扱いの平等ないしそれへの信頼である。行政上の基準や実務自体が違法の場合、それを将来に向かって適用を要求することは、法治主義の観点から許されない（「不法に平等なし」ということにつき、乙部哲郎『行政の自己拘束の法理——裁量と平等原則』〔信山社、2001年〕248頁以下）。その他、平等原則や信義則の適用が問題となったものとして、①原爆二法の適用に関し、行政機関が発出した通達が違法であった場合における同通達に基づく取扱い（最判平成19・2・6民集61巻1号122頁——信義則の適用を肯定し、地方公共団体による消滅時効の援用を否定）や②青色申告の承認に関する担当者の従来の取扱い（最判昭和62・10・30判時1262号91頁——税務官庁による公的見解の表示がなかったことを理由に信義則の適用を否定）などの事例がある。

23) 山本隆司『判例から探求する行政法』（有斐閣、2012年）82頁参照。

24) 要件裁量と効果裁量については、宇賀克也『行政法概説Ⅰ——行政法総論〔第8版〕』（有斐閣、2023年）371頁以下参照。

Unit 3-1　平等原則

されることがある。しかし、そもそも要件に該当しないとか、行政権の濫用と呼ばれるような明確な意図を示す特段の事情があればともかく、一般にはこのような主張はなかなか通りにくいであろう。

　これに関しては、近時注目を集めているものとして、東京都知事が、新型コロナウイルス感染症のまん延防止対策としての緊急事態宣言中に営業時間短縮要請に応じなかった事業者に対して、新型インフルエンザ等対策特別措置法45条3項に基づき、店舗を午後8時から午前8時までの間営業のために使用することを停止する命令（本件命令）を出したことに対して、事業者がその違法を主張して提起した国家賠償請求訴訟（グローバルダイニング事件）がある。これについて東京地裁は、原告の平等原則違反の主張は退けながらも、「本件命令につき、原告が本件要請に応じないことに加え、本件対象施設につき、原告に不利益処分を課してもやむを得ないといえる程度の個別の事情があったと認めることはできない」とし、本件命令の発出が「特に必要」（45条3項の要件）であったとは認められず、違法とする判決を出している（東京地判令和4・5・16判例時報2530号5頁）[25]。これは、平等原則ではなく、処分要件の解釈・あてはめによって処理したものといえよう（ただし、東京都知事に過失はないとして、請求は棄却した）。

4　平等取扱いとその帰結

(1)　平等原則と行政の自己拘束

　以上でも述べたように、平等原則をめぐっては、法的安定性や信頼保護の要請など他の一般原則も援用しつつ、行政規則について行政の自己拘束ということが論じられている。

　既に述べたように、行政規則（訓令、通達、要綱など）は、法規としての内容は有しないが、行政主体内部において、行政機関（公務員）を拘束する

---

25)　この事件の詳細については、公共訴訟の支援をめざすウェブプラットフォーム「Call 4」のホームページ https://www.call4.jp/info.php?type=items&id=I0000071 を参照されたい（2024年9月28日閲覧）。

76

ものであり、例えば一定の許認可の取扱いについて通達などが発出された場合、下級の行政機関（担当公務員）はそれに従って具体的判断を行うことになる。その場合において、当該基準の適用が申請者間で不統一になった場合、当該基準自体は法規たる性格（裁判規範性）を有しないので、当該基準に従わなかったこと自体で当該処分が違法となるわけではないが、申請者間の比較の関係において、平等取扱い（あるいは信義則）に反するものとして違法となる可能性が生じる。そうだとすると、行政規則に行政機関は合理的な理由がない限り拘束され、ほぼ法規と同じような作用をもたらすことになる（行政規則の外部化現象）[26]。とりわけ、行政規則のうち裁量基準については、裁判所による裁量審査において、重要な機能を果たすことになるが、具体的な裁量判断に当たっては、個別の事案につき合理的な理由がある場合は、当該事案に即した判断をすることがむしろ求められることもある（この点は、**5**で触れる）。

(2) 法律上の利益との関係

　このような行政の自己拘束（行政規則の外部化現象）によってもたらされる利益は、単なる自己拘束の反射ではなく、法的利益としても位置づけられうる。このこととの関連で注目されるのは、取消訴訟の訴えの利益（すなわち、行政事件訴訟法９条１項括弧書きにいう「処分……の取消しによって回復すべき法律上の利益」）との関係である。この場合、当該処分本体の効果はなくなっても、そのような処分がなされたことが、他の法的効果にリンクするような場合、訴えの利益は消滅しないということになる。

　判例で問題となったのは、ぱちんこ屋営業をおこなっている事業者が、風

26）「行政規則の外部化現象」については、行政規則の種別（解釈基準、裁量基準など）に応じて、法的意義や機能が一様でないことに注意が必要である（塩野・前掲注2）120頁以下参照）。そこでは、行政規則（解釈基準・裁量基準）が適法（ないしは合理的）なものであることが前提となる。なお、行政の自己拘束論の詳細については、平岡久「行政規則の法的拘束性」同『行政法解釈の諸問題』（勁草書房、2007年）243頁以下参照。さらに、行政規則の外部効果に関し、学説・判例を包括的に検討したものとして、高橋正人「行政規則の外部効果に関する一考察」同『行政裁量と司法審査論』（晃洋書房、2010年）121頁以下参照。

Unit 3-1　平等原則

営法（26条1項）に基づく風俗営業の停止命令処分を受けたので、その取消
訴訟を提起したところ、当該訴訟係属中に停止命令の期間が終了したという
事例であったが、処分行政庁（公安委員会）では、この営業停止命令につき、
処分の量定等に関する処分基準（行手法12条1項）を定めて、これを公にす
るとともに、そこでは、過去3年以内に営業停止命令を受けた風俗営業者に
対し更に営業停止命令を行う場合、その量定を加重する旨を定めていた。こ
の処分基準自体は、裁量基準（すなわち行政規則）と位置づけられるが、最
高裁はこの点につき、行政手続法12条1項に基づき定められ公にされてい
る処分基準は、「単に行政庁の行政運営上の便宜のためにとどまらず、不利
益処分に係る判断過程の公正と透明性を確保し、その相手方の権利利益の保
護に資するために定められ公にされるもの」とした上で、このような後行の
処分において処分量定の加重が定められている場合、「当該行政庁が後行の
処分につき当該処分基準の定めと異なる取扱いをするならば、裁量権の行使
における<u>公正かつ平等な取扱いの要請</u>や基準の内容に係る<u>相手方の信頼の保
護</u>等の観点から、当該処分基準の定めと異なる取扱いをすることを相当と認
めるべき特段の事情がない限り、そのような取扱いは裁量権の範囲の逸脱又
はその濫用に当たることとなるものと解され、この意味において、当該行政
庁の後行の処分における裁量権は当該処分基準に従って行使されるべきこと
がき束［＝覊束——筆者注］されており、先行の処分を受けた者が後行の処
分の対象となるときは、上記特段の事情がない限り当該処分基準の定めによ
り所定の量定の加重がされることになるものということができる」（下線部、
本稿筆者——以下同じ）とし、「当該処分基準の定めにより上記の不利益な取
扱いを受けるべき期間内はなお当該処分の取消しによって回復すべき法律上
の利益を有するものと解するのが相当である」と判示した（最判平成27・3・
3民集69巻2号143頁）[27]。ここでは平等原則や信頼保護を媒介にした行政の
自己拘束（覊束）によって生じる利益が、「法律上の利益」とされたものと
いえる。

---

27)　解説として、市原義孝「判解」最判解説民平成27年度[上]61頁以下。

5　例外的な取扱いの許容

(1)　平等原則と裁量

　このように行政法において平等原則が問題となる主たる場面の1つは、行政裁量との関係であるが、要件（〜のときは）と効果（〜することができる）のうち、効果裁量において平等原則が問題となることについては、既に具体的に述べた通りである（**3**(1)参照）。このほか、要件裁量においても、平等原則が問題となることがある。ただし、ある処分の要件の認定において男女の区別や政治的な思想信条を考慮した場合、それに合理性がないものであるとすれば、平等原則に反するともいえるが、むしろ個別の案件については、本来考慮してはならない事項を考慮したということにもなろう。そうだとすれば、そのような処分は、他事考慮に基づく裁量権の逸脱・濫用として、当該裁量処分は違法ということになる[28]。

　そもそも平等原則と行政裁量は、緊張関係に立つことに注意が必要である。すなわち、平等原則は、もっぱら他者との比較において問題となるが、行政裁量（行政処分における裁量）は最終的に、当該個別の案件についてその判断の適否が問題とされるからである。具体的には、①個別の事案においては、平等取扱いの要請が他の憲法的価値と競合する場合があるほか、②裁量基準が定められる場合においても、一般的な裁量基準を当てはめて判断したから事足りるという事案ばかりではなく、最終的に個々の案件について、個別の事情を考慮する必要があるかどうか、さらに吟味されなければならない場合もある。これが個別事情審査義務の問題である。いずれも、平等原則において許容される合理的な区別にかかわるものであろう。以下ではこれらの点について、判例で問題となった事案を中心に検討してみよう。

---

28)　性別の他、憲法14条1項の挙げる「人種、信条、……社会的身分又は門地」については、基本的に同じことがいえよう。憲法では「疑わしい範疇のテスト」と呼ばれているが、この法理は、行政裁量における考慮事項審査についても当てはまるであろう。他事考慮の禁止を含む裁量審査における「判断過程の統制」については、塩野・前掲注2) 149頁以下参照。

Unit 3-1 平等原則

(2) 他の憲法的価値との競合

　一律平等の取扱いが、他の憲法的価値などと競合する例として、エホバの証人剣道受講拒否事件が挙げられる（最判平成 8・3・8 民集 50 巻 3 号 469 頁）。この事件は、公立の高等専門学校（神戸高専）において、剣道実技が必修であったところ、宗教上の理由からこれへの参加を拒否した学生が、体育科目が不認定となり、その結果、進級等認定規程に基づき、原級留置とされ、それが 2 回（2 年度）にわたったため、退学に関する内規に基づき、学則の定める退学処分（「学力劣等で成業の見込みのない者」という要件に該当）を受けたというものである。

　最高裁は、「高等専門学校の校長が学生に対し原級留置処分又は退学処分を行うかどうかの判断は、校長の合理的な教育的裁量にゆだねられるべきものであり、…（略）…校長の裁量権の行使としての処分が、全く事実の基礎を欠くか又は社会観念上著しく妥当を欠き、裁量権の範囲を超え又は裁量権を濫用してされたと認められる場合に限り、違法である」として、原級留置処分や退学処分に関し、校長の裁量（教育上の専門的判断の尊重）を認めた。

　この事件では、当該処分対象学生の宗教上の信仰という個別事情が問題となっているものの、焦点となったのは、学則や内規の適用の例外ではなく、宗教上の理由により剣道実技を拒否する学生に対して、レポート等の代替措置を実施することができるかという点であった。判決は結論的に、「信仰上の理由による剣道実技の履修拒否を、正当な理由のない履修拒否と区別することなく、代替措置が不可能というわけでもないのに、代替措置について何ら検討することもなく、…（略）…学則にいう『学力劣等で成業の見込みがないと認められる者』に当たる』として行った退学処分は、「考慮すべき事項を考慮しておらず、又は考慮された事実に対する評価が明白に合理性を欠き、その結果、社会観念上著しく妥当を欠く処分をしたもの」として、裁量権の濫用を理由に違法としている。すなわちここでは、退学処分などの裁量審査に当たって、考慮のさらに前提となる信教の自由を理由とした代替措置の検討の可否および要否が問題となっているのである[29]。

80

(3) 裁量判断における個別事情の考慮

　これに対して、裁量判断の基準（裁量基準）においては、そもそも裁量判断は個別の案件についてなされることから、仮に裁量基準に合致しない場合であっても、法律の定める要件との関係で、当該個別案件にかかる事情を審査しなければならない場合もある。その一例として、個人タクシー事業者の運賃値下げ申請に対する拒否処分の例（大阪地判平成19・3・14判タ1252号189頁）が挙げられよう[30]。

　この事件で問題となった道路運送法9条の3第1項は、一般乗用旅客自動車運送事業者は、旅客の運賃及び料金を定め、国土交通大臣の認可を受けなければならないとした上で、これを変更しようとするときも同様とすると規定し、同条第2項は、国土交通大臣は、上記の認可をしようとするときは、「能率的な経営の下における適正な原価に適正な利潤を加えたものを超えないものであること」（1号）、「他の一般旅客自動車運送事業者との間に不当な競争を引き起こすこととなるおそれがないものであること」（3号）などの4つの要件を充たすものでなければならないとしていた。本件の運賃値下げ申請との関係で特に問題となるのは、3号（3号要件）である。

　そしてこれを受けて、処分行政庁（近畿陸運局長）は、これにかかる審査基準を設定し、公示していた。その内容はやや複雑であるが、次のような順序で判断していくというものであった（詳細は、判タ1252号211頁以下参照）。

　①　運賃適用地域内において選定・抽出された「原価計算対象事業者」の実績等をベー

---

29)　この事件においては、当該学生の真摯の度合い、教育秩序の維持、体育という科目のカリキュラム上の位置づけなども考慮事項とされている。この事件とは別に、事案によっては、障害者に対する合理的配慮、男女機会均等の観点など、種々の憲法的な価値や政策を考慮することが要請されることもあろう。

30)　裁量基準と個別事情審査義務との関係については、この判決に先立ち、最判平成11・7・19判時1688号123頁などの判例がある（高橋・前掲注26）141頁以下参照、友岡史仁『経済行政法の実践的研究』〔信山社、2022年〕53頁以下〔タクシーの事業特性〕、329頁以下〔本件大阪地判の評釈〕参照）。タクシー事業に対する規制は、その後再び厳格化しており、現在の規制の状況は、この判決当時（平成12年改正法）とは異なる。関連して、Unit 2-1 栗島論文39頁〔特に46頁〕以下、Unit 2-2 鵜澤論文53頁以下も参照。

Unit 3-1　平等原則

スにして「自動認可運賃」を設定し、これに該当する認可申請については、速やかに
認可を行う。
②　自動認可運賃を下回る認可申請については、最近の実績年度1年間（実績年度）に
おける申請者の原価及び収入を基に、平年度（翌々年度）における原価及び収入を査
定し、それを基に収支率が100パーセントとなる「運賃査定額」を算定し、当該申請
にかかる運賃が運賃査定額以上の場合は、それ以上個別の審査をすることなく、その
額で認可を行う。
③　運賃査定額の前提となる人件費については、原則として原価計算対象事業者の運転
者1人当たりの標準人件費の10％下回る額で査定する（90％条項）。
④　運賃査定額を下回る申請については、3号要件に該当するか否かについて個別具体
的に審査、判断する。

　この事件で問題となったのは、上記の③にいう「運賃査定額の前提となる
人件費」をめぐる申請事業者と処分庁との間の見解の相違であったが、判決
は、90％条項を満たさない申請についても、最終的に④の段階において、3
号要件に適合するか否かについて、「当該申請に係る運賃等の額の運賃査定
額からのかい離の程度、当該申請に係る運賃等が当該申請者がその事業を運
営するのに十分な能率を発揮して合理的な経営をしている場合において必要
とされる原価（能率的な経営の下における適正な原価）を下回るものであるか
否か、下回るものであるとすればその程度」のほか、「当該申請に係る当該
申請者の運転者1人当たり平均給与月額と標準人件費」、「当該運賃適用地域
における市場の構造、特性」、「タクシー事業の営業形態（流し営業が中心か
車庫待ち営業が中心か等）」、「当該申請者の種別（いわゆる法人タクシーか個人
タクシーか等）」、「一般的な経済情勢」などを総合勘案した上で、「当該申請
を認可することにより……旅客の運賃及び料金の不当な値下げ競争を引き起
こす具体的なおそれがあるか否かを社会通念に従って判断すべき」としてい
る。
　この事案では、審査基準公示において、上記基準の④で、個別の申請につ
き具体的な審査をすることが規定されてはいるが、具体的な裁量判断におい
ても、一律基準による画一的な判断（①～③）のみによることは許されず、
最終的には当該事案における個別事情の考慮が要求される（④）ということ
になる。

6 おわりに

　以上、行政法において平等原則が登場する場面を概観した。そもそも平等というのは、他者との間の関係概念であるから、個別の基本権（人権）とは異なり、それ自体何か固有の保護領域があるわけではない。確かに、本稿でもみてきたように、平等原則違反のみでは、ナタが大きすぎて一定の利益侵害の違法を主張するには十分でないことも多いし、他の一般原則との重なりなどもある。しかし、他方において、平等原則が関係する領域は広範にわたり、そこから導かれる法的帰結も小さくはない。今回は、やや行政法の個別の論点に立ち入ったが、平等原則という1つの視点から、行政法全体を概観するとともに、憲法における平等論を理解する一助にもなれば幸いである[31]。

31）　平等原則に関しては、外国人と日本国民との間の平等取扱いの問題（最大判平成17・1・26民集59巻1号128頁など）が重要論点としてあるが、本稿では紙幅の関係で取り上げることができなかった。

Unit 3-2　平等原則
平等取扱いの要請と行政・立法の「自己拘束」

栗島智明

1　はじめに

　本稿筆者はロースクール担当教員ではないが、最近では学部の学生からも「成績評価の具体的な基準を教えて欲しい」と言われることが多い。近年は、留学や奨学金などでGPA（ないし評点）を活用する機会も増えており、成績評価に敏感になる学生が多いのも無理はない。

　大学が「レジャーランド」と言われた時代はとうに終わった。しかし、かつて日本の大学がレジャーランドだった頃の教員のなかには「大量に積まれた答案用紙を放り投げて、遠くまで飛んだものから順番にいい点をつけていた」者もいるという伝説（？）を、時として耳にする。

　もしいまそんな成績評価をしようものなら、学生からは「なんであの人の成績がAで、私はCなのか？　私の答案のほうが優れているのに不平等だ」と怒られるに違いない。

　さて本稿は、Unit 3-1 神橋論文の内容を基礎としつつ、平等原則に絡めて、「自己拘束」という論点を中心に検討を加えていくことにしよう。具体的には以下、まずは行政の自己拘束論と行政先例法について扱い（**2**）、それとの対比で、憲法学における首尾一貫性ないし立法の自己拘束の議論を分析・検討することにしたい（**3**）。

2 平等取扱いの要請と行政の自己拘束・行政先例法

(1) 基準定立と自己拘束の意義

　冒頭の事例に戻ると、レジャーランドならぬ立派な大学において、教員が1つひとつの答案を丹念に読んで評価すべきことは当然である。が、それだけでなく、教員は成績評価の具体的な基準を定め、事前に公にすることが望ましい。これによって、成績評価の判断過程の公正と透明性が確保される。

　一般に、成績評価には少なからぬ教員の裁量が認められるが、事前に基準を定めて公表することで、教員は「自己拘束」をすることになる。これによって学生としては、公正な採点を期待することができるし、基準の内容を信頼して、安心して勉強に取り組むことができる。あとになって、基準の内容から逸脱した採点をすることは、特別な事情のない限り許されない。これにより、成績評価権限の恣意的な行使も予防されるだろう。

(2) 「行政の自己拘束」の根拠づけ

　ここまで、大学における成績評価を例にとって、基準定立と自己拘束の意義について説明してきたが、このことは行政活動一般について広く妥当する。

　すなわち、行政手続法5条は申請に対する処分について、行政庁が審査基準を定める義務を負い（1項）、その際、許認可等の性質に照らしてこれをできる限り具体的なものとしなければならないこと（2項）、さらに、適当な方法によりこれを公にしておかなければならないこと（3項）を定める。また、不利益処分の場合の処分基準についても同法12条に規定が存在する（こちらは努力義務ではあるものの、内容は審査基準の場合と基本的に同様である）。

　もっとも同法は、事前に定められた審査基準・処分基準から逸脱した処分がなされた場合に、その法的効果をいかに判断すべきかについては、定めを置いていない。

　この点、Unit 3-1 神橋論文でも扱われた最判平成27・3・3民集69巻2号143頁は、特段の事情なく処分基準から離反して処分が行われる場合、当該処分が裁量権の逸脱・濫用にあたることを明らかにした、注目すべき判決で

ある。同最判がこの判断の根拠として、㋐判断過程の公正・透明性の確保、㋑公正かつ平等な取扱いの要請、㋒基準内容に係る相手方の信頼保護等の観点を指摘していることにも注意したい。（講学上は行政規則に分類される）処分基準の法的な拘束力が、同最判によって正式に認められることになったのである。

　このように、〈自ら定めた裁量基準について、それを適用しない合理的理由がない限りは行政機関を将来にわたって拘束する〉という発想は、もともと「行政の自己拘束（Selbstbindung der Verwaltung）」としてドイツで議論されてきたものである[1]。

　では、行政の自己拘束は、その根拠をどこに求められるだろうか。この点、早くからこの問題に取り組んできた大橋洋一は、次のように述べている。「行政規則とは異なる基準により申請を拒否された市民は、『他の人々は行政規則に適合した処理をされているのに自分だけ異なる取り扱いをされた』と主張して、不平等取り扱いを理由に、裁判所へ出訴することができる」。「裁判所は行政規則の内容が合理的である限りにおいて、当該規則を裁判の基準とする（つまり裁判規範として用いる）。行政は自ら作成した基準に拘束され、合理的理由がない限り基準から離脱できないという『行政の自己拘束論』は平等原則に基礎を置くものである」[2]。

　たしかに、平等原則は「等しいものを等しく扱う」ことを要請する。そして、ここから「特段の事情の変化がない限り、等しいものは常に等しく扱われ続ける」ことも帰結される（異時点間の平等取扱い）。ゆえに、公権力の行使（特に行政・司法）において「従来どのような基準で判断してきたか」、「過去に同様の事例でいかなる判断をしたか」が一般的に重大な意義を持つことの理論上の根拠の1つが、平等原則に求められることになる[3]。

1）　なお、同様の議論が、フランスではより早くから「『ディレクティブ（裁量基準）』の法理」として判例法上発展していたという指摘もある。兼子仁『行政法学』（岩波書店、1997年）97-98頁。

2）　大橋洋一『行政法Ⅰ　現代行政過程論〔第4版〕』（有斐閣、2019年）142頁。ただし、平等原則のみでは説明のつかない場面もあることについて、山本隆司『判例から探究する行政法』（有斐閣、2012年）84頁注9。

もとより、事前に自ら定立した基準（ないし、たびたび繰り返された先例）が将来にわたって拘束力を持つことは、(a)法治国原理の一内容たる「法的安定性」から説明することも可能であるし、(b)その基底にある「信頼保護」に定位することも可能である[4]。この意味で、上述の平成27年最判が、処分基準の拘束力を認めるにあたって、「裁量権の行使における公正かつ平等な取扱いの要請」と並んで「基準の内容に係る相手方の信頼の保護」の観点も挙げていたことが理解されうる。

(3) 行政先例法と平等原則・信頼保護

さらに、基準定立を通じた行政の自己拘束と類似した問題群として、主として租税法の分野で議論される、慣習法としての「行政先例法」の問題がある。

ある論者によれば、納税者にとって有利な内容の取扱いが租税行政庁によって一般的かつ反復・継続的に行われ、それが法であるとの確信が納税者の間に一般的に定着した場合には、慣習法としての行政先例法の成立が認められるという[5]。そのように考えなければ、行政実務に対する納税者の信頼が害されることになり、また、時期や地域の違いによって正当な理由のない別異取扱いがされることにもなる、との思考が背景にあると思われる。

このような行政先例法の主張に対しては租税法学者のなかでも異論（ないし慎重論）があるようだが[6]、ある裁判例（スコッチライト事件〔大阪高判昭和44・9・30判タ241号108頁〕）では、税務官庁の大多数が法律の誤解その他の理由によって違法に軽減された課税処分をし、それを回復する見込みがない状態にあるときには、平等原則ゆえに適正な課税処分の方が違法となると判示しており、限定的ではあれ、行政先例法の成立が認められているよう

3）　先例拘束性の原則についても、平等の観点から考えることが有益である。田中英夫「判例とは何か──判例法の基盤としての『平等の要請』」法教第2期1号（1973年）203頁。

4）　山本・前掲注2）82頁以下。

5）　金子宏『租税法〔第23版〕』（弘文堂、2019年）115頁、中里実「通達に反する課税処分の効力」ジュリ1349号（2008年）88頁。

6）　例えば、中里実ほか『租税法概説〔第4版〕』（有斐閣、2021年）42頁［藤谷武史］。

Unit 3-2 平等原則

に読める[7]。

　さらに、有名なパチンコ球遊器判決（最判昭和33・3・28民集12巻4号624頁）について、学説上は、通達による新たな課税を認めたものとしてこれを批判し、本来、正規の法改正が必要であったとする見解が有力であるが[8]、この主張の背景にもまた行政先例法の思考が見られる。

　一般に、侵害行政の領域においては、行政先例法の成立を認めることには十分な理由があるといえよう。これは〈判例変更と遡及処罰〉という論点とパラレルに考えることができる。すなわち、憲法39条との関連で、〈最高裁の従前の判例によれば行為当時には犯罪とはならなかったものが、後に解釈変更によって犯罪とされるようになった場合に、遡及処罰の禁止に触れないか〉が議論されてきたのであるが、行政庁が先例を変更して新たな課税を始めることも、これと類似の問題を生ぜしめる[9]。

　この点、最高裁はたしかに、行為当時の最高裁判所の判例の示す法解釈に従えば無罪となるべき行為を後の判例の変更により処罰しても同条違反にならない、としている（最判平成8・11・18刑集50巻10号745頁）。しかし、同判決に付された河合伸一裁判官の補足意見は、最高裁判例が及ぼす事実上の強い拘束力に着目し、「最高裁判所の判例を信頼し、適法であると信じて行為した者を、事情の如何を問わずすべて処罰するとすることには問題がある」とし、「判例を信頼し、それゆえに自己の行為が適法であると信じたことに相当な理由のある者については、犯罪を行う意思、すなわち、故意を欠くと解する余地がある」としており、注目される。

7）　この事例については、従来、平等原則と租税法律主義が衝突する典型的な事例として把握され、「違法に平等なし」の思考を前提として、後者を優越させる理解が説かれてきたが、近時、そのような見方が一面的であることが指摘されている。巽智彦「判批」中里実ほか編『租税判例百選〔第7版〕』（有斐閣、2021年）22頁。

8）　もはや「古典」に属するが、代表的なものとして、高柳信一「判批」雄川一郎編『行政判例百選Ⅰ〔初版〕』（有斐閣、1979年）132頁、今村成和「判批」金子宏編『租税判例百選〔第2版〕』（有斐閣、1983年）29頁など。

9）　なお一般に、刑事分野での適正手続の保障と租税法律主義とは類似した内容を有するにもかかわらず、そのことの指摘がほとんど見られないことについては、工藤達朗「憲法と租税法に関する若干の所感」法学新報123巻11＝12号（2017年）2頁以下を参照。

88

Unit 3-2 平等原則

性を検証するという形で、合理性が比較的詳細・具体的に検討される場合」があるという[11]。これが、立法の首尾一貫性審査と呼ばれるものである。

このことを小山は、邸宅の庭園を施工する場面に喩えて次のように説明する。もともと、①邸宅の庭園に一定不変の形態はなく、イギリス式、フランス式、日本式のどれを選択するかは施工主の趣味（立法裁量）の問題である。②したがって、日本式庭園の選択は、立法者の裁量権の枠内にあるものとして是認できる。ところが、③′日本式庭園を選択した以上は、そこに椰子の木を植えるのはおかしい。また、③″日本式庭園の内でさらに枯山水を選択したならば、池に鯉を泳がせるのはおかしい。

このような小山の議論を受けて、首尾一貫性の議論は、近時、いくつかの教科書・演習書で説明されるようになっている[12]。松本和彦は「立法者が自ら設定した基本決定からの逸脱を不合理と推定し、そのような逸脱が許されるか否かについて、特別の正当理由を求める」審査として首尾一貫性を説明するが[13]、この記述から、当該審査が上述の「行政の自己拘束」と非常に似通った論理であることが分かる。すなわち、行政の場合と同様、立法者も原則として自ら設定した基本決定に拘束され、合理的理由がない限り、それに反して活動することは許されないとの思考がある。

さて、首尾一貫性審査について「自己拘束」との関係を明確なかたちで論じているのは、渡辺康行である。彼は教科書で次のように説明する[14]：

「立法者は、どのような基本原則に従って法制度を形成するかについて、広汎な自由の下で決定することができる。しかし、一旦ある法制度の基本原則を選択した場合、そうである以上、その制度の基本原則を首尾一貫させなければならない。これが立法者の首尾一貫性という要請である。その憲法上の根拠は法の下の平等、あるいは法治国原理

---

11) 小山剛『『憲法上の権利』の作法〔第3版〕』（尚学社、2016年）175頁。
12) 櫻井智章『判例で読む憲法〔改訂版〕』（北樹出版、2019年）72頁、168頁、山本龍彦「立法裁量の統制」曽我部真裕ほか編『憲法論点教室〔第2版〕』（日本評論社、2020年）62頁。柴田憲司は、堀木訴訟の合憲性の論証過程のなかに首尾一貫性の審査が見られることを示唆する（横大道聡編『憲法判例の射程〔第2版〕』〔弘文堂、2020年〕230頁〔柴田〕）。
13) 松本和彦『事例問題から考える憲法』（有斐閣、2018年）9頁。
14) 渡辺康行ほか『憲法I 基本権〔第2版〕』（日本評論社、2023年）88頁〔渡辺〕。

90

租税徴収も侵害的性質を有することに鑑みれば、先例と同じように処理がなされることへの期待（ないし信頼）は、法的な保護に値しないと簡単に割り切ってよいものではなかろう。

3 憲法学における首尾一貫性の議論

(1) 憲法学における議論の不在？

さてここまで「自己拘束」（ないし先例法）の意義について論じてきたが、翻って、憲法学の状況はというと、平等原則を重要なテーマにしているにもかかわらず、長いあいだ、自己拘束の問題が扱われることはほとんどなかった。このことは、同じく公法分野に分類される行政法学・租税法学の状況と比較して、興味深いことのように思われる。

果たして憲法学にとって、「自己拘束」は論じるに値しないテーマであろうか。否むしろ、恣意的な国家権力の行使から国民の自由を確保することを主たる目的とする憲法学にとって、これは極めて重要なテーマというべきではないだろうか。

(2) 立法の首尾一貫性

この点、憲法学においても、ドイツの判例法理・学説[10]の影響も受けつつ、ここ10年ほどのあいだに「立法の首尾一貫性」ないし「立法者の自己拘束」の議論が活発に進められていることが注目される。

はじめに、その内容を確認しよう。この議論を初めて憲法学界に広めたと考えられる小山剛によれば、選挙・家族・国籍・社会保障などの領域で、立法者による制度形成の裁量を前提とした基本権審査がなされる場合でも「立法者による第一次的判断権の行使を受けて、立法者の基本決定との首尾一貫

---

10) 近年の特に重要な判例として、2008年の通勤費税額概算控除判決（BVerfGE 122, 210）および2010年のハルツⅣ判決（BVerfGE 125, 175）が挙げられる。それぞれ、ドイツ憲法判例研究会編『ドイツの憲法判例Ⅳ』（信山社、2018年）107頁［松本和彦］、238頁［工藤達朗］。学説を含めさらに、高橋和也「ドイツ連邦憲法裁判所が活用する首尾一貫性の要請の機能について」一橋法学13巻3号（2014年）165頁以下も参照。

だとされる。立法者の首尾一貫性の要請には、二つの側面がある。第1は、立法者による基本決定に適合するように、制度の各部分も構築されるべきだという、体系的な首尾一貫性（整合性）の論理である。第2は、立法者の基本決定に（それ自体を変更するのでなければ）後の立法者も従うべきだという、立法者の自己拘束の論理である。」

この記述は2つの点で示唆に富むものである。第1に、首尾一貫性要請の根拠が平等原則に求められうる旨が述べられ、しかし同時に、法治国原理からも基礎づけられることが示唆されている。第2に、首尾一貫性には2つの側面があり、上述した「立法者の自己拘束」の論理のほかに、体系的な首尾一貫性の論理があるとされている。後者の側面はおそらく、立法の合理性を内容とする法治国原理を根拠とするのであろう。

なお、行政法学では山本隆司が「一貫性・無矛盾性の要請」を論じる文脈で、これが平等原則のほか、法治国原理の一要素である法的安定性の要請、さらに法の一般原則である信頼保護と結びつく旨を述べているが[15]、この内容と上述の渡辺の記述とはかなり似通っていることが分かる。

(3) 具体例——国籍法違憲判決

首尾一貫性によって読み解くことができる最高裁判例は多いが[16]、代表的なものとして国籍法違憲判決（最大判平成20・6・4民集62巻6号1367頁）を挙げることができる。

事案の当時、国籍法3条1項は、日本国民である父と日本国民でない母との間に出生した後に父から認知された子については、父母の婚姻により嫡出子たる身分を取得した（＝準正のあった）場合に限り、届出による日本国籍の取得が認められていた。これにより、認知されたにとどまる子と準正子との間で、日本国籍の取得に関する区別が生じていたのであるが、本判決では、当該区別が合理的な理由のないもので憲法14条1項に違反するとされた。

この違憲の状態を解消するためには、国籍法3条1項の規定自体を全部無

---

15) 山本・前掲注2) 82頁以下。
16) 参照、小山・前掲注11) 178頁以下、櫻井・前掲注12) 注4、渡辺康行「立法者による制度形成とその限界」法政研究76巻3号（2009年）266頁以下。

Unit 3-2　平等原則

効として、準正子の届出による日本国籍の取得をも否定するという解決策も
ありえたところ、判決は、それをすることは「血統主義を補完するために出
生後の国籍取得の制度を設けた同法の趣旨を没却するものであり、立法者の
合理的意思として想定し難い」として、結果的に、認知されたにとどまる子
についても、「父母の婚姻により嫡出子たる身分を取得したこと」という部
分を除いた国籍法3条1項所定の要件が満たされる場合には、届出により日
本国籍を取得することが認められるとすべきとされた。

　この判断につき、山元一は「立法者の合理的意思」の位置づけに着目しつ
つ、次のように述べている[17]：

　「本判決は、ひとたび採用された法原理の首尾一貫性を立法府に要求することによっ
て直接的救済を実現しようとするものであるから、具体的な法律の解釈という外観をと
りながらも、所与の法制度のアイデンティティを探索することを通じて、実質的には単
なる立法を越える次元における規範の創設をしていると受けとめられることができる。
すなわち、日本の実定国籍法のアイデンティティは血統主義原理であるとされ、そのよ
うな法原理にいわば機能として、中二階に位置する準憲法的規範としての法的身分を付
与しているといえよう」。

　同様に棟居も、「平等取扱いの要請と国籍法の採用した基本的な原則であ
る父母両系血統主義とを踏まえれば……」と違憲の理由が述べられているこ
とに着目して、「平等原則という、本来立法者による自覚的な国民の区分に
は弱いはずの憲法規範が、法律レベルの大原則である父母両系血統主義と組
み合わされることで強化され、国籍法のなかの国籍取得要件の細かな線引き
に違憲の判断が下された」と評価する[18]。

　このように、本判決では（違憲の理由付けにおいても、その救済の場面にお
いても）法律レベルの基本原則＝父母両系血統主義が、立法者が自ら選択し
た基本決定として措定され、そこから出発して一貫した制度形成をすべきで
あるという前提で議論が進められている。立法の合憲性審査の場面において

---

17)　山元一「判批」平成20年度重判解15頁（傍点引用者）。
18)　棟居快行『憲法の原理と解釈』（信山社、2020年）422頁注4。

92

も「自己拘束」という論理が機能しうることを、本判決は明確に示している
といえよう。

4　まとめにかえて

　ここまで、平等原則の問題と絡めつつ、「自己拘束」が行政法・憲法のい
ずれにも通じる重要なテーマであることを論じてきた。従来、行政法学にお
ける「行政の自己拘束」論と憲法学における「立法の首尾一貫性要請」とが
並べて論じられることはなかったが、この2つには多くの共通点があること
が明らかになったと思われる。

　もっとも、立法という活動の特殊性ゆえ、自己拘束・首尾一貫性をどこま
で語りうるかは、その射程をなお慎重に検討する必要がある。

　たしかに、首尾一貫性を用いた論証は、問題となっている法律に憲法規定
を正面からぶつけるのではなく、むしろ立法者自らが設定した基本決定を尊
重しつつ、そこからの逸脱を審査する手法であるから、立法者に寄り添った
かたちで違憲判断を下しうるというメリットがある。また一般的にいって、
法律のうち首尾一貫性を欠いた部分があれば、それが合理的な理由のない別
異取扱いや実体的な権利侵害に結びついている可能性は高いといえよう。

　しかし、実際の立法の過程のなかでは妥協や調整を余儀なくされることが
あり、それが最終的に法律に残ることも少なくない[19]。これは、議会制民主
主義において避けられない事態であるから、立法における矛盾・不整合は、
行政活動の場合と違って[20]、より広範に甘受されるべきものとも考えられる。

　さらに、何をもって立法府の「基本決定」とするのか（＝逸脱の審査の準

---

19)　現実の立法過程については、中村睦男＝前田英昭編『立法過程の研究』（信山社、1997年）
　の第2部、大森政輔＝鎌田薫編『立法学講義〔補遺〕』（商事法務、2011年）の第4章が、それ
　ぞれ具体的な立法事例を詳細に紹介・検討しており、示唆に富む。関連して、西原博史編『立法
　学のフロンティア2──立法システムの再構築』（ナカニシヤ出版、2014年）、井田良＝松原芳博
　編『立法学のフロンティア3──立法実践の変革』（ナカニシヤ出版、2014年）所収の各論稿、
　横大道聡「憲法学・刑法学・立法学」小山剛ほか編『日常のなかの〈自由と安全〉』（弘文堂、
　2020年）27頁以下も参照。

Unit 3-2 平等原則

拠点）が明らかでない場合もありうるし、そもそもなぜ立法府がその基本決定に憲法上拘束されることになるのか、根拠が明らかでないという批判もある[21]。この点、平等原則や信頼保護は、行政の自己拘束論の説明においては大きな役割を果たしうるものの、立法の自己拘束ないし首尾一貫性の説明には、実はそれほど役に立たないようにも思われる。そうすると、法治国原理なるものの内実をより踏み込んで検討することが必要になる[22]。

　ここで本来、行政の自己拘束と立法の自己拘束の共通点のみならず、その相違についても丁寧な検討を加えるべきであっただろう。残念ながら、これについては他日を期すほかない[23]。

20）　ただし、行政活動についても常に一貫性・無矛盾性が求められるというわけではない。例えば、地方公共団体の工場誘致施策に対する事業者の信頼に法的保護を認めた最高裁判決（宜野座村事件判決〔最判昭和56・1・27民集35巻1号35頁〕）に対しても、不法行為の構成が採られた点には、民主主義（住民自治）の観点から疑問が呈されることがある。

21）　以上につき、山本・前掲注12）62頁以下。

22）　なお、法治国原理の母国であるドイツはもともと、その思想史的な伝統ゆえに〈理性的な国家〉に対する憧れが強く、それが同原理の議論にも大きな影響を与えてきたが、近年では、そもそも立法に合理性・体系性・一貫性を求めることは正当なのか、また、それを認めるとしても裁判所がどこまで統制を及ぼすべきかについて活発な議論がされており、終わりが見えていない。近時の文献として参照、K. Meßerschmidt/A. D. Oliver-Lalana (ed.), *Rational Lawmaking under Review*, 2016; *A. Steinbach*, Rationale Gesetzgebung, 2017. 邦語で読めるものとして、オリヴァー・レプシウス「基準定立権力」マティアス・イェシュテットほか（鈴木秀美ほか監訳）『越境する司法――ドイツ連邦憲法裁判所の光と影』（風行社、2014年）204頁以下。関心がある読者はぜひチャレンジしてみてほしい。

23）　松本和彦は、「立法府が自ら打ち立てた基本決定に対して、首尾一貫した立法を行うという意味での合理性の要請（立法府の自己拘束の論理）は、妥協と調整を余儀なくされる民主的立法過程の特質にかんがみて、おそらく一般的に妥当するとはいいがた」く、「それが妥当する範囲は、生存権の具体化が憲法上要求される社会保障立法のような立法過程に限られるのではないか」とする（同「憲法における立法合理性の要請」阪本昌成古稀記念『自由の法理』〔成文堂、2015年〕460頁）。工藤達朗も、立法の首尾一貫性要請に対しては慎重な態度を採る（同・前掲注9）12頁以下）。

Unit 4-1　法律の留保
憲法学と法律の留保

櫻井智章

1　公法学と法律の留保

　法律の留保は公法学における要注意概念である。憲法学では「明治憲法の権利保障は『法律の留保』があったのでダメだったが、日本国憲法には『法律の留保』がないので素晴らしい」という趣旨のことを勉強するはずである。他方で行政法学では、行政法の基本原理である「法律による行政の原理」の1つとして登場する。憲法学では悪者扱いされていた「法律の留保」が行政法学では基本原理の1つに位置づけられているのである。「法律の留保」が「憲法学と行政法学の疎隔の象徴[1]」と評された所以である。

　芦部『憲法』では「法律の留保」に＊で注が付けられ、次のような説明が書かれている。

　　「＊法律の留保　この言葉は、はじめO・マイヤー（Otto Mayer, 1846-1924）によって、国民の権利・自由に対する制限は、行政権には許されず、立法権（法律）に留保されるべきだという、行政権の恣意を抑制する原則として、用いられた。しかし、法律による行政の原理が確立するとともに、この言葉は、法律にもとづくかぎり権利・自由の制限・侵害は可能という意味に使われることになった」[2]。

　法律の留保には、①国民の権利・自由の制限には法律が必要という本来的意味と、②法律によりさえすれば国民の権利・自由の制限は可能という派生

---
1 ）　石川健治「2つの言語、2つの公法学」法教 322 号（2007 年）56 頁。
2 ）　芦部信喜（高橋和之補訂）『憲法〔第 8 版〕』（岩波書店、2023 年）20 頁。

Unit 4-1 法律の留保

的意味があることが示されている。憲法学では②派生的意味で、行政法学では①本来的意味で用いられているのである。

　憲法学では宮沢俊義が、その権威的なコンメンタールで「法律の留保」を②派生的意味で用い、「法律の留保」を伴っていた明治憲法と対比して、日本国憲法第3章は「かような『法律の留保』をみとめず[3]」と説いた。それに対して清宮四郎が書評で、「ドイツあたりで伝統的に慣用される」法律の留保は①本来的意味の方に「重点が置かれている」と指摘し、そうであれば「『法律の留保』ということは、現行憲法のもとでもみとめられているといっていい[4]」と批判した。その批判に対して宮沢は、ドイツにおける用例でも①②どちらの意味でも使われており、「『法律による行政』の原理が十二分に確立され」ている「現行憲法の下で」①本来的意味の法律の留保は「いったいどのような存在理由を有するのだろうか」と疑問視し、「今はもはや公法学において市民権を失ってしまったとみるべきではないか」と総括した[5]。こうした宮沢の「まとめ」が、その後の憲法学に大きな影響を与えた[6]。

　現行憲法の下では、法律といえども憲法に違反することはできず（98条1項）、憲法に違反する法律は裁判所によって効力を否定される（81条）のであるから、②法律によりさえすれば国民の権利・自由の制限は可能という派生的意味の法律の留保が否定されるべきは当然である。しかし、①本来的意味の法律の留保まで「市民権を失った」ものとしてよかったのか、については更なる検討を要する。

3） 宮澤俊義『日本国憲法』（日本評論社、初版・1955年）187頁（全訂版・1978年、185頁）。

4） 清宮四郎「〔紹介〕宮沢俊義『日本国憲法』」国家70巻3＝4号（1956年）110頁。漢字をはじめ表記は簡易に改めてある（以下同様）。

5） 宮沢俊義「法律の留保について」（1956年）同『憲法の原理』（岩波書店、1967年）357頁以下、特に373-374頁。

6） 参照、毛利透＝大橋洋一「行政立法」宇賀克也ほか編『対話で学ぶ行政法』（有斐閣、2003年）40頁［毛利］、渡邊亙「ふたつの『法律の留保』について」（2008年）同『法律の留保に関する比較研究』（成文堂、2019年）7頁以下。

2　明治憲法

(1)　明治憲法と法律の留保

　「明治憲法には法律の留保があったのでダメだ」とよく言われる。実際、多くの権利・自由が法律の範囲内において保障されるものと定められていた。しかし、①本来的意味の法律の留保に着目すれば、次の3点が注意されるべきである。

　第1に、そもそも第2次世界大戦以前には「法律による保障」が通常であった。近代化が遅れたうえに法実証主義が強かったドイツ、そしてその影響を受けた明治憲法が特殊だったかのように説かれることもあるが、イギリスやフランスも含め「実定法の技術的構成としては、議会こそが人権保障の担い手とされ、人権は法律によって——法律に対してではなく——保障されるというのが、まさに近代立憲主義のありかたなのである」[7]。「近代憲法の本質的な任務は、議会のおこなう立法の内容を憲法によって——実体法的に——拘束するところにあったのではなく、立法権を議会の手に独占させる立法手続を——手続法的に——定め、立法の内容については、それを議会の手中にゆだねるというところにこそあったのである」[8]。明治憲法の制定に際しても、最も重要だったのは国民代表議会（民選議院）の設立であった（このことは、明治憲法が帝国議会の開会と同時に施行されたことにも示されている）。国民の代表者である議会こそが国民の権利の擁護者だと考え、政府が勝手に国民の権利を制限することを禁止し、国民代表議会が事前に法律の形式で権利の制限に対して同意を与えておくことを要求する考え方（①本来的意味の法律の留保）を採用したことは、「議会の世紀」と言われる19世紀[9]当時においては極めて当然のことであった。

---

7)　樋口陽一『比較憲法〔全訂第3版〕』（青林書院、1992年）61頁（強調は原文）。同 533-537 頁も参照。

8)　樋口・前掲注7）453頁。

9)　宮沢俊義『憲法講話』（岩波新書、1967年）144頁。

Unit 4-1　法律の留保

　もっとも、この考え方では、法律自体が権利を侵害する事態を防ぐことができないのは確かである。しかし、そうした事態に対応するために裁判所による違憲審査制が必要だと考えられるようになったのは、国際的にも第2次世界大戦後のことである（1803年から裁判所が違憲審査権を有していたアメリカが大きな例外であるが、第2次世界大戦前には大きな世界的広まりは見せなかった）。議会（衆議院）中心の政治を目指して大正デモクラシーを支えた美濃部達吉は「法律は固より憲法の下に在り憲法に違反することを得ざるものにして、憲法に違反する法律は無効ならざるべからざるが如しと雖も、法律の内容が果して憲法に抵触するや否やは立法権者自身が最高の解釈権を有し、裁判所は自己の見解を以て此の解釈に対抗する権能を有する者に非ず。随て此の点に付ては裁判所は之を審査する権能を有せざるものと解すべし」[10] と説いていた。

　第2に、明治憲法の制定（1889年）に際しては、1871年ドイツ帝国憲法（ビスマルク憲法）や1875年フランス第三共和制憲法などのように憲法自体に権利条項を欠くものもあり、そもそも憲法に権利条項を設けるという選択すら当時の状況では自明ではなかった[11]。明治憲法起草の中心人物・井上毅は「国民の権利及自由は、法治国の、最も貴重に保護すべき者なり」[12] という考え方を基礎としつつも、憲法に一定の権利を掲げるべきか否か、どのように掲げるべきかについて「お雇い外国人」に質問した。ロエスレルからは権利条項を欠けば「憲法上の欠点と認定」され、前文に掲げたのでは法的効力をもたない旨の回答[13] を、モッセからは「各個人の権利は命令を以て制定すべからざることを明言するを要す。蓋し、各個人の権利は、行政に対する（立法に対するに非ず）制限となるに依り、始めて効力を有するものなり」[14] との

---

10)　美濃部達吉『憲法撮要〔改訂第5版〕』（有斐閣、1932年）568頁（強調は引用者）。

11)　憲法典における権利条項の意義につき、横大道聡＝吉田俊弘『憲法のリテラシー』（有斐閣、2022年）49-51頁、174頁以下。

12)　「国民の権利を憲法に掲ぐるの問」國學院大學日本文化研究所編『近代日本法制史料集　第一』（國學院大學、1979年）140頁。

13)　前掲注12) 143頁。「前文」は原文では「詔勅」となっているが、文脈からしても「詔勅（プレアンブル）」という表現がみられることからも、「前文」の意味だと考えるのが適切だと思われる。

回答を得ている。

　不平等条約の改正を実現するためには欧米諸国に認めてもらえる憲法を制定することが必要であり、そのためには権利条項を欠かすわけにはいかない。その権利条項を単なる宣言にとどめることなく、法的効力のあるものとするために法律の留保が必要だったのである。立法権を拘束しないことは、先述のように、当時においては通常のことであった。

　第3に、憲法で法律の留保が定められたため、それまでは政府の命令によって権利の制限が可能だったのに、「法律」がなければ権利の制限は（原則として）できなくなった。例えば、集会条例などで自由民権運動が取り締まられていたと日本史で習ったと思われるが、法律に基づくことなく政府の命令（太政官布告）で集会の自由を制限できていたわけである。しかし、明治憲法の制定によって集会の自由の制限には「法律」が必要となった（明治憲法29条）。そのため、明治憲法の施行に向けて、憲法適合性の観点から（集会条例も含め）既存の法令を見直す作業が行われた[15]。特に罪刑法定主義を定めた（明治憲法23条）ことにより刑罰を科すためには「法律」が必要となったことの影響は大きく、対応は不可避であった。憲法起草者（井上毅と伊東巳代治）の間での激しい意見の対立を経て、最終的には「命令ノ条項違反ニ関スル罰則ノ件」と題する法律が制定されたことはよく知られている[16]。この法律は「広範な概括的な委任の規定であって新憲法下においては違憲無効の法律」[17]と評されるようなものではあるが、ともかくも「法律」が必要だと認識されていたことが重要である。

---

14)　前掲注12）148頁（強調は原文）。

15)　大石眞『日本憲法史』（講談社学術文庫、2020年）252頁以下。

16)　小嶋和司「明治23年法律第84号の制定をめぐって」（1986年）『明治典憲体制の成立〈小嶋和司憲法論集一〉』（木鐸社、1988年）395頁以下。小嶋が掘り起こしたこのエピソードは、佐藤幸治によって「一見無機質な条文の背後にある」「人間的ドラマ性」を示すものとして『デイリー六法』（三省堂）の「はしがき」で取り上げられていた（令和7年版でも「創刊時はしがき」として残されている）。

17)　最大判昭和27・12・24刑集6巻11号1346頁（1350頁）。

Unit 4-1　法律の留保

(2)　明治憲法と一般的自由

　明治憲法において憲法上の権利条項は、法律に留保されるべき事項を示す
ものとして法的意味をもたせるべく定められた。そのため当初は、基本権条
項は「憲法上の立法事項の列記」として理解されていた[18]。そのような見解
を美濃部は、ドイツでアンシュッツがアルントに対して行った批判を借用す
る形で批判し、列挙された基本権に限らず、おおよそあらゆる自由の制限（「自
由及権利」の「侵害」）が法律に留保されるべきだと主張した。憲法上明示的
に列挙された自由のみが憲法上の立法事項であり、その他の自由を制限する
ためには法律による必要はないという考え方は「従来の通説の最も大なる誤
謬」であり、「強く排斥することを要す」。「総て臣民の権利義務に関する定
は一般に立法権に留保せらるるなり」[19]。他方で、基本権条項が担うことが
できなくなった立法事項の確定は、「立法事項」を「法律の概念」に読み込
む形で「立法権」条項（明治憲法5条）の解釈によって行われることとなった[20]（こ
の痕跡が現在でも 41 条解釈に残っている）。

　存在するのは《単一の自由》（「法的に無関係な」「自然の自由」）のみであ
り[21]、様々な「○○の自由」はその「単一の自由」が各方面に現れた現象形
態に過ぎない。つまり憲法上の権利条項は「例示的規定」に他ならない[22]。
したがって、憲法上列挙された自由に限られず、どのような自由であっても
制限するためには法律が必要である。そこで保障される自由は「違法な強制
からの自由（Freiheit von gesetzwidrigem Zwange）」[23]と特徴づけられるもの
であった。

---

18)　穂積八束『憲法提要 上巻』（有斐閣書房、1910 年）386-389 頁。

19)　美濃部・前掲注 10）179-180 頁。

20)　美濃部・前掲注 10）479-438 頁。

21)　この点が、「自然の自由」の回復としての「許可制」と、「自然の自由」に含まれない権利の
　　付与としての「特許制」という伝統的対置（**Unit 2** のテーマ）につながる。

22)　美濃部・前掲注 10）156-157 頁、178 頁。ベースにあるのはイェリネックの見解である。

23)　*Georg Jellinek*, System der subjektiven öffentlichen Rechte, 2.Aufl. 1905, S.103.

100

3 日本国憲法

(1) 日本国憲法と法律の留保

　日本国憲法の下でも行政法学では、法律の留保は「行政法の基本原理」の１つとして扱われている。その際に、法律に留保されるべき事項について様々な学説があることを学ぶはずである。しかしそこでは、国民に対して義務を課し又は権利を制限する（国民の「自由と財産[24]」を「侵害」する）行政活動は法律に留保される（法律の根拠が必要）という伝統的見解（侵害留保説）では不十分だとしたうえで、では「どこまで拡張すべきか」が争われているのであって、最低限の要請としての《侵害留保》を否定する見解は存在しない。どの学説によるにせよ、最低限の要請として「国民に対して義務を課し又は権利を制限する行政活動には法律の根拠が必要である」という点には異論はない。現行法制は侵害留保を前提としているし（内閣法11条[25]、内閣府設置法7条4項、国家行政組織法12条3項など）、最高裁も「国民に対して義務を課し又は権利を制限するには法律の根拠を要するという法原則[26]」の存在を当然の前提としている。

　では、本当に①本来的意味の法律の留保は問題にならないのか。宮沢俊義は、当然のこととして確立されているので「もはや不要」という見解であった。しかし、この点で大きな問題を残しているのが、本来であれば最も警戒されるべき警察活動の分野である[27]。京都府学連事件では、憲法13条によ

---

24)　「其の所謂財産とは一切の権利を指す意味で、権利の代表的なものとして挙げられて居る」。美濃部達吉『日本行政法 上巻』（有斐閣、1936年）130頁。

25)　内閣法（日本国憲法と同時に施行された憲法附属法である）11条は「改正憲法の企図」を「明確にした」と説明された。大石眞「内閣法立案過程の再検討」（2001年）同『憲法秩序への展望』（有斐閣、2008年）262-263頁。

26)　旭川市国民健康保険条例事件：最大判平成18・3・1民集60巻2号587頁（597頁）。法律の留保のスローガンは "Kein Handeln ohne Gesetz" と表現されるが、これは罪刑法定主義のスローガン "Nulla poena sine lege"（法律なければ刑罰なし）、租税法律主義のスローガン "No taxation without representation"（代表なければ課税なし）と同型である。簡単には、櫻井智章『判例で読む憲法〔第3版〕』（北樹出版、2024年）182頁を参照。

101

Unit 4-1　法律の留保

って「国民の私生活上の自由」が保障されるとしつつ、「公共の福祉のため必要のある場合には相当の制限を受ける」[28] ことを肯定し、結果として警察官の行った写真撮影を適法な職務行為であったと結論した。法律の根拠としては警察法2条1項が登場しているが、同条項が法律の留保論で要求される「法律の根拠」になりうるかという点には議論があり[29]、組織規範でしかないため否定的に解すべき[30] だとすれば、《「法律の根拠」のない基本権「制限」》を肯定したこととなる[31]。その後も最高裁は、法律の明文の規定を欠いていても「法律の根拠」を創造的に補充する判断を下した[32]。その結果として、法律の根拠の乏しい警察実務の運用が今なお行われている[33]。もともと法律の留保論はドイツ公法学由来の考え方であったが、今や「法律の根拠」を重視する戦後ドイツの議論[34] とは大きく異なっており、特にNシステムに関

---

27)　櫻井智章「基本権論におけるいくつかのモティーフについて」大石眞先生古稀記念論文集『憲法秩序の新構想』（三省堂、2021年）462頁以下。何より、山本龍彦「京都府学連事件判決というパラダイム」（2012年）同ほか『憲法判例のコンテクスト』（日本評論社、2019年）125頁以下、同「警察による情報保管・データベース化の『法律』的統制について」（2013年）同『プライバシーの権利を考える』（信山社、2017年）229頁以下を参照。

28)　最大判昭和44・12・24刑集23巻12号1625頁（1631-1632頁、強調は引用者）。

29)　藤田宙靖「警察法2条の意義に関する若干の考察」（1988-1989年）同『行政法の基礎理論上巻』（有斐閣、2005年）351頁以下。

30)　原田大樹「行政法学から見た強制処分法定主義」（2020年）同『公共紛争解決の基礎理論』（弘文堂、2021年）91-92頁、三井誠『刑事手続法(1)〔新版〕』（有斐閣、1997年）93頁、酒巻匡「行政警察活動と捜査(2)」法教286号（2004年）56頁など。

31)　理論的な可能性としては、後掲注43）の文献および後掲注66）を参照。最判平成7・12・15刑集49巻10号842頁〔指紋押捺〕、最判平成20・3・6民集62巻3号665頁〔住基ネット〕、最判令和5・3・9民集77巻3号627頁〔マイナンバー〕は、すべて「法律の根拠」が存在している。

32)　最判昭和53・6・20刑集32巻4号670頁〔所持品検査〕、最決昭和55・9・22刑集34巻5号272頁〔自動車一斉検問〕、最決平成11・12・16刑集53巻9号1327頁〔通信傍受法制定前の通信傍受〕など。なかでも所持品検査は、警職法改正法案が国会で廃案になった（＝否定された）にもかかわらず、最高裁が解釈で承認した（＝肯定した）という意味をもつ。奥平康弘「警職法改正問題」『法律事件百選（ジュリ900号）』（有斐閣、1988年）114-115頁。

33)　「指掌紋取扱規則」「DNA型記録取扱規則」等は国家公安委員会規則である。データの抹消を認めた点では画期的な、名古屋地判令和4・1・18判時2522号62頁でも、こうした法状況のあり方自体は是認されている。

34)　紹介論文は多いが、研究書として、實原隆志『情報自己決定権と制約法理』（信山社、2019年）、島田茂『警察法の理論と法治主義』（信山社、2017年）など。

してはドイツの憲法裁判所とは対照的な見解が説かれるに至っている。「ドイツ憲法裁判決は、そのような公権力の行使〔公権力が、逃走した被疑者車両や盗難車両の発見という限定された目的で、車両データを取得し、これを捜査記録との照合に利用し、照合に要する間に限りこれを保有すること〕は法律の定めに基づくことを要するとしていると理解されるが、我が国においては、警察は、警察法2条1項の規定により、強制力を伴わない限り犯罪捜査に必要な諸活動を行うことが許されていると解されるのであり、……公道上において何人でも確認し得る車両データを収集し、これを利用することは、適法に行い得るというべきである」[35]。ドイツの判例[36] は、法律は存在していても授権として特定性・明確性が不十分であるとした違憲判断であり、法律がなくても適法と判断された日本の法状況との間には雲泥の差が生じている。

　司法警察は行政法ではなく刑事訴訟法の守備範囲だという意識からか行政法学において法律の留保の文脈で京都府学連事件に触れられることは少なく、他方で刑事訴訟法学では強制処分法定主義（刑事訴訟法197条1項但書）との関係で「強制処分か否か」という形で議論され、強制処分でなければ法律は不要とされてしまう。そして、その「強制処分」については、最決昭和51・3・16刑集30巻2号187頁の解釈として「重要な権利・利益の侵害・制約」だと捉える見解[37] が有力に説かれている。しかし、このような考え方は、明治憲法下においてすら、重要な権利に限定せずに、おおよそ権利が制限される場合には法律の根拠が必要だと説いてきた法律の留保論とは相いれない[38]。近年ようやく憲法・行政法学からも強制処分法定主義に検討が加えられるようになってきた[39] だけでなく、刑訴法学でもドイツで憲法裁判

---

35)　東京高判平成21・1・29判タ1295号193頁（197頁、補足・強調は引用者）。

36)　BVerfGE 120, 378. 實原隆志「ドイツ版『Nシステム』の合憲性」ドイツ憲法判例研究会編『ドイツの憲法判例Ⅳ』（信山社、2018年）42頁以下。

37)　井上正仁『強制捜査と任意捜査〔新版〕』（有斐閣、2014年）12頁。「権利・利益の『質』に着目」した見解であることが明言されている。

38)　山田哲史「強制処分法定主義の憲法的意義」公法研究77号（2015年）227頁、同「本質性理論再論」行政法研究26号（2018年）108-109頁など。

103

Unit 4-1　法律の留保

所が展開し（日本の公法学へも影響を与え）てきた「本質性理論[40]」の観点から強制処分法定主義を捉え直す見解も登場してきている[41]。強制処分法定主義と令状主義の関係[42]や刑事訴訟法197条1項本文の位置づけ[43]など様々な問題が伏在するため、本稿ではこれ以上の深入りはできないが、《本質性理論》の考え方は日本においてこそ必要であったものと思われる。本質性理論は、侵害留保説から留保事項（義務的所管事項）を拡張したという量的な拡張の側面にではなく、議会の規律義務を重視するという点にこそ、その重要な意義がある[44]。法律の義務的所管事項ではないからといって法律を制定してはならないということはない。しかし、政府は「法律の規定によることを要する事項をその内容に含まない法律案は、提出しない」[45]という方針を出している。とりわけ刑事立法については、会期制・会期不継続の原則という旧態依然とした議事運営のため時間切れによる廃案が野党側の有力な武器

---

39)　山田・前掲注38)「強制処分法定主義の憲法的意義」225頁以下、同「法律の留保原則と強制処分法定主義」犯罪と刑罰29号（2020年）73頁以下、原田・前掲注30）83頁以下など。

40)　大橋洋一「法律の留保学説の現代的課題」（1985年）同『現代行政の行為形式論』（弘文堂、1993年）1頁以下。基本権の「侵害（Eingriff）」には限られず（BVerfGE 40, 237 [249]；49, 89 [126] など）、基本権の実現（Verwirklichung）にとって本質的な事項は「本質的」とされる（BVerfGE 47, 46 [79]；150, 1 [Rn.194] など）。

41)　宇藤崇「強制処分の法定とその意義」研修733号（2009年）3頁以下、同「『法律による捜査の原理』についての覚え書」山口厚ほか編『寺崎嘉博先生古稀祝賀論文集 上巻』（成文堂、2021年）1頁以下、斎藤司「強制処分概念と任意捜査の限界に関する再検討」川﨑英明＝白取祐司編著『刑事訴訟法理論の探求』（日本評論社、2015年）19頁以下、同「『議会の自己決定義務』と『法律の留保原則』、そして『強制処分法定主義』の意義」犯罪と刑罰29号（2020年）49頁以下など。また、緑大輔「捜査法における明文規定の必要性とその規律の密度」（2020年）同『刑事捜査法の研究』（日本評論社、2022年）1頁以下をも参照。

42)　井上・前掲注37)2頁、12頁。一般的には、三井・前掲注30）79-80頁、後藤昭「強制処分法定主義と令状主義」法教245号（2001年）10頁以下など。

43)　参照、宇藤・前掲注41)「強制処分の法定とその意義」9-10頁、山田・前掲注38)「強制処分法定主義の憲法的意義」229頁など。

44)　松本和彦「基本権の制約と法律の留保」栗城壽夫先生古稀記念『日独憲法学の創造力 上巻』（信山社、2003年）381-382頁、山田・前掲注38)「本質性理論再論」115頁など。「重要事項留保説」という表現は本質性理論の意義を適切に捉えたものとは言い難い。原田大樹「議会留保理論の発展可能性」（2014年）同『公共部門法の組織と手続』（東京大学出版会、2024年）60頁。

45)　閣議決定「内閣提出法律案の整理について」（昭和38年9月13日）。参照、内閣法制局百年史編集委員会編『内閣法制局百年史』（内閣法制局、1985年）229頁。

となる所与の状況下で、かつての警職法改正から近年の通信傍受法（盗聴法）やテロ等準備罪（共謀罪）に至るまで警察活動を正当化する法律は激しい反対運動を巻き起こすため、通すべき他の法律案に影響が出ないように、できる限り法律によることを回避するのが政府・与党としては合理的な行動となってしまう（実際、立法は「ピラミッドのように沈黙する」[46]と評される時代が続いた）。だからこそ、法律による規律義務を国会に課して立法を促すべきであった。しかし、（沈黙する立法に対して）「スフィンクスさながらに奮い起つ[47]」と評された最高裁判例は、国会の不作為（法律の不在）を正当化してきたのでが実相である[48]。ようやく最高裁も GPS 捜査については「立法的な措置」を求めた[49]が、「解釈論では対応できないから立法論で」という話ではなく、そもそも法律が必要な事項なのだという理解が必要である。

　科学技術の進展に伴い今後も新たな警察（司法警察・行政警察）活動が次々に登場してくることが予想されるが、そのような警察活動が必要かつ有益であるとしても、その判断は裁判所ではなく、ましてや警察機関でもなく、国民代表議会（国会）が行うべきである。たとえ権利の制限がやむを得ないとしても、そのためには法律の根拠（国民代表の同意）が必要とされなければならない。判例により厳格な要件を設けて不当な権利侵害を防止するよう配慮（裁判所による司法的統制）がなされたとしても、法律の根拠（国会による民主的統制）がないという問題を埋め合わせられるわけではない（法学の世界は「結果よければすべてよし」ではない）。現代でも①本来的意味の法律の留保＝「法律による保障」という考え方の重要性は失われていない。その点で、従来からの「法律による保障」に新たに「法律からの保障」も加わったというのが適切な理解であり、「『法律による保障』から『法律からの保障』

---

46)　松尾浩也「第 4 版の刊行にあたって」『刑事訴訟法判例百選〔第 4 版〕』（有斐閣、1981 年）。

47)　松尾・前掲注 46)。

48)　稲谷龍彦『刑事手続におけるプライバシー保護』（弘文堂、2017 年）55-58 頁は、最高裁の創造的な判例が国会の立法へのインセンティブを失わせたと批判する。プライバシー保護という「機能を果たす適格を具えた国家機関」（最大判昭和 47・11・22 刑集 26 巻 9 号 586 頁〔592 頁〕）は裁判所ではなく国会だという稲谷の見解は憲法的に重要な問題を提起している。

49)　最大判平成 29・3・15 刑集 71 巻 3 号 13 頁（18 頁）。

105

Unit 4-1　法律の留保

へ」[50] という前者から後者に取って代わったかのようなスローガンはミスリーディングである。法律の留保は、明治憲法下では基本権制限にとって必要かつ十分条件であったのに対し、日本国憲法の下では十分条件ではなくなったが依然として必要条件ではあり続けている[51]。否定されたのは②派生的意味の法律の留保であって、①本来的意味の法律の留保は「日本国憲法の下でも妥当している」[52] というだけでなく、その重要性が再認識されなければならない。

(2)　日本国憲法と一般的自由

　日本国憲法の下では、法律によりさえすれば権利を侵害できるとする②派生的意味の法律の留保は否定されなければならない。憲法上の権利であっても無制限ではなく「必要かつ合理的な制限」には服するが、制限する際には法律の根拠が必要であり、かつ、法律であっても憲法に適合しないものは裁判所によって効力を否定されなければならない。こうした変化は「『法律の留保』から『比例的法律（比例原則に適合した法律）の留保』へ」[53] と表現される。ここでの自由は、先のイェリネック＝美濃部の見解に、憲法の最高法規性と違憲審査制を備えた憲法構造への転換に伴う「必要な修正を加えれば（mutatis mutandis）」、《違憲な強制からの自由》と表現することができる[54]（「強制」には限られないため「違憲な（＝憲法に反する）制限からの自由」という表現の方がより適切だと本稿筆者は考えている[55]）。宮沢俊義がその代表的な教科書で、イェリネックの見解に依拠しつつ論述を進めながら、「自由権」と「単

---

50)　例えば、芦部信喜『憲法学Ⅱ　人権総論』（有斐閣、1994年）31頁、40頁など。

51)　田上穣治「公共の福祉と比例原則」ジュリ208号（1960年）8頁。興津征雄『行政法Ⅰ』（新世社、2023年）354-356頁も参照。

52)　宍戸常寿「§11」長谷部恭男編『注釈日本国憲法(2)』（有斐閣、2017年）55頁。

53)　ボード・ピエロートほか（永田秀樹ほか訳）『現代ドイツ基本権〔第2版〕』（法律文化社、2019年）89-90頁。

54)　櫻井智章「基本権論の思考構造㊁・完」法学論叢155巻6号（2004年）106頁および103頁注（34）。こうした見解が、小山剛『「憲法上の権利」の作法』（尚学社、初版・2009年）97頁以下（第3版・2016年、95頁以下）の影響力により広まってきている。

55)　櫻井・前掲注26）200頁。

106

なる自由」を区別する[56]というイェリネックの見解とは全く異なる「滅茶苦茶[57]」な見解を説き、それが広まってしまったことも、この辺りの議論を歪めてしまったのではないかと思われる。

　一般的な自由の保障は、些末な自由（人格的生存に不可欠とは言えないような自由）まで広く保障することに意味があるわけではない。どのような自由であれ、自由を制限するのであれば、その制限は憲法（憲法規定だけでなく法治国家原理などの憲法原理も含む）に適合すべきことを求めるものである。散歩の自由であっても、法律の根拠なく制限することは許されないし、法律の根拠があっても「必要かつ合理的」ではない制限は許されない。散歩の自由の不合理な制限が許されないのは、それが散歩の自由の制限だからではなく、不合理な制限だからであり、規制が合理的であることを要請する法治国家原理[58]という憲法原理に反するが故に「憲法に反する制限からの自由」を侵害するからである。

　憲法学と行政法学には、「結果不法的な憲法学」と「行為不法的な行政法学」という思考の相違も指摘されている[59]。以上のような考え方は、こうした相違を埋める1つの方向性を示しているのではないかと思われる[60]。

4　おわりに

　ロースクール導入の影響を最も被ったのが、この「法律の留保」という論点だったのではないかと思われる。第1に、「公法」科目としての「憲法と

---

56)　宮沢俊義『憲法II〔新版再版〕』（有斐閣、1974年）90-93頁。

57)　石川健治「インディフェレンツ」（2009年）早稲田大学比較法研究所編『比較法と法律学』（成文堂、2010年）354頁。イェリネックにおいては「出版の自由」と「散歩の自由」に差はない。*Jellinek*（Fn.23), S.104（神橋一彦『行政訴訟と権利論』〔信山社、2003年〕77頁注（64）に訳出されている）。宮沢説については、神橋・同書101-102頁でも批判されている。

58)　Unit 3-2 栗島論文91頁。

59)　神橋一彦「行政訴訟の現在と憲法の視点」（2010年）同『行政判例と法理論』（信山社、2020年）48-51頁。石川健治ほか「連載開始にあたって」法教368号（2011年）81頁〔神橋〕をも参照。

60)　憲法上の自由権を行為規範として把握すべきことを主張するのが、鵜澤剛「オットー・マイヤーの《自由権》論」金沢法学53巻2号（2011年）261頁以下である。

Unit 4-1　法律の留保

行政法の融合」という観点からは、同じ術語（専門用語）でありながら公法の内部で異なった意味で用いられる状況は是正されるべきであった。第2に、憲法学内部で、ドイツの憲法裁判所が用いている三段階審査が紹介され[61]、日本の憲法教育においても有益ではないかということで広まりを見せるようになってきた[62]。形式的正当化事由として「法律の留保」を検討すべきことを指摘した点は、三段階審査論に懐疑的な論者であっても、その功績として挙げている[63]（実際、「憲法上保障される権利も絶対無制限ではなく公共の福祉による制限を受ける。そこで違憲審査基準が問題となる」というタイプの旧来の「盤石の司法試験通説[64]」には《法律の根拠》を検討すべき「場」はない）。どのような違憲審査基準を最高裁が採用したのか、という観点から判例を読んできた従来の憲法学では、京都府学連事件は「『厳格な合理性』基準の考え方に準じるもの[65]」を採用したと高い評価が与えられてきた。しかし、三段階審査論の観点から読み直すならば、形式的正当化事由の検討が抜け落ちていると言わざるを得ない[66]。基本権制限の正当化としては、実質的正当化事由としての「比例原則」に注目が集まるが、形式的正当化事由としての「法律の留保」も決して看過してはならない。

---

61)　松本和彦『基本権保障の憲法理論』（大阪大学出版会、2001年）、小山・前掲注54）など。

62)　宍戸常寿『憲法 解釈論の応用と展開〔第2版〕』（日本評論社、2014年）、渡辺康行ほか『憲法I 基本権』（日本評論社、2016年）など。

63)　市川正人『司法審査の理論と現実』（日本評論社、2020年）370頁。

64)　西村裕一「人権なき人権条項論」（2012年）同ほか『憲法学再入門』（有斐閣、2014年）112頁。この論証パターンは本稿筆者の学生時代にも猛威を振るっていた。この世代が調査官を務める年頃なのが現在である。

65)　芦部・前掲注50）387頁。刑事訴訟法学でも「法律」の法治国家的・民主主義的意義は重視されていなかった。田宮裕『刑事訴訟法〔新版〕』（有斐閣、1996年）72頁、121頁。法廷意見でも、法律の要否は問題にされていないが、令状の要否には触れられているように、司法的統制に関心が偏っていたことが窺える。ドイツでは写真撮影に関する規定が刑事訴訟法にあることは調査官も認識していた。海老原震一「判解」最判解刑昭和44年度495頁。しかし、写真撮影を許容している例が存在していることにのみ関心があり、「法律」で定められていることの意義は眼中にないようである。

66)　法廷意見からは片鱗も窺うことはできないが、理論的には刑事訴訟法197条1項本文（または189条2項）を根拠条文と解する可能性はありうる。もっとも、その場合でも立法者が規律義務を果たしたと評価できるほど十分な規律密度となっているかは検討されるべきである。

108

憲法学と法律の留保

　他方で、警察情報の収集および管理について「法律の根拠がない」という主張は、実務上は全く通用していないことも事実である[67]。そのため、学習用の演習書で「法律の根拠がないが故に違法である」という見解は主張したところで「説得力に乏しい[68]」とまで言われる状況になってしまっている。しかし、ロースクール創設の際に「憲法と行政法の融合」とともに説かれた「学説と実務（理論と実践）の融合」は、決して「学説の実務への服従」ではなかったはずである。監視カメラやDNA型データベース等が明確な「法律の根拠」なく運用されている現状は、憲法的観点からは、やはり問題があると言わざるをえない（問題なのは、あくまで法律の根拠なく運用されている点であって、監視カメラやDNA型データベース等は絶対に許されないという趣旨ではない）。

　安倍元首相の「国葬」をめぐって、法律の留保が政治的に話題となったが、基本権論にとっては警察による情報取扱いの方が重要問題である。

【付記】名古屋地判令和4・1・18前掲注33）の控訴審では、データの抹消が維持されただけでなく、「立法措置が必要」「警察法という組織法による下位規則等への委任では不十分」と指摘された（名古屋高判令和6・8・30LEX/DB：25620949）。しかし国（警察庁）は、上告は断念したものの、立法化には否定的な態度を示している（朝日新聞2024年9月12日）。

---

67)　例えば、名古屋地判令和4・1・18前掲注33）は「適法な法律の委任によらないものとまで認めることはできない」（93頁）と判示した。しかし、DNA型記録取扱規則（国家公安委員会規則）等は警察法施行令13条1項を根拠として制定されたものであり、さらに同政令は警察法5条4項・81条に基づくものであり、委任を遡っても警察法という組織法が根拠となっているにすぎず、明確な授権が行われているわけではない。「自由主義を基本的な価値として標榜する諸外国……における立法例及びその背景に存する価値判断を参酌」（93頁）することを表明したが、権利制限の内容に関心が偏っており、権利制限の形式には無頓着である。形式の不備を根拠として違憲と判断することを嫌う傾向はUnit 9-1櫻井論文306-307頁にも共通する。

68)　大河内美紀「見ないで!?」宍戸常寿編著『憲法演習ノート〔第2版〕』（弘文堂、2020年）93頁。

109

Unit 4-2　法律の留保

法律の留保論と基本権侵害の概念
——法律の留保論の未来・過去・現在

鵜澤　剛

1　法律の留保と基本権論——「自由と財産への侵害」

　行政法学における法律の留保原則は、行政法の基本原理の1つである法律
による行政の原理の一内容として登場する。古くから説かれてきたところに
よれば、法律による行政の原理は、法律の法規創造力の原則、法律の優位の
原則、そして法律の留保の原則の3つの内容から構成される。このような伝
統的学説の形成に最も大きな影響を与えたのが、行政法学の父とも呼ばれる
ドイツのオットー・マイヤーの学説である。マイヤーは、官房学的な警察学
から法学としての行政法学への移行に、警察国家から法治国家への移行を対
応させ、その基本原理を「法律の支配[1]」と呼び、その内容として前記の3
つを説いた。

　マイヤーは、法律の留保原則を憲法原則として語っていた。いわく、「こ
の留保〔＝法律の留保——筆者注〕は、諸々の憲法テキストにおいてさまざ
まな形で繰り返し述べられている。古典的形式はいわゆる基本権または自由
権の定立であり、それによれば、市民は人身の自由、財産の不可侵およびそ
の他の権利を、法律によれば、または法律に基づくのであれば、これらの事
項に対してさえ侵害をなしうるという明示的・黙示的な留保つきで保障され
ている[2]」。

――――――――――
1)　マイヤーの「法律の支配」については、森田寛二「法規と法律の支配(1)(2・完)」法学40巻
　　1号45頁、40巻2号155頁（1976～1977年）。
2)　Otto Mayer, Deutsches Verwaltungsrecht, Bd.1, 3.Aufl., 1924, S.70.

110

もとより、このようなマイヤーの法律の留保論は、マイヤー1人の手によって作り上げられたものではない。むしろマイヤーの学説は1つの到達点である。Unit 4-1 櫻井論文でも触れられていたように[3]、当初は法律の留保は、憲法に列挙された基本権についてのみ及ぶとされていたのが、あらゆる自由および財産への侵害に及ぶと拡張されていった。マイヤーは、法律の留保の妥当範囲を「自由と財産への侵害」と定式化したが、これは憲法の基本権保障が憲法に列挙された名前付きの種々の自由権および財産権から、一般的自由権および一般的財産権へと拡張されていったことを反映しているのである。

2　現代行政法と「法律の留保」

櫻井論文で整理されていたように、法律の留保には、①国民の権利・自由の制限には法律が必要という本来的意味と、②法律によりさえすれば国民の権利・自由の制限は可能という派生的意味の2つがある[4]。法律の留保の2つの意味は、前記のマイヤーの説明にも表れている。櫻井論文は、①の本来的意味の法律の留保は、今日においても重要性を失っていないことを強調するものであったように思う。そこで以下では、法律の留保が、今日の行政法学にとっては、どのような意味をもっているのかを見ていきたい。

行政法学の成立時期は近代立憲国家の成立時期と重なる。近代立憲国家の特徴は、櫻井論文でも述べられていたように[5]、議会制の確立と、その議会の制定する法律による秩序形成である。つまり行政法学の黎明期、法律の留保原則が語られ始めた時期は、これから法律を整備しようという段階であった。そこから時代を下るに連れて、法律は質量ともに充実していく[6]。それに従って、法律の留保原則を問題にする意義も相対的には減少していくことになる。

しかし、今日でも、法律の留保が問題となる場面はないわけではない。行

3）　Unit 4-1 櫻井論文 100 頁。
4）　Unit 4-1 櫻井論文 95-96 頁。
5）　Unit 4-1 櫻井論文 97 頁。

Unit 4-2 法律の留保

政法の概説書や授業などでよく取り上げられるのが、自動車の一斉検問である。判例[7]の基本的ロジックは、「強制力を伴わない任意手段」と位置づけつつ、「国民の権利、自由の干渉にわたるおそれのある事項にかかわる場合には、任意手段によるからといつて無制限に許されるべきものでない」とした上で、①「交通違反の多発する地域等の適当な場所において」、②「相手方の任意の協力を求める形で」、③「自動車の利用者の自由を不当に制約することにならない方法、態様で行われる」という要件を課して限界を引くというものである。

任意手段については、侵害留保説はもとより、他の大部分の学説によっても、法律の根拠は本来必要ない。警職法2条1項の職務質問についても、「任意手段にたまたま法律の根拠がある[8]」という位置づけになる。判決は警察法2条1項に触れているが、行政指導であっても組織法的な根拠は必要であり[9]、その程度の意味での組織法的な根拠を示したものと考えるのが妥当であろう[10]（組織法的な根拠と作用法的な根拠〔法律の留保論でいう根拠規範〕が具体的にどのように異なるかは後述する）。それでも、「国民の権利、自由の干渉にわたるおそれのある事項」であることを認め、また、「自動車の利用者の自由を不当に制約することにならない方法、態様で行われる」ことを要求していることに、ここでは注目しておきたい（下線は筆者。以下同じ）。

一斉検問と同じように、任意性あるいは強制力を伴わないことを指摘して、法律に根拠のない警察活動を一定の限度で許容したものとして、櫻井論文で

6）　必ず法律で定めなければならない事項（法律の専管事項）でなくても、それがいったん法律で定められたときは、その改正には法律が必要となる（必要的法律事項となる）。そのような意味でも、法律事項は増大する傾向を示す。参照、赤坂正浩「立法の概念」公法研究67号（2005年）148頁以下。

7）　最決昭和55・9・22刑集34巻5号272頁。

8）　塩野宏『行政法Ⅰ〔第6版補訂版〕』（有斐閣、2024年）285頁。

9）　行政手続法2条6号、32条1項。

10）　異論として、藤田宙靖「警察法2条の意義に関する若干の考察」（1988～1989年）同『行政法の基礎理論上』（有斐閣、2005年）387頁は「命令、強制等の公権力行使の場合であっても、状況に応じ、たとえ例外的ではあるにせよ、警察法2条以外の個別的法律規定による授権が無くとも、警察官が行動できる道を、理論的に開き得る」とする。学説状況については、濱西隆男「自動車の一斉検問」『行政判例百選Ⅰ〔第7版〕』（有斐閣、2017年）217頁参照。

も登場した所持品検査[11]、Nシステム[12] がある。明確な言及はないが、強制力を伴わないという点では、京都府学連事件で問題となった写真撮影もここに含めてよいであろう[13]。ここでも、写真撮影が、みだりに容貌等を撮影されない自由に対する「制限」に当たることが前提とされている。

　上で問題にしてきた警察活動は、いずれも情報収集活動という点で共通点がある。逆に行政が情報を公開する方向の行政活動で、法律の根拠の要否が問題となっているのが、氏名等の公表である。新型コロナ感染症対策の一貫として行われた、営業時間の短縮命令（新型インフルエンザ等対策特別措置法31条の6第3項）に従わなかった飲食店等の名称の公表で注目を浴びたこの制度も、コロナ対策に関しては法律に根拠があるものの（同法31条の6第5項）、必ずしも法律の根拠は必要とされていない。その理由について、O-157食中毒事件において問題となった厚生省による中間報告の公表に関し、東京高判平成15・5・21判時1835号77頁は、「関係者に対し、行政上の制裁等、法律上の不利益を課すことを予定したものでな〔い〕」こと、公表の結果、貝割れ大根の売上が激減し、生産業者や販売業者が不利益を受けたとしても、「それらの不利益は、本件各報告の公表の法的効果ということはでき〔ない〕」ことを指摘している。ここには、法律に根拠が必要な侵害は、その行為の法的効果による不利益に限られるという考え方が表れている（これについては後述する）。

　また、日本では（少なくとも実務的には）あまり問題とされないが、法律の留保原則は、単に法律に根拠があるだけではなく、根拠法律の内容の具体性、言い換えれば法律の規律密度を要求するという議論がある。ドイツにおいて盛んな議論であり、本質性理論（重要事項留保説）[14] の伸長に伴って意識

---

11)　最判昭和53・6・20刑集32巻4号670頁。

12)　東京高判平成21・1・29判タ1295号193頁。

13)　最判昭和44・12・24刑集23巻12号1625頁。判決では「その方法も、行進者に特別の受忍義務を負わせるようなものではなかった」ことから、「その方法も一般的に許容される限度をこえない相当なものであった」とされている（1633頁）。

14)　大橋洋一「法律の留保学説の現代的課題」（1985年）同『現代行政の行為形式論』（弘文堂、1993年）1頁以下。

Unit 4-2　法律の留保

化されるようになった問題であるが、ずっと以前から存在する委任立法の限
界論における白紙委任禁止の法理にもその発想を見出すことができる。

　白紙委任禁止に関してよく取り上げられるのは、国家公務員に禁止される
「政治的行為」を人事院規則に委任する国家公務員法 102 条 1 項の規定であ
るが、これよりもより問題にすべきなのは、取消訴訟の原告適格の著名判例
としておなじみのサテライト大阪事件で問題となった自転車競技法 5 条 2 項
の規定である[15]。この事件では、「位置は、文教上又は保健衛生上著しい支
障を来すおそれがない場所であること」という許可基準（位置基準）や「施
設の規模、構造及び設備並びにこれらの配置」が「周辺環境と調和したもの」
であることという許可基準（周辺環境調和基準）から、周辺の医療施設や周
辺住民の原告適格を肯定することができるかどうかが問題となったのである
が、これらの許可基準はいずれも自転車競技法施行規則という省令レベルで
定められているものであって（位置基準は 15 条 1 項 1 号、周辺環境調和基準は
同項 4 号）、委任元である自転車競技法 5 条 2 項には「経済産業大臣は、前
項の許可の申請があつたときは、申請に係る施設の位置、構造及び設備が経
済産業省令で定める基準に適合する場合に限り、その許可をすることができ
る」という規定しか存在しない。国家公務員法 102 条 1 項は、「人事院規則
で定める政治的行為」の前に、「政党又は政治的目的のために、寄附金その
他の利益を求め、若しくは受領し、又は何らの方法を以てするを問わず、こ
れらの行為に関与し」という具体例を定めており、その「合理的な解釈」に
より、「公務員の政治的中立性を損うおそれのある行動類型に属する政治的
行為を具体的に定めることを委任するもの」という委任の趣旨を読み取るこ
とも不可能ではない[16] が、自転車競技法 5 条 2 項に関しては擁護の余地が
ない[17]。

---

15)　最判平成 21・10・15 民集 63 巻 8 号 1711 頁。

16)　最判昭和 49・11・6 刑集 28 巻 9 号 393 頁（408 頁）。

17)　神橋一彦「原告適格論と憲法の視点」（2011 年）同『行政判例と法理論』（信山社、2020 年）
　　181 頁は、自転車競技法が「法律レヴェルでは全く要件について定めるところがなく、すべて経
　　済産業省令（施行規則）に丸投げしている」ことについて、「憲法論的には重大な問題がある」
　　と指摘する。

114

実は、「～をしようとする者は、行政庁の許可を受けなければならない」旨だけ法律で定め、その許可基準については法律で全く定めていないという例は、伝統的に（公企業の）特許とされてきたものに多く見られる。競輪に関していえば、競輪は刑法187条で禁止されている富くじに該当するものであり、都道府県および指定を受けた市町村だけが施行できる（自転車競技法1条1項および5項）。他の例として1つだけ挙げると、墓地等の経営の許可（墓地埋葬法10条1項）もそうである。墓地等に関しては、条例で墓地の位置や構造・設備に関する基準が定められているのが通常で、自転車競技法の場合よりはいくらかマシであるが、法律（墓地埋葬法10条1項）で「都道府県知事の許可を受けなければならない」としておきながら、その法律では許可基準を何も示していないという点は同様である。墓地に関しても、墓地の永続性および非営利性の確保の観点から、「墓地経営主体は、市町村等の地方公共団体が原則であり、これによりがたい事情があっても宗教法人又は公益法人等に限られる」というのが厚生労働省の立場である[18]。

　法律の留保原則における「法律の根拠」は、組織規範ではなく、根拠規範としての性質を有するものでなければならないとされる[19]。組織規範の典型は、国家行政組織法4条にいう任務および所掌事務の範囲を定める規定であろう[20]。警察法2条1項も、「責務」という用語が用いられているが、体裁的には任務規定に相当する。これに対し、根拠規範とはどのような内容を有するものかについては、あまり正面切って説明されることがない。しかし、当該官庁の任務や所掌事務を列挙するだけでは足りないとすれば、行政庁がどのような場合に（要件）何ができるか（効果）ということまで定めて、はじめて行政活動の具体的根拠を与えたと呼ぶことができるということになるのではなかろうか[21]。そうであるとすれば、単に「許可を受けなければならない」とだけ定めて、その要件について何も定めない法律は、根拠規範と呼ぶ

---

18)　平成12年12月6日厚生省生活衛生局長通知「墓地経営・管理の指針等について」（生衛発第1764号）別添1「墓地経営・管理の指針」2(2)。

19)　塩野・前掲注8) 81-83頁。

20)　おおむね任務規定は各省庁設置法の3条に、所掌事務規定は4条に置かれることが多い。

Unit 4-2　法律の留保

に値しないと言わなければならない。

　Unit 2-2 鵜澤論文 54-55 頁でみたように、伝統的行政法学の説明によれば、講学上の許可は「自然の自由」あるいは「私人が本来有している自由」を回復する行為であるのに対し、講学上の特許はこのような「自然の自由」あるいは「本来的自由」に属しない権利を特別に付与するものであるとされてきた。上でみてきたような特許事業に関する立法態度には、私人が本来的に有している権利自由でないものについては、厳密な意味での法律の根拠は不要である、つまり法律の留保原則は厳格には妥当しないという考え方が見え隠れしているようにも思われる。

　実は一斉検問に関しても、最判は「自動車の運転者は、公道において自動車を利用することを許されていることに伴う当然の負担として、合理的に必要な限度で行われる交通の取締に協力すべきものであること」を指摘している[22]。一斉検問は、判決においても言及されているように、「自動車の利用者の自由」（移動の自由）に対する制約と見ることができるものであるが、自動車運転者が「当然の負担」として負っている「合理的に必要な限度で行われる交通の取締に協力すべき」義務を実現する限りでは、法律の根拠は不要であるという発想を見出すことも不可能ではない。京都府学連事件で問題となった写真撮影に関しても、ここで承認されているのはあくまでも「みだりに」容貌等を撮影されない自由であり、「正当な理由」があり、「相当な方法」

---

21)　このことは、補助金適正化法の性質をめぐる議論にも見て取ることができる。補助金適正化法は、根拠規範ではなく、規制規範であると説かれる（塩野・前掲注8）82頁）。規制規範とは、ある行政活動をある行政機関がなしうることを前提として、つまり別に根拠規範が存在する、あるいは根拠規範がなくてもそれをなしうることを前提として、その権限行使のやり方を規制する規範をいうとされるが、補助金適正化法が規制規範であるとされるのは、補助金行政が本来法律の根拠が不要な給付行政であるというだけではなく、それと同等あるいはそれ以上に、補助金適正化法が、主として給付の手続面を規律するものにすぎず、給付の実体面、すなわち支給要件、支給対象者、支給額、支給期間などについては何ら定めていないという点に着目している。行政がどのような場合に（支給要件）誰に対して（支給対象者）どの程度の給付を（支給額）与えることができるかという意味での根拠を定めるのは、単なる通知・通達であることもあれば、法律であることもある。給付行政における法律の根拠という問題が顕在化したのが、労災就学援護費不支給決定の処分性が争われた事件（最判平成15・9・4判時1841号89頁）である。

22)　民集34巻5号275頁。

116

で行われる撮影に関しては、もともと保障の対象外であり、法律の根拠が必要な侵害に当たらないという理解も成り立たなくはない。

　いわば「自然的自由」に対する「自然的義務」を措定し、その実現には法律の根拠は不要とするという考え方は、そもそものマイヤーの法律の留保論に遡る。マイヤーは「臣民の側において公共体の善良な秩序に妨害を加えず、むしろそのために自己の生活領域から生ずるそのような妨害を差し控え、これを防止するように配慮すべき義務」は単なる人倫的義務ではなく法的に有意義な義務であるとし、「憲法上の〔法律の〕留保は、すべての自由と財産への侵害に法律の根拠を要求する。しかし、善良な秩序に対する妨害については、法律の根拠なくとも直接実力を用いて防御しうる。すでに存在する義務の単なる行使は留保された侵害には当たらない。」と論じていたのであった[23]。

　しかし、本来的自由に内在する本来的な制約（内在的制約？）と、それを超えた法律の根拠が必要な制約（外在的制約？）との区別は容易ではない。しかも、判例は、写真撮影や一斉検問等についても、一定の要件を課し、その限度で許容するのである。そうであれば、これらを法律の根拠が必要な侵害に取り込んだ上で、法律において、どのような場合にそれをなしうるかを規律したほうがよいのではないだろうか。それを必要とする公益上の理由と、それによって制約される私人の権利自由とを調整する必要があるのであれば、それは法律において行われるべきである。法律がないからといって、その不備を判例で補うというのは、眼の前の事案の適切な解決を志向する裁判所としてはそうせざるを得ない場合もあろうが、法治国家として望ましい姿ではなく、その結果として法律がいつまで経っても整備されない[24] というので

---

23)　Otto Mayer, Deutsches Verwaltungsrecht, 1. Aufl., 1895, S.250ff. このような議論に対し、米田雅宏「現代国家における警察法理論の可能性(1)」法学 70 巻 1 号（2006 年）81 頁は、「警察規制を導くための法解釈論に法外的要素（法に先行する国家権力）の過剰の負担をかけるもの」と批判する。

24)　実際、一斉検問は、警察において「日常的に反復して」行われている手段である（芝池義一『行政法総論講義〔第 4 版補訂版〕』〔有斐閣、2006 年〕57 頁）にもかかわらず、いまだに法律に定められていない。

117

Unit 4-2　法律の留保

は本末転倒も甚だしい。

3 「権利を制限し、または義務を課す」

　日本の現行法制度は侵害留保説を前提としているといわれるが、その際に
引き合いに出されるのが「義務を課し、又は権利を制限する」というフレー
ズを用いている諸規定である（内閣法 11 条、国家行政組織法 12 条 3 項、地方
自治法 14 条 2 項など）。この定式は「自由と財産への侵害」という古典的定
式と同じ意味であるとされる[25]。「自由と財産への侵害」と「権利を制限し、
または義務を課す」はなぜ同じ意味であると言えるのか。以下ではこの問題
に法論理的な分析を加え、それによって「自由と財産への侵害」および「権
利を制限し、または義務を課す」という定式が意味していることを明らかに
し、さらには古典的な侵害留保説が内包する限界についても明らかにしたい。
　「権利を制限し、または義務を課す」という定式は、法律に留保されるべ
き事項を画するものであるから、そこでいう「権利」および「義務」は、法
律によって創設されるそれではありえない。「権利を制限する」ということ
で表現されているのは、あることをしてはならないという不作為義務を課す
ことであり、「義務を課す」ということで表現されているのは、あることを
しなければならないという作為義務を課すことである。そして、不作為義務
を課し、あるいは作為義務を課すことは、自由の侵害を意味する。
　法論理的には、自由は義務の不存在と定義される[26]。より正確には、ここ
でいう「義務の不存在」とは、しなければならないという方向の義務（作為
義務）も、してはならないという方向の義務（不作為義務）も存在しないと
いうことである。「自由」とは、ある行為について作為義務も不作為義務も
課されていない状態を指す[27]。このことを、H.L.A. ハートは次のように表現

---

25)　小早川光郎『行政法(上)』（弘文堂、1999 年）95 頁。

26)　W.N. Hohfeld, Fundamental Legal Conceptions, 1923, pp.23-114. Robert Alexy, Theorie der
　　Grundrechte, 1994, S.171ff. 新正幸『憲法訴訟論〔第 2 版〕』（信山社、2010 年）191 頁以下、同『ケ
　　ルゼンの権利論・基本権論』（慈学社、2009 年）166 頁以下。

118

している。「人は隣人の庭を塀越しに見る権利をもっている。彼は隣人を見てはならないという義務のもとにも、隣人を見なければならないという義務のもとにもない。それゆえ、この例では、自由は双方向的である[28]。」それゆえ、「権利を制限し、または義務を課す」という定式は、自由の侵害を意味するのである。

では、「自由と財産への侵害」でいう「財産」についてはどうであろうか。結論的には、「財産への侵害」も、結局のところ自由の侵害に帰着すると考えられる。このことが最もわかりやすいのは、都市計画法などによる土地利用規制である。これらの規制は、不作為義務を課すことによって土地利用権を制約するものである。たとえば、開発行為の規制（都市計画法29条以下）、都市計画施設の区域内における建築行為の規制などである（同法53条以下）。用途地域の指定（同法8条1項1号）も、建築確認制度と相まって、新基準に適合しない建築物の建築を原則として禁止することになる。

しかしむしろ財産権の侵害として伝統的に念頭に置かれてきたのは、財産権の剥奪である。土地収用法による収用、関税法69条の11第2項による輸入禁制品の没収・廃棄のような没収や廃棄などである。没収・廃棄は作為や不作為の義務を課すことによって財産権を侵害しているのではなく、物理的な侵害である。言い換えれば、精神的作用による侵害ではなく、物理的作用による侵害である。身体の自由に置き換えていえば、立退き命令や立入禁止命令も侵害であるが、身体に直接実力を行使して立ち退かせ、あるいは立ち入らせないことも侵害である[29]。収用は、権利取得裁決によって同意なく権利を消滅させるとともに、明渡裁決によって明渡義務を発生させるもので、後者は作為義務の賦課である。さらに、これらは広い意味では、いずれも当

---

27) 講学上の許可がこのような意味での自由を回復する行為であるのに対し、講学上の特許がそうでないことについては、Unit 2-2 鵜澤論文60頁参照。

28) H.L.A. Hart, legal rights, Essays on Bentham, 1982, p. 166. 邦訳として、H.L.A. ハート（小林公＝森村進訳）『権利・功利・自由』（木鐸社、1987年）105頁。

29) 実は、「自由への侵害」にも、作為や不作為を命じること（精神的作用）による侵害のほかに、直接実力を行使する（物理的作用）という態様による侵害が存在していたのである。たとえば表現の自由でいえば、ある内容の発言を禁止することのほかにも、その者の口を物理的にふさぐようなものがあるように。

119

Unit 4-2 法律の留保

該財産を処分する自由に対する侵害といえる。このほか、銃刀法24条の2
第2項による銃砲刀剣類の一時保管は、所有権そのものではなく、占有を剥
奪する。しかし、これによってその物の使用等が物理的にできなくなるわけ
であるから、自由の侵害といってよいであろう。

　財産権は、法律による内容形成が必要な基本権である[30]。しかし、いった
ん法律により内容形成がされた、たとえば所有権について「自由にその所有
物の使用、収益及び処分をする権利」という内容形成がされた場合に（民法
206条）、その使用・収益・処分を制限するのは自由の侵害である。「財産へ
の侵害」はこのような財産権行使の自由に対する侵害といえる。そもそもお
よそ「権利」と呼ばれるものは、基本的に、その基礎に、その権利を行使す
るか、しないかの自由がある。その意味で、自由は全ての権利の共通の基礎
であるといえる[31][32]。

4　自由権以外の基本権における「侵害」

　以上に見てきたように、伝統的な侵害留保説にいう「侵害」概念は、「自由」
に特化したものであったわけである。これに対し、今日法律の根拠が問題と
されているのは、前述のように情報収集活動であったり、情報の公表行為で
あったりするわけである。繰り返しになるが、情報の公表行為に法律の根拠
が不要な理由を、東京高判平成15・5・21判時1835号77頁は、「公表の法
的効果」として不利益を課すものではないことから説明していたのであった。
ここでいう「法的効果」とは、処分性（抗告訴訟対象性）の検討において問
題となるそれと同じ意味であり、要するに権利義務・法律関係に対する影響

---

30)　小山剛『基本権の内容形成』（尚学社、2004年）、平良小百合『財産権の憲法的保障』（尚学社、
　　2017年）、篠原永明『秩序形成の基本権論』（成文堂、2021年）。

31)　H.L.A. Hart, op. cit. pp. 188-189. 小林＝森村訳・前掲注28) 128-130頁。

32)　例外的に、行使しない自由を有しない「権利」の代表が「親権」である。「親権」は、自己の
　　利益を内容としないという点でも異質である。このような親権の性質については、篠原永明「憲
　　法と親権制度」（2019年）同・前掲注30) 187頁、同「親権制度とその周辺」甲南法学59巻3・
　　4号（2019年）91頁。

120

のことであるが、ここで問題としているのは不利益的な影響であるから、結局、「権利を制限し、または義務を課す」ということになる。たしかに公表がこのような意味での「侵害」に当たらないことは明らかである。

しかし、ここで問題となっているのは人格権的な権利であり、自由権に特化した「侵害」概念を持ち出して、「侵害」には当たらないとするのは、そもそも筋違いなのではないか[33]。自由権の侵害に関する議論をそのまま人格権の侵害に適用するのは妥当でなく、権利の性質に応じた「侵害」概念の構成が考えられるべきではないだろうか[34]。

これまでの行政法学も、法律の留保論以外の場面では、法的効果による不利益のみを「侵害」と捉えてきたわけではない。代表的なのは、取消訴訟の原告適格論である。当該処分の法的効果により不利益を受ける者については、取消訴訟の原告適格は当然に認められる。取消訴訟は当該処分を取り消しその法的効果を覆滅させることによって原告の権利利益の救済を図る制度であるから、このことは当然である。取消訴訟の原告適格が問題となってきたのは、当該処分の法的効果にあらざる効果（事実上の効果）によって不利益を受ける者についてである[35]。この場合であっても、原告の権利利益に対する悪影響が当該処分によってもたらされたものである、すなわち当該処分によ

---

33) ドイツにおいては、一般的自由権は、基本法２条１項の「人格の自由な発展に対する権利（das Recht auf die freie Entfaltung seiner Persönlichkeit）」によって保障されているとするのが一般的であるが、同項は、一般的自由権と並び、一般的人格権（allgemeines Persönlichkeitsrecht）を保障するものと理解されている（ボード・ピエロート＝ベルンハルト・シュリンク＝トルステン・キングレーン＝ラルフ・ポッシャー著・永田英樹＝倉田原志＝丸山敦裕訳『現代ドイツ基本権〔第２版〕』〔法律文化社、2019年〕125頁）。

34) なお、新『憲法訴訟論』（前掲注26)）192頁は、「一口に自由権といっても、例えば、信教の自由や表現の自由のように「行為」の自由が問題となる場合（自由権の基本型ないし第一群）もあれば、個人の身体というような一定の「固有性」（生命・健康・身体そのもの）または住居という一定の「状態」が問題となる場合（自由権の第二群）もあり、さらには、財産権ないし所有権というような、それ自体一定の制度上の「法位置」が問題となる場合（自由権の第三群）も、ある」とする。ここで問題にしている自己の情報に対する権利のようなものが「自由権の第二群」に含まれるのかどうかは定かではないが、示唆に富む見解といえる。

35) このような分析については、中川丈久「取消訴訟の原告適格について(1)」法教379号（2012年）67頁以下参照。

121

Unit 4-2　法律の留保

る侵害であるといえるからこそ、原告適格が肯定されるはずである。つまり、法的効果による不利益以外の場合でも、「侵害」が肯定されてきた事例が存在するわけである。そして、これらの事例で問題となってきたのは、生命・身体の安全に対する権利であったり、著しい騒音・振動等を受けない権利であったり、自由権以外の権利であったことに注意が向けられるべきであろう。

　もっとも、法律上保護された利益説は、当該処分の根拠法律（当該法律の委任を受けた命令等を含む）の解釈によって原告適格の有無を決するという考え方であるから、このような「侵害」の認定も、さしあたっては（憲法ではなく）法律の解釈によって行われていることにすぎない。とはいえ、これが単純に法律の解釈にすぎないのであれば、立法者は処分の根拠法律の定め方次第でいかようにも原告適格の範囲を左右できてしまう（隠された列挙主義）。そうならないためには、立法者の根拠法律の定め方を統制するものが不可欠であり、それは憲法に求める以外にはない。

　原告適格論においては、根拠法律の解釈は基本権規定を踏まえて行われなければならない（基本権の根拠規範内在的効力）とともに、そのような解釈が不可能な場合には基本権規定から直接に原告適格を根拠づけることも模索されるべきである（基本権の根拠規範外在的効力）ということは、神橋一彦がかねてより主張してきたところであるが[36]、このような議論においては、原告に対する不利益が本来法律の根拠が必要な侵害に当たり法律における調整が必要な事項であることが前提となっているはずである[37]。原告適格論の議論では、取消しが求められている行為が何らかの法的効果を有し、それゆえ処

---

36)　神橋一彦「公権論における基本権の位置づけ」（1994 ～ 1995 年）同『行政訴訟と権利論〔新装版〕』（信山社、2008 年）135 頁以下。

37)　神橋・前掲注 17）181-182 頁は、同注で言及したように、許可要件を省令に丸投げしていることについて「憲法論的に重大な問題である」とするのであるが、それに続けて「というのも、「法律上保護された利益説」における《保護利益の判定》において、なぜ処分の根拠法規が保護しているか否かによって判断されるかというと、それは法律において公益と私益の調整が図られ、その上で特定の私人の利益が保護されるか否かが決せられる、そしてそれに基づいて原告適格が判断される、という前提があったからである。すなわち、そこでは国会が法律においてしかるべき決定を行うということが前提とされており、それがいわば「法律上保護された利益説」の憲法上の正当化条件であると考えられる」と述べる。

分に当たることは前提となっており、ただその法的効果とは別の事実上の効果により原告が不利益を被っているという状況なので、法律の根拠の問題はあまり意識されないというだけである。そもそも処分性の有無が争われる場面でも、そしてその行為に法律の根拠の要否が争われる場面でも、同じことが妥当しなければならない。

5　これからの法律の留保論と基本権論

　第二次世界大戦後の行政法学においては、侵害留保説は立憲君主制のもとで生まれた学説という由来もあって評判が悪く[38]、法律の留保の妥当範囲を拡張しようとする方向で、学説の努力が積み重ねられてきた。ドイツにおいて連邦憲法裁判所の確立した判例であり学説上の通説である本質性理論もそのような試みの1つである。しかし、本質性理論が拡張しようとするもののうち、たとえば公表のような行為については、基本権論、特に侵害論で対応すべき問題のように思われるし、また、行政組織の編成や国土開発計画のような国民の将来の生活を規定するようなものについては、「行政主体に対して私人の権利利益の保護を図るための法原理として生まれた「法律による行政の原理」そのものとは別個の問題」、「立法権と行政権の相互関係一般の問題」であるように思われる[39]。本稿でみてきたように、伝統的な侵害留保説が問題にしてきた「侵害」は「自由」に特化したものであり、それ以外の基本権、たとえば自己の情報に対する権利のようなものにはそのまま適用しがたいものであった。侵害留保説の枠内でもまだ論ずべきことは残っているのであり、自由権とは異なる構造の基本権について、その性質に応じた侵害概

---

38)　藤田宙靖『〔新版〕行政法総論(上)』(青林書院、2020年) 87頁、小早川・前掲注25) 118頁は、侵害留保説は立憲君主制のシステムに由来するものと説明する。これに対し、塩野・前掲注8) 84頁は、侵害留保説は自由主義的イデオロギーに支えられてきたものとし、ニュアンスが異なる。

39)　藤田・前掲注38) 93-94頁。藤田は、「法律による行政の原理の一内容としての『法律の留保の原則』の妥当範囲の問題」と、「立法権と行政権の相互関係一般の問題」とを明確に区別しておかないと、「『法律の留保の原則』の妥当範囲をめぐる議論は、甚だしい理論的混迷を抜け出せないままに終わってしまう」と指摘する。

Unit 4-2 法律の留保

念の再構成が必要とされているのではないだろうか。

「侵害」概念についても、その拡張の試みはこれまでもされてきた。①目的志向性、②直接性、③法行為性、④命令・強制といった法形式性を古典的侵害概念の特徴として描き出し、国家の活動形式が命令・強制から非権力的・間接的手段へと多様化したこと等を理由に、その拡張を試みるというものである[40]。しかし、間接的制約であってもなぜ「侵害」であるといえるのかは必ずしも説明されていないし、負担が一定の閾値を超えたものが「侵害」となるとも説明されるが、基準として十分な明確性を有しているか疑問である。また、「直接的制約」とか「間接的制約」（あるいは「付随的制約」）といった概念そのものが、法概念として成熟したものとは言い難いように思われる。我が国の判例で「間接的、付随的な制約」という語を用いたものとしては、猿払事件の最判（昭和49・11・6刑集28巻9号393頁）が挙げられるが、ここでいう「間接的・付随的制約」は「意見表明そのものの制約をねらいとしてではなく、その行動のもたらす弊害の防止をねらいとして禁止する」ものであることに着目しており、目的志向性の問題である。また、「直接的制約」の概念についても、「命令」すなわち一定の作為または不作為を命ずる行為は、精神的作用であるから、その行為によって「直接」相手方の身体に実力を行使してその作為または不作為を実現させているわけではない[41]。この場合に「侵害」に当たるとされてきたのは、それがその行為の法的効果によるものだからであり、これは法行為性の問題である。古典的侵害概念の特徴とされる4つのメルクマールも、その相互関係の理論的整理が充分でないように思われる。そのような状態でその「拡張」を試みても、結局、なし崩し的な拡張にしかなりえず、立法者や裁判所を拘束する実体法としての基準性を十分に発揮できるとは考えられない。

侵害留保説にいう「侵害」は、Unit 4-1 櫻井論文でも触れられていた三段

---

40) たとえば小山剛『「憲法上の権利」の作法〔第3版〕』（尚学社、2016年）36頁以下にも、その紹介がある。同書では、伝統的な「侵害」ではなく「制限」という語が用いられている（5頁も参照）。

41) 前掲注29) も参照。

階審査論[42] にいう第二段階としての「侵害」（制約、制限）の問題であり、第三段階における形式的正当化として法律の根拠が要求される「侵害」である。ドイツにおいて、このような三段階審査の枠組みを動揺させたと言われるグリコール決定[43] が、まさに情報提供の問題であったことは、本稿のここまでの行論との関係でも、示唆に富む出来事である。なし崩し的に「侵害」概念を拡張したり、三段階審査を相対化させることではなく、それぞれの基本権の内容・性質に応じた「侵害」概念を構築していくことこそ、これからの法律の留保論、そして基本権論に課された課題であるように思われる。

---

42) Unit 4-1 櫻井論文 108 頁。

43) これについては、丸山敦裕「情報提供活動の合憲性判断とその論点」阪大法学 55 巻 5 号（2006 年）121 頁以下を参照。

Discussion1
表現の自由・経済的自由における
憲法と行政法の関係

はじめに

神橋：立教大学の神橋です。今日はよろしくお願いします。

　この座談会では、まず前半の1、2において、本書の前半で扱ったトピックのうち、Unit 1で取り上げた「表現の自由」とUnit 2で取り上げた「経済的自由」という2つの問題を中心に振り返りを行いたいと思います。この2つのテーマは具体的なケースとかなり密接に関係していると思いますので、それも踏まえて振り返るとともに、若干の意見交換や議論をしたいと思っています。

　そして後半の3以降では、プロローグで提示した憲法と行政法の関係について少し議論をしたいと思います。この点について、プロローグでは、私の方から憲法と行政法との間の規範の構造が異なるのではないのかという観点を提示しました。この点は、Unit 3で扱った「平等原則」のような法の一般原則の位置付け、さらにはUnit 4で扱った「法律の留保」といったテーマとも関係していると思われます。さらに、これらの点に限らず憲法と行政法を学んでみて、あるいは教えてみてこの両者の関係について日頃からどういうことを皆さんお考えかについて、意見交換ができたらと思っています。

1　表現の自由

神橋：まず、Unit 1では、表現の自由の問題、特に公共施設の利用など給付行政が関係する表現の自由について櫻井さんと私の方で担当しましたが、

表現の自由・経済的自由における憲法と行政法の関係

この問題について、本書のここまでを振り返ってどう考えるか、櫻井さんからご発言をいただければと思います。

(1) 振り返りとコメント

櫻井：甲南大学の櫻井と申します。唯一の関西からの参戦です。公共施設の利用の問題につきましては、私は憲法の授業よりも行政法の授業の方が印象に残っています。平成8（1996）年に大学に入学しましたので、当時もう泉佐野事件の判決（最判平成7・3・7民集49巻3号687頁）は出ていたのですが、正直その重要性はあまりよくわかりませんでした。パブリック・フォーラム論の紹介はあったのですが、当時は大体のものがそうですけれども、この場合はこんな違憲審査基準が適用されるというような形で違憲審査基準論としての紹介が多かったように記憶しておりますし、伊藤正己裁判官が個別意見の中で述べられたパブリック・フォーラム論（最判昭和59・12・18刑集38巻12号3026頁など）との関係もよくわかりませんでした。その後、蟻川恒正先生のいろいろな文献を読んでいくにつれて、ようやくその趣旨がつかめたように思います。私が学部生の頃、恩師である大石眞先生がジュリストの『重要判例解説』で「憲法判例の動き」を担当されていて、「第三小法廷がおもしろい」という趣旨のことを述べていらっしゃったのが印象的でした。実際、今から見ると当時の第三小法廷の裁判官は豪華メンバーだったわけですが、泉佐野判決もそういう第三小法廷の「おもしろい判例」の1つといったイメージでした。上尾市の判例（最判平成8・3・15民集50巻3号549頁）の方が結論は違法なのに「おもしろく」なく、一般にサブ扱いされているのも第二小法廷だからかなというくらいの感じでした。

それに対して行政法では、市民会館の問題は岡村周一先生が担当された行政救済法の授業で出てきました。使用不許可処分に対して取消訴訟を提起しても裁判中に使用予定日が過ぎてしまうと「訴えの利益」がなくなって「訴え却下」になるというのも釈然としませんでしたが、それ以上に印象に残っているのは執行停止のところです。平成16年の行政事件訴訟法改正前の話ですので、仮の義務付けなどは当時まだありません。「執行停止というのは非常にハードルが高くてなかなか認められない。しかし、結構認められてい

Discussion1

る分野がある。それが市民会館の利用をめぐる問題だ」という趣旨の話を伺いました。この分野では、泉佐野事件の調査官解説でも書かれていますが、日教組と右翼団体の対立が多くの裁判例を作ってきました。日教組が集会をやろうとすると右翼団体が抗議をするというのが通例で、その際に不許可にすると争うのが難しくなるので、いったん集会を許可したうえで、その許可の職権取消し（または撤回）をする。その上で、日教組側がその職権取消しの執行停止を求める。こうした事案で執行停止が結構認められている。この場合、日教組は集会が出来るし、行政側は我々のせいではなく裁判所が認めたのだと言い訳することができる。そして、右翼団体も裁判所にまでは抗議に行かないので、うまく治まるといった趣旨の話を伺ったものと記憶しております。うまいやり方もあるものだと思う一方で、違法な職権取消しをいったんやるわけですから、それでいいのかとも思ったわけで、非常に強く印象に残っています。そういうこともあり、市民会館の問題については、それなりに関心を持ってきました。憲法学でも近年では、表現の自由について「規制」だけでなく「給付」の問題が注目されるようになってきましたが、この分野では給付行政について議論の蓄積のある行政法学との接続は不可欠だろうと思いまして、そのあたりについて書いてみました。

　憲法的に前々から気になっていたのは屋内集会と屋外集会の区別です。ドイツの場合、明示的に憲法（基本法）の条文上で屋内集会と屋外集会が区別されており（8条）、その点については私がドイツ憲法を習った初宿正典先生などが論文を書いていらっしゃいます（同『日独比較憲法学研究の論点』〔成文堂、2015年〕317頁）。教科書レベルでも渋谷秀樹先生の教科書などでは触れられています（同『憲法〔第3版〕』〔有斐閣、2017年〕453頁）が、屋内集会と屋外集会の区別は重要だと思います。日本ではこの区別があまり重視されていないことが気になっていました。

　行政法的に気になっていたのは、管理と警察の問題です。使用許可の法的性質をきちんと考える必要があると思っていまして、使用許可は契約でも代替できる管理の局面であって、いわゆる警察許可の「許可制」とは区別すべきだと思います。小早川先生の教科書とかだと使用許可は警察許可とは異なるという説明がみられます（小早川光郎『行政法(上)』〔弘文堂、1999年〕226頁）。

ただ、「許可」という表現に引っ張られるのか、両者がごっちゃになっていて、「許可制」だから事前規制で「強力な制限」だという薬事法違憲判決（最大判昭和50・4・30民集29巻4号572頁）のロジックにつなげるような文献もしばしば目にしまして、これでいいのかと思っているところです。ただ、これを言いはじめると公園と道路の違いというのも出てくるようにも思います。道路の場合、公安条例に関しては完全に警察上のものですが、道路交通法も警察的な規制だと思います。そうすると公園と違いが出てくるのか、その辺りがよく詰められませんでしたので、私の担当回では触れずに逃げてしまいました。

神橋：ありがとうございました。今おっしゃった第三小法廷がおもしろいという点ですけれども、第三小法廷というと歴代、学者出身の判事の方がいらっしゃいますよね。櫻井さんが憲法を習われた頃というのは、園部逸夫先生が判事だったのでしょうか。

櫻井：はい。初宿先生の憲法の授業の際に講演に来られました。

神橋：第三小法廷では、園部先生のほか、2000年代に入って藤田宙靖先生、それから現職の宇賀克也先生といった大学で行政法を教えておられた方が判事を務められています。大石先生がおもしろいとおっしゃられたのは、そのあたりのことを踏まえてのことかなと思いました。

(2) 伝統的な行政法理論の意味

神橋：さて、私は櫻井さんの論文を承けて担当したのですが、いろいろ考えてみると、この表現の自由と公共施設の使用の問題は、基本的には規制行政ではない給付行政の話になるわけですが、施設使用を拒否することによって、それが表現の自由の規制に当たるという、国家からの自由を念頭に置いた普通の自由権の制限とは違った土俵の上で憲法上の問題が提起されていると思います。実は今出てきた「公物管理」や「公物警察」といった用語というのは一般の学生さんには——私の学生時代もそうだったと思いますけれども——あまりなじみがないのではないかと思います。というのは、行政法といっても、現在、大学で教えているのは行政法の中でも広い意味での総論であって、個別の領域である各論は普通、行政法の授業ではほとんど扱いませ

Discussion1

ん。行政組織法については総論の中で若干触れるでしょうが、伝統的な行政法学でいう警察法だとか公物営造物法といった各論領域についてはあまり触れないとおもいます。

　そういった行政法各論で伝統的にいわれてきた基本的な枠組み、公物や営造物の概念を前提にした公物管理や公物警察といった枠組みとか、これも櫻井論文で指摘をされておりましたけれども、特別権力関係論もそうです（Unit 1-1 櫻井論文 19 頁）。特別権力関係というものは、結局克服されたとはいわれていますが、行政と私人との間の法関係を説明する 1 つの道具としては全く意味がなくなったわけではないのではないかと思います。もちろん「公」と「私」が相対化したということはありますが、やはり、一般的にすべての国民が国家の統治権に服する関係（一般権力関係）と、特別の原因に基づいて限定された国民が国家との法的な関係に入っていくもの（特別権力関係）という区別自体は——ここでいう一般と特別というのはそういう意味だと思うのですが——今でも重要な視点提供しているように思います。そこに憲法と行政法の接点が 1 つあるのではないかと思います。

　ところが、今少し申しあげた公物法とか営造物法などについては、今からもう 40 年ほど前に原龍之助先生が体系書（同『公物営造物法〔新版再版（増補）〕』〔有斐閣、1982 年〕）を書かれて以降、この領域を概観する体系書のようなものはほとんどないと思います。原先生の体系書でも、櫻井さんから話があった道路とか水道のようないわゆるライフラインにかかわる問題は、給付行政の観点から取り上げられているのですが、集会施設などの位置づけはやや異質なところがあって、公物営造物法の中でも扱いは比較的小さかったのではないかと思います。

　私は泉佐野判決が出た時（1995 年）には既に金沢大学で教鞭を取っておりましたけれども、この公物管理と公物警察という視点からする園部逸夫裁判官補足意見については、実はあまりピンとこなかったのです。なぜかというと、やはりそこでは公物警察、公物管理といった伝統的な行政法各論の用語が出てくるものの、そういった概念と憲法論との関係がよく理解できなかったということもあったと思います。その後、金沢市庁舎前広場事件の問題を考えるにあたって、かつて立教大学にもおられた阪本昌成先生が泉佐野判決

130

の直前に脱稿された概説書において、集会の自由について行政法の概念にも目配りがなされた説明をしておられるのに接し、大変触発されましたし（同『憲法理論Ⅲ』〔成文堂、1995年〕158頁以下）、警察法の基本的な視点に関しては、米田雅宏先生（北海道大学教授）の著書（同『「警察権の限界」論の再定位』〔有斐閣、2019年〕）から多くの示唆を受けました。さらに泉佐野判決については、佐々木弘通先生（東北大学教授）が非常に詳細な分析を展開されているのを拝見したこともあり（同「公の集会施設における『集会の自由』保障・考」高橋和之先生古稀記念『現代立憲主義の諸相・下』〔有斐閣、2013年〕327頁）、公物や営造物の「管理」といっても、使用人数を制限したり、どの人に使わせるのか、先着順にするのか抽選にするのかといった、施設そのものの「固有の管理」というべき観点とともに、施設利用と外界の社会との接点において生じるさまざまなトラブル、例えば暴力による妨害への対処などといった「警察」的な要素も、結局は広い意味での「管理」の中に取り込まれていくのではないかと考えたわけです。そうなると憲法でいわれるような「敵意ある聴衆の法理」といったことも、行政法でいう公物警察や営造物警察の一部にも取り込むことができるのではないかと思います（Unit 1-2 神橋論文27頁の【設例】参照）。またそうなると、いわゆる指定的パブリック・フォーラムについては、憲法的な問題も行政法の仕組みの中にかなり拾っていけるのではないかというような感じがしています。

　ただ1つ問題になるのは櫻井さんの論文でも取り上げられていたことですが（Unit 1-1 櫻井論文13頁）、道路とか公園などには、道路を通行したり、公園を一般市民が憩いの場として利用するという本来の目的があります。しかしそういった施設や場所を表現や集会という第2次的な目的で使用する場合に、本来の目的に沿った一般の利用者に遠慮をしてもらったり、譲歩を迫る場面というのがあるかどうか。それをどう考えるかという問題があると思います。公立中学校を教職員組合の教研集会に使用することを拒否した処分が問題となった事件（最判平成18・2・7民集60巻2号401頁）では——これは行政財産の目的外使用許可にかかるものですが——当該集会は授業のない日曜日に開催されたということで、基本的には本来の教育目的と住み分けられたと思いますし、Unit 1でも言及し、また次の(3)でも触れる金沢市庁舎前広

Discussion1

場の使用不許可をめぐる事件（第1次訴訟＝金沢地判平成28・2・5判時2336号53頁、名古屋高金沢支判平成29・1・25判時2336号49頁）も、原告敗訴で終わっていますが（最決平成29・8・3　LEX/DB：25546779）、基本的には市役所の業務終了後の18時30分から行われる集会にかかるものであったという事情があります。ただ例えば、「群馬の森」という県立公園における朝鮮人追悼碑設置期間更新申請に対しなされた不許可処分が争われた事件がありましたが、これは公園施設の中に設置された慰霊碑の前で政治的な発言が行われたことにより都市公園の効用が失われたのではないかということが問題となっています（前橋地判平成30・2・14判時2377号28頁、東京高判令和3・8・26判自493号34頁）。この事件は、控訴審で原告が敗訴し、最高裁も上告棄却、上告不受理で終わりましたが（最決令和4・6・15　LEX/DB：25593006）、こういった微妙な事件について、憲法上のパブリック・フォーラム論がどういう効用を発揮するのか、あるいはそれを戦略的に持ち出すことについてどのように考えていくべきかということが課題だと考えています。

　このあたりも含め、鵜澤さんはいかがですか。

鵜澤：日本大学の鵜澤です。行政法の視点からしますと道路でのデモ行進のような集会に関しては、櫻井さんからは道路交通法は警察法ではないかというお話がありましたけれども、あれは警察目的ということでよいのだと思います。ただ道路を利用するということに関しても道路法の占用許可の方は特許であるという風な理解はされていて、その辺が同じ道路を利用するということでも許可利用と特許利用がかぶっているという難しい問題を形成しているように思います。デモ行進に関しては占用許可はいらないと思いますが。集会施設の利用については、泉佐野は公の施設でしたが、金沢市庁舎前広場事件は行政財産の使用許可です。公物法の分野では公物の利用形態として自由使用・許可使用・特許使用という分類がありますが、それが公の施設の利用であるとか行政財産の利用とどうリンクしてくるのかというのは行政法学の方でもあまり整理されていないように思います。これは道路法や河川法のような個別の公物管理法と国有財産法のような財産管理法の関係をどう捉えるのかという所にも関わっているとは思いますけれども、その辺の行政法学の議論も、されてないわけではありませんが、盛んとはいえないと思います。

金沢市庁舎前広場事件に関しては、結局行政側が気にしているのは護憲団体の集会のようなものを市庁舎前の広場でやらせると行政の中立性を失わせるのではないかということだと思います。公務員の政治的行為の禁止でも行政の中立性ということが言われますけれども、この行政の中立性というものについてどう考えていけばいいのかを議論していく必要があると感じています。

神橋：栗島さんはいかがでしょうか。

栗島：埼玉大学の栗島です。まずは、Unit 1 の「読者」としての雑駁な感想を述べさせていただきます。Unit 1-1 の櫻井さんのご論文ですが、表現の自由というのは、櫻井さんご自身で指摘されていたように、学説と実務の距離が大きいと一般的に言われている分野です。憲法学はいまでも比較法の研究の比重が非常に大きく、対して行政法は国内法として比較的に自立してきているという印象を私は持っていますが、まさに表現の自由の分野は、憲法学者がこれをやると、やれ「パブリック・フォーラム」とか「敵意ある聴衆」の法理とか、アメリカ由来の法理を持ち出して、ちょっと上からといいますか、櫻井さんの言葉でいうと、日本の法理論に対して「克服すべき批判対象として一面的にとらえる」ような傾向があるような気がしています。櫻井さんのご論文は、元々日本にあった議論をその本来の文脈で捉える、つまり伝統的な公法学の文脈に沿ってまずは適切に理解して、そこから批判を始める、というような、憲法学者にこれまであまりなかったアプローチをとったものとお見受けしました。そういう意味で「憲法と行政法の交差点」というタイトルを冠した本書の意義を実感しました。ただその一方で、その次の神橋さんのご論文も拝読して、憲法学と行政法学の「視点の違い」がどういう風に出るのかについて、少し考えさせられました。もちろん、憲法学と行政法学が歩み寄ることはよいことですが、それぞれの役割分担というものが今後融解していって——役割分担がなくなることも、それ自体別にネガティブにとらえる必要はまったくないのですが——憲法と行政法の関係性がどういう風に変わっていくのかなということも、この 2 つの論文を読んで考えさせられました。

Discussion1

(3) 公共施設の使用許可と行政の中立性

神橋：ありがとうございました。

　金沢市庁舎前広場事件（第1次訴訟）については Unit 1-2 において私が事件を紹介していますので、事案の詳細についてはそちらをご覧いただければと思いますが（Unit 1-2 神橋論文 34 頁以下参照）、この事件で問題となった広場は、金沢市庁舎建物の北側に隣接する大体 50 〜 60m 四方のもので、一応庁舎の一部だという扱いになっています。百万石通りという道路に面してオープンに出入りができ、そこを通って市役所の建物に出入りするわけですが、ポイントは先ほど申し上げたとおり、市役所の業務が終了した 18 時 30 分から 1 時間予定された集会にかかる使用不許可処分の適法性です。私が問題だと思ったのは、使用許可を与えることによってストレートに行政の中立性が損なわれるということではなく、そのことによって市の中立性に疑念を抱かれ、いろいろとクレームが来るかもしれない。そうなると、それによって市

金沢市庁舎前広場（2024 年 6 月 1 日、神橋撮影）
当日開催の「金沢百万石まつり」の飾りつけがされている。

の業務、ひいては庁舎の管理に支障が及ぶおそれがあるからだというロジックです。この2つは似て非なるものだと思います。行政の中立性や執務環境の維持が問題だから、管理権の行使として庁舎の内部は政治集会には使わせないということはありうるし、現に金沢市庁舎前広場管理要綱では政治的な行為をしてはならないと一応規定されていた。これに対して、裁判所は、第1審も控訴審も、この点につき広島県教組教研集会最高裁判決の枠組みを使いながら裁量審査を行っているのですが、行政の中立性が内容のよくわからない庁舎管理の「支障」に転化され、何となくごまかされているのではないか。不許可処分の是非という結論以前に、このようなロジックには極めて強い違和感を覚えたというのが正直なところですね。

　行政の中立性について、鵜澤さんはいかがお考えでしょうか。

　鵜澤：金沢市庁舎前広場に関しては確かに要綱でそういう禁止規定が書いてあるのですが、では政治的な色がついていない集会などというものがあるのかというと、これはいろいろな方が指摘していらっしゃいますが、そのようなものはないわけで、そういう中であのような理由で利用を拒否するとどうなるのかというのが問題になるような気がします。たとえば環境保護的な集会をやるというのもやはり一定の思想に基づいているわけで、思想云々を言い出したらもう収拾がつかないような気がします。

　神橋：この施設提供と行政の中立性という問題は、これを政教分離とパラレルにとらえれば、特定の政治勢力に対して援助・助長や、場合によっては圧迫をするようなことはいかがなものかということになるのでしょうが、ただおよそ集会というのは政治的かどうかの区別ができないという面があるので、やはり恣意的に濫用される恐れがあるというのはその通りであり、その点について私も確たる答えが出せないでいます。

　栗島：各種施設の規則などでは、政治活動の利用を一律に禁止するというものもよくあると思います。行政の中立性を守るために、政治的なものをすべて排除してしまうわけですよね。そういう場合、「政治活動」の禁止という言葉自体は、一応中立的なわけですが、結局、政治的デモをしようとする団体・人々というのは、基本的には現行の政治制度、今の日本でいえば保守自民党の政治に対して不満をもっている。ですから、平和運動、環境保護、

135

脱原発、女性・性的マイノリティの人権擁護など、多くの場合は、平たく言って左の側から反対をしている。そうすると結局、施設の政治活動の禁止ルールは、そういう立場の人々を実質的には不利に扱っているのではないかということを考えなければいけないと思います。もちろん、歴史修正主義とか外国人排斥運動とか、右にカテゴライズされる政治集会もあるわけですけれども、あえて政権支持の集会をするという事はあまり考えられないわけで、結局、一律での政治活動の禁止は、政権批判自体を禁止しているのではないか、あるいは少なくとも、そういう機会を市民から相当に奪っているのではないか、という疑いがあります。

　櫻井：近年ヘイトスピーチや性表現などで左派から表現規制が主張される傾向が気になるところではあります。ヘイトスピーチなどでは「市民会館を貸すこと自体が、市がヘイトスピーチに手を貸すことになるのだ、だから貸してはならない」というような見解も説かれるところです。ですから、集会用施設は集会（表現）の内容に関係なく使えるのが原則だという基本が確立されれば、特定の政治的立場への肩入れという問題にはならないと思います。他方で、本来使えないはずのものを貸すとなると、肩入れという批判が出てくることもありうるのだろうなと思います。金沢市の場合は行政側の意図としては市庁舎の一画ということになっていますので、公物法に詳しい土井翼先生がある判例評釈（同「判批」自治研究98巻7号〔2022年〕138頁）の中で、同一の管理権に服する議場と傍聴席でも、両者を分けて考える方向性を示していますが、同じように市庁舎と広場を切り離していく、これが1つの方向性としてありうると思います。切り離せるものなのかが重要になってくると思います。

　栗島：「切り離し」というときに、やはり、一般市民の受け取り方が関係してきてしまうのかが気になりますね。例えば、ある場所での集会を認める場合には行政との結びつきを強く感じる一方で、別の場所だと行政がエンドースしているという印象を感じないとか、そういったようなことを……。

　櫻井：どうでしょうね、原則的に自由に使えるものかどうかという点が重要な気がします。市民会館の場合は使えるのが原則ということがはっきりしているわけですが、議員会館のように本来自由に使えないはずのものを特別

に使わせるとなると、なにか肩入れしているように感じられるのではないかというような気はしますけれども。

栗島：そこは法理論的な問題なのか、それとも社会通念的というか、単なる市民の受け止めの問題なのかも気になるところですが……。

鵜澤：私は2022年の3月まで金沢に住んでいたのですが、金沢の市庁舎前広場は、普段から広く一般に使われていて、いろんな集会に貸しているのですよね。確かに広場は市庁舎の区画の中にあるのですが、原告の弁護団はあの広場は限りなく公の施設に近い行政財産なのだという風な主張もされていて、そういう実際の利用形態も考慮する必要があるのだろうと思いますけれども。

神橋：「梅雨空に『九条守れ』の女性デモ」という俳句の掲載が問題となった9条俳句訴訟の時もそうでしたが、そこでは裁判所も公民館が発行する「公民館だより」に自分の俳句を載せてくれという請求権まではもちろん認めてはいないわけですよね。つまり当該公民館は、従来から「公民館だより」に掲載する俳句の選定を基本的に地元の俳句会の選考に委ねていたのに、この9条俳句だけは、それまでの他の秀句の取扱いと異なり、その内容に照らし、当該公民館の公平性・中立性を害するとの理由で掲載を拒否したという点で、原告の思想、信条を理由に不利益な取り扱いをした。そして、それは人格的利益の侵害に当たるとしているわけです（さいたま地判平成29・10・13判時2395号52頁、東京高判平成30・5・18判時2395号47頁）。今鵜澤さんがおっしゃったように、従来からのあの市庁舎前広場はかなり緩やかに使っていたようだし、現に、当事者の主張をみると、市長選挙の出陣式に使っていたではないかという話もある。第1次訴訟で問題となったのは、「軍事パレードの中止を求める集会」というある意味にはセンセーショナルな名称だったのだけれども、それがその後、「護憲集会」と銘打ったものまで不許可になってしまって、それについては第2次訴訟が起きています（金沢地判令和2・9・18判時2465・2466号25頁、名古屋高金沢支判令和3・9・8判時2510号6頁、さらに座談会の後に出された上告審判決＝最判令和5・2・21民集77巻2号273頁については、Unit 1-2 神橋論文〔36頁以下〕において概略を紹介した）。結局のところ、どんどん制限は拡大しているわけで、表現の自由に対する萎

Discussion1

縮効果ということも考えなければいけないのかなと思いました。

　それから、公の施設についてですが、これは学生が勉強する際にも少し注意していただきたいなと思うのは、公の施設とはいってもいろいろあって、それぞれの施設の目的もあります。ですから、市民会館だと一般に集会の用に供するのが原則だとしても、たとえば上尾市福祉会館事件判決（前掲・最判平成 8・3・15）などは、葬式で使用するのは不許可とするという運営方針を立てること自体は管理権の範囲内で可能であるという余地を残しています。そうした点でいうと、例えば東京都が設置した施設に「東京ウィメンズプラザ」という施設がありますが、これは「豊かで平和な男女平等参画社会の実現に向けて、都民と行政が協力して取り組む具体的、実践的な活動の拠点」と位置づけられています（東京ウィメンズプラザ条例）。そういう所であからさまに男女差別を煽ったり、施設の目的に反する内容の集会をやられると、その設置目的に照らしてどうなのか。営造物としての管理運営の中に、当該施設の目的をどのように考慮するかは問題となりそうな気がします。

　鵜澤：その点については以前から気になっているのですが、たとえば平和目的の施設で大東亜戦争を賛美するといった戦争肯定的な集会を申請されたらどう対応することになるのだろうか、と。考えてみれば、行政が一定の思想のための施設を作っているわけですよね。

　神橋：たいていそういうケースだと使用許可申請の段階で、申請者もこれは戦意高揚の集会であるとあからさまには提出書類に書かないかも知れないし、施設管理者の側も、書類だけではそれがどのような集会なのかわからないこともあるのではないかと思います。かといって、この申請者は、その筋では有名な何某という個人や団体だからという理由で許可、不許可を決めるわけにもいかない。時間があれば事前にある程度申請者に事情を聴くということもありえますが、開催の前日に申請を出してきて明日使わせてくれ、ということも実際にはあるようです。したがって、現場における手続の運用としては、いろいろと問題をはらんでいるのではないかと思います。

　栗島：鵜澤さんのおっしゃった例は難しいですね。行政側が、ある種の観点規制ではないにしても、例えば特定の施設の設置目的を「平和」という方向で定めた時に、それとは相容れない目的の集会がなされることをどう考慮

するのか……。

　これとは少し別で、先ほど話したことの補足ですが、私は「政治的」という言葉が非常に多義的であるというか、〈あらゆる活動がある意味で政治的であり得る〉という認識が出発点として大事なのかなと思っています。農業団体であれ、トラック協会であれ、愛犬家クラブであれ、私立大学の同窓会であれ、一般的には政治性がないと思われているものでも、政治性というのは常にグラデーションで生じうるものです。そこを、「政治的」なものと「非政治的」なものとで区別をはっきりさせようとするというのはどうなのかなと。集会はもちろん、公民館だよりの文章掲載でもそうですが、「政治的なもの」だけを禁止しようというのはそもそも無理があり、かつ、恣意的な運用に流れやすく危険だといえるのではないかと私自身は考えているところです。

　神橋：議論は尽きませんが、読者のみなさんもこうした問題について考えていただければと思います。

2　経済的自由

(1)　振り返りとコメント

　神橋：ここからはもう1つの論点に入りたいと思います。それは経済的自由の問題でして、これについては Unit 2 で鵜澤さんと栗島さんがお書きになっています。とりわけ、営業の自由については、そもそも「営業」とは何かとか、あるいはそこでの自由というけれども、特許と許可の位置づけはどうなのかといったさまざまな論点が提起されたと思います。そのあたりについて鵜澤さんからお話しをお願いします。

　鵜澤：私は櫻井さんと違って、このテーマに関しては学部時代の授業の印象というのはあまり残っていないのですが、大体どこの大学でも1・2年生で憲法の授業があって、そこで経済的自由を学ぶ際に目的二分論というものを習うと思います。その後2年生から3年生にかけてでしょうか、行政法の授業があって、そこで公企業の特許と営業許可の区別を習うわけです。そこで公企業の特許に関して積極目的が出てきますし、営業許可に関して警察目

Discussion1

的、消極目的が出てきて、そこで話がつながってくると思います。ただ、憲法の方でも目的二分論に対しては非常に批判が多く、様々な議論がされている一方、行政法の方でも公企業の特許と営業許可の区別に対しては厳しい批判がされてきたわけです。

また、今の行政法でこのテーマを扱うのは難しいなと思ったのは、伝統的に公企業の特許とされてきた事業については現在規制緩和が進んでいて、伝統的な公企業の特許としての特徴をもっている規制はほぼなくなっているということです。おそらくUnit 2でも取り上げた電気事業法の一般送配電事業の許可だけになっているのではないかと思います。伝統的にこの種の規制では、受給調整規制だとか事業の開始継続の有無の規定とかを置いてきたわけですが、こうした規制は、もはや電気事業法の一般送配電事業の許可以外にないでしょう。そもそも公企業の特許を論じようとしても実定法上の例がないという状態になりつつあります。学術的な批判もさることながら、それ以上に実定法上の根拠がないということがこの議論を今する上で難しいところではないかと思います。

もう1つ、道路運送法の例を栗島さんも私も取り上げてはいるのですが、道路運送法も規制緩和が進んでいます。路線バス、貸切バス、タクシーなどを1個の一般旅客自動車運送事業の許可という形で規制をしていて、許可要件も法律上は全部一緒です。では、どこで区別をしているのかというと全部審査基準、つまり通達のレベルで区別をしています。これは通達行政の問題でもあります。法律の留保の話とも関係すると思いますが、法律の規律密度が非常に薄いという状況がいまだに残っているという問題があるように思います。

感想的なことになりますが、路線バスなどは赤字路線の廃線というのが近年各地で問題となっています。昔はこういうものは開始継続の義務を法律で課していたわけですが、現在の規制だと地域協議会で協議をして、6か月待ってもらう。協議が整ったら短縮できますよという風な規制にシフトしてきています。経営体力がもうなくなっていて維持できないという時に開始継続の義務を課したところでできないものはできないので、規制の実効性に欠ける面があると思いますが、それに比べてみると今の規制というのはむしろ実

効性としては上手い規制になっている感じがします。憲法でも規制の手段が多様化しているというような話が出てくるかと思いますけれども、これも規制の多様化——そもそもこれが規制なのかという感じもしますが——と言えると思います。立法目的の達成手段といったものが多様化しているという実例でしょうか。

栗島：道路運送法の問題については、私が原稿を先に書かせていただいて、その次に鵜澤さんからやや厳しいご批判を頂きました。道路運送法のような1つの法律をとってみても、そこでの規制はすべてが単独の目的を等しく追求しているのではなくて、タクシー事業規制、乗合バス規制など、個々の規制の手段・対象ごとに、追及している目的が異なったり、あるいは目的が複合的だという場面もあり得るという、実に正当なご指摘を頂いたと認識しています。それを踏まえて経済的自由の問題を考えるときに、日本で非常に悩ましいと思われるのは、結局、規制の目的の特定が困難だったり複合的だとすると、違憲審査の「基準」がなくなってしまう、という点だと思います。積極・消極という立て方が正しかったかどうかということはもちろんあるのですけれども、かつての学説は、規制の目的に応じて何らかの類型化といいますか、一般的な審査基準を立てようと試みていたと思うのですが、今の判例・学説では拠り所となる基準がほとんどなくなっています。先ほど鵜澤さんからお話があったように、今では純粋な意味で公企業の特許と呼ばれるものはほとんどなくなっていて、すべての事業が、公益事業許可的なものと警察許可的なものの「中間」に位置づけられるようになっています。しかし、やはり憲法学者としては「この規制についてはこういう目的を追求しているから、基本的に合憲性が推定される」とか「こういう目的だったらこういう風な形で審査をするのだ」という、場面分けとか基準定立をやっていかなければならないという問題意識があります。これについては最近、曽我部真裕先生が『法学教室』で職業の自由について書かれていましたが（同「職業の自由」法教496号〔2022年〕60頁以下）、結局、最高裁のやり方は社会経済の実態が複雑だという点を強調しすぎ、必要な区別をしていない結果、立法府の裁量が広く認められてしまっているという問題があります。私もそこに触発されていますが、行政法的な緻密な分析と憲法学的な基準定立思考との差

141

Discussion1

といいますか、距離を縮めるのはかなり難しいなと思った次第です。

櫻井：Unit 1 のテーマと Unit 2 のテーマは、かなり密接に関連していると思っておりまして、私も Unit 2 のテーマをかなり意識して、通常の「表現の自由」をはみ出す形で書いたつもりです。給付行政について行政法で勉強した頃は、生活保護とか補助金のようなものがもっぱら念頭にあって、重要でないというつもりはないのですが、そこまで重要かなというような気持ちも正直ありました。ですが、大学院で詳しく勉強するとインフラ整備とか電気・ガス・水道の供給といった話が念頭に置かれるということに気づきまして、「なるほど」と思いました。ドイツの諸憲法の翻訳に尽力されてきた初宿正典先生を中心として『自治研究』で（2022 年）10 月号からブレーメン憲法を皮切りに、ドイツの州憲法の翻訳が連載されていますけれども、州憲法では州や自治体の任務という形で、そうしたインフラの整備について憲法で規定している例が見られます。日本では今年（2022 年）、電力不足が問題になりましたが、私が分担で翻訳を担当しているバイエルン憲法では、電力の供給の確保は州の義務だという規定（152 条）がありますし、現在既に公表されているブレーメン憲法では「民営化ブレーキ」条項と呼ばれる規定も見られます（42 条 4 項・70 条 2 項）。

さて、目的二分論についてですが、やはりここが憲法学としては大きなテーマです。ちなみに「小売市場」は「こうりしじょう」と読まれることもありますが、「こうりいちば」と読む方が適切だと思っていまして、「全国小売市場総連合会」という組織が神戸にあるのですが、そこのウェブサイトを見るとアドレスがそもそも「ichiba」なんですよね（笑）。公式略称も「ぜんこくいちばそうれん」ですし。「単なるマーケットではないのだ」という強いこだわりがあるようです。それはさておき、この小売市場の判決（最大判昭和 47・11・22 刑集 26 巻 9 号 586 頁）と薬事法の違憲判決（前掲・最大判昭和 50・4・31）によって目的二分論が伝統的に説かれてきたわけです。近年では小売市場の判例が登場することが多いのですが、これは積極目的だから使われているというものも確かにあるのですが、どうもそうじゃないことが目立つ。先例としては等価値なはずの違憲判決と合憲判決が、最高裁にとっての使い勝手という点では対称ではないのですね。本来憲法問題は大法廷で扱

うべきとされているはずなのですが、裁判所法10条1号のカッコ書きによって、既に大法廷の合憲判決があるときには小法廷でできるとされています。そのため、大法廷に回付せずに小法廷限りで事件を処理するためだけに、合憲判決である小売市場判決が援用されるというケースが多々見られます（最判平成28・12・15判時2328号24頁〔京都府風俗案内所規制条例〕、最判令和3・3・18民集75巻3号552頁〔要指導医薬品ネット販売規制〕など）。これらの事件では、小売市場の判例からは「なぜその結論が導かれるのか」が全く明らかではないにもかかわらず、大法廷回付を避けるためだけに「（小売市場の判例の）趣旨に徴して明らかである」と強弁されることとなります。こんな論理的でないことを学生が書けば低い評価にしかならないはずですが、そういうことを最高裁がやっています。しかも、裁判所法10条1号カッコ書きは「<u>その法律、命令、規則又は処分が憲法に適合するとの裁判と同じであるときを除く</u>」となっていますので、別の法律（命令・規則・処分）の合憲性を判断する場合には大法廷でしなければならないはずです。最高裁が裁判所法の明文の規定に反する行為を長年続けているわけです。そのあたりが、目的二分論の観点から最高裁判例を読む際の注意点ではないかと思っています。

(2) 警察許可と公企業の特許

神橋：なかなか刺激的なお話でしたが、鵜澤さんからお話しいただいた警察許可と公企業の特許の問題というのは、行政法の総論をどう考えるのかという問題と関係をしているのではないかと思っています。この区別は、許可と特許の区別の前に「警察」と「公企業」という限定がついています。これはおそらく、元々は警察法という各論の領域における「許可」とか、あるいは公企業法という領域の中でいわれてきた「特許」というのがあって、それが抽象化して一般的な行為類型としての「許可」と「特許」というような話になった側面もあるのかなと思います。そういう点ではやはり戦前の行政法学に由来する話であり、そこでは当時の法制度が前提になっています。「許可」と「特許」の相対化ということが言われますが、モデルを立てれば全てのものがそれを軸に相対化して捉えられることになりますが、実定法が変わってくるということになると、結局その手段も色々多様化してくるし、元々の警

Discussion1

察許可と公企業の特許といわれてもその区別自体はやはり現状の分析として
は限界があるのではないかと思います。鵜澤さんの方から手段の多様化とい
うようなお話がありましたが、この手段の多様化というのは、なにか比例原
則的な選択の余地のようなものがあるのでしょうか。つまりマイルドなやり
方とかハードなやり方の選択のような……。

　鵜澤：もちろんあるのでしょうけれど、伝統的に公企業法の分野で用いら
れてきた事業の開始・継続の義務を課すというのはよく考えてみると意味の
ない規制だよなという、まあ比例原則のところでいえばそもそも適合性がな
いのではないかという問題でしょうか。

　昔だったら不採算路線だからつぶすというような話が出てこなかったので、
開始・継続の義務の実効性なんて問題にならなかったのかもしれませんが。

　栗島：そこまで経済が下がっていくという想定がなかったのかもしれませ
んね。

　鵜澤：あとは地方で過疎化が進んできたというのも大きな点だと思います。

　神橋：だから鉄道の場合はかなり長期的に地域の開発とかいろいろな計画
がなされていますが、電気などは今晩停まってしまっては困るわけですよね。

　鵜澤：電気も一般送配電事業でまだ伝統的な公企業の特許の仕組みを使っ
ていますけれども、発電と小売りの分野は自由化されているのが現状です。
昨今電気料金の値上がりや、電力供給の逼迫が問題となっていますが、やは
り電力自由化は失敗だったという評価も色々なところででてきていますね。
これは民営化の問題で、先ほども櫻井さんがおっしゃられましたが、やはり
こういう公共サービス的なものをどこまで民営化してよいのかという問題は
存在していると思います。

　神橋：それは結局、政策論なのか、憲法論なのか……。

　栗島：公共サービスを考える際に、どこまで民営化をしてよいのかという
問題もありつつ、他方では、委託したあとに民間事業者に対する制約をどこ
までかけてよいかという問題も同時に浮上してくるところが、憲法学の観点
からは問題ではないかと思っています。つまり、公的任務を担う民間事業者
に対して、国としては「あなたたちがそのサービスを提供し続けることが重
要で、しかも、それがあまねく適正な価格で、公平に提供されることが大切

144

なのだ」という形で、事業者を基本的には支援しつつも、同時に規制をかけるというような形になると思うのです。それが国による「規制」（介入）という部分だけ切り取って憲法問題にされるのですが、じゃあ、国が事業を民間に委ねることそれ自体が憲法問題になるかというと、それは、生存権に関わるなどのよほどのことで限りはなかなか難しいのではないかと思います。

　ただ結局、いったん民営化の決定をすると、かえって、「こんなに強い規制が存在するのはおかしい」という点が後から問題になり、それを合憲だとするには相応のロジックが必要なのかなと思います。そうすると、「国が事業独占しているほうが憲法上の問題は少ない」という、一見すると不思議な結論が出てくるという。

　民営化自体を規制するなら、憲法改正というのも１つのやり方ではないかと思います。先ほど櫻井さんから州憲法の話もありましたけれども、ドイツの基本法は、鉄道路線について連邦が全体の２分の１を所有していなければいけないということを条文上規定していますね（87e条３項）。つまり、仮に鉄道路線の半分以上を私有化すると違憲になりますが、そういった内容を憲法改正で定めるというのも可能ではないかとは思います。

　神橋：日本ではもともと憲法のレベルで国家独占だったものはなくて、電気でもガスでも結局立法政策だと美濃部先生が言っているわけです（美濃部達吉『日本行政法　下巻』〔有斐閣、1940年〕651頁）。すなわち、憲法上これが国家の独占だというものはもともと日本にはなかったということではないかと思います。

　鵜澤：その点については、公企業の特許という仕組みがなぜ出てきたかという話になるのですが、もともと鉄道などは明治政府としては独占したかったものなのです。ですが、金がないからできなかったという話で、国に金がないので民間にやってもらうという仕組みを作ったわけです。しかし、もし国が強かったら初めから独占していたかもしれません。フランスなどは公務員が非常に多い国だといわれますけれども、それはやはり色々なものを国家の方で賄っているからそういうことになるわけですよね。そういう国の成り立ちといいますか、もともと強い政府から発生したのか、それとも政府の権力が弱いところからスタートしたのかで違いがあると思います。ドイツもず

145

Discussion1

っと国家権力が弱く、伝統的な身分制をなかなか破壊できなかった国なので、本来国家がやるべき事業を民間事業者に許可を与えてやらせるという仕組みが発展したという面もあるのかなと思います。

　神橋：日本は、もともと民営でやっていたものを国家が吸い上げてしまったということでしょうね。

　鵜澤：鉄道についてはそうです。電気会社も戦前はかなり多くの電気会社が存在をしていました。

　神橋：そのあたりは戦時下の経済統制なども関係してくるのかもしれませんね。

(3)　目的二分論の問題

　神橋：もう１つのテーマに移ります。よく消極目的・積極目的という形で二分論という話をしますよね。しかし、酒税法の酒類販売の免許制など、あれはなんだということも言われますが（最判平成４・12・15民集46巻9号2829頁など）、これは昔の行政法各論でいうと、財政法の領域における許可、すなわち財政許可だということで、消極目的の警察許可とは目的が違うといわれてきたわけです（美濃部・前掲書1208頁、1217頁以下）。そういう意味では、目的が２つに分けられるかというと、昔からそうではなかった。ただそこに憲法の違憲審査基準などが絡んでくるわけですが、この点はどうでしょうかね。

　栗島：消極と積極という２種類というのは確かに非常に大雑把で、特に「消極（警察目的）に入らない目的はすべて積極だ」というように考えると、後者が非常に広くなってしまい、問題だと思います。ただ他方で、このあいだのいわゆる「あはき法」（あん摩マッサージ指圧師、はり師、きゅう師等に関する法律）の判決（最判令和４・２・７民集76巻2号101頁）でも最高裁は、経済的弱者にあたる視覚障害者を保護するためになされた基本権制約を合憲だと判断しており、この判決で「消極」「積極」という言葉はありませんでしたが、しかし、弱者保護の考慮というのがやはり合憲性判断の場面で働いてくることを示した事例ではないかと思います。これは公企業の特許とか公益事業許可と呼ばれるものでも、基本的には同様だろうと思います。つまり、社会生

146

活において不可欠なサービスを低廉にあまねく提供することは、とりわけ経済的弱者にとって極めて重要な関心事であって、その維持のために民間事業者に対して制約を課すことそれ自体を違憲というわけにはいかないという配慮があるのではないか。そういうわけで、私は経済的弱者の保護の目的であれば一定の基本権制約が許容されるべき、という考え自体は否定しえないだろうと考えています。すべてを比例原則的に判断するとしてしまうと、基準のないケースバイケースの判断に陥ってしまいます。ただ、そこを消極・積極という二分論で解決しようとする試みはあまりに粗雑すぎるかもしれない、という懸念は共有するところです。

鵜澤：神橋さんから行政法学の成り立ちといったような話をいただきましたが、最初は警察法と公企業法から警察許可・公企業の特許という概念が出てきて、それが総論上の概念としての許可と特許という形に一般化されるわけです。そしてさらにそれが公物営造物法という各論分野に降りていって許可使用・特許使用の区別という形で応用されていく。そういう意味では、酒税法などはもともと財政法の分野で——財政法も狭義の財政法と租税法に分かれますが——租税を徴収するという、消極目的・積極目的とはまた別の目的で、目的はもともと消極・積極以外にも多様だったという話だと思います。審査基準に関しては、行政法でも許可の場合は裁量の余地が狭くて、特許の場合は広いという風なことが言われており、これも批判はされているのですけれども、一応の目安くらいには使えるのではないかというのが行政法の今の受け止め方ではないかと思います。ただ、タクシーの運賃規制なんかに関してはやはり運賃の規制が市場にどういう影響を及ぼしていくかというのは非常に難しい問題なので、裁量の余地は否定できないのではないでしょうか。ですので、許可であれば裁量が狭い、特許であれば広い、というのをベースラインとして、何か特別な事情があればより狭くしたり広くしていったりという感じで調整をしているというのが行政法の対応なのではないかと思います。その辺りは憲法ではどうなんでしょうか？

櫻井：どうなんでしょうね。考え方としては同じではないでしょうか。中間的なものも多いけれど、典型的なものはやはりある。芦部先生が規制目的だけではなく規制の態様も考慮に入れるべきだと述べていた点（芦部信喜〔高

橋和之補訂〕『憲法〔第8版〕』〔岩波書店、2023年〕249頁）に注意を促す見解も見られますが、栗島さんが担当回に指摘されていた（Unit 2-1 栗島論文46頁）ように、一般的には積極目的の方が規制は強いといえます。規制が強いほど厳格な審査が必要だと考えるのであれば、目的二分論とは逆方向のベクトルになります。強い規制の反面で強い保護に値する業種か否かが重要だと思います。

　酒税法の問題について個人的に疑問に思っているのは、最初に問題となったのは経営基礎が薄弱という要件（10条10号）ですけれども、その後は需給均衡の維持という要件（同11号）も問題となっていて、前者は主観的な許可要件なのに、後者は客観的な許可要件であって、薬事法違憲判決の考え方からすると十分に結論を左右しうる有意な相違だと思うのですが、これが目的二分論とか、酒税の割合が低下しているのだという立法事実の喪失というような話の中で、この重要なはずの区別が等閑視されていることが問題だと思っているところです。

　神橋：立法裁量を尊重するということですが、少し理屈が粗いのかもしれません。これもいろいろ議論が出てきたところですが、後半として、憲法と行政法の関係について——これは非常に広範なテーマではありますが——メンバーでざっくばらんに話をしてみたいと思います。

3　憲法と行政法の関係

(1)　問題提起

　神橋：まず私からお話しをすると、憲法と行政法は、ともに国家の統治の仕組みを扱っているわけですから、当然、両者は関連しているわけです。ただ、学問分野としてはとりわけ戦後、研究者のレベルで憲法と行政法で分化が進み、それに応じて、学問の世界も分化したという経緯があります。ただ、私が学生の頃に習った憲法の小嶋和司先生（東北大学教授）などは行政法にも非常に通じておられたし、その後最高裁判事になられた藤田宙靖先生は憲法論にも非常に関心があったという印象は学生時代からもありました。ただ、行政法の方はかなり技術的な学問であるということも感じていました。この

あたりは、みなさんの学生時代の経験とか、あるいは教員として憲法・行政法を教えてみてどのように感じておられるのかについてうかがいたいと思います。

　特に行政法の側から憲法がどう見えるのかという問題がありまして、もちろん憲法の領域全てが行政法に関係しているわけではなくて、刑事手続は主として刑事法などと関係するでしょうし、天皇の問題などは、行政法とはあまり関係がない。ただ、平等原則とか比例原則などは憲法上の原理、原則ではあるけれども、行政法では法の一般原則という形で位置づけられています（Unit 3、7参照）。

　他方、行政法の解釈論においては、憲法的な議論というものは持ち出さないという傾向が、ドイツと比べて、日本ではやや顕著なのではないかという気がしています。さらに最近、情報法の分野が注目されていますが、この領域については、憲法学者も行政法学者も注目し、研究の対象にしておられる。そうした領域では、憲法と行政法という区分け自体が相対化しているというか、なくなりつつあるのかなという印象もあります。

　憲法と行政法がどう違うかということについては、本書のプロローグ（1頁以下）をご覧いただきたいのですが、そこでは規範の構造を述べました。憲法が国家の権限を制限する制限規範であるのに対して、行政法というのは積極的に行政活動を行う際の授権規範です。さらに憲法、とりわけ人権論では法益の侵害という結果から攻めていくような論法に見えますが、行政法では、第1次的には行政活動という行為に着目して、その根拠だとか法的な評価を論じている。その点で違いがあるように思います。このほか、Unit 4で取り上げた「法律の留保」については、権利を制限したり義務を課したりすることについて法律の根拠が必要だという侵害留保理論という考え方があったわけですが、ここでは自由権や財産権の「侵害」が主として念頭にあるのだと思います。ただ、自由権といってもいろいろあって、信教の自由とか表現の自由のように私人の「行為」が問題となる場合においては、私人に一定の作為や不作為の義務を課すことによって自由を制限するというのでわかりやすいのですが、新正幸先生や赤坂正浩先生の概説書をみると、自由権といっても、このような「行為」の保護のほかに、個人の生命、身体、健康とい

Discussion1

った人格的な利益やプライバシーなどは、「行為」というよりも、1つの「状態」というべきものであって、そこでは「状態」の保護が問題となっている。さらに、財産権などは法によって創られる地位ですから、「法的地位」の保護というまた別の次元の話になってくる。つまり、自由権がもたらす保護といっても、「行為の保護」、「状態の保護」、「法的地位の保護」という3つがあるというわけです（新正幸『憲法訴訟論〔第2版〕』〔信山社、2010年〕191頁、赤坂正浩『憲法講義（人権）』〔信山社、2011年〕10頁以下）。

こういった考え方は、ドイツのアレクシー（Robert Alexy）などの議論からきているようですが、いろいろと示唆的なところがあるように思います。すなわち、法律の留保などの議論で義務といわれるのは、主としてこの行為、つまり作為・不作為のレベルで論じられていたのではないかと思われます。もちろん強制的に家宅に官憲が入るということになると法律の根拠が必要なのですが、これもある種の受忍義務というべきもので、抵抗を禁止するという不作為義務の意味があるのではないかと思います。

ところが、行政法で問題となる判例の中に厚木基地騒音訴訟というのがあって、これは第1次から第4次の訴訟につき判決が出ていますが、第1次訴訟の最高裁判決では、「自衛隊機の運航に伴う騒音等の影響は飛行場周辺に広く及ぶことが不可避であるから、自衛隊機の運航に関する防衛庁長官の権限の行使は、その運航に必然的に伴う騒音等について周辺住民の受忍を義務づけるものといわなければならない。そうすると、右権限の行使は、右騒音等により影響を受ける周辺住民との関係において、公権力の行使に当たる行為というべきである」と述べています。その上で、夜間の飛行差止めを民事上の請求として求める訴えは、必然的に防衛庁長官（現・防衛大臣）にゆだねられた自衛隊機の運航に関する権限の行使の取消変更ないしその発動を求める請求を包含することになるものといわなければならないから、「行政訴訟としてどのような要件の下にどのような請求をすることができるかはともかく」として、不適法であるとしています（最判平成5・2・25民集47巻2号643頁）。そして、その後出された第4次訴訟にかかる最高裁判決も、基本的にはこのことを前提にしています（最判平成28・12・8民集70巻8号1833頁）。

ここでは何らかの「受忍義務」というものが前提になっていますが、私は

かねてから、これは何かの作為と不作為を受け入れろというような受忍を求めるものではないので、義務とはいうべきではないと考えてきました。ただ結局、この受忍義務の下に裁判所がいいたいことは何だったのかというと、これは「行為」のレベルの話ではなく、生命・身体・健康などといった「状態」にかかわる人格的利益の侵害を受忍義務という形でいいたかったのではないかとも考えられます。こういったことは、もともと騒音の発生それ自体、行政活動の目的ではなく、副次的に生ずるいわば病理現象のようなものであることと相まって、「法律の留保」の中で論じることが難しいのではないかと考えています。まだよく整理のつかない問題もあるのですが、私が今考えているのはこうしたことです（以上の点については Unit 9-1 神橋論文参照）。

(2)　各メンバーから

　栗島：神橋さんのお話に続けて言うと、生命・健康の保護とか人格権侵害の問題については、私は日本の憲法学は非常にアンバランスになっているという印象を持っています。本来、人間の自由行使の大前提をなすところの生命・健康というのがなぜか表立って憲法上の法益としては扱われず、それがもっぱら公共の福祉に解消されているという状況となっています。国賠訴訟などでよく問題になりますけれども、規制権限の不行使による健康被害といった問題はもっぱら行政法の方で扱われていて、しかし憲法学の方はというと、私の指導教授である小山剛先生が基本権保護義務論を提起されていますが、そういう議論が相対的に少なく、生命・健康の保護といった問題を憲法論として正面から論じることを避け続けている感じがします。「基本権保護義務」などというと、特殊ドイツ的な議論だと思われるかもしれませんが、欧州人権裁判所のように、これを国の「積極的な義務」という用語で考えるならば、日本国憲法にだって、生存権がはっきりと規定してあるわけです。本来、人の生命・健康が害されるような事態を予防する国家の義務というのは、社会保障や生活保護などの個別の給付よりも前にある、当然の前提となる部分なのに、なぜかそこだけは憲法学から消えてしまっています。そのため、医療だとかインフラ整備に関する議論なども、日本では憲法学の範疇に入ってこない。これは、行政法と憲法の大きな違いだと思いますね。

Discussion1

　また、憲法と行政法の関係について、最初に神橋さんからお話があったように、戦後になって、2つの学問がかなり分化していると思います。戦前においては美濃部や佐々木のように両方をやるのが当然だったのが、戦後は分化していった。これには人的関係など色々な要素があったと思うのですが、やはり裁判所の違憲審査制が導入されたのが1つの大きな要因ではないかと思います。違憲審査がある場合には〈法律―行政活動〉という視点（適法性審査）の上に〈憲法―法律〉という別の視点（合憲性審査）が入ってくるわけで、視点が違う分、学問領域も変わってくるのではないかと思います。ただ、そのようにいいつつも、他方で日本の場合、制度上はこの両者が必ずしも分化していないというのが難しいところです。例えばドイツでいいますと、ある法律が憲法に適合するか否かを審査するのは憲法裁判所の任務であり、他方、個々の行政活動が法律に基づいているかを審査するのは行政裁判所の任務です。日本の場合はそれが分かれていないので、往々にして、憲法的な論点も個別法の解釈のなかに吸収されていってしまう。そういう意味では、玉虫色の回答になりますが、憲法学と行政法学が分化することには理由もあるのでしょうけれども、他方、日本の制度ということを考えると、両者が分化してはいけないというか、融合させることにも意味があるとも思っています。

　さらに、その関連で申し上げますと、私自身は憲法学を専攻して研究者になりましたが、ポストの関係で、いま務めている大学の授業やゼミでは主として行政法を扱っています。そのなかで、行政法的な視点と憲法的な視点の「ギアチェンジ」というものの難しさを強く感じております。行政法では、まず、個別法の合憲性を前提とした上で、当該法律の規定なり仕組みなりをしっかりと理解して、個別の行政活動の適法性を審査するという思考を採りますが、他方、憲法学的に思考するという場合には、現行法の正しさを問い直すというか、個々の法律なり行政活動について、上位にある憲法的な価値を起点として、それを疑っていくという視点が重要です。憲法学は「そもそも論」を扱っている、といってもいいかもしれません。この2つの思考様式を行き来するにはある種のギアチェンジが必要だと私は思っておりまして、行政法の授業で事案を扱っていると、やはり学生は法律の規定自体の合憲性

152

を当然の前提として議論をしてしまうのです。それはあながち間違っていないのですが、憲法学を専攻している私としては「問題となっている規定がそもそも憲法に違反していないか？」というところまで考えてほしいという気持ちも常にあります。言い換えれば、上位にある憲法的な価値を常に念頭に置きながらも、冷静に現行法の仕組みを理解し、分析するということを同時にやって欲しいわけです。これは確かに難しいのですが、私たち学者も含めて「今は行政法だから」とか、「今は憲法だから」という風に視点を固定してしまうのは非生産的だし、現実離れしていると思っています。そういう意味で、Unit 1 でも論じたように、例えば、表現の自由に関連して地方自治法の「公の施設」の解釈を扱ったり、あるいは行政法でいう「公企業の特許」を憲法学的にとらえるとどうなるかといったことを検討しているのは、意義のあることではないかと考えています。

　神橋：ありがとうございました。栗島さんはもともと大学の自治の問題などから憲法の研究を始められて、現在は大学の授業では行政法を教えられているという貴重な経験をされているわけですが、同じようなことはみなさん経験がおありなのではないかと思います。櫻井さんはいかがですか。

　櫻井：私は本務校では主として憲法の授業を担当していますが、1年次生向けに「公法入門」という授業があり、そこでは憲法と行政法の基礎的な内容を教えています。ですので、行政法についてはそれほど専門的な内容には立ち入らないのですが、それなりには授業で扱っております。そのほか、2年次後期に神戸市との連携講座「自治体のしくみと仕事」という授業があり、それをここ数年は私が担当していました。そこでは、私が最初に行政法や地方自治法などの基本的な仕組みを説明したうえで、その後の各回には神戸市の職員の方に来ていただいて神戸市の仕事について話していただくわけですが、その際にも行政法一般や個別の行政法令について補足的な説明を行うことがあります。

　さて、先ほど栗島さんがおっしゃった裁判所の問題はやはり大きいかと思っています。ドイツとは異なり、日本には憲法問題を専門的に扱う裁判所はなく、単一の系列の裁判所があらゆる問題を全て扱うことになります。憲法裁判所の場合、憲法問題でなければ取り扱えないため、様々な問題が憲法問

Discussion1

題に仕立てられます。しかし、日本の場合は逆で、事案を憲法問題にしてしまうと大法廷事件になり、大変になってしまいます。そのため小法廷で済ませるためにあえて憲法問題にしないということが起きてしまいます。調査官をなさっていた木谷明（元）裁判官のオーラルヒストリーには「どうやったら小法廷で処理できるとか、憲法判断をしないですませられるか」という「悪知恵」が書かれた「手引」が調査官室にある、と書かれています（木谷明『「無罪」を見抜く』〔岩波現代文庫、2020年〕279-280頁）。あまりにも違憲審査機関としての自覚が欠けています。行政法に限らず他の法分野でもそうですが、憲法問題には立ち入らずに済ませてしまう。合憲・違憲ではなく合法・違法という形で事件が終わってしまう。憲法問題に立ち入ったとしても、関連性のはっきりしない大法廷の合憲判決をひっぱり出してきて、「趣旨に徴して明らか」という形で解決するわけです。何が「明らか」なのかまったく明らかではない。最高裁の判例は学生にとってお手本にならなければいけないと思いますが、そうとは言い難い現状は問題だと思います。こうしなければ回らないという最高裁の実情も理解できなくはないですが、最高裁が脱法行為を続けるのは法治国家としていかがなものか。裁判所法（10条1号カッコ書き）の明文の規定に反する運用を続けなければ回らないのであれば、やはり制度設計を間違っていると言わざるを得ないと思います（櫻井智章「最高裁判所の二重機能の問題性」駒村圭吾＝待鳥聡史編『統治のデザイン』〔弘文堂、2020年〕258頁以下）。

　私は行政法総論というのは個別の法令を読むための「文法」みたいなものだと思っています。古文の文法を身に付ければ枕草子でも徒然草でも読めるように、法令の基本的な読み方がわかっていれば初見の法律でも対応できると思います。逆に正しい知識がなければ、日本語で書かれていても正確な理解はできない。日本の法令のほとんどは行政法令ですので、行政法の知識を身につけて個別法を読んでいく、これが重要ではないかと思っています。司法試験の憲法では、架空の法令について憲法上の問題を論じさせる出題がよくありますが、やはり出発点は、審査される側の法令をきちんと理解することであって、それができれば憲法的な問題点は自然と浮かび上がってくるように思います。答案にまとめるには憲法の知識が必要となってきますが、重

要なのは通常の法解釈の力量だと思っています（櫻井智章『判例で読む憲法〔第3版〕』〔北樹出版、2024年〕5-6頁）。

神橋：鵜澤さんはどうですか？

鵜澤：私は院生時代は憲法というか、憲法訴訟の研究をしていたのですが、日本には憲法訴訟という独立した訴訟類型はなく、民事訴訟、行政事件訴訟、刑事訴訟の中で取り上げられるにすぎないので、これらの訴訟手続を勉強する必要があり、行政事件訴訟法もその流れで勉強をしていました。ちょうど行訴法改正が進んでいた時期で、面白い時代に勉強できたと思っています。その結果、行政法の教員として採用されたわけですが、それ以降は完全に行政法しかやってきませんでした。今回「憲法と行政法の交差点」という企画に呼んでいただいたわけですが、憲法は浦島太郎状態で、最初は憲法の話についていけるか不安でした。

　行政法の授業をやっている際は、憲法はあまり意識していません。もちろん個別法を読む際には憲法と調和するような読み方をするのですが、ただ、たとえば風営法で風俗営業者に対して法令違反があって業務停止や許可の取り消しをするというようなケースを想定すると、風営法の規制目的は善良の風俗の保持で、憲法的には風営法はこうした公益と営業の自由とを調整した法律というとらえ方ができるのだと思います。しかし、いざ営業者に対して業務停止命令だとか許可の取り消しをするという時には、その営業者の経済的自由権だけではなく、そこで働く従業員の保護など、別の視点も考えないといけないところがあります。個別法を扱っていると、規制目的と憲法上の権利の対抗関係・利益調整という枠組みだけでは捉えられない問題が出てくる。そういうこともあって授業では憲法との関係だけ考えているわけにもいかず、結局憲法にはほとんど触れないということになってしまうのではないかと思います。もちろん具体的な許可要件について、これは憲法的に疑わしいのではないかというものはあるので、そういう時には憲法の話をすることはできるのですが、授業の中でしっかり扱っていくというのは時間的にも難しいです。

　さきほど裁判所の問題が話題になりましたが、関連して申し上げると、隠された憲法問題といいますか、法令の解釈だけやっているけれども実は憲法

Discussion1

の視点も加味して処理しているのでないかと思える事案もあるように思います。たとえばエホバの証人の剣道受講拒否事件（最判平成 8・3・8 民集 50 巻 3 号 469 頁）は行政裁量論でやっていますが、やはり信教の自由などは考慮しているのではないかということです。こうした隠された憲法論のようなものがある一方で、疑似的な憲法論ともいうべきものもあるように思います。私の指導教授である渋谷秀樹先生が研究されていた、違憲の主張は誰が出せるのかという憲法訴訟の当事者適格と呼ばれている問題がありますけれども、少なくとも上告の場面に限れば上告理由に憲法違反があるので、憲法違反の主張に対しては裁判所の方で応答義務が発生すると言われています。そこで、上告しようとする側は何かしら憲法問題に引きつけて、上告を受け入れてもらおうとするわけですが、最高裁には、畢竟法令違反の主張であるとして退けられるパターンが非常に多い。こうした憲法論のようなふりをした法令違反の主張という逆のパターンも実はある。では憲法論と法令違反の主張の境目がどこにあるのかが問題になるのですが、これは難しい問題です。ドイツでは判決に対する憲法異議を連邦憲法裁判所がどういう場合に受け付けるかという問題があって、議論はされているとは思うのですが、これも裁判制度との関係で生じている問題ではないかと思います。

　神橋：ありがとうございました。実際に学生に教えていると、憲法と行政法はいろいろな形で関わってきたり、逆に関わってこなかったりすることが見えてきますね。

　私の最近の経験を申し上げると、現在学部生向けのゼミを開講しているのですが、ゼミ生には公務員志望者が多いのです。それにまだ行政法を習っていない 2 年生も入ってくるので、1 つの判例なり素材を提供して、憲法でも行政法でもなんでもいいから考えてごらんというような感じで課題を設定するようにしています。実は先週、沖縄県宜野座村における工場誘致事件をやってみましょうということで判例（最判昭和 56・1・27 民集 35 巻 1 号 35 頁）をとりあげたのですけれども、あそこでは村から持ち掛けられた工場誘致の話に応じた企業の信頼保護が問題となる中で、住民自治も問題となります。つまり、村長さんが代わって工場誘致の方針が撤回になったという有名な話なのですが、当初の方針自体は議会も承認をしているのですよね。訴訟では

問題になっていないけれども、結局、村長も議会もともに選挙で選ばれているという二元代表制という構造があって、村長が代わっても、いや、議会は積極的にもっとこれを推進しろと言って新村長と対立していたらどうなっただろうねという話になりました。判決そのものからは離れるかもしれないけれども、1つの事件を素材にして、憲法と行政法の双方からいろいろな問題発見ができるのかなというような感じがしています。つまり、これは憲法だ、あれは行政法だといった形であまりギチギチやらない、もうちょっと幅広にものを考えてみようという感じで、ゼミをやっています。

(3) 憲法解釈と行政法

神橋：さて、栗島さんからお話しいただいた行政法から憲法への視点のギアチェンジという問題ですが、このギアチェンジの前提には一定の法令の解釈をどのように考えるかという問題がありそうです。これは行政法にどれほど関係するかわかりませんが、法令の解釈によってできるだけ合憲性を維持しようということで、合憲解釈ということがいわれてきました。さらにいえば、従来からいわれてきた合憲限定解釈だけでなく、合憲拡張解釈というのもあるのではないかという議論もあるようです。国籍法違憲判決（最大判平成20・6・4民集62巻5号1367頁）などをめぐってそういったことが議論されていたように思いますが（白水隆「憲法上の救済としての合憲拡張解釈」法時93巻12号〔2021年〕124頁など）、ギアチェンジといっても、どこかでギアがからんじゃってチェンジできないとか……（笑）。

栗島：そうですね。難しい問題です。行政法の事例を解く時には、参考条文として風営法やら公衆浴場法やらが載せてあって、憲法学にとっては、この法律の規定それ自体が考察対象になり得るわけです。営業の自由を過度に侵害していないかとか、平等原則違反ではないかとか……。しかし、やはり行政法では、法令の合憲性をまずは前提として、少なくとも最初のうちは、根拠となる法令と行政活動の関係に注目するというのが、学習者としては重要かなという気も一方でしているのです。ですから、私も行政法を教える時には「これは営業の自由に関わる問題である」とか、そういったことをまずは抜きにしています。個別法がどういう仕組みになっているのかを理解した

Discussion1

上で、具体的事案に当てはめる、という力が行政法を学ぶ上で鍛えるべき能力だと思うからです。一部の初学者の犯しがちなミスは、そこで憲法論を先に出してしまうことです。なぜだか、個別法の細かい条文を軽視してしまう。だから、ここはちゃんと丁寧にやります。ただ、はじめに憲法的視点を切り離した上で、やはり、必要な段階でこれを再び連結するというところが次のポイントではないかと思います。個別法の条文を解釈する際には、憲法的な価値を生かすような形で解釈をしなくてはならないのだ、といった話が1周回って出てくる。その時にギアチェンジの必要があると思っています。ただ、鵜澤さんのお話にもあったように、やはり学生たちは行政法を学んでいる時にはそこまではしないような気がしますが、そういうわけでもないのでしょうか……。

鵜澤：すみません、前言を翻すようになってしまうのですが、私は長年ロースクールで行政法を教えてきたのですが、学生の傾向として、小手先だけの条文解釈、条文適用をする傾向があるように思っています。行訴法9条2項には関連法令の趣旨目的などを考慮せよと書いてあるわけですが、学生が出してくる関連法令はどのように関連するのかよくわからないものが多い。その反面で、平成16年の行訴法改正の時にも散々いわれましたけれども、いたずらに技巧的な解釈をして、原告にとって不利な解釈をしているような場合もよくあります。おそらく条文をぶつ切りにするような感じで読んでしまっていて、その原因には行政事例があまり具体的にイメージできていないというのもあるとは思うのですが、文言に拘泥しすぎというか、単語に反応していて、文として読んでいない、ましてや全体の整合性など考えていない印象がある。もう少し憲法などを意識してもよいのではないかと昔から思っていました。ですから、行政法でも仕組み解釈などと言いますが、もう少し全体を読んで法解釈・法適用をしてくれないかな、というのはよく思いますね。私の教え方が悪かったのかもしれませんが……。

栗島：なるほど、そうなのですね。むしろ、憲法の意識の過小という問題でしょうか……。これと関連するか分かりませんが、ギアチェンジについて考えるときに私がいつも悩むのは、憲法学者と行政法学者の「熱量」の違いです。憲法学ばかりやっていると、条文を見たとたん、やれ営業の自由への

158

過度な制約だとか、表現の自由に対する萎縮的効果だとか、過度広汎ゆえに無効だとか、法令への「外在的」な批判を始めてしまって、いきおい、熱のこもった議論になりがちです。私は、憲法学者というのは基本的に熱量の高い人種なのではないかと思っており（笑）、もちろん、そういうのが好きな学生もいますね。しかし、行政法と向き合う時にはいったんその熱を下げて、ごく冷静に、実定法の個々の規定・仕組みと向き合う必要があります。しかし、いまの鵜澤さんの話だと、逆に熱を下げすぎて、実定法の文言に拘泥しすぎていると、そもそも法が何を保護しようとしているかという趣旨すら考えなくなってしまうという状態、いわば思考停止のようになってしまうのでしょうかね。印象的なことですけれども。

櫻井：私は授業としては行政法を担当していませんし、憲法の試験でも事例問題のような高度な問題は出題しませんので、学生たちがどのような法解釈をしてくるのかはわからないのですが、どんな法令でも体系的な解釈が何より重要だと思っています。違憲審査の局面でも、個別法を体系的に解釈していくと、そこに憲法的なおかしさというものが自ずと浮かびあがってくるのではないかと思っています。これまでの違憲判決でも、憲法の解釈は決め手となっておらず、体系的な不整合が問題視されたのではないかと思われるものが多いように思います。法律を当然の前提として解釈論をやっていく通常の法解釈に対して、憲法ではその前提である法律を疑うという具合に視点というかギアのレベルが違うというのはもちろんなのですが、熱量の高い憲法解釈を私が嫌いなせいか、憲法解釈と通常の法解釈は連続的なイメージを個人的には持っています。私としては、熱量の高い憲法解釈よりも個別法の体系的な解釈をしっかりとやっていく方が違憲審査にとっても重要ではないかと思っています。そして、いろいろな法分野や個別法を勉強していけばいくほど、体系的な違和感というのは感じやすくなるのではないかと思います。

鵜澤：行政法では総論と各論の間を行ったり来たりというか、視線を往復させないといけないということがよく言われるのですが、これは別に行政法の総論と各論に限った話ではなくて、憲法と行政法もそうですし、ほかの法分野もそうだと思います。やはり色々な分野に視線を往復させながら勉強をするということが大事だと思います。私はそういう勉強の仕方が昔から好き

Discussion1

で、論文を書くようになってからも、あまり分野にこだわらずに色々な議論を引いてきたりしてしまうのです。ただ、これは学生の勉強に限った話ではなくて、研究者の世界でも、憲法の議論は憲法、行政法の議論は行政法、といった具合にタコ壺化してしまった傾向があるのではないかと思います。日本だと特にそういう傾向が強いのではないかとも思います。もう少し視点を色々と移動させてもよいのではないかと日頃から思っているところではあります。

(4) 司法審査のあり方

神橋：先ほども隠された憲法問題、そして法令違反の中に憲法問題が含まれているのではないかという話がありましたが、どうも憲法論が含まれていそうな法令違反にも関わらず、最高裁で「判決に憲法の解釈の誤りがあることその他憲法の違反があることを理由とするとき」（民訴法312条1項）に当たらないとされる問題があって、これは誰に聞いてもその線引きがよくわからない、と言われます。これが線引きだ、ということをご存じの方がいたら教えていただきたいのですが……。

櫻井：やはり最高裁のやる気の問題ではないですか。

一同：（笑）

神橋：この座談会の前半（1）で取り上げた群馬の森事件も金沢市庁舎前広場事件（第1次訴訟）も、結局は、憲法の解釈や憲法違反にはかかわらない法令違反として上告棄却決定になってしまったのですよね。しかしながら、以前の事件ですが、憲法と行政法の融合ということで必ず出てくるエホバの証人剣道受講拒否事件判決（前掲・最判平成8・3・8）では、別に処分そのものは違憲だとはいっていないわけです。私が見るところ、あれは剣道実技の代替措置を取らなかったという点が1番の問題の起点ではないかと思っていて、その段階で少なくとも代替措置を検討しなさいということを、1つの憲法上の要請としているように思います。ただ、結局それは、行政裁量の審査の中において、処分を行った校長の裁量権の逸脱濫用という処分の違法の問題になり、直接、処分の違憲・合憲という話にはならない。

鵜澤：私はこういう問題を裁判所のやる気に任せてはいけないと思ってい

て、裁判所も国家機関で公権力を担っているわけですから、きちんと法で縛らないといけないと思います。やはり、日本の法学には、裁判所に勝手に期待して勝手に失望をしているという傾向があるのではないかと思っています。

一同：（笑）

鵜澤：最高裁が憲法問題をもっと取り上げるべきだということはよく言われていますが、ではどういう基準でやるのかということはあまり言われません。

神橋：そのあたりの憲法解釈と単なる法令解釈の区別や線引きについては、前述の金沢市庁舎前広場事件（前掲・最決平成29・8・3）や群馬の森の事件（前掲・最決令和4・6・15）のようなこともあるので、鵜澤さんが今言われたドイツの連邦憲法裁判所の実務などとの比較も含め、何らかの形で理論的な方向性がないか検討する必要はあると思います。

栗島：確かに、さきほど鵜澤さんが指摘された「裁判所への期待」ということでいえば、以前、政治学者の境家史郎先生と話しているときに指摘されて思ったのですが、日本の憲法学者の多くは裁判所の姿勢に不満があるようだけれども、だからといって、肝心の裁判所の制度改革についてはあまり多くを語りたがらないし、また、現状を改善するために訴訟法を改正するといった前向きな議論もあまりやりたがらない……。私が見るところ、伊藤正己先生が最高裁の制度批判をしたり（同『裁判官と学者の間』〔有斐閣、1993年〕134頁）、最初の読売憲法改正試案が出された時期（1994年）などが典型的ですが、司法が積極化すると、かえって何かよからぬことが起きるという話もあったりして、制度改革によって司法の積極化を促すことは避けつつ、何か「気合を注入する」というような批判が多い感じがしますね……。奥平康弘先生の憲法裁判に関する議論などはその典型だと思います。

神橋：裁判所の気合の問題ということになると、これは、主として政治部門との関係や司法の民主的正当性という観点から、司法消極主義・積極主義という問題として昔から議論されてきました。ただ、最近それとはやや異なる観点からの議論があるのではないかという感じがしていて、司法機関の内在的な限界というか、要するに、裁判というものはそもそも基本的にその事

Discussion1

件にかかる紛争の解決が第1次的な目的であるし、裁判官が行う判断につい
ても、その職責とか権能からくる一定の限界があるというような議論です。
現に、憲法改正の話などとの関係で、日本にも憲法裁判所を創ったらどうだ
という話がありますが、それについても、例えば憲法解釈だけを抽出して取
り扱うとか、ましてや法令の抽象的違憲審査を導入するということになると、
それは裁判官が今まで受けてきた養成教育とは異質なものであって、そのよ
うなことをいきなり言われても困るといった意見もあるのではないかと思い
ます。また、公務員の政治的行為が問題となった猿払事件大法廷判決（最大
判昭和49・11・6刑集28巻9号393頁）の判示にしても、やはりあれは猿払
事件という1つの事件を前提にしているのであって、その射程には自ずと一
定の限界があるというような議論もあります。いずれにしても、裁判という
営みの中で憲法判断をすることの土俵というか前提や基盤自体がどうなのか
なと、最近思っているのですが……。

　栗島：憲法学者からすると、「裁判官の職責は目の前にある具体的事件の
解決なのだから仕方ない」というのが言い訳じみて聞こえることは否めない
と思います。戦後日本の裁判所というのは、違憲審査という権限を引き受け
てしまったわけで、これはもう、アメリカなんかと違って憲法がそのように
はっきりと明文で規定しているわけです。そういう中で、高度に政治的なこ
とは扱えないだとか、憲法判断はどうしても必要なときでなければ行えない
とか、憲法適合解釈なり適用違憲なりで何とかすればよいとか言われると、
それは、日本国憲法が定める裁判所の役割を十分に理解しているのかと疑問
を呈したくなります。ただ、これは学説のほうにも問題があって、戦後にな
っても憲法学における司法権の定義などは、やはり民事法的思考の強い影響
から抜け出していなかった。違憲審査制を有する裁判所とそうでない裁判所
には、根本的な違いがあるということを、いまいちど認識する必要があると
思います。

　神橋：警察予備隊判決（最大判昭和27・10・8民集6巻9号783頁）などで
も問題になっていますが、日本国憲法81条には、76条とは別個の独自の意
義があるということですか。

　鵜澤：日本の法学の中では裁判所は紛争解決機関であるというイメージが

162

強いのかなと思います。裁判所を当事者間の紛争解決をしているだけの機関だと捉えるのは、裁判所の持つ公権力性のようなものを低く見積もっているのではないかと思います。なぜ裁判所、司法権を憲法の統治機構の中で規定しているのか、というようなことを考える必要があるのではないかと思います。

櫻井：上告審と違憲審査機関という２つの役割を最高裁という１つの機関に担わせたのが失敗だったと思っています。栗島さんが日本の最高裁を外国に向けて紹介される際にヤヌスと表現されています（Tomoaki Kurishima, Die Janusköpfigkeit des OGH als Revisions- und Verfassungsgericht, Zeitschrift für Japanisches Recht 44 [2017], S. 143ff.）が、最高裁は上告審と違憲審査機関という２つの顔を持つ、２つの役割を担うことになっています。三ケ月先生なども結局どちらの役割も中途半端になってしまうのではないかと懸念されていました（三ケ月章『民事訴訟法研究 第６巻』〔有斐閣、1972 年〕366 頁）が、実際に両方とも中途半端になっている。15 人という人数にしても、大法廷で全員集まるには多すぎるし、上告事件を全部処理するには少なすぎるという非常に中途半端な状態になってしまい、結局、上告事件の方が忙しいから面倒な大法廷には回さずに小法廷で処理をし、憲法問題には立ち入らずに済ませてしまうわけです。最高裁自身の自己認識としても違憲審査機関より上告審の方が強いのではないかと思います（櫻井・前掲「最高裁判所の二重機能の問題性」275-276 頁）。日本の最高裁はアメリカをモデルにしたと言われますが、アメリカでは通常の民事・刑事などの上告事件は州の最高裁判所が扱うので、連邦最高裁判所は連邦憲法上の重要問題に集中して取り組めるわけです。ドイツでは憲法裁判所は憲法問題しか扱わず、憲法裁判所以外の裁判所も５つの系列に専門分化しているのに、日本の最高裁はまったく専門分化していないので、日本中のあらゆる法分野の問題に対応しなければならない、しかも 15 人で。ドイツは５つの最高裁判所で計約 350 人も最高裁の裁判官がいるわけです。上告審の役割だけでも普通に無理だと思います。そのうえで違憲審査までやらされる。こんな制度なら、避けられるものなら憲法問題を避けたくなるのも当然だと思います。

栗島：制度の問題についての櫻井さんのご意見に強く賛同します。そのう

Discussion1

えで、私はここにも思考のギアチェンジという問題があるように思います。やはり、日本の裁判官が、自分たちの任務は個別の事案解決なのだという認識に陥る原因の1つは、普段そういうものを対象としているからだと思うのです。いつもは離婚問題とか交通事故の問題をやっている裁判官が急に憲法問題に出くわしても、自分が普段やっている仕事についつい引きずられて、「これは司法の役割を超えるものだ」という判断をしてしまうのではないでしょうか。ドイツを見ていると、連邦憲法裁判所の裁判官と民刑事の裁判官のメンタリティというのは相当に異なるものがあると感じますが、そうしたメンタリティというのは職業的につくられる部分があるのではないかと推測します。この点、日本の場合は制度上、裁判官が日常の仕事のなかで急に憲法的な思考にギアチェンジするというのは、難しいことなのではないかと思いますね。

櫻井：憲法問題についての専門性というか慣れのようなものが重要だと思います。憲法裁判所だと憲法問題ばかり扱うので自然に身につくはずですが、日本の最高裁は通常の上告審が中心なので、そのあたりが欠けていると思います。多くの実務家は学生時代には憲法の勉強はするけれど、実務に出てから憲法を扱う機会はほとんどない。先ほど「第三小法廷がおもしろい」という話もありましたが、神橋さんが指摘されていたように、公法学者がいたことが重要だと思います。第三小法廷でも民法の奥田昌道先生がいた時には、むしろ宝塚市の判決（最判平成14・7・9民集56巻6号1134頁）なんかも出てですね……（笑）。現状では本当に人次第で、一時期「違憲審査の活性化」などと言われましたが、制度が変わったわけでもなくて、たまたま憲法問題にやる気のある泉徳治裁判官とか滝井繁男裁判官とか、そういう方たちがいた時に活性化しただけなのではないでしょうか。今の宇賀克也先生も奮闘していますが、公法学者が入ると議論自体が変わるので各小法廷に1人は入れるべきだというのは、これらの裁判官がおっしゃっていたことなのです（泉徳治ほか『一歩前へ出る司法』〔日本評論社、2017年〕326頁、滝井繁男「『暗黙のルール』の判事構成見直そう」朝日新聞2014年4月17日朝刊、14頁など）。

神橋：最高裁がどういう形でどういう判断を示すかということですが、最近、地方議会における議員に対する出席停止の懲罰に対する取消訴訟が法律

上の争訟（裁判所法3条）に当たるかにつき、60年前にこれを否定した判例（最大判昭和35・10・19民集14巻12号2633頁）を変更し、最高裁が司法審査の途を拓いた岩沼市議会事件判決（最大判令和2・11・25民集74巻8号2229頁）というものがあります。この事件では、行政法研究者の人見剛先生（早稲田大学教授）と私が最高裁に意見書を出しました（この事件の経緯につき、原告側訴訟代理人がまとめたものとして、十河弘「岩沼市議会議員出席停止処分取消請求事件——昭和35年最判の判例変更に至る経緯と今後の課題」判時2476号〔2021年〕14頁以下参照）。そこで人見先生は判例変更をすべきであるということを明白に打ち出されていたが（同「岩沼市議会議員出席停止処分事件に関する最高裁大法廷判決の意義」判時2476号〔2021年〕11頁以下参照）、私のほうは、そこまではなかなか難しいでしょうということで、結局昭和35年判決の事案は出席停止3日間と比較的短期であったのに対し、今度の事案は出席停止期間が23日間と長期であるとともに、議員報酬の減額という財産上の不利益が絡んでいる。したがって、そこは両者事案の違いということで、昭和35年判決はあくまで昭和35年の事案が前提だという割り切りで処理するあたりが落としどころではないかと漠然と考えていたのです。しかし事件が大法廷回付になり、これは大きな話になりそうだということになった。結局、大法廷判決は、議員の議事参与権を重く受け止めて判例変更まで至ったわけです。ただ、法律上の争訟性のくだりをみると、宇賀克也裁判官補足意見と比較すればわかりますが、法廷意見はややぼかした書き方をしていて、おそらくあの書きぶりからすると、相当いろいろな議論があったけれども、そういった点は留保して、司法審査の途を拓くという結論で裁判官が全員一致したということではないかと思います。

　ただこれは非常に原理的な問題になるのですが、司法審査を及ぼすということの対局には、政治の前に裁判所の独立をどうするのか、あるいは司法の民主的な正当性の問題があります。昭和35年判決がとった部分社会論は、もともと当時、最高裁長官だった田中耕太郎が主張していたものですが、ごく最近、行政学者の牧原出先生（東京大学教授）が、『田中耕太郎——闘う司法の確立者、世界法の探究者』（中公新書、2022年）という田中の評伝を出しておられて、その中では部分社会論も統治行為論も、政治に対して裁判所の

Discussion1

独立を守る面があったという評価をされていました（同書・226頁）。私は部分社会論には批判的で、大学の内部紛争なども含めて、少なくとも法解釈の場面ではあれはやめるべきだと考えますが、そのような見方もあるのかと感じた次第です。

栗島：そこは繰り返しになりますが、違憲審査制を担うことになった戦後の裁判官の職責というところから考えると、裁判官が政治的な問題を避けるという選択肢がそもそも排除されていることが重要なのだと思います。もちろん、裁判所が判決を通じて政治的な意味で国民に対するアピールをすることが望ましいのかという問題はありますが、違憲審査制を担っている以上、一定程度、他の国家機関とのあいだの政治的な駆け引きに入らざるを得ない。違憲審査権を有する裁判所が非政治的なアクターにとどまるということは、まずありえません。司法積極主義を採る場合、裁判所のカラーはおのずと明らかですが、仮に消極主義を採った場合でも、それは「国会・内閣にお墨付きを与える」という政治的スタンスの現れとみるべきでしょう。国会・内閣と裁判所とのあいだで判断が異なり、どちらを支持するかで国民の判断が割れる場面が登場するのは、違憲審査制を裁判所に与えたことの論理的帰結です。そこを、ある種の官僚的なメンタリティで行くと「本来的に政治的なものを私たち裁判官が担うわけにはいかないから、向こうにボールを投げ返そう」という発想になる。しかし、それは結局、自分たちの職責の否定ですよね。違憲審査制を担っているにもかかわらず、政治的な問題から逃れようと考えるところに根本的な問題が潜んでいるように思います。必要とあれば国会・内閣と対立してでも闘うことをしない限り、裁判所が真の意味で「司法の独立」を勝ち取ることは不可能だと思うのですが、裁判所の存在や仕事がメディア等で大きく取り上げられること自体に消極的だというのが、日本の裁判所の根深い問題かなと思います。

鵜澤：違憲審査制を採用している以上、裁判所は当然政治問題に立ち入ることにはなると思うのです。先ほどの第三小法廷がおもしろい、という話がありましたが、結局、裁判官の人事の問題であって、特に最高裁裁判官の人事はやはり政治問題なわけです。ドイツの連邦憲法裁判所の判事の任命問題とか、アメリカの最高裁判所判事の任命もそうですけれども。政治学者や行

166

政学者がよく言っていますが、日本で違憲審査が活性化しないことの背景には政権交代が少ないことがあるといわれます。アメリカや他の国だったらどんどん政権交代するので、ある時期の政権に対して批判的な判決を出しても、そこまで問題にはなりません。しかし、日本だと自民党が長らく政権を取っているので、裁判所としてもなかなか強く出られない。裁判所が強く出る時にはリアクションもあって、極端な例かもしれませんが、戦間期のオーストリアの憲法裁判所は、特免婚姻についての全く形式的な裁判管轄の話をしただけなのに結局憲法裁判所がつぶされるという結果になっているわけです[1]。あの辺は法治主義の終わりという感じもしますけど（笑）。これは極端な例ですが、最悪裁判所自体が潰されるということも想定せざるを得ないので、やはり裁判所が置かれている政治的な状況を考慮しないと違憲審査の活性化も難しいと思います。

櫻井：人事の問題についてはその通りで、本来なら重要な政治問題のはずです。ただ、現状では違憲審査機関よりも上告審の役割の方が重視された人選で、各業界の「あがりポスト」のようになっていて、むしろ政治性がなく

1）　特免婚姻問題は、有名なハンス・ケルゼンが、自身が設立に関わったオーストリア憲法裁判所の判事を罷免されるきっかけとなった事件である。オーストリアは伝統的にカトリック国であったため、カトリック教徒間の離婚は認められていなかったが、君主の特免があれば再婚が認められるという制度が存在した。第1次大戦後に共和制に移行した後においてもこの制度は維持され、しかも一層活用されるようになった。ところが、通常裁判所が、特免婚姻制度を利用した再婚について、婚姻無効の判決を下すようになり、これが裁判管轄違反であるとして憲法裁判所に持ち込まれる。1927年11月5日、憲法裁判所は、特免は行政処分であるから、通常裁判所はその効力について前提問題としても判断できないとの判決を下した。これがカトリック勢力を刺激し、憲法裁判所および判決を主導したケルゼンへの攻撃に発展する。1920年憲法では憲法裁判所判事は議会が任命するものとされ、その任期は終身とされていたが、1929年12月9日、これを改正して70歳を定年とするとともに、任命権を大統領に変更する憲法改正が成立した。また、同年の憲法の経過規定に関する法律によって、従前の憲法裁判所判事は1930年2月15日に全て失職することとなり、政府寄りの判事のみが再任され、結果、ケルゼンは憲法裁判所判事の座から追われることになったのである。

　その後、1933年、政府の意向を受けて憲法裁判所判事は次々に辞任し、もはや定足数を維持できなくなって、機能を停止した。翌1934年の5月憲法によって、憲法裁判所は正式に廃止されることになる。

　詳細は、長尾龍一「ケルゼンと憲法裁判所」（2006年）同『ケルゼン研究Ⅲ』（慈学社、2013年）141-148頁、同『ハンス・ケルゼン自伝』（慈学社、2007年）54-64頁。

Discussion1

慣行と年功序列。政権からのリアクションも重要な問題ですが、現状では各
裁判官の在任期間が非常に短いので、政府にとって気に入らない判決が出た
としても、ニューディール期のアメリカみたいにコート・パッキング・プラ
ンのようなことをやるまでもなく、数年も経てば裁判官が入れ替わるのです
よね。政権交代が少ないこともよく指摘されますが、政権交代に関しては、
日本よりもドイツのバイエルン州の方が少なくて、ずっとキリスト教社会同
盟（CSU）政権が続いているのですが、それでも結構な違憲判決が出されて
います。ドイツの連邦憲法裁判所も初期に政権と対立したことがありました
が、うまく切り抜けて現在の地位を確立したわけで（櫻井智章「デーラーと
ガイガーと連邦憲法裁判所」甲南法学 59 巻 3・4 号〔2019 年〕47 頁以下）、栗島
さんが指摘されるように、逃げても問題解決にはならないと思います。

　ただ、現状では最高裁が政権に対して弱い立場に立たざるをえないのは確
かだと思いますし、最高裁が違憲審査機関として活性化していくためには、
いずれも克服すべき課題だと思います。とはいえ内閣が最高裁の裁判官を任
命するというは憲法上のルールなので憲法改正しなければどうしようもなく、
結構大きな足枷として残り続けると思います。これも制度の初期設定の失敗
ではないかと思ってしまうのですが……。

栗島：すみません、話を巻き戻してしまうのですが、終わりの時間が近づ
いているようなので、若干の補足をさせてください。少し前に、櫻井さんか
らは熱量の高い憲法学が苦手だという話があり、また、鵜澤さんからは行政
法を学ぶ時も憲法との視線の往復が大切だという話がありました。昔の憲法
学は標語的に「抵抗の憲法学」といわれており、政治的な方向性がはっきり
していましたが、最近は個別法との距離が近づいてきて、憲法学者も細かい
法律解釈を扱うようになってきました。『法律時報』では最近、「ミクロ憲法
学の可能性」という連載も行われていました（法時 92 巻 9 号〔2020 年〕～94
巻 8 号〔2022 年〕、2023 年に片桐直人＝上田健介編著『ミクロ憲法学の可能性』〔日
本評論社、2023 年〕として書籍化されている。）。このように、学者のなかでは
憲法と行政法の距離が縮んでいるのかなと思うのですが、他方で、個別法を
読んでいくなかで「何かがおかしい、これは憲法問題だ」となっていく瞬間
もあると思います。もちろん、個別法のそれぞれに内在する論理もあると思

いますが、いわば外在的に、憲法の論理というのが基準として存在しなければならないと思います。経済的自由を例にとれば、もしも「憲法がいう『職業』とは現行法上認められている職業に尽きるのだ」と考えるならば、およそ憲法問題は発生しえないわけで、つまり、憲法の職業概念は現行法上の定義からは独立したものとして、これを定める必要がある。憲法学が行政法学に近寄って個別法をきちんと解釈するというのは大事なことですが、同時にそこからの「自立」をどう考えるのかは難しい問題として残るのではないかと思います。その意味で、憲法学というのは、やはり法律に歩み寄りながらも、法律から独立をした場所で基準を立てなければいけないものですよね。そこを最近の憲法学者はどう考えているのか……。揺れ戻しではないですが、法律の条文を重視するあまり、かえって、それを憲法の内容として読み込んでしまう傾向がでてきてしまうと、今度は憲法学の意義も薄れていくのではないか、そこのバランスが難しい問題ではないかと思っているところです。

神橋：このように考えてくるといろいろな問題が凝縮されているような感じがしますね。Unit 5 からは統治に関係する論点も含めてテーマを設定していきたいと思っています。今回こうして論じた中で、憲法と行政法というのは、つかず離れず、いったりきたりしているということがわかり、またそれぞれの論点で非常に熱のこもった議論をしていただきましたけれども、そろそろ時間が来ましたので、座談会としては、このあたりで終わりにさせていただきます。ありがとうございました。

（2022 年 12 月 4 日収録）

Unit 5-1　司法権

「司法権」概念に関する若干の整理
──序論的な検討

神橋一彦

> ここまでの各 Unit では、1つのトピックを憲法と行政法の視点から1回ずつ、計2回で扱うという形で進めてきたが、この Unit 5 は、「司法権」をテーマに、特に担当者全員が1回ずつ執筆する。このように司法権につきやや詳細に扱うのは、司法権が憲法訴訟と行政訴訟それぞれの基礎であること、またそれに伴い論ずべき論点なども多岐にわたるからである。

1　はじめに

最初に本稿で取り扱う内容について説明しよう。

憲法の教科書を紐解くと、司法権に関しては、古くは警察予備隊訴訟判決（最大判昭和 27・10・8 民集 6 巻 9 号 783 頁）から、近時の岩沼市議会事件判決（令和 2 年・後述）に至るまで、著名な重要判例の数々が挙げられている。そしてこれらの多くは憲法判例としてのみならず、行政判例としても重要なものである。他方で行政法の分野をみると、プロパーの問題として、例えば抗告訴訟（とりわけ義務付け訴訟や差止訴訟）など行政訴訟の制度設計において、司法権そのものや司法権と行政権との関係が問題となる。

いずれにしても、司法権をめぐっては問題が広範多岐にわたるところ、本稿ではそれら全体の序論として、①「司法権」の概念について若干の検討（**2**）を行った後、②司法権の限界の問題（**3**）について概観することにしたい[1][2]。

2　「司法権」とは何か

最初に、「司法権」という言葉の意味（概念）について確認しておこう。

170

概念は特定の問題設定が反映されるものであるから、司法権の概念について
検討することは、そこで問われている問題が何かを確認することにもなる。

(1)　2つの概念

司法権の概念については、従来、次の2つが区別されてきたといえる。

(a)　理論上の概念

国家の作用は、一般に、立法、司法、行政の3つからなる。例えば、一般
的な法規範を定立（制定）するのが「立法」であるのに対して、「行政」「司法」
はそれを適用、執行する作用であるとされる[3]。そして、ここでいう「国家
の作用」は、特定の国（例えば日本）を念頭に置いたものではなく、さしあ
たり国家一般を念頭に置いたものである。もっともそこでは、いずれも一般
的法規範（法律）の適用、執行と位置づけられる「行政」と「司法」との理
論的区別が問題となり、その観点から「司法」の本質とは何かということに
つき、さまざまな学説が存在するが、いずれにしても、ここでの司法権概念

1）　想定している問題を憲法の教科書で示せば、例えば、渡辺康行ほか『憲法Ⅱ　総論・統治』（日
本評論社、2020年）300-314頁〔渡辺康行〕に示されている論点である。さらに、裁判所の組織
なども含め、司法権について概観するものとして、櫻井智章『判例で読む憲法〔第3版〕』（北樹
出版、2024年）30頁以下が参考になる。

2）　司法権と行政訴訟の制度設計との関係については、今回、紙幅の関係で触れることができな
かった。なかでも、不作為の違法確認訴訟、義務付け訴訟、差止訴訟（行政事件訴訟法3条5項
〜7項）など、行政処分の発動および差止めを求める訴えの訴訟要件が、司法権の要件（紛争の
成熟性）や司法権と行政権との関係（行政庁の第一次的判断権との関係）で問題となる。この点
に関する本稿筆者の解説として、神橋一彦『行政救済法〔第3版〕』（信山社、2023年）206頁以
下参照。

3）　清宮四郎「法の定立、適用、執行」同（樋口陽一編・解説）『憲法と国家の理論』（講談社学
術文庫、2021年）245頁以下（初出・1931年）。同論文は、法学的見地より国家作用を見る場合、
「理論的考察」（ないし可能態的考察）と「制度的考察」（ないし現実的考察）とがあり、前者が「特
定の制度に関係なく、純粋に理論上の見地よりするもので、およそ国家の作用としてあり得べき
（möglich）もの」をその対象とするのに対して、後者は「実定法秩序として時間的存在を有する
特定の制度上の見地よりするもので、特定の国家の法律上国家の作用とされるもの」をその対象
とすると説く（247頁）。本稿における「理論上の概念」「実定法上の概念」はこの「理論的考察」
「制度的考察」に対応するものである。

Unit 5-1　司法権

（ないし「司法」の概念）は、理論上の概念である。

(b)　実定法上の概念

　日本国憲法は、「すべて司法権は、最高裁判所及び法律の定めるところにより設置する下級裁判所に属する。」と規定する（76条1項、傍点本稿筆者——以下同じ）。また旧憲法も、「司法権ハ天皇ノ名ニ於テ法律ニ依リ裁判所之ヲ行フ」と定めていた（57条1項）。そこでの「司法権」概念は、日本国憲法なり旧憲法という実定法（憲法典）が採用した概念であり、実定法上の概念である。そして、そこでいう「司法権」の範囲が、裁判所の憲法上の権限ということになるが、これは、もっぱら憲法76条1項（さらに旧憲法57条1項）の解釈問題ということになる。

　この点について、旧憲法における「司法権」概念は、「民事および刑事の裁判」をいうとし、「官庁ノ違法処分ニ由リ権利ヲ傷害セラレタリトスルノ訴訟」（現在でいう取消訴訟）については、別途設置される行政裁判所の管轄とされた（61条）。ただし、この行政裁判所は、行政権の一部であり、司法裁判所とは位置づけられなかった[4)][5)]。そして、このような解釈（概念）の根拠は、ヨーロッパ諸国の制度史に発する歴史的な沿革に求められている[6)]。

　現行憲法の司法権概念は、民事および刑事の裁判のほか、行政事件の裁判

---

4)　清宮四郎は、①「一般に、司法とは、具体的な争訟について、法を適用し、宣言することによって、これを裁定する国家の作用をいう」としたうえで、②旧憲法における「司法」は、この作用の全部を意味しないで、特に民事と刑事の裁判に限るものとし、「民事および刑事の裁判権」だけを「司法権」としている点で、狭いとしている（清宮四郎『憲法 I〔第3版〕〔有斐閣、1979年〕335頁）。ちなみに、清宮は、司法を含む国家作用について、「理論的考察」と「制度的考察」の区別を説いているが（前掲注3）、この①の命題は「一般に」という表現から始まっていることから明らかなように、国家作用一般にかかわる「理論的考察」に基づくものであるのに対して、②の命題は、旧憲法という特定の憲法に関する「制度的考察」に基づくものである。その上で、理論的考察（①）を基準として、制度的考察（②＝「司法権」の広狭）を行っているのである。

5)　ただし、現在でいう行政訴訟がすべて行政裁判所の管轄とされたわけではない。例えば、衆議院議員選挙に関する選挙訴訟は、衆議院議員選挙法（当時）の定め（81条以下）により、大審院（司法裁判所）の管轄（民事訴訟の一種）とされていた。現在、選挙訴訟は、行政事件訴訟法の定める民衆訴訟（5条）の一種である。

をも含むと解される。そして、具体的な争訟事件が提起されることを前提とし（警察予備隊訴訟判決）、「裁判所がその固有の権限に基づいて審判することのできる対象」は、裁判所法 3 条 1 項にいう「法律上の争訟」の裁判、すなわち①当事者間の具体的な権利義務ないし法律関係の存否に関する紛争であって、かつ、②それが法令の適用により終局的に解決することができるものに限られるとされてきた（最判昭和 56・4・7 民集 35 巻 3 号 443 頁〔板まんだら判決〕――以下、この①②を「板まんだら基準」と呼ぶ）。このような解釈は、その根拠の 1 つとして、現行憲法がアメリカ憲法の影響を受けて制定されたという歴史的沿革が挙げられる。その意味で、現行憲法の司法権概念も、（少なくとも 1 つの根拠としては）歴史的沿革に基礎を置いているといえるであろう[7]。

(2)　両者の関係

(a)　理論上の概念と解釈論

　このように 2 つの概念は、一応の区別がなされることになるが、両者は次元が異なることから、実際の制度上は、「司法」作用が行政機関によって行われるとされることもあるし、司法機関（裁判所）が「行政」作用を行う場合もありうる。いずれにしても、これは、基本的に統治組織にかかる制度設

---

6)　司法権概念と歴史的沿革については、美濃部達吉『憲法講話』（岩波文庫、2018 年、原著〔改訂版〕は 1918 年）372 頁以下参照。戦前期において、司法権の概念については、理論的概念構成と歴史的概念構成がありうることを前提に、もっぱら後者のみが可能であるとした論稿として、宮沢俊義「司法作用の概念」同『憲法と裁判』（有斐閣、1967 年）27 頁以下（初出・1936 年）がある（その方法論的基礎については、石川健治「トポスとしての権利侵害論――司法権の自己同一性論との関連で」法教 327 号〔2007 年〕48 頁以下）。

7)　清宮・前掲注 4) 336 頁。そこでは現行憲法の司法権の範囲に行政事件が含まれることの根拠として、①現行憲法の司法制度は、アメリカ憲法の影響を強く受けており、それが、司法権の観念にも及んでいるとみなされること、②憲法は、行政事件の裁判について、行政裁判所を設置していないばかりでなく、行政機関の終審裁判を禁止し（76 条 2 項）、特別裁判所の設置を禁止していること（同上）、③憲法 81 条で、処分の適憲性の決定を裁判所の権限としているが、これは、広く処分の合法性の審査権が裁判所にあることを予想しているものと捉えられること、④憲法 32 条で保障している「裁判を受ける権利」には、行政事件に関して訴訟を提起する権利も含まれるものと解されることを挙げる。

173

Unit 5-1　司法権

計の問題である[8]。しかし、このような理論上の概念も、具体的な解釈論（場合によっては立法論）において1つの物差しやモデルとして用いられることがあるから、具体的な解釈論とまったく無関係であるとはいいがたい[9]。

(b)　憲法との関係——司法権概念の再構成

憲法の場面では、上述のように、現行憲法76条1項の「司法権」の解釈（実定法上の概念）にあたり歴史的沿革が1つの根拠とされ、一定の解釈（上述**2**(1)(b)参照）が出発点になるとしても、それに対してはその後、様々な観点からの批判や再構成の試みがなされている。

すなわち、従来の通説においては、《司法権＝法律上の争訟》という図式に加えて、民事事件の裁判が私人の権利利益の保護を目的とするものであること（民事訴訟のモデル、私権保護機能のモデル）に着目し、これに属するのは、行政事件訴訟法が定める訴訟類型のうち、私人の権利利益の保護救済を目的とする（講学上の）「主観訴訟」（具体的には、抗告訴訟、当事者訴訟）であり、もっぱら行政作用の適法性の維持を目的とする「客観訴訟」（民衆訴訟、機関訴訟）は、《司法権＝法律上の争訟の裁判》にはあたらず、裁判所法3条1項にいう「その他法律において特に定める権限」であるとされてきた。この《司法権＝法律上の争訟＝主観訴訟》という理解は、最高裁判例においても表明されている（最判平成14・7・9民集56巻6号1134頁〔宝塚市パチンコ店等建築規制条例事件〕[10]）。

このような考え方に対しては、客観訴訟が当然に司法権の範囲に属しないとはいえないのではないか、という批判がなされている。そしてそこでは、①憲法76条1項の「司法権」概念において中核的な要素とされる「事件性」を柔軟に解すべきであるという見解、②司法とは、本来、具体的な争訟につ

---

8)　この点について、広く権力分立の観点から詳説するものとして、小嶋和司「権力分立」同『小嶋和司憲法論集2　憲法と政治機構』（木鐸社、1988年）147頁以下（初出・1963年）参照。

9)　前掲注4)も参照。

10)　同判決は、「行政事件を含む民事事件において裁判所がその固有の権限に基づいて審判することのできる対象は、裁判所法3条1項にいう『法律上の争訟』」であるとして、板まんだら基準を引用する。

174

いて、法を適用し、宣言することによって、これを裁定する国家の作用であり、客観訴訟もその点で変わるところがないという指摘などがなされている。また他方で、法律の定めによって「司法権」や裁判所の権限が拡大されることはあるとしても、そこには本来司法機関である裁判所が引き受ける事項として、一定の限界（機能的な）限界が存するということ（どのような権限でも法律で裁判所に付与してよいというわけではないということ）もまた、広く共有された認識であるといえる[11]。これらの議論においても、理論上の概念やモデルがさまざまな形で念頭に置かれているといえよう[12]。

(c) 行政法との関係──内閣総理大臣の異議の合憲性

もう1例を行政訴訟との関係で挙げよう。取消訴訟において裁判所が行う執行停止決定（行訴25条）に対しては、行政権がこれを阻止する手段として内閣総理大臣の異議の制度（同26条）が定められている。これについては、執行停止は、仮の救済であり、内閣総理大臣の異議は、裁判所の有する司法権を侵害するものとして違憲であるとの説が強い。他方で、合憲説は、判決は確かに司法作用であるものの、執行停止は、「行政権の作用の一環とみるべき行政処分的性質」を有するものであるから違憲ではないと主張する。このような見解には強い批判があるが、理論上の概念（行政権ないし行政処分的性質）を根拠に一定の解釈論を導き出している例ともいえよう[13]。

---

11)　裁判所への権限付与の要件と限界については、渡辺ほか・前掲注1) 303頁参照。ここでいう司法機関（裁判所）の機能的限界には、裁判官の能力（そこでは、基本的に法律の解釈適用に関する素養が中心となる。）にかかわることも含まれよう。客観訴訟と憲法との関係については、本文で言及した学説の詳細も含め、村上裕章『行政訴訟の解釈理論』（弘文堂、2019年）57頁以下が詳細な検討を行っている。

12)　このことは、既に旧憲法の制定当初から見られたところである。旧憲法の権威的解説書として有名な伊藤博文『憲法義解』は、57条（「司法権」の規定）の注釈において次のようにいう。「行政は法律を執行または公共の安寧秩序を保持し人民の幸福を増進するために便宜の経理および処分を為す者なり。司法は権利の侵害に対し法律の規律に依りこれを判断する者なり。司法に在てはもっぱら法律に従属し便宜を酌量せず。行政に在りては社会の活動に従ひ便宜と必要とに依り、法律はその範囲を限劃して区域の外に濫越するを防ぐに止まるのみ。」（伊藤博文〔宮沢俊義校註・坂本一登解説〕『憲法義解』〔岩波文庫、2019年・原著＝1889年〕111頁）宮沢俊義は、この叙述が司法権の「理論的概念構成」によるものであると指摘する（宮沢・前掲注6) 30頁）。

175

Unit 5-1　司法権

3　「司法権の限界」とは何か

(1)　具体的事例

　このように司法権概念についてはさまざまな議論があるが、解釈論上とりわけ問題とされてきたのは、「司法権の限界」の問題である。

　この問題については、憲法の教科書などで比較的詳細に扱われているが、たとえば古典的な概説書である清宮四郎『憲法Ⅰ〔第3版〕』（有斐閣、1979年）においては、「司法権は、すべて裁判所によって行われるを要し、裁判所は、『一切の法律上の争訟を裁判』するが、この原則に対しては、次のような例外がある」とした上で、①憲法が、特別の理由から、明文で認めた例外（憲法55条、64条）、②国際法上の例外と並んで、③「性質上、裁判所の審査に適しないと認められるもの」が挙げられている。そして③に属するものとして、(a)各機関の自主権（自律権）に属すると認められるもの、(b)各機関の自由裁量に属すると認められるもの、(c)統治行為ないし政治問題と呼ばれる一連の行為が挙げられている[14]。現在においては、(d)団体の内部事項（地方議会、大学、宗教団体、政党など団体内部の紛争）とされるもの[15]がこれに付け加えられることになろう[16]。

---

13)　議論の詳細については、渡辺ほか・前掲注1) 316頁以下、藤田宙靖『新版行政法総論・下巻』（青林書院、2020年）116頁以下、田中二郎『新版行政法上巻〔全訂第2版〕』（弘文堂、1974年）341頁・注(1)参照。

14)　清宮・前掲注4) 337頁以下。これらについては、渡辺ほか・前掲注1) 304頁以下において触れられている。

15)　渡辺ほか・前掲注1) 307頁以下。なお、本稿で取り上げる「法律上の争訟」と「法律上の係争」の異同、「部分社会」の法理などの問題については、柴田憲司「言葉の違いの意味――『法律上の係争』と『法律上の争訟』は何が違うのか？」大林啓吾ほか編『憲法判例のエニグマ』（成文堂、2018年）115頁以下が、特に訴訟要件との関係に着目して、詳細な分析を行っている。

16)　そして公法学界の注目点も、清宮・前掲注4) では統治行為（政治問題）に比較的叙述が割かれているが、その後、団体の内部事項（とりわけ部分社会論など）へと移った感がある。

176

(2) 司法権の対象と司法審査の対象

ここで問題となるのは、上記の③にいう「性質上、裁判所の審査に適しないと認められるもの」とはどういう意味か、ということである。

すなわち、③で挙げられている種々の問題は、いずれについてもそれに対する司法判断が控えられるという点では共通しているが、そこでは（α）ある訴えが、そもそも法律上の争訟に当たらない（すなわち、憲法76条1項の「司法権」が及ばない）とされる場合と（β）ある訴えが、法律上の争訟には当たる（すなわち、憲法76条1項の「司法権」が及ぶ）が、そこで前提問題として、上述の③で挙げた事項が争点となる場合がある。そして同じ国家行為をめぐって、この（α）と（β）の両方が問題とされうることもある。

このことの例として挙げられるのが、衆議院の解散の有効性が争われた苫米地事件である。同事件の最高裁判決（最大判昭和35・6・8民集14巻7号1205頁）は、まず(i)「衆議院の解散は、極めて政治性の高い国家統治の基本に関する行為であって」、(ii)「かくのごとき行為［＝衆議院の解散］について、その法律上の有効無効を審査することは司法裁判所の権限の外にありと解すべき」であり、(iii)「本件［＝議員歳費請求訴訟］のごとく、当該衆議院の解散が訴訟の前提問題として主張されている場合においても……ひとしく裁判所の審査権の外にありといわなければならない」として、議員歳費請求の訴えについては、請求棄却とした原審の判断を支持している。すなわち、衆議院の解散の有効無効を判断することは司法裁判所の審査権の範囲外であるから、それを直接に争う訴え（たとえば、解散の無効確認訴訟）については、そもそも司法権の範囲外であるとの理由により、不適法な訴えとして却下されることになろう。これに対して、議員歳費請求訴訟の場合、それ自体は金銭の給付を求める訴訟であり、そこで争われている権利義務（議員歳費請求権）の存否自体について判断を避ける必要はないから、法律上の争訟性は否定されず（すなわち、訴えそのものは適法とされ）、前提問題に審査権が及ばないため、請求棄却ということになる。この場合、当該訴え（議員歳費請求権の存否を争う訴訟）についてみれば、司法権は及んでいるということになる。

ちなみにこの事案において、「性質上、裁判所の審査に適しないと認められるもの」といっても、同判決は、(iv)「政府の見解は、憲法7条によって

Unit 5-1　司法権

……憲法上有効に衆議院の解散を行い得るものであり、……裁判所としては、この政府の見解を否定して、本件解散を憲法上無効なものとすることはできない」としているから、裁判所は解散の有効無効につき判断を放棄しているのではなく（判断放棄型）、「政府の見解」を受容し、それを前提に判断をしているものといえる（判断受容型）[17]。

　このようにみてくると、「司法権の限界」として、「性質上、裁判所の審査に適しないと認められるもの」というとき、そこには、そもそもその提起された訴えが「法律上の争訟」に当たらない場合はもとより、「法律上の争訟」に当たるとしても、そこで司法審査が及ばない場合も含まれることになろう[18]。

(3)　法律上の争訟と法律上の係争

　(1)でみたように、司法権の限界といわれるものにはさまざまなものがあり、法律上の争訟に該当しないという「内在的限界」と、法律上の争訟ではあるが、何らかの理由で司法権が扱うべきではないとする「外在的限界」があるといった区別が説かれている[19]。もっとも、その両者の区別はあくまで学問上のものであるので、その具体的な区別については論者によって微妙に異なるようである。

　とりわけこのように「限界」の線引きが錯綜した1つの原因は、地方議会議員の出席停止の懲罰取消訴訟は法律上の争訟に当たらないとした、山北村

---

17)　判断受容型と判断放棄型の対比で最高裁判例を分析するものとして、安念潤司「司法権の概念」大石眞ほか編『憲法の争点』（有斐閣、2008年）250頁以下がある。同論文によれば、苫米地事件判決なども「判断受容型」であるとされる。この点については、柴田・前掲注15）128頁参照。

18)　このようにみてくると、ある国家行為をめぐる訴えが、憲法76条1項の「司法権」の範囲に当たるか否かは、第一次的にはその訴えの形式（すなわち当該国家行為の有効無効などを直接に争う訴えか、何らかの訴訟〔金銭の給付訴訟など〕の前提問題として当該国家行為の有効無効や違法性を争う訴えか）によって左右されることになろう（柴田・前掲注15）117頁、130頁、136頁、とりわけ統治行為論との関係につき、同134頁参照）。したがって、従来「司法権の限界」といわれてきたものの多くは、第一次的には「司法審査の対象」の限界として捉えた方がよいようにおもわれる。

19)　渡辺・前掲注1）304頁。

議会事件判決（最大判昭和35・10・19民集14巻12号2633頁——以下「昭和35年最大判」という。）が、「法律上の争訟」とは別に「法律上の係争」という概念を持ち出し、次のように述べたことにある。

　　「司法裁判権が、憲法又は他の法律によってその権限に属するものとされているものの外、一切の法律上の争訟に及ぶことは、裁判所法3条の明定するところであるが、ここに一切の法律上の争訟とはあらゆる法律上の係争という意味ではない。一口に法律上の係争といって、その範囲は広汎であり、その中には事柄の特質上司法裁判権の対象の外におくを相当とするものがあるのである。けだし、自律的な法規範をもつ社会ないしは団体に在っては、当該規範の実現を内部規律の問題として自治的措置に任せ、必ずしも、裁判にまつを適当としないものがあるからである。」

すなわちここで、「法律上の係争」(A)と「法律上の争訟」(B)は、A⊃Bとされているわけである[20]。この判決は、従前、取消訴訟が認められてきた出席停止の懲罰について、いわゆる「部分社会論」（上記引用の後半部分）により、法律上の争訟性を否定したものであるが、〈Bの補集合〉にあたる（すなわち、AではあるがBでない）部分にこれが当てはまることになる[21]。その後、この部分社会論は、大学における単位認定などが争われた富山大学事件判決において援用されたが（最判昭和52・3・15民集31巻2号234頁〔単位不認定〕、最判昭和52・3・15民集31巻2号280頁〔専攻科修了不認定〕[22]）、出席停止の懲罰に関しては、最近、岩沼市議会事件大法廷判決（最大判令和2・11・25

---

20)　この点については、柴田・前掲注15) 115頁、木下昌彦編集代表『精読憲法判例〔統治編〕』（弘文堂、2021年）278頁［横大道聡］。

21)　部分社会を含む団体の内部事項については、渡辺・前掲注1) 307頁以下。板まんだら事件や蓮華寺事件（最判平成元・9・8民集43巻8号889頁）などの宗教団体の内部紛争については、板まんだら基準の要件②（法令の適用による終局的解決可能性）に該当しないとされるが、訴訟技術的には実体判断（請求棄却）をすることも可能であることが指摘されている（板まんだら事件判決・寺田治郎裁判官意見）。しかし最終的には、それらの事件は、宗教上の教義が争点の核心となっていたり、宗派を二分したりするものであるから、裁判所としては宗教的中立を考慮し、訴えにかかる請求につきあえて終局的解決をしない（裁判所＝国家としてはイエス・ノーは言わない）ということである。したがって、その点において、法律上の争訟性を超えた考慮要素（本来ならばBの補集合に当たる要素）が要件②に取り込まれているといえよう。

Unit 5-1 司法権

民集 74 巻 8 号 2229 頁——以下「令和 2 年最大判」という。）において、60 年ぶりの判例変更がなされ、出席停止の懲罰そのものの取消訴訟、さらに出席停止期間につき減額された議員報酬の支払請求訴訟、いずれについても法律上の争訟性が認められる（適法な訴えとされる）に至った。

⑷ 地方議会議員の懲罰に対する訴訟

⒜ 部分社会論

　前述のように、昭和 35 年最大判は、「自律的な法規範をもつ社会ないしは団体に在っては、当該規範の実現を内部規律の問題として自治的措置に任せ、必ずしも、裁判にまつを適当としないものがある」としていた。この部分社会論は、1950 年に最高裁入りしたその日から長官を務めた裁判官・田中耕太郎が強く主張していたものであるが、そもそも田中の考え方においては、部分社会における「自律的な法規範」は、国家法秩序とは別の法秩序として位置づけられるものであった。したがって、かかる考え方を徹底するならば、当該部分社会から放逐するような処分（除名処分や退学処分）であっても、内部規律の問題として司法権は介入しないという結論になる[23]。しかしさすがにそのような極論は容れられず、地方議会議員の懲罰取消訴訟のうち、除名については、剥奪された議員たる身分の回復を図ることを目的とするものであるとして法律上の争訟性を認め（最大判昭和 35・3・9 民集 14 巻 3 号 355 頁〔板橋区議会事件〕）、出席停止については、内部規律にとどまるものとして法律上の争訟性を否定するという、一定の線引き（妥協）が行われたのである。そしてその後、これが一般化され、「一般市民法秩序」とのかかわり（富山大学事件判決[24]）をもって、部分社会の内部紛争につき法律上の争訟性を

22）　富山大学単位不認定事件（最判昭和 52・3・15 民集 31 巻 2 号 234 頁）についても、そこで争われているのは学生の成績評価の問題ではなく、科目担当教授の処遇をめぐる大学運営が関係していたことが重要である。

23）　現に田中耕太郎は、昭和 35 年最大判に先立つ米内山決定（最大決昭和 28・1・16 民集 7 巻 1 号 12 頁）における少数意見でそのように主張していた。その後、板橋区議会事件判決の田中耕太郎裁判官ほか共同補足意見において、部分社会論が詳細に展開されている。これらの点も含め、田中の部分社会論については、神橋一彦「地方議会議員に対する懲罰と『法律上の争訟』——出席停止処分に対する司法審査を中心に」立教法学 102 号（2020 年）22 頁以下参照。

180

認めるか否かの基準とされることになるのである。

(b)　岩沼市議会事件判決

　この事件は、岩沼市議会議員である原告が議会運営委員会における発言を理由として、同市議会から出席停止の懲罰（23日間）を受け、かつ出席停止を理由として条例に基づき議員報酬が減額されたことにつき、その違法を争い、懲罰の取消しと議員報酬等の支払いを求めたものである。

　これにつき、令和2年最大判の法廷意見は、(i) 普通地方公共団体の議会は、憲法の定める住民自治の原則に則り、「憲法にその設置の根拠を有する議事機関として、住民の代表である議員により構成され、所定の重要事項について当該地方公共団体の意思を決定するなどの権能を有する」ものであるから、議会の運営に関する事項については、その性質上、議会の自律的な権能が尊重されるべきであり、議員に対する懲罰もかかる自律的な権能の一内容を構成するとしつつも、(ii)「議員は、憲法上の住民自治の原則を具現化するため、議会が行う［地方自治法所定の］事項等について、議事に参与し、議決に加わるなどして、住民の代表としてその意思を当該普通地方公共団体の意思決定に反映させるべく活動する責務を負うものである」（角括弧は筆者による補足）ところ、出席停止の懲罰が科されると、「当該議員はその期間、会議及び委員会への出席が停止され、議事に参与して議決に加わるなどの議員としての中核的な活動をすることができず、住民の負託を受けた議員としての責務を十分に果たすことができなくなる」とする。そして、(iii)「このような出席停止の懲罰の性質や議員活動に対する制約の程度に照らすと、これが議員の権利行使の一時的制限にすぎないものとして、その適否が専ら議会の自主的、自律的な解決に委ねられるべきであるということ」はできず、「出席停止の懲罰は、議会の自律的な権能に基づいてされたものとして、議会に一定の裁

---

24)　前掲・注22) の富山大学事件判決は、単位不認定にかかる訴えにつき、「一般市民法秩序と直接の関係を有しない内部的な問題」として、法律上の争訟性を否定し、専攻科修了不認定にかかる訴えについては、「学生が一般市民として有する公の施設を利用する権利を侵害するもの」として、法律上の争訟性を肯定している。

量が認められるべきであるものの、裁判所は、常にその適否を判断することができるというべきである」と結論づけている[25]。

このように同判決は、出席停止の懲罰の処分性を肯定し、その取消訴訟および議員報酬請求訴訟の双方について法律上の争訟性を認めたのである。ここで注目すべき点は、同判決は出席停止の懲罰の処分性を肯定する理由として、議員報酬請求権という個人的な財産上の利益への影響ではなく、正面から議事参与権という議員としての権能への制約を挙げていることである。出席停止が行われれば、当然に議員報酬が減額されるものではなく、たまたま岩沼市条例に減額の規定があったものの、そのような規定のない地方公共団体においては、減額をすることはできない。そうなると、議員報酬請求権への影響をもって処分性を肯定する理由にしてしまうと（本件控訴審判決は、この見解に立つ。）、条例の規定の有無という偶然によって処分性の判断が分かれてしまい、不当であろう。その点で、同法廷意見は、板まんだら基準に明示的には言及していないが（これに対して、宇賀克也裁判官補足意見は板まんだら基準を明示し、それを前提に議論を展開する。）、議事参与権という議員の個人的な権利というよりも、むしろ地方議会を構成する機関たる議員の権能とされるものに着目して、法律上の争訟性、さらに出席停止の懲罰の処分性を肯定したのである（議員報酬請求権については、出席停止期間終了後における、取消訴訟の訴えの利益の存続〔行政事件訴訟法 9 条 1 項括弧書き〕との関連で考慮される）。このような構成については、《司法権＝法律上の争訟＝主観訴訟》という図式との関係が問題となるが、地方議会における出席停止の懲罰の濫用は、民主的な統治機構の一部に機能不全をもたらすものとして、司法審査の途を（改めて）拓いたものとみることができよう[26]。

令和 2 年最大判は、さしあたり〈出席停止の懲罰取消訴訟は、法律上の争訟には当たらない〉という昭和 35 年最大判の結論につき判例変更したにと

---

25) 同判決の最高裁調査官解説として、荒谷謙介・法曹時報 73 巻 10 号（2021 年）171 頁以下参照。さらに、本稿で述べた見解の詳細については、神橋一彦「地方議会議員に対する懲罰と司法審査——岩沼市議会事件大法廷判決と今後の展望」大貫裕之ほか編『行政法理論の基層と先端——稲葉馨先生・亘理格先生古稀記念』（信山社、2022 年）349 頁以下（関連文献については、350 頁・注(3)）参照。

どまるものとされており、その余の問題にどのように波及するかについては、今後の展開が注目される[27]。いずれにせよ、出席停止の懲罰は、この判決によって、部分社会という団体の内部規律としてではなく、「憲法にその設置の根拠を有する議事機関」の自律的権能に基づく裁量権行使の問題として司法審査の対象とされることとなったのである。

4 おわりに

以上、司法権の概念や限界の問題を中心に、若干の検討を行った。本稿で

---

26)　岩沼市議会事件は、令和2年最大判の後、差戻第1審において請求認容の判決が出され、確定した（仙台地判令和5・3・14判例時報2569号13頁）。令和2年最大判以降、地方議会議員に対する懲罰その他不利益的措置をめぐる訴訟が次々と提起されているようであるが、香芝市（奈良県）議会における出席停止の懲罰に対して提起された差止訴訟（行政事件訴訟法3条7項）について、仮の差止め（同37条の5）が認められた事例（奈良地決令和4・9・1判例地方自治492号31頁）がある（同市議会をめぐっては、関連して、奈良地判令和6・1・16判例地方自治511号53頁、その控訴審判決・大阪高判令和6・8・28LEX/DB文献番号25620823参照。詳細については、西上治「地方議会内部の紛争と司法審査」大阪公立大学法学雑誌70巻3・4号〔2024年〕151頁以下参照）。

27)　本判決における「判例変更」の範囲については、荒谷・前掲注25）203頁以下参照。したがって、除名、出席停止以外の懲罰（戒告、陳謝──地自135条1項1号、2号）が取消訴訟の対象となるか否かについては、令和2年最大判からは直ちに明らかではない。この点については、令和2年最大判の比較的直近に出された、愛知県議会発言取消命令事件（最判平成30・4・26判時2377号10頁）、名張市議会厳重注意事件（最判平成31・2・14民集73巻2号123頁）の各最高裁判決につきどのように考えるかが問題となる（渡辺ほか・前掲注1）308頁以下参照）。ただし、本判決において、法律上の争訟性を判断する際に、地方議会議員の議事参与権に対する制約が注目されたことは、今後、他の問題の司法審査のあり方にも影響を及ぼすことが考えられよう（この点については、神橋一彦「統治機構の機能維持と司法審査──憲法53条違憲国賠訴訟など近時の事件を中心に」立教法学105号〔2022年〕68頁以下のほか、ドイツにおける類似の問題について紹介・検討する最新の文献として、植松健一「議会の規律と懲罰──ドイツの秩序措置の現在」立命館法学399＝400号〔2022年〕88頁以下がある）。なお、国会議員の地位に関する憲法53条違憲訴訟についても、最高裁判決が出されたが（最判令和5・9・12民集77巻6号1515頁）、そこでも、令和2年最大判との関係が問題となっている（とりわけ宇賀克也裁判官反対意見参照。同判決については、神橋一彦「判批」行政法研究54号〔2024年〕209頁、同「憲法上の法律関係と確認訴訟──在外国民審査権訴訟などを契機として」立教法学111号〔2024年〕123頁参照）。

Unit 5-1　司法権

扱った問題は、司法権をめぐる議論のごく一部にとどまる。この問題は、憲法と行政法（さらには他の法分野）にまたがる問題であり、これを考える際に1つの参考になれば幸いである。

　なお最後に一言。今回扱った「司法権」の概念をめぐる問題は、それ自体が古くからあるものであることから、あえて旧憲法時代の文献にも言及した。近年、美濃部達吉、佐々木惣一、宮沢俊義、清宮四郎、鵜飼信成、尾高朝雄といった大家の著作、さらには伊藤博文の『憲法義解』までが、充実した解説とともに、一般向けの書籍（岩波文庫、講談社学術文庫など）として復刊されている。今回、これらの一部をいろいろ引用してみたが、このような形で入手が容易になっていることから、1冊でもぜひ手にとってみていただきたい[28]。

---

28)　もっとも購買層の関係からか、文庫などの形で一般向けに復刊されるのは憲法関係がほとんどであり、残念ながら、行政法プロパーのものは見当たらない。しかし、ここに挙げた戦前からの諸家は、憲法と行政法両方を目配りしていた（目配りしえた）時代の学者であるので、その著作については、行政法の学習（とくに基礎理論）の観点からも得るところが少なからずあるはずである。

　本稿の初出論文（法セ815号）の原稿執筆の最中、（2022年）8月15日の終戦記念日を迎えた。戦争体験を含めた歴史の継承が云為されているが、学問についても、過去、先人が築いた学問業績からの継承が常に必要であろう。なお、法学者、法律家による終戦時に関する貴重な証言を特集したものとして、『法学者・法律家たちの八月十五日』（日本評論社、2021年）がある。

Unit 5-2　司法権
司法権の外縁と憲法裁判

櫻井智章

1　はじめに

　裁判所法3条1項は「裁判所は、日本国憲法に特別の定のある場合を除いて一切の法律上の争訟を裁判し、その他法律において特に定める権限を有する」と裁判所の権限を総括的に規定している。このうち「一切の法律上の争訟を裁判」する権限が、**Unit 5-1 神橋論文**[1] でも指摘されていたように、憲法76条1項の《司法権》を意味するものと伝統的に解されてきた[2]。憲法上の概念である「司法権」を法律上の概念である「法律上の争訟」によって説明するのは「適切とはいえない」[3] という見解もありうるが、憲法附属法である裁判所法を制定する際に、裁判所法3条1項はまさしく「司法権の内容を明らかにする」[4] ことを目的として創られたのである。

　他方で最高裁は、違憲審査権（憲法81条）について「司法権の範囲内において行使されるもの」[5] と判示しているため、司法権の範囲は違憲審査権の範囲にも直結することとなるはずである。しかし、実際には司法権（＝「法律上の争訟を裁判」する権限）ではなく、「その他法律において特に定める権限」

1）　**Unit 5-1** 神橋論文173-174頁。

2）　最高裁判所事務総局総務局編『裁判所法逐条解説　上巻』（法曹会、1968年）21頁、宮澤俊義（芦部信喜補訂）『全訂　日本国憲法』（日本評論社、1978年）592頁など。神橋一彦『行政救済法〔第3版〕』（信山社、2023年）10-11頁も参照。

3）　毛利透「客観訴訟と司法権」曽我部真裕ほか編『憲法論点教室〔第2版〕』（日本評論社、2020年）181頁。

4）　内藤頼博『終戦後の司法制度改革の経過（第2分冊）』（信山社、1997年）390頁・406頁。

5）　警察予備隊訴訟：最大判昭和27・10・8民集6巻9号783頁（785頁）。

185

Unit 5-2 司法権

を行使する際にも広く違憲審査が行われている。例えば寺西判事補事件では、裁判官に対する懲戒裁判は「固有の意味における司法権の作用ではな〔い〕」（ゆえに「憲法82条1項の適用はない」）としながらも、その手続で裁判所法52条1号の合憲性を審査し、「憲法21条1項に違反するものではない」と判断している[6]。違憲審査権は「司法権の範囲内において行使される」（警察予備隊訴訟）あるいは「当事者間に存する具体的な法律上の争訟について審判をなすため必要な範囲において行使せられるに過ぎない」[7]という判例との間に齟齬がありうる可能性について、最高裁が意識すらしていないのではないかと疑われるほど何の注釈もためらいもなく当然のように違憲審査権が行使されているのである。

2　客観訴訟における違憲審査

この問題は学説上「客観訴訟における違憲審査」の場面で議論が進められてきた。

客観訴訟は、私人の権利救済を目的とした主観訴訟とは異なり、客観的な法秩序の維持を目的とするものであり、行政事件訴訟法では民衆訴訟（5条）と機関訴訟（6条）が予定されている。民衆訴訟の代表例は、住民訴訟（地方自治法242条の2）および選挙訴訟（公職選挙法203条以下、特に204条）である。民衆訴訟は「自己の法律上の利益にかかわらない資格で提起するもの」（行政事件訴訟法5条）であり、「当事者の具体的な法律関係に関係がないにかかわらず、法律の規定によって特に訴訟提起を開いている場合の訴訟であって、かかる訴訟は憲法の要請に基くものではなく、したがって、ある法律が民衆訴訟を規定していないからといって違憲の問題を生ずる余地はない」[8]。司法権であれば憲法上当然に裁判所の権限であり、法律によって裁判所から奪うことは許されないが、司法権には含まれない民衆訴訟を「設けるか否か

6）　最大決平成10・12・1民集52巻9号1761頁（引用は順に1783頁、1784頁、1777頁）。

7）　苫米地（第1次）事件：最大判昭和28・4・15民集7巻4号305頁（306頁）。

8）　最決昭和31・12・11判タ66号82頁。

186

は立法政策の問題」[9]となる。例えば、地方公共団体の公金支出の違法性を争う住民訴訟は存在しても、国の公金支出の違法性を争う国民訴訟は存在しないが、国民訴訟を設けるか否かは立法政策の問題であり、設けなくても憲法違反になるわけではない。

このように民衆訴訟は、司法権には含まれず、「裁判所法３条１項の『法律上の争訟』ではなく同項の『その他法律において特に定める権限』に含まれるもの」[10]と解されている。機関訴訟についても「機関相互間の争い」は「法律上の争訟として裁判所に訴訟の提起はゆるされない」[11]とされている。Unit 5-1 神橋論文174頁でも指摘されていたように、《司法権＝法律上の争訟＝主観訴訟》という考え方がとられているのである（「司法権＝法律上の争訟＝主観訴訟のトリアーデ」[12]といわれる）。

他方で、住民訴訟は政教分離を争う際に広く用いられ[13]、３件もの違憲判決を導いているし[14]、選挙訴訟は一連の「１票の較差」訴訟で用いられ[15]、これも多数の違憲判決・違憲状態判決を産み出している[16]。また、第一次地方分権改革によって廃止された旧機関委任事務に関する職務執行命令訴訟は機関訴訟の「典型」[17]といわれていたが、この機関訴訟においても「駐留軍

9）　最大判昭和34・7・20民集13巻8号1103頁（1107頁）。

10）　最決平成24・11・30時時2176号27頁（29頁）、最決平成26・7・9判時2241号20頁（22頁）。

11）　最判昭和28・5・28民集7巻5号601頁（602頁）〔町議会の招集請求〕。

12）　亘理格『行政訴訟と共同利益論』（信山社、2022年）49-50頁。

13）　津地鎮祭事件（最大判昭和52・7・13民集31巻4号533頁）など。そのため国ではなく地方公共団体の行為が問題とされることとなる。しかし、地方公共団体は憲法20条3項の「国」でも「その機関」でもない。憲法の条文の不備である。

14）　愛媛県玉串料事件（最大判平成9・4・2民集51巻4号1673頁）、砂川市空知太神社事件（最大判平成8・3・8民集50巻3号469頁）、那覇市孔子廟事件（最大判令和3・2・24民集75巻2号29頁）。

15）　当初は不適法とする個別意見も存在したが、現在では完全に定着している。

16）　現時点で、衆議院につき違憲判決2件（昭和51年、昭和60年）、違憲状態判決5件（昭和58年、平成5年、平成23年、平成25年、平成27年）、参議院につき違憲状態判決3件（平成8年、平成24年、平成26年）。地方議会についても相応の判例がある。さしあたり、櫻井智章「判批」判例評論743号（2021年）7頁を参照。

17）　最大判平成8・8・28民集50巻7号1952頁における園部逸夫裁判官の補足意見（1979頁）、宇賀克也『行政法概説Ⅱ〔第7版〕』（有斐閣、2021年）422頁。

Unit 5-2　司法権

用地特措法は、憲法前文、9条、13条、29条3項に違反するものというこ
とはできない」[18] との憲法判断が示されている。このように客観訴訟におけ
る違憲審査は普通に行われており、しかも最高裁の数少ない違憲判決のうち
で結構な割合を占めているのが民衆訴訟における違憲審査なのである。

3　法律による抽象的審査権の付与

　最高裁は「裁判所に憲法上および法律上与えられた権限を行使する際には
当然に違憲審査権を行使しうる」と素朴に考えているのではないかと思われ
る。しかし、そうであれば、裁判所法3条1項の「その他法律において特に
定める権限」として、ドイツ連邦憲法裁判所が行使しているような抽象的違
憲審査権を法律によって裁判所に付与することも立法政策の問題になってし
まわないか、というのが学説の懸念である[19]。
　警察予備隊訴訟では抽象的な違憲審査が否定されたが、あくまでも「現行
の制度上」「現行の制度の下においては」という条件付きの判断であり「憲
法上及び法令上何等の根拠も存しない」[20] と判示したのであるから、「法令上」
の根拠さえあれば抽象的審査も可能だという見解も十分に成り立ちうる[21]。
実際、最高裁長官として警察予備隊訴訟の裁判長を務めた田中耕太郎は「解
釈論としては現に最高裁判所が一審かつ終審で抽象的な違憲問題を判断し得
るのだという説……についてはすでに判例が出てできないことになっている。
……しからば裁判所法を改正してそれができるのか、それとも、憲法の改正
までしなければならないのかということについてはまだ最高裁は議論の余地
を留保して、そこにはふれていない」[22] と述べていた（国会の場でも「われわ

---

18)　最大判平成8・8・28前掲注17) 1969頁。
19)　佐藤幸治『憲法訴訟と司法権』（日本評論社、1984年）4頁、同『現代国家と司法権』（有斐閣、
　　1988年）214頁など。
20)　最大判昭和27・10・8前掲注5) 784頁、785頁、786頁（強調は引用者）。苫米地（第1次）
　　事件でも「現行法制の下にあっては」「現行法制上」と述べられている。最大判昭和28・4・15
　　前掲注7) 306頁。
21)　芦部信喜ほか『憲法の基礎知識』（有斐閣、1966年）184頁［小嶋和司］。
22)　朝日新聞1954（昭和29）年5月3日（強調は引用者）。

188

れ最高裁判所の者といたしましても、はっきりとした結論には到達していないのではないかと思います」[23] と述べている）。警察予備隊訴訟で門前払いを喰らった社会党が、最高裁判所に抽象的審査権を付与するために、裁判所法の改正案とともに「違憲裁判手続法案」を提出したのは、こうした見解に基づいている[24]（提出者の筆頭は警察予備隊訴訟の原告・鈴木茂三郎であり、国会で法案の説明を行った猪俣浩三議員は原告代理人を務めていた）。衆議院法制局においても「法律に定めることによって憲法裁判所的権限を裁判所の権限として附加することは憲法上、法律上差し支えない」[25] と考えられていた。

かつては宮沢俊義も、憲法改正ではなく法律によって抽象的違憲審査権を付与することは「必ずしも許されないわけではない」[26] と述べていた（後に見解を改めたようである[27]）。その際に理由として挙げられたのは「現在すでに最高裁判所以下裁判所に対してこの具体的な争訟の裁判以外の権能を特に法律によって与えている場合もありますし、またそういう事件の裁判において適用すべき法令が憲法に違反するかどうかを裁判所が審査する権能があるということも一般に承認されている」という点である。裁判所法3条1項の「その他法律において特に定める権限」において現に違憲審査が行われていること[28] を理由として、抽象的違憲審査権を法律で付与することも可能だとしていることが重要である。また、伊藤正己も「純粋の司法権」「法律上の争訟」ではない「民衆的訴訟」が認められていることから、抽象的違憲審査権を法律で与えることも違憲ではないと述べていた[29]。

---

23) 第26回国会衆議院法務委員会議録29号5頁（昭和32年4月25日）。

24) 概要と趣旨につき、第24回国会衆議院法務委員会議録19号（昭和31年3月23日）、同20号（同28日）を参照。詳細は、鮫島眞男『立法生活三十二年』（信山社、1996年）195頁以下を参照。

25) 鮫島・前掲注24）198頁。

26) 第19回国会衆議院法務委員会上訴制度に関する調査小委員会及び違憲訴訟に関する小委員会連合会議録3号1頁（昭和29年7月8日）。この委員会では他に、入江俊郎（同1号）、小野清一郎（同4号）、伊藤正己（同6号）が法律による抽象的審査権の付与を可能と述べている。

27) 宮澤・前掲注2）688-692頁。

28) 当時のものとしては最高裁判所裁判官国民審査法36条に基づく、最大判昭和27・2・20民集6巻2号122頁。

29) 前掲注26）会議録6号6頁（昭和29年8月2日）。

Unit 5-2 司法権

このように、抽象的審査権を裁判所に与えることは憲法改正ではなく法律によって可能だという見解が、かつては有力に説かれていたのである[30]。ところが、いつしか否定的な見解が一般的となり[31]、憲法上許されない「法律による抽象的審査権の付与」にならないかという観点から問題にされるようになった。

4　客観訴訟と司法権

客観訴訟と司法権の関係をめぐっては、Unit 5-1 神橋論文 175 頁でも触れられていたように、学説上は様々な見解が提唱されている。ここでは、それらの見解の詳細や当否には立ち入らない[32]。注目すべきは、客観訴訟において違憲審査が行われている現状は肯定・正当化しつつもドイツの憲法裁判所が行使しているような抽象的違憲審査権は認められないという点が、すべての見解に共通していることである[33]。

現行の客観訴訟は司法権に含まれうるという見解は古くから存在していた[34]。住民訴訟のうちでも最もよく用いられた平成 14 年改正前の旧 4 号請求（地方自治法 242 条の 2 第 1 項旧 4 号）は、株主代表訴訟と同じ構造であり[35]、違法な支出を行った首長などに対する自治体の請求権の行使であれば、普通に主観訴訟であるが、この請求権の行使が期待し難いために住民に代位行使を認めたものと理解できた（代位行使を認めるか否かは立法政策である）。

---

30)　芦部も「絶対に不可能とまでは言えない」と述べていた。芦部信喜（高橋和之補訂）『憲法〔第 8 版〕』（岩波書店、2023 年）406 頁。

31)　宮澤・前掲注 27)、清宮四郎『憲法 I 〔第 3 版〕』（有斐閣、1979 年）373 頁のほか、近年の教科書では、毛利透ほか『憲法 I　総論・統治〔第 3 版〕』（有斐閣、2022 年）322 頁［松本哲治］など。さらに最高裁関係者の国会での発言として、千葉勝美（当時は事務総局行政局長）・第 147 回国会衆議院憲法調査会議録 10 号 12-13 頁（平成 12 年 5 月 25 日）。

32)　南野森「司法権の概念」安西文雄ほか『憲法学の現代的論点〔第 2 版〕』（有斐閣、2009 年）176-184 頁、毛利・前掲注 3) 181 頁以下などを参照。

33)　参照、宍戸常寿『憲法裁判権の動態〔増補版〕』（弘文堂、2021 年）359-360 頁。

34)　奥平康弘「憲法訴訟と行政訴訟」公法研究 41 号（1979 年）106 頁、渋谷秀樹「憲法訴訟の要件」ジュリ 1089 号（1996 年）160 頁など。

35)　田中英夫＝竹内昭夫『法の実現における私人の役割』（東京大学出版会、1987 年）38 頁。

190

また、選挙訴訟は明治憲法下でも司法裁判所の管轄だった[36]のであり、日本国憲法の下で司法権の範囲外という位置づけには当然に異論がありうる[37]。また機関訴訟は、法主体間の権利義務に関する紛争とは異なり、「機関相互間における」「権限」「に関する紛争」（行政事件訴訟法6条）であるため「法律上の争訟」に該当しないとされてきたが、機関訴訟とされるものの中には「法律上の争訟」として把握できる／すべきものもある[38]（議員の議事参与権という機関訴訟に傾きそうな構成を採用しつつ「法律上の争訟」該当性を肯定した岩沼市議会事件[39]は、部分社会論だけでなく、この文脈でも注目に値する[40]）。つまり「『司法権＝法律上の争訟』＝主観訴訟」という等式には異論がありうる。

　さらに、判例の「法律上の争訟」理解は「民事裁判のイメージに著しく偏し」[41]た「民事法帝国主義的な発想」[42]に基づいており、「司法権＝法律上の争訟」という等式も疑わしくなってしまっている。刑事訴訟の裁判が司法権であることは当然の前提とされているが、判例の「法律上の争訟」定式（Unit 5-1神橋論文173頁のいう「板まんだら基準」）で刑事裁判が適切に位置づけられるのかについてはそもそも疑問があった[43]。従来は「法律関係の存否（刑罰権の存否を含む）」[44]という説明に見られるように、「板まんだら基準」①（「当

---

36)　Unit 5-1神橋論文173頁注5）を参照。

37)　竹下守夫「行政訴訟と『法律上の争訟』覚書」論ジュリ13号（2015年）118頁以下、宍戸常寿ほか編著『戦後憲法学の70年を語る』（日本評論社、2020年）183頁［高見勝利］。

38)　西上治『機関争訟の「法律上の争訟」性』（有斐閣、2017年）。そもそも行政主体間（国・自治体間、自治体相互間）の紛争は、法主体間の紛争であり、「機関」訴訟と捉えられるべきではない。

39)　最大判令和2・11・25民集74巻8号2229頁。

40)　Unit 5-1神橋論文181-183頁、村西良太「国家機関相互間の権限争議をめぐる事例分析」法セ813号（2022年）64-65頁。

41)　宍戸常寿「『法学としての憲法学』の多様性」同ほか編著・前掲注37）165頁。安念潤司「司法権の概念」大石眞＝石川健治編『憲法の争点』（有斐閣、2008年）250頁をも参照。

42)　阿部泰隆「行政上の義務の民事執行」（2002年）同『行政訴訟要件論』（弘文堂、2003年）151頁。

43)　大貫裕之「行政訴訟による国民の"権利保護"」公法研究59号（1997年）208頁。宍戸常寿『憲法 解釈論の応用と展開〔第2版〕』（日本評論社、2014年）272頁も参照。

Unit 5-2 司法権

事者間の具体的な権利義務ないし法律関係の存否に関する紛争」）のうち「法律
関係の存否」に含まれると解されてきた。しかし、宝塚市パチンコ条例事件
で最高裁は、「自己の権利利益の保護救済を目的とするもの」ではなく「法
規の適用の適正ないし一般公益の保護を目的とする」訴訟は「法律上の争訟
として当然に裁判所の審判の対象となるものではな〔い〕」[45]と判示した。こ
れでは刑事訴訟は「法律上の争訟」に該当せず、司法権ではなくなってしま
う[46]。明治憲法下においても当然に司法権とされていた刑事裁判を適切に説
明できない「法律上の争訟」理解は妥当とは言い難い。

　以上のように「司法権＝法律上の争訟＝主観訴訟のトリアーデ」は盤石で
はなく、現行の客観訴訟を司法権に含まれるものと理解すること（「現行法
に定められた客観訴訟の主観訴訟的理解」[47]）は十分にありうる[48]。また、従来
の民衆訴訟における違憲審査（政教分離や1票の較差など）はドイツのような
抽象的規範統制とは異なるという見解[49]にも一理ある。しかし、運用次第
では抽象的違憲審査に近くなることも確かである。小嶋和司は、憲法違反を
理由として職務執行命令を拒否したために提起された職務執行命令訴訟にお
いて、国の「指揮命令の内容の適否を実質的に審査」すべきとした判例[50]

44）　最高裁事務総局・前掲注2）23頁、芦部・前掲注30）364頁。高見勝利『芦部憲法学を読む』
　　（有斐閣、2004年）261頁も参照。
45）　最判平成14・7・9民集56巻6号1134頁（1135-1136頁）。「3バカ判決」の1つと言われる（宍
　　戸・前掲注43）273頁）が、行政主体間の訴訟において下級審にしっかり悪影響を及ぼしている。
46）　阿部・前掲注42）151頁、神橋一彦「法律上の争訟と『義務』の概念」法教377号（2012年）
　　70頁など。かつて宮沢俊義は、私人の利益の保護を目的とする主観争訟（救済争訟）と一般公
　　共の利益の保護を目的とする客観争訟（公益争訟）を区分し、「公益の代表者」としての検察官
　　が提起する刑事訴訟を後者（客観争訟・公益争訟）に位置づけていた。宮沢俊義『行政争訟法』
　　（日本評論社、1940年）9頁。最高裁も「検察官による公訴権の行使は、国家及び社会の秩序維
　　持という公益を図るために行われるもの」と述べる。最判平成2・2・20判タ755号98頁（99頁）。
47）　渋谷秀樹『日本国憲法の論じ方〔第2版〕』（有斐閣、2010年）404頁。
48）　もっとも最高裁は、選挙訴訟をあくまで客観訴訟と理解しており、客観訴訟であれば「法律
　　に定める場合において、法律に定める者に限り、提起することができる」（行政事件訴訟法42条）
　　だけなので、仮の義務付けや仮の差止めを求めても、法律の規定がないという理由で不適法とさ
　　れてしまう。最決平成24・11・30前掲注10）など。
49）　野中俊彦「抽象的違憲審査の概念」（1983年）同『憲法訴訟の原理と技術』（有斐閣、1995年）
　　1頁以下。

192

について、「機関訴訟を実質的な抽象的憲法裁判たらしめる可能性へと道を
ひらいた」[51]と評した。確かに、こうした裁判であれば、機関相互の憲法解
釈をめぐる争いに裁判所が裁定を下す形となる。ドイツの抽象的規範統制は
「もともとは憲法規範の解釈をめぐる国家機関相互の争いの拡大版として構
想されたものだった」[52]と指摘されている（連邦憲法裁判所より前に創られた
バイエルン憲法裁判所の抽象的規範統制は機関訴訟の痕跡を残しており、「進化の
過程」を示すものとなっている[53]）。小嶋は、ドイツなどの「抽象的憲法裁判
といわれるもの」は「機関訴訟的なもの」[54]と見抜いていた。また、自治体
の長と議会の争議に関する訴訟（地方自治法176条7項）は、現在では機関
訴訟の「代表例」[55]とされているが、条例に対する抽象的規範統制として用
いられうる[56]。

　さらに、大阪市ヘイトスピーチ条例事件[57]は、従来の「民衆訴訟におけ
る違憲審査」とは質的に異なるように思われる[58]。この事件では、審査会の
委員の報酬や郵便料金など条例の執行に伴う費用の支出の違法性を争う住民
訴訟において、条例の内容の合憲性が審査された。この程度の費用の支出も
なしに条例を執行することはほとんど不可能であろうから、この方法を上手
く用いれば、公金支出の違法性に仮託して広く条例の違憲性を争えることと
なりうる。加えて、国の法律であっても自治体が執行することが多いので、
法律執行費用の違法性に仮託して法律の違憲性まで争えることとなってしま

---

50)　最判昭和35・6・17民集14巻8号1420頁（1423頁）。

51)　芦部ほか・前掲注21）185頁［小嶋］。

52)　宍戸・前掲注33）366頁。詳細は同書第1部を参照。わかりやすい説明として、鵜澤剛「抽
　　象的違憲審査」大林啓吾＝見平典編『憲法用語の源泉をよむ』（三省堂、2016年）243-244頁。

53)　櫻井智章「バイエルン憲法裁判所について㈠」甲南法学55巻1・2号（2014年）47-48頁、
　　54-55頁。

54)　芦部ほか・前掲注21）185頁［小嶋］。

55)　山岸敬子『客観訴訟制度の存在理由』（信山社、2019年）4頁、塩野宏『行政法II〔第6版〕』
　　（有斐閣、2019年）281頁、宇賀・前掲注17）130頁。

56)　土井真一「法の支配と司法権」佐藤幸治ほか編『憲法五十年の展望II』（有斐閣、1998年）
　　141頁注（147）。

57)　最判令和4・2・15民集76巻2号190頁。

58)　阿部和文「判批」ジュリ1573号（2022年）111-112頁。

Unit 5-2 司法権

うのではないか（住民訴訟で法律の違憲性を争う可能性は警察法改正事件[59]で示されていた）。これは抽象的規範統制とどこまで異なるのか。しかも住民訴訟なので、法律や条例の適用を受けるか否かにかかわらず住民なら（監査請求を行いさえすれば）誰でも提起しうるため、提起できる者が限定されているドイツ連邦憲法裁判所の抽象的規範統制よりも強い権限にすらなりうる。警察予備隊訴訟では抽象的違憲審査権の問題点として「法律命令等の抽象的な無効宣言をなす権限を有するものとするならば、<u>何人も</u>違憲訴訟を最高裁判所に提起することにより法律命令等の効力を争うことが頻発し……」[60]と指摘されていたが、抽象的に憲法判断できることと、その抽象的憲法裁判を誰が提起できるかは別問題であって、ドイツ連邦憲法裁判所の抽象的規範統制は「何人も」提起できるものではない[61]。大阪市ヘイトスピーチ条例事件判決は、警察予備隊訴訟判決が危惧していた事態を意図せずに実現する道を開いたのではないか[62]。

　全体として最高裁は、「法律上の争訟」を極めて狭く解釈するが、訴訟が適法に成立すれば当然のように違憲審査権を行使しており、学説の問題意識は全く共有されていないどころか、むしろ逆を行っている。

---

59)　最大判昭和37・3・7民集16巻3号445頁。議院自律権という別の司法権の限界問題の陰に隠れてしまったが、住民訴訟に基づく同判決では、改正警察法の「内容が憲法92条に反するものとして無効な法律といえない」（450頁）という憲法判断も下されていた。

60)　最大判昭和27・10・8前掲注5）785頁（強調は引用者）。

61)　抽象的規範統制を提起できるのは①連邦政府、②州政府、③連邦議会議員の4分の1のみに限定されている（基本法93条1項2号）。ドイツでも「民衆訴訟による抽象的規範統制」が認められているのはバイエルン州だけである。櫻井・前掲注53）32頁、67頁以下。なお、バイエルンでは「濫訴の弊」はない。その理由も含め、櫻井智章「バイエルン憲法裁判所について㈢・完」甲南法学55巻4号（2015年）78-81頁を参照。

62)　最高裁にこのような問題意識は無いようである。高瀬保守「判解」法曹時報75巻7号（2023年）211-212頁を参照。選挙訴訟（公職選挙法204条）において、従来は小選挙区制自体の合憲性のような論点まで争えていたのに、突如として争える事由を制限する方向に動き出した例もある。最決平成26・7・9前掲注10）など。さしあたり、櫻井智章「判批」民商154巻2号（2018年）139頁を参照。そのため今後の動向は注視しておく必要がある。

5 非訟事件

　従来の学説の更なる難点が非訟事件である。裁判所法3条1項の「その他法律において特に定める権限」としては、抽象的違憲審査権との関連から客観訴訟ばかりが問題とされてきたが、本来念頭に置かれていたのは非訟事件の裁判であった[63]。非訟事件は、ドイツで freiwillige Gerichtsbarkeit（任意的裁判権）と称されているように、訴訟事件＝司法権は法律によって裁判所から奪うことが憲法上許されないのに対して、法律によって裁判所に与えても与えなくてもよい裁判権のことである。伝統的に「訴訟＝民事司法」に対して「非訟＝民事行政」と位置づけられており[64]、登記事務のように管轄が裁判所から行政（法務局）に移されたものもある[65]。したがって、非訟事件は「その本質において固有の司法権の作用に属しない」[66]。家事事件手続法別表第1に掲げられた事件（「別表第1事件」と言われる。旧家事審判法時代には「甲類審判事件」と言われていた）などは、そもそも申立人のみで相手方はおらず、争訟性すらない。

　客観訴訟は司法権に含ませることができたとしても、事件・争訟性の要件を司法権の「本質的要素」と理解する限り、争訟性のない非訟事件を司法権に含ませることは困難である[67]。しかし、この非訟事件の裁判に際しても違憲審査は行われてきた。伝統的には、公開を含む手続の合憲性が争われるこ

---

63) 内藤・前掲注4) 390頁・705頁・734頁など。最高裁事務総局・前掲注2) 28-29頁、兼子一「裁判所法解説」法時19巻5号（1947年）31頁、大石眞「裁判所法成立過程の再検討」（1999年）同『憲法秩序への展望』（有斐閣、2008年）347頁。

64) 最高裁事務総局・前掲注2) 29頁、兼子一『新修民事訴訟法体系〔増補版〕』（酒井書店、1965年）40頁など。中川丈久「行政上の義務の強制執行は、お嫌いですか？」論ジュリ3号（2012年）62頁も参照。

65) 鈴木忠一「戦後の非訟事件制度」（1967年）同『非訟・家事事件の研究』（有斐閣、1971年）143頁以下。旧非訟事件手続法（明治31年法律14号）が現在「外国法人の登記及び夫婦財産契約の登記に関する法律」と改題されて残存していることに辛うじてその痕跡を見ることができる。

66) 最大決昭和45・12・16民集24巻13号2099頁（2106頁）〔会社更生〕。

67) 土井真一「法律上の争訟と行政事件訴訟の類型」法教371号（2011年）84頁、成瀬トーマス誠「非訟事件と司法権」東洋法学61巻3号（2018年）203頁、207-208頁。

とが多かった[68] が、実体面での違憲審査が行われることもある。冒頭に挙げた寺西判事補事件では、非訟事件手続法（事件当時は平成23年改正前の旧法）が準用される手続（裁判官分限法11条、裁判官の分限事件手続規則7条）で裁判所法52条1号の違憲審査が行われた。非嫡出子の相続分に関しては、家事審判手続において民法の規定が違憲と判断された[69]（そのため「判決」ではなく「決定」である）。近年では「性同一性障害者の性別の取扱いの特例に関する法律」3条各号の変更要件の合憲性が頻繁に争われている[70] が、これは争訟性のない家事事件手続法「別表第1事件」（126項）である[71]。

　司法権ではない権限を裁判所に付与することを可能としつつも、その際の「憲法上の限界」を問題としたのが佐藤幸治である。佐藤が提示した要件は、①付与される作用は裁判による法原理的決定の形態になじみやすいもの（「事件・争訟性」を擬制するだけの内実を備えるもの）でなければならず、②その決定には終局性が保障されなければならない、というものであった[72]（この佐藤説が近時の教科書では「定番」になりつつある[73]）。佐藤は自身が提示した要件を非訟事件の裁判が充たすか否かを検討することなく「裁判所のなすにふさわしい仕事として今日広く認められている」[74] と述べている。しかし非訟事件は、①争訟性がないものもあるうえ、争訟性があったとしても「法原

---

68)　最大決昭和40・6・30民集19巻4号1089頁〔夫婦同居〕、最大決昭和41・3・2民集20巻3号360頁〔遺産分割〕、最大決昭和41・12・27民集20巻10号2279頁〔過料〕など。

69)　最大決平成25・9・4民集67巻6号1320頁。

70)　2号（非婚要件）につき、最決令和2・3・11裁判所ウェブサイト。旧3号（子なし要件）につき、最決平成19・10・19家月60巻3号36頁、最決平成19・10・22同37頁。新3号（未成年子なし要件）につき、最決令和3・11・30判時2523号5頁。4号（生殖腺除去要件）につき、最決平成31・1・23判時2421号4頁。その後、4号につき違憲判断が下された（最大決令和5・10・25民集77巻7号1792頁）。この判例については、Discussion2 463-464頁を参照。

71)　その他に近年のものとして、最大決令和3・6・23判時2501号3頁は「第2次夫婦別姓訴訟」と呼ばれることもあるが、「訴訟」ではなく家事事件手続法「別表第1事件」（125項）である。

72)　佐藤・前掲注19)『現代国家と司法権』126頁・250-251頁、同『日本国憲法論〔第2版〕』（成文堂、2020年）636頁・675頁など。

73)　渡辺康行ほか『憲法Ⅱ　総論・統治』（日本評論社、2020年）303頁〔渡辺〕、新井誠ほか『憲法Ⅰ　総論・統治〔第2版〕』（日本評論社、2021年）185頁〔曽我部真裕〕、毛利ほか・前掲注31)269頁〔松本〕など。

74)　佐藤・前掲注72)『日本国憲法論』636頁。

理的決定」ではなく「後見的立場から合目的的に裁量権を行使[75]」するのであり、②婚姻費用分担のように争訟性のある家事事件手続法「別表第2事件」（旧家事審判法「乙類審判事件」）であっても「費用負担義務の存否を終局的に確定する趣旨のものではな[76]」く、「既判力」は「生じない[77]」。むしろ「非訟事件の裁判の本質」は、確定後であっても取消・変更しうる点にこそある[78]（したがって「現在ある非訟事件も、当事者の訴えにより、裁判所が法を適用し、権利義務関係を終局的に確定しているものに変わりがない」[79]などという見解は、おおよそ非訟事件を理解しているものとは言い難い）。佐藤幸治司法権論が取り組むべきは、客観訴訟よりも非訟事件でなければならなかった。

司法権の定義から事件性の要件を除外することによって客観訴訟を上手く説明しようとした高橋和之[80]でも、非訟事件を適切に位置づけることはできず、さらに定義を修正して「争い」の要素すらも除外することによって、非訟事件をも司法権に取り込もうと試みている[81]。それでもなお非訟事件を捉え切れているとは言い難い[82]だけでなく、そもそも「何が法であるかを語る」わけではない非訟事件を《司法権》の定義に組み込むことは、司法権の中心的意義を曖昧にしてしまいかねない。

争訟性のない非訟事件でも違憲審査が行われているが、ここでは申立人の

---

75) 最大決昭和41・3・2前掲注68）362頁。

76) 最大決昭和40・6・30民集19巻4号1114頁（1117頁）。

77) 最大決昭和41・3・2前掲注68）363頁、最決昭和45・5・19民集24巻5号377頁（379頁）〔借地非訟〕など。鈴木忠一『非訟事件の裁判の既判力』（弘文堂、1961年）41頁以下。

78) 最決平成16・12・16判時1884号45頁（48頁）。この点こそが「訴訟」と「非訟」、したがって「司法」と「行政」の最大の相違であるとともに、「非訟」と「行政」の類似性を示すものである。詳しくは、櫻井智章「行政と司法の理論的区分に関する試論」大石眞先生還暦記念『憲法改革の理念と展開 上巻』（信山社、2012年）特に138-143頁を参照。

79) 君塚正臣『司法権・憲法訴訟論 上巻』（法律文化社、2018年）68頁。

80) 高橋和之「司法の観念」（1995年）同『現代立憲主義の制度構想』（有斐閣、2006年）148-157頁。

81) 高橋和之『体系 憲法訴訟』（岩波書店、2017年）46-49頁。もっとも、同『立憲主義と日本国憲法〔第6版〕』（有斐閣、2024年）495頁では「争い」を含めた旧来の定義となっている。

82) 例えば「適法な提訴を待って」とされているが、非訟事件には職権で開始するものもある（非訟事件手続法6条・9条参照）。旧統一教会について話題となっている宗教法人の解散命令は非訟手続によるが、職権による解散命令も予定されている（宗教法人法81条1項・7項）。

Unit 5-2 司法権

みで相手方がいない。社会党の「違憲裁判手続法案」が検事総長を被告とし
て訴訟の形態（対審手続）をとる（5条）ことによって避けようとしていた非
訟的審理形態による違憲審査[83]がここでは行われているのである。これは
憲法訴訟における《当事者》問題に再考を迫るものである。「憲法訴訟の当
事者適格」と称したかつての憲法訴訟論のメインテーマは、憲法事件の解決
に有効・適切な当事者を選別するという本来の《当事者適格論》の役割を果
たしておらず、付随的審査制の名の下に各手続法に基づく当事者がそのまま
憲法裁判の当事者となる。法律の合憲性が争われる場合ですら一番の利害関
係人であるはずの国会の意見が聴かれることはなく、「利害関係人の意見を
聴いて判断を下す」という裁判の基本中の基本原則が実現できていない[84]
というだけでなく、当事者の適切性に疑問の残る事案も多い[85]。特に私人間
の民事訴訟で法令の合憲性が問題になると、一方当事者である私人が合憲性
を擁護することとなり、これが妥当であるかは大いに疑問であるが、その場
合でも当事者間で合憲性をめぐって争われることが想定されている。しかし、
争訟性のない非訟事件において法令の合憲性が争われる際には、そうした当
事者間での争いすらない。「対立する両当事者の真剣な意見の提示の間にのみ、
正しい解答が発見されるという信仰の上に立っている[86]」という付随的違憲
審査制を支える想定がそもそも妥当していないのである（Discussion2 464頁
を参照）。

　非訟事件は、従来、憲法32条・82条の観点ばかりが問題とされてきたが、
憲法76条・81条の重要問題として認識されなければならない。

---

83) 前掲注24) 会議録20号4頁。

84) ドイツ連邦憲法裁判所の抽象的規範統制は、対審手続ではなく、申立人のみで相手方のいな
い客観的手続である。鵜澤・前掲注52) 245頁、森保憲「抽象的規範統制」畑尻剛＝工藤達朗編
『ドイツの憲法裁判〔第2版〕』（中央大学出版部、2013年）401頁。しかし、議会や政府の意見
を聴く手続は予定されている（連邦憲法裁判所法77条）。

85) 詳細は、櫻井智章「時の変化」大林啓吾＝柴田憲司編『憲法判例のエニグマ』（成文堂、2018
年）148-153頁。櫻井・前掲注61)「㈢・完」97-99頁も参照。

86) 鵜飼信成『憲法』（岩波文庫、2022年）296頁注（5）。

司法権の外縁と憲法裁判

6　おわりに

　本稿で扱ったテーマは、大陸型の裁判制度・手続にアメリカ型の違憲審査制を「接ぎ木[87]」した結果として生じている問題である。「日本国憲法の司法権は英米流だ」と大上段に構えて、英米法にない客観訴訟や非訟事件の位置づけに困難をきたしているのである。学説の問題意識は裁判所に共有されていないうえ、学説自体が、客観訴訟における違憲審査を正当化しつつ抽象的違憲審査を否定しようという意図に基づいているため議論が偏っており、非訟事件の位置づけに失敗している。

　事件性の要件および付随的審査制の意義として、具体的事件に即した経験的判断の重要性が説かれる[88]。しかし、苫米地事件[89] に代表されるように、形の上だけ具体的事件に仕立てたところで裁判所の判断に違いは出るのか、というのが——警察予備隊訴訟において「具体的事件とは無関係に憲法判断はできない」という憲法判断が具体的事件とは無関係に下されたというパラドックス[90] と並んで——学部生の頃から本稿筆者が抱いてきた疑問であった。民衆訴訟による抽象的規範統制が高く評価されているバイエルン憲法裁判所の実例を見て、その思いは強くなる一方である[91]。

---

87)　園部逸夫「接ぎ木文化としての法律文化」時事英語研究 49 巻 3 号（1994 年）68 頁、同『最高裁判所十年』（有斐閣、2001 年）286-314 頁。

88)　土井・前掲注 56）119-123 頁、同・前掲注 67）82-83 頁など。

89)　衆議院解散無効確認を請求した第 1 次事件：最大判昭和 28・4・15 前掲注 7）が「訴え却下」となり、議員資格確認と歳費を請求する形で衆議院解散の違憲・無効を争ったのが苫米地（第 2 次）事件：最大判昭和 35・6・8 民集 14 巻 7 号 1206 頁である。Unit 5-1 神橋論文 177-178 頁。

90)　江橋崇「わが国の憲法裁判の原点」野中俊彦ほか『ゼミナール憲法裁判』（日本評論社、1986 年）125 頁。抽象的違憲審査を認める法律が制定されたとして、そして現在の通説に従ってこの法律が違憲だとして、この法律に基づく手続で裁判所がこの法律を違憲と判断する局面を考えると、このパラドックスは重要な問題となる（「具体的事件と無関係に憲法判断はできない」から「具体的事件と無関係に憲法判断を行わせる法律は違憲」と具体的事件と無関係に判断する）。長谷部恭男「違憲立法審査権の性格」樋口陽一＝野中俊彦編『憲法の基本判例〔第 2 版〕』（有斐閣、1996 年）198 頁。

91)　櫻井・前掲注 61）「(三)・完」95-96 頁を参照。

199

Unit 5–3　司法権

法令の違憲・違法を争う訴訟と司法権

鵜澤　剛

1　当事者訴訟の活用

　平成 16 年の改正行訴法は、「公法上の法律関係に関する確認の訴え」が実質的当事者訴訟に含まれることを明示し、その活用を促した。当事者訴訟としての確認訴訟を法令の違憲無効を前提とする現在の法律関係の確認訴訟として利用する例は、それ以前にも、薬局の開設を登録制から許可制に改める旨の薬事法改正がされた場合において、従前登録を受けて薬局を開設してきた者が、許可を受けずに薬局の開設ができる権利があることの確認を求めた事案（最大判昭和 41・7・20 民集 20 巻 6 号 1217 頁、訴えの適法性については第1 審判決・東京地判昭和 37・10・24 民集 20 巻 6 号 1227 頁）など、実例がないわけではなかったが、この平成 16 年の改正を皮切りとして、在外国民選挙権制限違憲判決（最大判平成 17・9・14 民集 59 巻 7 号 2087 頁）、国籍法違憲判決（最大判平成 20・6・4 集民 228 号 101 頁）、医薬品ネット販売規制違法判決（最判平成 25・1・11 民集 67 巻 1 号 1 頁）など、公法上の地位の確認訴訟を活用して、法令の違憲無効あるいは違法無効について判断する判決が続いた。そして、最大判令和 4・5・25 裁判所ウェブサイトは、在外国民に最高裁判所裁判官国民審査における審査権の行使を認めていない最高裁判所裁判官国民審査法について、地位確認のみならず、審査権を行使させないことの違法確認を求める訴えの適法性を認めた上で、請求を認容した。

　本稿は、これらの当事者訴訟活用事例を振り返り、司法権をめぐる議論に対するインパクトを探ることを目的とする。

2 具体的争訟性

　いわゆる警察予備隊違憲訴訟において、最大判昭和 27・10・8 民集 6 巻 9 号 783 頁は、「わが現行の制度の下においては、特定の者の具体的な法律関係につき紛争の存する場合においてのみ裁判所にその判断を求めることができるのであり、裁判所がかような具体的事件を離れて抽象的に法律命令等の合憲性を判断する権限を有するとの見解には、憲法上及び法令上何等の根拠も存しない」と述べて、訴えを却下した。「現行の制度の下においては」「憲法及び法令上」根拠がないという判示から、立法によりこのような制度を創設する可能性は否定されていないとの指摘は以前からされてきたところである[1] が、少なくとも現行制度上は、具体的事件から離れて抽象的に法令の違憲無効の確認を求めるような訴えは許されないというのが、以降の議論の前提となってきた。

　冒頭で挙げた当事者訴訟活用事例においても、抽象的違憲審査ではないかという疑念が常につきまとってきた。薬局開設事案では、被告国側から「本訴のごとき請求は行政処分がされる前に行政庁を事前に拘束することを目的とするものであつて許されない」という主張がされていたが、前掲第 1 審判決は、「原告は申請に基づく許可又は更新の適否を争うものでなく、その前の許可の制度自体を定めた法律による権利侵害の適否を争っているのであるから、本訴のような請求は行政庁の処分をまって始めて司法審査をすべきものとはいえない」と応答している[2]。

　在外国民選挙権の事案でも、控訴審・東京高判平成 12・11・8 民集 59 巻 7 号 2231 頁は、地位確認請求につき、「裁判所に対して、同法が在外日本人に右各選挙において選挙権を行使する権利を認めていないことの違憲、違法

1）　さしあたり Unit 5-2 櫻井論文 189-190 頁。
2）　また、無許可の薬局開設に対して想定される刑事罰の適用についてはそもそも「行政処分ではない」とし、薬剤師法による薬剤師免許の取消処分等については「別個の立場から考慮される事項であって、それら処分のあるまで、本訴のような請求による権利救済を待つべきものとすることはできない」としている。

Unit 5-3 司法権

を宣言することを求めているのか、又は右行使をする権利を創設することを求めるもの」であるとし、「法律上の争訟」に該当しないとしていた。これに対し、上告審判決の調査官解説は「Ｘらは、実際に、小選挙区（選挙区）選出議員の選挙において選挙権を行使することを妨げられているのであり、現行公職選挙法の下では、Ｘらが在外国民であることに変更がない限り、今後も同様の事態が生じることになるのであるから、現時点において争訟性を認めることが可能である」と述べている[3]。他方、この事案では、原告は、公職選挙法の規定が在外国民に衆議院小選挙区選出議員の選挙および参議委員選挙区選出議員の選挙における選挙権の行使を認めていない点で違法である旨の確認請求もしていたところであるが、これについては、地位確認請求に係る訴えの方が「より適切な訴えである」として、確認の利益を否定している。確認の利益については後述するが、ここでは一概に具体的争訟性を否定しているわけではないことを確認しておく[4]。

　在外国民の国民審査権に関しては、第１審・東京地判令和元・5・28判時2420号35頁が、地位確認、違法確認いずれについても法律上の争訟性を否定していた。すなわち、地位確認については、「現行の法令の解釈によって導き出すことのできるものではなく、国会において、在外国民について審査権の行使を可能とする立法を新たに行わなければ、具体的に認めることのできない法的地位である」から、「法令の適用により終局的に解決できるものではな」いとして、また、違法確認については、「原告らに国民審査権の行使をさせないことが違法であることを確認したとしても、これによって国民審査権を行使することができる法的地位が具体的に認められるわけではない」から、「具体的な紛争を離れ、国民審査法が在外国民に国民審査権の行使を認めていない点が違法であることについて抽象的に確認を求めるもの」であるとして、法律上の争訟性を否定している。これに対し、控訴審・東京高判令和2・6・25判時2460号37頁は、地位確認については第１審判決とほぼ同様の理由で不適法とするものの、法律上の争訟性を欠くとするのではなく、

3）　杉原則彦「判批」最判解民平成17年度[下]（2008年）642頁。

4）　山崎友也「判批」判評738号（2020年）5頁。

202

「確認を求める対象として有効、適切ではない」として、確認の利益を否定するにとどめている。一方、違法確認については、確認の利益を有する適法な訴えとするのであるが（後述）、法律上の争訟性については、「国民の個人的な権利の保護を目的とする主観訴訟であって、抽象的に法令の違憲、違法や立法不作為の違法の確認を求める、客観的な法秩序の維持等を目的とする客観訴訟ではない」としている[5]。

　以上要するに、法律上の争訟性を肯定する根拠は、法律による個人的な権利侵害に対し、その保護・救済を求める主観訴訟であるという点に求められてきたといえる。ここでは、憲法上の権利も具体的な侵害があれば裁判所に救済を求めることができ、その意味で通常の権利と変わりがないということ、および法令による直接的な（執行行為等を媒介としないという意味で）権利侵害がありうるということが肯定されていることを確認しておきたい。

3　確認対象の選択

　次に、確認の利益、とりわけ確認対象として法令の違憲無効・違法無効を前提とする現在の法的地位を選択すべきか、それとも法令による権利侵害の違憲・違法を選択すべきかに関する諸判決の説示をみていきたい[6]。

---

5)　なお、審査権を行使させないことの違法確認という表現は、抽象的違憲審査であるかのような印象を与えないための苦心の作なのであろうが、実質において立法不作為の違法確認を求めるものであることは否定し得ない（市川正人「在外国民国民審査権訴訟違憲判決の意義と課題」法セ 813 号〔2022 年〕43 頁）。山本隆司「判例から探究する行政法」（有斐閣、2012 年）495 頁は、違法確認を認める際の問題点として、「請求および判決の内容の特定度が下がること」と「原告が自らの法的地位と無関係な訴えを提起しやすくなること」の 2 点を指摘した上で、前者については「裁判所が立法機関・行政機関に裁量を認めつつもそれを統制して機能分担を図る以上、承認しなければならない」とし、後者については「訴訟の許容性および対象を実質的にチェックすることによって対処すべき」とする。

6)　なお、一連の訴訟において、これらの請求には主位的・予備的という順位が付けられている。しかし、予備的併合とは、「第 1 次（主位）の請求が認容されないことを慮って、その認容を解除条件として、第 2 次（副位）の請求についてもあらかじめ審判を申し立てる場合の併合」であり、「数個の請求が相互の両立しない場合にかぎって許される」ものである（新堂幸司『新民事訴訟法〔第 6 版〕』〔弘文堂、2019 年〕757 頁）から、このような用語法は誤ったものであり、順位付けには意味がない。

Unit 5-3　司法権

　前述のように、在外国民の選挙権制限に関する上告審判決は、違法確認か
地位確認かという問題に関し、後者のほうが「より適切」であるとして、前
者の確認の利益を否定していた。確認対象は現在の法律関係でなければなら
ないというのは一般の民事訴訟における原則であり、同判決もこれに沿った
ものに思える。もっとも、これはあくまでも「原則」であって、今日では法
律行為の効力等の確認の方が有効適切である場合は、例外が認められる[7]。
地位確認が違法確認と比べていかなる点で「より適切」なのかを、同判決は
何も説明していない。

　この点、調査官解説は、違法確認請求について、「これが認められるとし
ても、無名抗告訴訟たる立法不作為の違憲確認請求訴訟として補充的に認め
られるべきものであるから、公法上の当事者訴訟によって同様の請求が可能
であるとすれば、そのほかにあえてこのような法令上の根拠に問題のある訴
訟形態を認めることは相当でない」と説明している[8]。なるほどたしかに法
令の違法確認訴訟が無名抗告訴訟と位置づけられるべきものであれば、無名
抗告訴訟には、法定の方法によっては目的を達することができない場合に限
り提起できるという意味の補充性要件が存在するから、このような帰結とな
るのも理解できなくはない[9]。

　しかし、行訴法上の無名抗告訴訟とは、あくまでも「行政庁の公権力の行
使に関する不服の訴訟」であって、立法行為はたしかに「公権力の行使」に
違いないが、「行政庁の」公権力の行使といえるかは疑問である。もちろん、
立法行為であっても行政処分と同視できる場合は抗告訴訟対象性が認められ
るというのは可能性としては古くから肯定されてきたし、公立保育所廃止条
例のように実際の裁判例も存在する[10]。しかし、在外国民の選挙権の行使を

7）　新堂・前掲注6) 274頁。

8）　杉原・前掲注3) 643-644頁。

9）　無名抗告訴訟としての補充性要件は、国歌斉唱義務不存在確認訴訟に関する最判平成24・2・
　　9民集66巻2号183頁においても問題とされた。これに対し、防衛出動命令服従義務不存在確
　　認訴訟に関する最判令和1・7・22民集73巻3号245頁では、補充性を欠くゆえに不適法とする
　　のではなく、無名抗告訴訟にも差止訴訟と同様の蓋然性要件を課し、これを満たさないがゆえに
　　不適法であるとされている。

10）　最判平成21・11・26民集63巻9号2124頁。

204

制限する公職選挙法の規定に関する行為が行政処分と同視できるということはないのではないか[11]。

在外国民の国民審査権に関しては、控訴審判決が、地位確認について、「国民審査法4条に基づくものとしても、同法8条に基づくものとしても、現行の法令の解釈によっておよそ導き出すことのできるものではなく、国会において、在外国民について審査権の行使を可能とする立法的措置を新たに講じなければ、具体的に認めることのできないものといわざるを得ない」から、「確認を求める対象として有効、適切ではない」とする一方で、違法確認については「国会において、在外国民に国民審査権の行使を認める旨の立法的措置を講じない限り、1審原告 X_1 らが、次回の国民審査においても、同様に、国外に住所を有することを理由として、投票することができず、国民審査権を行使する権利が侵害されることになるので、あらかじめ次回の国民審査において国民審査権の行使を許さないことが違法であることの確認を求める趣旨であると理解できるところ、その権利侵害の危険は、当審口頭弁論終結時において、現実的なものとして存在する」などとして即時確定の利益を認めている。これに対し、上告審判決は、地位確認は「その地位の存否に関する法律上の紛争を解決するために有効適切な手段であると認められる」として、確認の利益は肯定しつつ、その地位は国民審査法4条や8条の解釈により導き出すことができないものであるとして、請求を棄却している。また、違法確認については、「国民審査法が在外国民に審査権の行使を全く認めていないことによって、在外国民につき、具体的な国民審査の機会に審査権を行使することができないという事態が生ずる場合には、そのことをもって、個々の在外国民が有する憲法上の権利に係る法的地位に現実の危険が生じている」などとして確認の利益を認めている。

控訴審判決に対しては、「審査権を行使することができる地位」が国民審査法4条や8条といった実体法の解釈によって導き出すことができるかどうかは、本案の問題であって、訴訟要件の問題ではないのではないかという疑

---

11) 行訴法44条の文脈ではあるが、省令制定行為について「行政庁の処分その他公権力の行使に当たる行為」に当たるとするものとして、東京高決平成24・7・25判時2182号49頁。

Unit 5-3　司法権

問がある[12]。一方で、上告審判決に対しては、地位確認と違法確認とを比較してどちらが「より適切」な訴えか、という在外国民選挙権の上告審判決が立てた問題はどこに行ってしまったのかという疑問がある。また、上告審判決は、違法確認訴訟が公法上の当事者訴訟であることを明言しているが、在外国民選挙権の上告審判決の調査官解説は、前述のように、違法確認訴訟を無名抗告訴訟と位置づけていたわけであり、このあたりの整合性にも疑問が残る。

　ともかく、上告審判決も控訴審判決も、請求を棄却し、あるいは訴えを却下する根拠として、審査権を行使することができる地位は、国民審査法4条や8条などの解釈から導き出すことができるものではないことを挙げた点では共通している。たしかに国民審査法4条、8条をはじめとする現行法令の解釈によっては審査権を行使することができる地位を導き出すことはできないかもしれない[13]。しかし、上告審判決も控訴審判決も、在外国民に対して国民審査の審査権を全く認めていないことが違憲であり、国が、在外国民の審査権の行使を可能にするための何らかの立法措置をとらなければならないことは認めているのであるから、どのような方法によるかはともかくとしても、原告が次回の国民審査において（何らかの形で）審査権を行使することができる地位は認められるはずではないか[14]。つまり、国民審査法の解釈から審査権を行使することができる地位を導き出すことはできないにしても、憲法から直接同地位を導き出すことは可能であり、その確認を求めればよかったのではないか[15] [16]。

　控訴審判決は、「本件違法確認の訴えを認容した判決が確定した場合には、在外国民に国民審査権の行使を可能とする立法措置を執るべきことになるが

---

12)　同旨の指摘として、興津征雄「在外国民最高裁判所裁判官国民審査権訴訟　意見書」神戸法学雑誌 69 巻 4 号（2020 年）15 頁、市川・前掲注 5) 41 頁。

13)　山崎友也「判批」法教 506 号（2022 年）58 頁。これに対し、国民審査法の「一部無効」または「合憲拡張解釈」により地位確認が認められるとする学説も存在する（一部無効説として、松本哲治「在外日本国民選挙権訴訟の射程」大石還暦『憲法改革の理念と展開[下]』〔信山社、2012 年〕336-337 頁、合憲拡張解釈説として、内野広大「判批」新・判例 Watch28 号〔2021 年〕18 頁、興津・前掲注 12) 20-22 頁）。

206

（行政事件訴訟法41条1項、33条1項）、その立法措置の内容については国会が定めるのであるから、国民審査法上規定がない場合において、在外国民において国民審査権を行使できる地位を裁判所が積極的に確認することと異なり、裁判所が立法作用をしたとの批判も当たらない」と述べている。しかし、審査権を行使できる地位を確認したとしても、それだけで現実に原告が次回の国民審査において審査権を行使できることになるわけではない。在外国民の選挙権についても、上告審判決の調査官解説は「認容判決がされても、具体的な措置が執られなければ直ちに選挙権行使が可能になるわけではないとしても、国は、最高裁判所の判決を受けて、そのような選挙権行使を可能にするための措置を速やかに執らなければならないことになる」と述べていた[17]。結局のところ、地位確認をしようが、違法確認をしようが、判決を受けて国側がしかるべき措置をとることは必要となるのである[18]。

そもそも確認訴訟は、「紛争解決に一定の規準を示し、その基準に基づいて当事者が自主的に行動することによって紛争解決を期待する[19]」訴訟形態である。地位確認であれ、違法確認であれ、判決を受けて国がしかるべき立

---

14) 山本・前掲注5) 494-495頁は、立法裁量が存在する場合には地位確認は難しいとし、違法確認の方が「むしろ原則形態」とする。しかし本文で述べたように、在外国民の国民審査に関しては、在外国民にどのように審査権を行使させるかについて立法裁量が残されているにしても、在外国民の審査権を行使させる機会を保障しなければならないことについては立法裁量の余地はないというのが令和4年大法廷判決の趣旨であるから、「審査権を行使できる地位」の確認は可能であると思われる。

　地位確認が不可能で、違法確認でなければ目的を達せられない典型例は、いわゆる議員定数不均衡を争うケースではないか。この場合は公職選挙法203条〜205条の選挙無効訴訟を借用するというのが判例上定着した方法となっているが、令和4年大法廷判決が出された今になってみれば、客観訴訟である選挙無効訴訟を借用するより、公職選挙法別表第一の選挙区割りが投票価値の平等に違反する点において違法であることの確認訴訟の方が適切と考えられる。これを地位確認に還元することは不可能である。

15) 山崎・前掲注13) 58頁もこの可能性は否定しない。

16) 原告があくまで国民審査法に基づく地位の確認を求めているとすれば、旧訴訟物理論を前提とすると、裁判所は他の実体法に基づく地位の確認をすることはできないことになるが、訴状を見る限り（https://www.call4.jp/info.php?type=items&id=I0000030）、そのように限定的に読む必然性はないように思われる。

17) 杉原・前掲注3) 643頁。また、大貫裕之「行政訴訟類型の多様化と今後の課題」ジュリ1310号（2006年）34頁。

207

Unit 5-3 司法権

法措置をとることではじめて紛争が最終的に解決されることになるのは同様
で、確認訴訟はもともとそのような訴訟手段なのである。

4 判決効

　前述のように、確認訴訟においては判決によって直ちに紛争が解決される
のではなく、判決を受けて当事者が自主的に行動することによって紛争が解
決される。その際の鍵となるのが確認対象に関する判断に既判力が生ずるこ
とであり、「既判力によって解決しえない紛争は、確認訴訟になじまない[20]」。
当事者訴訟には、行訴法41条により、取消判決の拘束力に関する同法33条
1項が準用されるから、当事者訴訟としての確認訴訟においては、これに加
えて、判決の拘束力によって解決され得るかという観点が付け加わることに
なろう[21]。逆に、その紛争が判決の既判力や拘束力などの判決の制度的効力
によって解決され得ないようなものである場合は、確認の利益が否定される。
　先に引用したところでもあるが、在外国民の国民審査に関する控訴審判決
は、「本件違法確認の訴えを認容した判決が確定した場合には、在外国民に
国民審査権の行使を可能とする立法措置を執るべきことになる」として、行
訴法41条1項と33条1項を参照している。一方、上告審判決は、違法確認
の訴えの確認の利益を肯定するに当たり、違法確認判決が確定した場合は「国
会において、裁判所がした上記の違憲である旨の判断が尊重されるものと解

---

18)　市川・前掲注5) 42頁は、「地位の確認の判決が下されても、それだけで自動的に在外国民が
　　国民審査において投票できるようになるわけではなく」、「一定の立法的な対応が必要である」こ
　　とから、「地位の確認のこだわる必要はない」とし、「本判決も、そうした見地から、『立法権の
　　侵害』のそしりを受けかねない地位の確認については行わないとしたのであろう」とする。地位
　　確認にこだわる必要はないのは同意するが、在外国民の選挙権の事案でも具体的な措置が必要で
　　あることは前提とされており、それにもかかわらず、地位確認訴訟が適法とされたのである。ま
　　た、前述のとおり、判決の趣旨からして、とにかく在外国民にも審査権を行使させなければなら
　　ないこと自体については裁量の余地はないのであるから、地位確認をしたところで「立法権の侵
　　害」になるとも考えられない。

19)　伊藤眞「確認訴訟の機能」判タ339号（1976年）30頁。

20)　伊藤・前掲注19) 31頁。

21)　伊藤眞「判決の機能と訴えの利益」判タ346号（1977年）19-22頁。

208

される」として憲法 81 条と 99 条を参照している。この点について、宇賀裁判官補足意見は、「仮に違法確認の訴えに係る請求を認容する判決の行政事件訴訟法上の拘束力が国会に及ばないとしても、最高裁判所が、憲法 81 条により一切の法律が憲法に適合するかしないかを決定する権限を有する終審裁判所であり、国会議員が、憲法 99 条により憲法尊重擁護義務を負う以上、国会が上記判決を尊重して立法を行うことを期待することができ、紛争の解決に有効と考えられる」と説明している。

　当事者訴訟に準用される場合も含め、行訴法 33 条 1 項の拘束力が立法機関である国会に及ぶか否かには議論があるが[22][23]、控訴審判決が明確に肯定説に立つのに対し、上告審判決は立場を明確にせず、代わりに憲法 81 条、99 条に依拠している。行訴法 33 条 1 項の拘束力と、憲法 81 条、99 条から導かれる、最高裁の違憲判断に対する国会の「尊重」とは、それぞれどのような根拠から認められ、どのような作用を有するものか。この問題を考える際には、紛争解決機関としての裁判所の機能と、法解釈機関としての裁判所の機能、とりわけ最高裁判所が担う法解釈の統一機能とを区別することが重要である。

　取消判決の拘束力の適用場面を例示する行訴法 33 条 2 項は、申請拒否処分が判決により取り消された場合は、行政庁は、判決の趣旨に従い、あらためて当該申請に対する処分をしなければならないと規定する。A という理由でされた不許可処分を取り消す判決は、B という理由で再度不許可処分を

---

22)　さしあたり南博方原編著＝高橋滋＝市川陽典＝山本隆司編『条解　行政事件訴訟法〔第 4 版〕』（弘文堂、2014 年）698 頁〔興津征雄〕。

23)　なお、このような問題は、当事者訴訟としての確認訴訟において法令の違憲判断がされた場合だけでなく、処分取消訴訟で法令の違憲無効を理由に当該処分が取り消された場合（たとえば、薬局距離制限違憲判決・最大判昭和 50・4・30 民集 29 巻 4 号 572 頁）においても存在していたのであり、特段目新しい問題ではない。もっとも、薬局の距離制限については、配置の適正を欠く場合は「許可を与えないことができる」という規定（当時の薬事法 6 条 2 項）であるから、立法措置がなくても、裁量の範囲内で許可を与えるという対応も可能である。問題が表面化するのは、不許可事由に該当する場合は「許可してはならない」などと規定している場合（たとえば風営法 4 条 1 項・2 項）である。清宮四郎『憲法 I 〔第 3 版〕』（有斐閣、1979 年）323 頁は、違憲判決があれば、行政機関は法律を誠実に執行する義務（憲法 73 条 1 号）から解除されるとする。

209

Unit 5-3 司法権

することを禁止するものではない。この場合における原告（申請者）の最終目的は、不許可処分を取り消すことではなく、許可処分を受けることであり、この紛争は、原告に許可処分がされるか、原告が許可処分を得ることを断念するまでは続くことになる。ここに典型的に示されているように、取消訴訟においては1個の「事件」が行政庁と裁判所の間を往復することがある程度予想されており、Bという理由で再度不許可処分がされる可能性はあるにせよ、Aという理由については1回の訴訟で決着済みにしておかないと、同じ争点をめぐって事件が行政庁と裁判所の間を延々と往復するだけになり、紛争がいつまでたっても解決されないことにもなりかねない[24]。取消判決の拘束力は、さしあたっては裁判外において行政庁を拘束するものであるが、その結果として、後訴において拘束力の及ぶ事項について関係当事者がこれを覆すような主張立証をすることは「およそ無意味な訴訟活動[25]」となり、必然的に裁判所もこれに反する判断をなしえなくなる。

　このような拘束力は、紛争解決のために認められるものであるから、確定判決一般に認められるものである。その反面で、その拘束力は「その事件について」認められるもので、将来の同種事件には及ばない[26]。

　当事者訴訟としての確認訴訟における法令の違憲・違法の判断が、具体的にどのように作用するかは、筆者にも定見があるわけではないが、少なくとも、原告勝訴の判決が確定したにもかかわらず、国会がしかるべき立法措置をとらず、再び同様の確認訴訟が提起された場合は、国側が、基準時後の事情や立法措置のための合理的期間の経過について主張立証できるのはともかく、前訴判決の拘束力が及ぶ事項について再び争うことは許されず、裁判所もこれに反する判断をなし得なくなることは認めなければならないのではないか[27]。そうでなければ、判決による紛争解決は果たされ得ないし、したが

---

24) 南ほか・前掲注22) 663頁［興津］。

25) 最判平成4・4・28民集46巻4号245頁参照。

26) 行訴法31条1項にいう「その事件」の範囲は、たとえば不利益処分においては処分原因となる事実によって、申請に対する処分においてはその申請ごとに、画されることになると解される（鵜澤剛「抗告訴訟としての差止訴訟と当事者訴訟としての確認訴訟の関係について」立教法学102号〔2020年〕235頁参照）。

210

って確認の利益そのものがなぜ肯定できるのかわからなくなる。宇賀補足意見は、憲法81条、99条に言及して、「国会が上記判決を尊重して立法を行うことを期待することができ、紛争の解決に有効と考えられる」として、確認の利益を認めるのであるが、これが単なる「期待」を根拠に確認の利益を肯定できることを意味するのであれば、通説的な確認の利益論からはかなり逸脱した議論ということになるであろう[28]。

　一方、憲法81条、99条から導かれる、最高裁のした違憲判断を国会が尊重して立法を行うべきこと、あるいはそのことに対する期待とは、どのようなものであろうか。結論から言うと、筆者は、判例の先例拘束性を裁判所以外の国家機関に対しても及ぼしたものと理解すべきと考えている[29]。

　我が国において、英米法的な先例拘束性の原理[30] が存在するかどうかは議論のあるところであるが[31]、民事訴訟法318条1項が上告受理申立事由として、刑事訴訟法405条2号が上告事由として、最高裁の判例違反を掲げているから、最高裁の判例に違反する下級審の判決は上訴制度の中で是正されることが予定されている。また、判例違反であるとして上告されたとしても、

---

27)　そもそも、行訴法33条の拘束力以前に、既判力の問題として、被告である国は、判決主文中の判断である「国が原告に対して国外に住所を有することをもって次回の国民審査において審査権の行使をさせないことが憲法15条1項、79条2項、3項等に違反して違法である」という点について、拘束を受けるはずである。そして、審査権を行使できる地位が現行法の解釈によっては導き出すことができず、国会が原告の審査権行使を可能にするような立法措置をとる以外に解決策がないのであれば、国会の拘束は紛争解決のためにも不可欠なはずである。

28)　伊藤・前掲注19) 32頁は、本文で述べたように確認訴訟を波及効果型の訴訟と特徴づけるのであるが、その波及効果について「判決の持つ訴訟制度上の効果（執行力、既判力、形成力）を判決の直接効果と考え、それらの直接効果を基礎として当事者が紛争解決に向って行動する際に役立つ判決の事実上の効果」と概念規定している。

29)　ちなみにドイツの連邦憲法裁判所法31条1項は「連邦憲法裁判所の裁判は、連邦及びラントの憲法機関並びに全ての裁判所及び官庁を拘束する。」と定めるが、この拘束力の性質についても、必要な修正を加えた上で、英米法における先例拘束性と同一であるとする見解がある（石川明＝出口雅久編訳『憲法と民事手続法』〔慶應義塾大学出版会、1988年〕35頁）。

30)　田中英夫『英米法総論　下』（東京大学出版会、1980年）477頁は、「裁判所が、ある事件を解決しようとする際に、そこで問題となっている法律問題について先例がある場合には、それを十分に尊重し、原則としてそれに従って判決をすべきである」という原理と説明する。

31)　判例の法源性に関して、山﨑友也「刑事判例の変更と憲法39条前段」（2006年）同『憲法の最高法規性と基本権』（信山社、2019年）197頁以下。

211

Unit 5-3　司法権

最高裁で判例変更される可能性はあるが、判例変更には裁判所法 10 条 3 号により大法廷で行う必要があるから、下級審が、判例変更に期待して最高裁の判例に違反する判決を下すことは許されるとしても、それには判例変更の必要性を十分根拠づけることが必要になる。そのような意味において、下級審裁判所は最高裁の判例を「尊重」すべきであるということができるし、また、最高裁自身も、判例変更は大法廷で行う必要がある点で、過去の判例を十分な理由なしに覆せないという拘束を受けている。これらの拘束は、さしあたり後の裁判所に対するものであって、立法機関や行政機関に対するものではない。しかし、裁判所が上記のような拘束を受ける結果として、立法機関や行政機関も、判例変更の必要性について十分な根拠なしに、最高裁の判例に反する行動をとることができなくなるといえよう[32]。

　このような拘束は、単なる事実上のものではなく、司法権、とりわけ最高裁の憲法上の地位から導かれる法的・制度的な効力であると解すべきである。まず、司法部内において最高裁は法令解釈の統一機能を有しており、これは単に民事訴訟法や刑事訴訟法といった法律レベルのものではなく、憲法上のものと解すべきであろう。そして、このような最高裁の法解釈（判例）を司法部以外の他の国家機関も尊重しなければならないのは、司法審査制という、これまた憲法の統治構造に根拠を置くものである。

　最高裁の判例の拘束力は、行訴法 33 条 1 項の拘束力とは異なり、当該事件を超えて、将来の同種事件に働く。その反面で、絶対的な拘束ではなく、判例変更に期待して十分な根拠をもって判例に反する行動をとることを禁ずるものではない。憲法判例は、憲法そのものではなく、憲法条文についての解釈にすぎない。憲法判例の変更は、憲法判例自体によって可能でなければならず、そのためには判例に違反する訴訟当事者の行動が必要になる。

　以上のことは、憲法判例についてだけでなく、広く判例一般について当てはまる。たとえば、行政判例において示された法令の解釈は、行政機関に対

---

32)　巽智彦「法令等の違憲・違法を宣言する裁判の効力」成蹊法学 83 号（2015 年）201-202 頁は、「先例拘束性によって法的に意味のなくなった行為を繰り返すこと自体が行政の必要性・有効性・効率性等の原理に反するため、こうした原理の作用としてこの『拘束』が導かれる」と説明する。

して同様の拘束力がある。さらに、最高裁判例がない場合でも、確立した高裁判例があれば、同様の拘束力が認められよう（民事訴訟法 318 条 1 項括弧書き、刑事訴訟法 405 条 3 号参照）。

5 包摂モデルと法律の合憲性判断

上述してきたような、最高裁判例の拘束力は、紛争解決機関としての裁判所の機能に由来するものではなく、法解釈機関としての裁判所の機能に由来するものである。そして、憲法判例だけでなく、判例一般に認められる。そうすると、憲法判例の拘束力を論ずる際に参照される憲法 81 条が、「最高裁判所は、一切の法律、命令、規則又は処分が憲法に適合するかしないかを決定する権限を有する終審裁判所である」と規定していることには、特別な意味はなく、単なる確認規定ということになるのだろうか。

この問題を考える上で重要となるのは、法律の合憲性判断と、行政処分の法律適合性判断の相違である。行政処分の根拠法規は、どのような場合に、どのような処分をなし得るかを、要件と効果の形で定めている。行政処分は、このような行政法規の適用、すなわち法規を大前提とし、事実を小前提とする三段論法として行われたものにほかならない。行政処分の適法性審査は、このような行政庁による法適用の当否を裁判所が見直すものであり、ここで行われているのは通常の法適用である。

これに対し、法律の合憲性の判断において行われているのは、規範と規範の間の矛盾抵触の有無についての判断であり、法適用ではないのではないかという問題がある[33]。この点で注目されるのが立法事実論であり、立法事実を「合憲性判断を根拠づけるために役立てられる一般的事実」と捉える[34]

---

33) すでにカール・シュミットは、ヴァイマル期において、「二つの規範の間に矛盾が存在するかどうかをめぐる疑義または見解の相違について決定する際には、ある規範が他の規範に適用されるのではなく、……実際は疑義のある規範内容が疑義を除去され、有権的に確定されるのであ」り、「これは実質的には憲法律の内容に関する不明確性の除去であり、それゆえ法律の内容の決定であって、したがって、実質的には立法、それどころか憲法律の制定であって、司法ではない」と論じていた（Carl Schmitt, Der Hüter der Verfassung, 1931, S.45.）。

213

Unit 5-3　司法権

ならば、法律の憲法適合性の判断も、憲法を大前提とし、立法事実を小前提とする三段論法と捉えることができる、ともいえそうである。

　しかし、そのようにいうことができるとしても、やはり通常の法適用において問題となる事実と立法事実とは質的に異なるところがある。一般に、法規の解釈や適用は裁判官の職責に属し当事者の主張は裁判官を拘束するものではないと説かれる[35]のに対し、法規の適用の基礎となる事実、とりわけ主要事実の主張、立証は当事者の権能と責任に属し（弁論主義）、当事者が主張していない事実を裁判官は判決の基礎として採用することができないし、その認定も原則として当事者が申請した証拠によらなければならないなどとされる[36]。法適用の基礎となる事実は判決事実あるいは司法事実と呼ばれるが[37]、「『誰が、何を、いつ、どこで、いかに行ったか』という、当該事件に関する事実」と定義されるとおり、想定されているのは個別的、具体的事実である[38]。これに対し、立法事実は一般的事実であり、立証の文脈では一般的事実は公知事実あるいは裁判所に顕著な事実として、立証が不要な事実とされる可能性がある[39]。また、そのような規制をしなければ弊害が生じるというような経験則の存在が問題とされることがあるが、経験則も一般的には立証を要しないとされている[40]。もとより、弁論主義が採用されているか、職権探知主義が採用されているかにかかわらず、立証責任は観念できるし、真偽不明（ノン・リケット）という事態は想定できる。ただ、立法事実が、対審構造のもとで当事者のどちらかに立証責任を負わせるという規律に馴染むかというとは問題があるといわざるを得ない[41]。立法事実に関する裁判所と訴訟当事者の役割分担は、判決事実とは別に考える必要があるだろう[42]。

---

34)　内野正幸『憲法解釈の論理と体系』（日本評論社、1991 年）243 頁。

35)　新堂・前掲注 6) 469 頁、582 頁。このことは「裁判官は法を知る」の格言で表されるが、その起源と意義については、山本和彦「情報開示による民事訴訟──法律問題指摘義務論」（1989-1990 年）『民事訴訟審理構造論』（信山社、1995 年）96-101 頁。

36)　新堂・前掲注 6) 467-475 頁。

37)　新堂・前掲注 6) 582-583 頁。

38)　芦部信喜著（高橋和之補訂）『憲法〔第 8 版〕』（岩波書店、2023 年）409 頁。

39)　新堂・前掲注 6) 593-594 頁。

40)　新堂・前掲注 6) 581 頁。

214

実際、ドイツの連邦憲法裁判所の手続では、法律の合憲性が問題となる抽象的規範統制、具体的規範統制、憲法異議の手続は、いずれも対審構造を有していない。抽象的規範統制および憲法異議においては、当事者（Beteiligte）[43] として、原告に相当する申立人（Antragsteller）または異議申立人（Beschwerdeführer）が存在するのみで、被告に相当する存在がいない[44]。また、具体的規範統制は、裁判所の移送によって手続が開始されるが、当該裁判所は当事者としての地位を有さず、被告に相当する存在もいないため、いわば当事者不在の手続となっている[45]。連邦議会や連邦参議院、具体的規範統制における訴訟当事者などは、意見陳述人（Äußerungsberechtigte）という形で手続に関与することができる[46] が、意見陳述人は当事者として

---

41)　立法事実には立証責任は観念できないということは、すでに安念潤司「憲法訴訟の当事者適格について」芦部還暦『憲法訴訟と人権の理論』（有斐閣、1985 年）381 頁が指摘するところであるが、この安念説は、立法事実が「法の解釈を決定する性質のものである」という理解を前提としている。しかし、このような立法事実理解は、法解釈の妥当性を根拠づける事実と、合憲性判断を根拠づける事実とを混同するもののように思われる（この区別については、内野・前掲注33）241-242 頁）。立法事実を後者の意味に限定するのであれば、立法事実の存否についてもノン・リケットという事態を考えること自体は可能である。また、内野・前掲注33）244 頁は、「憲法判断は……立法事実の認定と価値判断とからなる」とし、「立法事実は通常は憲法判断の決め手になるわけではない」とする。このこと自体に異論はないが、民事の規範的要件の判断においても規範的評価と事実認定の問題があるのは同様であり、規範的評価は裁判官の職責とされる一方で、評価根拠事実および評価障害事実の主張立証は当事者の役割である（司法研修所編『増補民事訴訟における要件事実　第一巻』〔法曹会、1986 年〕30-37 頁）。筆者が、立法事実は主張立証責任による規律になじまないとするのは、本文で述べたとおり、一般的事実や経験則は立証を要さない事実とされてきたという理由に基づくものである。

42)　ドイツの憲法裁判に関する議論を参考とした理論化の試みとして、巽智彦「公法関係訴訟における事実認定について」成蹊法学 85 号（2016 年）107 頁以下、同「立法事実論の再構成」石川健治ほか編『憲法訴訟の十字路』（弘文堂、2019 年）1 頁以下、同「憲法関係の訴訟における事案の解明」伊藤滋夫編『憲法と要件事実』（日本評論社、2020 年）7 頁以下、102 頁以下。

43)　連邦憲法裁判所法上の Beteiligte の地位については、畑尻剛＝工藤達朗編『ドイツの憲法裁判〔第 2 版〕』（中央大学出版部、2013 年）147 頁。同書 145 頁注 28）は Beteiligte を「関係人」と訳す。行政裁判所法 63 条も Beteiligte という語を用いているが、こちらは「当事者」の訳が一般的である。

44)　もっとも憲法異議においては、係争行為に係る憲法機関は手続に参加することができ（連邦憲法裁判所法 94 条 5 項）、それにより当事者としての地位を得るとされている。畑尻＝工藤編・前掲注 42）150 頁。

Unit 5-3 司法権

の地位を有さないとされている[47]。このことは、法律の合憲性審査の手続が必ずしも対審手続に馴染むものではないことを示唆している。しばしば、森林法共有森林分割制限事件などを想定して、国が関与しない訴訟において法律の合憲性審査が行われることの問題性が語られることがあるが、たしかに全く無関与のままに合憲性判断が行われるのは問題であるにしても、別に当事者としての地位を保障しなければならないというわけではない。

宮澤俊義は「当事者による自由な論争的・弁証法的な弁論にもとづいて、裁判官がその判断をなすとするのが、訴訟手続の本質であり、すべての訴訟手続には、つねにその核心的段階として、この意味の『対審』がなくてはならない」と論じている[48]。しかし、法律の合憲性審査は、このような対審手続において行われなければならないものではない。憲法判例と通常の判例とは、それを生み出す手続構造に差異があるのである。憲法81条は、このような差異を踏まえつつ、それでもなお、最高裁の憲法解釈が他の国家機関のそれに優位することを明言したものと理解すべきだろう。

6 統治機構における裁判所の地位及び機能

本稿の特に4および5で論じてきたように、裁判所の機能は、眼の前の紛争を解決することだけではない。法令の解釈を示すことも裁判所の重要な機能であり、とりわけ最高裁の法令解釈統一機能は、憲法上も重要な意義を有するものである。従来の司法権に関する議論は、ややもすると紛争解決機関としての裁判所という側面にのみ目を向けがちであったように思われる。裁判所を紛争解決機関として見るということは、裁判所のもつ統治権力としての側面を軽視することにもつながる。裁判所も憲法上の統治機関の1つであることを正面から受け止め、裁判所の役割を考えていくことも重要であろう。

---

45) 畑尻＝工藤編・前掲注42）149頁。

46) 抽象的規範統制については連邦憲法裁判所法77条2項、具体的規範統制については同法82条3項、82条のa第2項、憲法異議については同法94条1項、2項、4項。

47) 畑尻＝工藤編・前掲注42）146頁。

48) 宮澤俊義（芦部信喜補訂）『全訂　日本国憲法』（日本評論社、1978年）695頁。

216

Unit 5-4　司法権

「コップの中の嵐」と裁判所
──部分社会論のゆくえ

栗島智明

1　はじめに

　「コップの中の嵐」という、よく聞く言い回しがある。外部には大した影響を与えない、仲間うちだけの些細なもめ事を指して用いられる。例えば、お年寄りサークルの構成員の地位とか特定のスポーツ団体における大会参加の資格をめぐる争い[1] などは、いかに本人たちが大真面目に争っていようとも、外から見ればコップの中の嵐である。

　かつて最高裁は、自律的な法規範をもつ団体内部の問題に関しては、その自治的措置に任せ、司法審査が及ばないという有名な法理を展開した（部分社会論ないし部分社会の法理）。その意義について、ある論者は「あまり小さな問題はいちいち訴訟で争わせるほどのことはな」く、「法律的な判断が可能であるというだけで司法審査の対象となるものではない」と説明する[2]。あるいは、裁判所がいちいち個々の団体の内部問題にまで介入するならば、社会に存するあらゆる種類の紛争が裁判所に持ち込まれることになって「裁判所万能の弊」に陥り、「裁判所の事務処理能力の破綻を招来」することへの懸念もみられる[3]。部分社会論はまさに、〈コップの中の嵐の法理〉とい

---

1) 　還暦を過ぎたお年寄りサークルでの除名処分に関する事案として、東京地判昭和63・1・20判タ667号165頁、全日本学生スキー選手権大会（インカレ）出場の無期限停止処分に関する事案として、東京地判平成22・12・1判タ1350号240頁。

2) 　阿部泰隆『行政法解釈学 I 』（有斐閣、2008年）118頁。さらに、同「判批」昭和46年度重判解（1972年）24頁と、それに対する批判として、室井力「判批」判例評論222号（1977年）136頁も参照。

Unit 5-4　司法権

うにふさわしい[4]。

　しかし、この法理を用いる場合には、団体の処分について争う当事者から「裁判を受ける権利」（憲法 32 条）を奪い、結果として泣き寝入りを迫ることになる。また、国家機関が紛争解決を引き受けない結果、自力救済を奨励することになり、法治主義そのものが空洞化しかねない[5]。さらに、各団体内の少数者の権利が保護されないことになり、憲法を支える個人の尊重との観点からも問題を生ずる[6]。ある団体で、幹部の意に沿わない者——それは善良かつ真摯な内部告発者（公益通報者）の可能性もある——に対する「嫌がらせ」としてなされた資格停止・降格・除名等の内部処分が争われている場面などで、裁判所が「自分たちで解決せよ」といって問題を等閑視することは、許されないのではないか。とりわけ、団体の規模が大きく、一定の社会的権力を構成している場合には、これは深刻な問題となる。

　後述の通り、これまでも最高裁の部分社会論については、特にその一般性・包括性を理由としてこれを批判する学説が多かった。筆者もその批判を共有しつつ、一歩進んで、同法理が適用されてきた問題について「法律上の争訟」性の 2 要件で処理する方向性を検討したい。

　以下では、部分社会論の内容を改めて確認したうえで（**2**）、これまでの学説上の批判を踏まえ、その問題点を検討し（**3**）、これが「法律上の争訟」性の要件と審査範囲の広狭の問題に取って代えられるべきことを論じる（**4**〜**5**）。そのうえで、この議論が今後どこに向かうのか、現時点での展望を述べる（**6**）。

3）　米内山事件決定（最大決昭和 28・1・16 民集 7 巻 1 号 12 頁）における田中耕太郎少数意見。

4）　なお、この言葉づかいについては興津征雄「第 2 章　フランス」日本スポーツ仲裁機構『報告書　諸外国におけるスポーツ紛争及びその解決方法の実情に対する調査研究』（2014 年）33 頁から拝借した。

5）　米内山事件決定における真野毅意見。なお、これについてはさらに後述（**5**）。

6）　長谷部恭男『憲法〔第 8 版〕』（新世社、2022 年）416 頁。

2 部分社会論の意義

　一般に部分社会論とは、「自律的法規範をもつ社会ないし団体内部の紛争に関しては、その内部規律の問題にとどまる限り、その自治的措置に任せ、それについては司法審査が及ばないとするもの」[7] と説明される。しかし、当該法理が指す内容、とりわけその外縁が必ずしも明らかでないところに、議論の混乱の原因があるように思われる。そこで、本稿ではまず概念整理から始めることにしたい。

(1)　富山大学事件と真正の部分社会論
　当該法理の形成過程については紙幅の都合上、割愛せざるをえないが[8]、一般に最高裁の判例において部分社会論が「完成」[9] したとみなされるのは、富山大学事件判決（最判昭和 52・3・15 民集 31 巻 2 号 234 頁）である。その内容を簡単にみてみよう（なお、地方議会をめぐる問題については、Unit5-1 神橋論文で扱ったため、本稿では基本的に割愛する）。

　さて、この事件では大学における単位授与（認定）行為が司法審査の対象となるか否かが争われたところ、最高裁はまず一般論として「一般市民社会の中にあってこれとは別個に自律的な法規範を有する特殊な部分社会における法律上の係争」は「それが一般市民法秩序と直接の関係を有しない内部的

7）　杉原泰雄編集代表『新版体系憲法事典』（青林書院、2008 年）416 頁 ［野中俊彦］。

8）　法理の形成過程についてまずは参照、神橋一彦「地方議会議員に対する懲罰と『法律上の争訟』」立教法学 102 号（2020 年）22 頁以下、渡辺康行『憲法裁判の法理』（岩波書店、2022 年）150 頁以下。判例の展開の概観および解説としてさしあたり、憲法判例研究会編『判例プラクティス憲法 ［第 3 版］』（信山社、2022 年）437 頁以下 ［山本龍彦］、木下昌彦編集代表『精読憲法判例（統治編）』（弘文堂、2020 年）275 頁以下 ［山本健人］。さらに、学説としての部分社会論が、戦前から田中耕太郎のほか、美濃部達吉や末弘厳太郎等によっても主張され支持されてきたことについて、佐藤幸治『現代国家と司法権』（有斐閣、1988 年）160 頁以下 ［初出 1983 年］。

9）　田近肇「判批」長谷部恭男ほか編『憲法判例百選 II ［第 7 版］』（有斐閣、2019 年）395 頁。佐藤幸治『日本国憲法論 ［第 2 版］』（成文堂、2020 年）644 頁も、富山大学事件をもって「『部分社会の法理』が判例上確立することにな」ったと述べる。

Unit 5-4　司法権

な問題にとどまる限り、その自主的、自律的な解決に委ねるのを適当とし、裁判所の司法審査の対象にはならない」と述べたうえで、具体的に、国公私立を問わず、大学における単位授与（認定）行為については「それが一般市民法秩序と直接の関係を有するものであることを肯認するに足りる特段の事情のない限り、純然たる大学内部の問題」であって、司法審査の対象とならないとした。他方で、専攻科修了の不認定行為は、学生の一般市民としての権利に関わるものとして司法審査の対象となると判断した（最判昭和52・3・15民集31巻2号280頁）。

　この判決で展開された部分社会論は、次の2つの要素からなる。すなわち、㋐「一般市民社会の中にあってこれとは別個に自律的な法規範を有する特殊な部分社会」の認定、および、㋑その内部における法律上の係争が「一般市民法秩序と直接の関係を有しない内部的な問題にとどまる」か否かによって司法審査の対象性を判断するという基準である。本稿では、以上の㋐・㋑の双方を揃えた判断手法を《真正の部分社会論》と呼ぶことにする[10]。

---

10)　この富山大学事件判決の最高裁の判例法理としての意義については議論がある。例えば、渡辺・前掲注8) 141頁、156頁は、同判決がその後、最高裁ではほとんど引用されていないこと、部分社会論がそもそも判例法理のなかで影響力を低下させていること、包括的な部分社会論は最高裁の判例でも時折見られるだけであって、実際には判例法理に深く根ざしたものではなかったことを指摘する。また、大学の内部的処分についても下級審裁判例では（限定的であれ）審査を及ぼしているものが多い（例につき、長谷部ほか編・前掲注8) 397頁［見平典］、木下編・前掲注8) 293頁［山本（健）]）。さらに、岩沼市議会事件判決（最大判令和2・11・25民集74巻8号2229頁）の担当調査官によれば、同判決の論旨は「一般的・包括的な部分社会」によらずに、「それぞれの団体の目的・性質・機能、その自律性・自主性を支える憲法上の根拠の相違、紛争や争われている権利の性質等を考慮に入れて個別具体的に検討するという姿勢の現れ」だとされ（荒谷謙介「判解」曹時73巻10号〔2021年〕194頁）、富山大学事件判決への学説上の批判は、最高裁でも真摯に受け止められているようである（同様の指摘として、渡邊亙『法律の留保に関する比較研究』〔成文堂、2019年〕283頁）。
　　もっとも、後述する通り、「特殊な部分社会」あるいは「一般市民法秩序と直接の関係を有しない内部的な問題にとどまる」か否かという基準は、数多くの下級審裁判例においていまだ重大な役割を果たしており、この問題を議論する意義は失われていないと解される。

(2) 不真正の部分社会論？

これに対して、最高裁が《不真正の部分社会論》とでも呼ぶべき理論を用いた事案が、有名な袴田事件判決（最判昭和 63・12・20 判時 1307 号 113 頁）である。この事案では、所属する政党から除名処分を受けた元幹部の党員に対し、党の所有する家屋の明渡しを求める訴えが提起され、前提問題として当該処分の当否が争われた。

最高裁は「政党の結社としての自主性」に鑑み、政党の内部的自律権に属する行為は原則として尊重すべきであるから、政党の党員に対する除名等の処分の当否については、原則として自律的な解決に委ねられ、その処分が「一般市民法秩序と直接の関係を有しない内部的な問題にとどまる限り、裁判所の審判権は及ば」ず、さらに「右処分が一般市民としての権利利益を侵害する場合であっても、右処分の当否は、当該政党の自律的に定めた規範が公序良俗に反するなどの特段の事情のない限り右規範に照らし、右規範を有しないときは条理に基づき、適正な手続に則ってされたか否かによって決すべきであり、その審理も右の点に限られる」と判断した。

ここでは、上述の富山大学事件判決の⑦にあたる「一般市民法秩序と直接の関係を有しない内部的な問題にとどまる」か否かという基準はそのまま継承されているものの、⑦に関する記述が抜け落ちている。この差異をどう考えるべきか。

たしかに、本判決が政党を「特殊な部分社会」として位置付けなかった——そもそも本判決中には部分社会の語が現れていない[11]——ことの意義は無視しえないだろう。また、本判決では、⑦処分が一般市民としての権利利益を侵害する場合には、原則として、団体が自律的に定めた規範に照らし、適正な手続に則ってされたか否かを裁判所が審査するという、重要な判示も見られる[12]。

---

11) その指摘として、渡辺・前掲注 8) 156 頁、市川正人「『団体内紛争』と司法権」論ジュリ 36 号（2021 年）138 頁。

12) この点の判示内容には、宗教団体内部の紛争に関する種徳寺事件判決（最判昭和 55・1・11 民集 34 巻 1 号 1 頁）および本門寺事件判決（最判昭和 55・4・10 判時 973 号 85 頁）の影響が見られる。

Unit 5-4　司法権

しかしながら、「一般市民法秩序」という概念を用いる際には、論理必然的に「特殊的法秩序」（田中耕太郎）の存在を前提とせざるをえない。この点、たしかに袴田事件判決は、団体（社会）の多様性を捨象し、十把一絡げに「部分社会」というカテゴライズを行うことを意識的に避けている。ところが、「特殊」な社会の存在を前提とした「一般」市民法秩序の概念を用いたこと、そしてそれを前提に、内部・外部の二分法が用いられている点からすれば、この判決もやはり、富山大学事件判決の強い影響を受けていると言わざるをえない。そこで、この判決のこの判断手法（＝上述⑦＋⑨）を、本稿では《不真正の部分社会論》と呼び——したがって部分社会論の１つのバリエーションとして理解しつつ——上述の富山大学事件判決にみられる真正の部分社会論とは一応区別することにしよう。

3　部分社会論への批判

(1)　法理の一般性・包括性に関する批判

さて、富山大学事件判決で部分社会論が展開された当初は、最高裁が伝統的な「特別権力関係」の理論を用いなかったことに一定の意義を見出す学説も存在したが[13]、現在では憲法学説のほとんどが最高裁の部分社会論に対して批判的である。そこでは、通常、地方議会、大学、弁護士会、政党などの多種多様な団体が概括的に「部分社会」として包摂され、その内部問題への司法審査の可否が一律に論じられることが批判の対象となっている。むしろ、司法審査の対象となるかは、問題となっている団体（結社）の存在の目的、性格や機能、さらにはその自律性を支える憲法上の根拠にも照らして、個別具体的に判断されるべきとされるのである[14]。

---

13)　例えば、室井・前掲注2) 134頁以下、小林武「判批」民商77巻5号（1977年）710頁以下など。それまでの判例・学説の流れからすれば、当時のこの受け止め方は自然ともいえよう。

14)　芦部信喜（高橋和之補訂）『憲法〔第8版〕』（岩波書店、2023年）370頁、佐藤・前掲注9) 645頁など。なお、このような批判が「もはや論証パターンと化して」おり、学説の任務は本来そこにとどまるべきでないとの指摘（土井翼「地方議会に関する司法審査の方法」論ジュリ36号〔2021年〕149頁）は正当である。

222

この批判は従来、伝統的な特別権力関係に対して向けられてきた疑念——すなわち、特別の公法上の原因に基づいて国家と特殊な法律関係に入った者のなかには、公務員・在監者・国公立学校の在校生など、様々な法的身分の者が含まれるにもかかわらず、これを概括的に論じて、法治主義の外に置くことの問題性——に繋がるものとみることができる[15]。部分社会論は、公的機関の内部問題に適用される場合には「特別権力関係を部分社会と言い換えるだけの機能しか果たさない」という点に鑑みれば[16]、このような批判がなされることも十分に理解しうる[17]。

(2) より根本的な疑問——司法審査が及ばないことはありうるのか？

もし通説の説くように、信教の自由（憲法20条）、結社の自由（同21条）、大学の自治（同23条）など団体の自主性・自律性を基礎づける憲法上の根拠を個別に明らかにしながら、具体的に検討をするとして、その結果、司法審査が及ばないとされる事例は生じうるのだろうか。この点、通説の批判は必ずしも明確ではなく、それを肯定しているようにも解されるが、私見によれば、団体の内部的紛争であっても、司法審査の対象性を検討する場面では「法律上の争訟」の2要件を検討すれば必要かつ十分である。逆に言えば、ある訴えが「法律上の争訟」性を有する場合に、なお、信教の自由や結社の自由等の憲法規定から、団体内部における法的紛争について司法審査が及ばないという結論を導きだすことは適切ではなく、団体の自主性・自律性の尊重はあくまで裁判所の審査の手法ないし深度に関連して問題になるものと考えられる[18]。つまり、もし、団体内部の紛争について司法審査が及ばないという結論に至るとすれば、それは（団体の内部事項にとどまるからといった理由ではなく）そもそも「法律上の争訟」の2要件のいずれかを満たさない事

---

15) 特別権力関係の現代的意義については、Unit1-1 櫻井論文を参照。

16) 井上典之「判批」芦部信喜ほか編『憲法判例百選Ⅱ〔第4版〕』（有斐閣、2000年）405頁。

17) もっとも、富山大学事件判決について、部分社会論の「安易な一般化がなされたものとは評しえない」との指摘があるほか（木下編・前掲注8）295頁［山本（健）]）、通説の部分社会論批判が、そもそも上述の「真正」の議論のみを対象としているのか、あるいは「不真正」のそれをも範囲に含んでいるのかは明確ではない。

Unit 5-4 司法権

案なのではないか。

4 部分社会論と「法律上の争訟」要件の関係

この問題を検討するためには、そもそも「法律上の争訟」の2要件と部分社会論（真正・不真正の双方を含む）がいかなる関係に立つかを考える必要がある。最高裁の確立した判例[19] によれば、司法審査の対象となるのは裁判所法3条にいう「法律上の争訟」であり、それは「当事者間の具体的な権利義務ないし法律関係の存否に関する紛争」であって（＝要件①）、かつ「法令の適用により終局的に解決することができるもの」をいう（＝要件②）が、特殊な部分社会の内部的問題が「法律上の争訟」にあたらない理由は判決文からは必ずしも明らかではない[20]。

理論的には、次の4つの回答が考えられる[21]。

特殊な部分社会における内部的問題は、

　㋐　要件①を満たさない、

　㋑　要件②を満たさない、

---

18) この点、部分社会論について、①団体の内部問題の「法律上の争訟」性を否定する「争訟限定機能」と、②（それが肯定された場合でも）団体の自律性を強調し、限定的・抑制的な司法審査を導く力となる「審査抑制機能」の2つの機能があると論じる学説があるが（憲法判例研究会編・前掲注8) 443頁 [山本（龍）]）、そもそも部分社会論に②の機能まで読み込むこと自体、議論の混乱の原因となるように思われる。あくまで、①のみの議論として整理すべきであろう（上述〔2〕の一般的な定義も参照）。

19) 「板まんだら」事件（最判昭和56・4・7民集35巻3号443頁）。この2要件は、古くは教育勅語合憲確認事件（最判昭和28・11・17行集4巻11号2760頁）で示され、その後、村議会予算議決無効確認事件（最判昭和29・2・11民集8巻2号419頁）、技術士国家試験事件（最判昭和41・2・8民集20巻2号196頁）でも踏襲されてきた。

20) 富山大学事件判決は、はじめに、裁判所が審査権を有する「一切の法律上の争訟とはあらゆる法律上の係争を意味するものではない」と断ったうえで、「特殊な部分社会における法律上の係争」は、それが一般市民法秩序と直接の関係を有しない内部的な問題にとどまる限り、司法審査の対象にはならないとしている。

21) この点の詳細かつ精緻な整理として、柴田憲司「言葉の違いの意味」大林啓吾＝同編『憲法のエニグマ』（成文堂、2018年）123頁以下。

224

⑰　①・②のいずれの要件も満たさない、

　　㊀　①・②のいずれの要件も満たすが、それでもなお司法審査の対象
　　　　とはならない（すべきでない）[22]

　この点、仮に㋐〜⑰のいずれかが正しいとすれば、部分社会論は単なる「修辞的役割しか果た」さず[23]、これまでこの分野で議論されてきた問題は——大学の単位認定行為も含め——すべてが「法律上の争訟」の議論に回収されることになる。つまり、この場合、部分社会論は消去可能な概念となる。

(1)　要件①との重複？

　まず、「一般市民法秩序と直接の関係を有しない内部的な問題にとどまる限り」（富山大学事件）あるいは「一般市民としての権利利益を侵害する場合」（袴田事件）の意味するところは、実質的に上述の要件①と同じでないかが問題となる。

　この点について、近時の重要裁判例である花柳流花柳会事件判決（東京高判平成28・12・16判時2359号12頁）を例として、具体的に検討してみよう。本事案では、日本舞踊の最大流派であるＡ流（花柳流）の家元から名取に対

---

[22]　厳密にいえば、㊀はさらに2つのタイプに分けられる。すなわち、1つ目のタイプとして、部分社会論を（統治行為等と並ぶ）司法権の限界の問題として捉えるものがあり（外在的制約説）、2つ目のタイプとして、「一般市民法秩序と直接の関連」を有することを「法律上の争訟」の要件③として捉えるもの（加重的要件説）がありうる（前者の説明として、憲法判例研究会編・前掲注8）438頁［山本（龍）］。同様の理解を示すものとして、長谷部・前掲注6）416頁、横大道聡編『憲法判例の射程〔第2版〕』〔弘文堂、2020年〕286頁［井上武史］、市川・前掲注11）135頁。おそらく後者の理解に立つものとして、大石眞『憲法概論Ⅰ』（有斐閣、2021年）378頁、篠田省二「判解」最判解民事昭和56年度223頁がある）。この差異は、前掲注20）で引用した判示をいかに解するかの問題であるが、衆議院の解散の効力について、最大判昭和35・6・8民集14巻7号1206頁が「法律上の争訟となり……有効無効の判断が法律上可能である場合であつても」「裁判所の審査の外にあり、その判断は……政治部門の判断に委ねられ、最終的には国民の政治判断に委ねられている」としており、司法権の外在的制約であることを明確にしていたのに対して、部分社会論は必ずしもそうでないことに注意が必要である。

[23]　棟居快行ほか編『プロセス演習憲法〔第4版〕』（信山社、2011年）630頁［宍戸常寿］。宍戸によれば、部分社会論は、要件①を満たさないことを指して用いられる場合もある（同『憲法解釈論の応用と展開〔第2版〕』〔日本評論社、2014年〕276頁）。

Unit 5-4 司法権

してされた同派除名処分をきっかけとして、Ａ派名取としての地位確認請求等がなされた。そこで、名取の地位を法律上どのように評価すべきかが特に問題とされたところ、判決は「Ａ流の名取の地位を基礎とする権利利益は……日本舞踊家としての職業活動及び事業活動の基盤であ」り、「〔Ａ〕名取がその地位に基づいて享受する権利利益は、単なる事実上の利益にとどまらず、法的利益と評価されるべきものであって、〔Ｂ〕除名処分を受けたＡ流の名取による名取の地位の確認請求は、一般市民法秩序と直接の関係を有しない内部的な問題にとどまるものとはいえ」ないとしたうえで、司法審査の対象性を肯定した。

この判決で興味深いのは、「法律上の争訟」性の要件①の判断と、一般市民法秩序との関係性の判断が一体化している点である。すなわち、上述の判旨Ａの部分は、宗教団体内部の地位に関して用いられる「法律上の争訟」性の要件①の判断を思わせる[24]。過去の最高裁の判例によれば、「単に宗教上の地位についてその存否の確認を求めるにすぎないもの」は、「具体的な権利又は法律関係の存否について確認を求めるものとはいえない」とされるところ（種徳寺事件判決）、本件で問題となった名取の地位もこれとまったく同様であり、もし仮に、その地位に基づいて享受しうる権利利益が事実上のものに過ぎないのであれば、そもそも「法律上の争訟」性の要件①を満たさなかったものと解される。

ところが、判旨Ａを受けて、Ｂでは、除名処分が一般市民法秩序と直接の関係を有しない内部的な問題にとどまるものでないことが述べられている。つまり、東京高裁は「法律上の争訟」の要件①の判断をもって一般市民法秩序との関連に関する判断と代えていると解される[25]。そうすると、一般市民法秩序への言及は、いかなる意味を持つのかが不明である（ちなみに、この事案は最高裁で上告棄却・上告不受理決定〔最決平成29・5・9 LEX/DB：25545898〕がなされ、確定している）。

なお、同じ伝統芸能の分野では、(1)小唄の流派からの除名処分が争われた

---

24) 同様の判断を示した1審判決（東京地判平成28・5・25判タ1448号202頁）につきこの指摘をしたものとして、佐々木雅寿「判批」法教432号（2016年）161頁。

226

事案、および、(2)華道の家元からの破門処分が争われた事案に関する地裁判決があるが、いずれも、「法律上の争訟」性の要件①を満たさないとしており、「一般市民法秩序」への言及は一切見られない[26]。日本舞踊と小唄・華道で、事案の性質が異なるとは考えにくい。そうするとこれは、部分社会論が修辞的役割しか果たさないことの証左とみることができよう。

(2) 要件②との重複？

これとは別に、「法律上の争訟」性の要件②の判断と部分社会論が一体化する場合もある。例えば、学会会員が提出した論文の会誌への掲載拒絶が争われた事案で、東京地判平成26・10・17（Westlaw Japan 文献番号2014WLJPCA10178002）は「被告学会のような自律的に事業を行うべき学術団体における、団体の事業の在り方に関する団体とその構成員との間での係争は、それが一般市民法秩序と直接の関係を有する問題でない限り、その団体における自主的、自治的に解決に委ねるのを適当とするものであり、法令の適用によって終局的に解決できるものではないから、裁判所の司法審査の

---

25) 同様の論証は、他の裁判例でも見られる。例えば、大阪市内の社会奉仕団体（ロータリー・クラブ）における会員身分の剥奪が問題とされた事案で、大阪地判平成9・5・30判時1632号66頁はまず、争われている地位がロータリー・クラブという「団体内の地位であって、法律上の地位ではない」としたうえで、原告の会員身分を剥奪した理事会等の決定は「一般市民法秩序と直接の関係を有しない被告団体〔ロータリー・クラブ〕の内部的な地位に関する不利益を与えるものにとどまり……具体的な権利又は法律関係に関する紛争ということはできないから、裁判所に対し、右決定の効力や右地位の有無の確認を求めることはできない」とした。また、部落解放同盟における除名処分が争われた事案で、東京地判平成6・12・6判タ908号246頁は「同盟員の一員としての地位が認められるかどうかは、原告らの社会生活上の利益に関連するものとはいえるが、右利益をもって法的利益とはいまだ認め難い」ことから、除名処分は「一般市民としての権利利益を侵害するもの」とはいえないとした。

26) (1)小唄の事案につき、東京地判平成17・11・16（Westlaw Japan 文献番号2005WLJPCA11160002）：「y派に属し、被告Y〔＝y派の家元〕と師弟関係にあるということは、法律上の地位ではないというべき」であって、争われた除名処分は「師弟関係という事実上の関係を解消」する意思表明にすぎず、ゆえに「原告の法律上の地位に何らの変更を加えるものではなく、その効力についての争いは、具体的な権利又は法律関係に関する紛争ということはできない」。(2)華道の事案につき、東京地判平成21・1・13（Westlaw Japan 文献番号2009WLJPCA01138001）。

Unit 5-4　司法権

対象とならない」とし、会誌における論文の不掲載は「一般市民法秩序と直接の関係を有する問題であるとはいえ」ないとしたうえで、「法令の適用によって終局的に解決できる紛争ではない」とも述べている。

　翻って考えるに、部分社会論の典型事例である大学内部の単位認定行為については、仮にそれについて裁判所の審査が及ばないと解する場合であっても——ただしそれが妥当な結論か否かはそれ自体問題である——、「法律上の争訟」性の要件①・②のいずれかの問題として取り扱えば十分だったのであり、「特殊な部分社会」や「一般市民法秩序」といった判示は、単に議論を複雑にしただけのように思えてならない。そこに端を発する混乱が、上述の諸裁判例に表れているのではないか。

5　「審査範囲の広狭」の問題へ

　以上の考察より、「法律上の争訟」の2要件と部分社会論の関係について前述㋳の読み方をする場合にのみ、部分社会論は意義のある「法理」として理解されることが分かる。しかし、団体の内部的問題が「法律上の争訟」の2要件を充足しつつ、それでもなお、「一般市民法秩序との直接の関連」がないため司法審査の対象から外されるという事案を想定すること自体、裁判を受ける権利ないし法治主義の観点から問題ではないか。この点、富山大学事件判決の評釈で田村悦一が行った以下の批判がこんにちでもそのまま妥当する[27]。

　　「本判決が、一般市民法秩序と直接の関係を有しない内部的問題につき、司法審査を排除されるという点に問題がある。……なるほど、部分社会の存在すること、その内部的な紛争が司法審査になじみにくいものであることは、誰しも否定できないところであるが、それは決して、司法審査の否定を導くものではない。なぜなら、その部分社会の紛争が、『法律上の争訟』であって、訴訟救済の必要性がある限り、裁判所はその審査をなす義務があるからである。司法審査になじみにくいのは、かかる内部的行為といわれるものが、包括的な裁量に委ねられ、専門的、技術的な判断によって具体化されるも

───────────
27)　田村悦一「判批」民商77巻5号（1978年）699頁。

のであるという理由によるのであり、これは、審査範囲の広狭を生じることこそあれ、可否の問題ではないからである。」（下線は引用者）

冒頭で紹介した通り、部分社会論の支持者は、「裁判所万能の弊」や「裁判所の事務処理能力の破綻」を懸念する（田中耕太郎）。しかし、この田中説を「憲法に根拠をおかない本末を顛倒した議論」と喝破した真野毅意見こそ、読むに値する。引用は長くなるので避けるが、その趣旨は、あらゆる法律上の争訟が裁判所の裁判によって救済されることによって自力救済が禁止され、法治主義が確保される。そのため、法律上の争訟はすべて最終的には裁判所の裁定に服すべきであって、個々の団体内部の違法な処分について出訴できず、ただ泣き寝入りせざるをえないという事態は許されない、というものである。この真野意見を引き合いに出しつつ、田中が指摘する上記２つの弊害について「紛争解決の必要のない事案は他の事件性の構成要素を充足していないとして排除できるであろうからあまり説得力はない」とする渋谷秀樹の指摘は正当である[28]。それゆえ、司法審査の対象性については「法律上の争訟」性の２要件判断に純化し、かつ、基本的に広く捉えたうえで、残る部分は審査範囲の広狭ないし審査密度の問題として検討していくべきだといえよう。

6　まとめにかえて

冒頭で示唆した通り、部分社会論の最大の問題は、処分を下した団体の規模が大きく、一定の公的性格を帯びており（あるいは少なくとも、そのようなものとして一般に認知されており）、それゆえに、団体幹部と構成員とのあいだに権力的な服従関係がみられる場面でも、裁判所がそれを無視してしまう結果、団体幹部の恣意的支配を認める点にある。この点、ごく少人数のフラットな団体（規模の小さな趣味サークル等）であれば、基本的に裁判所の出る幕はない。団体側は、馬が合わない者は追い出してもよいし、追い出された

---

28)　渋谷秀樹『憲法訴訟要件論』（信山社、1995 年）243 頁。

Unit 5-4　司法権

者も、ほかに新たな団体を作ったり、別のところに所属すればよい。しかし、これが例えば、特定の職業において支配的な地位を有する団体など、何らかの公的・権力的役割を担う団体になってくると、事情は大きく変化する。上述の花柳流花柳会事件判決はここの事情を正しく評価した一例として評価しうる[29]。

　そもそも、自力救済が原則として禁止され、国民には憲法上、裁判を受ける権利が保障されていることに鑑みれば、「法律上の争訟」の 2 要件やその他訴訟法上の訴訟要件の審査はあまり厳格になされてはならない。まして、「司法権の限界」（ないし外在的制約）を語る場合には、より慎重になる必要がある。その意味で、「裁判を受ける権利」に明示的に言及したうえで「法律上の争訟について裁判を行うこと」が「司法権に課された義務」だと述べた岩沼市議会事件判決の宇賀克也補足意見は、重要な意義を持つ。ここで、裁判を受ける権利は、これまで最高裁判例の多数意見が語ってきたような形式的なものではなく、より実質的なものとして捉えられている。最高裁はかつて、憲法 32 条と訴訟要件の関係について突き放した解釈を展開しているが[30]、むしろ、裁判を受ける権利は「法律上の争訟に当たる紛争の解決ではなく、法律上の争訟に当たるべき紛争の解決を求めるものとして理解」すべきであり、したがって「憲法 32 条は、法律上の争訟に当たる場合に紛争当事者の訴権を保障するというだけではなく、むしろある紛争が法律上の争訟に当たるかどうかの判断をも嚮導することになる」と解すべきだろう（裁判を受ける権

---

29)　ほかにも、日本のブリーダーの多くが加盟するジャパンケンネルクラブ（JKC）における会員権利 1 年間停止の懲戒処分が争われた事案で、東京地判平成 5・2・2 判時 1493 号 102 頁は、同処分が、血統証明書の発行・展覧会への出陳等といった各種の便宜を受ける権利を一方的に制約し、被処分者の営業を困難ならしめ、生計を危うくするという、経済活動や社会生活の基盤を覆す程度の重大な権利侵害があるとして、司法審査の対象性を認めた。他方で、地域連合婦人会の除名処分に関する紛争につき、除名処分は一般市民法秩序と直接の関係を有するものではなく、その無効確認を求める訴えは司法審査の対象にならないとして却下した判決（京都地判昭和 62・8・11 判時 1284 号 127 頁）は、婦人会が有する社会的権力性を軽視したもので、疑問が残る。経済的な不利益（金銭的損害）の有無のみで判断することも妥当でない。

30)　最大判昭和 35・12・7 民集 14 巻 13 号 2964 頁。このような最高裁の形式的解釈に対する批判として、東條武治「『裁判を受ける権利』試論」判評 199 号（1975 年）5 頁以下。

利の実効的保障)[31]。

　なお、これまでも、（従来、「法律上の争訟」性の要件②に関わるとされてきた）国家試験や入試の合否を争う訴えについては、広く「法律上の争訟」性を認めたうえで、本案審査で裁量の問題として扱うべきとの指摘が繰り返されてきたところであり（実務上もそのような例が見られる)[32]、また、伝統的に司法権の限界として語られてきた統治行為論についても、それを政治部門の自律や裁量の問題として処理すべきとの見解が有力となっている[33]。本稿は、このような議論を部分社会論について後追いしたうえで、若干の検討を加えたに過ぎず、課題は多く残されている。例えば、問題となっている団体の規模や社会的権力性について考慮するとしても、これを「法律上の争訟」性や裁量の判断にどのように組み込むことが可能かについては、今後検討すべきであろう。また、団体内部の紛争解決メカニズムが整っているか否か——例えば、内部に独立した不服申立機関が設置されていたり、仲裁手続きが整備されているかなど——によって、司法審査の範囲や密度はおのずと異なってくるはずであるが、この点についての検討も今後の課題とせざるを得ない。

　さらには、裁判を受ける権利との関連で司法審査の入口の問題を検討するにあたっては、本来、「法律上の争訟」性の２要件だけでなく、それと訴訟法上の個々の訴訟要件との関係まで検討をしなければならないのであるが[34]——仮に部分社会論を消去したうえで「法律上の争訟」性の要件を緩やかに解して広く訴えを認めても、それが訴えの利益や原告適格のレベルで却下さ

---

31)　棟居ほか編・前掲注23) 628頁［宍戸］（強調原文）。さらに、憲法上の裁判を受ける権利と法律上の訴訟要件の関係を早くから問題とした文献として、棟居快行『人権論の新構成［新装版］』（信山社、2008年）290頁以下［初出1985年］、笹田栄司『実効的基本権保障論』（信山社、1993年）329頁以下を参照。

32)　山本隆司「日本における裁量論の変容」判時1933号（2006年）13頁、徳本広孝「判批」自治研究85巻6号（2009年）143頁以下、宍戸・前掲注23)（解釈論）276頁。

33)　宍戸常寿『憲法裁判権の動態［増補版］』（弘文堂、2021年）370頁以下［初出2010年］、渡辺康行ほか『憲法Ⅱ』（日本評論社、2020年）307頁［渡辺］など。

34)　この点について、踏み込んだ検討がなお必要であることについては、学説も十分に意識的である（木下編・前掲注8) 256頁［小島慎司］、柴田・前掲注21) 119頁脚注7を参照）。詳しくは、亘理格『行政訴訟と共同利益論』（信山社、2022年）の第Ⅰ部に収録の各論考のほか、土井真一「法律上の争訟と行政事件訴訟の類型」法教371号（2011年）81頁以下を参照。

Unit 5-4　司法権

れるようでは意味がなくなってしまう——これに関する検討も他日を期した
いと思う。

　もし仮に、2020 年の岩沼市議会事件における判例変更が、「他の分野でも
部分社会論が放棄され、部分社会論の全面的な放擲に至る」結果をもたらす
としても[35]、まだ検討すべき課題は多い。

---

35)　市川・前掲注 11) 142 頁。もっとも、荒谷・前掲注 10) 205 頁が、富山大学事件判決で示さ
　れた部分社会論の一般的命題は判例変更の対象に含まれないと述べていることには注意が必要で
　ある。

Unit 6-1　裁量
立法裁量と行政裁量

鵜澤　剛

1　裁量の概念

　Unit 6 のテーマは「立法裁量と行政裁量」である。まずは、「裁量」という概念について簡単に整理しておきたい。

　「裁量」とは何かという問題は法学以外も含めた様々な学問分野からアプローチしうるが、以下の論述では、さしあたり、法によって認められた自由な判断の余地という程度の意味で用いる。まず、ここでいう「自由」の意味について注意を喚起しておきたい。通常、「自由」とは、しなければならないという方向の義務も、してはならないという方向の義務も課されていない状態をいい（自由の双方向性）、全ての権利の基礎には、権利を行使するのもしないのも権利者の意思に委ねられているという点で、この意味での自由があることについては、Unit 4 でも触れた[1]。しかし、「裁量」における「自由」は、この意味での自由ではない。裁量的権限においては、その権限を行使しない自由はない。「裁量」における「自由」は、「権利」における自由が双方向的であるのに対し、一方向的である。もちろん、後述する、処分に関する裁量の一種である効果裁量が認められる場合のように、その権限を行使しないことが裁量権の範囲内とされることはある。しかし、このような場合であっても、裁量権は常にその権限を付与した法の目的によって覊束されている[2]。その権限を行使するかどうかの判断は、「権利」における場合のように、その者の自由意思に委ねられているわけではない。

---

1 ）　Unit 4-2 鵜澤論文 118-119 頁。

Unit 6-1　裁量

　このような意味での「裁量」は、立法と行政についてだけ認められるわけではない。たとえば、会社法の分野でも取締役の経営判断についての裁量権が論じられるし、一般の委任契約においても委任の範囲内での裁量権を問題にすることができる。これらも、「代理権の濫用」が論じられることからも明らかなように、目的による拘束を受けることは同様である。また、詳しくは後述するが、処分に関する裁量の一種として論じられる要件裁量は、処分要件が不確定概念で定められていることが大前提となる（大前提なだけで常に必ず裁量が認められるわけではない）が、私法においても要件が不確定概念あるいは規範的概念で定められている場合は存在する。いわゆる規範的要件の要件事実として論じられている問題[3]であるが、ここでは規範的評価すなわち価値判断が不可欠であり、価値判断である以上、その適用においては判断者である裁判官の主観が入り込まざるをえず、唯一の客観的な答えは存在しない。その意味で、司法作用についても裁量を論じることは可能である。これらと比較した場合における立法裁量や行政裁量の議論の特徴は、司法権（裁判所）との関係が意識されているという点にある。立法裁量や行政裁量の議論には、その判断は立法機関または行政機関に委ねるべきものかどうかという一種の権限分配的な視点が含まれているわけである。

2　憲法と行政法の規範構造

　プロローグでは、憲法と行政法の規範構造における違いとして、憲法は国家権力の行使に対する「制限規範」であるのに対し、行政法における法令の規定は、行政権の行使についての積極的な授権規範であるという点が挙げら

2）　藤田宙靖『新版　行政法総論(上)』（青林書院、2020年）111-112頁は、「『ある権限は、法律がそれを与えた本来の目的に従ってのみ行使しなければならない』という原則も、理論的には、法律が行政機関の権限行使に対してはめた枠の一つにほかならない」から、裁量権の「逸脱」と「濫用」を区別するのは「本来不可能」であるとし、「『裁量権の濫用』は違法問題を生じ裁判審査の対象となる、という原則も、実は『裁量権の逸脱』の場合と同様、『法律の優位の原則』の一つのコロラリーにほかならない」とする。

3）　司法研修所編『増補　民事訴訟における要件事実　第一巻』（法曹会、1986年）30頁以下。

れている[4]。立法権と行政権の違いに引き付けていえば、立法権は憲法 41 条によって包括的に与えられており、ただ憲法の規定（特に憲法第 3 章の規定）に違反して行使してはならないという形で制限がされている[5]。これに対し、行政権は、特に法律に留保原則が妥当する領域においては、法律による個別的・具体的な授権がなければそもそも活動することができず、その権限は法律によってはじめから限定された形で付与されているにすぎない。したがって、同じように自由な判断の余地といっても、立法裁量は憲法によって制限されていない部分が自由な領域であるのに対し、行政裁量は、法律がその権限を付与する際に行政権に自由を認めた限りで存在するということになる。つまり、立法裁量の領域は引き算的に決まるのに対し、行政裁量の領域は足し算的に決まるわけである。

　もっとも、憲法の規定にも、国会に対して積極的に立法を要請している規定がある[6]。明示的なものとしては、国籍（10 条）、公務員の不法行為に対する損害賠償請求権（17 条）、家族関係（24 条 2 項）、教育を受ける権利（26 条 1 項）、労働条件（27 条 2 項）、財産権（29 条 2 項）、刑事補償請求権（40 条）、選挙権（44 条、47 条）、最高裁判所裁判官国民審査権（79 条 4 項）がある。しかし、これらの規定は、これがなければ国会は立法を行えないという意味において国会に積極的な授権を行うものではなく、通常の立法においては、その立法をするかどうかも国会の裁量に委ねられるのに対し、これらの規定の定める事項については必ず立法を行わなければならないという方向で、立法裁量を制限するものである。また、規定の内容的にも、24 条 2 項が、婚姻および家族に関する法律について、「個人の尊厳と両性の本質的平等に立脚して、制定されなければならない」と定めるように、立法すべき内容に対

4）　プロローグ 5-6 頁。また、Discussion1 149 頁［神橋発言］も参照。

5）　渋谷秀樹『憲法への招待〔新版〕』（岩波新書、2014 年）14 頁は、「仮に義務が必要であるのなら、国会が法律を作り、その中に義務規定を置けばそれで十分」であり、「このような法律による義務づけが、権利・自由を不当に侵害しないように、憲法が政府の立法活動などに制限を課している」と説明する。

6）　ドイツでは、（立法者への）憲法委託（Verfassungsaufrag）という用語のもとで議論されている。邦語文献として、戸波江二「西ドイツにおける基本権解釈の新傾向(4)」自治研究 54 巻 10 号（1978 年）78 頁以下。

Unit 6-1　裁量

して一定の方向づけを行っているものが多い（ほかにも明文規定として、26条2項、29条2項、44条など）。このような意味において、憲法の規定が国会に積極的に立法を要請している場面においても、その性質は立法裁量の制限規範であるということができる。

　他方で、法律の留保原則が妥当しない領域においては[7]、法律の規定は、法律の根拠がなくてもなしうる行政活動について、制限を課すものということになる。このような規範は、行政法学において、「規制規範」と呼ばれてきた[8]。たとえば行政指導について制約を課す行政手続法の諸規定は、その代表的なものということになる[9]。しかし、ひとくちに規制規範といっても、個別法の中に置かれている個々の具体的な行政活動に関する規定は、根拠規範と同様に、どのような場合にその活動をなしうるかを要件と効果の形で規律したものが多い。たとえば、騒音規制法12条1項が、改善勧告（行政指導）について、「指定地域内に設置されている特定工場等において発生する騒音が規制基準に適合しないことによりその特定工場等の周辺の生活環境が損なわれると認めるときは」（要件）、「当該特定工場等を設置している者に対し、期限を定めて、……騒音の防止の方法を改善し、又は特定施設の使用の方法若しくは配置を変更すべきことを勧告することができる」（効果）と定めて

7）　法律の留保原則の妥当範囲については諸説あるところである（学説状況については、藤田・前掲注2）87頁以下）が、たとえばすぐ後の本文で挙げる行政指導については、文字どおりの全部留保説を除けば、法律の根拠は不要ということになる。他方で、文字どおりの全部留保説においては、「根拠規範が存在しない限り行政は何もなしえないということになると、変化する行政需要に適応しえなくなるか、あるいは、これを回避するために、結局のところ包括的な授権立法をするという結果となる」（塩野宏『行政法Ⅰ〔第6版補訂版〕』〔有斐閣、2024年〕84-85頁）。行政指導については、組織法上の授権があれば可能という結論にならざるをえず、結局、行政指導については作用法上の授権は不要だが、最低限、組織法上当該行政機関の任務または所掌事務の範囲に含まれることは必要という一般的理解（後掲注9）参照）と大差ないことになる。

8）　塩野・前掲注7）82頁。また、藤田・前掲注2）68-70頁。

9）　法律の根拠が必要ない行政活動であっても、組織法上の授権がある、すなわちそれが当該行政機関の任務および所掌事務の範囲に含まれるものでなければならないのは大前提であり、行政手続法32条1項のうちの「行政指導に携わる者は、いやしくも当該行政機関の任務又は所掌事務の範囲を逸脱してはならないこと……に留意しなければならない」という部分は、この当然の事理を確認したものにすぎない。

いるのは、その好例である。また、警職法2条1項のいわゆる職務質問も、その任意性を貫けば、必ずしも法律の根拠は必要のない活動であり、同項は規制規範であるという理解になるが[10]、やはり職務質問について要件と効果の形で定めている。このようにみてくると、行政法における法律の規定は、原理原則的な規定や一般法的・通則法的な規定を除けば、個々の活動の具体的根拠を与えるとともに、（裁量を認める場合には）裁量権の積極的な根拠にもなるものが多いといえるだろう。

3　古典的な行政裁量の審査方法——マクリーン判決

　次に、裁量行為の違法性判断の方法、あるいは裁量審査の方法という観点から、立法裁量と行政裁量の違いを見ていこう。この点に関しては、裁判実務においても、もともと行政裁量の審査方法であった判断過程審査が、立法裁量の統制においても用いられるようになっており、注目されているところである[11]。他にも、本書においても何度か取り上げているが、経済規制に関する目的二分論が、行政法における営業許可（警察法）と公企業の特許（公企業法）の区別からヒントを得ていたように、立法裁量論が、多かれ少なかれ、行政裁量論を参照しつつ、展開されていることは確かである。

　しかし、立法裁量論の参照先として考えた場合に注意しなければならないのは、伝統的行政裁量論は行政行為についての裁量を中心に置いて構築されているということである。これに関しては、先に憲法と行政法の規範構造について述べたこととも関連するが、行政行為の根拠規定は、行政庁が、どのような場合に、その行政行為をなしうるかということを、要件と効果の形で規律しているということが重要となる。伝統的行政裁量論は、要件裁量説（美濃部達吉）と効果裁量説（佐々木惣一）の対立軸で論じられるが[12]、これも行

---

10)　塩野・前掲注7）285頁は、警職法2条1項の職務質問について「任意手段にたまたま法律の根拠がある」との理解を示す。

11)　このような問題意識からの浩瀚な研究として、山本真敬『立法裁量と過程の統制』（尚学社、2022年）。

12)　塩野・前掲注7）139-140頁。

Unit 6-1 裁量

政行為を念頭に裁量を論じているからであり、行政行為の根拠規定の構造に由来している。

　法適用は、法規を大前提とし、事実を小前提として行われる三段論法の結論を導く過程であると説明される[13]。より分析的に見ると、その過程は、①法の解釈、②事実認定、③事実の要件への包摂、④効果の選択といった行程からなっている。行政裁量は、このうち、③と④の段階について論じられてきたといってよい[14]。①の法の解釈は、裁判官の専権事項とされ、「裁判官は法を知る」という格言で言い慣わされてきた[15]。行政裁量においては、行政行為それ自体が、行政庁による法律の適用行為という側面があり、行政庁も法適用の前提として法解釈を行う必要があるから、「法適用者は法を知る」と言い換えたほうがよいかもしれない。法解釈については、裁判官と行政庁は、それぞれ法適用者として、みずからの職権と責任において法解釈を行っており、いずれか一方が他方を尊重しなければならないといった関係にはない。②は、当事者の主張・立証に基づき、裁判官が自由心証主義で判断するのが基本とされている[16]。

　いわゆるマクリーン事件の最高裁判決（最大判昭和53・10・4民集32巻7号1223頁）は、行政庁の裁量判断に対しては、裁判所は「その判断の基礎とされた重要な事実に誤認があること等により右判断が全く事実の基礎を欠くかどうか」および「事実に対する評価が明白に合理性を欠くこと等により右判断が社会通念に照らし著しく妥当性を欠くことが明らかであるかどうか」について審理し、いずれかが肯定される場合に限り、裁量権の逸脱・濫用となるという判断枠組み（いわゆる社会観念審査）を示したものとして知られている。この事件で問題となったのは、在留期間更新許可に関する「在留期

---

13)　中野貞一郎『民事裁判入門〔第3版補訂版〕』（有斐閣、2012年）16頁、60頁。規範的判断において事実判断が介入することの法論理的な問題について、長尾龍一「ケルゼン再考」同『ケルゼン研究Ⅰ』（信山社、1999年）341頁以下。

14)　Wolff/ Bachof/ Stober/ Kluth, Verwaltungsrecht Bd.1, 13.Aufl., 2017, S.308ff.

15)　「裁判官は法を知る」の原則の成立経緯について、山本和彦『民事訴訟審理構造論』（信山社、1995年）96頁以下。

16)　以上については、鵜澤剛「行政裁量と考慮事項」金沢法学64巻2号（2022年）21-24頁も参照。

間の更新を適当と認めるに足りる相当の理由があるとき」（入管法21条3項）という要件規定であり、原告の行った諸々の政治活動を「日本国にとつて好ましいものではない」と評価し、そこから「同人を将来日本国の利益を害する行為を行うおそれがある者[17]」と認めて、「在留期間の更新を適当と認めるに足りる相当の理由があるものとはいえない」と判断することの妥当性である。つまり、本件は、上記枠組みのうち、政治活動という事実の評価が明白に合理性を欠くかどうか、それにより「在留期間の更新を適当と認めるに足りる相当の理由があるものとはいえない」という判断が著しく妥当性を欠くことが明らかであるかどうかが問題となったものである。

　「在留期間の更新を適当と認めるに足りる相当の理由があるとき」というような規範的概念あるいは不確定概念で定められた要件は、「過失」や「正当事由」、「背信性」などのように私法においても見られるところであり、規範的要件と呼ばれている。民事の要件事実論の通説によれば、規範的要件における要件事実は、当該規範的評価の成立を根拠づける事実（評価障害事実）とそれを妨げる事実（評価障害事実）であり、規範的評価それ自体は裁判所の専権事項で、当事者の主張立証の対象とならないと解されている[18]。マクリーン事件は、行政庁が、原告の行った政治活動を根拠事実として、「在留期間の更新を適当と認めるに足りる相当の理由があるものとはいえない」との評価をして、在留期間更新不許可処分を行っている。条文上の表現は、「在留期間の更新を適当と認めるに足りる相当の理由があるときに限り」「許可することができる」であるが、このケースでは不許可処分が行われているから、行政庁は「在留期間の更新を適当と認めるに足りる相当の理由があるものとはいえない」と判断しているわけであり、その取消訴訟の審判対象は、不許可処分が違法であること、具体的には政治活動を根拠として「在留期間の更新を適当と認めるに足りる相当の理由があるものとはいえない」と判断

---

17)　上陸拒否事由として、「法務大臣において日本国の利益又は公安を害する行為を行うおそれがあると認めるに足りる相当の理由がある者」がある（現行法では5条1項14号）から、これに該当する場合には在留期間の更新についても、これを適当と認めるに足りる相当の理由があるとはいえないということになるという解釈自体は正当なものといえよう。

18)　司法研修所編・前掲注3）30-36頁。

Unit 6-1　裁量

することが、「事実に対する評価が明白に合理性を欠くこと」により「社会通念に照らし著しく妥当性を欠くことが明らかであるかどうか」ということになるわけである。

　規範的要件について裁判所が諸般の事実を総合的に考慮して判断することは、民事訴訟においても存在するところである。裁量審査の特徴的なところは、「在留期間の更新を適当と認めるに足りる相当の理由がある」かどうか（条文）を直接審査するのではなく、「在留期間の更新を適当と認めるに足りる相当の理由があるものとはいえない」との行政庁の判断が裁量的判断であることを前提に、それが明白に合理性を欠くかどうかについて審査するという点にある。いわゆる判断代置型審査は、裁判所が「在留期間の更新を適当と認めるに足りる相当の理由がある」かどうかを直接審査する方法ということになる[19]。冒頭にも触れたように、民事の規範的要件についても、規範的判断（価値判断）が不可欠であり、唯一の客観的答えが本来的に存在し得ないという点において、判断権者たる裁判官の裁量を語ることができるかもしれない。しかしこれは、立法者が法適用者たる裁判所の判断を一義的に拘束していないということにとどまる。行政裁量は、それにとどまらず、同じ法適用者である行政庁と裁判所の間の関係としてみたときに、裁判所が行政庁の判断を尊重しなければならない場合に認められるものである[20]。

　他方、規範的判断の基礎となる具体的事実、いわゆる評価根拠事実や評価障害事実については、当事者の主張・立証に基づき裁判所が自由心証主義で判断することになる。したがって、裁判所が当該事案における具体的事実関係について詳細に認定判断していたとしても、それは当然のことであり、行政庁の裁量を尊重していないことにはならない[21]。また、裁量が認められる

---

19)　伝統的に覊束裁量行為と呼ばれてきたものは、要件に関していえば、規範的要件で定められているが、裁判所が行政庁の判断を尊重する必要がない場合と理解することができるだろう。

20)　鵜澤・前掲注16) 24-27頁。

21)　櫻井敬子＝橋本博之『行政法〔第6版〕』（弘文堂、2019年）110頁は、「行政裁量に係る司法審査の基準としての事実誤認は、多くの場合、事実に対する評価や認識レベルの問題であり、事実認定それ自体につき行政裁量を認めるものではない」とする。自由心証主義の意義については、新堂幸司『新民事訴訟法〔第6版〕』（弘文堂、2019年）595頁以下。

場合（裁量行為）と認められない場合（民事の規範的要件や羈束裁量行為）とでは、裁判所で問題となる規範的判的評価の内容が異なるが（規範的要件について裁判所が直接判断するか、行政庁の判断を尊重して明白に合理性を欠くかどうかを審査するか）、その基礎となる具体的事実については特に異なることはない。その意味で、裁量処分についても、民事の規範的要件をめぐる議論は借用が可能ということになろう。しばしば、裁量行為についての主張立証責任の所在が殊更に論じられるが、これは問題設定自体が不適切である。繰り返しになるが、裁量行為か否かによって変わるのは、規範的評価の内容であり、それは当事者の主張立証の対象ではなく、規範的評価の基礎となる具体的事実は事実認定の問題であり、この点に行政庁の裁量は認められないからである[22]。

　いわゆる効果裁量には、処分要件が充足された場合に行政庁がなし得る処分として、根拠規定が（そもそもするかどうかも含め）複数の選択肢を認めている場合と、処分要件が充足された場合に行政庁がなし得る処分について、根拠規定が不確定概念で定めている場合とがあるが、いずれについても、行政庁は諸般の事実を総合的に考慮して最適と考える処分を決定するのであり、裁判所はその行政庁の判断が明白に合理性を欠くかどうかについて審査するという点で、要件裁量について述べたことと同様のことが妥当する。たとえば、効果裁量についての代表的判例である神戸税関事件の最高裁判決（最判昭和52・12・20民集31巻7号1101頁）は、公務員に対する懲戒処分について、「懲戒権者は、懲戒事由に該当すると認められる行為の原因、動機、性質、態様、結果、影響等のほか、当該公務員の右行為の前後における態度、懲戒処分等の処分歴、選択する処分が他の公務員及び社会に与える影響等、諸般の事情を考慮して、懲戒処分をすべきかどうか、また、懲戒処分をする場合にいかなる処分を選択すべきか、を決定することができるものと考えられる」とし、「その判断は、……平素から庁内の事情に通暁し、部下職員の指揮監督の衝にあたる者の裁量に任せるのでなければ、とうてい適切な結果を期待することができない」と述べている[23]。公務員の懲戒事案では、いわゆる狭

22）　鵜澤・前掲注16）32-38頁。

Unit 6-1　裁量

義の比例原則、すなわち目的と手段との均衡が問題となるが、裁量が肯定される結果、単に均衡を欠いているかではなく、著しく均衡を欠いているかどうかについて裁判所は審査することになる。しかし、その評価の基礎となる具体的事実についての審理は、一般の民事訴訟と異なるところはない。

4　判断過程審査

　いわゆる判断過程審査を行った代表的最高裁判例である神戸高専剣道受講拒否事件の最高裁判決（最判平成8・3・8民集50巻3号469頁）は、結論として、退学処分および原級留置処分は、「考慮すべき事項を考慮しておらず、又は考慮された事実に対する評価が明白に合理性を欠き、その結果、社会観念上著しく妥当を欠く」と述べている。この事件は、単純化すれば、学校教育法施行規則が定める「学力劣等で成業の見込がないと認められる者」という退学処分の要件該当性が問題となったものであり、その点でマクリーン事件と同様に、要件裁量が問題となった事案である。行政庁は、当該学生が信仰上の理由により剣道の実技を行わなかったため必修科目である体育の単位が認定されず、2年連続して原級留置となったことから、「学力劣等で成業の見込がないと認められる者」に該当するものとして、退学処分を行ったものであり、裁判所はそのような行政庁の判断の合理性を審査することになる[24]。そして、剣道実技の拒否の理由が信仰上の真摯な理由によるものであったこと、当該学生は他の科目はむしろ成績優秀で、体育も剣道以外は特に問題はなかったこと、信仰上の理由に基づく格技の履修拒否に対して代替措置を採っている学校も現にあるなどの事実を評価して、剣道実技を行わなかったことを理由とする原級留置処分、および2年連続して原級留置となった

---

23)　鵜澤・前掲注16) 27-29頁。

24)　ただし、マクリーン事件では「憲法上、外国人は、わが国に入国する自由を保障されているものでないことはもちろん、……在留の権利ないし引き続き在留することを要求しうる権利を保障されているものでもない」ことから広範な要件裁量が導かれるのに対し、剣道受講拒否事件においては、退学処分（および原級留置処分）が学生に対して重大な不利益をもたらすものであることから「その要件の認定について……特に慎重な配慮を要する」という違いはある。

242

こともって「学力劣等で成業の見込がないと認められる者」に該当するとしてされた退学処分が「社会観念上著しく妥当を欠く」かどうかを審査しているわけである。そのようにみてくると、いわゆる判断過程審査と呼ばれているものも、関連する具体的事実の規範的評価が問題となっているという点では民事の規範的要件についての審理と共通するし、規範的評価を伴う行政庁の法適用を、具体的事実とその評価に着目して見直す（re-view）という点で、マクリーン事件の最高裁判決でとられてきたような古典的な裁量審査の方法の延長線上に捉えることができるだろう[25]。

5　立法裁量の審査方法

　ここまでみてきたように、行政行為についての裁量を中心に展開されてきた行政裁量論は、根拠規定が要件と効果の形で定められていることを大前提として、法の解釈と適用は裁判所の専権事項である一方で、法適用の基礎となる具体的事実については当事者の権能と責任である（弁論主義）という既存の訴訟法理論の原則を維持した上で、法適用における事実の規範的評価について、裁判所が行政庁の判断を尊重するというものであった。そのため、主要事実について展開されてきた既存の主張立証責任論も流用可能なものであった。

　これに対し、立法裁量の審査、すなわち法律の憲法適合性の審査については、Unit 5 でも触れたが[26]、ここで行われているのは事実の規範への当てはめではなく、規範と規範の矛盾抵触の有無の判断なのではないかという問題がある。憲法訴訟論においては、法の適用対象となる具体的事実である判決事実に対比する形で、「違憲か合憲かが争われる法律の立法目的および立法目的を達成する手段（規制手段）の合理性を裏づけ支える社会的・経済的・

---

25)　橋本博之「行政裁量と判断過程統制」同『行政判例と仕組み解釈』（弘文堂、2009 年）161 頁は、マクリーン判決を、「判断過程統制手法に係る判例法の生成過程で重要な位置を占めるもの」と位置づけている。

26)　Unit 5-3 鵜澤論文 214-215 頁。

Unit 6-1 裁量

文化的な一般的事実」を立法事実と呼んできたが[27]、これについても、「法の解釈を決定する性質のものである以上、その存否は、実際上、当事者の助力があるにしても、究極的には裁判所が、自らの職責において決定しなければならない」もので、「立法事実には立証責任というものは観念できず、またノンリケットという事態もありえない」との批判がされてきた[28]。

立法裁量の司法的統制の詳細な検討は憲法に譲るとして、ここでは以上に述べたことを1つだけ具体例でもって検討したい。検討の素材とするのは、立法事実論の典型として挙げられる薬事法違憲判決（最大判昭和50・4・30民集29巻4号572頁）である。

同判決は、薬局の適正配置規制（距離制限規制）が消極目的であり重要な公共の利益のためのものであることは認めた上で、規制の合理性と必要性の存否について検討する。規制が合理性および必要性を有するかというのは規範的判断を要することであるが、その際に同判決が重視しているのは、適正配置規制がないと、薬局の偏在によって、競争が激化し、一部薬局の経営の不安定化を招き、不良医薬品が供給される危険や医薬品乱用の助長といった弊害が生ずるというような関係を認めることができるかどうかである。ここで問題となっているのは、《薬局の偏在》→《競争の激化》→《一部薬局の経営の不安定化》→《不良医薬品の供給・医薬品乱用の助長》という経験則の存否であるといえる[29]。

一般的な訴訟法理論においては、経験則については「裁判官も、常識的な

---

27) 芦部信喜（高橋和之補訂）『憲法〔第8版〕』（岩波書店、2023年）409頁。

28) 安念潤司「憲法訴訟の当事者適格について」芦部還暦『憲法訴訟と人権の理論』（有斐閣、1985年）381頁注（8）。また、内野正幸『憲法解釈の論理と体系』（日本評論社、1991年）243-244頁も、「法律の憲法適否の判断は法律問題に属するのであるから、この判断の一要素をなす立法事実の認定についても、もっぱら法律問題として捉えられるべき」とする一方で、「憲法判断は——文面審査の場合は別として——立法事実の認定と価値判断とからなる」とし、立法事実は「価値判断命題とは区別された事実命題に関わるもの」と捉えつつ、「立法事実は通常は憲法判断の決め手になるわけではない」とする。後述の薬事法違憲判決についても、「違憲判断を導かせる主因となったのは、立法事実の認定である以上に価値判断であった」との判断を下している（245頁）。立法事実が「価値判断命題とは区別された事実命題に関わるもの」であれば、立証責任について語ることは論理的には可能ということになろう（参照、鵜澤・前掲注16）86頁注40））。

244

経験法則ならば社会人の一人として知っているはずであるから、これを証明する必要はないし、これをそのまま使用して事実認定をしても、だれでもが知っているような経験則ならば、その認定について疑惑をもたれる心配はない」とされる[30]。特殊な専門的知識に属する経験則については別という議論もあるが、薬事法違憲判決で用いられているそれは「テレビのワイドショーでいっている程度のことを並べた」にすぎない[31]。

また、適正配置規制の存在しない状況において《薬局の偏在》、《過当競争》、《一部薬局の経営の不安定化》、《不良医薬品の供給・医薬品の乱用》などの事実が存在するかどうかは純粋な事実問題であり、まさに立法事実といえるが[32]、これらも常識的なものといえる（「テレビのワイドショーでいっている程度のこと」であれば、その可能性は高い）のであれば、いわゆる公知の事実として、証明が不要となる[33]。逆に、自然科学や社会科学の成果であるとしても、これらが当事者の主張立証に委ねられるべきものかは疑問がある。通常の訴訟当事者はこのような知識には通暁していないし、逆に、当事者の稚拙な訴訟活動のために科学的知識の内容が歪められ、判決の基礎とされるような事態は認めるべきではないからである[34]。立法事実について、「正当化責任」あるいは「論証責任」といった用語を当てて、訴訟当事者の役割を明らかにしようとする試み[35]はもとより重要であるが、立証責任の分配が当事者間の公平という観点を踏まえて決定されることからしても[36]、立法事実について、ノンリケットのリスクが当事者のいずれか一方に負わされる（通常の意味の

---

29) 巽智彦「立法事実論の再構成」石川健治＝山本龍彦＝泉徳治編『憲法訴訟の十字路』（弘文堂、2019年）19頁参照。

30) 新堂・前掲注21）581頁。

31) 安念潤司「演習　憲法」法教284号（2004年）109頁。

32) 巽・前掲注29）19頁参照。

33) 新堂・前掲注21）593頁。

34) 太田勝造「裁判による民事紛争解決——立法事実と正当化責任を中心として」（1988年）同『民事紛争解決手続論〔第2刷新装版〕』（信山社、2008年）139頁以下、原竹裕『裁判による法創造と事実審理』（弘文堂、2000年）294頁以下。

35) 前掲34）に挙げた文献のほか、巽智彦「憲法関係の訴訟における事案の解明」伊藤滋夫編『憲法と要件事実』（日本評論社、2020年）5頁以下。

36) 新堂・前掲注21）613-617頁。

Unit 6-1 裁量

立証責任）ことはありえず、両者の違いには十分に留意する必要がある。

6 若干の展望

　以上に述べてきたように、行政行為を念頭に展開されてきた行政裁量論と立法裁量論との間には、その司法的統制の方法において、無視できない違いがある[37]。もっとも、行政裁量のなかにも、根拠規定が要件と効果の形で定められているわけではないものがある。たとえば、行政立法（委任命令）の根拠規定は「○○については××令で定める」というような体裁であり、裁量は委任の範囲内において自由に内容を形成できるという形で与えられる。また、行政計画についても、どのような場合にどのような計画を定めるべきかが根拠規定において定められることはなく、せいぜい指針や考慮事項が定められるにとどまる[38]。計画裁量を目的プログラムと特徴づけ、伝統的な行政行為をめぐる裁量を条件プログラムと特徴づけて、それとの対比で計画裁量の特徴が論じられる[39]要因の一端も、このような根拠規定の定め方の違いに求められるだろう。

　行政立法や行政計画の裁量審査において問題となるのは、当該事案や当事者に関する具体的事実というよりも、より広い、社会一般の事実である。たとえば、美術品として価値のある刀剣類の登録における鑑定の基準を委任された銃砲刀剣類登録規則の規定が、鑑定の対象を日本刀に限定していることの適法性が問われた最判平成2・2・1民集44巻2号369頁においては、同規定が委任の趣旨に照らし合理性を有するかどうかを審査する際に、登録制

---

37)　立法裁量の統制における考慮事項が類型的なものであるのに対し、行政処分の場合のそれは個別的具体的なものである旨の指摘として、山本・前掲注11）310頁。

38)　都市計画の基準について定める都市計画法13条1項各号は、その典型的である。たとえば、11号は都市施設に関する都市計画について、「都市施設は、土地利用、交通等の現状及び将来の見通しを勘案して、適切な規模で必要な位置に配置することにより、円滑な都市活動を確保し、良好な都市環境を保持するように定めること」と定めており、「土地利用、交通等の現状及び将来の見通しを勘案し」は考慮事項を示すもの、「円滑な都市活動を確保し、良好な都市環境を保持するように定めること」は指針を定めるものと理解できる。

39)　遠藤博也『計画行政法』（学陽書房、1976年）91頁以下。

246

度の沿革[40] が参照されている。また、児童扶養手当の支給対象児童を委任された児童扶養手当法施行令の規定が、「母が婚姻によらずに懐胎した児童」を支給対象児童としつつ、「認知された児童を除く」としていたことの適法性が問われた最判平成 14・1・31 民集 56 巻 1 号 246 頁においては、父による認知があった場合に、（法律上は扶養義務が発生するが）通常父による現実の扶養を期待することができるかどうかが問題となり、必ずしもそうとはいえないことが、同規定を委任の範囲を逸脱する違法・無効なものとする決め手となっている。あるいは、小田急線の高架化事業に関する都市計画決定の適法性が問われた最判平成 18・11・2 民集 60 巻 9 号 3249 頁においては、高架式、地下式、高架式と地下式の併用の 3 つを比較した場合のそれぞれのメリット・デメリットの点から、高架式を採用した計画決定の合理性が問題となっている。これらの事実は、もちろん訴訟当事者は諸々の主張立証をするであろうが、当該事案や当事者に関する具体的事実ではなく、立法裁量について論じてきた立法事実に近いものがある。

　立法事実のような社会的事実あるいは経験則について、どのように訴訟に顕出させるべきかは、立法裁量論のみならず、行政裁量論にとっても重大な関心事である。**3**の冒頭で、立法裁量論は行政裁量論を参照しつつ展開されてきたと述べたが、逆に立法裁量に関する議論から行政裁量論が示唆を受ける時代も到来するのかもしれない[41]。

---

40)　登録制度は、GHQ による占領の際に、日本の武装解除の一環として一切の武器が接収されることとなったのに対し、愛刀家の鑑賞の対象であった日本刀まで接収されることに抵抗し、GHQ と折衝した結果、生まれた制度であった（民集 44 巻 2 号 373 頁）。

41)　山本・前掲注 11) 306-308 頁は、行政立法の裁量統制を、特に行政処分のそれと比較しつつ、行政立法の場合は「実体的な考慮要素の取扱いに焦点が当てられることになる」ために「結果統制と判断過程統制の差異が相対化される」と指摘する。そして、判断過程審査の結果、行政処分が違法として取り消された場合は、同一内容の行政処分を再び行うことは必ずしも妨げられないのに対し、行政立法の場合は、「判断過程」に瑕疵があることは文言として表れた考慮要素の取扱いに瑕疵があるということになる」ため「当該法規命令は同じ文言になることはなくなる」と指摘する。

247

Unit 6-2 裁量
裁量をめぐる憲法論

櫻井智章

1 はじめに

　憲法と行政法の専門分化は、本書で何度も触れられてきた。公法学会において、同一人物が扱ったこともある立法裁量と行政裁量[1]が、その後、別々の人物によって別個に扱われるようになったこと[2]に象徴されるように、裁量論はその重要な一局面である。憲法学はもっぱら立法裁量を扱い、行政裁量は行政法学が扱うという「学問的な守備範囲」が「暗黙の了解」[3]とされてきた。

　しかし例えば、まずは憲法で勉強するはずのマクリーン事件は、Unit 6-1 鵜澤論文において「古典的な行政裁量の審査方法」として検討されていた[4]ように行政裁量に関する重要判例でもある。マクリーンの行った政治活動は「直ちに憲法の保障が及ばない政治活動であるとはいえない」[5]とされながらも、結局はマクリーン側の敗訴に終わったのであるから、憲法上の論点（外国人に対する基本権保障に関する権利性質説）だけでは同判決を適切に理解したものとはいえず[6]、出入国管理制度とその分野における法務大臣の裁量に

1）　覚道豊治「立法裁量と行政裁量」公法研究 41 号（1979 年）171 頁以下。
2）　戸松秀典「立法裁量」公法研究 55 号（1993 年）109 頁以下、宮田三郎「行政裁量」同 136 頁以下。
3）　渡辺康行「憲法上の権利と行政裁量審査」高橋和之先生古稀記念『現代立憲主義の諸相(上)』（有斐閣、2013 年）327 頁。
4）　Unit 6-1 鵜澤論文 237 頁以下。
5）　最大判昭和 53・10・4 民集 32 巻 7 号 1223 頁（1234 頁）。
6）　平成 29 年度司法試験の憲法（公法系科目第 1 問）の「論文式試験出題の趣旨」を参照。

248

ついてまで理解しておく必要がある。その他にも憲法判例において行政裁量が重要な役割を果たしているものは多い[7]。

そのため裁量論は「憲法と行政法の交差点」に相応しいテーマであるが、それだけでなく、そもそも近年、裁量論に対する憲法学の関心が高まっている。その背景としては、次の2点を挙げることができる。

第1に、2000年以降の最高裁による違憲判決（決定も含む）は、政教分離の事例[8]を除くと、つまり法令違憲はすべて、国家賠償制度、選挙・国民審査の在外投票制度、国籍制度、婚姻・相続制度などのように立法裁量が問題となりうる分野で出されていた[9]。単純な自由権（防御権）侵害の事例ではなく、立法裁量が問題とされる分野で違憲判決が出されているのが特徴である。立法裁量は、かつて「デッドロック[10]」と評されたこともあったが、そうした分野でむしろ多くの違憲判決が出されているのであり、それ自体として興味を引く状況となっている。

第2に、立法裁量が重視されてきた選挙制度についても、衆議院で3度、参議院で2度も「違憲状態判決」が出され続けた[11]。衆議院と比べて比較的安定していた参議院に関する判例に変化が生じたのは平成16年判決（最大判平成16・1・14民集58巻1号56頁）であり、そこでは多数意見が、従来の判例に依拠した「補足意見1」と、新たな「補足意見2」に分かれた。この「補

---

7) 後述**4**で触れるもののほか、朝日訴訟（最大判昭和42・5・24民集21巻5号1043頁）、よど号記事抹消事件（最大判昭和58・6・22民集37巻5号793頁）など。

8) 最大判平成22・1・20民集64巻1号128頁〔空知太神社〕、最大判令和3・2・24民集75巻2号29頁〔孔子廟〕。

9) 最大判平成14・9・11民集56巻7号1439頁〔郵便法〕、最大判平成17・9・14民集59巻7号2087頁〔在外選挙〕、最大判令和4・5・25民集76巻4号711頁〔在外国民審査〕、最大判平成20・6・4民集62巻6号1367頁〔国籍法〕、最大判平成27・12・16民集69巻8号2427頁〔女性の再婚禁止期間〕、最大決平成25・9・4民集67巻6号1320頁〔非嫡出子の法定相続分〕。その後、憲法13条違反が2件続いた。最大決令和5・10・25民集77巻7号1792頁〔性同一性障害者特例法〕、最大判令和6・7・3裁判所ウェブサイト〔旧優生保護法〕。

10) 棟居快行「立法裁量」（1994年）同『憲法学再論』（信山社、2001年）418頁。

11) 最大判平成23・3・23民集65巻2号755頁〔衆〕、最大判平成24・10・17民集66巻10号3357頁〔参〕、最大判平成25・11・20民集67巻8号1503頁〔衆〕、最大判平成26・11・26民集68巻9号1363頁〔参〕、最大判平成27・11・25民集69巻7号2035頁〔衆〕。

249

Unit 6-2　裁量

足意見2」が平成18年判決（最大判平成18・10・4民集60巻8号2696頁）の多数意見に取り込まれ[12]、最終的に平成24年違憲状態判決を導いた。そうした大きな変化を促した平成16年判決の「補足意見2」を主導したのが行政法学者の藤田宙靖裁判官であり、行政裁量統制の手法である《判断過程統制》を立法裁量の統制に導入したことから、行政裁量統制手法に対する憲法学の関心も高まった[13]。

　そして、更にその背後には、《違憲審査基準論》についてどのように考えるべきか、という現在の憲法学が抱える大きな問題が伏在している。

2　行為規範と評価規範

　法には、事前に為すべきことを示す行為規範の機能と、事後的に評価する際の基準となる評価規範（裁決規範）の機能があることは、法学入門などで勉強するであろう[14]。こうした行為規範と評価規範を区別することの法解釈論にとっての意義を重視したのが新堂幸司であった。新堂は、時間の経過とともに多くの行為が積み重ねられる訴訟法においては行為規範と評価規範の区別が重要であると指摘し[15]、特に当事者確定論に新たな道を拓いた[16]だけでなく、争点効理論の提唱にもつながった[17]。行為規範と評価規範の区別は、訴訟法だけでなく実体法においても意味をもつことを指摘したのが内田貴である[18]。教科書でも婚姻意思について行為規範と評価規範の分離という観点

---

12)　谷口豊「判解」最判解民平成18年度(下) 1053頁。

13)　特に、山本真敬『立法裁量と過程の統制』（尚学社、2022年）、同「『立法裁量』と『行政裁量』の関係についての一考察」早稲田法学会誌63巻2号（2013年）371頁を参照。

14)　伊藤正己＝加藤一郎編『現代法学入門〔第4版〕』（有斐閣、2005年）34-35頁、田中成明『法学入門〔第3版〕』（有斐閣、2023年）34-35頁など。「行為規範」を「広域犯」と聞き間違えるまでが、パワーポイントどころか板書やレジュメ配布もなかった時代の「法学部あるある」であった。

15)　新堂幸司『民事訴訟法』（筑摩書房、1974年）32-33頁。

16)　新堂幸司「訴訟当事者の確定基準の再構成」（1974年）同『民事訴訟法学の基礎』（有斐閣、1998年）163頁。

17)　新堂幸司『訴訟物と争点効(上)(下)』（有斐閣、1988年・1991年）が何より参照されるべきであるが、簡単には、同『新民事訴訟法〔第6版〕』（弘文堂、2019年）311-312頁。

250

から説明されている[19] が、内田の問題関心は初期からのものであり[20]、契約法（関係的契約論）においても活かされている[21]。

このように日本の実定法学にもなじみのある行為規範と評価規範（審査規範）の区別は、ドイツでは憲法裁判権の限界確定の文脈で憲法訴訟法の標準的な教科書でも触れられている[22]。日本の公法学においても行政裁量論でこの区別に触れるものもある[23] ほか、憲法学でも「憲法規範の二重化」[24] として問題とされるようになっている。裁判所においては憲法も行政法も評価規範として機能するが、憲法は（行為規範・評価規範と区別された組織規範[25]は別として）第一次的には全国家機関を名宛人とする行為規範であり、「法律による行政の原理」を基本原則とする行政法（個別行政法）も第一次的には行政機関を名宛人とする行為規範である（本書では、制限規範である憲法と授権規範である行政法という対比がなされてきたが、いずれにせよ行為規範である）。裁判所が立法者や行政機関の判断を尊重するのであれば、行為規範と評価規範は分離することとなる。

判例中心の勉強ではどうしても評価規範ばかりに目が行きがちである。機関相互の権限分配的な観点からも、裁判所の審査のあり方に注目が集まるのには十分な理由がある。しかし、行為規範の側面にも目が向けられるべきである。行為規範としては、国家は公益を最大限に実現するように義務づけられている。裁量が認められる（べきな）のは、「事（柄）の性質」からして、裁判所よりも議会や行政機関の判断に委ねた方がより良い結果が得られると

---

18) 内田貴「民事訴訟における行為規範と評価規範」（1986 年）新堂幸司編著『特別講義民事訴訟法』（有斐閣、1988 年）3 頁。刑法学にとっての意義については、大塚裕史「犯罪論の基礎」法セ 820 号（2023 年）53-54 頁を参照。

19) 内田貴『民法IV 親族・相続〔補訂版〕』（東京大学出版会、2004 年）61-63 頁。

20) 内田貴『抵当権と利用権』（有斐閣、1983 年）321 頁以下。

21) 内田貴『契約の再生』（弘文堂、1990 年）177 頁。

22) *Klaus Schlaich / Stefan Korioth*, Das Bundesverfassungsgericht, 12.Aufl. 2021, Rn.515ff. 詳しくは、宍戸常寿『憲法裁判権の動態〔増補版〕』（弘文堂、2021 年）250 頁以下を参照。

23) 何よりも、中原茂樹『基本行政法〔第 4 版〕』（日本評論社、2024 年）143-144 頁を参照。

24) 毛利透「立法権にとっての憲法と司法権にとっての憲法」泉徳治ほか『統治構造において司法権が果たすべき役割 第 2 部』（判例時報社、2021 年）287 頁以下。

25) 田中・前掲注 14) 35-36 頁。詳しくは、同『現代法理学』（有斐閣、2011 年）67-70 頁。

Unit 6-2 裁量

考えられるからである。裁判所が立法や行政の行為を評価（審査）する際には、民主的正統性や審査能力の観点から立法や行政の判断を尊重すべき場面はある。しかし、仮に裁量の範囲内であって当／不当の問題にしかならないとしても、すなわち合憲／違憲あるいは適法／違法の評価しかなしえない裁判所による審査には服さないとしても、立法も行政も行為規範としては常に公益の最大限の実現を目指して行為しなければならず、法が裁量権を与えた趣旨に沿って適切に行使しなければならないのである[26]。

　この点で以前から気になっているのが、国側が反論として裁量を理由に裁判所の審査範囲の限定を主張することである。実際の裁判でも多く見られるほか、特に憲法では司法試験などで「裁量があるので緩やかな基準で審査すべき（審査基準を緩和すべき／引き下げるべき）」という解答例が見られる。このような主張は「厳密な審査には耐えられないので手加減してください」という情けない主張か、よくても「我々が決めたことだから裁判所は口を出すな」という傲慢な主張にしか見えないのは私だけであろうか。仮に裁判所の審査には服さないとしても、立法や行政は自身の判断の合憲性（適法性）および妥当性を正面から説明すべきである。

3　立法裁量と憲法論

　憲法学においては、最高裁が立法裁量を強調して多くの合憲判決を下してきたことから、立法裁量論は「違憲立法審査権行使の最大の障害」[27]と批判されてきた。学説は、例えば芦部信喜の立法裁量論の特徴として「審査基準還元論」が指摘される[28]ように、ここでも違憲審査基準で対応しようとしてきた（「立法裁量論と審査基準とは表裏一体」[29]）。立法裁量の広狭の問題が違

---

26) 前掲・平成16年判決〔参〕の補足意見2（民集58巻1号56頁〔68頁〕）。
27) 永田秀樹「立法裁量論批判」ドイツ憲法判例研究会編『憲法の既判力と憲法裁判〈講座・憲法の規範力 第2巻〉』（信山社、2013年）194頁。
28) 長尾一紘「立法裁量の法理」（2008年）同『基本権解釈と利益衡量の法理』（中央大学出版部、2012年）127-128頁。
29) 戸松秀典『立法裁量論』（有斐閣、1993年）59頁。

252

憲審査基準の緩厳の問題として扱われてきたのである[30]。そのうえで「生存権は『生きる権利』そのものだから厳格な合理性の基準で審査すべき」などという見解[31]を目にすれば、「お手軽感」を覚えて「『審査基準こそが全てである』と考えている学生」[32]が増えるのも自然であろう。

　立法裁量が問題とされる場面は、①立法者の判断の尊重が求められる場合（立法裁量①）、②立法者による制度形成が必要となる場合（立法裁量②）の2種類がある。従来、両者が区別されることもなく論じられてきたが、立法裁量①と立法裁量②では問題状況が異なる。そもそも基本権と法律の関係について、従来の憲法学は「法律による基本権の制限」ばかりを考えてきたが、「法律による基本権の内容形成」の側面にも注目を促したのが小山剛である[33]。その小山が学生向けに憲法の論証作法を解説したのが『「憲法上の権利」の作法』である[34]。同書はドイツの憲法裁判所が用いている「三段階審査」を日本でも普及させたものとして有名であるが、同書の重要な点は三段階審査が使える場面と使えない場面を明らかにしたこと、そして使えない場面についての対応方法を説明したことにこそある[35]。立法裁量②が三段階審査の使えない場面の典型である。従来はこの場面でも違憲審査基準で対応しようとしてきたが、阪本昌成は「『制度依存型基本権』の保障の合憲・違憲の分岐点を探ろうとするさいには、従来の違憲審査基準論は通用しがたい」[36]と指摘する。近年の学生向けFAQ集では違憲審査基準は使えないことを前提とした説明になっている[37]。そもそも立法者が決めなければ何も始まらないのであるから、「立法裁量」というよりも初期の判例で用いられていた「立法

---

30)　代表的には、戸松秀典『憲法訴訟〔第2版〕』（有斐閣、2008年）255-256頁。

31)　芦部信喜『憲法判例を読む』（岩波書店、1987年）161頁、同（高橋和之補訂）『憲法〔第8版〕』（岩波書店、2023年）140頁。

32)　阪口正二郎「人権論Ⅱ・違憲審査基準の二つの機能」辻村みよ子＝長谷部恭男編『憲法理論の再創造』（日本評論社、2011年）148頁。

33)　小山剛『基本権の内容形成』（尚学社、2004年）。

34)　小山剛『「憲法上の権利」の作法』（尚学社、初版・2009年、第3版・2016年）。

35)　山本龍彦「三段階審査・制度準拠審査の可能性」法時82巻10号（2010年）101頁。

36)　阪本昌成「違憲（司法）審査基準論を質す」(2013年)同『権力分立』（有信堂、2016年）262頁。これは平成23年度採点実感を受けて書かれたものである。

Unit 6-2　裁量

政策」という表現の方がふさわしい。この分野での統制手法の検討は重要なテーマである[38]（後述**5**）。

　それに対して立法裁量①は、裁判所よりも立法者の判断の方がより適切だとされる場合である。経済的自由の積極目的規制のように政策的判断が必要とされる分野や租税立法のように専門技術的判断が必要とされる分野[39]が典型例であり、そこでは国会こそが「機能を果たす適格を具えた国家機関[40]」だとされ、裁判所としては立法者の判断を尊重して自身の積極的な判断を控えることが求められる（司法の自己抑制）。ここまでは概ね承認されているが、残るのは「立法者自身の憲法判断はどうするか」という問題である。裁判所では立法者の判断が尊重されるとしても、立法者は法律の合憲性について厳密に検討しなければならない。立法者が厳密な合憲性審査を行うからこそ、裁判所は独自の判断を控えることが可能となる。立法者が「裁判所では緩やかな審査しか行われないから」という理由で厳密な合憲性審査を怠ることは、裁判所が審査を控える根拠を喪失させる。立法段階における事前の合憲性審査において大きな役割を果たしてきたのが——実際に制定される法律のほとんどは内閣提出であるため——内閣法制局である[41]。内閣法制局は経済的自由を規制する法律であっても事前に厳密に合憲性を審査している。薬事法の距離制限は、内閣法制局が合憲性に疑義を示したため議員立法で導入されたが、案の定、最高裁によって違憲と判断された[42]ことは有名である[43]が、

---

37)　岡山大学法科大学院公法系講座編著『憲法 事例問題起案の基礎』（岡山大学出版会、2018 年）35 頁以下、山本龍彦「立法裁量の統制」曽我部真裕ほか編『憲法論点教室〔第 2 版〕』（日本評論社、2020 年）57 頁。

38)　渡辺康行「立法者による制度形成とその限界」法政研究 76 巻 3 号（2009 年）1 頁、篠原永明『秩序形成の基本権論』（成文堂、2021 年）特に 159 頁以下など。学生向けでも、小山・前掲注34)〔第 3 版〕113 頁以下、渡辺康行ほか『憲法 I 基本権〔第 2 版〕』（日本評論社、2023 年）83頁以下〔渡辺〕。

39)　サラリーマン税金訴訟：最大判昭和 60・3・27 民集 39 巻 2 号 247 頁。

40)　小売市場事件：最大判昭和 47・11・22 刑集 26 巻 9 号 586 頁（592 頁）。

41)　大石眞『統治機構の憲法構想』（法律文化社、2016 年）261 頁以下、300 頁以下。

42)　最大判昭和 50・4・30 民集 29 巻 4 号 572 頁。

43)　例えば、山本真敬＝小石川裕介「自分の好きなところに店を開くことができない？」山本龍彦ほか編著『憲法判例から見る日本』（日本評論社、2016 年）174 頁。

254

最高裁が合憲と判断した公衆浴場法の距離制限[44]についても内閣法制局（当時は法務府）が難色を示したため議員立法で導入されたという経緯がある[45]。「土地収用法をはじめ、財産権に関連する法律問題について、憲法 29 条の各条項との関係をやかましく議論しているのは、昨今では、おそらく法制局が第一かも知れない」[46]というほど、裁判所が緩やかな審査しか行わない分野でも内閣法制局は厳格に審査を行ってきた。

　この問題が表面化したのが令和 2 年度司法試験の憲法の問題であった。法律家として事前に憲法上の問題について助言するタイプの出題であるから、裁判所の立場ではなく法制局のような立場で助言すべきであるにもかかわらず、出題趣旨[47]において小売市場事件判決などを用いて論を組み立てる見解が提示されたため、木下昌彦が厳しい批判を加えた[48]。三段階審査・比例原則との対比で違憲審査基準は議会と裁判所の役割分担だという点が強調されるようになってきた。高橋和之は「〔全国家機関が服すべき比例原則とは異なり〕審査基準は訴訟手続上の基準である。したがって、裁判所だけが直接の名宛人であり、立法権がそれに服することはない。……審査基準論の根拠は、……憲法が統治機構全体の中で裁判所に期待している役割である」[49]と述べる。そうであるならば、裁判外で行われる合憲性審査において違憲審査基準を用いることは不適切ということになる。

　事前に一般的に法令の合憲性を検討できることも法律家に求められる能力である（だからこそ司法試験でも出題されたはずである）。弁護士であっても、審議会等に関与することはありうるし、議員や公務員として働く機会も増えているため議会や中央省庁・自治体で法令の制定に携わることもありうる。

---

44)　最大判昭和 30・1・26 刑集 9 巻 1 号 89 頁。

45)　内閣法制局百年史編集委員会編『内閣法制局百年史』（内閣法制局、1985 年）273 頁、小嶋和司『憲法学講話』（有斐閣、1982 年）170 頁。小嶋の見解は後の最判平成元・3・7 判時 1308 号 111 頁に影響を与えた。

46)　林修三『法制局長官生活の思い出』（財政経済弘報社、1966 年）196 頁。

47)　令和 2 年度司法試験「論文式試験出題の趣旨」公法系科目第 1 問。

48)　木下昌彦「法律案の違憲審査において審査基準の定立は必要か」法セ 797 号（2021 年）48 頁。

49)　高橋和之『体系 憲法訴訟』（岩波書店、2017 年）246 頁。伊藤健『違憲審査基準論の構造分析』（成文堂、2021 年）383 頁も参照。

Unit 6-2　裁量

違憲な法令を事後的に除去できることが重要であることは言うまでもないが、違憲な法令を誕生させないことの方が有意義である。裁判所が立法者の判断を尊重すべきだとしても、それはあくまでも「司法の自己抑制」としてであり、立法者が「裁判所は自制してくれるだろうから厳密に合憲性を検討しなくてよい」ということにはならない。「裁判になったとしても負けなければよい」というのは1つの考え方ではあるが、行為規範としては合憲性に疑義のない法令の制定を目指すことが求められる。立法者自身が立法者への敬譲を前提とした緩やかな審査基準を用いることには問題があると言わざるを得ない[50]。

4　行政裁量と憲法論

　近年では、憲法学においても行政裁量が注目されるようになってきている[51]。法理論的な検討も見られる[52]が、ロースクール時代を反映して最高裁判例を検討するものが多い。判例において、裁量審査の「中」で憲法上の権利が考慮される傾向[53]を肯定的に評価する見解もある[54]が、「人権が裁量における一考慮要素に格下げされる」[55]と批判されることが多い。行政裁量については、「違法」と判断されたもの[56]はあっても「違憲」と判断されたものはない。学説上は「処分違憲」の論理的可能性を否定する見解[57]もあるが、処分が「違憲（かつ違法）」という事態は考えうる[58]。

---

50)　毛利・前掲注24) 297-298頁、301頁。

51)　渡辺・前掲注3)、同『「内心の自由」の法理』（岩波書店、2019年）286頁以下、太田健介「憲法学から見た行政裁量とその統制」東京大学法科大学院ローレビュー5号（2010年）25頁、永田秀樹「憲法と行政裁量」法時85巻2号（2013年）48頁、堀口悟郎「行政裁量と人権」法学研究91巻1号（2018年）479頁、栗田佳泰「行政裁量統制における憲法上の権利と憲法的価値に関する序論的考察」法政理論50巻1号（2018年）209頁、尾形健「行政裁量の憲法的統制について」立命館法学393・394号（2021年）188頁など。

52)　高田倫子「ドイツ行政裁量論における憲法の構造理解とその変遷㈠～㈢・完」阪大法学62巻2号（2012年）291頁、5号（2013年）251頁、6号（同年）157頁。

53)　宍戸常寿「裁量論と人権論」公法研究71号（2009年）109頁。

54)　例えば、曽我部真裕「違憲審査の活性化のために（覚書）」泉ほか・前掲注24) 123-129頁。

55)　高橋・前掲注49) 283頁。

256

しかし、制度的には、事件の解決のためには行政処分を「違法」といえれば十分で、面倒な大法廷事件（裁判所法 10 条 2 号）にしてまで「違憲」という必要はないため、最高裁がわざわざ処分違憲判決を下す可能性は低い。「最高裁が処分違憲の手法を避けていることは明らか」[59] である。そして、このような最高裁の姿勢は、制度的な制限のない下級審にも伝播する。

　学説上は、「処分違憲と行政裁量については、今後憲法・行政法の接近が期待される問題」[60] だと 10 年前に指摘されていた。憲法学は、行政法学で説かれる行政裁量統制の手法とは無関係に、行政処分についても違憲審査基準を用いて審査することを想定してきた。しかし、そもそも行政処分に対して違憲審査基準は使えるものなのか。従来は使えるものと考えていたようである（例えば戸松秀典は「法令や行政処分等の合憲性を判断するとき、裁判所は、種々の審査基準を用いる」[61]）と行政処分の違憲審査にも審査基準を用いることを当然の前提とした記述をしている）。しかし違憲審査基準が議会と裁判所の役割分担の問題なのだとすれば、そのような違憲審査基準を行政処分との関係でも用いてよいかは疑問視されるべきである。この点を明言するのが阪本昌成である。「通説の説いてきた違憲審査基準論や二重の基準論は、"法令を支えている立法事実に対する裁判所の目線の置き方問題であって、……処分審査（行

---

56)　憲法学でも扱われるものとして、例えば、最判平成 8・3・8 民集 50 巻 3 号 469 頁〔神戸高専エホバの証人剣道拒否〕、最判平成 9・8・29 民集 51 巻 7 号 2921 頁〔第三次家永教科書〕、最判平成 18・2・7 民集 60 巻 2 号 401 頁〔呉市教研集会〕など。

57)　木村草太「憲法判断とは何を判断することなのか？」木村草太＝西村裕一『憲法学再入門』（有斐閣、2014 年）81 頁。

58)　問題の所在については、石川健治ほか「『公法訴訟』論の可能性(1)(2・完)」法教 391 号（2013年）97 頁、392 号（同年）69 頁を参照。本稿では行政処分（特に裁量処分）の違憲性を念頭に置いているが、一般に処分違憲には事実行為や裁判所の判決なども含まれる。第三者所有物没収事件（最大判昭和 37・11・28 刑集 16 巻 11 号 1593 頁）を最高裁自身は法令違憲とは考えておらず、そのため法律を違憲とした場合に裁判書の正本を国会に送付するという手続（最高裁判所裁判事務処理規則 14 条）はとられていない（法曹 146 号 48 頁）。

59)　宍戸常寿『憲法 解釈論の応用と展開〔第 2 版〕』（日本評論社、2014 年）314 頁。

60)　原田大樹＝笹田栄司「行政法——憲法との共通点と相違点」法教 396 号（2013 年）15 頁〔原田〕。

61)　戸松・前掲注 30) 284 頁（強調は引用者）。

Unit 6-2 裁量

政決定の裁量審査）には通用しない"と、教科書は明言すべきである」[62]。近年では「処分の合憲性を問題としたい場合（処分違憲の主張）には、違憲審査基準を使うことができず、その合憲性はそれ以外の方法によって判断しなければならない」[63] と学生向け FAQ 集にも明記されるようになっている。比例原則であれば、法令違憲と処分違憲を同様の思考で考察できるだけでなく、既存の行政裁量統制手法との接合も容易である[64]（後述5）が、いずれにせよ最高裁が処分違憲判決を下すことを制度的に期待しえない以上、現状では行政裁量の「中」で統制密度を高める方向で憲法論を活かすのが現実的に妥当な戦略とならざるを得ない（Unit 11-1 櫻井論文 412 頁以下）。

5 裁量統制

Unit 6-1 鵜澤論文では、行政裁量論が立法裁量論から示唆を受ける可能性に触れられていた[65] が、憲法学の観点からは、歴史的にも先行して形成されてきた行政裁量論から立法裁量論が学ぶべきことはなお多い。例えば、裁量基準の設定や理由の提示など《行政過程の透明性》の向上を目的とする行政手続法の制定は、「行政裁量の司法審査を拡充させるとともに、司法審査の密度を高める重要な契機となった」[66] と評価されている。こうした観点から考えると、立法過程の改革の必要性が浮上せざるを得ない。特に、非公式な与党の事前審査制は、《不透明》というだけでなく、国会の審議が空洞化する原因にもなっている。政治的観点からだけでも大きな問題である[67] が、さらにこの結果として生じる公式の立法資料の過少は、憲法訴訟にとっても

---

62) 阪本・前掲注 36) 251 頁。「法制が違憲ではないことを前提とする行政決定等においては、『違憲（司法）審査基準』論は通用しないことになる」（同 265 頁）。

63) 岡山大学法科大学院公法系講座・前掲注 37) 24 頁。山本龍彦「行政裁量と判断過程統制」曽我部ほか・前掲注 37) 50 頁も違憲審査基準は使えないという前提のようである。

64) 例えば、最判平成 24・1・16 判時 2147 号 127 頁〔君が代懲戒〕。

65) Unit 6-1 鵜澤論文 247 頁。

66) 宇賀克也『行政法概説Ⅰ〔第 8 版〕』（有斐閣、2023 年）379 頁。

67) 大山礼子『日本の国会』（岩波新書、2011 年）67 頁以下、同「国会の機能と手続をめぐる問題」大石眞＝大山礼子編著『国会を考える』（三星堂、2017 年）292 頁以下など。

258

マイナスであり、憲法訴訟論の観点からも立法過程の改革が求められる。行政過程と立法過程の異同など検討すべき課題はなお多くある[68]が、少なくとも現状の立法過程は、立法裁量の統制に相応しいものになっていない。

　また、行政法では「行政訴訟における行政の説明責任」[69]が主題化されるが、憲法学で「憲法訴訟における立法者の説明責任」が問題にされることはない。行政処分の取消訴訟では処分庁が訴訟に関与しないことは想定されておらず（行政事件訴訟法11条）、処分庁以外の行政庁であっても訴訟資料を豊富にして適切な裁判を可能にするために訴訟参加が認められる（同23条[70]）のに対して、そもそも憲法訴訟では法律の合憲性が問題となる場合であっても立法者の意見を聴く公式の手続は法定されていない[71]。立法者の意見も聴かずに立法裁量の行使が合理的か否かの十分な評価ができるものであろうか。現状の裁判手続も立法裁量の統制に相応しいものになっていない。

　さらに、行政裁量統制として通常挙げられる、①重大な事実誤認、②目的違反・不正な動機、③比例原則違反、④平等原則違反[72]からも学ぶべきことはある。これらは「裁量処分だとしても違法となる」ということであって、裁量のない処分（羈束処分）であっても違法となる[73]。さらには行政処分に限定すべき理由もなく、立法の合憲性審査にも転用可能である。①は立法事実論において発展させるべきテーマである。最高裁が濫用気味に用いてきた

---

68)　赤坂幸一「立法過程の合理化・透明化」法教440号（2017年）36頁、宮村教平「立法過程の構造と解釈㈠㈡・完」自治研究99巻2号（2023年）137頁、同3号（同年）128頁。

69)　北村和生「行政訴訟における行政の説明責任」磯部力ほか編『行政法の新構想Ⅲ　行政救済法』（有斐閣、2008年）85頁、深澤龍一郎「行政訴訟の審理のあり方」ジュリ1263号（2004年）61頁。判断過程統制では「行政機関の『説明責任』という観点が重要」とされる。橋本博之『現代行政法』（岩波書店、2017年）88頁。

70)　「行政訴訟の特性が現れた参加制度」と評される。宇賀克也『行政法概説Ⅱ〔第7版〕』（有斐閣、2021年）243頁。

71)　Unit 5-2 櫻井論文198頁。私人間の憲法訴訟の際に行政事件訴訟法23条の「類推適用」を「検討してもよい」という指摘がかつてなされたことがある。柴田保幸「判解」最判解民昭和62年度249頁。

72)　宇賀・前掲注66）375-376頁、塩野宏『行政法Ⅰ〔第6版補訂版〕』（有斐閣、2024年）147-148頁など。

73)　曽和俊文『行政法総論を学ぶ』（有斐閣、2014年）195頁。

259

Unit 6-2 裁量

「制定当時は合憲だった法律が、その後の事情変更によって合理性を喪失して違憲に転化する」という手法[74] についても、命令等の制定後に「実施状況、社会経済情勢の変化等を勘案し、必要に応じ、当該命令等の内容について検討を加え、その適正を確保するよう努めなければならない」と規定する行政手続法 38 条 2 項は参考になる。③比例原則については Unit 7 で扱われる。④平等原則については、既に Unit 3 に扱われたが、行政裁量においても裁量基準の自己拘束が注目される[75]。《立法の自己拘束》についても発展させていくべき論点である[76]。②不正な目的・動機に基づく権限行使を《権限濫用》とする法理[77] は「かなりの発展可能性をもつ議論」[78] といえる。行政法では、個室付浴場の開業阻止を「主たる動機、目的」とした児童遊園設置認可処分を「行政権の著しい濫用」とした判例[79] が有名である。もっとも、不正な「真の目的」は隠されることが多いため、使いづらいことは確かである。書類を置き忘れるという「失態」によって人事処分が共産党員であることを理由として行われたことが発覚した事例[80] は例外的である。しかも、真の目的が別にあれば、そのために採られた手段と建前上の目的は不整合を来すと考えられるため、目的の不当性を問題にしなくても他の統制手法で違憲・違法と判断できる可能性が高い。憲法学で手段審査には「真の目的」を「燻り出す」機能があるといわれる点[81] である（薬事法の距離制限や 1 人別枠方式[82] は、掲げられた目的と採られた手段が適合しておらず、真の目的は別にあるのではな

---

74) 櫻井智章「事情の変更による違憲判断について」甲南法学 51 巻 4 号（2011 年）145 頁、同「時の変化」大林啓吾＝柴田憲司編『憲法判例のエニグマ』（成文堂、2018 年）141 頁。

75) 最判平成 27・3・3 民集 69 巻 2 号 143 頁。

76) 櫻井智章「京都府風俗案内所規制条例最高裁判決」判例評論 708 号（2018 年）10-11 頁。

77) 判例にも「分限制度の……目的と関係のない目的や動機に基づいて分限処分をすることが許されないのはもちろん」と述べるものがある。最判昭和 48・9・14 民集 27 巻 8 号 925 頁（928 頁）。

78) 石川健治「環境権『加憲』という罠」樋口陽一＝山口二郎編『安倍流改憲に NO を！』（岩波書店、2015 年）67 頁。

79) 余目町個室付浴場事件：最判昭和 53・6・16 刑集 32 巻 4 号 605 頁（608 頁）〔刑事〕、最判昭和 53・5・26 民集 32 巻 3 号 689 頁（692 頁）〔国賠〕。

80) 札幌地判昭和 46・11・19 判時 651 号 22 頁。

81) 阪口・前掲注 32）161 頁以下、西村裕一「『審査基準論』を超えて」木村＝西村・前掲注 57）124 頁。

260

いかと疑うことができる[83]）。動機の不正という扱いづらい手法よりも他の（客観的な）統制手法を発展させた方がよいという考え方はありうる。それでもなお、権限濫用の法理は、天体が他の天体によって隠される「掩蔽_{えんぺい}」と表現される[84]ように、他の統制手法によって場所を奪われたとしても存在意義を失うものではない（判例にも「従前の許可の運用は、使用目的の相当性やこれと異なる取扱いの動機の不当性を推認させることがあったり、比例原則ないし平等原則の観点から、裁量権濫用に当たるか否かの判断において考慮すべき要素となったりすることは否定できない」[85]と述べるものがある）。

　この点で挙げるべきなのが平成30年改正により参議院で導入された「特定枠」（公職選挙法86条の3第1項柱書後段、95条の3第4項）である。掲げられた目的は「全国的な支持基盤を有するとは言えないが国政上有為な人材又は民意を媒介する政党がその役割を果たす上で必要な人材が当選しやすくなること」[86]であったが、真の目的が「合区」によって溢れた議員の救済にあることは傍目からも明らかで、しかも「燻り出す」までもなく隠されてすらいなかった[87]。特定の候補者の当選を容易にすることを目的とする立法は、それだけで目的違憲と判断されるべきである。立法裁量の統制手法を発展させる絶好の機会であっただけに、最高裁が簡単に合憲と片付けてしまった[88]ことは残念である。

　確かに、従来は「立法の動機（motive）は原則として司法審査の対象にはならない」[89]と否定的に扱われてきた。しかし、《動機審査》は近年では注

---

82)　最大判平成19・6・13民集61巻4号1617頁における藤田宙靖ら「4裁判官の見解」、最大判平成23・3・23前掲注11）を参照。

83)　櫻井智章『判例で読む憲法〔第3版〕』（北樹出版、2024年）143頁、224頁。

84)　交告尚史「権限濫用の法理について」東京大学法科大学院ローレビュー4号（2009年）164頁。

85)　呉市教研集会事件・前掲注56）409頁（強調は引用者）。

86)　第196回国会参議院政治倫理の確立及び選挙制度に関する特別委員会会議録第5号（平成30年7月6日）2頁［岡田直樹議員］。

87)　上田健介「参議院選挙制度と議員定数訴訟の課題」憲法研究5号（2019年）179頁。

88)　最判令和2・10・23判時2481号9頁、最判令和5・10・12裁判所ウェブサイト。「拘束名簿式が合憲（最大判平成11・11・10民集53巻8号1577頁）、非拘束名簿式も合憲（最大判平成16・1・14民集58巻1号1頁）である以上、非拘束名簿式を基本としつつ一部に拘束名簿式を導入する特定枠も当然に合憲」という表面をなぞっただけの判断となっている。

261

Unit 6-2 裁量

目されるようになってきている[90]。既存の《権限濫用の法理》と擦り合わせる形で発展させていくべき論点だと考えられる。

6 おわりに

裁量論は、各機関の「役割分担」を考えるという点で、本来的に憲法的な問題である。だからこそ、憲法学が興味を持つべき分野である。とともに、裁量論について検討していくにつれて、議会と裁判所の「役割分担」の問題だとされる《違憲審査基準論》について疑問がいろいろと湧いてくるのも当然である。(1)立法者による制度形成が必要な分野（本稿の立法裁量②）、(2)立法段階での事前の合憲性審査、(3)行政処分の審査、これらの場面で違憲審査基準を用いることができるのか。これは司法試験受験生にとっても死活的な問題であるが、特に(2)は衆議院法制局の橘幸信からの質問に学説側が上手く回答できなかった（問題関心を憲法学が共有すらできなかった）という過去を持つ[91]。違憲審査基準の意義（使える場面）について物議を醸した平成 23 年度の「採点実感」が「補足」を出すことによって有耶無耶にした問題は、やはり解明されなければならない。

---

89) 芦部信喜『現代人権論』（有斐閣、1974 年）275 頁。

90) 文献も含め、櫻井・前掲注 76) 11-12 頁、黒澤修一郎「立法裁量」大沢秀介＝大林啓吾編『アメリカの憲法問題と司法審査』（成文堂、2016 年）229 頁、大林啓吾「動機審査」山本龍彦＝大林啓吾編『違憲審査基準』（弘文堂、2018 年）189 頁、高橋正明「立法者意思の不当性と違憲審査」帝京法学 33 巻 2 号（2020 年）77 頁を参照。

91) 公法研究 71 号（2009 年）160-161 頁（質問者・橘の現職は衆議院法制局長）。大森政輔＝鎌田薫編『立法学講義〔補遺〕』（商事法務、2011 年）109 頁、119 頁注（9）［橘幸信］も参照。

262

Unit 7-1　比例原則
基本権審査と比例原則

栗島智明

1　はじめに

(1)　比例原則の受容──行政法学と憲法学にみる差異

Unit 7 では「比例原則」を取り扱う。その内容を簡単にいえば〈権利自由に対する制限は、必要な限度を超えてはならない〉というものであるが、これをより細かくいえば、次の 4 つの部分要素からなる：①規制目的は合理性を有する正当なものか（目的の正当性）、②目的と規制手段との間に何らかの関連性が認められるか（適合性）、③より緩やかな他の手段によって目的を同じように達成できないか（必要性）、④得られる利益と失われる利益が均衡を逸していないか（狭義の比例性＝均衡性）[1]。

法原理としての比例原則は、ドイツではじめ警察法の分野で登場し、それ

---

[1]　学説では、①（目的の正当性）は別の問題だとして、比例原則それ自体は 3 要素（＝②〜④）からなると説明するものも多いが、どちらが正しいというものでもなく、説明の便宜の問題であって、筆者は 4 要素といった方が分かりやすいように思う。ちなみに英語文献では、4 要素による説明が多く（阪口正二郎「憲法上の権利と利益衡量」一橋法学 9 巻 3 号〔2010 年〕710 頁）、韓国でもそのように説明されるようである（中村睦男ほか編『世界の人権保障』〔三省堂、2017 年〕195 頁［岡克彦］）。ドイツではさらに、5 要素だとする学説まである（松本和彦「比例原則の意義と問題点」石川健治ほか編『憲法訴訟の十字路』〔弘文堂、2019 年〕94 頁以下）。

さらに、③（必要性）について付言しておくと、手段の「必要性」の審査が、なぜ「より緩やかな他の手段」の問題になるのか、という疑問を抱く読者もいるかもしれない。この点、ある手段が目的達成のために真に必要かを問うならば、実際に採用された手段とその他の手段とを比較することが不可避である。別の言い方をすると、必要性を真面目に問うならば、当該手段が真にやむを得ない、最小限度の手段であることを明らかにする必要があると考えられる。以上につき、駒村圭吾『憲法訴訟の現代的転回』（日本評論社、2013 年）105 頁以下も参照。

が行政法の他分野でも広く用いられるようになり、さらに、法令の合憲性審査の場面でも転用されるに至った、という経緯を持つ。日本でも、行政法学では、比例原則は古くから重要な法原理として知られており、「戦前から行政法のどの教科書においても一度ならず登場する言葉」だと指摘される[2]。

対照的に、憲法学で比例原則は長いあいだ注目されてこなかった[3]。この事実は、上述した同原則の由来にも起因するが、それ以上に、戦後、行政法学ではドイツ法的思考枠組みが基本的に継承されたのに対して、憲法学では、イデオロギー対立の影響もあって、「ドイツ的なるもの」が包括的に、克服されるべき考察対象となったことと、密接に関係しているといえよう[4]。

ところが、ここ20年ほどのあいだ、憲法学においてもドイツの学説・判例への関心が高まっている。それに伴い、これまでの「アメリカ流の違憲審査基準論」ではなく、「ドイツ流の三段階審査論」を用いた方が、日本の憲法判例を正確に理解できるのではないかとささやかれており、その文脈で、(ドイツ流の)「比例原則」にも大きな期待が寄せられている[5]。

ただし、〈アメリカ流の違憲審査基準論 vs. ドイツ流の三段階審査論(比例原則)〉という単純化された対立図式が必ずしも正確でないことには、十分注意する必要がある(後述)。

(2) 本稿の構成

本稿では、まず、比例原則の考え方が普遍性を有するごく一般的なもので

---

2) 村田斉志「行政法における比例原則」藤山雅行＝同編『新・裁判実務体系25 行政争訟〔改訂版〕』(青林書院、2012年)93頁。

3) その指摘として、鵜澤剛「比例原則」大林啓吾＝見平典編著『憲法用語の源泉をよむ』(三省堂、2016年)111頁以下。柴田憲司「憲法上の比例原則について(1)」法学新報116巻9＝10号(2010年)186頁以下も同様の指摘をしつつ、比例原則を論じた憲法学の業績が過去にも存在していたことを論じる(同235頁注(8)の詳細な文献を参照)。

4) このあたりの経緯については、まず、高田篤「戦後ドイツの憲法観と日本におけるドイツ憲法研究」樋口陽一編『講座憲法学 別巻 戦後憲法・憲法学と内外の環境』(日本評論社、1995年)41頁以下、渡辺康行「ドイツ憲法研究の50年」樋口陽一ほか編『憲法理論の50年』(日本評論社、1996年)283頁以下を参照。

5) 詳細な文献注を含め、まずは参照、市川正人『司法審査の理論と現実』(日本評論社、2020年)363頁以下。

あることを論じたのち（**2**）、比例原則の基本的特徴とその意義について、基本権侵害の「二段階分析」と併せて論じる（**3**）。次に、日本の憲法判例が比例原則を用いた説明になじみやすいことを、いくつかの具体例から明らかにする（**4・5**）。そして最後に、比例原則に向けられる批判の検討、その問題点と今後の展望について論じる（**6**）。

2 法の普遍的原理としての比例原則

⑴ 翻訳の難しさ──「過剰の禁止」「均衡の原則」
あるいは「必要限度の原則」

「比例原則」とは、そもそもドイツ語の „Grundsatz der Verhältnismäßigkeit" の訳語である[6]。日本語はやや堅い印象を与えるが、実際には難しい言葉ではなく、むしろドイツ語で „verhältnismäßig" （フェアヘルトニスメースィヒ）は日常用語に属するといえる[7]。

例えば、洋服を買いに行って「値段が高いなあ……」と思ったとする。このときドイツ人は „*un*verhältnismäßig" という言い方をする。これは、質と価格とが「釣り合っていない」（均衡を失している）という意味である（どうやら、「質が高ければ高額でも買うが、そうでないものにはお金を出そうとしない」〔＝必要以上の支出はしない〕というのがこの国の人々の気質のようである[8]）。

この例から分かるように „verhältnismäßig" とは、もともと「均衡が採れている状態」を指し、比例原則は、国家権力の行使の際に手段が「行き過ぎてはならない」ことを意味する。ゆえにドイツでは、比例原則のことを

6）　古くは、オット・マイヤー（美濃部達吉訳）『独逸行政法 第1巻〔訂正再版〕』（中央大学、1907年）100頁、美濃部達吉『日本行政法 上巻』（有斐閣、1940年）933頁など。

7）　比例原則が、他の法律用語と異なり、日常的な語彙から出発しているという特殊性を指摘するものとして、*D. v. d. Pfordten*, in: Jestaedt/Lepsius (Hg.), Verhältnismäßigkeit, 2015, S. 261 (264).

8）　彼（女）らと話していると、普段から „Preis-Leistungs-Verhältnis" （価格と性能の関係性）をよく口にする。もっとも、最近では日本でも「コスパ」、「タイパ」といった言葉が流行していると聞くから、似たようなものかもしれない。コスパ・タイパのいずれも「均衡」を問うものであり、ある意味では比例原則的である。

265

Unit 7-1　比例原則

„Übermaßverbot"（過剰の禁止）と呼ぶ論者もおり[9]、「均衡の原則」とか、「必要限度の原則」と表現することも可能である。

(2)　ハンムラビ法典からマグナ・カルタまで

　上述した通り、比例原則はよく、ドイツの警察法ないし行政法に由来すると説明されるが、〈国家による過剰な権力行使が認められない〉という観念自体は、国・地域を問わずごく一般的なものである。例えば「目には目を、歯には歯を」という有名な言葉がバビロニアのハンムラビ法典にみられる。その解釈・実践については所説あるが、比較的早い時期から「同害復讐」（タリオ）を意味するものとして、つまり、「自分の目（ないし歯）をつぶされた（奪われた）者は、相手の目（歯）をつぶす（奪う）以上の復讐はしてはならない」と解されていたようである。このように解された「目には目を」のルールは、「過剰の禁止」にほかならず、ある意味で比例原則の起源とみることができる[10]。

　また、これも有名なイギリスのマグナ・カルタ（1215 年）には、〈違法行為の程度ないし重要性にしたがった罰のみが科せられうる〉とする規定が存在する（20 条）。これも、罪の程度に釣り合った刑罰（国家権力の行使）を要求するものであるから、比例原則の表れとみることが可能である[11]。

　こう考えると、呼称の違いこそあれ、「過剰の禁止」は、歴史を超えて世界中ほとんどの国で受け入れられている普遍的原理だといってよさそうである。少なくとも、およそ「法」の目的が、権力の濫用・恣意的な行使を防止することにあるとするならば、比例原則は、（平等原則と並んで）法の支配ないし法治国原理の当然の帰結と考えなければならない。別の言い方をすれば、比例原則は、法の本質に内在する原則、正義の観念の具体化の一形態だといえよう[12]。

---

9)　ただし、訳語にはズレがある。K・シュテルン（井上典之ほか編訳）『ドイツ憲法Ⅱ』（信山社、2009 年）305 頁以下（＝「過剰侵害禁止」）、田上穣治『日本国憲法原論』（青林書院新社、1980 年）113 頁（＝「適量超過」）。

10)　A. Barak, *Proportionality*, 2012, p. 175.

11)　*H. Sodan*, in: Stern/ders./Möstl (Hg.), StaatsR, 2.A. 2022, § 87 Rn. 2.

そう考えれば、比例原則の発想が日本の最高裁でも基本権審査の場面で用いられるのはごく当然のことであって、その限りでは、由来がどうとか、ドイツ憲法の受容云々を論じるほどのことではないようにも思われる。

3　比例原則と基本権侵害の二段階分析

(1)　比例原則の3つの特徴

とはいえ、比例原則は、単に〈必要限度を超えてはならない〉と命じるだけのルールではない。冒頭に述べた通り、同原則は一般に4つの要素からなると説明されるが、国によって、また、（同じ国でも）時代によって、様々なバリエーションがありうる。それゆえ、「これが比例原則だ」という説明は、案外難しい[13]。以下では、筆者が考える3つの主要な特徴を挙げてみよう。

第1に、比例原則の核心をなすのは、「目的と手段の関連性（関係性）」（Zweck-Mittel-Relation）である。もともと、„verhältnismäßig“ の語は „Verhältnis“（＝関連／関係）と „Maß“（＝程度／尺度）の2語から成っている。翻訳によって分かりにくくなっているが、ここから分かるように、目的・手段間の「関連性」「結びつき」こそが比例原則の要をなす。

第2に、すでに述べた通り、比例原則は均衡（バランス）を重視し、行き過ぎを禁止する点に、特徴がある。つまり、単に手段が目的達成のために何らか役立つというだけでは十分ではなく、その手段が真に必要か、そして、得られる利益と失われる利益の均衡まで問うところに、比例原則の意義がある。

第3に、比例原則は、基本権制約の認定をもって即違憲とは考えないこと、すなわち、基本権に関する「二段階分析」を前提とする。別の言い方をすると、憲法が保障する権利に対する制限はいかなる場合でも認められない、と

---

12)　Barak, supra note 10, p. 175. さらに参照、柴田・前掲注3) 215頁以下。

13)　たしかに、現在のドイツの憲法判例・学説における「比例原則」の内実を一般的に説明することはそれほど困難ではないが、これもしかし、1960年代までは決して当然のことではなかった。まして、欧州人権裁判所、カナダや韓国まで視野に入れて、比例原則の一般的説明をするのは極めて困難である。

Unit 7-1 比例原則

いう考え方（＝基本権の絶対的保障）は、比例原則とは相容れない。

(2)　基本権侵害の二段階分析

冒頭で述べた通り、近年、アメリカ流の違憲審査基準論とドイツ流の三段階審査論が対立しているといわれ、その際、比例原則は後者に位置づけられる。つまり、ドイツ流の三段階審査論と比例原則が、セットとして語られるのである。

しかし、この理解にはやや疑問が残る。比例原則は三段階審査論とセットではない。実際、比例原則を採用している多くの国でも「三段階審査」は用いられておらず、むしろここで紹介する「二段階分析」のほうが一般的といえる。

例えば、カナダの最高裁は「保護領域」（Ⓐ）と「制限」（Ⓑ）を分けていないことが知られているし[14]、一般に英語文献では〈侵害→正当化〉の二段階で論じるのが一般的だと指摘される[15]。さらに、ドイツ連邦憲法裁判所の判決においてすら、ⒶとⒷは必ずしもはっきりと区別されず、時として、具体的な「制限」を検討する段階において、「保護領域」が触れられるに過ぎないこともある[16]。そして日本でも、「一応の（prima facie）権利という想定をみとめた上でそれへの制約を論ずる」という審査のアプローチをもって、「二段階画定」と呼ぶ用法がかねてから知られている（これは、絶対に保障されるべき人権についてのみ権利性を認める「一段階画定」と対比される）[17]。

たしかに、抽象的なレベルで保護領域が問題となることはあるし、また、論証の冒頭で基本権の保障意義を論じることは意義のあることだろうが、ⒶとⒷは分けられないだけでなく、順序が問題になることも少なくないため、筆者としては二段階分析に基づく比例原則を提案したい。これを図で示すと

---

14)　佐々木雅寿「カナダ憲法における比例原則の展開」北法 63 巻 2 号（2012 年）5 頁。

15)　青井未帆「三段階審査・審査の基準・審査基準論」ジュリ 1400 号（2010 年）68 頁注 1、阪口・前掲注 1)　709 頁。

16)　*H. Klement*, in: Stern u.a.（Hg.）（Fn. 11），§ 79 Rn. 15 ff. この点、小山剛『憲法上の権利』の作法〔第 3 版〕』（尚学社、2016 年）44 頁も参照。

17)　樋口陽一『憲法〔第 4 版〕』（勁草書房、2021 年）199 頁以下。

268

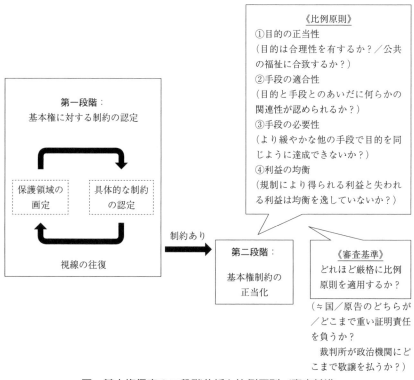

図：基本権侵害の二段階分析と比例原則／審査基準

上のようになる。

　筆者は三段階審査を否定するわけではないが、多くの場合、二段階分析をとった方が思考経済に資するし、理解もしやすいように思われる。また、ここでの枠組みは、平等に関する二段階審査（別異取扱いの認定→正当化）という枠組みとも類似しており、分かりやすいのではないか。

　なお、上記の図に関して、ここで２点、補足をしておく[18]。

(a)　違憲審査基準論との関係性――「手法」と「厳格度（基準）」の区別

　第１に、ここでいう二段階分析および比例原則は、いわゆる違憲審査基準論にとってかわるべきものではない。むしろ、両者を組み合わせつつ、議論

269

Unit 7-1 比例原則

の精緻化を図ることが望ましい[19]。前記の**図**にみられるように、比例原則という判断の「手法」を用いる段階では、当てはめの「厳格度（狭義の「基準」）」が問題にならざるをえない（例えば、「より緩やかな他の手段の存在」（必要性）について言えば、それをどこまで厳格に解するか、さらには、それを誰が／どこまで十分に立証するかが問題とならざるをえない）。

　従来の憲法の概説書では、しばしば審査の「手法」とその「厳格度（基準）」が混同されてきたきらいがあるが[20]、両者は明確に区別されるべきだろう[21]。

(b) 「説明理論」としての比例原則の意義

　第2に、前記の**図**は、最高裁が憲法判断をするうえで常に従うべきモデルとして提示されるものではないし、また、筆者は、これを用いれば過去の憲法判例がすべて説明できると主張するものでもない。これはあくまで、憲法判例をよりよく理解するための1つのモデルに過ぎない。

　そもそも、比例原則（あるいは、広く基本権総論）に対して、これ以上の行き過ぎた期待を抱くこと自体、適切ではないと思われる。この点を、次節で

---

18)　なお、審査基準と密接に関連する問題として、いわゆる立法事実論と「合憲性の推定」という論点があり、これについては、民事訴訟法や要件事実論の観点から十分な整理をしなければ有意義なものとして機能しえないのだが、本稿ではまったく触れることができなかった。巽智彦「立法事実論の再構成」石川ほか編・前掲注1）1頁以下の参照を乞う。

19)　参照、小川亮「審査基準論と三段階審査論」都法63巻2号（2023年）363頁。

20)　例えば、芦部信喜は「違憲審査の基準としての比較衡量論」を批判しつつも、「憲法解釈の方法としての比較衡量論一般」は否定しない、と述べていた（同『憲法学Ⅱ』〔有斐閣、1994年〕212頁。強調引用者）。しかし、比較衡量（英 balancing／独 Abwägung）をもって「違憲審査の基準」として捉えるのはやや無理があるように思われる（ちなみに、アメリカで語られる "levels of scrutiny" も、概説書では「比較衡量のためのインストラクションを与えるもの」と説明される。E. Chemerinsky, *Constitutional law: principles and policies*, 6th ed. 2019, p. 586）。芦部は、広範な立法裁量ないし国家利益の優先を前提とした比較衡量論を念頭に置いて批判を行っているようだが、比較衡量という手法それ自体は、何らかの厳格度と必然的に結びつくものではない。関連して、後掲注35）の記述も参照。

21)　現在では、違憲審査基準論は、三段階審査における三段階目（正当化）で役割を発揮するものであり、ゆえに両者は対立関係にないと一般に考えられている。例えば、木下智史ほか『事例研究憲法〔第2版〕』（日本評論社、2013年）324頁以下〔渡辺康行〕。ただし、ドイツ憲法に通暁する論者は、比例原則を論じるにあたって、ドイツ語の „Kontrolldichte" の訳語として「審査密度」の語を用いる傾向にある（例えば、小山・前掲注16）72頁以下）。

詳しく説明しよう。

4　繰り返される不毛な問い
──日本の裁判所は比例原則を採用しているのか？

〈日本の裁判所は、基本権審査の枠組みとして比例原則を採用しているのか？（あるいは今後、それを採用していくべきか？）〉と問われることがある。

日本の憲法判例をみると、「比例原則」の語こそみられないものの、「目的と手段の均衡」とか「必要やむを得ない限度の制限」といった言い回しが見られ、これらは比例原則を強く思い起こさせるものである。しかし、これだけをもって、日本の最高裁が基本的な審査枠組みとして比例原則を採用しているといい切るのも早計だろう。

実は、以下に述べる通り、日本の裁判所はこの問いに答えるための前提をそもそも欠いている可能性がある。

(1)　裁判所における一般理論＝総論（general theory）の不在（？）

よく、ドイツ連邦憲法裁判所が発展させた比例原則が、欧州人権裁判所やカナダ、コロンビア、南アフリカ、台湾、韓国にまで輸出され、用いられるようになっている、といわれる[22]。

しかし、実はドイツと並んで比例原則の「輸出元」としてよく知られる欧州人権裁判所についても、比例原則の受容については議論がある。

同裁判所の判事を長年務めたドイツの公法学者ヌスベルガーは、次のようにいう。「ドイツの連邦憲法裁判所と異なって、欧州人権裁判所は『比例性（proportionality）』の理論を発展させていない」[23]。このように述べる理由は、

---

22)　例えば、A. Stone Sweet/J. Mathews, *Proportionality Balancing and Constitutional Governance*, 2019, pp. 67 ff.; Barak, supra note 10, pp. 280 ff.; 横大道聡＝吉田俊弘『憲法のリテラシー』（有斐閣、2022 年）223 頁［横大道］。

23)　A. Nussberger, *The European Court of Human Rights*, 2020, p. 96（強調引用者）。念のため、続く文章に「しかしながら、二つの裁判所のアプローチは似通っている」とされていることも書き添えておく。

Unit 7-1 比例原則

彼女の見るところ、同裁判所にとって「『理論化 (theorizing)』は過去決して、強みでも、望むところでもなかった」のであり、そこでは「重要な問題や概念について『一般理論＝総論 (general theory)』を欠いている」からである[24]。彼女の説明によれば、同裁判所は、数多くの判決を通じて様々な「フォーミュラ」（公式・解法）を生み出してきており、それを繰り返しながら発展させ、事例に応じて使い分けてきた。

　このヌスベルガーの指摘は興味深く、示唆的である。ある裁判所が「比例原則を採用している」（あるいは「違憲審査基準論を採用している」）と主張するためには、当該裁判所が、基本権審査についての「一般理論」を有しており、それを（多かれ少なかれ）一貫して実践していることが前提となるが、欧州人権裁判所はその前提を満たしていない、というのが、彼女の診断だろう。

⑵　ドイツ連邦憲法裁判所の特殊性

　ドイツの連邦憲法裁判所は、総論へのこだわりの強さという点でいえば、国際的にみて特殊な存在だといえる。同裁判所の基本権に関する諸判決、特に近年のそれを見れば、そこでは「保護領域」「制限」「正当化」「比例原則」「目的の正当性」「適合性」……と、教科書的に整理された論証が行われていることがよく分かる。

　ここまで徹底して「作法」が貫かれている裁判所は、おそらく世界に類を見ないだろう[25]。多くの国の裁判所では、ドイツとは異なって、問題となっている条文あるいは制限されている権利の性質により、また、具体的な規制のあり方やそもそもの訴訟類型など、諸々の要素を加味しつつ、事案ごとに異なった論証ないし審査がなされる。この点、「フォーミュラ」に関する上述のヌスベルガーの説明は、大枠において、ほとんどの国の裁判所の基本権

---

24)　Ibid, p. 73.

25)　*M. Jestaedt*, in: ders. u.a., Das entgrenzte Gericht, 2011, S. 124 ff.（邦訳〔鈴木秀美ほか〕『越境する司法』〔風行社、2014 年〕100 頁以下）は、正当にも、連邦憲法裁判所の判決がすでに外見からして学術論文を想起させるとし、これが、裁判官に占める大学教授の割合の高さと関連していることを指摘する。

272

審査の実践に適合的なものと思われる[26]。

(3) 従来の日本憲法学における過度の「体系」指向性？

この指摘を踏まえつつ、日本の最高裁の判例について考えるとどうだろうか。千葉勝美の一連の論稿[27] を引くまでもなく、日本の最高裁が「理論化」を好まず、それを強みともしていないことは明らかであり[28]、その傾向は——少なくとも多数意見に関する限り——学術文献はおろか、下級審・外国判例の引用も一切しないというスタイルも相まって、おそらく世界の他の裁判所に比べても顕著である。また、裁判官・調査官のうち、憲法を専門的に研究したり、集中的に取り組んだ経験のある人材が非常に少ない点も、理論化に消極的な日本の最高裁の特徴として挙げられよう。したがって、仮に日本の最高裁に基本権審査の一般理論＝総論が存在するとしても、それは必ずしも体系的なものとはならないだろう。

これに対して、従来の日本の憲法学説は、「体系」への指向性の点で、対極をなしていたといえる。例えば村山は、アメリカ「合衆国における違憲審査の基準は、合衆国最高裁が先例拘束性の原理を前提として判例上の準則の射程を拡大・限定する中で、漸次的に発展してきた」のであり、「憲法上の権利論の体系から演繹的に違憲審査の基準が生みだされてきたわけではない」と述べ[29]、日本のいわゆる「審査基準論」が、アメリカ判例のそれを超えて

---

26) 例えば、イタリア憲法裁判所の判決実践についても「裁判所は一般化（generalization）を避け、個別の問題に集中しつつ、『事案を一つひとつ（"one case at a time"）』判断しようと試みている」と指摘されている。T. Groppi/I. Spigno in, A. Jakab et al. (ed.) *Comparative Constitutional Reasoning*, 2017, p. 552.

27) 例えば、千葉勝美『違憲審査』（有斐閣、2017年）、同『憲法判例と裁判官の視線』（有斐閣、2019年）。

28) 千葉に限らず、抽象的に物事を論じる学者とは異なって、最高裁の任務は個別の具体的事案ないし紛争を適切に解決することにあり、ゆえに、理論化に限界があることを指摘する元最高裁判事は多い。例えば、伊藤正己『裁判官と学者の間』（有斐閣、1993年）22頁以下、藤田宙靖『最高裁回想録』（有斐閣、2012年）135頁以下。

29) 村山健太郎「法令の合憲性審査の思考様式」山本龍彦＝横大道聡編著『憲法学の現在地』（日本評論社、2020年）93頁。青井・前掲注15）72頁は「軟体動物から骨を作」ったのが日本の審査基準論であり、一般的理論への志向という点で「むしろドイツ流の思考に近い」とする。

Unit 7-1 比例原則

より体系的に発展させられていることを示唆する。

　もちろん、バラバラに存在する個別事案の判決について、その関連性を明らかにすることなく無秩序かつ無批判的にこれを提示するとすれば、それは、学説の任務を放棄するのに等しい。また学説は、判決をただ受け入れるのではなく、それに対する一定の批判的な距離を採ることが求められる。しかし他方で、あらゆる問題を解決できる1つの「体系」を作り、裁判所をそこに厳格に従わせようとするのもまた極端である。なぜなら、裁判所は常に個別の条文・個別の事案と向き合い、紛争に対する妥当な解決を求められているのであって、体系の構築を第一の任務としているわけではないからである。この「二極化」の中間のどこかに、学説の正しい姿勢が見いだされるのでなくてはならない[30]。

　繰り返しになるが、日本の最高裁は、多くの国の裁判所と同様、過度の「理論化」を好まず、実践もしていないため、比例原則を確たる総論として採用することはないと思われる。憲法学者としては、一方でこの事実を受け止めつつも[31]、他方では、従来の判例について、その枠組みをできるだけ整序しながら説明することが求められるのであり、筆者のみるところ、比例原則はそのための道具として極めて優れたものである。

5　日本の憲法判例と比例原則

　なぜそのようにいえるのか。上述した通り、比例原則の基本的特徴をなすのは「目的と手段の関連性」への着目、利益の均衡、そして、基本権の制約

---

30)　この点、横大道聡「憲法判例の『射程』を考えるということ」同ほか編著『憲法判例の射程〔第2版〕』（弘文堂、2020年）4頁以下の立場に筆者は同感である。

31)　とはいえ、近時の最高裁があまりに理論化・体系化に対して無頓着ではないか、との批判はありうるし、筆者もそれに強く共感を覚える。参照、長谷部恭男ほか編『憲法判例百選Ⅰ〔第7版〕』（有斐閣、2019年）31頁［同］（「最高裁が審査『基準を定立して自らこれに縛られること』が全くなければ、最高裁以外の者は、法令等の解釈適用の適否の判断にあたって、何の指針を得ることもできない。海図もコンパスもなければ大海の航行は不可能である」）。仮に基本権総論でなくとも、少なくとも各論レベルで一貫した理論／フォーミュラを構築しなければ、論証の説得力が失われるだろう。

274

可能性の承認（二段階分析）であるが、実はこれこそが——少なくとも法令の合憲性の判断に関する限り——日本の最高裁が多くの事案で用いてきた視座だと思われるためである。

　周知のとおり、最高裁の歴史上、最初の法令違憲判決は 1973 年の尊属殺重罰規定違憲判決であったところ（最大判昭和 48・4・4 刑集 27 巻 3 号 265 頁）、そこで 8 名の裁判官は、当該刑罰の目的が合理性を有することを認定しつつ、刑の加重の程度が極端であって「立法目的達成の手段として甚だしく均衡を失し」、これを正当化することができない、としていた（強調引用者）。自由権侵害の事案ではなかったとはいえ、50 年前の最初の法令違憲判決のなかに、比例原則的な思考様式がはっきりと見て取れることは、注目すべき事実である。

　これ以来、平等原則の領域において比例原則が定着しているということに、ほとんど異論はないと思われる。国籍法違憲判決（最大判平成 20・6・4 民集 62 巻 6 号 1367 頁）でも、立法目的の合理性が認められたうえ、「立法目的との合理的関連性の認められる範囲を著しく超える手段を採用している」ことが問題とされたし、最近では、女性の再婚禁止期間を一部違憲とした判決（最大判平成 27・12・16 民集 69 巻 8 号 2427 頁）もまた、立法目的の合理性の審査をしたのち、問題とされた民法の規定が「合理性を欠いた過剰な制約を課」していることが問題とされた。

　さて、上述の尊属殺違憲判決については、調査官解説によりつつ、「『立法目的』と『立法目的達成の手段』の合理性を問うという、『二段構えの判断手法』……を採用した」ことが「審査手法の大きな特色である」と一般に説明される[32]。これがのちに、平等原則に関する基本的な判断手法として理解されるようになるが、実は、最高裁は平等の事案と自由権侵害の事案とをそれほど区別することなく、法令の合憲性が問われる場面では、広く、①目的の合理性と②目的達成手段の必要性を問うという二段構えで考えていると捉えた方が、すっきりするのではないかと思われる。

　例えばすでに、尊属殺判決の前年に下されていた小売市場距離制限合憲判

---

32)　長谷部ほか編・前掲注 31) 57 頁［渡辺康行］。

Unit 7-1　比例原則

決（最大判昭和 47・11・22 刑集 26 巻 9 号 586 頁）でも、規制が「目的達成の
ために必要かつ合理的な範囲にとどまる」かが議論され、さらに、その 3 年
後の薬事法違憲判決（最大判昭和 50・4・30 民集 29 巻 4 号 572 頁）では、距離
制限という措置をとることが「目的と手段の均衡を著しく失するものであっ
て、とうていその合理性を認めることができない」ということをもって、違
憲判断の最後の決め手とされている（狭義の比例性（均衡性）の判断）。

　具体例をあげるときりがないが、より近時の法令違憲判決の事例からは、
森林法違憲判決（最大判昭和 62・4・22 民集 41 巻 3 号 408 頁）と郵便法違憲判
決（最大判平成 14・9・11 民集 56 巻 7 号 1439 頁）の 2 つを挙げておく。紙幅
の都合で引用は避け、読者には判決文への直接の参照を乞うしかないが、こ
れらを読んでみれば、いずれも、①立法目的の正当性と②目的達成手段の合
理性・必要性の審査という、ごく一般的な比例原則の枠組みにのっとって審
査が行われていることが分かるだろう[33]。この判断手法と、上述の「二段構
えの判断手法」の違いは、筆者にはそれほど大きくないように感じられる。

6　まとめにかえて

(1)　芦部の比例原則批判を超えて

　ここまでで、日本におけるいくつかの重要な法令違憲判決を説明する上で、
比例原則が便利な道具として用いられうることを明らかにできたのではない
かと思う[34]。

　筆者のみるところ、日本の違憲審査基準論を牽引した芦部は、この点に気
づいていなかったわけでは決してなく、むしろ意識的に、主として戦略的な

---

33)　その指摘として、長谷部恭男ほか編『憲法判例百選 II〔第 7 版〕』（有斐閣、2019 年）281 頁［宍
　戸常寿］。なお、結論は合憲であるが、証券取引法事件（最大判平成 14・2・13 民集 56 巻 2 号
　331 頁）も同様の枠組みに依拠しているといえよう。
34)　紙幅の都合から、本稿では比例原則の 4 つの要素と判例の関係について論じることはできな
　かったが、一般的な傾向としていえば、日本の判例では①・②にあたる段階が重視されているの
　に対し、③・④はゆるやかな審査で終わることが多いといえ、他方、結論が違憲となっているも
　のでは例外的に③・④の実質的審査が行われているといえよう。

276

理由から、このアプローチを避けてきたと推測される。芦部が 1996 年の講演で次のように述べているのは、この問題を考えるうえで極めて示唆的である。

> 「〔最高裁が多くの分野で立法裁量を広く認め、敬譲的な司法審査を行っているという〕状況の下で、学説が、ドイツの憲法裁判所の判例の採る比例原則のほうが妥当であるとか……いうような考え方を主張することが、勝てる裁判につながってゆくのかどうか、そして憲法裁判の活性化を促す契機になるのかどうか、その点を再検討してみる必要があると思う……」[35]

　一般に、違憲審査基準論と比例原則論の「違い」として、「後者が裁判官に大きな判断余地を与えようとするのに対して、前者がそれに警戒的である」と説明される[36]。このような理解のもと、芦部をはじめとする多くの憲法学者は、比例原則や比較衡量を基本的に認めず、審査基準論を受容させることこそが「憲法裁判の活性化」をもたらす道だと考えていたようである。
　しかし、現実の憲法判例は、この主張とは異なる方向性を行っているように思われる。すなわち、①立法目的の正当性を検討したうえで、②目的達成のために手段が合理的かつ必要か否かを審査する（その際、目的を達成しうる他の緩やかな手段の存在を検討し、さらに目的・手段の均衡を問う）という手法

---

35)　芦部信喜『宗教・人権・憲法学』（有斐閣、1999 年）237 頁［初出 1997 年］（強調引用者）。なお、芦部は（比例原則の主たる要素である）比較衡量について、「国家権力の側に圧倒的な比重をおく衡量が行われ」る結果と「結びつく可能性が少なくない」として警戒を示しており（同・前掲注 20）209 頁）、この懸念は、他の論者によっても共有されていた（例えば、浦部法穂「憲法解釈における利益衡量論」小嶋和司編『憲法の争点〔増補版〕』〔有斐閣、1978 年〕220 頁）。これは、アメリカ連邦最高裁における一時期の利益衡量論が、司法消極主義の立場と結びつき、「いわば合憲のための論理を構築しようとする」ものとして登場したこととも関係している（伊藤正己「憲法解釈と利益衡量論」ジュリ 638 号〔1977 年〕201-202 頁。ただし伊藤自身は、「利益衡量論が必然的に司法消極主義と結びつくものではない」としている〔同 203 頁〕）。
　　これに対して、今日ではアメリカ憲法の研究においても範疇化・利益衡量と権利保護の関係はアンビヴァレントなものとして理解されているようである（川岸令和「比較衡量論」山本龍彦＝大林啓吾編『違憲審査基準』〔弘文堂、2018 年〕114 頁）。
36)　その指摘として、小島慎司「違憲審査の手法」横大道聡ほか編著『グローバル化のなかで考える憲法』（弘文堂、2021 年）355 頁。

Unit 7-1　比例原則

こそが、実際には多くの違憲判決に結びついているのである。そうだとすれば、比例原則をある種の「補助線」として用いつつ、日本の諸判例を丹念に分析していくことは、憲法裁判の活性化に繋がりうる道だといえそうである。

(2)　比例原則の問題点と今後の展望

　もっとも、比例原則といえども万能ではない。様々な観点からの批判がありうるが、紙幅の都合から、特に頻繁にみられる「場当たり的性質」についての検討をすることで、本稿を終えることにしたい。

　比例原則は、（法的思考において一般的な）〈範疇化・類型化（定義）→当てはめ〉という思考とは異なり、目的と手段の均衡、すなわち衡量を判断の基本的要素とするものであるから、裁判所が、場当たり的で恣意的な判断に傾く危険性をはらむものである。

　この批判についてはまず、比例原則を採ることは、上述の通り、（審査の厳格度の意味での）「基準」を放棄することを意味しない点を改めて確認しておきたい。そして実際、比例原則においても、制限される基本権の内容・性質は、重要な考慮要素である（例えば、比例原則に肯定的なドイツの憲法学者・裁判官であっても、（意見表明の自由やプレスの自由といった）コミュニケーション基本権が民主制にとって本質的な意義を有しており、それらが他の基本権に比べてより厳格に保障されなければならないと考えている[37]。もし、比例原則について〈制限される基本権の性質によって審査基準が変わるものではない〉と考える者がいるとすれば、それは誤解である）。

　たしかに、ドイツの憲法学者は、日本の違憲審査基準論のように、「憲法上の権利論の体系から演繹的に違憲審査の基準〔を〕生みだ」すことはしていないだろうが、ここまで大じかけのアプローチは、上述の通り、アメリカの判例でも実際には用いられていない[38]。

---

37)　例えば、*H. Schulze-Fielitz*, in: Dreier-GG, 3.A. 2013, Art. 5 I, II Rn. 40 は次のように述べる。「コミュニケーションの自由が有する高いランクは、連邦憲法裁判所によっても認められている。裁判所はすでに早い時期に、意見の自由を『あらゆるなかで最も重要な人権』の1つだといい、『ある意味で、すべての自由の基礎』だと述べている」。

とはいえ、範疇化・類型化の不足が、比例原則の弱みであることは事実である。優れた判例実践を通じて、この欠点が徐々に補われていくことはあるにせよ、範疇化のアプローチに比べた場合、比例原則には──①使いやすさ＋②個別事案における妥当性の担保という代償の裏返しではあるものの──予見可能性を低くし、裁判所の恣意を可能にする側面があることは否定できない[39]。

この意味において、（それを「アメリカ流」と呼称するかは別として）多くの範疇化・類型化を伴う違憲審査基準論が、今後も、比例原則と並んで重要な役割を果たしていくことだろう。いずれにせよ、オルタナティブとしての一段階画定／絶対的保障に期待をかけるのでない以上、比例原則をいかに精緻化させていくかという課題には向き合わざるを得ないのである[40]。

---

38) なおこの点、比例原則は第一義的に「目的と手段の関連性」を問うものであるが、ここに「制限される権利」の要素が含まれていないとの批判もある。Barak, supra note 10, p. 132. しかし、実際には、手段の必要性審査（③）、あるいは、狭義の比例性（均衡性）審査（④）（とりわけ「失われる利益」）およびその適用の厳格度において、制限される権利の内容・性質は十分に考慮に入れられるものと思われる。

39) 最も、裁判所の「恣意」の最大の原因となりうるのは、不十分な理由付けである。いかなる理論・手法も万能ではなく、恣意的な判断を避けるために最も重要なことは、説得的で十分な理由を付することである。論証作法はあくまでそのためのサポートに過ぎない。その意味で、日本の最高裁については、過去の判例の「趣旨に徴して明らか」だとして必要な理由付けを省いてしまうという問題や、不受理決定に実質的な理由を付さないという画一的運用の問題、また、下級審・外国判例や学術文献の引用を認めない判決文のスタイル等々について、再考をすることが強く望まれる。

　この点、しばしば比較衡量への批判と結びつけられがちな猿払事件判決（最大判昭和49・11・6刑集28巻9号393頁）の最大の欠陥が、そこで採られた判断枠組みの問題ではなかったことを、改めて強調しておきたい。すなわち、憲法学説が問題視したのは、規制目的の正当性の認定から、「論証らしい論証もないままに」、目的・手段の合理的関連性および利益の均衡が認められた点にあり、実際には、まともな比較衡量がなされなかった点にある（芦部信喜『憲法訴訟の現代的展開』〔有斐閣、1981年〕249頁〔傍点引用者〕）。つまり、個々の考慮事項やその重み付けについて「論証らしい論証」を求めること、そして、それを可能にする手続的・制度的条件を提示することにこそ、学説の課題があると考えられる。

40) なお、ドイツにおける比例原則の生い立ち、それへの批判と再反論として、R・ヴァール「比例原則」同（小山剛＝石塚壮太郎監訳）『ドイツ憲法の道程』（慶應義塾大学出版会、2022年）153-195頁〔原語初出2013年〕がある。本稿と併せて読者の参照を乞いたい。

279

Unit 7-2　比例原則
行政法における比例原則

神橋一彦

1　はじめに

Unit 7-1 の栗島論文[1]では、比例原則の問題が、憲法、主として基本権侵害に関わる違憲審査の観点から論じられた（以下、同論文の引用は本文中、「栗島○○頁」という形で行う）。既に Unit 6 では、「裁量」をテーマに扱ったが[2]、そこでは立法裁量（憲法）と行政裁量（行政法）が論じられたところ、比例原則は、裁量統制の準則でもあるから、これに対応して、立法（憲法）と行政活動（行政法）のそれぞれにおいて比例原則が登場することになる。その意味で、「裁量」「比例原則」という 2 つの Unit は、それぞれ密接にかかわるものといえよう。本稿では、栗島論文を承け、行政法における比例原則を概観するが、そのことを通じて、両分野における議論のニュアンスの違いを理解していただければとおもう。

(1)　行政法における例——公務員の懲戒処分

行政活動が行われるとき、その目的が正当でなければならないことはいうまでもないが、それに加えて、そこで採られる手段が、当該目的との関係で均衡のとれたものでなければならないとされる。要するに、「過ぎたるは猶及ばざるが如し」なる言葉を引くまでもなく、「何事もやりすぎてはいけない」ということであるが（栗島 265 頁）、このことは、私人の権利自由を制限した

---

1)　Unit 7-1 栗島論文 263 頁。
2)　Unit 6-1 鵜澤論文 233 頁、Unit 6-2 櫻井論文 248 頁。

り、義務を課す行政活動など（侵害行政ないし規制行政）についてとりわけ問題となる。

　具体的にその一例として、最近、最高裁判例でも問題となっている公務員の懲戒処分の事例がある。すなわち、公務員が窃盗、パワハラ、セクハラ、収賄などの非違行為を行った場合、信用失墜行為に該当することなど（地方公務員の場合、地方公務員法33条）を理由として懲戒処分（免職、停職、減給、戒告）の対象となる（同29条1項）。その際、当該非違行為の重大性の程度や職場の規律維持などの観点から、処分の量定が問題となるが、いかに重大な非違行為が対象になったとしても、免職と停職との間では、その不利益に天と地ほどの差があるし、停職についても期間の問題があるほか、いや、罪一等減じて減給や戒告でよいのではないかという議論も出てこよう（また地公法は、「全て職員の分限及び懲戒については、公正でなければならない。」と規定する〔27条〕）。現に、近時の判例では、地方公共団体の男性職員が勤務時間中に訪れた店舗の女性従業員にわいせつな行為等をしたとして停職6月になった処分について、戒告や減給に当たるとしても、停職6月というのは重過ぎるとして争った事例がある（最判平成30・11・6判時2413・2414号22頁）[3]。この他、許可営業に対する監督処分についても、許可を取り消すか、営業停止にとどめるかの選択が問題となる。これら不利益な処分については、一定の処分基準が定められている場合があるが[4]、仮にその中で判断するにしても[5]、量定の軽重が比例原則の問題として論じられることになる。

3）　この事例は、Unit 3-1 において平等原則を扱った際にも言及したものである（本書74頁）。公務員の懲戒処分についてこの種の処分量定の軽重を争う事件は以前からあったが、近年ではパワハラやセクハラ、酒気帯び運転など当該公務員個人の非違行為をめぐる懲戒処分の軽重を争う事案にかかる最高裁判例が次々と出されている（最判平成30・11・6以外にも、最判令和4・6・14判タ1504号24頁、最判令和2・7・6判時2472号3頁、さらに酒気帯び運転を理由とする懲戒免職処分に伴う退職手当支給制限処分につき、最判令和5・6・27民集77巻5号1049頁〔後掲注34〕参照〕、最判令和6・6・27裁判所ウェブサイト掲載判例）。またパワハラ行為を理由に分限免職（地方公務員法28条1項3号）とされた事案にかかるものもある（最判令和4・9・13判タ1504号13頁）。これらの事案では、処分量定につき各審級で判断が分かれることが多く、上掲各最判はいずれも、原審においてさまざまな観点を理由に処分量定が重過ぎるとされたものが、裁量権の逸脱濫用に当たらないとしたものである。

Unit 7-2　比例原則

　この比例原則は、行政法において平等原則などと並んで、「法の一般原則」の1つとされる[6]。ここにいう「一般」とは、〈行政法の領域全体にわたって（領域横断的に・共通して）妥当する〉というぐらいの意味であろう[7]。もっとも、平等原則については、憲法14条に明文の根拠があり、また行政活動において差別的取扱いが許されないことは自明のことであるから、それは、（侵害行政、給付行政を問わず）行政のすべての領域に妥当する。これに対して、比例原則は、上述の例のように、行政機関の権力行使の過剰を禁止するものであるから、その妥当範囲は、さしあたり、私人の権利や自由を制限する「侵害行政」ということになる[8]。

(2)　問題のひろがり

　したがって、比例原則は、単に行政法の一般原則（法源）のところだけではなく、行政法全体の広い範囲で言及されている。このことは、読者の皆さんが持っている行政法総論の教科書[9]の事項索引を見ていただければわかるのではないかとおもう。すなわち、行政法における比例原則は、「何事もやりすぎてはならない」（過剰の禁止）ということを中核としつつ、さまざまな場面にかかわるものである。現に、この原則について、その歴史的な沿革

---

4)　前掲・最判平成30・11・6の事例においても、被処分者が認めた懲戒事由だけであれば、懲戒処分の指針に照らして、減給または戒告に止まると主張していた（第1審での主張、判例地方自治444号57頁左列参照）。

5)　不利益処分の場合、処分基準が定められていることが多いが、この基準の適用については平等原則が働くものの（最判平成27・3・3民集69巻2号143頁）、処分基準の当てはめから機械的に処分が決まるわけではないから、最終的な個別事案に関する判断において、処分量定の軽重、すなわち比例原則が問題となる（Unit 3-1 神橋論文74頁参照）。

6)　栗島論文において比例原則は、歴史的、究極的には法の普遍的原理として捉えられている（本書266頁）。また憲法や行政法以外の法分野でも比例原則が論じられていることにつき、瀬川信久「利益衡量・比例原則の新たな広がりと課題」日本学士院紀要76巻1号（2021年）55頁以下参照。

7)　この点については、Unit 3-1 神橋論文74頁参照。

8)　小早川光郎『行政法(上)』（弘文堂、1999年）144頁以下。

9)　ここでいう「行政法（総論）」とは、行政救済法をのぞいた狭義の「総論」をいう。そこでは、行政行為、行政立法、行政指導などの行政活動の行為形式が扱われている。

をも踏まえ、「発達する法原則」であると評する論者もいる[10]。

　以下、本稿では、比例原則の由来と根拠にかかる行政法の議論について振り返ったあと、具体的な問題や事例について若干の検討を行うことにしたい。

2　比例原則の内容と由来

(1)　比例原則の内容

　改めて比例原則の内容について確認しておこう。比例原則とは、「行政活動のための手段は、その目的の関係で過大なものであってはならない」という原則をいう（「比例」という言葉のニュアンスについては、栗島 265 頁以下参照）。そして（広義の）比例原則とは、①適合性＝手段が目的を達成するために適合的なものであるか、②必要性＝手段が目的を達成するために必要であるか、③比例性＝課される不利益が目的達成によって得られる利益との均衡を（著しく）失していないか（相当性、均衡性、狭義の比例原則ともいう。）、という３つの原則（テスト）からなる[11]。

(2)　比例原則の由来——警察法

　この原則は、もともと行政法各論の１分野である「警察法」（ドイツ警察法）

---

10)　須藤陽子「日本法における『比例原則』——その歴史性と独自性」公法研究 81 号（2019 年）83 頁〔須藤①〕。なお、同著者による包括的な研究書として、須藤陽子『比例原則の現代的意義と機能』（法律文化社、2010 年）〔須藤②〕がある。

11)　髙木光『行政法』（有斐閣、2015 年）66 頁の説明に依拠する。比例原則の説明については、論者により主張にバリュエーションがあることが指摘されているが（須藤①・前掲注 10）100 頁以下）、本文で挙げた適合性、必要性、比例性の３要素について争いはない（その詳細については、須藤②・前掲注 10）14 頁以下参照）。なお栗島論文は、この３要素のほか、そもそも「規制目的は合理性を有する正当なものか（目的の正当性）」というポイントを挙げる（栗島 263 頁）。この観点は憲法訴訟においては有意義であるとおもわれるが（根拠法令が定める目的そのものの合理性の問題は、まさに憲法のレベルで問題とされよう。）、行政活動については、そもそも根拠法令の想定しない動機、目的による場合、行政権の濫用として違法であることは当然であり（最判昭和 53・6・16 刑集 32 巻 4 号 605 頁）、当該活動の目的が根拠法令においてある程度具体的に定められている状況（規律密度）の下においては、目的の正当性が正面から争われることは少ないとおもわれる。

283

Unit 7-2 比例原則

における原則に由来する[12]。わが国における沿革的経緯としては、行政法各論における原則が行政法総論の原則として一般化し、さらに日本国憲法の下、違憲審査制の確立とともに、憲法における違憲審査基準としても論じられるようになったのである（栗島263頁）。

　そしてここにいう「警察」とは、①社会公共の利益を保全することを直接の目的として、②一般統治権に基づいて私人に対して、③命令し、必要がある場合には実力をもってこれを強制する作用である。したがって、かかる「警察」行政の領域は広範に及び、危険物、建築、風俗、衛生、その他各種の営業規制など、「規制行政」[13]と呼ばれるもののかなりのものがこの例に当たる[14]。すなわち、警察法という各論の領域に、さらに総論（一般原則）と各論があったわけである[15]。

　比例原則は、旧憲法下において、このような警察法の基本原則である「警察権の限界」の１つとして位置づけられたものである[16]。すなわちそこでは、「警察権に依り人民の自由を拘束するのは、其の拘束が社会公共の秩序を維持する為めに必要な程度に止まらねばならぬ」という原則である。すなわち、

---

12)　歴史的経緯の概観については、髙木光「比例原則の実定化——『警察法』と憲法の関係についての覚書」樋口陽一ほか編『現代立憲主義の展開（芦部信喜先生古稀祝賀）下』（有斐閣、1993年）213頁以下参照。

13)　行政活動の諸類型やその１つである規制行政については、今村成和（畠山武道補訂）『行政法入門〔第９版〕』（有斐閣、2012年）49頁、宇賀克也『行政法概説Ⅰ〔第８版〕』（有斐閣、2023年）95頁、98頁以下参照。

14)　したがって、ここにいう警察権の活動を行う行政機関が、警察署などの警察機関に限られるものではないということになる。ただし、このような警察作用に属する行政活動の組織的分散は、戦後の「脱警察化」の中でもたらされたものである（米田雅宏『「警察権の限界」論の再定位』〔有斐閣、2019年〕45頁以下、須藤陽子『行政強制と行政調査』〔法律文化社、2014年〕79頁以下参照）。

15)　藤田宙靖『〔新版〕行政法総論・上巻』（2020年、青林書院）394頁・注（1）。

16)　「警察権の限界」としては、警察比例の原則のほかに、①警察公共の原則（警察は社会公共の秩序を保持することを目的とするものであるから、警察権をもって人民の自由を拘束するのは、その生活行動が社会公共に影響を及ぼす場合でなければならない。）、②警察責任の原則（警察権による命令強制は、警察違反の状態の発生につき責任を負うべき者〔警察責任者〕に対してのみ行わるべきである。）といった原則が挙げられる（美濃部達吉『日本行政法・下巻』〔有斐閣、1940年〕70頁以下、現行憲法下の説明として、田中二郎『新版行政法下巻〔全訂第２版〕』〔弘文堂、1983年〕55頁以下）。

「必要の程度を超えて人民の自由を拘束することは、警察権の正当の限界を超ゆるもので、仮令それが法令の明文上は警察機関の裁量権に任かされて居るとしても、尚ほ其の裁量を誤ったものとして、違法の行為と為さねばならぬ」（美濃部達吉）とされるのである[17]。このような「警察権の限界」論の基礎には、私人（国民）には、一般的な自由（自然の自由）が認められるが、それは社会共同の秩序を害しないように行使する義務（先天的・社会的義務）を伴うものであり、警察権はそれを担保するための行政活動であるという前提がある。その上で、警察権の行使は法律の根拠が必要であるが、戦前の法令は「質屋営業ヲ為サムトスル者ハ行政庁ノ免許ヲ受クヘシ」（質屋取締法１条）、「安寧秩序ヲ保持スル為必要ナル場合ニ於テハ警察官ハ集会ヲ解散スルコトヲ得」（治安警察法８条）などのように、要件が定められていないものや、広範な不確定概念を用いて規定されているものが多かった（すなわち規律密度が低かった）ため[18]、要件の解釈や効果にかかる処分内容の選択について、補助的な法原則として主張されたのであった[19] [20] [21]。また、何より重要な機能として、とりわけ要件の認定について、このような法原則を示すことは、警察処分が行政訴訟（抗告訴訟）の対象となった場合、純然たる自由裁量で

---

17) 美濃部・前掲注16）75頁以下。なお同書（上・下）は、普通の平仮名文で書かれており、国立国会図書館デジタルコレクションで読むこともできる。

18) 現行の質屋営業法は、質屋営業につき、「公安委員会は、前条第１項の規定による許可を受けようとする者が、次の各号のいずれかに該当する場合においては、許可をしてはならない。」として、11号まで不許可要件を定めている（3条）。治安警察法は戦後廃止されているが、戦後問題となった公安条例によるデモ規制などについては、その要件の不明確性（規律密度の低さ）など種々の問題が表現の自由との関係で指摘されたところである（判例の概観については、渡辺康行ほか『憲法Ⅰ　基本権〔第２版〕』〔日本評論社、2023年〕288頁以下〔工藤達朗〕、宍戸常寿＝曽我部真裕編『判例プラクティス憲法〔第３版〕』〔信山社、2022年〕130頁以下参照）。

19) 柳瀬良幹「警察権の限界」『行政法の基礎理論㊀』（清水弘文堂、1940年）203頁以下。とりわけ、ドイツ行政法の始祖であるオットー・マイヤーの警察権の限界論については同書219頁以下、戦前の日本の議論については237頁以下参照。この論文は、戦前の日独の議論を明快に分析したもので、現在もなお参照に値する（柳瀬良幹〔1905-1985〕は、美濃部達吉〔東大教授〕の門下で、東北大学、上智大学などで行政法を講じた）。関連して、マイヤーの学説の今日的意義については、鵜澤剛「オットー・マイヤーの《自由権》論」金沢法学53巻２号（2011年）233頁以下、美濃部ら戦前の警察法理論については、島田茂『警察法の理論と法治主義』（信山社、2017年）311頁以下が参考になる。

Unit 7-2　比例原則

はなく、警察権の限界を超えた処分は違法であると評価され、法規裁量（違法・適法の判断がなされる法律問題）として司法審査の対象となるという重要な結論を導き出す根拠とされた。そしてこのような考え方が、行政訴訟一般に妥当するものとして拡張されていったのである[22]。

3　比例原則の憲法上の根拠

(1)　旧憲法下の議論

　このように比例原則は、旧憲法下において警察比例の原則から出発し、既に同時期において、行政法における一般原則としての位置づけを得ていたようにみられる。もっとも、その根拠については、当時において必ずしも明確

---

20)　したがって、警察機関（公安委員会、警察署長、警察官など）に対し法律が一定の活動を授権すれば、それに拠ることはいうまでもない。現在の法令は、一般に要件・効果や手続を比較的詳細に規定している（規律密度が高い）から、警察権の限界論が前面に出ることは少ない。また、警察公共の原則には私生活自由の原則（民事不介入の原則）が含まれるが、児童虐待やドメスティック・バイオレンスなどへの対応は私生活への干渉を含むところ、それらへの対応が立法政策の問題となる。なお、警察権の限界論に対する実務的観点からの批判、さらに警察の権限をめぐる現行法制の概観については、田村正博『全訂警察行政法解説〔第3版〕』（東京法令出版、2022年）参照。

21)　警察比例の原則のうち、相当性（狭義の比例原則）に当たる部分につき、美濃部達吉は次のように述べている。

　　「勿論、自由の制限の重大さと社会上の障害の重大さとが正当な比例を保たねばならぬと謂っても、数学的の精密さを以て其の程度を判断することは不可能であるが、それは普通の社会見解に依る価値判断に依って決せられるべきもので、例へば、営業警察に付いて言っても、或る営業を禁止するのは、これを禁止するのでなければ其の営業から生ずる障害を除くことの出来ない場合に限るべく、其の障害の重大さが此の程度に至らない場合であれば、或は設備の改良を命じ、或は特定の商品の販売を禁止し、或は一定の期間営業を停止して其の改悛を促す等、其の障害を除くに必要な程度において相当の手段を取るべきもので、直ちに営業を禁止することは違法と為さねばならぬ。」（美濃部・前掲注16）75頁以下──下線部、筆者）この下線部のあたりに、現在の裁量審査における社会観念（通念）審査に通じるものがあるといえよう。

22)　美濃部達吉『日本行政法・上巻』（有斐閣、1940年）933頁。ここでは行政訴訟の要件として挙げられる「行政行為の違法なること」との関係で自由裁量の問題が扱われている。すなわち、違法とされる裁量権の逸脱・濫用の1つとして、比例原則が一般的に位置づけられているわけである（須藤陽子「行政法における不文法源の発達」立命館法学393・394号〔2020年〕407頁以下参照）。

286

に示されたわけではなかった。この点につき、美濃部達吉は、「立憲主義乃至法治主義の当然の帰結」であるとするも、師・美濃部の説に満足しない柳瀬良幹は、さらに確たる実定法上の根拠を問い、旧憲法の信教の自由の規定（28条）から、「安寧秩序ヲ妨ゲ及臣民タルノ義務ニ背」く場合にのみ人民の自由及び財産に干渉すべきとの一般的趣旨を読み取り、これを拡張することで根拠づけられるであろうとする。そもそも警察権の限界論、とりわけそれを支える私人の「先天的・社会的義務」（上述）そのものが実定法上の根拠があるのか、それとも自然法的なものかにつき、必ずしも明らかでなかったこともあり、厳密な論理実証主義を採る柳瀬は、もしそのような解釈が成り立たないとすれば、それはただ「論者の主観的な理想」か「立法論的要請」に過ぎぬと言わなければならぬであろうとしている[23]。

(2) 現行憲法下での議論

　この点、現行憲法下において、比例原則は、憲法 13 条 2 文（生命、自由及び幸福追求に対する国民の権利については、公共の福祉に反しない限り、立法その他の国政の上で、最大の尊重を必要とする。）に求められることになろう[24]。ただし、比例原則がこのような憲法上の根拠を有するといっても、課される不利益と目的達成によって得られる利益との間の均衡を求めるという限りでの「尊重」であり、またそれは「公共の福祉に反しない限り」という文言においても含意されるところであろう。したがって、憲法 13 条 2 文そのものの解釈からそれ以上の規範的な含意を導き出すことは困難であり、比例原則の根拠として、「立憲主義ないし法治主義の当然の帰結」（上述の戦前の美濃部の主張）より明確な憲法上の根拠として挙げられるということにとどまるのではないかとおもわれる[25]。現に、上述の柳瀬も現行憲法下の教科書にお

---

23)　柳瀬・前掲注 19) 250 頁以下。

24)　比例原則は、行政法の場面では、法律に基づいて行われる行政活動にかかわるものであるから、それが憲法 13 条 2 文に根拠づけられるとしても、13 条の保障範囲にかかる「人格的利益説」と「一般的行為自由説」の対立（渡辺ほか・前掲注 18) 118 頁［松本和彦］）とは次元の異なる問題といえる。このあたりに、比例原則をめぐる憲法（法律内容そのものの統制）と行政法（法律の適用執行の統制）との間の視点の違いを看て取ることができよう。

Unit 7-2　比例原則

いて、比例原則の根拠として憲法 13 条 2 文を挙げている[26]。

4　比例原則をめぐる諸問題

(1)　行政行為[27]

(a)　効果裁量との関係

　比例原則は処分内容の選択（効果裁量）にかかるものであるが[28]、過剰の禁止との関係で、①措置の内容が過度に名あて人の権利自由を制約するものではならない（措置の強度）ほか、②措置の発動が法令の目的から見て必要以上に早い場合（時間）、③土地収用の場合などについては必要以上の空間に及ぶ場合（空間）、さらに④行政処分に条件などを付すことにより不許可処分を避けることができる場合にはそれによること（附款）などがポイントとして考慮されよう[29]。ただし処分庁が行ったそのような考慮について、裁判所がどの程度これを尊重するかは、裁量審査の密度（裁判所の介入の程度）に関わるものとして、別途問題となる（(c)参照）。

(b)　処分基準（裁量基準）との関係

　行政行為（行政処分）については、根拠となる法律において要件と効果が

---

25)　髙木・前掲注 12) は、「比例原則は『人権の最大限の尊重原理』として憲法 13 条に『実定化』されていると説明し、その限りで『条理法』ないし『法の一般原則』という説明は避ける」としつつも、「憲法条項はいまだその内容が概括的であるから、13 条に言及するだけでは実際上の問題は何も解決されていない」とし、比例原則が問題となる領域に即した類型化の必要性を説く（228 頁以下）。

26)　柳瀬良幹『行政法教科書』（有斐閣、1969 年）199 頁。

27)　比例原則は行政行為そのものについて問題となるほか、行政行為の撤回についても、それ自体相手方私人に対して不利益なものとして問題となる（塩野宏『行政法 I〔第 6 版補訂版〕』〔有斐閣、2024 年〕147 頁以下、宇賀・前掲注 13) 420 頁）。

28)　上述の比例原則の 3 つのテストのうち「比例性」は、一定の利益衡量を要求するものであるから、比例原則は、裁量を否定するものではなく、裁量の余地を前提にその限界を画するものである（髙木・前掲注 12) 231 頁）。

29)　田上穣治「行政作用法における比例原則」田中二郎ほか編『行政法講座　第 6 巻　行政作用』（有斐閣、1966 年）11 頁。同論文では、負担の均衡として、特定の行為の下命と特定の行為の禁止とが同一の効果ができる場合は、禁止を選ぶのが比例に適するとする（12 頁）。

288

定められているが、近時、公務員の懲戒処分を含め、不利益処分については、多くの場合、処分基準が定められているから（行政手続法12条。ただし、公務員の懲戒処分には同法の適用はない〔3条1項9号〕。）、処分内容の選択も、通常はその範囲内で行われることになる[30]。これは、不利益処分の内容について予見可能性をもたらすことによって、私人の法的安定性をもたらすとともに、非違行為の一般的予防に資するものである。また、後述のように、理由の提示（行手法14条）などとも関連する[31]。したがって、処分基準が存在する場合、比例原則が単独でもつ意味もその限りで縮減されることになる。ただし、処分基準自体が、比例原則に違反するということもありうる。

(c) 司法審査との関係

最高裁判例において、比例原則違反は、いわゆる社会観念（通念）審査の中に吸収され考慮されている[32]。懲戒処分については処分量定の選択において比例原則が問題となるが、最高裁判例は、「懲戒権者の判断と裁判所が［当該懲戒］処分の適否を審査するにあたっては、懲戒権者と同一の立場に立って懲戒処分をすべきであったかどうか又はいかなる処分を選択すべきであったかについて判断し、その結果と懲戒処分とを比較してその軽重を論ずべきものではなく、懲戒権者の裁量権の行使に基づく処分が<u>社会観念上著しく妥当を欠き、裁量権を濫用したと認められる場合に限り違法である</u>と判断すべきものである」（下線部、筆者）としている。そしてそこでは、「懲戒権者は、懲戒事由に該当すると認められる行為の原因、動機、性質、態様、結果、影響等のほか、当該公務員の右行為の前後における態度、懲戒処分等の処分歴、選択する処分が他の公務員及び社会に与える影響等、諸般の事情を考慮して、懲戒処分をすべきかどうか、また、懲戒処分をする場合にいかなる処分を選

---

30) 高橋正人「懲戒処分基準に沿った裁量審査」『行政裁量と内部規範』（晃洋書房、2021年）110頁、宮村教平「懲戒処分における行政裁量統制に関する一考察」佛教大学教育学部論集32号（2021年）75頁参照。

31) そして処分基準は裁量基準であり、それ自体、法規としての性格は持たないとしても、処分基準と異なる内容を選択する場合（とりわけ処分基準より重い不利益処分を行う場合）、そこに合理的な理由がない限り、平等原則との関係で当該処分は違法となりうる。

32) この点については、塩野・前掲注27）147頁以下参照。

Unit 7-2 比例原則

択すべきか、を決定することができるものと考えられるのであるが、その判断は、右のような広範な事情を総合的に考慮してされるものである以上、平素から庁内の事情に通暁し、部下職員の指揮監督の衝にあたる者の裁量に任せるのでなければ、とうてい適切な結果を期待することができないものといわなければならない」という認識が前提にある（最判昭和 52・12・20 民集 31 巻 7 号 1101 頁〔神戸税関事件〕）。このような判断枠組みにおいては、懲戒権者が行った処分量定の判断について、裁判所はこれを基本的に尊重し、それが「社会観念上著しく妥当を欠く」と判断するに至って違法と評価することになる。すなわちそこでは、処分理由とされた非違行為が裁判所によって事実認定された場合、それに対する評価（とりわけ被処分者に対する情状酌量の余地）については基本的に懲戒権者の判断が尊重されることになる[33]。この場合、懲戒処分について比例原則は妥当しているものの、裁判所が自らこれを適用して懲戒権者の判断を審査するもの（実体的判断代置）ではない[34]。

(d) 行政手続との関係

さらにこの点は、行政手続における理由の提示（理由付記）の程度にもかかわる。すなわち、最高裁判例は、一級建築士の懲戒処分（免許取消し）について、行政手続法 14 条 1 項本文に基づいてどの程度の理由を提示すべきかは、「当該処分の根拠法令の規定内容、当該処分に係る処分基準の存否及び内容並びに公表の有無、当該処分の性質及び内容、当該処分の原因となる事実関係の内容等を総合考慮してこれを決定すべきである」とし、「処分の

---

33) このような判断枠組みの下、被処分者に対して懲戒権者が酌量しなかった情状を認め、当該懲戒処分を取り消した原判決が、最高裁において破棄される事例がみられるということになる（神戸税関事件判決のほか、前掲注 3) に挙げた近時の諸判決）。行政裁量の審査については、本書 Unit 8-1 の鵜澤論文 237 頁が、神戸税関事件判決にも言及しつつ、民事訴訟の審理との対比も含めて論じている（関連して、Unit 8-2 の櫻井論文 258 頁以下も参照）。

34) 最判令和 5・6・27（前掲注 3)）は、懲戒免職処分に伴う退職手当支給制限処分につき、「裁判所が……退職手当管理機関と同一の立場に立って、処分をすべきであったかどうか又はどの程度支給しないこととすべきであったかについて判断し、その結果と実際にされた処分とを比較してその軽重を論ずべきではなく、退職手当支給制限処分が退職手当管理機関の裁量権の行使としてされたことを前提とした上で、当該処分に係る判断が社会観念上著しく妥当を欠いて裁量権の範囲を逸脱し、又はこれを濫用したと認められる場合に違法であると判断すべきである」とする。同判決も、情状酌量を認めた原判決を取り消している（宇賀克也裁判官反対意見がある）。

290

原因となる事実と、処分の根拠法条［注：建築士法］のみならず、処分基準の適用関係」を理由の提示において示すべきとしている（最判平成23・6・7民集65巻4号2081頁）。これは理由の提示の程度として、かなり詳細なものを要求しているといえるが、理由の提示の制度趣旨を踏まえ、行政庁の判断の慎重と合理性を担保するとともに、処分量定の根拠を名宛人に知らせることにより争訟（とりわけ平等原則や比例原則違反の主張）の便宜を与えるものとして評価できる[35]。

(2) 行政強制

(a) 即時強制

行政処分以外の行政活動、とりわけ私人の身体や財産に直接実力を加える即時強制について、比例原則が問題となる。そのうち警察官の職務執行については、私人の権利自由への侵害の程度が大きいことに鑑み、警察官職務執行法において「この法律に規定する手段は、前項の目的のため必要な最小の限度において用いるべきものであって、いやしくもその濫用にわたるようなことがあってはならない。」（1条2項）と定めるとともに、武器の使用（7条）などについては厳格な要件が定められている。これは、比例原則が法令上実定化されたものである[36]。

このほか判例などでは、明示的ではないにせよ、権力的事実行為の適法性要件として実質的に比例原則（目的との均衡）を要求している事例がある。例えば、①警察官のパトカーによる追跡を受けて、車両で逃走する者が惹起した事故により第三者が損害を被ったとして当該第三者が提起した国家賠償請求訴訟について、警察法2条、65条、警察官職務執行法2条1項を援用

---

35) 取消訴訟における審理の中核は、裁量行為の場合、処分理由が内容的に合理性を有するものといえるかという点にあり、羈束行為も含め、理由提示は実体法・手続法の複合物と捉えるべきであるとされる（原田大樹「理由提示の現代的意義と課題(1)」自治研究98巻3号〔2022年〕92頁、さらに不利益処分における推知可能性について、同論文〔(3・完)〕自治研究98巻6号〔2022年〕109頁参照）。

36) 髙木・前掲注12）229頁。この他に代執行の発動要件に関する行政代執行法2条も、解釈の余地はあるものの、比例原則の実定化とみることができよう。

しつつ、当該追跡行為が違法であるというためには、「右追跡が当該職務目的を遂行する上で不必要であるか、又は逃走車両の逃走の態様及び道路交通状況等から予測される被害発生の具体的危険性の有無及び内容に照らし、追跡の開始・継続若しくは追跡の方法が不相当であることを要するものと解すべきである」としている（最判昭和61・2・27民集40巻1号124頁）[37]。さらに、②漁港管理者である町が、漁港水域内に不法に設置されたヨット係留杭を法規に基づかずに強制撤去する費用を支出した場合において、当該撤去費用の支出は緊急の事態に対処するためのやむをえない措置に係る支出であり違法とはいえないとして、町長個人に損害賠償を求める住民訴訟（4号請求）が棄却された事例においても、「船舶航行の安全を図り、住民の危難を防止するため、その存置の許されないことが明白であって、撤去の強行によってもその財産的価値がほとんど損なわれないものと解される本件鉄杭をその責任において強行的に撤去したもの」として、目的の正当性と手段の均衡に言及している（最判平成3・3・8民集45巻3号164頁〔浦安ヨット係留事件〕）。

(b) 義務の実効性確保手段

行政上の義務違反については、不利益処分（監督処分、懲戒処分）や行政上の秩序罰のほか、それらと並んで刑罰が法定されていることがあるが、そこでは比例原則に関して下記のような点が問題となる。

① 刑罰と別種の制裁の比較

判例は、公務員の政治的行為の禁止違反につき、国家公務員法は刑罰（110条1項19号）と懲戒処分（82条）を規定しているところ、「このような立法措置がとられたのは、同法による懲戒処分が、もともと国が公務員に対し、あたかも私企業における使用者にも比すべき立場において、公務員組織の内部秩序を維持するため、その秩序を乱す特定の行為について課する行政上の制裁であるのに対し、刑罰は、国が統治の作用を営む立場において、国民全体の共同利益を擁護するため、その共同利益を損う特定の行為について科する司法上の制裁であって、両者がその目的、性質、効果を異にするからにほかならない」として、「懲戒処分と刑罰とは、その目的、性質、効果を異に

---

37) 稲葉馨ほか『行政法〔第5版〕』（有斐閣、2023年）45頁［稲葉馨］。

する別個の制裁なのであるから、前者と後者を同列に置いて比較し、司法判断によって前者をもってより制限的でない他の選びうる手段であると軽々に断定することは、相当ではない」とする（最大判昭和49・11・6刑集28巻9号393頁〔猿払事件〕）。確かに、刑罰は一般統治権に基づいて行われるのに対して（身分犯）、懲戒処分は公務員たる地位に基づいて行われる行政処分であり、両者はその性質を異にするものの[38]、その両者の関係については、立法政策的な問題が残る。

② 刑罰と別種の制裁との併科

刑事訴訟法が定める訴訟手続上の秩序を維持するための秩序罰（過料）と刑事司法に協力しない行為に対する刑罰（罰金・拘留）について、両者は目的、要件及び実現の手続を異にし、必ずしも二者択一の関係にあるものではなく併科を妨げないとされる（最判昭和39・6・5刑集18巻5号189頁）。ただ、この場合にあっても、刑罰は最後の手段として位置づけるべきであるとの見解もある[39]。

5 おわりに

以上みてきたように、比例原則は、侵害行政のさまざまな領域において問題となる。このほかにも、行政調査について比例原則が問題となることが指摘されるほか[40]、形式的には非権力的行政活動に属するものであっても、規制行政を代替する行政契約（公害防止協定）につき、比例原則の適用の有無が論じられる事例もある[41]。

既に述べたように、行政法における比例原則は、法律（根拠法令）との関係では一種の補助的な法原則である。したがって、根拠法令の規律密度の向上や行政手続における裁量基準（処分基準）の一般化に伴い、それが個別の案件において直接に問題となる場面は縮減しているといえよう。また、比例

---

38) この点については、かつての特別権力関係論との関係も含め、Unit 1-1 櫻井論文18頁参照。

39) 宇賀・前掲注13) 292頁。刑罰と重加算税との併科につき、同書297頁参照。

40) 宇賀・前掲注13) 178頁。

293

Unit 7-2　比例原則

原則といっても、そこに一般的な尺度を見出すことは難しい。しかし、法秩序全体をみると、比例原則は、法の一般原則として、立法から個別の行政活動に至るまで、さまざまな場面においてチェックポイントとしての意義をもっているといえる。

---

41)　大阪高判平成 29・7・12 判例地方自治 429 号 57 頁。髙木光「公害防止協定と比例原則」同『法治行政論』（弘文堂、2018 年）141 頁、鈴木崇弘「『行政私法』論と比例原則・平等原則の適用対象――公害防止協定等を素材として」自治研究 96 巻 11 号（2020 年）126 頁参照。それ以外の分野についても、近時長足の進歩を遂げている人工知能による行政機関の知識創出過程の法的規律などとの関係を論ずる、山本隆司「行政の情報処理行為に適用される比例原則の意義と限界」大橋洋一＝仲野武志編『法執行システムと行政訴訟（髙木光先生退職記念論文集）』（弘文堂、2020 年）155 頁などの論稿がある。

Unit 8-1　地方議会
地方議会と憲法学

櫻井智章

1　はじめに

　Unit 8 では地方議会の問題を扱う。行政法の主要分野である地方自治法に関するテーマであるとともに、憲法的には統治機構論だけでなく基本権論にとっても重要な問題である（地方自治法 14 条 2 項）が、「憲法学と行政法学の交流の欠如[1]」が指摘されてきた。地方議会については、憲法 93 条で規定されているにもかかわらず、憲法学の関心は高いとは言えない。そもそも憲法の授業では、時間の都合で第 8 章「地方自治」については省略されることが多く、扱うとしても基本原則について簡単に触れるだけで済ませるのが通例であると思われ、地方議会にまで立ち入って触れることはほとんどないものと想像される。

　しかし、地方議会について勉強することは憲法の学習にとっても有意義である。何より日本の議会制度の歴史は地方議会から始まった。1878（明治11）年、いわゆる地方三新法が制定されたことは日本史で勉強したはずであるが、その 1 つである府県会規則は「わが国初の民選代議機関を設立するという意味をもっていた[2]」。それに対して、帝国議会の開設は 1890（明治23）年のことである（明治 14 年の政変後に「明治 23 年を期し議員を召し国会を開き」と宣言した「国会開設の勅諭」の公約を守る形で明治 22〔1889〕年の明治

1）　駒林良則『地方議会の法構造』（成文堂、2006 年）4 頁。
2）　大石眞『日本憲法史』（講談社学術文庫、2020 年）87 頁。地方議会からの漸進的な議会開設については、赤坂幸一『統治機構論の基層』（日本評論社、2023 年）26-28 頁を参照。

Unit 8-1　地方議会

憲法制定の翌年に第1回帝国議会が召集され、開会と同時に明治憲法が施行された[3])。地方議会こそが日本の議会の起点であった。

　実際的な理由としては、カリキュラムの編成上、どこの大学でも憲法について勉強した後に地方自治法を勉強することになっているはずである。そのため地方の政治制度を勉強する際には、国の政治制度と対比しながら類似点・相違点について勉強することが効果的である[4])。それによって、二元代表制、執行機関多元主義、住民参政（直接請求、住民訴訟[5)]）といった地方の政治制度の特徴を理解することができるとともに、それを通じて国の政治制度についても理解を深めることができる。

2　国会と地方議会

　統治機構論固有の論点が出題されづらくなった現行の司法試験とは異なり、旧司法試験では国会と地方議会を対比して論じさせる問題が出題されていた（昭和58年、平成6年など[6)]）。地方議会の100条調査権（地方自治法100条）は国会両議院の国政調査権（憲法62条）に対応するものであり、国会の知識があれば地方議会の勉強が楽になる代表例である。ただし、国政調査権については、強制力をも用いることができる調査をしておきながら報告書すら作成されないという運用[7)]が憲法上問題視されている[8)]のに対して、「百条委員会」では調査報告書が作成されており[9)]、国会の運用の異様さを際立たせ

---

3)　明治憲法の上諭で「帝国議会ハ明治23年ヲ以テ之ヲ召集シ議会開会ノ時ヲ以テ此ノ憲法ヲシテ有効ナラシムルノ期トスヘシ」とされていた（表記は改めた）。

4)　小泉洋一＝島田茂編『公法入門〔第3版〕』（法律文化社、2021年）82頁以下〔櫻井智章〕。

5)　住民訴訟（地方自治法242条の2）も「地方自治の本旨に基づく住民参政の一環」と捉えられる。最判昭和53・3・30民集32巻2号485頁（487頁）。

6)　また、昭和63年には国民投票のみに関する出題だったが、平成18年には住民投票と国民投票を対比して論じる出題になった。

7)　浦和充子事件のきっかけが参議院法務委員会の調査報告書（昭和24年3月）〔法曹時報1巻5号77頁〕であったように、かつては報告書が作成されていた。昭和30（1955）年頃に運用の変化があったようである。白井誠『国会法』（信山社、2013年）182-184頁。

8)　大石眞『憲法概論Ⅰ　総論・統治機構』（有斐閣、2021年）249-250頁、同『議会法』（有斐閣、2001年）119頁など。

るものとなっている。

　議員の免責特権は、国会議員には憲法上保障されている（憲法51条）のに対して、「地方議会議員の発言についても、いわゆる免責特権を憲法上保障しているものと解すべき根拠はない[10]」とされている。免責特権の趣旨自体が大きな問題である[11]が、「言論の自由を最大限に保障し」「職務を行うに当ってその発言について少しでも制約されることがないようにしようとの趣旨[12]」から保障されるのであれば、その趣旨は地方議員にも当てはまるはずである[13]。にもかかわらず地方議員には保障されない免責特権は、明文の規定がなければ保障できないような文字通りの《特権》であるかのような感を抱かせる。しかし実際には、議員の行った名誉毀損等の発言に対して損害賠償を請求する場合、国家賠償法の解釈として公務員の個人責任は追及できないこととされている[14]ため、国会議員であっても地方議員であっても議員個人が責任を負うことはない[15]。憲法51条の「特権」よりも広い範囲の免責が国家賠償法の「解釈」によって認められているのである[16]。結果として、明文の規定の有無に関係なく地方議員にも民事免責が認められることとなっている[17]。

　国会（両議院）と地方議会で大きな相違が見られるのは自律権である。司法権との関係について地方議会では、出席停止と除名を区別して内部問題に

9）　例えば、近年の注目を集めた百条委員会では、東京都議会「豊洲市場移転問題に関する調査特別委員会　調査報告書」（平成29年6月）、明石市議会「地方税法上の守秘義務調査特別委員会　調査報告書」（令和4年6月）、熱海市議会「伊豆山土石流災害に関する調査報告書」（令和5年3月）など。

10）　最大判昭和42・5・24刑集21巻4号505頁（508頁）。

11）　原田一明『議会特権の憲法的考察』（信山社、1995年）102頁以下、新井誠『議員特権と議会制』（成文堂、2008年）15頁以下、250頁以下、赤坂・前掲注2）255頁以下。

12）　宮澤俊義（芦部信喜補訂）『全訂　日本国憲法』（日本評論社、1978年）384頁。

13）　杉原泰雄『憲法II　統治の機構』（有斐閣、1989年）469頁、吉田栄司「地方議会議員の免責と非免責」（2005年）同『憲法的責任追及制論II』（関西大学出版部、2010年）107頁。

14）　最判昭和30・4・19民集9巻5号534頁以来の確立した判例。

15）　国会議員につき、最判平成9・9・9民集51巻8号3850頁、地方議員につき、最判平成15・2・17LEX/DB：28081402。

16）　大橋弘「判解」最判解民平成9年度(下)1189頁。

297

Unit 8-1　地方議会

すぎない出席停止は司法権の対象とならないとしていた従来の判例を変更して、出席停止についても司法権が及ぶようになった[18]。「自律権・自主権のあり方が、国会の両議院と地方議会とで本質的に相違している[19]」と言われていたが、除名についてまで司法審査の対象とならないと考えられている国会両議院[20]との差はむしろ拡大した[21]。自律権は法律・条例との関係でも問題となる。国会各議院にとって、他の議院だけでなく内閣まで制定に関与する「法律」は自律的決定とはいえない。各議院の内部事項は議院規則（憲法58条2項）の排他的（専属的）所管事項であって、国会法は違憲である（ただし無効ではなく「紳士協定」としてのみ効力を持つ）という見解[22]が説かれる所以である。地方議会でも、現に会議規則（地方自治法120条）ではなく条例で規律されているだけでなく、条例による規律が称揚されることさえあるが、法的には長が提出権（同149条1号）や拒否権（同176条）を持っている「条例」によって議会の内部事項について定めることは（実際上は議会の判断を尊重する運用がなされるとしても）「公選議会としての自律権からみてかなり疑問がある[23]」と指摘されている。

　また、地方議会についての勉強が憲法に関する解釈論上の争点の理解を深めることに役立つこともある。例えば、国会の予算修正権（特に予算の増額

---

17)　自治体に対する国家賠償についても、「特別の事情」がなければ認められないとする最判平成9・9・9前掲注15）に準拠するのが下級審裁判例の傾向である。津地判平成26・9・25LEX/DB：25504915、宇都宮地判令和1・9・25LEX/DB：25564300など。「特別の事情」があるとして市に対する国賠を認めたものとして、和歌山地判令和4・2・4LEX/DB：25592088（大阪高判令和4・9・8LEX/DB：25593652、最判令和5・2・15LEX/DB：25595759）。この場合には国会議員とは異なり求償の問題（国家賠償法1条2項）が出てくる。

18)　岩沼市議会事件：最大判令和2・11・25民集74巻8号2229頁。

19)　黒田覚「裁判権と国会・地方議会の自律権」東京都立大学法学会雑誌1巻2号（1961年）8頁。

20)　宮澤・前掲注12）446頁、長谷部恭男編『注釈日本国憲法(3)』（有斐閣、2020年）782頁［長谷部］など。

21)　国会と地方議会の相違として、裁判所と国会の「同格（coordinate）」性という問題は、自律権の問題だけでなく、「法律」と「条例」で違憲審査のあり方は同じでよいのかという重要な問題と関わってくる。

22)　小嶋和司『憲法概説』（良書普及会、1987年）404-407頁、同『憲法学講話』（有斐閣、1982年）91頁以下、大石・前掲注8）『憲法概論I』278-280頁、同・前掲注8）『議会法』160-161頁など。

23)　大石眞『憲法制度の形成』（信山社、2021年）360頁。

298

修正の可否および限界）という「憲法解釈上激しく争われてきた問題[24]」がある。近年の学生向け教科書[25]では論点があることに気づかないかもしれないが、『憲法の争点』や近年の演習書でも取り上げられている問題である[26]。現在では、国会の修正権に限界はないという見解が通説のようである[27]が、伝統的な通説は限界があると説いてきた[28]。政府の見解も同様であり、「国会の予算修正は内閣の予算提案権を損わない範囲内において可能」というのが政府統一見解[29]である。こうした見解が、地方自治法では「議会は、予算について、増額してこれを議決することを妨げない。但し、普通地方公共団体の長の予算の提出の権限を侵すことはできない。」（97条2項）と明文化されている。この条項は昭和22（1947）年改正によって導入されたものであり、清宮四郎は自己の見解を補強する論拠としてこの規定を挙げていた[30]。国会でも昭和30（1955）年国会法改正に際して同趣旨の明文規定の導入が検討されたことがある[31]。現在では逆に、地方議会の「予算修正権の拡大」「制約の見直し」が提言されている[32]。

---

24) 大石・前掲注8)『憲法概論Ⅰ』452頁。小嶋・前掲注22)『憲法学講話』127頁以下を参照。本稿筆者が大石眞先生の憲法の講義を通じて小嶋憲法学に興味を持つようになった最大のきっかけが、先述の国会法違憲論と、この論点であった。授業で紹介された印象的なフレーズは、小嶋和司「財政」（1965年）同『憲法と財政制度』（有斐閣、1988年）190頁に見られる。

25) 新井誠ほか『憲法Ⅰ　総論・統治〔第2版〕』（日本評論社、2021年）116頁［横大道聡］、毛利透ほか『憲法Ⅰ　総論・統治〔第3版〕』（有斐閣、2022年）190頁［淺野博宣］など。

26) 倉持孝司「国会の予算修正権」大石眞＝石川健治編『憲法の争点』（有斐閣、2008年）298頁、上田健介「国会の予算修正権」宍戸常寿＝曽我部真裕編著『憲法演習サブノート210問』（弘文堂、2021年）393頁。

27) 渡辺康行ほか『憲法Ⅱ　総論・統治』（日本評論社、2020年）410頁［工藤達朗］、辻村みよ子＝山元一編『概説憲法コンメンタール』（信山社、2018年）394頁［片桐直人］など。

28) 清宮四郎『憲法Ⅰ〔第3版〕』（有斐閣、1979年）275頁。「小嶋和司登場までの間、清宮が財政分野における唯一無二の専門家として君臨」した。石川健治「統治のヒストーリク」奥平康弘＝樋口陽一編『危機の憲法学』（弘文堂、2013年）34頁注57)。同「日本国憲法・清宮四郎・財政法」日本財政法学会編『財政の法的統制』（デザインエッグ、2024年）35頁も同旨。

29) 真田秀夫内閣法制局長官・第80回国会衆議院予算委員会（昭和52年2月23日）。

30) 清宮・前掲注28)276頁注（4)。

31) 川人貞史『日本の国会制度と政党政治』（東京大学出版会、2005年）188-190頁。

32) 地方議会・議員のあり方に関する研究会「報告書」（令和2年9月）13頁。

Unit 8-1　地方議会

3　議院内閣制と二元代表制

　議会と行政府（執行府）との関係についても、国の政治制度との類似点・相違点を踏まえることで理解が深まる。国レベルの議院内閣制に対して、地方の二元代表制は大統領制に近いと言われることもあるが、①長[33]は議会を招集し（地方自治法 101 条）、②議会に出席し（同 121 条）、③条例案などを提出できること（同 149 条 1 号）や、④議会は長の不信任決議を行うことができ、長は議会を解散できること（同 178 条）など、アメリカ合衆国の大統領制とは異なる点も少なくない。

　①議会の召集（招集[34]）については、国レベルでは憲法 53 条に基づく臨時会召集の要求があっても内閣が長い間召集を決定しないという事態が頻発している。平成 29（2017）年には、要求から約 3 か月も安倍内閣が臨時会の召集を決定しなかったことが問題とされ、裁判にまでなった[35]が、過去には 100 日以上召集が決定されなかったことも稀ではない[36]。要求から何日以内に決定しなければならないかについて憲法上明文の規定がないため「合理的期間内に」と解釈するほかない[37]。地方議会でも議員の 4 分の 1 以上で臨時会の招集を請求でき、その場合に長は「20 日以内に臨時会を招集しなければならない」と明記されている（地方自治法 101 条 3 項・4 項）。平成 18（2006）年改正で導入されたものであり、これを国会についても参考にする見解がある[38]。自民党の憲法改正草案（平成 24 年）が「20 日以内」としていたこと

---

33)　長を「おさ」と読む学生が多い。聞いてみると中学・高校でそのように習っているわけではなく、なんとなく「おさ」と読んでいるようである。なぜ、なんとなくで「おさ」になるのかは謎である。内閣法制局関係者による大森政輔ほか編『法令用語辞典〔第 11 次改訂版〕』（学陽書房、2023 年）539 頁でも「ちょう」である。

34)　天皇の国事行為である国会の召集（憲法 7 条 2 号）だけがテヘンのつかない「召集」であり、地方議会をはじめ閣議、株主総会など他のすべての会議は「招集」である。

35)　最判令和 5・9・12 民集 77 巻 6 号 1515 頁。

36)　衆議院事務局『衆議院先例集付録〔平成 29 年版〕』表七「臨時会召集要求一覧」を参照。

37)　那覇地判令和 2・6・10 判時 2473 号 93 頁（100 頁）、内閣参質 194-22（平成 29 年 10 月 6 日）、内閣衆質 195-8（平成 29 年 11 月 10 日）、長谷部編・前掲注 20）664-666 頁［土井真一］など。

300

を参考にする見解[39]もみられるが、そもそも「会期制度が現代議会のあり方として合理性をもつかどうかは、大いに問題[40]」である。地方議会では平成24（2012）年改正によって《通年議会》も可能とされている（地方自治法102条の2）。憲法制定の際には「此の憲法は理想を議会常設に置き[41]」と述べられていたのであり、憲法改正するのであれば「20日以内」を明記するよりも会期制を廃止する方が適切である。これらの例のように、憲法で固定化されている国会よりも、法律・条例よって変更可能な余地の広い地方議会の方が、時代の変化に対応しやすいため改革が進んでいる分野は少なくない。

　②議会への出席については、国会では大臣の義務であるとともに権利でもあるが、地方議会では長の義務である。条文の確認が法学の学習の基本である。憲法63条と地方自治法121条本文を読み比べていただきたい。

　③法律案の提出は、国会議員のほか委員会（国会法50条の2）、内閣（内閣法5条）に認められているが、実際には制定される法律のほとんどは内閣提出によるもの（閣法）である。条例案の提出も、議員、委員会、長に認められているが、実際には長の提出によるものが多数を占める[42]点は同じである。内閣提出法律案が実際には担当府省で起草されるように、長の提出する条例案も担当部局で作成される。後述5のように条例の作成能力の向上が求められており、地方公務員を目指す学生には法的知識をしっかりと身に着けていただきたい。法律案の提出について国民発案は認められていないが、条例案については住民による直接請求（地方自治法12条1項・74条～74条の4）が認められる点は大きな違いである。議員による提出に際して、国会では衆議院で20人以上、参議院で10人以上の賛成という人数要件が課されている（国

---

38)　例えば、只野雅人「憲法の政治機構と国会制度」法学館憲法研究所 Law Journal 26号（2022年）55頁。

39)　辻元清美・衆質201-270（令和2年6月12日）、辻村＝山元編・前掲注27）258頁［原田一明］など。最判令和5・9・12前掲注35）における宇賀克也裁判官の反対意見も、自民党の憲法改正草案と地方自治法の規定を挙げて「20日あれば、十分」として「20日以内の臨時会を召集する義務がある」と述べる（1523-1524頁）。

40)　大石・前掲注8）『議会法』132頁。

41)　金森徳次郎国務大臣・第90回帝国議会衆議院帝国憲法改正案委員会（昭和21年7月1日）。

42)　辻陽『日本の地方議会』（中公新書、2019年）26-27頁。

Unit 8-1　地方議会

会法56条1項[43]）が、地方議会では「議員の定数の12分の1以上」の賛成
という要件となっている（地方自治法112条2項）[44]。委員会による提出（地
方自治法109条6項）は平成18（2006）年改正で認められた。法案提出の権
限まで持っていることは委員会の権限の強さの象徴といえる[45]が、国会で
は委員会提出の法律案は委員会審査を省略する運用[46]がなされており、非
公式な与野党の合意がベースとなって公式の場での実質的な法案審議が少な
くなるという欠点を抱えている[47]。地方議会でも同様の運用が予定されてい
る[48]が、ただでさえ一院制の地方議会で委員会審査を省略して十分な審議
を確保できるのか疑問がある。

　④解散については、国レベルでは、衆議院による内閣不信任決議が可決さ
れた場合の対抗的な解散（憲法69条）だけでなく、憲法7条を根拠とした内
閣の裁量に基づく解散（7条解散）が行われている。それに対して、長によ
る地方議会の解散は、不信任決議が可決された場合にしか認められていない
（地方自治法178条）。他方で、国レベルでは存在しない、住民による直接請
求に基づく解散（同13条1項・76～79条）、議会自身による自律的解散（地

---

43)　昭和30（1955）年改正で導入されたこの要件が、選挙目当ての「お土産法案」への対策であ
　　ったことは学生向けの教科書でも指摘されている。毛利ほか・前掲注25）179頁［淺野］など。
　　予算を伴う法律案については、要件が加重され（同条項但書）、内閣に意見を述べる機会を与え
　　ることとされた（同法57条の3）。先述の「予算の増額修正」の問題と密接に関連した改正であ
　　った。「議員立法特に予算を伴う議員立法は、予算に対する増額修正とともに、最近世論のきび
　　しい批判を受けている」（『読売新聞』昭和28年12月13日）。吉田茂内閣総理大臣「行政府が立
　　法府からいろいろ干渉され、しかも予算の伴うような干渉を受けるということは、政府としては
　　はなはだ迷惑に存じております」（第18回国会衆議院予算委員会、昭和28年12月4日）。地方
　　議員は予算に関する議案を提出できない（地方自治法112条1項但書）。
44)　昭和31（1956）年改正によって導入された「8分の1」要件が、平成11（1999）年改正によ
　　り引き下げられた。
45)　大山礼子「忘れられた改革」駒沢法学16巻3号（2017年）7-10頁。
46)　衆議院事務局『衆議院先例集〔平成29年版〕』239号、参議院規則29条の2。
47)　前田英昭「議員立法と国会改革」中村睦男編『議員立法の研究』（信山社、1993年）584-586頁、
　　大山礼子『政治を再建する、いくつかの方法』（日本経済新聞出版、2018年）58頁など。公的な
　　立法資料の過少は憲法訴訟にも悪影響を与えているものと考えられる。Unit 6-2 櫻井論文258-
　　259頁。
48)　標準都道府県議会会議規則38条2項、標準市議会会議規則37条2項。

302

方公共団体の議会の解散に関する特例法）も認められている。自律的解散については、衆議院に関する「解散権論争」において自律的解散権説[49]が登場したことが想起されるが、この法律が制定されたのは、現職議長を含む多数の都議が逮捕された東京都議会の汚職事件[50]が直接の原因である。地方自治法上の直接請求として議会解散請求は可能であるが、東京都の人口だと法律上の要件を充たすのが難しいため、それを補完するという位置づけであった（その趣旨は同法１条の「地方公共団体の議会の解散の請求に関する世論の動向にかんがみ」という表現に現れている）。なお、法案説明の際に「この種立法は、西独……の各州にあることを付言しておきます[51]」と述べられていたが、ドイツでは現在すべての州で州議会の自律的解散が憲法上規定されている[52]。

4 地方議会の重要性の向上

1990 年代以降、政治改革（選挙制度改革）、行政改革、司法制度改革などの統治構造改革が行われた。これらの改革は「この国のかたちの再構築」、すなわち「実質的意味の憲法[53]」の変更を企図した「憲法改革[54]」と評価されるべきものであった。地方分権改革もその一環として位置づけられうる[55]が、１回限りの改革で終わらずにその後も断続的に進められている点に他の改革

---

49)　長谷川正安「解散論争の盲点」法時 24 巻 7 号（1952 年）50 頁。

50)　田中二郎ほか編『戦後政治裁判史録 3』（第一法規、1980 年）476 頁以下、481 頁。

51)　安井吉典議員・第 48 回衆議院地方行政委員会（昭和 40 年 5 月 29 日）。その際に挙げられているのが「バイエルン、プロイセン、ザクセン、バーデン等」であるため、第二次大戦後の諸州の憲法が念頭に置かれているのかは定かではない。

52)　*Christian Pestalozza*, Verfassungen der deutschen Bundesländer, 10.Aufl. 2014, Einführung Rn.117. 例えば、バイエルン憲法 18 条 1 項。初宿正典＝櫻井智章訳「ドイツのラント憲法――バイエルン共和国憲法㈠」自治研究 99 巻 7 号（2023 年）85 頁。

53)　高坂正堯『世界史の中から考える』（新潮選書、1996 年）127 頁「憲法と拙なく訳されている constitution――現代の日本語の訳としては、司馬遼太郎氏の "国のかたち" がもっとも適切だと私は思う」。佐藤幸治『日本国憲法と「法の支配」』（有斐閣、2002 年）ii 頁、192-193 頁。

54)　大石眞『憲法秩序への展望』（有斐閣、2008 年）。同＝曽我部真裕「憲法学の拡がり」憲法研究 14 号（2024 年）18-19 頁［大石］も参照。

55)　待鳥聡史『政治改革再考』（新潮選書、2020 年）。

303

Unit 8-1　地方議会

とは異なる大きな特徴がある。

　平成 11（1999）年の地方分権一括法により機関委任事務が廃止された。「第一次分権改革の最大の成果は機関委任事務制度を、整理合理化でも原則廃止でもなく、全面廃止したことである[56]」。地方自治体の事務ではないため条例を制定できないとされていた機関委任事務の廃止は、それ自体が条例事項の拡大という意味をもつが、それだけでなく、主務大臣の指揮監督（地方自治法旧 150 条）の代わりに議会の統制機能が重要となることをも意味する。その後の改革によって法令による「義務付け・枠付け」の見直しが進められ、条例の重要性・可能性は着実に高まっている。他方で、「法的権限が限られていたため、行政指導に頼らざるを得なかったという言い訳[57]」ができなくなったことも確かであり、従来の「要綱行政」に替えて「条例による行政」が求められている。分権改革が条例、そして条例を制定する地方議会の重要性を高めたことは確かであり[58]、「自治体議会制度の改革こそ最も喫緊の課題[59]」だと言われた。

　こうした状況を反映して「議会基本条例」が平成 18（2006）年 5 月に北海道栗山町で制定されて以降、各地で制定されるようになっている。さらに、地方議会の位置づけを明確化するために、地方自治法 89 条が令和 5（2023）年 4 月に改正された。統治機構論においては、機関の地位・役割（何のための機関なのか）が重要である。そこが定まれば、それに相応しい組織・権限・手続を整えていくことができるのに対して、そこが定まらなければすべてが中途半端になってしまう[60]。これらの試みは、同じく住民から直接選挙される《長》の存在の故に存在意義が不明確になりがちな地方議会の地位・役割を明確化するものと捉えることができる。

---

56)　西尾勝『地方分権改革』（東京大学出版会、2007 年）57 頁。

57)　櫻井敬子「生活安全条例に関する一考察」学習院大学法学会雑誌 42 巻 1 号（2006 年）21 頁。

58)　参照、北村喜宣『分権改革と条例』（弘文堂、2004 年）、大森彌『分権改革と地方議会〔新版〕』（ぎょうせい、2002 年）など。

59)　西尾・前掲注 56）250 頁。

60)　この点で失敗しているのが参議院と最高裁だと本稿筆者は考えている。櫻井智章「参議院をめぐる憲法問題」判時 2508 号（2022 年）139 頁、同「最高裁判所の二重機能の問題性」駒村圭吾＝待鳥聡史編『統治のデザイン』（弘文堂、2020 年）258 頁。

304

自治体の政策の策定・実施に際しては「相互参照」が大きな役割を果たしている[61]。先駆的な自治体で進められた取り組みが評判を集めると、他の自治体が参考にして全国に波及してゆく。議会基本条例もその例であるが、よく知られているのは情報公開である。昭和57（1982）年に山形県金山町から始まって全国の自治体に広まり、現在では「自治行政の標準装備」の1つとして位置づけられる[62]までになっている。国レベルでも、「漢方薬」のような行政手続法と対比して「劇薬」とまで評された情報公開法[63]が平成11（1999）年に制定された。今日的な課題となっている空家法制も同様の例といえる。

憲法学でも地方自治に《実験》としての意義を重視する見解が説かれている[64]。成功すれば、その成果は他の自治体や国に広めていくことができるが、失敗したとしても、その損失は一自治体内に収まる[65]。先述のように明治初期に民選議院を地方議会から始めたことも、こうした考え方で説明することができる。もちろん実験が失敗した例もある。平成13（2001）年に「地方公共団体の議会の議員及び長の選挙に係る電磁的記録式投票機を用いて行う投票方法等の特例に関する法律」が制定され、「当分の間の措置として、地方公共団体の議会の議員及び長の選挙」（同法1条）について「条例で定めるところにより」（同3条）電子投票が可能とされている。いくつかの自治体で試されたが上手くいかなかった結果として広まっていないのが現状である[66]。確かに失敗だったといえるが、選挙無効になった例もあり[67]、国政選挙での選挙無効よりは被害が少なくて済んだと考えることができる。実験し

---

61) 曽我謙悟『日本の地方政府』（中公新書、2019年）182頁以下。詳しくは、伊藤修一郎『自治体政策過程の動態』（慶應義塾大学出版会、2002年）。

62) 川﨑政司＝兼子仁『自治体法の実践』（第一法規、2022年）93頁以下、95-96頁。

63) 奥平康弘＝塩野宏「情報公開法制定に向けて」法時69巻1号（1997年）7頁［塩野］。

64) 木下昌彦「民主的実験としての地方分権」佐々木弘道＝宍戸常寿編著『現代社会と憲法学』（弘文堂、2015年）171頁、同「国の立法裁量と地方公共団体の立法裁量」憲法研究8号（2021年）119頁など。

65) 特に「特区」制度（構造改革特区、総合特区、国家戦略特区）はこうした意味合いが強い。

66) 宇賀克也『地方自治法概説〔第10版〕』（有斐閣、2023年）268頁、谷口将紀＝宍戸常寿『デジタル・デモクラシーがやってくる！』（中央公論新社、2020年）161頁以下。

67) 平成15（2003）年7月20日の岐阜県可児市議会議員選挙（名古屋高判決平成17・3・9判時1914号54頁、最決平成17・7・8判例地方自治276号35頁）。

305

Unit 8-1　地方議会

なければ成功することもないため、チャレンジする自治体が出てこなければ
事態が進展することもない。

5　地方議会の立法（条例制定）能力

　規制の不明確性や過度の広汎性といった憲法問題が争われるのは条例であ
ることが多い。国の法律であれば必要となる内閣法制局による審査（内閣法
制局設置法 3 条 1 号）がないだけに、自治体の立法能力がそのまま問われる
こととなる。「一般に条例については、法律と比較し、文言上の不明確性が
見られることは稀ではない[68]」とか「多数意見のような解釈は……本条例の
粗雑な規定の仕方が、単純に立法技術が稚拙であることに由来するものであ
るとの認識に立った場合に、初めて首肯される[69]」という指摘が見られるほど、
最高裁においても条例の立法技術に難があることは認識されているようであ
る。にもかかわらず、違憲と判断されたことはなく、反対意見が付けられる
ような強引な解釈によって救済する例が目立つ。

　初期の代表例は公安条例である。新潟県公安条例は「明らかな具体的な表
示に改めることが望ましい」と指摘されながらも「条例の趣旨全体を綜合し
て考察[70]」して合憲と判断された。東京都公安条例については「条例の立法
技術上のいくらかの欠陥にも拘泥してはならない[71]」と明言されている。徳
島市公安条例も合憲とされたが「立法措置として著しく妥当を欠くものがあ
る」「その文言が抽象的であるとのそしりを免れない」と指摘されていた[72]（法
制局出身の高辻正己裁判官が多数意見の解釈に疑問を呈している）。「淫行」を処
罰する青少年保護育成条例も合憲とされたが、3 人の裁判官（伊藤正己・谷
口正孝・島谷六郎）が明確性を欠き違憲という内容の反対意見を述べてい

---

68)　広島市暴走族追放条例事件（最判平成 19・9・18 刑集 61 巻 6 号 601 頁）における堀籠幸男裁
　　判官の補足意見（605-606 頁）。

69)　同上・藤田宙靖裁判官の反対意見（612 頁）。

70)　最大判昭和 29・11・24 刑集 8 巻 11 号 1866 頁（1873 頁）。

71)　最大判昭和 35・7・20 刑集 14 巻 9 号 1243 頁（1249 頁）。

72)　最大判昭和 50・9・10 刑集 29 巻 8 号 489 頁（503 頁、506 頁）。

306

る[73]。近年では広島市暴走族追放条例が重要である。「規定の仕方が適切ではなく、本条例がその文言どおりに適用されることになると、規制の対象が広範囲に及び、憲法21条1項及び31条との関係で問題がある」と指摘しつつも、「本条例の全体から読み取ることができる趣旨、さらには本条例施行規則の規定等を総合」して、しかも「本条例2条7号の定義にもかかわらず」と条例自身の定義を離れた解釈を示して合憲と判断している[74]。

　これらの事案における被告人の行為は、不明確性や過度の広汎性のために不利益を受けかねないグレーゾーンの行為ではなく真っ黒な行為、条例が取り締まろうとしている典型的な行為であった。そのため条例の立法技術上の不備を理由として被告人を無罪にすることは不合理だという考え方が最高裁にあったものと思われる[75]。具体的事件から切り離して憲法判断をすれば違憲判断を出し易くなるのではないかと思われるが、違憲審査制の問題なのでここでは立ち入らない。平成中期（広島市条例の制定は平成14年）になってもこのような「粗雑」な条例が制定されたこと自体も問題であるが、2人の裁判官（藤田宙靖・田原睦夫）が違憲という反対意見を書き（しかも藤田裁判官は「違憲無効と判断し、即刻の改正を強いるべき[76]」と述べていた）、多数意見に従った那須弘平裁判官も補足意見で「憲法上広範に過ぎると判断される部分については判決書の中でこれを指摘するにとどめ、後のことは広島市における早期かつ適切な改正等の自発的な措置にまつこととするのが至当である[77]」と指摘していたにもかかわらず現在でもまだ条例が改正されていない。ドイツの憲法裁判所とは異なり法改正を義務づける判決ができない裁判所側の問題もあるが、広島市のような大都市（指定都市）ですら、この程度の条例制定・運用能力であることが示されたことに深刻な問題がある。

　条例制定の失敗は自治体に大きな不利益をもたらすこともある。その代表

73）　最大判昭和60・10・23刑集39巻6号413頁。
74）　最判平成19・9・18前掲注68）604頁。
75）　徳島市公安条例事件における高辻意見や広島市暴走族追放条例事件における堀籠補足意見に、こうした考え方が表明されている。
76）　最判平成19・9・18前掲注68）藤田宙靖裁判官の反対意見（613頁）。
77）　同上・那須弘平裁判官の補足意見（610-611頁）。

Unit 8-1　地方議会

例が宝塚市のパチンコ店等規制条例（昭和58年）である。条例に違反してパチンコ店の建築工事が進められたため市が条例に基づいて工事の中止命令を出したにもかかわらず工事が続行されたので、工事中止義務の履行を求めて市が出訴した。最高裁で「訴え却下」となった[78]のは最高裁の見解に問題があると考えられる[79]が、第1審・控訴審では条例は「違法」と判断されていた[80]。業者側は国家賠償訴訟を提起し、ここでも負けた宝塚市は多額の賠償金を支払うこととなった[81]。「まちづくりに対する強烈な情熱がありながら、立案能力が伴っていないために、とんでもない結末をもたらしたケース[82]」と酷評されることもある。確かに義務履行の確保が――当時では通例だったとはいえ――行政指導だのみだった点は不用意といえるが、法律（風営法）と条例の関係[83]にせよ、行政上の義務の司法的執行にせよ、見解の分かれうる難しい問題であり、宝塚市の行為が明らかに不適切だったとは言い難い。それでも多額の賠償責任を負わざるを得ないのであって、それだけ高度な法的知識が求められているといえる[84]。条例の制定・運用能力の向上は自治体にとって死活的な課題である。

---

78)　最判平成14・7・9民集56巻6号1134頁。

79)　Unit 5-2 櫻井論文191-192頁。

80)　神戸地判平成9・4・28判時1613号36頁、大阪高判平成10・6・2判時1668号37頁。

81)　朝日新聞2007（平成19）年2月21日「宝塚市、4.8億円賠償へ」。

82)　櫻井・前掲注57）21-22頁。

83)　神戸地判平成5・1・25判タ817号177頁〔伊丹市〕、盛岡地決平成9・1・24判タ950号117頁〔前沢町〕、名古屋地判平成17・5・26判タ1275号144頁〔東郷町〕、京都地判平成26・2・25判時2275号27頁・大阪高判平成27・2・20判時2275号18頁・最判平成28・12・15判時2328号24頁〔京都府〕など。宝塚市の条例についても、当初は仮処分が認められ（神戸地伊丹支決平成6・6・9判例地方自治128号68頁）、その後取り消された（神戸地伊丹支決平成9・9・9判タ962号133頁）ように、裁判所の判断も分かれていた。

84)　国家賠償事件の第1審判決（神戸地判平成17・3・25裁判所ウェブサイト）は宝塚市の「法的検討が十分でなかった」と指摘している。

6　おわりに

　法律と条例の関係の問題[85]、議員のリコールに関する国会議員と地方議員の相違、町村総会（地方自治法 94 条）の問題、住民投票をめぐる問題、選挙権・被選挙権年齢や外国人参政権の問題、地方議会の選挙制度に関する問題[86]など、本稿では扱えなかったが憲法的に重要な問題は多い。地方議会が現実的に抱えている最も大きな問題は無投票当選の増加であり[87]、「住民自治の根幹に関わる深刻な問題[88]」といえる。かつて第 1 次分権改革の際に「憲法学者は現実に起こっている事態に対して的確な対応能力を欠いているのではないか」「日本の憲法学が、これほどの統治構造の改革をやっているときに、どうしてこれほど発言力を失っているのか」と酷評されたことがある[89]。同じ轍を踏まないようにしなければならない。

---

85)　平成 19 年度司法試験では憲法（公法系第 1 問）で出題されたことがある。

86)　地方議会の選挙制度の問題それ自体だけでなく、国会の選挙制度との「不均一性」が問題となる。憲法学で選挙制度を問題にすると一票の較差問題ばかりになってしまうが、選挙区に分けないため一票の較差問題は発生しない市（指定都市は除く）区町村議会の選挙制度も大きな問題を抱えている。さしあたり、櫻井智章「判批」判例評論 743 号（2021 年）10-11 頁を参照。

87)　令和 5（2023）年 4 月の統一地方選挙では、都道府県議会議員の 25％（565 ／ 2260）、町村議会議員の約 31％（1272 ／ 4126）が無投票当選であった。特に山梨県議会では約 62％（23 ／ 37）が無投票当選という状況だった（数値は総務省ウェブサイトによる）。

88)　地方議会・議員のあり方に関する研究会・前掲注 32）2 頁、4 頁。

89)　大津浩ほか「地方分権改革の意義と課題」ジュリスト増刊『あたらしい地方自治・地方分権』（有斐閣、2000 年）20 頁［大森彌］。

Unit 8-2　地方議会
地方分権と地方議会の機能

鵜澤　剛

1 「憲法と行政法の交差点」としての地方自治法

　地方自治は憲法第8章の規律対象であるとともに、地方自治法をはじめとする法律によっても規律されている。地方自治が憲法学の対象であるのは間違いないところであり、実際、地方自治を扱わない憲法の概説書は存在しないだろう。一方、行政法学と地方自治とのかかわりは少し微妙なところがある。地方における行政の組織という点で、行政法学の対象となることは間違いないし、実際、行政組織法の一環として、地方自治を扱う概説書も存在する[1]。しかし、『地方自治法』という単独のタイトルを冠する概説書も多数存在するところであり[2]、大学でのカリキュラムにおいても「地方自治法」という独立の科目として扱われることが多い。地方自治法の知識を抜きにして地方行政を論じることは不可能であるが、地方自治法の規律対象は、一般的な「行政」のイメージに収まらないものも多い。

　概念的に整理するならば、概ね以下のように言うことができるだろう。憲法92条は、「地方公共団体の組織及び運営に関する事項」について、「地方自治の本旨」という枠をはめつつも、「法律で」定めると規定している。地

---

[1]　塩野宏『行政法Ⅲ〔第5版〕』（有斐閣、2021年）、藤田宙靖『行政組織法〔第2版〕』（有斐閣、2022年）など。また、行政法全体を1冊で扱いつつ、比較的最初の方の章で「行政組織法」を取り上げ、その中で地方自治・地方公共団体を取り上げるものとして、櫻井敬子＝橋本博之『行政法〔第6版〕』（弘文堂、2019年）、中原茂樹『基本行政法〔第3版〕』（日本評論社、2018年）など。

[2]　宇賀克也『地方自治法概説〔第9版〕』（有斐閣、2021年）など。

方公共団体の存在および具体的権能はこの法律によってはじめて認められた
ものであるという理解をとり、なおかつ、「行政」概念について控除説をと
るのであれば、地方自治に関することは、条例の制定も含め、全て「行政」
ということになる。他方で、地方公共団体の権能は、立法権（条例制定権）
についても行政権についても、憲法94条によって直接具体的に基礎づけら
れており、地方公共団体は国（中央政府）とならぶ統治団体であると理解す
るならば、地方自治法制はむしろ実質的意味の憲法という見方もできる[3]。
実際、地方自治法は憲法附属法に数えられることもある[4]。

　地方自治法制のうち、固有の意味において行政法（行政組織法）といえる
のは、地方の行政組織に関する事項であり、地方自治法でいえば第7章（執
行機関）が規律している部分である。もっとも、第2節第4款「議会との関係」
は、国でいえば内閣と国会の関係を定めるもので、内容的には憲法（統治機構）
といえる。一方で、地方議会の権限は条例の制定だけでなく、議会の議決事
項は広く当該地方公共団体の重要事項に及んでおり（後述3）、地方議会の
あり方が地方行政にとってもつ影響力も否定し難い。したがって、地方議会
について学ぶこと、とりわけ国における国会と内閣の関係と比較しつつ、地
方議会と首長との関係について学ぶことは、憲法の理解にとっても、行政法
の理解にとっても、有益といえる。

2　憲法改革としての地方分権改革
――変わったものと変わらないもの

　平成5年6月3日・4日の地方分権の推進に関する決議（衆参両院）を皮
切りに平成13年6月14日の地方分権推進委員会の最終報告までを区切りと
して行われた第一次地方分権改革は、**Unit 8-1** 櫻井論文でも触れられていた

3）　以上、塩野・前掲注1）148-149頁。「アメリカ法では、地方自治法は行政法の一分野という
　　見方をせずに、端的に law of the local government として、法学教育の対象となる。これに対し、
　　ドイツでは、地方自治法（Kommunalrecht）は、現在でも、行政法の一分野である」（同書149
　　頁注（1））。
4）　塩野・前掲注1）149頁。

311

ように[5]、政治改革（選挙制度改革）や行政改革、司法制度改革などとセットで行われたものであり、「実質的意味の憲法」の変更を企図した「憲法改革」と評価されるべきものであった。地方分権改革は、その後も、平成13年から平成17年までの三位一体改革、そして平成18年以降の第二次地方分権改革と継続的に行われており、地方分権一括法も、令和5年法律第58号（令和5年6月16日公布）を最新のものとして、13次にわたって成立している[6]。本稿では、このような地方分権の動きを、地方議会に関する諸制度を論ずる上で不可欠な背景事情と捉えている。そこでまず、地方分権改革の大まかな内容について、簡単に振り返ることとする。

　明治憲法が地方自治に関する規定をもたなかったのに対し、日本国憲法が第8章で地方自治を保障したことは、もちろん画期的な意義を有するものであった[7]。しかし、それは首長と議会議員を公選するという政治的な自律性

5）　Unit 8-1 櫻井論文303頁。

6）　地方分権改革の流れ、概要については、内閣府ホームページの「地方分権改革」を参照（https://www.cao.go.jp/bunken-suishin/index.html、最終閲覧日2023年9月4日、以下同）。

7）　日本国憲法の制定と同時に地方自治法が制定・施行されたわけであるが、そこで採用された制度・概念の中には、明治憲法下の市制・町村制から受け継いだものも少なくない。たとえば、地方公共団体の事務の分類としての固有事務と委任事務の区別もその1つである。

　市制・町村制においては、地方公共団体の事務は、当該地方公共団体の存立目的に関する事務、具体的には、組織に関する事務、財政に関する事務、そして住民に対する非権力的サービスである固有事務と、本来国の事務であるものが、地方公共団体に委任され、委任された限りで、当該地方公共団体の事務として執行されるもの委任事務とに分類された。その前提には、地方公共団体は非権力的なサービス提供団体であるという見方があった。日本国憲法では、地方公共団体が規制的活動をも行いうる団体と位置づけられたため、地方自治法は、権力的事務を指すものとして、行政事務という新たな分類を設けた。要するに、地方公共団体が非権力的なサービス提供団体であった時期の固有事務・委任事務の二分類に、権力的事務である行政事務を単純にプラスしたわけである（平成11年改正前の地方自治法における地方公共団体の事務の分類論については、塩野宏『行政法III』〔有斐閣、1995年〕111-118頁）。

　平成11年の地方自治法改正により、固有事務、団体委任事務、行政事務の三分類が、自治事務と法定受託事務の二分類に改められたのは、地方自治の見地からというよりも、団体委任事務の分類基準およびその効果が不分明であることによるが（塩野・前掲注1）177頁）、この問題はもともと戦前の固有事務と団体委任事務の二分類の時代にすでに指摘されていたところであり（宮澤俊義「固有事務と委任事務の論理」〔1943年〕同『公法の原理』〔有斐閣、1967年〕221頁）、これに単純に行政事務を追加したことにより混乱に拍車をかけたという見方もできよう。

にとどまり、行財政的には中央政府の強い統制あるいは影響下にあったと評価されていた[8]。とりわけ問題視されていたのは、機関委任事務の存在であった。機関委任事務は、国の事務を（地方公共団体に委任するのではなく）地方公共団体の首長である都道府県知事や市町村長に委任するものであり、国はみずからの事務を処理するのに、みずからの機関（国の行政機関）ではなく、地方公共団体の首長を国の機関として用いるのである。そして、機関委任事務については、受任機関が市町村長の場合は都道府県知事の、都道府県知事の場合は主務大臣の指揮監督を受けることとされていた（平成11年の地方分権一括法による改正前の地方自治法150条、国家行政組織法15条1項）[9]。機関委任事務は、都道府県が処理する事務の7割から8割、市町村が処理する事務の3割から4割を占めると言われていた[10]。こうした直接的な統制手段のほかにも、地方事務官制度のような人事制度面、補助金や税制などの税財政面など、様々な手段によって地方公共団体の活動は中央政府によって直接的または間接的に統制されていた。

　第一次地方分権改革は、立法的には、平成11年の地方分権一括法（平成11年法律第87号）に結実する。その最大の眼目は、機関委任事務の廃止であった。またそれとともに、従前は固有事務、団体委任事務、行政事務の3種類であった地方公共団体の事務を、自治事務と法定受託事務に再編した。膨大に存在していた機関委任事務も、国がみずから執行する事務とされたものや事務自体が廃止されたものを除き、自治事務あるいは法定受託事務に再編された[11]。あわせて、地方公共団体に対する国または都道府県の関与について新たなルールを創設し、国と地方公共団体との間の係争処理の仕組みを整備した。従前の地方自治法では、地方公共団体の事務処理に関する国の関与については、固有事務・団体委任事務・行政事務の区分に関わらず[12]、助言、

8）　待鳥聡史『政治改革再考』（新潮社、2020年）235頁。

9）　当時の機関委任事務の概要については、塩野・前掲注7）118-122頁。

10）　渋谷秀樹＝赤坂正浩『憲法2〔第8版〕』（有斐閣、2022年）206頁〔渋谷〕。

11）　これについては、地方分権推進委員会の貢献が大きいとされる（曽我謙吾『日本の地方政府』（中公新書、2019年）208頁）。

12）　塩野・前掲注7）175頁。

313

Unit 8-2　地方議会

勧告、情報の提供等について一般的な規定を置くだけであり（平成 11 年改正前の 245 条以下）、指導の名のもとに、実質的な指揮監督が横行してきた（前述のように、機関委任事務については指揮監督権を定める明文規定が存在したが、そもそも機関委任事務は地方公共団体の事務ではない）[13]。平成 11 年改正は、関与の類型を列挙するとともに、自治事務・法定受託事務の区分を問わず用いることができるもの、自治事務についてのみ用いることができるもの、法定受託事務についてのみ用いることができるものの整理を行い、またそれぞれの要件を明確化した[14][15]。

　三位一体改革は、第一次地方分権改革では手を付けられなかった税財政改革を進めたもので、国庫補助負担金、地方交付税および税源移譲を含む税源配分の在り方の 3 つを一体で改革したものである。全体としては国・地方ともに行政のスリム化を目指すという側面があるが、地方分権改革としては、以下のような意義がある。国庫補助金の存在が、補助金の支給を受けるために地方公共団体の活動が国の定める一定の基準に適合することを要求することによって、地方自治の間接的な制約要素となっていたことについては、先に触れた。改革では、補助金を廃止・削減することによって、地方公共団体の裁量の拡大を目指した。その一方で、地方の財源確保のため、地方の基幹税である個人住民税と国の所得税の間の調整を中心として、国から地方への税源移譲が行われた。地方交付税は、国が地方に代わって徴収する地方税であるが、国が地方の歳出を規定してそれを保障するという側面を極力少なくするとともに、地方公共団体間の財政力格差を調整する機能を全面に押し出す方向で見直しが行われた[16]。

　第二次地方分権改革は、国から地方への、また都道府県から市町村への事

---

13)　塩野・前掲注 1) 267 頁。

14)　関与には、法律または法律に基づく政令の根拠を必要とするものとされた（平成 11 年改正後の 245 条の 2）。もっとも、これについては、地方自治法の規定を一般的な根拠としてなしうる関与類型も存在する（たとえば技術的助言等に関する 245 条の 4）ので、徹底したものではない。

15)　改革のもたらした実際的影響について、曽我・前掲注 11) 217 頁。

16)　平成 15 年 6 月 6 日の地方分権改革推進会議「三位一体の改革についての意見」(https://www.cao.go.jp/bunken-suishin/doc/030606iken.pdf)、「『三位一体の改革についての意見』のポイント」(https://www.cao.go.jp/bunken-suishin/doc/030606point.pdf)。

務・権限の移譲、および国の法令による義務付け・枠付けの見直しを進める
ものである。事務・権限の移譲は、第一次地方分権改革においても行われて
いたところであったが[17]、その主眼は機関委任事務の廃止とそれに伴う新た
な枠組みづくりにあり[18]、地方公共団体に事務に対する法令による義務付け・
枠付け等の緩和、および事務事業の移譲は課題として残された[19]。この残さ
れた課題が、「国は、国際社会における国家としての存立にかかわる事務、
全国的に統一して定めることが望ましい国民の諸活動若しくは地方自治に関
する基本的な準則に関する事務又は全国的な規模で若しくは全国的な視点に
立って行わなければならない施策及び事業の実施その他の国が本来果たすべ
き役割を重点的に担い、住民に身近な行政はできる限り地方公共団体にゆだ
ねる」という国と地方公共団体の役割分担原則（地方分権改革推進法5条1項、
また平成11年改正後の地方自治法1条の2も参照）に沿って、具体的に進めら
れているわけである。

　明治維新後に形成された中央集権的な国家体制は、日本国憲法（およびそ
の下での地方自治法）の制定によっても完全には払拭されなかった[20]。その点
で、地方分権改革は、成文憲法によっても成し遂げることができなかった事
業に取り組むものであり、まさに「実質的意味の憲法」の変更であり「憲法
改革」と呼ぶにふさわしい。しかし、地方分権改革は、国と地方公共団体の
関係および都道府県と市町村の関係はドラスティックに変えたものの、その
一方で、地方公共団体の内部構造、すなわち首長の権限や議会の権限、首長
と議会の関係、そして議会議員の選挙制度等についてはほとんど手が加えら
れていない。このことは、同時期に行われた中央政府の改革が選挙制度改革
を伴ったものであり、実際に、政治のあり方をドラスティックに変えたこと
と対照をなしている。

---

17)　その一覧については、平成10年5月29日の閣議決定「地方分権推進計画」の別紙3（https://
　　www.cao.go.jp/bunken-suishin/doc/bunken-suishindoc980529bunkenbetusi3.pdf）参照。
18)　平成13年6月14日「地方分権推進委員会最終報告」第1章Ⅲ（https://warp.ndl.go.jp/
　　info:ndljp/pid/8313852/www8.cao.go.jp/bunken/bunken-iinkai/saisyu/index.html）参照。
19)　前掲注18）第4章ⅡおよびⅣ。
20)　平成8年3月29日「地方分権推進委員会　中間報告」第1章Ⅰ1。

Unit 8-2　地方議会

　地方公共団体の自律性が強められ、事務・権限の移譲も進んでいる状況の下において、地方公共団体がこのような増大する課題に対応できるような内部組織を備えているかどうかは、あらためて検討する必要がある。以下では、このような観点から、まず地方選挙制度について、国政選挙について行われた選挙制度改革との比較で検討を加え、その次に地方議会の権限および首長との関係について検討を加えていくこととする。

3　地方選挙制度

(1)　選挙制度改革

　選挙制度改革の要点は、衆議院選挙について、中選挙区制を改め、小選挙区比例代表並立制を導入したことである。戦後の我が国においては、長期にわたって自民党が単独政権を形成してきたわけであるが、1つの選挙区から複数（2～6人程度）の当選者を出す中選挙区制のもとで単独過半数を確保するためには、自民党は1つの選挙区から複数の当選者を出す必要があり、自民党候補者同士の間で激しい競争にさらされた。候補者は、地元や業界の支持を取り付ける必要に迫られ、利益誘導政治や政治腐敗の温床となった。政党ではなく人物を選ぶ選挙となっていたのである[21]。また、中選挙区制では、得票率が20％以下でも当選の可能性があって、選挙結果は比例代表制の場合に近くなるため、有権者の支持政党が激変しない限り、政党間の勢力関係が変動しにくい[22]。そのため、野党としても政権獲得の意欲が低く、政党間競争が促進されない状況が生じていた[23]。

　選挙制度改革は、様々な妥協と調整の結果、比例代表制を併用することになったが、ともかく1つの選挙区から1人の当選者を出す小選挙区制の採用によって、政党は1つの選挙区に1人の候補者を出すことになり、有権者も

---

21)　待鳥・前掲注8) 92-93頁。また、櫻井智章『判例で読む憲法〔改訂版〕』（北樹出版、2019年）221-222頁。

22)　待鳥・前掲注8) 54頁。

23)　待鳥・前掲注8) 97-98頁。

地方分権と地方議会の機能

人物ではなく政党を基準として投票を行うことになることとなった。また、当選のためには党の公認が不可欠となったために、党執行部の権力も強化された。「人物本位の選挙」から「政党本位の選挙」へという点に関しては、選挙制度改革は、所期の目的どおりの結果を達成したといえる[24]。

(2)　地方議会の選挙制度

　一方の地方選挙制度の改革については、議論がなかったわけではないものの[25]、大きな改革はなされていない。都道府県議会については、「都道府県の議会の議員の選挙区は、一の市の区域、一の市の区域と隣接する町村の区域を合わせた区域又は隣接する町村の区域を合わせた区域のいずれかによることを基本とし、条例で定める。」とされている（公職選挙法15条1項）。市町村議会については「市町村は、特に必要があるときは、その議会の議員の選挙につき、条例で選挙区を設けることができる。ただし、指定都市については、区の区域をもつて選挙区とする。」というルールである（同法15条6項）。要するに、大選挙区制あるいは中選挙区制である。

　前述のように、大選挙区制や中選挙区制では、人物本位の選挙となりやすく、政党の組織力は弱くなる傾向がある。実際に、議員たちは各々が狭い個別利益を実現しようとし、議場で条例を決めることよりも、首長や行政部局と結びついて、みずからの意向を実現することに力を注ぐと言われている[26]。

　地方分権改革により権限や財源は地方に移譲されたものの、地方の選挙制度はそれに見合ったものとなっているかどうかの検討すらされておらず、漫然と従前の制度を引き継いでいるにすぎない[27]。地方議会にどのような役割を期待するのか、また、地方政治において多数派をどのように形成すべきかという観点から、選挙制度を見直す必要があるのは明らかだろう[28]。

---

24)　待鳥・前掲注8) 199-122頁。比例代表制を並立したことによる想定外の影響については、同123-125頁。

25)　待鳥・前掲注8) 128頁。

26)　曽我・前掲注11) 51頁。

27)　待鳥・前掲注8) 129頁。

317

Unit 8-2　地方議会

(3)　選挙制度と公法学

　選挙制度をどのように設計すべきかという問題は、政治学では盛んに論じられるが、憲法学では正面から取り上げられることが少ない。概説書レベルでは、各選挙制度のメリット・デメリットなどが紹介される程度である。議論の中心は投票価値の平等にあり、1票の格差を正当化する根拠として、特定の選挙制度を採用することによって達成しようとする理念、目的などが参照されるにとどまる。

　たしかに、現行憲法の解釈として、特定の選挙制度が要請されるとか、逆に禁止されると論じることは困難である[29]。合憲か違憲かという問題設定のもとでは、あるべき選挙制度が憲法問題として登場する余地はない。しかし、選挙制度の具体的決定が立法府の裁量に委ねられており、特定の選挙制度が違憲とまではいえないというのは、司法審査、すなわち裁判所における合憲性審査という限定された局面でのみ意味をもつ議論である。立法論として、憲法の国民主権原理、民主政原理により適合的な選挙制度はどのようなものか、という議論は、憲法論として立派に成り立つように思われる。地方自治についても、憲法の「地方自治の本旨」、とりわけ住民自治の原理をより実現するような選挙制度の在り方について、議論の必要があるように思われる。

4　議会の権限および首長との関係

(1)　二元代表制

　地方公共団体の首長と議会議員は、いずれも住民の直接選挙によって選出される。その意味でアメリカ合衆国の大統領制に近いところがあるが、以下

---

28)　議員定数について、曽我・前掲注11）52頁。選挙制度として、地方議会への比例制の導入を示唆するものとして、砂原庸介『民主主義の条件』（東洋経済新報社、2015年）220頁。

29)　「代表民主制の下における選挙制度は、選挙された代表者を通じて、国民の利害や意見が公正かつ効果的に国政の運営に反映されることを目標とし、他方、政治における安定の要請をも考慮しながら、それぞれの国において、その国の事情に即して具体的に決定されるべきものであり、そこに論理的に要請される一定不変の形態が存在するわけのものではない」（最大判昭和51・4・14民集30巻3号223頁）。

に述べるような重要な違いがあって[30]、一般には地方公共団体の組織は大統領制ではないとされる[31]。大統領制は、厳格な権力分立を前提に、執行部のメンバーは議員を兼任できず、大統領には法律案の提出権はないし、議会の解散権もない。他方、大統領は議会の信任に依存せず、任期途中に不信任決議等により罷免されることもない（ただし、大統領には法律案の承認拒否権があったり、上院には大統領の弾劾権や、大統領による高級官僚の任命に対する承認権、条約締結承認権があるなど、相互抑制の仕組みが全くないわけではない[32]）。これに対し、地方公共団体に関しては、議会には不信任議決権が与えられており、首長にはこれに対する議会の解散権が与えられている（地方自治法178条）。また、首長には議案（条例案を含む）の提出権（同法149条1号）が与えられているなどの違いがある。

　中央政府に関しては議院内閣制がとられており、内閣の首長たる内閣総理大臣は、国会議員の中から国会の議決により指名される（憲法67条1項）。また、衆議院には内閣不信任決議の権限があり、これに対して内閣には衆議院の解散権がある（憲法69条）が、これに関しては、地方公共団体の首長と議会も同様である。ともかく、内閣総理大臣が国会の議決により指名される以上、内閣総理大臣の地位には、その当時の与党の党首が就くことになる。これに対し、地方公共団体に関しては、首長と議会議員とが別々に選挙されることになるので、首長と議会多数派が同じ政党に所属するとは限らない。実際、首長には、（政党の推薦は受けるにせよ）どの政党にも所属しない者がなることも多い[33]。その点で、地方公共団体の首長と議会の間には、中央政府における内閣と国会の間に比べ、コンフリクトが生じやすい仕組みになっているといえる。

　そうすると、首長の不信任議決権が行使された事例が多くなりそうであるが、実際にはそうではない。というのも、前述のように、大選挙区制または

---

30)　櫻井・前掲注5）302頁も参照。
31)　塩野・前掲注1）214頁。
32)　渋谷＝赤坂・前掲注10）15頁、244頁［赤坂］。
33)　具体的には、曽我・前掲注11）38-40頁。

319

Unit 8-2　地方議会

中選挙区制のもとでは選挙結果は比例代表制の場合に近くなるわけであるが、不信任議決には、議員数の3分の2以上が出席し、その4分の3以上の同意が必要とされている（地方自治法178条3項）ため、多様な政党（無所属も含め）から構成される議会全体を敵に回すような状況でなければ、不信任議決が成立することは考えにくいからである。また、政党の組織力自体が、大選挙区制や中選挙区制のもとでは、低くなりがちという事情もある[34]。

(2)　執行・行政組織

　議会の権限について検討する前提として、地方公共団体の執行・行政機関の構成を、国のそれと比較しつつ、概観することにする。まず、国に関しては、内閣は内閣総理大臣とその他の国務大臣によって構成され（憲法66条1項）、内閣総理大臣は「行政各部」を指揮監督するとされている（同72条）。そして、内閣法3条1項は、行政事務を分担管理する大臣を、「主任の大臣」と位置づけており、国家行政組織法5条1項では、この「主任の大臣」は「各省の長」たる各省大臣とされている（「主任の大臣」という用語はすでに憲法74条で登場するところでもある）。また、国家行政組織法1条1項は、内閣は「国の行政機関」を「統轄」するものと位置づけられている[35]。要するに、国の場合、行政事務は、各省大臣によって分担管理されるものとされており（分担管理原則）、内閣は行政事務を直接執行するのではなく、「統轄」することとされているわけである。分担管理原則は、平成期の政治・行政改革において、内閣総理大臣のリーダーシップの発揮にとっての制約要因として問題視され、内閣府の設置、さらには内閣人事局の設置へとつながっていくことになるが[36]、ともかく分担管理原則が国の執行・行政組織を語る上での特徴となっていることは確かである。

　これに対して、地方における執行・行政機関の特徴は、地方自治法148条で「普通地方公共団体の長は、当該普通地方公共団体の事務を管理し及びこ

---

34)　曽我・前掲注11）31-33頁。
35)　「統轄」概念については、森田寛二『行政機関と内閣府』（良書普及会、2000年）も参照。
36)　待鳥・前掲注8）122-125頁。

れを執行する」とされ、首長に包括的な事務処理権限が付与されていること
である。もちろん地方自治法は、首長以外にも、教育委員会、人事委員会・
公平委員会、監査委員会などの各種委員会または委員を執行機関として規定
しており、執行機関の多元主義を採用している[37]。しかし、委員会・委員は
特定の限定的な事務のみを処理するのであり、それ以外の事務は、権限の委
任を度外視すれば（地方自治法153条）、首長が直接執行することとなる。こ
のような首長への権力の集中が、国と比較した場合の、地方の執行・行政組
織の特徴ということになる[38]。

(3) 議会の権限

議会は、憲法93条1項により、「議事機関」と位置づけられている。「議
事機関」は「議決機関」であると一般に理解されている[39]。

議会の議決事項は、地方自治法96条1項に列挙されているが、その内容は、
条例の制定・改廃（1号）、予算の決定（2号）、決算の認定（3号）など、国
会も同様に有しているもののほか、契約の締結（5号）、財産の取得・処分（6
〜8号）など、国会にはみられない個別処分についてのものも含まれている。
また、条例で議決事項を定めることもできる（96条2項）。要するに、「議会
は確かに立法権を行使することをもって主要な任務の1つとするものである
が、むしろ一般的には、当該地方公共団体の重要な案件に関する最高の審議
議決機関であり、その中には立法事項を含むが行政的意思決定も含まれ
る[40]」。前述のように、地方の執行・行政組織の特徴として、首長への権力
集中が挙げられるのであるが、その分、議会にはそのカウンターパートとし
ての役割が求められているといえそうである。

しかし実際に、議会がそのような役割を十分に果たしているかというと、
大いに問題がありそうである。たとえば、議会の最も重要な権限である条例

---

37) 塩野・前掲注1) 221頁。
38) 塩野・前掲注1) 222頁。
39) 塩野・前掲注1) 214頁。
40) 塩野・前掲注1) 217頁。

Unit 8-2 地方議会

の制定についてみても、櫻井論文でも触れられていたように[41]、条例案の提出はほとんどが長の提出によるもので、議会の提案によるものは少ない[42]。国の場合の法律案の提出も、大部分は内閣の提出によるものであるが、都道府県議会についていえば、「知事提出議案が原案通り可決される割合は、87%〜93%と9割を超え」、「議院内閣制の国会以上の可決率」であり、「議会の影響力が行使されるポイントは、議場ではなく、首長との事前交渉なのである」との指摘もある[43]。そのような議会はもはや「議事機関」とは呼べないであろう。

(4) 首長と議会の関係

首長と議会の関係については、前述（(1)参照）のように、不信任議決、長の議案の提出権があるが、その他にも重要なものとして、首長の拒否権と、専決処分の制度がある。

拒否権は、議会の議決の性質に応じて、一般的拒否権と特別拒否権に分けられている。一般的拒否権は、首長が議会の議決一般について異議があるときにされるもので、首長は再議に付すことができる。再議の結果が同じ議決の場合は、その議決は確定する。ただし、条例の制定・改廃または予算に関する議決については、3分の2以上の同意が必要とされている（176条1項〜3項）。

特別拒否権の第1は、議会の議決が越権・違法であると首長が認める場合で、この場合、首長は再議に付さなければならない。再議の結果がなお越権・違法であると首長が認める場合は、都道府県知事の場合は総務大臣に、市町村長の場合は都道府県知事に審査の申立てができる。審査の申立てについての裁定に対しては、議会または首長は、裁判所に出訴することができる（176条4項〜8項）。これは現行法のもとでの機関訴訟の典型例である。

このほかに、地方公共団体の義務的経費について議会が削除または減額す

---

41) 櫻井・前掲注5) 303頁。

42) 曽我・前掲注11) 53頁。

43) 曽我・前掲注11) 53頁。

322

る議決をした場合（177 条 1 項 1 号）、非常災害等のための経費について議会が削除または減額する議決をした場合（同条 1 項 2 号）における首長の再議請求権があり、前者の場合は、再議の結果が同じであっても、首長はその経費を予算に計上できる（同条 2 項）。後者の場合は、再議の結果が同じの場合、首長はこれを不信任議決とみなすことができる（同条 3 項）。

専決処分は、議会が成立しないときなど一定の場合に、首長が議会の議決事項を処分するものである（179 条 1 項）。この場合、首長は次の会議において議会に報告し、その承認を求めなければならない（同条 3 項）。

以上のような議会と首長の制度的関係は、全体としては、比重が首長の側にあると評価されている[44]。しかし、再議請求についても専決処分についても、実際にはあまり利用されていないという指摘がある。その原因は、首長と議会が全面対立するような場面がそもそも少ないことにあり、つまるところ政党政治が確立していないことに遠因がある[45]。

(5) 小　括

地方政府においては、議院内閣制をとる国に比して、首長に権限が集中しやすい構造になっている。また、議会議員の選挙が大選挙区制または中選挙区制であることもあって、多党制となりやすく、政党による統制も働きにくい。その結果として、個々の議員は、議会における議決よりも、首長や行政部局との事前交渉に力を注ぐことになる[46]。議会が議決機関としての機能を十全に発揮できるような制度設計、とりわけ選挙制度改革が必要であろう。

櫻井論文でも触れられていたように、条例の立案能力の不足は重大な問題であるが、これは議会だけの問題ではないであろう。国の立法過程は、事務を担当する省庁で法案の原案が作成され、内閣の補助部局たる内閣法制局の審査を経たのち、国会に提出されるという流れをたどるのに対し、地方の場合は、首長のリーダーシップが強いために首長の意向が直接条例案に反映さ

---

44) 塩野・前掲注 1) 229 頁。
45) 曽我・前掲注 11) 33-35 頁。
46) 曽我・前掲注 11) 51 頁。

Unit 8-2 地方議会

れやすいという事情もあるように思われる[47]。首長の強力な権限に対する抑制装置を、議会を含めて、全体としてどのように仕組むのかという制度構想が必要であると思われる[48]。

5　おわりに

本稿で行ってきた議論は、ややもすると、政治学や行政学に属することであり、法学の任務ではないと考えられるかもしれない。しかし、選挙制度についても述べたように（3(3)）、合憲・違憲という議論はできないにしても、憲法の理念をより実現するような制度はどのようなものかという議論は可能であるし、必要でもあろう。本稿は、そのためのささやかな問題提起である。

---

[47]　もっとも第2次安倍政権時における内閣法制局長官の人事をふまえると、内閣法制局のチェック機能も低下しつつあるように思われる。

[48]　一例として、斎藤誠「自己制御システムにおける議会・監査制度」（2009年）同『現代地方自治の法的基層』（有斐閣、2013年）463頁以下。

Unit 9-1　防衛
防衛作用の特殊性と行政法
——自衛隊関係の行政判例を中心に

神橋一彦

1　はじめに

　本書では、いままで憲法と行政法の双方で問題となる論点を取り上げてきたが、それらのうちの多くは、教科書等でもなじみのあるものであったかとおもわれる（もっとも、とりあげる視点は、意外な盲点などを取り上げてきたつもりである）。この Unit 9 では、「防衛」というややなじみの薄い問題を取り上げる。確かに防衛作用や自衛隊の問題は、憲法では、憲法 9 条や（行政や執政との関係では）同 65 条などが関係し、さまざまな議論がなされてきたところである。そして、それらの点については、次の Unit 9-2 の栗島論文が憲法の観点から取り扱うことになるが、とりあげる順番としては、行政法の方から始めることにしたい。

　もっとも、防衛作用と行政法といっても、ここでその全体像を示すことはできない。また、行政法の概説書で（各論として）「防衛法」について論じたものはないに等しく、歴史的な経緯もあって複雑なものとなっている防衛法制全体を概観することもなかなか困難である。ただ近年、激しい政治的な争論の中、大きな変動のあった防衛法制については、防衛関係の実務家による解説書のほか[1]、最近、学界では、仲野武志教授の概説書が刊行されている[2]。

1）　現行防衛法制の全体を概観するものとして、田村重信編著『新・防衛法制』（内外出版、2018年）がある。なお、同書「はじめに」には、「……本書の執筆に当たっては、実務に精通した防衛省の有志の職員から協力を得た。ただし、本書において示された見解は、著者自身のもの」であると記されている（3 頁）。その他、防衛省（航空自衛隊）実務担当者による学問的な問題提起を含むものとして、山下愛仁『国家安全保障の公法学』（信山社、2010 年）がある。

325

Unit 9-1　防衛

　本稿では、行政法学が各論の中で防衛作用（戦前においては「軍政」）をどのように扱ってきたかについて、簡単に概観した後、自衛隊関係の最高裁判決を2つとりあげ、防衛作用が行政法（主として行政訴訟）の中でどのように扱われているか、特に典型的な（通常の）行政作用とどのような偏差で捉えられるかについて考察したい。

2　行政法学における防衛作用の位置づけ

(1)　行政法の体系との関係

　本書においても何度か述べてきたが、普通、大学の授業などで扱われる行政法「総論」においては、さまざまな行政活動を法的効果の有無などを指標として「行政立法」「行政行為」などの行為形式ないし活動形式という形で整理することが中心とされてきた。これに対して、行政法「各論」は、「警察」「財政」「公企業・公物」などといった形で行為の「目的」という観点（行政活動の分野ごとと考えてもよい。）で整理がなされている。

(2)　旧憲法下における「軍政法」

　この点について、旧憲法下における行政法の説明を見てみると、（今まで本書でも引用してきた）行政法各論の浩瀚な体系書である美濃部達吉『日本行政法・下巻』においては、その最後に「軍政法」という小さな章がある。

　同書では、行政法各論の各領域の冒頭で、それぞれの領域の概念が述べられている。例えば、「警察」については、「警察とは社会公共の利益を保全することを直接の目的として、国家統治権に基づき人民に対して命令し必要あるに於いては実力を以ってこれを強制する作用」とされる[3]。

---

2)　仲野武志『防衛法』（有斐閣、2023年）。その他、近時の解説として、山中倫太郎「日本の防衛法制」法教509号（2023年）41頁以下、斎藤誠「海上保安庁と自衛隊の海上警備行動における連携——国内法的側面」奥脇直也ほか編集代表『海上保安法制の現状と展開——多様化する海上保安任務』（有斐閣、2023年）244頁以下などがある。

3)　美濃部達吉『日本行政法・下巻』（有斐閣、1940年）10頁（本文では、文章を読みやすく補正、整理している）。

これに対して、「軍政」は、国家がその兵力を編制し、維持するために、(a)陸海軍及びその所属の各種の機関を編制し、管理するとともに、(b)権力をもって人民（国民）に命令し強制する作用をいうとされている。そして、そのような目的に対応する手段として、(a′)管理的作用（人民に対して権力を行使する作用ではなく、陸海軍備を編制し、軍人軍属を監督し、軍事教育を施し、軍需のために諸種の事業を経営し、軍用物件を管理する作用）と（b′）権力的作用（兵力の編制維持のために人民に対して国家統治権を行使する作用で、人民に兵役義務を課す作用と軍備のために人民に経済的負担を課す作用——これを「軍政権」と呼ぶ。）があるとされている[4]。

　このような整理は、行政法の基本的な枠組みを「軍政」の領域に当てはめたものといえるが、上述の「管理的作用」は、現在、その多くは国の内部組織（防衛省、自衛隊など）に関わる問題といえよう[5]。これに対し、「権力的作用」については、現行法の下では兵役の義務が存在しないから、防衛作用のために国民に一定の負担を課すもの（自衛隊法103条など）がこれに当たることになる。

4）　美濃部・前掲注3）は、この説明に続けて、「軍政」の作用は、「軍令」の作用（軍の統帥）とは区別する。これは、陸海軍の統帥が天皇の大権とされており（旧憲法11条）、法律の上で国の行政作用とは区別され、内閣の職責の外に置かれていたという、当時の憲法体制を前提とするものであった。これに対応して、軍令機関（参謀総長、軍令部総長など）と軍政機関（陸軍大臣、海軍大臣など）が組織上も分離されることになるが、作用上両者が競合する領域もあったことから、この分離は絶対の原則ではなかったとされる（1307頁以下）。現に、歴史的にも、この両者の関係は、陸軍と海軍とでは異なる上、双方とも相当に複雑であった。この点の詳細については、法学セミナーの特集「たたかいと法」に収められた出口雄一「軍隊の法の『戦前』と『戦後』」法セ815号（2022年）18頁以下が明快に解説しているので、日本近代法史の1コマとしてもぜひ参照されたい。その他、憲法学の観点から、荒邦啓介『明治憲法における「国務」と「統帥」——総帥権の憲法史的研究』（成文堂、2017年）、歴史学の観点から、太田久元『戦間期の日本海軍と統帥権』（吉川弘文館、2016年）などの研究があるほか、軍政・軍令の各国比較については、佐道明広『自衛隊史——防衛政策の70年』（ちくま新書、2015年）56頁参照。

5）　「管理的作用」に関連し、現行法上、自衛官に対する懲戒処分は、取消訴訟の対象となるほか（東京地判平成30・10・25判時2420号56頁など）、内部のパワハラなどが国賠訴訟になることがある（福岡高判令和2・12・9判時2515号42頁など）。また、自衛隊員に対する安全配慮義務に関する判例として、最判昭和50・2・25民集29巻2号143頁（斎藤誠＝山本隆司編『行政判例百選Ⅰ〔第8版〕』〔有斐閣、2022年〕46頁［嵩さやか］）がある。

(3) 防衛法と法治主義

　行政法においては、「行政の諸活動は、法律の定めるところにより、法律に従って行われなければならない」という根本原則がある（法律による行政の原理）[6]。すなわち、この原則の下において、行政活動は法律に違反して行われてはならないこと（法律の優位の原則）は当然として、ある一定の行政活動については、法律の根拠（授権）がなければ、これを行うことができないとされている（法律の留保の原則）。そして、少なくとも、国民の権利を制限したり、国民に義務を課すような行政活動（侵害行政）については、法律の根拠が必要である（侵害留保学説）。その観点からすれば、防衛作用についても、そのような法律上の根拠が必要であるということはいうまでもない。しかしながら、実際に、自衛隊の活動などについて法律の根拠が必要であると一般に考えられているのは、そのような国民の権利義務とのかかわりのみならず、自衛隊の活動に対する国会のコントロール、あるいは文民統制の観点にもよっている[7]。

　そして、自衛隊の権限の中には、治安出動命令の場合のように、自衛官の職務執行に警察官職務執行法が準用されるものがあるが（自衛隊法89条、90条）、防衛出動命令（76条1項）における自衛隊の権限については、その活動の性質上具体的に要件・効果を定めることになじまないため、「第76条第1項の規定により出動を命ぜられた自衛隊は、わが国を防衛するため、<u>必要な武力を行使することができる</u>」（同法88条──下線部は筆者、以下同じ。）と、抽象的に定めるにとどめている[8]。

(4) 自衛隊の活動と行政訴訟

　このようにみてくると、防衛作用（自衛隊の活動）は、行政活動の中でもかなり特殊な作用であるといえる。したがって、仮に自衛隊の活動をめぐって行政訴訟が提起された場合、通常の行政と私人との間の紛争で用いられて

6）　藤田宙靖『新版　行政法総論上』（青林書院、2020年）59頁。
7）　塩野宏「法治主義の諸相」同『法治主義の諸相』（有斐閣、2001年）129頁以下参照。
8）　山下・前掲注1）63頁以下、仲野・前掲注2）102頁、104頁以下参照。

いる現行行政事件訴訟法の制度で、はたして無理なく対応しうるかという問題が生じる。以下では、まず取消訴訟などの抗告訴訟について、原則的な手続（主として訴訟要件）を確認し（**3**）、その上で、①自衛隊機の運航の差止めを周辺住民が求めた訴訟（**4**）、②現職自衛官が防衛出動命令に服従する義務がないことの確認を求めた訴訟を取り上げ（**5**）、それぞれ最高裁がどのような判示をしたかについて紹介、検討する。

3　訴訟制度に関するポイント
——抗告訴訟、とりわけ処分差止訴訟

(1)　抗告訴訟の概観

　まず以下で取り上げる訴訟で問題となる抗告訴訟（取消訴訟・差止訴訟）について、簡単に制度を確認しておく。

　抗告訴訟は、「行政庁の公権力の行使に関する不服の訴訟」であるが、中心となるのは「行政庁の処分」である（行訴法3条1項、2項）。ここにいう「行政庁の処分」とは、公権力の主体たる国または公共団体が行う行為のうち、「その行為によって、直接国民の権利義務を形成しまたはその範囲を確定することが法律上認められているもの」をいうとされている（最判昭和39・10・29民集18巻8号1809頁[9]）。これが**抗告訴訟の対象＝「処分性」の問題**である。

　そして「不服の訴訟」の形態として、取消訴訟、無効等確認訴訟、不作為違法確認訴訟、義務付け訴訟、差止訴訟が法定の訴訟類型として定められている（行訴法3条2項〜7項）。ここで注意すべきは、この「行政庁の処分」に当たる行為の効力を争う訴訟（行為訴訟）は抗告訴訟に限定されているということで、ここに権利義務や法律関係を直接に争う訴訟（権利訴訟——公法上の当事者訴訟〔行訴法4条後段〕や民事訴訟）との間の役割分担が問題となるわけである。

9）　同判決の解説として、斎藤誠＝山本隆司編『行政判例百選II〔第8版〕』（有斐閣、2022年）298頁［荒木修］。

329

Unit 9-1　防衛

(2)　取消訴訟と差止訴訟の関係

　抗告訴訟の中で中心とされるのは**取消訴訟**であるが（取消訴訟中心主義）、行政訴訟における実効的権利救済の要請から、**差止訴訟**が2004年に新たに法定された。すなわち、「行政庁が一定の処分又は裁決をすべきでないにかかわらずこれがされようとしている場合」（これを**蓋然性要件**という。）において、「行政庁がその処分又は裁決をしてはならない旨を命ずることを求める訴訟」であるが（行訴法3条7項）、行政庁の権限行使（行政庁の第一次的判断）を事前に差し止める強い手段であるため、「一定の処分又は裁決がされることにより重大な損害を生ずるおそれがある場合」に限り（これを**重大な損害要件**という。）、提起することができると規定されている（同37条の4第1項）[10]。すなわち、ここでは訴訟要件のハードルが高くなっているわけであるが、差止訴訟は、処分を前もって差し止める点で、《前倒しされた取消訴訟》ということができる。そして、ここでいう「重大な損害」の要件につき判例は、次のように述べている（最判平成24・2・9民集66巻2号183頁［国旗国歌訴訟][11]）。

　　「行政庁が処分をする前に裁判所が事前にその適法性を判断して差止めを命ずるのは、国民の権利利益の実効的な救済及び司法と行政の権能の適切な均衡の双方の観点から、そのような判断と措置を事前に行わなければならないだけの救済の必要性がある場合であることを要するものと解される。したがって、差止めの訴えの訴訟要件としての上記『重大な損害を生ずるおそれ』があると認められるためには、処分がされることにより生ずるおそれのある損害が、処分がされた後に取消訴訟等を提起して執行停止の決定を受けることなどにより容易に救済を受けることができるものではなく、処分がされる前に差止めを命ずる方法によるのでなければ救済を受けることが困難なものであることを要すると解するのが相当である。」

---

10)　差止訴訟の要件（行訴法37条の4第1項）としては、この重大な損害要件に続いて、「ただし、その損害を避けるため他に適当な方法があるときは、この限りでない。」という補充性要件が規定されている。

11)　同判決の解説として、斎藤＝山本編・前掲注9) 412頁［湊二郎］。

330

(3) 問題となる訴訟要件

本稿で取り上げる事件は、いずれも差止訴訟（差止訴訟と同じ機能をもつ無名抗告訴訟も含む。）である。そして、そこで問題となるのは、下記の要件である。

差止訴訟の訴訟要件（訴えの適法性）

① 「行政庁の処分」（3条1項、2項）
　　→「一定の処分」の蓋然性（3条7項）
② 原告適格（37条の4第3項→9条2項）
③ 重大な損害要件（37条の4第1項→同条第2項）
④ 補充性要件（37条の4第1項）

4　自衛隊機運航の差止訴訟——周辺住民が提起した訴訟

(1)　処分性と訴訟類型——民事訴訟か行政訴訟か

自衛隊機の運航については、騒音等の被害を主張する厚木基地の周辺住民から運航の差止めを求める訴訟が累次にわたり提起されている（厚木基地訴訟）。ここで問題となるのは、自衛隊機の運航にかかる防衛大臣の権限行使が「公権力の行使に当たる行為」に該当し、何らかの抗告訴訟の対象となるかという点である。

これについては、前史がある。すなわち、航空機の飛行差止めについては、大阪空港訴訟において、大阪国際空港の周辺住民が夜間の空港使用の民事差止めを求めて提訴したが、最高裁は、訴えを不適法却下している（最大判昭和56・12・16民集35巻10号1369頁）。その理由は複雑で多くの疑問が呈されているが、要するに国営空港の管理（営造物管理権）それ自体は、公権力の行使をその本質的内容としない非権力的な権能であって、同種の私的施設の所有権に基づく管理権能と本質的に変わるところがないとしつつも、一定時間についてその供用を差し止めることになれば、航空法に基づきその時間の供用を前提になされた航空運送事業者（日本航空や全日空などの航空会社）

331

Unit 9-1 防衛

に対する事業計画につき、その変更等の行政処分を行わなければならず、結果として〈行政庁の処分＝公権力の行使〉に影響を与えるとするわけである。したがって、この判決が使っている「航空行政権」という用語は、航空運送事業者に対する許認可権や監督権などの行政処分権限の束を指すものと解される。この判決の影響を受け、新潟空港訴訟は、定期航空運送事業免許の取消訴訟という形で争われたのである（最判平成元・2・17民集43巻2号56頁[12]）。

　その後、判例において、自衛隊演習場における射撃訓練および同演習場内への立入禁止措置の差止請求の訴えが抗告訴訟（公権力の行使に関する不服の訴訟）ではなく、民事訴訟によるものとされているのは、「それらは本件演習場において本件射撃訓練を実施するのはすべて自衛隊員であり、また、その射撃訓練は前記のとおり公用財産である本件演習場をその管理主体がその供用目的に従ってみずから使用しているものに」過ぎず、そこには誰に対する行政処分も存在しないからである（最判昭和62・5・28判時1246号80頁〔日本原演習場訴訟〕）。比喩的に言えば、演習場で自衛隊員が銃を持って射撃訓練をするのも、学校の運動場で生徒が体育の運動をするのも法的には同じということになるのである。

(2) 第1次厚木基地訴訟——民事差止めは不適法

　そのように考えてくると、自衛隊機の運航は、国の機関である自衛隊が行っているものであるから、そこに航空運送事業者に対する許認可が介在するものでないことは明らかである。そうなると当然、自衛隊機の運航差止めは、上述の演習場における射撃訓練などと同様、民事訴訟で争うことになりそうであるが、最高裁は、次のように判断して、民事差止めの訴えを不適法として却下した（最判平成5・2・25民集47巻2号643頁〔第1次厚木基地訴訟[13]〕）。

---

12)　同判決の解説として、斎藤＝山本編・前掲注9）378頁［松戸浩］。

13)　同判決の解説として、大塚直＝北村喜宣編『環境法判例百選［第3版］』（有斐閣、2018年）50頁［米田雅宏］。判決直後のものとして、岡田正則「公共事業の公権力性と差止訴訟——厚木基地訴訟（第一次）最高裁判決の再検討」法時70巻6号（1998年）95頁。

332

防衛作用の特殊性と行政法

　「防衛庁長官は、自衛隊に課せられた我が国の防衛等の任務の遂行のため自衛隊機の運航を統括し、その航行の安全及び航行に起因する障害の防止を図るため必要な規制を行う権限を有するものとされているのであって、自衛隊機の運航は、このような防衛庁長官の権限の下において行われるものである。そして、自衛隊機の運航にはその性質上必然的に騒音等の発生を伴うものであり、防衛庁長官は、右騒音等による周辺住民への影響にも配慮して自衛隊機の運航を規制し、統括すべきものである。しかし、自衛隊機の運航に伴う騒音等の影響は飛行場周辺に広く及ぶことが不可避であるから、自衛隊機の運航に関する防衛庁長官の権限の行使は、その運航に必然的に伴う騒音等について周辺住民の受忍を義務づけるものといわなければならない。そうすると、右権限の行使は、右騒音等により影響を受ける周辺住民との関係において、公権力の行使に当たる行為というべきである。」

　ここでは、従来の処分性の基準では理解しがたい判断がなされている。というのも、防衛庁長官（現・防衛大臣）の自衛隊機運航に関する権限行使は、直接には自衛隊の部隊や隊員に対するもの（すなわち国の組織内部におけるもの）であるが、同じ行為が周辺住民という私人（国の組織の外部）に対して法的効果をもたらすという、通常の行政処分では例のないものとなっているからである。また、ここで騒音について周辺住民に「受忍を義務づけるもの」とはいうものの、通常の行政処分でいうところの「受忍」（抵抗することなく受け入れること——健康診断の受診命令などが挙げられる[14]。）とは異なるものといわざるをえない。もっとも同判決は、「このような請求は、必然的に防衛庁長官にゆだねられた前記のような自衛隊機の運航に関する権限の行使の取消変更ないしその発動を求める請求を包含することになるものといわなければならないから、行政訴訟としてどのような要件の下にどのような請求をすることができるかはともかくとして、右差止請求は不適法というべきである」とし、行政訴訟によるべきことを示唆しつつも、具体的な訴訟形態を示さず、問題を先送りした[15]。

(3)　第4次厚木基地訴訟——差止訴訟の訴訟要件

　1993年に出された第1次訴訟最高裁判決の後、2007年に提訴された第4

---

14)　行政行為の分類のうち、受忍下命については、藤田・前掲注6) 207頁参照。

333

Unit 9-1　防衛

次訴訟においてはじめて、自衛隊機の運航差止めが行政訴訟として提起されることになった。しかし自衛隊機の運航にかかる防衛大臣の権限行使が「公権力の行使」であり、抗告訴訟によりこれを差し止めるとしても、①対象となる処分は一体何か、②抗告訴訟で争うとして、法定の差止訴訟（3条7項）か、それとも何らかの無名（法定外）抗告訴訟かという点が問題となった。結果的に訴え自体は適法とされたため、最高裁でも本案審理（裁量権の逸脱・濫用）についても判断されたが（最判平成28・12・8民集70巻8号1833頁）[16]、紙幅の都合で、以下、訴訟要件のみを取り上げる。

(a)　「一定の処分」

上記①の対象となる処分については、自衛隊機運航処分というものが仮にあるとしても、(a)自衛隊機運航処分は法的効果を伴わない事実行為ではないか、(b)騒音の受忍義務という点でいえば、その相手方は周辺住民の不特定多数であるのではないか、(c)自衛隊機の運航は日々継続し、また不定期に行われるものであるから、自衛隊機運航処分といっても、1回の飛行で1個の処分なのか、ある程度まとまったものなのか、といった点が第1審から問題とされた。

②の訴訟類型については、差止訴訟は、①で明らかなように、自衛隊機運航処分といっても、通常の行政処分とはかなり異質のものであるから、その枠の中で処理できるのかどうかが問題となる。この点、第1審判決はこの訴えを無名抗告訴訟と捉えたが、控訴審判決はこれを法定の差止訴訟と捉え、

---

15)　この点につき、橋元四郎平裁判官補足意見は、「防衛庁長官に対して、特定の飛行場における離着陸を伴う自衛隊の運航で一定の時間帯又は一定の限度以上の音量に係るもの等についての命令を発してはならないとの不作為を求める訴訟形態が考えられる」とし、これは、いわゆる無名抗告訴訟の一種であるとする。もっとも、第1次訴訟判決（平成5年）は、処分の差止訴訟が法定抗告訴訟として規定された平成16年行訴法改正以前のものである点に注意が必要である。

16)　同判決の解説として、楠松晴子「最高裁調査官解説」最判解民事篇平成28年度474頁、斎藤＝山本編・前掲注9）312頁［須藤陽子］。さらに第4次訴訟最高裁判決における裁量審査につき詳細に検討した論稿として、亘理格「第4次厚木基地訴訟上告審判決再考——処分性と『広範な裁量』をめぐって」法と政治72巻1号（2021年）543頁参照。厚木基地訴訟に関する筆者の見解については、神橋一彦『行政訴訟と権利論』（信山社、2003年）301頁以下［第1次訴訟関連］、『行政判例と法理論』（信山社、2020年）307頁以下［第4次訴訟関連］参照。

判断が分かれた。

結論として第 1 審および控訴審は、午後 10 時から翌日午前 6 時まで、「やむを得ないと認める場合を除き」自衛隊機の運航差止めを認めた[17]。これに対して国側が上告受理申立てを行ったが、結局、最高裁は処分性について新たな判断を示すことはなかったため、差止めの対象となる「処分」ないし「一定の処分」の具体的な内容については、判決そのものからは必ずしも明らかにはならなかった。この点については、理論的にはともかく、事案に関する判断を左右するものではないから立ち入らなかったとされているが[18]、いずれにしても、自衛隊機の運航（処分）は、事実として行われてしまえば完結する性格のものであるから、これをどのような形で「一定の処分」として捉えたとしても、事後に取消訴訟を起こしようがない性格のものである[19]。

(b) 「重大な損害」要件

そうなると重大な損害要件の判断にあたっても、「処分がされた後に取消訴訟等を提起して執行停止の決定を受けることなどにより容易に救済を受けることができるものではなく、処分がされる前に差止めを命ずる方法によるのでなければ救済を受けることが困難なものであることを要する」（前述・国旗国歌訴訟最判）といった取消訴訟＋執行停止との比較はそもそも理論的に不可能ということになろう。この点、判決は、「第一審原告らは、本件飛行場に係る第一種区域内に居住しており、本件飛行場に離着陸する航空機の

---

17) もっとも厚木基地を離発着する航空機のうち、米軍機がかなりの割合を占めるが、米軍機の飛行差止めについては、各審級において不適法却下されている（最〔一小〕決平成 28・9・15 D1-Law.com 判例体系 28250213）。また、厚木基地における自衛隊の夜間飛行は、自主規制により回数としてはかなり少ないものとなっていたことから、第 1 審、控訴審の両判決が夜間飛行差止めを認めたといっても、現状をかなりの部分で追認したものであって、騒音の低減効果自体は限定的であると評されている（原告訴訟代理人による解説として、福田護「厚木基地航空機飛行差止訴訟の現場から」判時 2330 号〔2017 年〕3 頁参照）。

18) 楠松・前掲注 16) 492 頁以下参照。

19) この点につき、小池裕裁判官補足意見は、「上記騒音による被害の発生には自衛隊機の運航が寄与しており、自衛隊機の離着陸が行われるたびに騒音が発生するものであるところ、自衛隊機の離着陸に係る運航を行政処分（防衛大臣の権限行使）と捉えると、自衛隊機の離着陸に伴い処分が完結するため、事後的に処分の違法を争い取消訴訟等によって上記状況を解消する救済を得る余地は認め難い」として、1 回ごとの離着陸が 1 つの処分と捉えているがごとくである。

Unit 9-1 防衛

発する騒音により、睡眠妨害、聴取妨害及び精神的作業の妨害や、不快感、健康被害への不安等を始めとする精神的苦痛を反復継続的に受けており、その程度は軽視し難いものというべきであるところ、このような被害の発生に自衛隊機の運航が一定程度寄与していることは否定し難い」とした上で、「上記騒音は、本件飛行場において内外の情勢等に応じて配備され運航される航空機の離着陸が行われる度に発生するものであり、上記被害もそれに応じてその都度発生し、これを反復継続的に受けることにより蓄積していくおそれのあるものであるから、このような被害は、事後的にその違法性を争う取消訴訟等による救済になじまない性質のものということができる」と判示している。すなわち、ここでは国旗国歌訴訟最判を意識した書きぶりにはなっているものの、事実としての損害の重大性によって判断しており、また法定の差止訴訟として扱う以上、そうするほかなかったのである。

(c) 原告適格

原告らは厚木基地の周辺住民が、第1次訴訟判決からすれば、受忍義務を負うという点で「公権力の行使に当たる行為」の相手方（名あて人）であるはずであり、受忍義務の程度によって処分の名あて人かどうか、すなわち原告が振り分けられることになるはずである。しかし、第4次訴訟第1審、控訴審ともに、この点につき、第三者の場合と同様、原告適格（差止訴訟として捉えた控訴審判決においては、行訴法37条の4第3項）の問題として論じ、騒音に関する一定の基準（いわゆる「うるささ指数」[WECPNL＝加重等継続感覚騒音レベル]の値で75W以上）で線引きを行っているのである（上告審もこの点については特に判断をしていない）。結局、第1次訴訟以来前提とされてきた周辺住民の「受忍」なるものは、一種の人格権侵害に対する受忍の言い換えであったのではないかとも考えられる。

5　防衛出動命令服従義務不存在確認訴訟
──現職自衛官が提起した訴訟

(1) 事件の概要

この事件は、現職自衛官が、防衛出動命令に服従する義務がないことの確

認を求めて提起した訴えである。防衛出動命令は、内閣総理大臣が自衛隊の出動を命ずるものであり、自衛隊法76条1項に要件が定められているところ、「我が国に対する外部からの武力攻撃が発生した事態又は我が国に対する外部からの武力攻撃が発生する明白な危険が切迫していると認められるに至った事態」（武力攻撃事態・武力攻撃切迫事態──1号）と並んで、「我が国と密接な関係にある他国に対する武力攻撃が発生し、これにより我が国の存立が脅かされ、国民の生命、自由及び幸福追求の権利が根底から覆される明白な危険がある事態」（存立危機事態──2号）が規定されているが、本件訴えは、2号の存立危機事態における防衛出動命令に対するものである。もっとも、防衛出動命令は、組織としての自衛隊に対する命令であって、個々の自衛官に対して発せられるものではないから、下記の判決において、本件訴えは、防衛出動命令により防衛出動をすることとなった部隊又は機関における職務上の監督責任者が、当該部隊等に所属する個々の自衛官に対して行った具体的な職務命令に原告が服従する義務がないことの確認を求めるものと解されている。

　第1審（東京地判平成29・3・23）は、本件訴えは確認の利益を欠くとして却下したが、控訴審（東京高判平成30・1・31）は、本件訴えは、将来の不利益処分たる懲戒処分の予防を目的とする無名抗告訴訟であるものの、実質的には差止訴訟を引き直したものであり、両者は訴訟要件において変わるところはないとした上で、①「……極めて厳しい社会的非難にさらされること並びに重大な懲戒処分及び刑事罰の対象となること」による損害は、事後の「取消訴訟又は無効確認訴訟を提起して執行停止の決定を受けることなどはもとより、当該処分の差止めを命ずる判決を受けることによっても容易に救済を受けることができるものではない」として重大な損害要件を認め、②補充性要件も満たすとして、訴えの適法性を認め、原判決取消し・原審差戻しの判決を下したが、処分の蓋然性要件については言及しなかった。この点が、上告審で問題とされた。

　最高裁も、「本件訴えは、本件職務命令への不服従を理由とする懲戒処分の予防を目的として、本件職務命令に基づく公的義務の不存在確認を求める無名抗告訴訟であると解されるところ、このような将来の不利益処分の予防

337

Unit 9-1　防衛

を目的として当該処分の前提となる公的義務の不存在確認を求める無名抗告訴訟は、当該処分に係る差止めの訴えと目的が同じであり、請求が認容されたときには行政庁が当該処分をすることが許されなくなるという点でも、差止めの訴えと異ならない」とした上で、「差止めの訴えの訴訟要件については、救済の必要性を基礎付ける前提として、一定の処分がされようとしていること」、すなわち処分の蓋然性要件（同法3条7項）を満たすことが必要とされるところ、控訴審はその点を判断していないとして、原審に差し戻す判決をした（最判令和元・7・22民集73巻3号245頁[20]）。

(2)　処分の蓋然性とは何か

　以上の点だけをみると、控訴審の裁判官が判断の欠落（ミス）をしたことが最高裁で咎めだてされたとおもわれるかもしれないが、そうではないとおもわれる。なぜかといえば、このような事案においては、そもそも「処分の蓋然性」とは何か、という問題があるからである。

　すなわち、上述の国旗国歌訴訟においては、卒業式や入学式等の式典における国歌の起立斉唱及びピアノ伴奏に関する都教委の通達及び各所属校の校長の職務命令が問題となったが、それら教職員に対する職務命令がいつ発せられるかはある程度定まっており、懲戒処分の量定も、「過去に非違行為を行い懲戒処分を受けたにもかかわらず再び同様の非違行為を行った場合には量定を加重するという処分量定の方針に従い、おおむね、1回目は戒告、2

---

20)　同判決の解説として、中島崇「最高裁調査官解説」最判解民事篇平成31年・令和元年度158頁以下、斎藤＝山本編・前掲注9）414頁［長谷川佳彦］、神橋一彦「判批」法教470号（2019年）134頁、山本隆司「改正行訴法下の無名抗告訴訟」曹時74巻2号（2022年）1頁以下参照。なお、防衛出動命令そのものの相手方につき、上告審判決は「本件防衛出動命令は、組織としての自衛隊に対する命令であって、個々の自衛官に対して発せられるものではなく、これにより防衛出動をすることとなった部隊又は機関における職務上の監督責任者が、当該部隊等に所属する個々の自衛官に対して当該防衛出動に係る具体的な職務上の命令……をすることとなる」とし、差戻前の控訴審判決は、「防衛出動命令は、上級行政機関である内閣総理大臣の下級行政機関である自衛隊に対する命令であるというべきであって、個々の自衛官の身分や勤務条件に係る権利義務に直接影響を及ぼすものではなく、したがって、その行為によって直接国民の権利義務を形成し、又はその範囲を確定するものとはいえない」としている。この問題につき、仲野・前掲注2）46頁以下参照。

338

回目及び3回目は減給、4回目以降は停職となっており、過去に他の懲戒処分歴のある教職員に対してはより重い処分量定がされているが、免職処分はされていない」（同最判）とある程度定まっていた。したがって、蓋然性要件についても、それをよりどころとして推論することができた（現に免職処分については、蓋然性が否定されている）。

　この蓋然性要件に相当する事柄については、既に第1審判決が確認の利益を論じる中で言及しているところ、そこでは確認の利益を否定する根拠として、①防衛出動命令が発令される事態に現実的に直面しているとはいえないこと、②原告は現在も過去も戦闘任務の部隊に所属したことはなく、現時点で、所属部署に防衛出動命令が発令される具体的・現実的可能性がないことを挙げていた。その後、上告審判決を受けた差戻控訴審は、蓋然性要件該当性につき、「本件全証拠によっても、現に存立危機事態が発生し、又は近い将来存立危機事態が発生する明白なおそれがあると認めるには足りないから、控訴人［＝原告］が所属する部隊に対し、本件防衛出動命令が発令される具体的ないし現実的可能性があるということはできず、控訴人が本件職務命令を受ける具体的ないし現実的可能性があるということもできない」として、訴えを不適法とした[21]。

　当然のことであるが、今まで自衛隊発足以来、防衛出動命令が発せられた例はない。それはともかく、本件のような場合、政治情勢、国際情勢を踏まえたナマの事実を前提に判断することになるが（口頭弁論終結時ということになるのであろう。）、おそらくそのような蓋然性が裁判の場で現実に議論の俎上に昇ることはないとおもわれる。また、仮にそのようなことが万一あったとしても、当該原告である自衛官を他所の安全な場所（戦闘任務の部隊以外の部署）に異動させてしまえば、また処分の蓋然性はないということになるのではないか。いずれにしても、防衛作用は、その性質上、緊急時や非常時を前提としたものであり、本件のような訴訟が、通常の行政処分にかかる蓋然性要件の判断にそもそもなじむものかという問題が存在する。

21）　したがって、本案の争点（自衛隊法76条1項2号の違憲性）については判断されなかった。

Unit 9-1 防衛

6 おわりに

　このようにみてくると、防衛法が行政法の一部であるとしても、防衛作用は、およそ行政法学が念頭に置いてきた通常の行政作用とはかなり異質なものであることがわかる。しかし、そのような特殊な行政作用についても法的な紛争は生じうるわけであり、それに対して裁判所は、（訴えを不適法として却下判決をすることはできるが）作用の特殊性を理由に裁判自体を拒否することはできない。そうすると、とりわけ下級審においては、まずどのような構図（とりわけ訴訟類型の選択、訴訟要件）のもとに事案を処理するか頭を悩ませることになる。

　現に、最高裁が「行政訴訟としてどのような要件の下にどのような請求をすることができるかはともかくとして」と述べて、問題を後に放り投げた厚木基地訴訟については、ほぼその 20 年後、これを受けとめることとなった第 4 次訴訟第 1 審判決に、そのような裁判官の苦悩をみることができる。すなわち同判決は、自衛隊機運航差止請求の訴えを行政訴訟と構成する理論構成について極めて真剣に検討し、「厚木基地［第 1 次］最判という判例によってその存在が認められた自衛隊機運航処分は、通常の行政処分とは性格、内容を異にする特殊な行政処分であるというべきである」と結論づけ、法定の差止訴訟には収まらないことを前提に無名抗告訴訟として捉えている。また、防衛出動服従義務不存在確認訴訟における（差戻前の）控訴審判決が、処分の蓋然性に敢えて触れなかったのも、当該事件において処分の蓋然性を問うことができないと考えたからではないか[22]。

　結局、本稿で紹介した 2 つの判決は、差止訴訟（ないしそれと趣旨を同じくする無名抗告訴訟）の枠内で事案を処理しているが、事案の処理に当たって裁判所も解釈論的に何らかの無理をしていることがわかる。おそらく、これ

---

22)　背景事情にわたるが、この控訴審の裁判長（杉原則彦裁判官）は、最高裁調査官として、在外国民選挙権訴訟上告審判決（最大判平成 17・9・14 民集 59 巻 7 号 2087 頁、調査官解説として、最判解民事篇平成 17 年度版 603 頁参照）などを担当した経験を有する。

340

らの判決における「無理」の射程は、当該事案（すなわち防衛作用）に限ったものであり、他の通常の行政処分などへの影響はほぼないと考えるべきであろうし、そのことが判断の前提（すなわち、訴訟制度の運用自体をゆがめるものではないという判断）になっているのかもしれない。しかし、防衛作用に関する行政訴訟をめぐる現在の判例は、以上の述べたような状況の下に形成されたものであることを理解しておく必要がある[23]。

---

23) 「無理」という点でいえば、本題とは関係ないが、戦争中、軍靴はサイズが限られていたため、兵隊の足に合わなくても「貴様の足を靴に合わせろ」と上官から叱られたという（武富慈海「兵士の無念、触れて感じる——軍服や装備の展示数千点、遺品が遺品を呼び寄せる」日本経済新聞2019年8月9日朝刊36頁）。筆者も、子どものころ、陸軍伍長で除隊した祖父（1912年生）から、支給された鉄兜をめぐって似たような話を聞いたことがある。

Unit 9-2　防衛
防衛組織の民主的統制（文民統制）

栗島智明

1　はじめに

　小嶋和司は、「戦後憲法学の特色」と題した論考（1977 年）において、戦前と比較して研究対象としての脚光を浴びなくなったテーマが存在すると指摘し、「憲法典の規定から姿を消した緊急権・軍制といった問題がこれで、これらが立憲制や国家制度にとってバイタルな意味をもつだけに、学問にとって喜ばしき現象とは考えがたい」と述べた[1]。

　ここで、小嶋が「立憲制や国家制度にとってバイタルな意味」といったのは、軍制こそ、立憲政治の存立・崩壊に関わるからにほかならない。国が保有する実力組織をいかに統制し、その暴走を防ぐかという問題は、わが国の過去の悲惨な歴史に照らしても、憲法学の重大な関心事でなければならないだろう。すなわち、あの戦争への歩みにおいて「主役」を務めたのは、政府から半ば自立化した軍部、とりわけ陸軍だったのであり[2]、我々がその過ちを再び繰り返すことを避けようとするのであれば、〈政府による武力組織の統制〉の制度を検討することこそ、憲法（学）に課された最大の課題の１つだと考えられるからである[3]。西ドイツの再軍備過程でも言われたように、〈軍が再び「国家の中の国家」になるようなことがあってはならない〉というのが、我々にとっての教訓であろう[4]。

　小嶋の頃とは異なり、ここ数十年のあいだに、憲法学では「文民統制」と

---

1)　小嶋和司「戦後憲法学の特色」ジュリ臨増 638 号（1977 年）74 頁。
2)　鳥海靖『日本の近代』（放送大学教育振興会、1996 年）183 頁。

342

いうキーワードのもと、軍制／政軍関係に関する議論が蓄積されてきた。本稿は、この問題について、特に憲法的な基礎づけという観点から論じることにしたい[5]。

2　憲法学における文民統制の議論の低迷

こんにち、「文民統制」が、憲法学の大きな論点の１つであることを疑う者はいないだろう[6]。ところが、過去を振り返ると、長い間、日本の憲法学者は（後述の「文民条項」の解釈は別として）文民統制に関する議論をほとん

---

3)　石川健治は戦前の議会政治の「前科」を語りつつ、そのような日本特殊の文脈において、戦後は、憲法９条を通じて自衛隊の正統性を剥奪することによって「辛うじて軍事力のコントロール」をすることになったと説明する（同「軍隊と憲法」水島朝穂編『立憲的ダイナミズム』〔岩波書店、2014年〕125頁以下）。しかし、我々には、まさにそのような「前科」があるからこそ、かえって、〈政治と軍事〉の問題に正面から向き合うことが一層求められている、ともいえるのではなかろうか。

新しい憲法は、過去の悪政を〈二度と繰り返さない〉という誓いのうえに成立する（参照、*D. Wolff*, »Nie wieder« als Argument, JöR n.F. 69 [2021], S. 117 ff.）。したがって、その基本原理は、多くの場合、「過去との対比」によってのみ、説明・理解しうる。暗黒時代をくぐり抜けた知識人が、過去の反省のうえに「悔恨共同体」として「憲法問題研究会」（護憲派の研究・啓蒙団体。1958〜75年）を立ち上げたことは（高見勝利「護憲派のパトスとロゴス」思想755号〔1987年〕53頁）、その意味で理解しうる。この「悔恨」は今なお本質的な重要性を持つが、だからこそ、我々は、二度と繰り返してはならない歴史の具体的内実は一体何なのか（そして、それをいかに防ぐか）について、時代とともに新たな思考を巡らせる必要があろう。

このことは、特に９条について当てはまる。かつて、宮沢俊義は、憲法尊重擁護義務の看板「の下でたくみに憲法をもぐるならわし」が生まれつつあるといい、「憲法を裏からもぐるよりは、ほんとうに改正の必要な点があれば、表からその改正を唱えるほうがいい」と述べたが（同〔芦部信喜補訂〕『全訂日本国憲法』〔有斐閣、1978年〕2頁）、筆者もそれに賛同する（ちなみに晩年の芦部も、この師の立場に共感を示していた。芦部信喜ほか「〈座談会〉日本国憲法50年の歩み」ジュリ1089号〔1996年〕17頁［同発言］）。とはいえ、筆者は拙速な憲法改正を求めるものではない。別のインタビューで石川健治は「９条の選択の是非を争うことは可能」だが、「対案を出すためには、市民的権力と軍事的権力が制度的にも思想的にも分離されるという、近代国家の大前提が共有されていなくてはな」いとしている（「『安倍９条改憲』はここが危険だ（前編）」WEBRONZA 2017年07月21日［同発言］）。筆者は、復古的・国家主義的な改憲論に対する危機意識や、９条が戦後の政治において果たしてきた役割の積極的な評価も含め、石川の主張にまったく同意しつつも、本稿の論点との関連では、あえてなお、民主的統制のシステムを含めた憲法改正を〈正面から問う〉ことの意義を強調したい。

Unit 9-2　防衛

どしておらず[7]、1970 年代に入ってもほとんどの教科書ではその言葉すら
見られなかった[8]。つまり、実力組織に対する法的統制という論点は、その
重要性にもかかわらず、戦後 30 年以上にわたって憲法学ではほぼ無視され
てきたといってもよい。広く教科書のレベルで「文民統制」「シビリアン・
コントロール」がキーワードとして見られるようになったのは、ようやく
1990 年代になってからのことである[9]。

　このような奇妙な事態が生まれた背景に、憲法 9 条の存在があることは言

4）　戦後西ドイツでは、「政治の優位（Primat der Politik）」の原則および「制服を着た市民
　　（Staatsbürger in Uniform）」の指導理念──軍人といえども、社会から孤立して軍の絶対的服従
　　関係に立つものではなく、市民（ないし公民）として基本的な政治的権利を有し、義務を負うも
　　のとする考え──の浸透が図られてきた。この「制服を着た市民」理念は、命令への不服従をも
　　基礎づける点で一定の矛盾をはらんでおり、そこには軍隊の弱体化につながるという懸念が付き
　　まとう（最高裁も、かつて「〔自衛〕隊員相互の信頼関係を保持し、厳正な規律の維持を図ること」
　　が自衛隊の任務の適正な遂行のために必要不可欠であり、ひいては国民全体の利益にかなうとし
　　て、隊員の表現の自由に対する制限を合憲と判断したことがある〔最判平成 7・7・6 判時 1542
　　号 134 頁。傍点引用者〕）。しかし、仮にその懸念が正しいにせよ、市民社会と軍事力の存在をう
　　まく調和させる現実的な手法が他に存在しない以上、この理念の浸透は、筆者には妥当な方向性
　　のように思われる。いまの日本で往々にして見られる〈自衛隊員の社会的疎外・孤立〉は、民主
　　制・市民社会にとってより大きな危険をはらむものではないだろうか。

5）　なお、自衛隊に対する統制の仕組みを含む防衛の具体的な法制度については、行政法学・防
　　衛法学における一定の議論の蓄積が見られるため、読者にはその参照を乞いたい。最新のものと
　　して、仲野武志『防衛法』（有斐閣、2023 年）は必読である。なお概観として、山中倫太郎「日
　　本の防衛法制」法教 509 号（2023 年）41 頁以下。

6）　教科書でこの問題を比較的詳細に扱うものとして、佐藤幸治『日本国憲法論〔第 2 版〕』（成
　　文堂、2020 年）118 頁以下、新井誠ほか『憲法 I 〔第 2 版〕』（日本評論社、2021 年）45 頁以下〔曽
　　我部真裕〕など。

7）　管見の限り、このような状況のなかで唯一の例外と見られるのは、1965 年に雑誌『世界』で
　　発表された、佐藤功の「憲法と軍隊」と題する論文である（のち、同『日本国憲法の課題』〔学
　　陽書房、1976 年〕64 頁以下に所収）。これは、「憲法問題研究会」（前掲注 3）も参照）が開催し
　　た憲法記念講演会における講演が基礎となっており、その背景には同年 2 月の「三矢研究」の発
　　覚という政治的スキャンダルがあった。

8）　例えば、清宮四郎・宮沢俊義の手による有斐閣法律学全集の『憲法 I・II』（I は初版 1957 年、
　　第 3 版 1979 年、II は初版 1959 年、新版改訂版 1974 年）や橋本公亘『憲法原論〔新版〕』（有斐閣、
　　1966 年）を参照。ただし、小林直樹『憲法講義上〔改訂版〕』（東京大学出版会、1974 年）212 頁
　　は、例外的に、シビリアン・コントロール、三矢研究の問題にまで言及していた。

9）　芦部信喜『憲法〔初版〕』（岩波書店、1993 年）245 頁。なお、実質的に同書の旧版にあたる
　　同『国家と法 I』（放送大学教育振興会、1985 年）150 頁では概念説明が見られない。

344

うまでもないだろう[10]。この点、小林直樹が「非武装中立の憲法の精神をつらぬこうと」する場合、文民統制の問題「にふれることが、同時に自衛隊を合憲視することになるという心理的な恐れがあった」としていたのは象徴的である[11]。もっとも、自衛隊の規模・権限・活動範囲の拡大とともに、いわば現状追認的なかたちで、こんにち、〈自衛隊の存在を一応は認めつつ、それをいかに統制すべきか〉が憲法学でも盛んに議論されるようになっている（とりわけ、冷戦構造の崩壊と湾岸ショックにより、日頃の防衛力の整備・防衛装備の拡充に加えて、国内外問わず、自衛隊を実際に運用する必要が高まったことが、議論の高まりの背景として考えられよう）。

3　文民条項（憲法66条2項）と文民統制

しかし、戦力の不保持を定めた憲法のもと、軍事力に対する文民統制を論じる手がかりはどこに見つけられるか、ということが問題となる[12]。その第一候補として挙げられるのは、いわゆる「文民条項」であろう。

---

10)　古川純は、「今日、自衛隊の『シビリアン・コントロール』問題がいかにも歯切れの悪い形で議論され」ているのは、憲法9条に反して再軍備がなされたためだと述べる（同「歴史としての防衛二法」法時56巻6号〔1984年〕38頁）。

11)　小林直樹ほか「〈討論〉国民の権利と反憲法的状況」世界1972年6月号77頁〔同発言〕。この問題意識から彼は自衛隊に関する有名な「違憲・合法」論を展開していくことになる（同『憲法第九条』〔岩波新書、1982年〕第6章。その今日的検討として、山元一「九条論を開く」水島・前掲注3）94頁以下）。

12)　なお、外国を見れば、米仏独の憲法はみな、少なくとも軍の最高指揮権の所在に関する規定を有する。さらに、アメリカの多くの州憲法には、軍が文権（シビル・パワー／シビル・オーソリティ）に服従する、という明示的規定が見られる（例えば、ヴァージニア州憲法1章13節：「あらゆる場面において、軍隊は文権に厳格に服従し、その支配を受けるべきである」）。各国の法制度につきさらに、北海道比較憲法研究会「文民統制をめぐる比較憲法的考察」法時臨増『憲法と平和主義』（日本評論社、1975年）160頁以下、安田寛『防衛法概論』（オリエント書房、1979年）43頁以下。さらに近時の規定の例として、1987年フィリピン憲法2条3節、1997年ポーランド憲法26条2項も参照。これらと比して、日本における「実力組織、軍事権限の統制に関する憲法上の規律密度は究極的に低い」（新井誠ほか編『世界の憲法・日本の憲法』〔有斐閣、2022年〕134頁以下〔山田哲史〕）。佐藤幸治も、「防衛事務というような重大な事柄に関する組織法的決定が憲法典自らによってされていないという異例性は指摘されなければならない」と述べる（同ほか『ファンダメンタル憲法』〔有斐閣、1994年〕232頁〔同〕）。

345

Unit 9-2　防衛

　周知の通り、日本国憲法は66条2項で「内閣総理大臣その他の国務大臣は、文民でなければならない。」と定める。その意味について、高橋和之は、有名な体系書の解説で次のように述べている[13]：

　　この規定は、本来、軍隊を「文民統制」（civilian control）の下におく趣旨をもつ。文民統制とは、軍が政治に介入するのを防止するために、通常の政治部門と軍組織とを分離し、政治部門が宣戦、講和、軍隊の規模などの軍に関する重要決定を行い、軍を自己の統制下におくことをいうが、軍人が大臣になれないとするのも、この目的の一環をなす。戦前は、陸軍大臣、海軍大臣につき、「現役武官制」（現役の武官でなければ、この大臣にはなれないという制度）がとられたため、軍部が政治に介入するのを容易にしたことを想起すれば、この意味がよく理解できよう。

　この解説において興味深いことは、文民条項の規定が「軍隊を『文民統制』……の下におく趣旨をもつ」として、拡張的に理解されていることである。66条2項の文言を素直に読めば、大臣の要件に関する形式的規定と解するのが自然のようにも思える。しかし、上述の見解は、この規定から「軍が政治に介入するのを防止する」、「政治部門が……軍に関する重要決定を行い、軍を自己の統制下におく」という基本的な原理を導出しているのである。

　そもそも、憲法典には「文民」という言葉はあっても、「文民統制」という概念は見当たらない[14]。にもかかわらず、ここで掲げたように、こんにちの憲法学では66条2項との関連で、「文民統制」「シビリアン・コントロール」の考え方ないし趣旨について解説されるのが一般的となっている[15]。高辻正己法制局長官（当時）もまた、文民条項について「やはり国政が武断政治におちいることのないようにという趣旨が、その規定の根源に流れている」と

---

13)　野中俊彦ほか『憲法Ⅱ〔第5版〕』（有斐閣、2012年）181-182頁［高橋和之］。

14)　富井幸雄は、憲法66条2項の「資格条件が文民統制の必要十分条件ではないのであって、憲法には『文民統制』の定義に関する規定はない」とする（同「わが国の公法学の文民統制に関する議論の一省察」新防衛論集24巻1号〔1996年〕87頁）。

15)　芦部信喜（高橋和之補訂）『憲法〔第7版〕』（岩波書店、2019年）337頁、樋口陽一『憲法〔第4版〕』（勁草書房、2021年）382頁、渋谷秀樹『憲法〔第3版〕』（有斐閣、2017年）81頁注99、600頁など。

346

述べている[16]。このように現在では「文民統制」それ自体が、文民条項を基礎として、日本国憲法の1つの基本原理として理解されている。

しかし、このような文民条項の解釈にはいくつか疑問も残る。第1に、ここでいう66条2項の議論は、（正規の軍隊ならぬ）「自衛隊」に対しても当てはまるのか、言い換えれば、憲法は軍隊の存在を認めていないと言いつつ、日本国民のなかに〈「文民」以外の存在＝「軍人」〉を見いだすのは背理ではないか、という根本的な問題がある。これは、同条項の成立経緯とも関連しており厄介であるが、以下、順を追って説明しよう。

まず、戦力の不保持を定め、軍人の存在を否定したはずの現行憲法に、なぜ「文民（civilians）」の語が登場するのか。そもそもこの規定は、憲法制定過程も終盤にさしかかったころ、総司令部が極東委員会の強い要望を受けて指示してきたために、貴族院の審議の途中で入れられたという経緯がある[17]。ところが、9条は戦力の不保持を謳っており、旧陸海軍が解体された以上、そもそも戦後の日本国民はすべて文民であり、この規定は無意味ではないか、との疑問が当然に生ずる。

これに対し、9条が文字通り一切の戦力の保持を禁じていると解する立場からは、まず、文民条項に出番はなく、もともと意味を持たない規定だという解釈が出される（A説）。しかし、これに対して、明治憲法下で職業軍人であった経歴を有する者は「文民」ではないと解することで、文民条項に意義を見出そうとする説（B説）、さらに――B説の行き過ぎを指摘して――職業軍人の経歴を有しており、かつ、軍国主義的思想に深く染まった者だけ

---

16)　1965年5月31日衆議院予算委員会での発言。

17)　極東委員会がこのような要望を出した背景としては、9条に関するいわゆる「芦田修正」により、現行憲法のもとでの再軍備の可能性が開かれたという解釈が一部に見られたことが挙げられる（西修『日本国憲法成立過程の研究』〔成文堂、2004年〕164頁以下。この点、古関彰一『日本国憲法の誕生〔増補改訂版〕』〔岩波現代文庫、2017年〕400頁の記述はややミスリーディングに思われる）。もっとも、極東委員会のメンバー全員がそのような9条解釈を完全に共有していたわけでもなかったところに、問題の難しさがある。

Unit 9-2　防衛

が「文民」でないとする説（C説）が対立する[18]。もっとも、戦後75年以上
経ったこんにち、旧陸海軍の軍人の経歴を有する者が国務大臣になることは
実際上ありえないだろうから、B説・C説ともに意義を失っている。残るの
は、〈9条は限定的であれ軍（ないし、それに類する実力組織）の保持を認めて
いる〉と解し（自衛隊合憲説）、再軍備がなされた際には文民条項が再び意義
を持つとする見解である（D説）。

　ここで問題は、憲法学の通説が、一方では、自衛隊を違憲と解し、その存
在を規範的に否定しながら、他方で、文民条項の解釈においては、軍事力と
しての自衛隊の存在を一応認めて、現役の自衛隊員は「軍人」であって「文
民」でない、という解釈を採用していることである。しかし、このような解
釈が論理的に一貫しているかどうかは疑わしい[19]。むしろ、9条2項を真面
目に捉えるならば、やはり、自衛隊の存在は否定されていると解さざるをえ
ず、したがって、同じ憲法典が定めている文民条項だけが自衛隊に及ぶとい
う解釈は、体系的な観点から、成立しないと考えるべきではなかろうか（逆に、
文民条項が自衛隊員に及ぶという解釈は、憲法がもともと自衛隊の出現を予定し

---

18)　以上の対立につき、さしあたり、樋口陽一ほか『注解法律学全集　憲法Ⅲ』（青林書院、1998
　　年）195頁以下［中村睦男］。

19)　この論点は、理論的に重要であるにもかかわらず、ほとんど無視されている。この問題を論
　　文で丁寧に論じたのは、管見の限り、清宮四郎のみである。清宮は、憲法9条が定める戦力不保
　　持の規範力は、自衛隊の存在によっても失われていないとし、いわゆる「憲法変遷」を否定しつ
　　つ、他方では、自衛隊の登場によって、文民規定は新たな意味をもつに至ったとするが（同『国
　　家作用の理論』〔有斐閣、1968年〕203頁以下）、その論理は不明瞭である。なお、芦部・前掲注
　　15）337頁は「この説は、自衛隊の合憲・違憲論とも関係するので、問題がないわけではないが
　　……」という微妙な書きぶりをしている。驚くべきことに、渋谷・前掲注15）600頁は「自衛隊
　　が憲法9条の禁止する『戦力』か否かの問題はとりあえず脇に置いて……自衛官は文民ではない
　　と捉えるべきで、この点においては学説・政府見解に異論はない」とする（傍点引用者）。しかし、
　　自衛隊の合憲性は「とりあえず脇に置いて」よい問題だろうか。実際、政府はこの問題にかなり
　　敏感であったようであり、高辻法制局長官（当時）の答弁（前掲注16））を読むと、「憲法の趣旨」、
　　「憲法の精神」を繰り返し強調することで、自衛官が文民でないとの結論を辛うじて基礎づけて
　　いることがわかる。

348

ていたという議論と整合的だろう[20]）。もしこの推論が正しければ、結論として、
（自衛隊違憲説を採る限り）文民条項は〈自衛隊の文民統制〉の問題とは無関
係ということになろう。

　第2に、仮に〈政治部門による軍の統制〉という発想が文民条項の「背景」
にあるとしても、そのような基本原則を、本条項のみから導出することには
やや無理があるのではないか、という疑問がある。とりわけ、日本において
「文民統制」というときには、いわゆる「制服組」が（防衛省内局[21]の）「背
広組」によって統制されるという、「文官統制」ないし「文官優位システム」
を指して語られることが多いが[22]、大臣より下位の組織編制に関する内実を
この規定から読み取るのは困難ではないか。

　第3に、（仮に自衛官への本条項の適用を認めたとしても）結局、辞めた直後
の者を国務大臣に任命することは憲法上禁止されていないため、文民条項は
無意味なのではないか、という問題も残る[23]。極端に言えば、統合幕僚長を
防衛省の大臣として任命することも、前職の辞職を条件とする限り、可能で
ある[24]。すると結局、コワルスキーが言ったように「民主国家である以上、

---

20)　そのように論ずる代表的なものとして、田上穣治『日本国憲法原論』（青林書院新社、1980 年）
　　74 頁、西修『国家の防衛と法』（学陽書房、1975 年）32 頁。

21)　「内局」は、防衛省の事務次官ならびに官房および各局の組織に対する通称であり、防衛省設
　　置法では「内部部局」として規定されている（安田・前掲注12）86 頁）。

22)　なお、このような「日本型文民統制」は他国には見られない特殊なものであるが、シビリアン・
　　コントロールという言葉が日本人にとってなじみがなく理解しがたかったため、それを誤解した
　　結果として生まれたといわれる。詳しくは参照、真田尚剛「『日本型文民統制』についての一考察」
　　国士舘大学政治研究創刊号（2010 年）139 頁以下。このシステムに対しては、自衛隊の軍事的な
　　効率性や統合運用を妨げるものとして制服組を中心に批判があり（批判と反論につき、纐纈厚『文
　　民統制』〔岩波書店、2005 年〕91 頁以下）、実際、ここ 20 年ほどの制度変更を通じて「文官優位
　　システム」は骨抜きにされてきた（なお、後掲注 58）も参照）。

23)　そのような任命行為が 66 条 2 項によって禁止されるという学説もあるが（内野正幸『憲法解
　　釈の論点〔第 4 版〕』〔日本評論社、2005 年〕145 頁以下）、そこでも、自衛官を辞めてから国務
　　大臣の任命までどれだけの期間が経過すれば憲法上の「文民」になりうるかは明らかにされてい
　　ない。

24)　旧自衛官は文民だと一般に解されている。参照、1973 年 12 月 6 日衆議院予算委員会におけ
　　る吉国一郎内閣法制局長官（当時）の答弁、佐藤幸治・前掲注6）119 頁。なお、毛利透は「反
　　論もあるが、自衛隊組織のより所を公式に失うことは、その者の内閣および自衛隊との関係に無

Unit 9-2　防衛

退役軍人ないしは軍人が現役を退いて選挙に立候補するのを反対すること〔は〕でき」ず、「つまるところ日本に議会政治が続くかぎり、文権優位の原則が守られるか否かは、国民の判断にかかっている」[25] ということになる[26]。

4　9条を根拠に文民統制を語りうるか？

　以上とは異なり、文民統制の憲法上の根拠を9条——とりわけ、9条2項の戦力不保持——に見出す見解も有力に唱えられている。論者ごとに細かい点で差異があるが、この立場は総じて、憲法9条が戦争放棄・戦力の不保持を定めていることを、文民統制を論じるうえでの「障壁」と捉えるのではなく、むしろ、その両者を結びつけて調和的に捉えていくところに特徴がある。

　例えば、佐藤功は「シビリアン・コントロールの思想は、今日においては、戦争と軍隊そのものを否定することによって、はじめて完成する」とし[27]、別の論文では「第9条は文民統制の原理あるいはその目ざす目標を……極限にまで高めたもの」と表現する[28]。また他にも、浦田一郎は「文民統制」と題する論考で「戦争放棄は文民統制を極限化したものであ」るとし、「自衛隊の合憲性が疑われ続けることが……自衛隊に対する最大の抑止機能を果たしている」、「日本国憲法下の文民統制は自衛隊の違憲性を確認し自衛隊を解

　視できぬ差異を生ぜしめるはずであり、やはり大きな意義を有する要請だといえるのではないか」とする（芹沢斉ほか編『新基本法コンメンタール憲法』〔日本評論社、2011年〕372頁〔同〕）。

25)　F・コワルスキー（勝山金次郎訳）『日本再軍備』（サイマル出版会、1969年）206頁（原文の「文官優位」は「文権優位」に修正した——引用者）。

26)　関連して、かつて、上述のC説について〈「軍国主義思想」とはいかなる思想を指すか不明確である〉、〈思想を基準として資格を奪うのは、許されざる差別だ〉といった批判が存在したが、「文民」の解釈に関する限り、これは正当であろう。というのも、旧軍人であろうがなかろうが、およそ、「軍国主義思想」に深く染まった者が大臣として不適格であることは常識に照らして当然だと思われるが、それは法的な判断になじむものではなく、結局、良識ある国民の判断にゆだねられていると考えるほかないからである。

27)　佐藤・前掲注7) 93頁。

28)　佐藤・前掲注7) 100頁。

散させるためのものであ」るとまで述べる[29]。

しかし、この立場にもいくつかの疑問が呈しうる。第1に、文民統制は、統制される対象としての実力組織の存在を認めてこそ、成り立つ考え方ではないか。この点、「憲法の非戦・非武装平和主義の基本原理に立つかぎり、現行の自衛隊に対して提起しうる、あ̇る̇べ̇き̇『シビリアン・コントロール』の制度というものはもともとない」[30]との指摘は、正鵠を得ている。非武装平和主義は、本来「文民統制無用論」と結びつく[31]。

もちろん、文民統制を語る必要のない社会を実現すべきとの主張は十分に理解しうるが、現実に実力組織が存在するからには——そして、近いうちにそれが消失する可能性も低い以上は——、その統制の具体的な手法ないし制度について（も）論じるべきであろう。この点で、〈政府の防衛政策を原理̇的̇に批判する野党側が軍事力の保持を認めない立場をとっており、自衛隊の存在を前提にしつつそれを統制するような制度の設置に原則として賛成できないでいる結果、防衛政策に対する統制制度が不十分になっている〉との指摘は[32]、憲法学でも重く受け止められる必要がある。つまり、9条2項の戦力不保持を起点にしたイデオロギー対立を続ける限り、自衛隊の「統制」の制度を具体的なレベルで語ることは困難なのである。

第2に、この立場において、文民統制と軍備撤廃とが「順接」の関係に置かれている点にも疑念がある。というのも、軍人と異なって文民は戦争を嫌い、さらに進んで軍備撤廃を望むはずであるという前提は、自明のことではないからである。いわゆる「文民ミリタリズム」[33]は決して稀な現象ではな

---

29) 浦田一郎「文民統制」大石眞＝石川健治編『憲法の争点』（有斐閣、2008年）61頁。なお、憲法学者が文民統制について論じた近時の重要な文献である、青井未帆「文民統制論のアクチュアリティ」水島編・前掲注3）135頁以下は、その憲法解釈上の根拠条文を必ずしも明らかにしていないが、9条を拠り所にしているようにも読める（141頁等）。

30) 古川・前掲注10）38頁（傍点原文）。

31) 小針司『防衛法概観』（信山社、2002年）258頁。

32) 廣瀬克哉『官僚と軍人』（岩波書店、1989年）249頁。

33) A・ファークツ（望田幸男訳）『ミリタリズムの歴史〔新装版〕』（福村出版、2003年）487頁以下。さらに、纐纈厚『暴走する自衛隊』（ちくま新書、2016年）39頁も参照。

Unit 9-2 防衛

いし、日本もその苦い経験を持っている[34]。これは、文民統制を考えるうえで重要な視点であろう。国際政治学者の藤原帰一も、「軍が戦争を求め、世論が戦争を厭うという構図〔は〕一般化できない」とし、「民主化すれば戦争が避けられると考える根拠はどこにもない」という[35]。先に挙げた佐藤功もまた「政府の頂点にある者が背広を着ている文民であるとしても、彼が制服を着ている軍人よりも、いっそう軍人的あるいは好戦的であることがありうる」と述べている[36]。そうだとすれば、文民統制が憲法９条と結びつくと考えることは困難と言わざるをえない。国民の大半が好戦的になり、世論が過熱している状況においては、文民政治の優位がかえって悲惨な結果へとつながることを、佐藤も見抜いていたのである[37]。

　以上をまとめると、第１に、９条の非武装平和主義の理念を強調することは、自衛隊をいかに統制するかという議論にとってむしろ妨げになりうる。第２に、文民政治が軍に優越することは——懐疑的・悲観的といわれるかもしれないが[38]——戦争放棄・戦力の不保持へと必然的に繋がるものではないから、やはり、９条と文民統制とは別の問題として論じるべきである。

---

34)　冒頭で引用した歴史学者・鳥海靖によれば、日本の戦争への歩みの「背後に〔は、〕国民の熱狂的興奮に裏打ちされた『世論』の支持があった」。同・前掲注2) 183頁。

35)　藤原帰一『戦争の条件』（集英社新書、2013年）70頁。なお戦後の日本でも、自衛隊の海外派遣について、世論に支えられた政府が積極的な態度を採っていたのに対し、防衛庁（当時）・自衛隊内では慎重論が強かったという報道があった（「自衛隊の３つの悩み」毎日新聞1991年6月27日朝刊4頁。同記事では、防衛庁・自衛隊の慎重な態度の理由として「軍事のプロとして平和維持軍が危険性を伴い、さらに後方支援といっても危険性の面では変わりはないことを熟知しているから」とされている）。

36)　佐藤・前掲注7) 114頁。ここでは、いわゆる〈軍産（政）複合体〉の論点まで指摘されている。ただし、「民主的平和論」に立つ論者は、重税によって財産や、場合によって命まで失う危険性のある民衆は戦争を嫌悪する傾向にあり、民主国家は戦争に対して慎重になると主張する（例えば参照、B・ラセット〔鴨武彦訳〕『パクス・デモクラティア』〔東京大学出版会、1996年〕）。

37)　逆の場合もある。イツハク・ラビンは、陸軍士官学校を出て、イスラエル国防軍の参謀総長まで登りつめた正真正銘の「軍人」であったが、その後、政治家となって首相も務め、最後は、中東和平を積極的に推し進めたリーダーとしてノーベル平和賞を受賞するに至った（そのラビンが1995年、ユダヤ教徒の青年に暗殺され、翌年、悲しみと混乱のなか選挙で首相に選ばれたのが、宗教右派と国家主義者によって支持された、元経営コンサルタントのベンヤミン・ネタニヤフであった〔第1期〕）。

防衛組織の民主的統制（文民統制）

5 「民主統制」としてのシビリアン・コントロールと
その憲法的基礎づけ

　最後に、民主主義の観点から文民統制を基礎づける見解について、以下、検討する。そこでは、とりわけ、国会およびその信任を受けた内閣とその首長たる内閣総理大臣による自衛隊の民主的なコントロールが重視される。

(1) 国会による自衛隊の統制

　管見の限り、憲法学の分野でこの視点を最も明瞭に打ち出したのは、佐藤幸治である[39]。現行法上、国会は、自衛官の定数の決定・防衛に関する法律の制定・防衛予算の審議を担うことはもとより、自衛隊の防衛出動や海外派遣に際して承認を与えることとなっている（自衛隊法76条1項、武力攻撃事態等対処法9条、国際平和支援法6条1項）。佐藤は、この国会による自衛隊の統制について「立憲主義的統制（文民統制）の要ともいえるもので、その憲法上の根拠は憲法41条の定める国会の『国権の最高機関』性に求められる」と述べ[40]、他の論稿では「自衛隊法が防衛出動にあたって国会の承認を要求している（76条）のは憲法上の絶対不可欠の要件というべき」とまで述べる[41]。周知の通り、「国権の最高機関」性の意義については解釈上争いがあるが[42]、民主的正統性の点で国会が他の国家機関よりも上位にあることそれ

---

38) そもそも、統治機構の基礎にある権力分立論それ自体が、「国家の権力及びそれを行使する人間に対する懐疑的または悲観的な態度」にはじまるともいわれる（清宮四郎〔樋口陽一編〕『憲法と国家の理論』〔講談社学術文庫、2021年〕13頁）。

39) なお、必ずしも明確ではないが、佐藤は、「文民統制の基本的理念」を、「近代憲法を支配する民主主義、基本的人権の価値原理を護る」ことに見出す小針司の見解（同「文民統制」小嶋和司編『憲法の争点〔増補版〕』〔有斐閣、1980年〕239頁）から影響を受けているようである。

40) 佐藤・前掲注6) 119頁（傍点引用者）。なお、国会による統制に関しては、防衛政策に関する両院の国政調査権もまた、重要だと思われる（参照、小針司『続・防衛法制研究』〔信山社、2000年〕30頁）。

41) 佐藤ほか・前掲注12) 232頁［同］（傍点引用者）。

42) さしあたり、長谷部恭男編『注釈日本国憲法(3)』（有斐閣、2020年）476頁以下［宍戸常寿］。

353

Unit 9-2　防衛

自体は否定しがたい。かような地位にある国会が自衛隊を統制することについて、これを憲法上の要請とみて、文民統制の文脈で語ったことの解釈論上の意義は大きいといえよう[43]。

そもそも、「シビリアン・コントロール」について、これを「文民（＝非軍人）による統制（＝文民統制）」とすることは、そこに含意された歴史経緯や本来的な意味の把握を困難にさせるものであって、「文民統制よりも『民主統制』の用語のほうが……訳語として、より相応しい」とする専門家の指摘がある[44]。佐藤の説明はこの理解に適合的である。すなわち、「民主統制」としてのシビリアン・コントロールの理解に立つ場合、まずは「全国民の代表」たる国会による統制が最重要だと考えられる。また、この観点からすれば、今後、国会を通じた統制をより強めていくことが[45]、憲法上も求められているというべきだろう[46]。とりわけ、防衛目標・目標達成のアプローチ・手段を包括的に示す「国家防衛戦略」——これは、かつての「防衛計画の大綱」（防衛大綱）に代わるものである——の策定に際して、国会（議員）の十分な参与が保障されていない、という点は、問題視されるべきだろう。

さらに、議会統制との関わりでは、文民統制が持つ法治主義的な側面を見逃すこともできない。かつて防衛審議官も務めた安田寛は「日本の防衛法制では、文民統制の見地から……国民の自由および財産に関係すると否とにかかわらず、およそ自衛隊の活動についてはすべて法律の根拠を要するものと

---

43)　近時の憲法教科書では、曽我部真裕が——形式上は「平和主義」の項目のなかであるが——「自衛隊の行動に対する国会の承認」が「文民統制を確保するための重要な仕組みである」と論じており（新井ほか・前掲注6）46頁〔曽我部〕）、注目に値する。

44)　纐纈・前掲注22）39頁以下（傍点引用者）。

45)　かつて杉村敏正は、宣戦ないし防衛事態の発生の確定について国会の権限が憲法上定められていないことを問題視していた（同『防衛法』〔有斐閣、1958年〕29頁以下）。また、国会による統制制度について、植松健一は、ドイツのそれを参考にしつつ、「防衛問題を扱う委員会への少数派調査権の付与や、統制審査会型の監視機関の設置は……導入を論ずるに値する」とする（同「軍事・諜報に対する議会統制」法時90巻5号〔2018年〕55頁）。同様に、武蔵勝宏も「行政監視の観点からは、安全保障委員会に軍事監視を専門とする小委員会を設置し、自衛隊の活動についての定期的な報告を受けるとともに……野党側が行使できるような少数者調査権を付与し、委員会の国勢調査活動を活性化させるべき」と述べる（同『冷戦後日本のシビリアン・コントロールの研究』〔成文堂、2009年〕337頁）。

354

した」と述べる[47]。実際、自衛隊法では「自衛隊の権限」（自衛隊法第7章）だけでなく、その前提となる「部隊」（同第3章）および「自衛隊の行動」（同第6章）についても定められている。このように、自衛隊の活動について法律の根拠が厳格に必要とされるのは、（民主的に理解された）文民統制の表れだといえよう[48]。

(2) 内閣総理大臣による統制

　もっとも、国会による統制だけで民主的統制が完結するのではない。通常の行政事務に関して言えば、その次には内閣による統制があり、そこでは各省大臣による「分担管理原則」が当てはまるのだが[49]、自衛隊法は、①（防衛大臣でなく）内閣総理大臣が内閣を代表して自衛隊の最高の指揮監督権を有するとし（7条）、さらに、②（自衛隊の活動のうちでも）㋐防衛出動、㋑治安出動および㋒警護出動については、（内閣の首長としての）内閣総理大臣がこれを命じると規定している（同76条、78条、81条の2）[50]。

　なぜこのような仕組みがとられているのだろうか。もし仮に、文民統制を

---

46)　なお、この点、水島朝穂が次のように述べているのは興味深い。「日本の自衛隊は、違憲・合憲の狭間に置かれてきたため、議会統制の仕組みや経験の蓄積が弱い。『文民統制』は防衛庁（省）内局官僚による『文官統制』に矮小化されてきた。ドイツでは、『議会の軍隊』（Parlamentsarmee）といわれるほど、議会の関与・統制は徹底している。日本もそこから学ぶものは大きい。防衛オンブズマンもその一つである」（同『平和の憲法政策論』〔日本評論社、2017年〕65頁。傍点引用者）。この記述に従えば、はじめに、自衛隊が「違憲・合憲の狭間に置かれてきた」ことが問題とされなければならないだろうし、もし論者がドイツを参考にすべきというのであれば、なおさら憲法上、自衛隊の位置付けを明確にすることがまずは重要となろう（日本国憲法9条から「議会の軍隊」の解釈を導き出すのは不可能だと思われる）。実際、水島が参考にすべきというドイツの防衛オンブズマン（「防衛監察官」とも）は基本法上、明確に位置づけられているし（同45b条）、この規定は、「議会の軍隊」という上述の原理を連邦憲法裁判所が導き出す際の1つの根拠として用いられていたのである（参照、鈴木秀美＝三宅雄彦編『ガイドブックドイツの憲法判例』〔信山社、2021年〕296頁［三宅］）。

47)　安田・前掲注12) 76頁（傍点引用者）。

48)　仲野・前掲注5) 16頁も参照。

49)　「分担管理原則」は現在も通説的に認められているが、もっとも、これを厳格な意味で捉えることは、もはや妥当ではないだろう（藤田宙靖『行政組織法〔第2版〕』〔有斐閣、2022年〕144頁以下）。

Unit 9-2　防衛

〈非軍人による統制〉の意味だけで理解するならば、防衛大臣みずからが自衛隊を指揮監督するものとしてまったく問題はないし、それが分担管理原則にも適合的である。しかし、にもかかわらず上述のような規定が置かれているのは、第1に、仲野武志が説くように、防衛大臣が「国の防衛を任務とする省の長として、自衛官たる補助機関の影響をある程度強く受けざるを得ない立場にある一方、これらの行動が無統制に行われた場合の弊害は、その他の行動よりも甚だしいため、これらの行動を内閣の強い関与の下に置くことにより、文民統制の原則……を全うしようとした」と解される[51]。第2に、より重要なこととして、自衛隊は通常の行政組織とは異なることから、例外的ではあるが、憲法上、国会議員のなかから国会の議決で指名されるところの──したがって、民主的正統性の点で国務大臣より上位にある──内閣総理大臣が最高の指揮監督権を有することを明確にし[52]、かつ、一部の重大な命令は自ら下すものと規定したものと解される（民主的な責任政治の観点）。このように理解すれば、上述の諸規定もまた、シビリアン・コントロールの趣旨を具体化したものとして積極的に理解し、かつ、憲法上も基礎づけられうる。

　なお、実務上、防衛作用は（軍政作用と軍令作用の区別なく）憲法73条柱書の「他の一般行政事務」の1つとして位置づけられている。しかし、これに対しては、少なくとも2つの疑問を提起しうる。第1に、憲法73条が外交関係の処理や条約の締結についてわざわざ明文で定めながら（同2号、3号）、防衛事務については控除説によって「他の一般行政事務」に含めるのは、権衡を失していないか[53]。第2に、「他の一般行政事務」を担う主体は内閣であって、内閣総理大臣ではない。そうすると、防衛出動等について内閣総理

---

50)　そのほか、防衛大臣がこれを命ずるが、あらかじめ内閣総理大臣の承認を得なければならないと規定されている活動もあり、自衛隊法以外では、そのような行為は見当たらないとされる（仲野・前掲注5）42頁以下）。

51)　仲野・前掲注5）42頁。

52)　ただし、上述の自衛隊法7条の意味は必ずしも明確ではない。本条については、まず、荒邦啓介『明治憲法における「国務」と「統帥」』（成文堂、2017年）409頁以下、さらに、仲野・前掲注5）44頁も参照。

356

大臣が自ら命じる上記の諸規定は憲法違反ということになりかねない。実務はこの点、〈防衛出動命令は、内閣総理大臣から防衛大臣に通知された後、幕僚長および各部隊等の長を通じて、各自衛官まで通知される〉という技巧的な解釈を施して、辛うじてこの問題を解決している[54]。しかし本来、内閣総理大臣の権限であれば、その旨を憲法に明記するのが筋であろう。

(3) 内閣および防衛大臣による統制

　以下、紙幅の都合で詳述できないが、内閣レベルにおける文民統制のための仕組みとしては、国の安全保障に関する重要事項を審議する機関として「国家安全保障会議」が置かれていることが重要である。そして、防衛省では、文民たる防衛大臣が国の防衛に関する事務を分担管理し、主任の大臣として、自衛隊を管理し、運営する。

　なお、省内の組織については、背広を着た内局の官僚が制服の自衛官を統制するという「文官優位のシステム」（文官統制）が言われることがあるが、理屈からいえば「防衛庁〔当時〕内の文官も、防衛政策を専門的に扱う行政機構の一部分であるから、本来文民統制の客体であってその主体ではない」[55]といわざるをえず、したがって、文官統制を憲法上基礎づけることは困難と思われる（もちろん、政策的にこの選択肢を採ることが排除されるものではない[56]）。

53）　佐藤ほか・前掲注12）231頁〔同〕。山中倫太郎は、マッカーサー草案以来の英語表記で、憲法65条や66条3項の「行政権」が"<u>executive</u> power"（いわば「執政権」）なのに対し、73条の「他の一般行政事務」は"other general <u>administrative</u> functions"となっていることに着目し、後者が「受動的・従属的かつ非政治的」な性質を持つことを指摘する（同「日本国憲法における『行政権』の概念と国の防衛」防衛法研究29号〔2005年〕49頁以下）。これは、上述の疑問をさらに裏付けるものであろう。

54）　出典も含め、参照、仲野・前掲注5）46頁以下。

55）　廣瀬・前掲注32）251頁。彼は続けて、「民主的な政治判断が、専門技術的な観点からの判断に優先すべきだというのが文民統制の主旨であるから、政治的な判断の主体ではない内局文官は、本来、文民統制をおこなう側とはいえない」と述べる。

Unit 9-2 防衛

6 まとめにかえて

　ここまで述べてきた通り、シビリアン・コントロールの主眼は、軍事に対して民主的な政治が優先するところにあり、それゆえこれは本来、「民主統制」、「政治の優位」とでもいうべきものである。そして、その憲法上の根拠は、何よりも、国民主権・民主主義に求められる[57]（憲法66条2項は、それ自体としてはあまり意味を持たない）。もちろん、「民主統制」、「政治の優位」が要請されるのは防衛省／自衛隊に限ったことではないのだが、その事物の性質および過去の歴史の失敗から、軍事に関してはこれが特に強く要請され、「シビリアン・コントロール」として語られるのである。

　これまで、日本の憲法学の多くは、シビリアン・コントロールの文脈で文官優位システムの崩壊を批判することに集中してきた感があるが[58]、文民統制を文官統制に「矮小化」[59]して理解すべきではないし、そもそも、上述した通り、日本型文民統制＝文官優位システムは憲法解釈論として根拠があるとは思われない。むしろ、防衛に関する国会の権限の一層の強化、メディアや市民への情報公開の充実といった観点から、「民主統制」の意味でのシビ

---

56) 同旨、日比野勤「巻頭言　文民統制」法教290号（2004年）1頁。可能な限りで文官優位を求める意図も理解しうるが、他方、もし仮に「背広」が「制服」を統制すべしという原理を貫徹すれば、武力組織は弱体化する可能性が極めて高い。「背広」は現場の事情を完全には把握しきれず、したがって、意義のある戦略を立てようとする場合には、「制服」に多少なりとも依存せざるを得ないからである。このパラドックスは、上述の「制服を着た市民」の問題（前掲注4）を参照）と似たところがあるが、戦略立案において「制服」に「背広」を優位させる場合の弱体化の程度は、より大きいものがあるだろう。

57) なお、紙幅の都合で本文では触れられなかったが、より究極的には、基本的人権の尊重という観点からも文民統制が要請されることは指摘しておく必要があろう。軍隊の暴走が、市民の基本権——とりわけ、思想の自由、表現の自由、財産権等——の重大な侵害をもたらすことは、歴史上、疑いないためである。この点、上述したヴァージニア憲法の文権優位の規定（前掲注・12)）が、第1条の〈Bill of Rights〉のなかに入っていることは、興味深い（ただし、この基礎づけは、国外における軍の活動にはあまり当てはまらない）。

58) 例として、渋谷・前掲注15) 81頁注99。なお、文官優位システムの崩壊過程については、青井・前掲注29) 148頁以下、纐纈厚『崩れゆく文民統制』（緑風出版、2019年）63頁以下。

59) 前掲注46) の記述を参照。

防衛組織の民主的統制（文民統制）

リアン・コントロールの制度化を、積極的に議論していくべきだろう。

　ただし、このような制度が整備されたからといって、平和が必ず実現されるわけではない。軍部を統制する「番人」は文民であるが、その「番人」が暴走しない保障はない[60]。こうして、「番人の番人は誰か？」という憲法の古典的な問いに立ち戻るのである[61]。

---

60)　日本の国会議員は「自分たちが統制主体であるという感覚が希薄であ」り、国会が「形式的な文民統制機関にとどまって」いる（青井・前掲注29）156頁）、あるいは、「本来民主的・政治的統制を担うべき政治家たちが、その役割を果たさず、国民には直接責任を負っていない文官である官僚たち（背広組）が、その肩代わりをしている」（纐纈・前掲注33）58頁以下）という状況は、早急に変える必要がある。そのためにも、とりわけ、官僚に頼るのが困難な野党とその国会議員について、防衛・安全保障に関する専門知識の面でサポートするスタッフを充実させることが肝要であろう（参照、廣瀬・前掲注32）262頁以下）。あわせて、前掲注45）も参照。

61)　「憲法の番人はいるか、という問いに対して、私は、いる、と答える。では誰が憲法の番人か、と聞かれれば、われわれ国民自身だ、と答えたい。そして、つけ加えていいたい。われわれ国民以外に憲法の番人などというものはどこにもない」（宮沢俊義『神々の復活』〔読売新聞社、1955年〕18頁）。

Unit 10-1　国家賠償の機能

公務員の職務上の義務と国家賠償の機能
―― 公務員の法解釈を中心に

鵜澤　剛

1　はじめに

Unit 10 のテーマは国家賠償の機能である。このテーマに関する行政法の議論としては、国家賠償法（以下「国賠法」）1 条 1 項の違法性の意義をめぐる公権力発動要件欠如説と職務行為基準説の対立の中で、公権力発動要件欠如説の支持者が、その利点として、法治国家原理担保機能を挙げているのが、真っ先に挙げられるべきであろう。本稿では、このような国賠法 1 条 1 項の違法性をめぐる論争を端緒として、国家賠償の機能について考えていきたい。その際、特に公務員の法解釈の誤りが問題となる場面を重点的に取り上げることにする。

2　公権力発動要件欠如説と法治国家原理担保機能

公権力発動要件欠如説は、公権力発動要件の欠如をもって国賠法 1 条 1 項の「違法」と捉える[1]。行政処分が問題となる場面に関していえば[2]、この説では、取消訴訟等における違法（取消違法）と国賠法の違法（国賠違法）は同一ということになる（違法性同一説）。これに対し、職務行為基準説は、公務員として職務上尽くすべき注意義務を懈怠したことをもって「違法」と捉える[3]。この説では、客観的には根拠法令に違反する行為であっても、職務上の注意義務違反がなければ違法とされないため、取消違法と国賠違法

――――――――――――――――
1 ）　宇賀克也『国家補償法』（有斐閣、1997 年）46 頁。

は必ずしも一致しないことになる（違法性相対説）。また、今日では「過失」も客観的注意義務違反を意味すると解されているため[4]、違法と過失の判断内容が重なってきて、違法一元的判断がされる傾向がある[5]。これに対し、公権力発動要件欠如説では、違法と過失とは二元的に判断されることになるとされる[6]。

このように、公権力発動要件欠如説は、違法性同一説をとり、また、違法要件と過失要件の二元的判断を行う。そして、公権力発動要件欠如説の支持者は、公務員の注意義務違反（過失）が否定されるようなケースにおいても、根拠法令違反の行為について違法判断を示す点に、その利点を見出すのである。たとえば宇賀克也は、「もし、裁判所が公権力発動要件欠如説を採用すれば、過失がないから違法性の有無はともかく請求を棄却するという変則的な判決をしないかぎり、公権力発動要件が欠如していたという司法判断を得ることができることになる」とし、「かかる司法判断は、間接的にではあれ、公権力発動要件を欠いていた行政処分への非難・制裁としての機能をもち、ひいては、行政庁による職権取消しを促すのである。したがって、仮に過失なしとして請求が棄却されても、国家賠償請求における違法（公権力発動要件欠如）の判断は、大きな意義をもちうる」という[7]。

2） 国賠法1条1項の対象となる「公権力の行使」は、判例・通説である広義説によれば、権力的作用のみならず、行政指導や各種行政サービスの給付などの非権力的な行政作用も含まれ、これらの行為の中には、必ずしも行政実体法によって規制されていないものも多い。その意味で、公権力発動要件欠如説は、国賠法1条1項の適用場面を全てカバーできているわけではなく、また、公権力発動要件欠如説と職務行為基準説とが対立する場面も限定的なものである。
　　法令の規定によって規制されていない行為が問題となる典型として学校事故があるが、このようなケースはむしろ過失一元的判断がされる傾向がある（神橋一彦『行政救済法〔第3版〕』〔信山社、2023年〕371-372頁）。

3） 宇賀・前掲注1）46頁。もっとも、職務行為基準説は、学説として提示されたわけではなく、複数の判例から抽出されたもの、「判例の分析によって一般化されたもの以上のものではない」（神橋一彦「行政救済法における違法性」〔2008年〕同『行政判例と法理論』〔信山社、2020年〕239頁）。

4） 潮見佳男『不法行為法Ⅰ〔第2版〕』（信山社、2009年）273-274頁。

5） 神橋・前掲注2）360-361頁。

6） もっとも、後述3(2)で述べるように、常に必ず二元的判断になるわけではないと思われる。

7） 宇賀・前掲注1）61-62頁。塩野宏『行政法Ⅱ〔第6版〕』（有斐閣、2019年）346頁も同旨。

Unit 10-1 国家賠償の機能

　他方で、憲法の分野では、違憲国賠訴訟等において、下級裁判所が原告の請求を棄却しつつ違憲判断を行い、原告は違憲判断を勝ち取ったことで満足して上訴せず、被告である国等も原告の請求は棄却されているために上訴しない（そもそもできない）ために、違憲判断が下級審止まりとなり、最高裁の判断が下されないという事態がしばしば生じている。たとえば、岩手靖国訴訟の控訴審判決（仙台高判平成 3・1・10 行集 42 巻 1 号 1 頁。ただし、国賠訴訟ではなく住民訴訟）や、小泉元総理大臣の靖国神社公式参拝に対する国賠請求事件の控訴審判決（大阪高判平成 17・9・30 訟月 52 巻 9 号 2979 頁。被侵害利益を否定）、自衛隊のイラク派遣に対する国賠請求等事件の控訴審判決（名古屋高判平成 20・4・17 判時 2056 号 74 頁。被侵害利益を否定）が代表的である[8]。このような違憲審査権の行使方法については、すでに岩手靖国訴訟の仙台高裁判決の時点で疑問が投じられていたところであるが[9]、より一般的な形で、高橋和之は、「最高裁がこのような判断をすることは認められるとしても、下級審がこのような判決を書くことは避けるべき」とし、「このような請求棄却判決に対しては最高裁への上告はできないから、控訴審で確定し違憲判決が残ることになるが、政治部門では最高裁の判断ではないことを理由に無視するのが通常であり、裁判所の判決に対する敬意が失われていく危険のほうが大きいのではないか」との危惧を述べている[10]。高橋は、下級裁判所は「判断の順序を変えて」損害要件の判断を先行させ、違法判断を回避すべきとするのであるが[11]、これは、宇賀が「過失がないから違法性の有無はともかく請求を棄却する」という判決を「変則的な判決」と評し、裁判所の違法判断の意義を強調していたのとは対称的である。行政処分の法律適合性の判断と憲法判断の違い、また下級審に限定した議論か否かという違いはあるものの、請求を棄却しながら違憲・違法の判断を下すことに対する憲法学と行政法学の温度差は興味ぶかい。

8）　このほか、中曽根元総理大臣による靖国神社公式参拝について違憲の「疑い」があるとしつつ、具体的な権利・法益の侵害がないとしたものとして、大阪高判平成 4・7・30 判時 1434 号 38 頁。

9）　初宿正典「岩手靖国住民訴訟控訴審判決と違憲審査権の行使」ジュリ 979 号（1991 年）43 頁。

10）　高橋和之『体系　憲法訴訟』（岩波書店、2017 年）198 頁。

11）　高橋・前掲注 10）198-199 頁。

362

公務員の職務上の義務と国家賠償の機能

　通常の民事訴訟法の考え方からすれば、裁判官が判決を書く際、相殺の抗弁は最後に取り上げなければならないなど少数の例外を除けば、どの争点から取り上げなければならないというようなルールは存在しない。たとえば、消滅時効は当該権利が発生していることを論理的前提としているが、判決理由においては、いきなり消滅時効から判断を開始し、当該権利はいずれにせよ存在しないと結論して、当該権利の発生については判断しないことができる[12]。国賠法1条1項の責任の構成要件に関しても、違法性から判断しなければならないというルールも、条文の順序どおりに判断しなければならないというようなルールも、訴訟法的には存在しない。そのため、訴訟法学者からは、違憲・違法の判断をしつつ、損害要件や過失要件を欠くことを理由として請求を棄却するというような判決は、むしろ「悪例」とされる判決理由の構造であり[13]、「理由以外のことを判決理由に書くのは民事訴訟法に反する」というような否定的評価が下されることもある[14]。

　前述のように、高橋和之は、下級審が結論とは関係のない形で違憲判断を下すことに消極的立場を示すわけであるが、最高裁がそうすることについては問題がないと考えているようである。最高裁の実務としても、皇居外苑使用不許可事件の最高裁判決（最大判昭和28・12・23民集7巻13号1561頁）や朝日訴訟の最高裁判決（最大判昭和42・5・24民集21巻5号1043頁）に代表されるように、訴えの利益の消滅を理由に訴えを却下しながら、「なお、念のため」として憲法判断を示し、しかもその判示がその後の最高裁判決にお

---

12)　この場合、判決の既判力が生ずるのは、訴訟物たる権利の不存在についてだけであり、判決理由中の判断である消滅時効の成立や、その前提となる当該権利の発生に既判力は生じない。逆に、相殺の抗弁は最後に審理しなければならないとされているのは、相殺についての判断は、例外的に、判決理由中の判断であっても既判力を生じること（民事訴訟法144条2項）と関係している（新堂幸司『新民事訴訟法〔第6版〕』〔弘文堂、2019年〕461頁）。このように判決の既判力が原則として判決主文中の判断に限定されるのは、訴訟の最終目標を明確にして不意打ちを防止する反面で、前提問題については当事者の訴訟活動および審理に弾力性をもたせる趣旨であると説明される（新堂・同書720頁）。

13)　木川統一郎「小泉総理大臣の靖国神社参拝訴訟に関する判決の「判決理由の構成」に対する民事訴訟法上の疑問」判タ1277号（2008年）8頁。

14)　木川・前掲注13）12頁。

363

いて判例として引用されるということがしばしば行われる。前述の訴訟法的な考え方からすれば、このような最高裁の実務も批判の対象となりそうである。憲法判断が特別なのか、あるいは最高裁が特別なのか、その特別扱いの理論的根拠は何なのかについて、掘り下げた議論が必要であろう[15]。

以上に見てきたように、公権力発動要件欠如説は、過失がないとして結論的に請求が棄却される場合であっても、傍論において示される違法判断に、法治国家原理担保機能を見出すのであるが、このような判決の書き方には、訴訟法的にも、裁判所の機能という点でも、問題が多いものである。

3 職務行為基準説と法治国家原理担保機能

米田雅宏は、公務員の「職務上の義務」が「法律による行政の原理」から導かれるものであること[16]、そして職務行為基準説が「違法抑止機能を前提とした場合でも、なお成立しうる」こと[17] を説いている。そこで、職務行為基準説が法治国家原理にとってどのような意味をもっているのか（もちうるのか）について、この説の判例における展開と、学説における分析を振り返りつつ、考えてみたい。

(1) 判例における職務行為基準説の展開

職務行為基準説と呼ばれる考え方がはじめて判例において登場したのは、

---

15) 司法権の機能を単なる紛争解決機関とみるか、それともそれ以上に法の有権的解釈機関とみるか、有権的解釈機関としての機能は最高裁判所にのみ認められるものか、また、有権的解釈機関としての機能は紛争解決機関としての機能と結びついた場合にのみ認められるものか、そもそもなぜ裁判所（最高裁）の法解釈は権威をもつのか、といったあたりが論点となってくるであろう。

16) 米田雅宏「国家賠償法1条が定める違法概念の体系的理解に向けた一考察(1)」法学81巻6号（2017年）984-981（一三-一六）頁。なお、米田は「職務義務違反説」という名称を用いているが、本稿では、煩雑化を避けるため、「職務行為基準説」で統一する。なお、米田は、後掲注28）で触れるように、その後の論考で自説を若干修正している。

17) 米田雅宏「国家賠償法1条が定める違法概念の体系的理解に向けた一考察（2・完)」法学82巻1号（2018年）59（一二）頁。

起訴や逮捕など行為について、後に無罪判決が確定した場合における違法性が問われた、芦別国賠事件の最判昭和53・10・20民集32巻7号1367頁とされる。同最判は、逮捕・勾留については「その時点において犯罪の嫌疑について相当な理由があり、かつ、必要性が認められるかぎりは適法」とし、起訴についても「起訴時あるいは公訴追行時における各種の証拠資料を総合勘案して合理的な判断過程により有罪と認められる嫌疑があれば足りる」とした。注意すべきは、このような立場は、結果的に無罪判決が確定したことをもって直ちに起訴や逮捕を国賠法上違法とする立場（「結果違法説」と呼ばれる）と対決する形で提示されたものであり、起訴や逮捕の発動要件は欠いていないと説明することも可能（つまり公権力発動要件欠如説と矛盾しない）という点である[18]。裁判官の裁判についても、最判昭和57・3・12民集36巻3号329頁は、「裁判官がした争訟の裁判に上訴等の訴訟法上の救済方法によって是正されるべき瑕疵が存在したとしても、これによって当然に国家賠償法1条1項の規定にいう違法な行為があったものとして国の損害賠償責任の問題が生ずるわけのものではなく」として結果違法説を否定し、「右責任が肯定されるためには、当該裁判官が違法又は不当な目的をもって裁判をしたなど、裁判官がその付与された権限の趣旨に明らかに背いてこれを行使したものと認めうるような特別の事情があることを必要とする[19]」とする。

その後、最高裁は、在宅投票訴訟の最判昭和60・11・21民集39巻7号1512頁において、「国家賠償法1条1項は、国又は公共団体の公権力の行使に当たる公務員が個別の国民に対して負担する職務上の法的義務に違背して当該国民に損害を加えたときに、国又は公共団体がこれを賠償する責に任ずることを規定するものである」と述べて、「職務上の法的義務」という表現をはじめて定式化し、さらに「国会議員の立法行為（立法不作為を含む。……）が同項の適用上違法となるかどうかは、国会議員の立法過程における

---

18) 宇賀・前掲注1) 50-52頁。

19) 宇賀・前掲注1) 53頁は、この部分について、公権力発動要件欠如説とは区別された意味での職務行為基準説を採用したものであり、芦別国賠事件において採用された職務行為基準説からの変容があると指摘する。

Unit 10-1　国家賠償の機能

行動が個別の国民に対して負う職務上の法的義務に違背したかどうかの問題
であって、当該立法の内容の違憲性の問題とは区別されるべき」として違法
性相対説を明らかにした。これについては、立法行為の特殊性を考慮したも
のと理解できないわけではなく、実際、同判決も「国会議員の立法行為は、
本質的に政治的なものであって」云々と述べていたところであった[20)　21)]。い
ずれにせよ、ここまでは、最高裁は、職務行為基準説を採用することがあっ
ても、その適用範囲は、逮捕や起訴、裁判、立法行為など、特殊な公務員に
よる特殊な行為に限られていたわけであった。

　しかし、最高裁は、典型的な行政作用である行政処分についても職務行為
基準説を採用するに至る。それが、課税処分が問題となった奈良民商事件の
最判平成 5・3・11 民集 47 巻 4 号 2863 頁である（以下「平成 5 年最判」）。こ
の事案は、納税義務者の提出した所得税の申告書について、税務署長が申告
書記載の額を超える収入金額を認定する一方、必要経費については申告書記
載どおりの金額を採用して所得金額を算定し、増額更正処分を行ったところ、
申告書記載の額を上回る必要経費が存在していたため、結果的に更正処分は
所得金額を過大に認定した違法なものであったというものであった。国賠訴
訟に先行して、更正処分の取消訴訟が提起されており、前述のような理由で
取消判決が下され、確定していたが、さらに精神的損害等について国賠請求
をしたという事案である。同判決は、「税務署長のする所得税の更正は、所
得金額を過大に認定していたとしても、そのことから直ちに国家賠償法 1 条

---

20)　周知のように、在宅投票訴訟の最判は、その後の在外国民選挙権訴訟の最判（最判平成 17・9・
　　14 民集 59 巻 7 号 2087 頁）によって修正されることになるが、本文で引用した箇所に関しては、
　　修正なくそのまま維持されている。

21)　このような判示に対しては、そもそも立法行為は、国会議員個人の行為ではなく、合議制機
　　関としての国会の行為であり、職務上の義務を論じるにしても、個々の国会議員単位ではなく、
　　国会単位で論じる必要があるのではないかという疑問がある。その後の立法行為に対する国家賠
　　償請求に関する最高裁判例としては、在外国民の選挙権行使に関する最判平成 17・9・14 民集
　　59 巻 7 号 2087 頁、精神的原因による投票困難者の選挙権行使に関する最判平成 18・7・13 判時
　　1946 号 41 頁、再婚禁止期間に関する最判平成 27・12・16 民集 69 巻 8 号 2427 頁、在外国民の
　　最高裁判所国民審査における審査権の行使に関する最大判令和 4・5・25 民集 76 巻 4 号 711 頁が
　　あるが、いずれも「国会」においてその問題を立法課題として取り上げる契機があったにもかか
　　わらず、長期間にわたって立法措置を怠っていたかどうかを問題にしているように思われる。

公務員の職務上の義務と国家賠償の機能

１項にいう違法があったとの評価を受けるものではなく、税務署長が資料を収集し、これに基づき課税要件事実を認定、判断する上において、職務上通常尽くすべき注意義務を尽くすことなく漫然と更正をしたと認め得るような事情がある場合に限り、右の評価を受けるものと解するのが相当である」として違法性相対説および職務行為基準説の立場を明らかにし、結論的にも「税務署長がその把握した収入金額に基づき更正をしようとする場合、客観的資料等により申告書記載の必要経費の金額を上回る金額を具体的に把握し得るなどの特段の事情がなく、また、納税義務者において税務署長の行う調査に協力せず、資料等によって申告書記載の必要経費が過少であることを明らかにしない以上、申告書記載の金額を採用して必要経費を認定することは何ら違法ではないというべきである」として、国賠法上の違法性を否定したのであった。このような職務行為基準説の拡張あるいは一般化は、学説による激しい批判を浴びることになる[22]。

(2) 職務上の義務とは何か

一方で、判例の「職務行為基準説」の理論的基礎に分析を加え、合理的に理解しようとする試みもある。代表的なものが、公務員の職務行為規範の重層構造を想定する小早川光郎の議論[23] や、行政機関と公務員の区別、権限規範と行為規範の区別を前提に、抗告訴訟で問題となるのは行政庁という行政機関の行為の権限規範違反であるのに対し、国賠訴訟で問題となるのは公務員という自然人の行為の行為規範違反であると説明する神橋一彦の議論[24]

---

22) たとえば、塩野・前掲注7) 349 頁注5)。

23) 小早川光郎「課税処分と国家賠償」藤田宙靖博士東北大学退職記念『行政法の思考様式』（青林書院、2008 年）421 頁以下。

24) 神橋・前掲注3) 237-241 頁。また同「違法な法令の執行行為に対する国家賠償請求訴訟について」(2008 年) 同・前掲注3) 194-203 頁。神橋は、最終的には、《決定プロセスの初産＝結果に対する評価》と《決定プロセスに関与する公務員の行為に対する評価》を区別した上で、職務行為基準説は、「行政決定に至るまでのプロセスを分節化して、個々の公務員の行動についてそれぞれの公務員が負う職務上の法的義務＝行為規範に照らして、違法判断を行うところに一つの特徴がある」とする（「『職務行為基準説』に関する理論的分析」〔2010 年〕同・前掲注3) 268-275 頁）。

367

Unit 10-1　国家賠償の機能

である。そして、この**3**の冒頭で触れた米田雅宏の議論も、これらの議論を
受けたものである。

　米田は、公務員の職務上の義務を、①「適法な行政活動を行う義務」、②「法
律を適用するに当たって、事実等を誠実に調査・検討する義務」という2種
類の義務の重層構造を有するものとして描く。①は国家公務員法98条1項
等にも明記されている「法令に従う義務」（法令遵守義務、法律を誠実に執行
する義務）であるが、それ自体としては一般的抽象的な内容にとどまる。②
は①を実際に履行しようとする場合の具体的義務であり、公務員が法律を適
用しようとする場合は、その適用の基礎となる事実の存在について十分な心
証が得られるまで調査を《完全に》行うことが義務づけられているというこ
と、事実の存在が確認されない場合はもちろん、その存在に疑いがある場合
も、公務員はその法律を適用することは許されない、ということを意味する。
もっとも、②は緩和・軽減されることがあり、それは、ⓐ行政庁が短期間の
うちに大量の決定を下さなければならず、その期間内に事務処理の基礎とな
る事実を認定することが公益及び行政コストの観点から、事実上困難な場合、
ⓑ私人が自己に有利な事実に関する資料を整えておくことがさして困難では
なく、またその資料により当該事実を明らかにすることが可能でありかつ容
易であるにもかかわらずそれを行わなかった場合、ⓒ私人の重要な利益が重
大な危険に晒されており、その危険を除去するために、行政庁が迅速・果敢
な決定を下さなければならない場合である。これらの場合は「十分な心証」
に至らずとも「一応確からしいとの心証」で足りるという[25]。

　平成5年最判も、職務上の義務違反を否定する上で、所得税法は申告納税
方式を採用しており、納税義務者に正確な申告を義務づけていること、収入
金額や必要経費については納税者自身が最もよく知るところであること、納
税義務者において必要経費に係る資料を整えておくことは困難でなく、また
容易であること、しかも必要経費は納税義務者に有利な課税要件事実である
ことを指摘している[26]。平成5年最判が米田のいうⓑに着目して心証度の緩
和を認めた事例と整理すること[27]には説得力がある。

────────────────

25)　米田・前掲注16）320-315（一三-一七）頁。

国家賠償の機能をテーマとする本稿にとって、注目に値するのは、以上のような内容・構造を有する公務員の職務上の義務が、法律による行政の原理（とりわけ法律の優位の原則）および実体的真実の原理から導かれるものと説明されている点である[28]。公務員は職務上の義務として法令遵守義務を負っているわけであるが（国家公務員法98条1項参照）、結果的に根拠法令に照らして違法な行為を行ってしまったからといって、常に必ず法令遵守義務に違反したと評価すること、さらには法令遵守義務という職務上の義務に違反したことを理由として懲戒処分の対象となると解すること（国家公務員法82条1項2号参照）は、妥当でないであろう[29]。しかし、そうであっても、公務員は「法令に違反しないように行動する義務」は負っているのであって、米田のいう②およびその緩和も、そのことを具体的に表現したものといえるであろう。そのような意味で、職務行為基準説は、決して法治主義をないがしろにする議論ではないのである[30]。

最後に、根拠法令と公務員の職務上の義務との関係について、若干付言しておきたい。平成5年最判で問題となった所得税の課税処分については、と

---

26) また、調査官解説では、課税処分取消訴訟における主張立証責任について言及し、課税要件事実については、客観的には収入金額、必要経費ともに課税庁側に主張立証責任があるものの、納税義務者が確定申告書に記載された以上の必要経費が存在することを積極的に明らかにしない場合には、当該必要経費の不存在について事実上の推定が働くことが指摘されている（井上繁規「判批」最判解民事篇平成5年度382-383頁）。

27) 米田・前掲注16）312（二一）頁。

28) 米田は、その後の論考（「国家賠償法1条が定める違法概念・再論」行政法研究51号〔2023年〕87-90頁）で自己の見解を修正しているので、そのこととの関係について一言しておきたい。そこでは米田は、公務員の職務上の義務を、旧稿の2層ではなく、①適法な行為を行う対内的な職務義務、②適法な行為を行う対外的職務義務、③国賠法上課せられる職務義務の3層から成るものとして説明する。本稿にとって重要なのは③であるが、これは「危険を回避すべき職務上の義務」と言い換えられているように、「具体的ケースにおける損害の発生を前提にするものであるため、「根拠法上課せられる職務義務」から直ちに導かれるものではない」として、根拠法令との関係が切断されている。本稿筆者の立場としては、根拠法令と公務員の職務上の義務との連関を強調したい、それによって法治主義との関係も強調したいという考えがあって、旧稿の考え方を紹介した。

29) 神橋・前掲注3）256-259頁。

30) 米田・前掲注17）59（一二）頁。

Unit 10-1　国家賠償の機能

もかく所得の算定を誤っていれば、客観的には違法な課税処分ということになるが、事実等を誠実に調査・検討する義務（②）の緩和が認められるがゆえに、国賠法上は違法ではないという評価になる。しかし、このような心証度の緩和は、根拠法令に書き込まれていることもある。たとえば、景表法5条1号はいわゆる優良誤認表示を禁止しており、これに違反すると同法7条1項に基づく措置命令の対象となりうるのであるが、同条2項は、消費者庁長官[31] は事業者に対し当該表示の裏付けとなる合理的な根拠を示す資料の提出を求めることができるとし、資料の提出がないときは、優良誤認表示に該当するものと「みなす」と規定している。米田の説明を借りれば、措置命令をしようとする消費者庁長官は、本来であれば優良誤認表示に該当することについて「十分な心証」を得ておく必要があるわけであるが、7条2項は、事業者の側に「合理的な根拠を示す資料」の提出を求め、それがない場合は、消費者庁長官に、優良誤認表示に該当するものと「みなして」、措置命令をすることを、根拠規定それ自体が認めているわけである[32]。また、多少異なる例として、警職法7条本文は、警察官による武器の使用の要件として、「犯人の逮捕」等のため「必要であると認める相当の理由のある場合」と定めている。この場合、客観的には必要でなかったとしても、行為時においてそのように判断することについて「相当の理由」があるならば、当該武器の使用は警職法7条に照らしても違法の評価は受けないことになる。このように、常に必ず、課税処分の場合と同様に、客観的には根拠法令に違反するが、国賠法上は違法でないという処理になるわけではなく、取消違法と国賠違法が一致する場合もあり、それは根拠法令の定め方次第なのである[33]。また、警職法7条のような定め方の場合は、公権力発動要件欠如説によったとしても、違法と過失の判断内容は重なってくるから、公権力発動要件欠如説を採った

---

31)　7条1項・2項では「内閣総理大臣」が行政庁となっているが、33条1項で消費者庁長官に権限の委任がされている。

32)　同様の規定は特商法6条の2にもある。また、景表法8条3項は、ほぼ同様の条文構造で、「推定」規定を置く。このような「みなし」規定や「推定」規定の行政手続上の意義および訴訟上の意義については、鵜澤剛「行政裁量と考慮事項」金沢法学64巻2号（2022年）46-52頁。

33)　視点が異なるが、米田・前掲注28）109頁も参照。

370

からといって必ず違法と過失の二元的判断になるわけでもない[34]。

(3) 違法と過失の二元的判断をした判例

　現在の判例の立場は職務行為基準説であると説明されることが多いが、全ての場合において一貫しているわけではないということも、よく指摘される[35]。そのような最高裁判決としては、最判平成3・7・9民集45巻6号1049頁と、最判平成16・1・15民集58巻1号226頁が挙げられる。いずれも、加害行為たる行政処分の違法性を客観的に判断した上で、過失を否定して、請求を棄却した事例である。

　最判平成3・7・9民集45巻6号1049頁は、拘置所長が14歳未満の者との接見許可申請を不許可とした事案について、その根拠となった旧監獄法施行規則120条[36]が同法の委任の範囲を超えるものであるがゆえに不許可処分は違法であるとしつつ、所長がそのことを予見し、または予見すべきであったとは言えないとして、所長の過失を否定したものである。このような場合に法執行者たる公務員の過失を認めようとするならば、その前提として、公務員は、適用しようとする命令の規定が法律の規定に違反するかどうかを審査し、違反すると判断した場合にはその適用を拒否する権限と責任を有するということを認めなければならない。このようなことが一切認められないとまでは考えられないが、公務員は、たとえ違憲・違法な法令であっても、それが廃止等により正式に効力を失わない限りは、原則として、それに従って職務を遂行する義務があり、その例外は、せいぜい当該法令を違憲・違法とした最高裁判例が存在するなど、その違憲性・違法性が明白である場合に限られると考えられる[37] [38]。そのため、まず、命令が法律に違反するかどうかについて判断し、そして次に、そのことが所長にとって「容易に」理解可

---

34)　違法判断をした後、念押し的に「過失もあることは明らか」というような判示になるであろう。

35)　塩野・前掲注7) 341-342頁。

36)　監獄法50条は「接見ノ立会……其他接見……ニ関スル制限ハ命令ヲ以テ之ヲ定ム」と規定し、その委任を受けて同法施行規則120条は「14歳未満ノ者ニハ在監者ト接見ヲ為スコトヲ許サス」と規定していた。

37)　神橋・前掲注3) 206-207頁。

Unit 10-1　国家賠償の機能

能であったかどうか、という判断順序となっていると思われる[39]。下位法が上位法に違反するかというのは法の解釈問題であるから、ここで問われているのは、（容易に理解可能かという問題はあるものの）一種の公務員の法解釈の誤りといえる。

　次に最判平成16・1・15民集58巻1号226頁（以下「平成16年最判」）であるが、こちらは、在留資格を有しない外国人からの国民健康保険の被保険者証の交付請求に対し、国民健康保険法5条にいう「住所を有する者」に該当しないとして拒否処分がされた事案について、当該市町村の区域内で安定した生活を継続的に営み、将来にわたってこれを維持し続ける蓋然性が高いと認められる者については「住所を有する者」に該当するとの解釈のもと、原告はこれに該当するとして、拒否処分は違法であるとしつつ、国内に適法な居住関係を有する者のみを国民健康保険の対象とすることにも相当の根拠があり、また、この問題については定説がなく、下級審裁判例も分かれている上、拒否処分時には否定する裁判例があっただけで、肯定する裁判例は存在しなかったことを指摘して、過失を否定したというものである。当時、外国人に対する国民健康保険の適用については国から通知が発せられており、そこでは在留資格を有しない外国人が国民健康保険の適用対象となることは想定されていなかった。

　この事案で職務上の義務を論ずべき対象は2人ある。1人は拒否処分を行った行政庁（横浜市長から委任を受けた横浜市港北区長。以下「区長」）であり、もう1人は通知を発した国の担当者（厚生省保健局国民健康保険課長。以下「課長」）である。まず、区長については、平成11年の地方分権一括法以前の国と地方公共団体の関係をふまえると（拒否処分がされたのは平成10年6月9日）、

---

38)　この場合には、むしろ命令改正権限をもつ法務大臣の過失を問題とすべきである。実際、法務大臣の過失を問題とする第二次訴訟が提起されており、第1審・東京地判平成5・2・25判時1487号75頁は法務大臣の過失を認め請求を認容したが、控訴審・東京高判平成6・7・5判時1510号98頁は時効消滅を理由として請求を棄却している。以上につき、神橋・前掲注3) 206-214頁。

39)　同最判では、「規則120条……が……法50条の委任の範囲を超えることが当該法令の執行者にとって容易に理解可能であったということはできない」と述べられている。

区長は、国の通知が明白に合理性を欠くなどでない限り、通知に従う義務があると考えられるから、国の通知に従う形で職務遂行した区長には職務上の義務違反はないということになろう。次に、課長についてであるが、同最判における「ある事項に関する法律解釈につき異なる見解が対立し、実務上の取扱いも分かれていて、そのいずれについても相当の根拠が認められる場合に、公務員がその一方の見解を正当と解しこれに立脚して公務を遂行したときは、後にその執行が違法と判断されたからといって、直ちに上記公務員に過失があったものとすることは相当ではない」という判示は、まさに国民健康保険法の解釈をする課長の過失を念頭に置いたものである。そのため、同最判が示した判断基準に理論的根拠があるかどうかを検討するためには、その前提として、公務員が法解釈を行う際の職務上の義務とはどのようなものかを考えなければならない。

4　公務員の法解釈と職務上の義務

(1)　「法解釈の誤り」とは何か

「正しい法解釈」、「誤った法解釈」とは何かは、根本的には法哲学的難問であるが、「公務員の法解釈」については答えは単純である。要するに、裁判所が示した法解釈に合致する解釈が「正しい解釈」であり、合致しない解釈が「誤った解釈」である。平成16年最判の事案において、課長は「誤った法解釈」を行ったことになるのであるが、それは課長の法解釈が結果的に最高裁によって採用されなかったというにすぎない。

そもそも法解釈は注意義務を果たせば誤らないという性質のものではない。訴訟においては、当事者（の代理人である弁護士）が様々な法解釈に関する意見を提出することがあり、それは裁判所によって採用されることもあるし、採用されないこともあるが、採用されなかったといって、それは注意義務を怠ったからではない。同様に、法学者は、法解釈について様々な学説を主張し、それは裁判所によって採用されたり、採用されなかったりするし、さらには最高裁が一定の解釈を示した後であっても、それと異なる解釈を学説として主張することもあるが、これもまた注意義務を怠っているからそうして

373

Unit 10-1　国家賠償の機能

いるわけではない。それぞれ、自分の解釈が正しい、正当な根拠があると考えて、そうしているのである。

公務員の法解釈についても同様である。公務員が全く根拠に乏しい法解釈をしたというような異常事態であればともかく、公務員もそれなりの根拠に基づいて法解釈をしたが、それがたまたま裁判所の採用するところとならなかったにすぎない。

(2)　法解釈における公務員の職務上の義務

このように、法解釈は注意義務を尽くせば誤らないという性質のものではなく、このことは公務員の法解釈についても基本的な前提としなければならない。しかし、それにもかかわらず、公務員の法解釈については、いくつかの職務上の義務を想定できる。

第一は、上級行政機関から解釈基準としての通知・通達が発せられている場合である。上級行政機関は下級行政機関に対して指揮監督権を有し、その一環として訓令・通達を発する権限がある[40]。また、公務員の職務上の義務としても、公務員には、法令遵守義務と並んで、上司の職務命令に従う義務がある（国家公務員法98条1項、地方公務員法32条）。したがって、上級行政機関から職務命令として解釈基準が発せられている場合は、公務員は、それが明白に合理性を欠くような場合でない限り、それに従って職務を遂行する義務がある。

前述の平成16年最判における区長については、以上のような論理で、職務上の義務違反を否定できることになる[41]。また、この文脈で理解できる判例として、最判平成11・1・21判時1675号48頁が挙げられる。この事案は、住民票の世帯主との続柄の欄に、嫡出子の場合は「長男」、「長女」などと記載し、非嫡出子の場合は単に「子」と記載する運用がされていたところ、住民票の世帯主との続柄を「子」と記載された者らが、精神的損害についての

---

40)　塩野宏『行政法Ⅲ〔第5版〕』（有斐閣、2021年）41-42頁。

41)　平成16年最判の文面からは明らかではないが、区長については、過失ではなく、職務上の義務違反を否定すべきであったということになろう。

374

公務員の職務上の義務と国家賠償の機能

賠償を求めたものである。上記のような運用は、国が発した住民基本台帳事務処理要領に従ったものであった[42]。同判決は職務行為基準説を採用した上で、本件の記載当時「国により住民基本台帳の記載方法等に関して住民基本台帳事務処理要領……が定められていたのであるから、各市町村長は、その定めが明らかに法令の解釈を誤っているなど特段の事情がない限り、これにより事務処理を行うことを法律上求められていた」とし、「右の定めが明らかに住民基本台帳法の解釈を誤ったものということはできない」として、職務上の義務違反を否定したのであった。

法解釈について公務員の職務上の義務が生じる場合の第二は、最高裁判所の判例が存在する場合である。司法と行政の関係という点から、最高裁判所の判例が存在する場合には、判例変更を期待できるような事情が存在しない限り、行政としてはその判断に従った解釈をすべきといえる[43]。最高裁判所の判例がなくても、下級審において確立した判例がある場合も同様に考えることができよう（民事訴訟法 338 条 1 項、刑事訴訟法 405 条 3 号参照）。

この文脈で理解できる判例が、最判平成 18・3・23 判時 1929 号 37 頁である。この事案は、刑務所長が受刑者の新聞社宛の信書の発信を不許可としたことに対する国賠請求であるが、当時の監獄法 46 条 2 項は、「受刑者ハ其親族ニ非サル者ト信書ノ発受ヲ為サシムルコトヲ得ス但特ニ必要アリト認ムル場合ハ此限ニ在ラス」と定めていた。同判決は、よど号ハイジャック新聞記事抹消事件の最高裁判決（最大判昭和 58・6・22 民集 37 巻 5 号 793 頁）などを引用しつつ、「監獄法 46 条 2 項は、その文言上は、特に必要があると認められる場合に限って上記信書の発受を許すものとしているようにみられるけれども、上記信書の発受の必要性は広く認められ、上記要件［監獄内の規律及び秩序の維持、受刑者の身柄の確保、受刑者の改善、更生の点において放置

---

42) 現在ではこのような運用は廃止され、嫡出子・非嫡出子にかかわらず、単に「子」と記載することとなっている。

43) このことを理論的にどのように説明するかには、いくつかの考え方がありうる。巽智彦「法令等の違憲・違法を宣言する裁判の効力」成蹊法学 83 号（2015 年）201-202 頁は、このことを、後訴裁判所に対する先例拘束性の反射として、判例に反する行動が無意味になること、「行政の必要性・有効性・効率性等の原理」から説明している。

375

Unit 10-1　国家賠償の機能

することのできない程度の障害が生ずる相当のがい然性があると認められる場合］及び範囲でのみその制限が許されることを定めたものと解するのが相当」であるとの解釈を示した上で、上記「相当のがい然性」の有無について考慮しないでされた不許可は「監獄法46条2項の規定の適用上違法であるのみならず、国家賠償法1条1項の規定の適用上も違法というべきである」とし、さらに刑務所長に「過失があることも明らか」としたのである。

　他方で、前掲平成16年最判は、判例が確立していないような場合、下級審で判断が分かれているような場合についての判断を示したものとして理解できるであろう。前述のように、この事案では、在留資格を有しない外国人の被保険者資格について、拒否処分時には否定する裁判例があるのみで、肯定例は存在しなかったという状況であった。

　最判平成19・11・1民集61巻8号2733頁は、両者の中間的なケースに当たるとみることができる。この事案は、被爆者援護法等に基づく健康管理手当について、被爆者が国外に居住地を移した場合には失権の取扱いとなる旨を定めた厚生省公衆衛生局長通達（402号通達）が発せられていたところ、同通達に従って失権の取扱いを受けた被爆者が、未支給分について賠償請求したものである。判決は、職務行為基準説を採用した上で、実施機関を「都道府県知事」と定めるなど、被爆者の居住地が継続して日本国内にあることを前提にしたものと解する余地のある規定が置かれていたこと等から、昭和49年7月22日に402号通達が発せられる以前に行われていた失権の取扱いについては、「それなりの根拠があったものと考えられ」るとして、職務上の義務違反を否定する。その一方で、昭和49年3月30日に、被爆者健康手帳の交付申請に対し、日本国内に居住関係を有しないとの理由でされた却下処分の取消訴訟について、福岡地裁がその者が被爆者である限り適用対象となりうるとして取消判決を下していたこと、これを受けて、厚生省においても、被爆者健康手帳の交付については、昭和49年7月25日に、在外被爆者には一切交付しないとの取扱いを改め、1ヶ月以上滞在している者には交付するという立場を採用するに至った[44]こと等を指摘して、「402号通達発出

44）　昭和49年衛発第416号東京都知事あて厚生省公衆衛生局長回答。

376

の時点で、上告人の担当者は、それまで上告人が採ってきた原爆二法が在外被爆者にはおよそ適用されないなどとする解釈及び運用が、法の客観的な解釈として正当なものといえるか否かを改めて検討する必要に迫られることとなり、現にその検討を行った結果として、在外被爆者について原爆二法の適用を一切認めず被爆者健康手帳の交付を行わないものとしていたそれまでの取扱いや、健康管理手当等の受給権者が都道府県の区域を越えて居住地を移した場合に受給権がいったん失権するものとしていた従前の取扱いが、法律上の根拠を欠く違法な取扱いであることを認識するに至ったものと考えられる」とし、国外に居住地を移した場合には失権するとの法解釈の正当性が疑問とされざるを得ないものであったことは、「その職務上通常尽くすべき注意義務を尽くしていれば、当然に認識することが可能であった」とし、国賠法上も違法であると判断したのである。

このケースでは被爆者健康手帳の交付に関する下級審裁判例が1件存在していたのみであり[45]、そのような状態でも、行政は裁判所の解釈に従わなければならないと考えるのは困難なように思われる。しかし、下級審判決を契機として、従前の取扱いを再検討すべきであるということくらいは言える。また実際、厚生省の側でも、被爆者健康手帳の交付等については従前の取扱いを改めていたわけである。これらのことから、健康管理手当の支給についても、再検討をしていれば従前の取扱いを改めたであろうと言えた事案であると理解することができよう。

5 おわりに

本稿は、公権力発動要件欠如説と職務行為基準説の対立について一定の立場を表明しようとするものではない。本稿で主張したいのは、違法の問題として処理するにせよ、過失の問題として処理するにせよ、公務員の職務上の

---

45) この事件は上告審まで行き、最判昭和53・3・30民集32巻2号435頁で、原告勝訴の判決が確定している。もっとも、上記最判平成19・11・1では、このことは判旨には影響を及ぼしていない。

377

Unit 10-1　国家賠償の機能

義務がどのような構造を有するものかについて分析・検討することは、法治主義の実現・徹底という点で、重要な意義を有するということである。

　法解釈における公務員の職務上の義務がどのようなものかについては、従来の議論では手薄な部分であった。本稿は、この問題について、①上司と部下（上級機関と下級機関）の関係、および②司法と行政の関係という2つの視点から接近を試みた。特に後者の問題、すなわち法解釈をめぐる司法と行政の関係はどのようにあるべきか、という問題は、公法学全体の重要問題といえる。多少なりとも議論の進展に資するところがあることを願っている。

Unit 10-2　国家賠償の機能

立法国賠訴訟における憲法判断の先行

——付随的違憲審査制の黄昏？

栗島智明

1　はじめに——立法国賠訴訟の興隆

　国会議員の違憲な立法行為（立法不作為を含む）によって精神的損害を被ったなどとして、国賠法1条1項に基づいて提起される損害賠償請求の訴え（以下、「立法国賠訴訟」とする）は、近年ごく一般的にみられ、裁判所もそのなかで実体的な憲法判断に踏み込むことが多くなっている。

　近時の最高裁判例では、①女性の再婚禁止期間を定めた民法733条の合憲性が争われた事案[1] や、②夫婦同氏制を定めた民法750条の合憲性が争われた事案[2]、そして、③在外国民に最高裁裁判官の任命にかかる審査権が認められていなかったことが争われた事案[3] などがある。特に、①の事案で最高裁は、問題の規定を部分的に違憲と判断しつつも、国家賠償請求自体は棄却しており、その判断手法が大きな関心を集めた（後述）。

　さらに、近時注目されている下級審裁判例として、④同性間の婚姻を認めていない民法・戸籍法の諸規定の合憲性が争われた一連の裁判例[4] があるほか、『重要判例解説』で扱われた最近の事案として、⑤飲食店等における

1）　最大判平成27・12・16民集69巻8号2427頁（再婚禁止最大判）。

2）　最大判平成27・12・16民集69巻8号2586頁（平成27年夫婦同氏最大判）。なお、第2次訴訟（複数あり、厳密には「非訟事件」を含む）にかかる最大決令和3・6・23集民266号1頁は家事審判事件であったが、最決令和4・3・22裁判所ウェブサイトは再び国賠訴訟にかかるものであった（渡邉惠理子裁判官意見は、憲法違反を認めつつ、立法不作為の国賠法上の違法性を否定）。

3）　最大判令和4・5・25民集76巻4号711頁（在外国民審査権最大判）。

Unit 10-2　国家賠償の機能

喫煙専用室等以外での喫煙を禁止する健康増進法改正の合憲性が争われた事案[5] なども挙げられよう[6]。

　かつて、立法不作為の合憲性を裁判所で争うことは「荒唐無稽」な「幻想」とまで言われていたが（後述）、こんにち、立法国賠訴訟は完全に定着してきており、いまや「法令違憲を争う際の主軸になる可能性」[7] があるとまで言われる。

　以下では、まず、立法国賠訴訟に関する（裁）判例・議論の展開を簡単にスケッチする（**2**）。そのうえで、立法国賠訴訟は付随的違憲審査制とどのように整合的に説明されうるか（**3**）、そして、実体的な憲法判断（とりわけ違憲判断）を先行させる判断方法について[8]、司法権の役割との関係で論じることにする（**4**）。

2　立法国賠訴訟の概観

　まず本節では、立法国賠訴訟が（裁）判例・学説でこれまでどのように展開されてきたか、ごく簡単に概観する[9]。

4）　①札幌地判令和3・3・17判時2487号3頁、②大阪地判令和4・6・20判時2537号40頁、③東京地判令和4・11・30判時2547号45頁、④名古屋地判令和5・5・30裁判所ウェブサイト、⑤福岡地判令和5・6・8裁判所ウェブサイト、⑥札幌高判令和6・3・14LEX/DB25598384がある。

5）　東京地判令和4・8・29裁判所ウェブサイト（飲食店喫煙訴訟）。評釈として、丸山敦裕「判批」『令和4年度重要判例解説』（有斐閣、2023年）10頁。

6）　なお、地方議会が定める条例については、まず、神橋一彦「条例の違憲性と国家賠償法1条の違法について」磯部力古稀記念『都市と環境の公法学』（勁草書房、2016年）273頁以下を参照。大阪市ヘイトスピーチ条例事件（最判令和4・2・15民集76巻2号190頁）のように、条例の場合、ごく少額であってもその実施のために生じる費用支出の違法性をとらえて住民訴訟を提起し、そこで条例の合憲性について争う、という別のルートも残されている（Unit 5-2櫻井論文193頁も参照）。

7）　大林啓吾「憲法訴訟の転機と司法積極主義の兆し」法時88巻7号（2016年）67頁。

8）　Unit 10-1鵜澤論文では、この判断順序の評価に憲法学と行政法学で温度差があり興味深いとの指摘があったが（362頁）、本稿は、それに対するリプライでもある。

380

(1) 1985年まで

　そもそも1970年代に入るまでは、立法行為による不法行為は観念的にはありえても、現実にそれが成立するかどうかは疑わしいとか、裁判所が立法不作為の合憲性を問題にすることは「幻想的」で「荒唐無稽」とするのが一般的であった[10]。そこでは、〈立法行為の瑕疵を理由として国賠訴訟を提起しうるとすれば、抽象的違憲審査権を認めることになるのではないか〉との懸念が共有されていたものと思われる[11]。

　状況が変わるきっかけとなったのは、有名な在宅投票制度廃止訴訟である。その1審判決（札幌地小樽支判昭和49・12・9判時762号8頁）は、国会による制度廃止を違憲だと判断し、原告に対する10万円の損害賠償を国に命じた。他方、2審判決（札幌高判昭和53・5・24高民集31巻2号231頁）は、制度復活をしなかった立法不作為が違憲であるとしつつ、国会議員の故意・過失を

9）　近年では、憲法の一般的な教科書や判例集でも〈立法不作為と違憲審査〉という論点は比較的丁寧に解説されるようになっていることもあり、読者にはまずその参照を乞いたい。

　　もっとも、この論点は国会議員の立法活動全般にかかる問題なので、あえて「不作為」という限定を付すのは、ややミスリーディングとも思われる（同旨、曽我部真裕「立法不作為の違憲審査」法教476号〔2020年〕56頁）。後述の在宅投票制度廃止訴訟では、1審判決が（在宅投票制度の全面的廃止という）立法の作為を問題としたのに対し、2審判決・上告審判決は（制度復活を講じていない）立法不作為を問題とした。もちろん、いずれの構成を採るかによって争い方や判断方法に異なる部分は生じるため、この区別には意義が認められるが、このことは、国賠訴訟との関係であえて立法不作為だけを論じることを正当化するものではないだろう。

　　また逆に、〈立法不作為と違憲審査〉というカテゴリーを作る場合、国賠訴訟以外のルートも視野に入ってくることにも注意しなければならない。そこに公法上の確認訴訟が視野に入ってくることはいうまでもないが、それ以外にも例えば、死刑の執行方法について、明治6年の太政官布告に依拠し、新たな法整備をしないまま放置し続けている立法不作為が憲法上の要請に反しているかが争われた刑事裁判もある（大阪高判平成25・7・31判タ1417号174頁はやや踏み込んだ判示をしているが、結論において否定）。

10）　指摘として、長尾一紘「判批」芦部信喜編『憲法判例百選Ⅱ〔初版〕』（有斐閣、1980年）330頁。詳細な文献注を含む概観として、戸波江二「立法の不作為の違憲確認」芦部信喜編『講座憲法訴訟(1)』（有斐閣、1987年）377頁以下、宇賀克也「立法と国家賠償」芦部信喜古稀記念『現代立憲主義の展開[下]』（有斐閣、1993年）64頁以下。

11）　例えば、下山瑛二『国家補償法』（筑摩書房、1973年）123頁。ただし同書では、法律形式をとりながら内容が具体的な処分に等しい場合においては、国賠訴訟の利用可能性がありうることも示唆される。

Unit 10-2　国家賠償の機能

否定した。この2つの判決を受け、従来はほとんど考えられないとされていた「立法国賠訴訟」に関する議論がにわかに活性化し、憲法訴訟の一手段としての期待がかけられることになった。

(2)　昭和60年最判から平成17年最大判へ

　ところが、前述の2審判決から7年以上経って下された昭和60年最判[12] は、周知の通り、国賠法1条1項についていわゆる「職務行為基準説」を採ることを明らかにし、立法行為の国賠法上の違法性の問題は、立法内容の違憲性の問題とは区別されるとしたうえ（違憲・違法区別論）、「国会議員の立法行為は、立法の内容が憲法の一義的な文言に違反しているにもかかわらず国会があえて当該立法を行うというごとき、容易に想定し難いような例外的な場合でない限り」、国賠法上違法の評価を受けないと判示して、上告を棄却した。「立法行為を国家賠償訴訟で争う途を事実上閉ざしてしまう厳しい判断」[13]とも評されたこの判決は、学界で大きな注目を集めるとともに、強い批判を受けた。最高裁はその後、約20年間にわたって本判決を踏襲していたが、転機となったのは、在外国民の選挙権に関する平成17年最大判[14] である。

　これも有名であるが、同判決ははじめに、平成10年改正前および改正後の公職選挙法について、いずれも違憲と判断している。そのうえで、国家賠償請求について同判決は、昭和60年最判の判断枠組みを基本的には引き継ぎつつも、「〔⑦〕立法の内容又は立法不作為が国民に憲法上保障されている権利を違法に侵害するものであることが明白な場合や、〔⑦〕国民に憲法上保障されている権利行使の機会を確保するために所要の立法措置を執ることが必要不可欠であり、それが明白であるにもかかわらず、国会が正当な理由なく長期にわたってこれを怠る場合など」には、例外的に、国会議員の立法行為・立法不作為が国賠法上、違法の評価を受けると述べ、本件事案の立法

---

12)　最判昭和60・11・21民集39巻7号1512頁。なお、本判決が本来、大法廷に回付されるべきであったことにつき、高橋和之『体系憲法訴訟』（岩波書店、2017年）381頁注133。

13)　戸波・前掲注10）381頁。

14)　最大判平成17・9・14民集59巻7号2087頁。

不作為はそのような例外的な場合に当たるとして、1人あたり5,000円の損害賠償を国に命じた。学説の多くは、同判決をもって立法行為が違法と認められる「例外的な場合」の範囲が拡大され、実質的な判例変更がなされたと解している[15]。

(3) 2005年以降の展開

2005年以降の最高裁の判例の展開において特に重要なのは、本稿冒頭で掲げた①再婚禁止最大判、②平成27年夫婦同氏最大判および③在外国民審査権最大判である。

① まず、再婚禁止最大判も、平成17年最大判と同様、憲法適合性の判断を先に行い、民法733条1項のうち100日超過部分は、遅くとも平成20年当時において、憲法の条項に違反するに至っていたと述べる。そのうえで、国家賠償請求につき、一般論として「法律の規定が憲法上保障され又は保護されている権利利益を合理的な理由なく制約するものとして憲法の規定に違反するものであることが明白であるにもかかわらず、国会が正当な理由なく長期にわたってその改廃等の立法措置を怠る場合など」においては、例外的に、その立法不作為が国賠法上、違法の評価を受けることがあると述べたうえ、本件の立法不作為はこれに当たらないとして、請求を棄却した。

② 同日に下された平成27年夫婦同氏最大判も、民法750条の憲法適合性を先に判断したうえで（結論、合憲）、国賠法に関しては一般的基準も何ら示すことなく、本件の立法不作為は国賠法上違法の評価を受けるものではない、と結論づけている。

③ 在外国民審査権の事案でも最高裁は、問題とされた国民審査法の規定の違憲性をはじめに認めたうえ、遅くとも2017年の国民審査当時には「立法措置をとることが必要不可欠であり、それが明白であるにもかかわらず、

---

15) ただし、最高裁自身は、上述の説示について昭和60年最判と「異なる趣旨をいうものではない」としており、その解釈については様々な議論がある。しかし、紙幅の都合から、本稿ではこの問題について論じることはできない。その後の判例展開も含め、最新の詳細な検討として、齊藤正彰「立法国賠における逸脱型と懈怠型」北大法学論集73巻5号（2023年）1頁以下を参照。

Unit 10-2 国家賠償の機能

国会が正当な理由なく長期にわたってこれを怠っ」ていたとして、国賠法上違法の評価を受けるとし、1人あたり5,000円の損害賠償を命じた。

3 検討①──付随的違憲審査制との関係

(1) 抽象的違憲審査としての立法国賠訴訟？

さて、すでに述べた通り、立法内容の違憲性を国賠訴訟のルートで争うことについては、抽象的違憲審査制を認めることになり、現行憲法のもとでは許されないのではないか、という疑念が、多くの論者によって提起されてきた。

例えば、夫婦同氏制の事案についていえば、婚姻の際に意に反して氏の変更を強制され、それによって精神的苦痛を被った人々が日本にどれほど多くいるかは、計り知れない（氏の変更による不利益を避けるため、法律婚に踏み込めないカップルもいる）。そのような潜在的な被害者が、いつでも、どこでも訴えを提起し、民法750条の違憲性を主張することが可能だとすれば、これは付随的違憲審査制の枠内でどう説明されるのだろうか。

冒頭に挙げた飲食店喫煙禁止訴訟は、さらに厄介な例である。この事案は、喫煙の習慣を有する成人男性たる原告が、平成30年の健康増進法の改正によって、飲食店等における喫煙専用室等以外での喫煙が禁止されたことにより、憲法13条の保障する「喫煙を楽しみながら飲食を行う自由」が不当に制約され、その立法行為によって重大な精神的苦痛を受けたと主張し、国賠法1条1項に基づいて国に損害賠償を求めたというものである。いうまでもなく、本件の法改正は一般的抽象的な性格を持つものであり、特定人を対象としたものではない[16]。訴えの可否が問われそうであるが、興味深いことに、この事案で裁判所ははじめから実体的な憲法判断を進んで行い、問題とされた規定が憲法に違反しないという理由で、請求を棄却している。

紙幅の都合から、付随的違憲審査制の意味についてここで深く検討するこ

---

16) 日本全国で習慣的に喫煙をしている者は、2,000万人程度いるといわれ、原告はそのなかの1人であるにすぎない。

とはせず、判例・通説ともに、司法権の発動のためには具体的な争訟が提起されることが求められ、具体的事件を離れて抽象的に法令の合憲性を裁判所に判断させることはできない、としていることだけを確認しておく[17]。

(2) 学説が掲げる要件

　立法国賠訴訟と付随的違憲審査制（事件性）の問題については、学説ですでに様々な議論がなされてきた。例えば、棟居快行は「違憲立法と原告の損害とを結びつける因果関係の直接性」があれば、事件性が維持されているといえるとし、在宅投票制度廃止訴訟のように「特定された少数の有権者に対して、直接にその選挙権の行使を妨げる効果を及ぼす立法行為は……例外的に国賠訴訟の許される場合に当たる」とする[18]。

　また、戸波江二は、相当因果関係の存しない場合のほか、「個人の受けた損害がきわめて軽微である場合……において、請求に基づいて当該立法行為の合憲性を審査することになると、それは抽象的違憲審査となる可能性がある」と述べる[19]。そして、棟居と同様、「当該立法が個人の権利義務に直接関係し、直接の損害を与えたかどうか……を、法律の規律と具体的損害の発生の因果関係の観点から検討す」べきだといい、「抽象的違憲審査にあたるかどうかは、問題となった立法行為と個人の被った不利益との関係の程度によって決せられ、立法が特定の個人に特別の損害を与えていれば、それは『法律上の争訟』となる」[20]と述べる。

---

17)　近年では、多くの論者によって、付随的違憲審査制と抽象的違憲審査制を二項対立的に捉えること自体に疑問が投げかけられており、現行憲法のもと、純然たる付随的違憲審査以外の場面でも、裁判所が様々な形で審査権を行使しうる――あるいは、そのような制度改革が認められる――とする見解も多く提出され、有力となっているが、そのことにはここでは触れない。詳しくは、Unit 5-2 の櫻井論文も参照。

18)　棟居快行『人権論の新構成〔新装版〕』（信山社、2008 年）327 頁〔初出 1986 年〕（傍点引用者）。同様に、古崎慶長も「立法の不作為と損害との関連との間の相当因果関係の有無には、厳しい吟味を必要としよう」と論じていた（同『国家賠償法研究』〔日本評論社、1985 年〕33 頁〔初出 1984 年〕）。

19)　戸波・前掲注10) 378 頁（傍点引用者）。

20)　戸波・前掲注10) 391 頁注 14（傍点引用者）。

Unit 10-2 国家賠償の機能

　近時、高橋和之もこの問題について論じ、「抽象的規範統制に陥るかどうかは、『現実の損害』を認めるかどうかに依存」し、「現実の損害を明確化することにより、歯止めをかけることが可能」だとする[21]。

　以上の学説によれば、さしあたり、㋐損害が直接かつ現実に存在し、軽微とはいえないこと（損害の直接性・現実性）、㋑特定の個人ないし集団に対して損害が生じていること（特定性）、㋒立法と損害のあいだに相当因果関係があること（因果関係）といった要件を満たす限りで、立法国賠訴訟は事件性要件をクリアするものと考えられる。

(3)　検討——特に「損害の直接性・現実性」について

　もっとも、最高裁の判例においては、立法国賠訴訟と付随的違憲審査制の関係が直接に論じられたことはない。そもそも、他の行政訴訟の類型と異なり、最高裁は、国賠法の事案では訴訟要件をほとんど問題にしていないし、これは、立法行為が争われた事案でも変わらない。

　たしかに、一般論としていえば、国家賠償において「損害」の直接性・現実性（㋐）や相当因果関係（㋒）が問題となるのは、ごく例外的な場合に限られる[22]。しかし、立法国賠訴訟の場合、仮にこれらを要件として課さなければ、ほぼ純然たる〈憲法的民衆訴訟〉になるだろう[23]（上述の飲食店喫煙訴訟など）。この問題についての裁判所の態度は定かでないが、最高裁は昭和60年最判以来、現在まで、立法行為の国賠法上の違法判断においては「個

---

21)　高橋・前掲注12) 378頁（傍点引用者）。さらにそこでは、「人権を制限する法律が制定される場合には、法律の制定だけで直ちに『現実の損害』が生じるということは通常はない」ため、「立法行為に対して国家賠償が問題となりうるのは、人権の行使のために国家の積極的な行為（制度設計等）が必要な類型の権利に関する立法不作為の場合に限定される」と論じられる。しかし、例えば、新たな選挙不正が明るみに出て、在宅投票制度を再び全面的に廃止する立法がなされた場合、それは、一部の人たちに対して直ちに「現実の損害」をもたらすことになり、国家賠償も認められることにならないだろうか。立法活動のうち不作為のみを取り上げることの問題については、さらに前掲注9) も参照。

22)　さしあたり、宇賀克也＝小幡純子編『条解　国家賠償法』（弘文堂、2019年）145頁以下［原田大樹］を参照。ただし、首相靖国参拝違憲訴訟にかかる最判平成18・6・23訟月53巻5号1615頁のように、「損害賠償の対象となり得るような法的利益の侵害」がないとした判断も例外的に存在する。もっとも、そこで論じられる権利・利益侵害と損害要件との関係は不明瞭である。

別〔ないし個々〕の国民に対して負担する職務上の法的義務」への違反が問題になる旨を繰り返し述べており、極端な事例においては、この説示を起点として、いわゆる「反射的利益」に類した議論が登場する余地があると解せなくもない[24]。

また、上述の要件のうち、⑦（特定性）は、そもそも必要ではないように思われる。すでに、在宅投票制度廃止訴訟を「特定された少数の有権者」に関する事案として評価できるかどうかも疑問の余地があるが[25]、夫婦同氏制訴訟や同性婚訴訟については、その潜在的な被害者があまりに多く、特定性があるというには相当の困難があるといえよう。しかし、いかに損害を受けている者の人数が多く、特定性が低くとも、立法行為によって実際に損害を被った本人が訴訟を提起している限り、事件性要件は満たされていると考えるべきではないだろうか[26]。

もっとも、⑦（損害の直接性・現実性）に関連して、法適用行為の介在を訴訟の要件としうるかは、検討に値するように思われる。仮に「もしなんらの具体的国家行為も媒介とせずに直接法律の違憲を争う訴訟を法定したとす

---

23)　ドイツ・バイエルン州の「民衆訴訟（Popularklage）」はよく知られている。同州の法令に対しては、自己の基本権が侵害されたか否かに関わらず、誰でも憲法裁判所に訴訟を提起することが可能である（詳しくは、櫻井智章「バイエルン憲法裁判所について㈠」甲南法学第55巻1＝2号〔2014年〕67頁を参照）。なお、ハンガリーでも民主化後に新設された憲法裁判所で同様の制度が導入され、頻繁に用いられていたが、2011年の憲法改正（基本法制定）によって廃止された（László Sólyom in: von Bogdandy u.a. (Hrsg.), Handbuch Ius Publicum Europaeum, 2016, § 107 Rn. 104 ff.）。

　　もちろん、日本国憲法の解釈として、そのような訴訟類型の法定が認められないかは検討する余地があるが、国賠訴訟のルートでそれを認めるべきか否かは、別の問題である。

24)　参照、藤田宙靖『行政法総論㊦』（青林書院、2020年）217-218頁。これは、判決が参照したと思われるドイツ国家責任法の「第三者関連性」の論点につながる。詳しくは、毛利透「選挙権制約の合憲性審査と立法行為の国家賠償法上の違法性判断」論ジュリ1号（2012年）86頁以下を参照。

25)　そのように述べるものとして、棟居・前掲注18）327頁。後述の通り、1974年の法改正によって投票が可能とされた重度の身体障害者は10万人いたとされる（後掲注62））。

26)　この点、平成17年最大判の泉徳治反対意見が「上告人らの精神的苦痛は、数十万人に及ぶ在外国民に共通のものであり、個別性の薄いもの」という点を金銭賠償否定の論拠の1つにしていたことには、疑問が残る。

387

Unit 10-2 国家賠償の機能

れば、それは違憲と解さざるをえない」[27] との指摘に従うならば、原則として、個別事案における具体的な法の適用をまって訴訟を提起するよう求めることが必要ではないだろうか[28]。

この観点から例えば、上述の飲食店喫煙訴訟では、飲食店等の管理権原者によって喫煙の中止または当該喫煙禁止場所からの退出を求められたといった事実がないにもかかわらず（参照、健康増進法 30 条 2 項）、立法国賠訴訟を提起したことが問題視されうる。また、同様のことは、平成 27 年夫婦同氏最大判についてもいえる。というのも、（令和 3 年夫婦同氏最大決の事案のように）婚姻届の不受理処分（という具体的な法適用）をまって、市長に届出受理を命ずるよう申し立てるルートも可能であったからである[29]。もっとも、このようにして「補充性」に類する要件を厳格に求めることは、平成 17 年最大判において、確認訴訟が認められたにもかかわらず、国賠請求まで同時に認めたこととの関係で問題視されうる[30]。

4 検討②——憲法判断先行か、憲法判断回避か？

(1) 合憲性判断と国賠法判断の関係

次に、立法国賠訴訟における合憲性判断と国賠法上の違法判断の関係性について、検討したい。

もともと、在宅投票制度廃止訴訟の 1 審・2 審判決およびその頃までの学説では〈違憲即違法〉の理解が前提となっていたところ、昭和 60 年最判は、立法国賠訴訟における「職務行為基準説」およびそれを前提とした「違憲・違法区別論」を確立させた。そして、少なくとも一般論のレベルでは、最高

---

27) 野中俊彦『憲法訴訟の原理と技術』（有斐閣、1995 年）26 頁［初出 1983 年］（傍点引用者）。

28) この問題は、⑦（因果関係）の観点からも捉えられる。なお、阿部泰隆『行政法解釈学Ⅱ』（有斐閣、2009 年）470 頁以下の場面分けも参照。

29) これは、選挙権に関する法など、法律の中に、行政庁の適用行為を経ることなく直接に個人の憲法上の権利を制約するものがあることを否定するものではない。毛利・前掲注 24) 87 頁。

30) 憲法違反の「判決で被益するのは、現在も国外に居住し、又は滞在する人々であり、選挙後帰国してしまった人々に対しては、心情的満足感を除けば、金銭賠償しか救済の途がない」とした福田博補足意見を参照。

388

裁はこれを維持し続けている。

　職務行為基準説は、違法性に関する二元的理解を前提としているから、〈立法内容の違憲＝客観的な法違反〉が、ただちに（国会議員による）立法行為の国賠法上の違法性に結びつかないのは当然である。この点、もし仮に、公権力発動要件欠如説を採る場合には、国賠法１条１項の違法（違憲を含む）が客観的な法違反の意味で理解され、最初に、その意味での違法が判断・認定され、その次に故意過失の有無の審査をする、という二段階の審査方法が採られるのとは、対照的である。

　立法国賠訴訟についていえば、実際、最高裁は〈憲法の一義的な文言に違反しているにもかかわらずあえて立法を行う〉（故意ないし重過失）とか、〈立法措置をとることが必要不可欠で、それが明白であるにもかかわらず、正当な理由なく長期にわたってこれを怠っている〉（過失）といった要素を、国賠法上の「違法」要件に組み込んでいる[31]。

　そのことからすると、昭和60年最判のほか、西陣ネクタイ判決[32]や、平成７年の再婚禁止最判[33]がそうであったように、（法令の合憲性を抽象的に判断することなく）単に、立法行為が国賠法上違法の評価を受ける「例外的な場合」に当たるか否かを審査するのが、基本的な態度になるといえよう（**一段階審査型**）。2005年以降も、例えば、精神的原因による投票困難者に関する事案で最高裁は同様の判断を行っている[34]。

　ところが、近時の事例では、実体的な憲法適合性判断を独立・先行させ、まず合憲／違憲の宣言をしたうえで、国賠法上の違法性判断に移っている事例が散見される（**二段階審査型**）。これが、職務行為基準説ないし違法性二元説とどのような関係に立つかは明確ではないが、その問題はここでは措いて

---

31)　とりわけ、平成17年最大判は、最後に立法者の「過失の存在を否定することはできな」い点をもって国賠法上の違法判断の決め手としているようであり、興味深い。

32)　最判平成２・２・６訟月36巻12号2242頁。

33)　最判平成７・12・５集民177号243頁。

34)　最判平成18・７・13集民220号713頁。ここで示した類型とやや異なる区別につき、大林啓吾「憲法訴訟における違憲・合法」樋口陽一ほか編『憲法の尊厳』（日本評論社、2017年）429頁以下も参照。

Unit 10-2　国家賠償の機能

おく[35]。

　上述した通り、平成17年最大判が二段階審査の嚆矢であった。すなわち、同判決は問題とされた法律の合憲性を先に検討し、違憲という結論を出したうえで、問題とされた立法不作為が国賠法上、違法といえるかを検討し、これを肯定している（→**α：違憲・国賠責任肯定型**）[36]。憲法適合性および国賠法上の責任の有無についての結論は異なったものの、憲法判断を独立・先行させる論証作法は、平成27年夫婦同氏最大判でも踏襲されている（→**β：合憲・国賠責任否定型**）。

　もっとも、〈α型〉と〈β型〉のいずれも、実体的な憲法判断が、国賠法上の違法性判断の基礎になっているため、憲法判断を先行させたことにそれほどの違和感はない。というのも、まず、〈α型〉についていえば、たしかに憲法判断を独立させることは必ずしも必要ではないが、国賠違法の判断枠組みのなかで、違憲の明白性は当然に認定されるはずだし、〈β型〉についても「違憲性が明白でないとのみ述べれば済んだのではないかとの評価〔は〕ありうる」が[37]、いずれにせよ、法令の合憲判断は、立法行為の国賠法上の適法性を当然に帰結するからである。

　これに対して、平成27年再婚禁止最大判は、民法733条の規定が部分的に違憲となっていた旨を判示しつつも、国賠法上の違法性を否定しており、注目される（→**γ：違憲・国賠責任否定型**。同様の判断は、同性婚訴訟にかかる札幌地判・名古屋地判・札幌高判で採用されている）。結論において国賠法上の責任が認められない以上、そこでなされる法令の違憲判断は単なる「傍論」に過ぎないとみることもできる[38]。この意味で、同じ二段階審査でも〈α型〉・〈β型〉と〈γ型〉とでは、質的な差異があるといってよい。

---

35)　塩野宏『行政法Ⅱ〔第6版〕』（有斐閣、2019年）337頁は、立法国賠訴訟が、一般的な違法性の所在の論議の分類基準に必ずしも対応していないことを指摘する。さらに、青井未帆「選挙権の救済と国家賠償法」信州大学法学論集9号（2009年）123頁以下も参照。

36)　新正幸『憲法訴訟論〔第2版〕』（信山社、2010年）328頁は「本判決が採った違憲審査の独立・前置は、内容的には抽象的な違憲審査であり、極めて異例のもの」とする。同様に、毛利・前掲注24)81頁もこの点を強調する。

37)　毛利透ほか『憲法Ⅰ総論・統治〔第3版〕』（有斐閣、2022年）346頁［松本哲治］。

もっとも、「違憲判決の効力」という観点でいえば、少なくとも最高裁に関する限り、違憲判断が「傍論」でなされたことは特に問題視されていない、という事実もまた興味深い[39]。というのも、法務省は、平成27年再婚禁止最大判が言い渡された当日に、再婚禁止期間を100日に短縮して取り扱うように全国の市区町村長に通知しており、翌年6月には国会で、再婚禁止期間を100日に短縮すること等を内容とする民法改正案が成立し、施行されているからである。

(2) 憲法判断回避の準則？

さて、〈γ：違憲・国賠責任否定型〉の判断は、いわゆる「憲法判断回避の準則」との関係でどのように評価されるだろうか。周知の通り、日本の付随的違憲審査制のもとでは「具体的事件・争訟の解決に必要な限りにおいて憲法問題が提起され、また、その限りにおいて裁判所の憲法判断が要請される」と言われ[40]、「憲法判断をせずに事件を処理できる場合には、憲法判断

---

38) そもそも、裁判の理由の中で示された法律的判断のうちどこが「傍論」にあたるのか、また、ある判示内容——とりわけ、法令や処分の違憲判断——が「傍論」であるということが何を意味するのかについて、日本では確固たる見解が見られないようである。調査官解説は、再婚禁止最大判における違憲判断は「傍論」でなく「判例」だとする（加本牧子「判解」最判解民事篇平成27年度〔下〕697頁。賛成、大林・前掲注7）69頁、反対、渡辺康行ほか『憲法Ⅱ　総論・統治』〔日本評論社、2020年〕364頁〔渡辺〕）。もし、これが「傍論」でないとするならば、首相の靖国神社公式参拝に関する大阪高判平成17・9・30訟月52巻9号2979頁や、イラク特措法事件（名古屋高判平成20・4・17判時2056号74頁）における違憲判断が「傍論」だと説明されてきたこととの整合性をどう説明するかが問題となる。

　また、同調査官解説は、「常に憲法適合性に関する判断が違法性の有無の判断に先行する」が、憲法適合性判断の表示については「裁判所の裁量に委ねられているという立場に立ったもの」と説明するが（696頁。傍点引用者）、これには疑問が残る。「法律の規定が……憲法の規定に違反するものであることが明白」か否かの判断よりも、（厳密な意味での）法令等の合憲性判断が論理的に常に先行するという言明は、上述の〈α型〉の事例には当てはまりうるが、本件のような〈γ型〉や、〈β型〉ではそもそも当てはまらないのではないか（素朴な思考順序からいえば、明白性の判断のほうが先行する）。そうだとすると、違憲判断それ自体はやはり「傍論」といえそうだが、そうだからといって、その判断が他の国家機関を拘束しないという理由もないと思われる。「傍論」についての踏み込んだ検討は、他日を期したい。

39) 違憲判決の効力については、まず、巽智彦「法令等の違憲・違法を宣言する裁判の効力」成蹊法学83号（2015年）183頁以下およびそこに掲げられた文献を参照。

Unit 10-2　国家賠償の機能

を回避すべきであるということが、その帰結」として説かれてきた[41]。

　たしかに、かつてのように、憲法判断回避を厳格に捉える説[42]（法律判断先行説）は、こんにちほぼ見られない。その代わりに、「事件の重大性、違憲状態の程度、その及ぼす影響の範囲、事件で問題とされている権利の性質……など、総合的に検討した結果十分の理由があると判断した場合、憲法判断に踏み切ることができる」[43]とか、「国民の重要な基本的人権にかかわり、類似の事件が多発するおそれがあり、しかも憲法上の争点が明確であるというような事情が存する場合には、裁判所が憲法判断をすることが是認されて然るべき」[44]とされる（憲法判断裁量説）。

　もっとも、この見解に対しては、異論が少なくない[45]。

　批判として第1に、米国の司法消極主義の思想に由来する憲法判断回避の準則がなぜ日本でも同様に妥当しなければならないのか、その根拠が不明確であることが言われる。米国では、司法審査権が憲法上明確には認められておらず、その権限は19世紀冒頭に判例で創造されたが、その正統性は疑われ続けてきた。この背景のもと、米国の裁判官・法学者が「反多数決主義という難題」（counter-majoritarian difficulty）に常に悩まされ続けてきたことには、十分な理由があるし、そのなかで憲法判断回避の準則が説かれたことも十分に理解しうる。ところが例えば、ドイツやイタリアの憲法裁判所についていえば、第2次大戦後、むしろ、自由な民主主義を擁護するための機関として、かつ、憲法上の根拠に基づいて設置されたから、そこでは、違憲審査権の行

---

40)　佐藤幸治『日本国憲法論〔第2版〕』（成文堂、2020年）677頁。

41)　毛利ほか・前掲注37) 344頁［松本］。

42)　代表的なものとして、恵庭事件判決（札幌地判昭和42・3・29下刑集9巻3号359頁）および宮沢俊義『憲法と裁判』（有斐閣、1967年）276頁以下［初出1967年］。

43)　芦部信喜「判批」長谷部恭男ほか編『憲法判例百選II〔第7版〕』（有斐閣、2019年）359頁。高橋・前掲注12) 196頁も賛成。

44)　佐藤・前掲注40) 701頁。

45)　例えば、辻村みよ子『憲法〔第5版〕』（日本評論社、2016年）471頁、浦部法穂『憲法学教室〔第3版〕』（日本評論社、2016年）406頁以下、安念潤司「憲法訴訟論に対する至って控え目な疑問」戸松秀典＝野坂泰司編『憲法訴訟の現状分析』（有斐閣、2012年）361頁。米国でも、憲法判断回避の準則の意義は時代とともに低下しているようである。Frederick Schauer, Ashwander Revisited, 1995 Sup. Ct. Rev. 71, 95 (1995).

使をア・プリオリに反多数決主義的なものとする米国の理解が必ずしも通用しない[46]。そして、日本の「憲法81条は国家行為の憲法適合性を最終的に判断するのは最高裁判所であることを明確に規定している」[47]ことからすれば、憲法判断回避が「原則」であるというほどの強い論拠はないように考えられる。

第2の批判は、政治的側面に関わる。すなわち、日本で憲法判断回避が説かれた当初は、（恵庭事件に関連して）自衛隊の合憲性の問題に最高裁が「お墨付き」を与える事態が危惧されていた[48]。その後も、（保守的な裁判官で占められる）裁判所による積極的な憲法判断は、結局、国家行為の追認をもたらすだけではないか、という政治的懸念が常に言われれてきた。実際の（裁）判例を見ると、たしかに、その懸念が当てはまるように見られる事案もあるが、再婚禁止最大判はもちろん、下級審ではALS選挙権東京地判（後述）など、裁判所による「傍論」の違憲判断が、結果的に多くの国民の人権救済につながった事例もみられ、その推定が常に正しいわけでもない。

第3に、最高裁の判例の中には、訴えの利益が失われたという理由で原告の主張をしりぞけ、あるいは、原告の死亡によって訴訟が終了したとしながら、「なお、念のため」として憲法判断を示しているものもあり[49]、最高裁

---

46) 以上につき、Maartje de Visser in: von Bogdandy u.a. (Hrsg.), Handbuch Ius Publicum Europaeum, Bd. VII, 2021, § 115 Rn. 1 ff. もちろんドイツにおいても、憲法適合的解釈の手法は判例・学説上、認められているが、いわゆる「狭義の憲法判断の回避」（佐藤・前掲注40) 700頁）にあたる議論はされていない。

47) 佐々木雅寿「勧告的意見の可能性」高見勝利ほか編『日本国憲法解釈の再検討』（有斐閣、2004年）338頁。なお、覚道豊治「違憲審査の在り方(1)」有倉遼吉還暦記念『体系・憲法判例研究I』（日本評論社、1974年）74頁は、「裁判所が憲法で定められた権限を正しく行使することは憲法上の責務である」と述べ、憲法上、違憲審査権についての規定がない米国と81条を持つ日本との違いを強調する。

48) それを明記するものとして、宮沢・前掲注42) 283-284頁、樋口陽一『司法の積極性と消極性』（勁草書房、1978年）22-23頁［初出1967年］。あわせて、奥平康弘『憲法裁判の可能性』（岩波書店、1995年）4頁以下も参照。

49) 最大判昭和28・12・23民集7巻13号1561頁（皇居前広場事件）、最大判昭和42・5・24民集21巻5号1043頁（朝日訴訟）。しかも、その「傍論」の憲法判断がのちに「判例」として用いられたりする（例えば前者につき、最判平成7・3・7民集49巻3号687頁［泉佐野市民会館事件］）。

393

Unit 10-2 国家賠償の機能

の判例上、具体的事件の解決に必要な限りで憲法判断を行うという準則が確立しているとはいえないことが挙げられる[50]。

(3) 憲法保障機関としての裁判所

憲法判断回避について修正を加えた上記の通説においても、一定の場合に憲法判断が認められるとされるに過ぎず、判断をすべきとはされていない。しかし、裁判所の憲法保障機関としての役割ないし実効的な基本権救済という観点から、一定の場面において、（事案の解決それ自体と直接には結びつかないとしても）違憲判断に踏み込むことが要請されるとはいえないだろうか。

とりわけ、人権制約立法の合憲性について重大な疑いが提起されており、それに十分な理由があるとみられる場合には、裁判所は積極的に違憲判断をする責務を負っているのではないか。このように言うと、突飛な見解のように思われるかもしれないが、ここで注目したいのは、（憲法判断回避を基本的な態度として説いてきた憲法学とは異なり）行政法学ではむしろ、国賠訴訟において請求が棄却される事例でも、客観的な法違反が認められる場面では、違法判断を積極的に下すべきとされてきた、という事実である。

すなわち、行政法学の通説では[51]、国家賠償制度には被害者救済機能だけでなく、法治国家担保機能・違法行為抑止機能・制裁機能があるとされ、まさにそれが理由で公権力発動要件欠如説が支持されている。この説によれば、故意・過失が認められないという理由で、結果的に請求自体が棄却されるケースであっても、違法性が裁判所によって認められることによって、少なくとも、〈公務執行の適正を担保し違法行為を防止する〉という国賠法の機能

---

50) その指摘として、戸松秀典『憲法訴訟〔第2版〕』（有斐閣、2008年）229頁、樋口陽一『憲法〔第4版〕』（勁草書房、2021年）454頁など。内野正幸「憲法判断の実施・不実施」戸松＝野坂編・前掲注45）46頁以下も、この問題に関する裁判例を詳細に検討したうえで、「ルールのようなものは見いだせない」と結論付ける（63頁）。同旨、大林啓吾「回避の回避」同＝柴田憲司編『憲法判例のエニグマ』（成文堂、2018年）373頁。

51) 塩野・前掲注35）341頁、原田尚彦『行政法要論〔全訂第7版補訂2版〕』（学陽書房、2012年）296頁、藤田・前掲注24）213頁、阿部・前掲注28）500頁、芝池義一『行政救済法講義〔第3版〕』（有斐閣、2006年）239頁以下など。ただし、近時この通説的な見解に異論も提起されていることについては、後述する（**5**）。

は果たされることになり、かつ、そのことが原告にとって精神的慰謝にもなりうるとされる。このように〈「傍論」における違法判断〉を積極的に支持するのが、行政法学の通説である。

この行政法の議論について、憲法学での応用可能性を主張したのは山本龍彦であった[52]。すなわち、山本によれば、「過失」判断を介在させて「救済が切り離されることによって、〔裁判所は〕救済が生じさせる社会的コストに憂慮することなく、積極的に違法判断を下すことができる」とされる。彼の発想の裏には、違法判断がダイレクトに救済（請求認容）に結びつく場合、裁判所がその判断をためらうのではないか、という懸念がある（「救済のコスト」の問題）。

山本は、このような理は当然、違憲国賠訴訟にも当てはまるとし、特に、〈違憲な法律に基づく処分〉が問題となる事案では、（影響の広汎さゆえ）救済のコストが重大になることから、「過失」という媒介項によって違憲—救済間のギャップを確保することがさらに重要となる、と述べる。そのうえで、立法国賠訴訟でも、違憲と違法の平仄を合わせて（違憲＝違法）、「過失」判断によって救済の可否を調整するといった考え方もありうるとするのだが[53]、これは、平成27年再婚禁止最大判で採られた手法とほぼ同様のものである。同判決が、結論において請求を棄却したことで「救済のコスト」を回避したというのも、山本の主張した通りであったといえよう[54]。

このような憲法判断先行の手法は、行政法学では積極的に受け止められている[55]。これに対して憲法学においては、山本の議論はむしろ例外的であり、すでに述べた通り、通説は憲法判断回避を基本的なルールとするから、この判断方法は必ずしも歓迎されるわけではない[56]。この違いは、結局のところ、憲法学と行政法学で、裁判所を通じた客観的な適法性統制についての評価が異なることに起因すると思われる[57]。

---

52) 中林暁生＝山本龍彦『憲法判例のコンテクスト』（日本評論社、2019年）230-231頁［初出2012年］［山本］。なお、山本の用語法では「救済」は請求認容という狭義の意味で用いられていることに注意が必要である。違憲判断それ自体をもって広義の「救済」と呼びうることにつき、青井未帆「立法行為の国家賠償請求訴訟対象性・再論」信州大学法学論集12号（2009年）11頁。

Unit 10-2　国家賠償の機能

　すなわち、憲法学における「司法」イメージは、いまだに民事訴訟（ない
し争訟裁決）を基本とする発想から抜け出せないでいるため、そこでは、国
家活動の適法性統制という現代の裁判所の役割認識が十分に根付いていない
ものと考えられる[58]。

　これに対し、行政法学では、行政訴訟の制度目的として、個別事案におけ
る当事者の権利救済と並んで、行政の適法性維持機能ということが、はじめ
から意識されてきた（もちろん、そのなかでも、どこまで主観訴訟を中心に行政
訴訟を把握するかの問題は残るが、ここでは措いておく）。そして、上述した通り、

---

53)　同上 231 頁注 18。もっとも、行政法学でも、違法と故意・過失からなる二段階審査があらゆ
　る分野で貫徹されるべきと言われているわけではなく、非権力的行政作用など、行為規範が明確
　に存在しない領域では、違法と故意・過失の判断が混じることもやむを得ないとされる。この観
　点から、国会議員による立法行為をどう評価すべきかは、検討すべき問題である。この点、「権
　限規範（ないし授権規範）」と「行為規範（ないし義務づけ規範）」の区別という観点から、立法
　者の法的義務を疑問に付する見解もある（参照、新・前掲注 36）305 頁以下、大石和彦「立法不
　作為に対する審査」白鷗法学 14 巻 1 号〔2007 年〕171 頁以下）。
　　たしかに、憲法上、国会議員が何らかの立法をするように義務付けられることは、例外的な場
　合にしか想定しえないが、しかし、そのような状況がありうることも否定できない（例えば、憲
　法 40 条の規定を受けて刑事補償法を制定するなど。なお、国の基本権保護義務や基本権の内容
　形成論もこの点に関わる）。それと同時に、一般論として国会議員は、憲法の諸規定に違反する
　ような立法、とりわけ基本権を不当に侵害する立法をしない義務を負っている（憲法規範は、立
　法府を含む公権力を直接に拘束している）。もっとも、厄介なのは、ここでいう「（法的）義務」
　が、国賠法の解釈として（判例のように）職務行為基準説を採った場合にどのように評価される
　か、という問題である。職務行為基準説の問題については、**5**で後述する。
54)　なお、山本はその際、違法判断と救済とを切り離すことで生じる弊害の例として、一連の議
　員定数不均衡に関する最高裁決が、憲法判断と救済（選挙無効）とのギャップをあまりに広く認
　めたがゆえに、「違憲」ないし「違憲状態」の宣言が国会に軽くあしらわれてきたことを指摘し
　ていたが（同上 233 頁）、少なくとも平成 27 年再婚禁止最大判では、そのような問題は発生せず、
　行政・立法が直ちに対応をしたことについては上述した。
55)　例えば、宇賀＝小幡編・前掲注 22）211 頁以下〔宇賀〕。
56)　例えば、木下智史「判批」『平成 28 年度重要判例解説』（有斐閣、2017 年）20 頁。一般論だが、
　高橋和之も「傍論における憲法判断は、最高裁については絶対的に許されないとは考えないが、
　行う場合には強固な理由が必要」だとする（同『憲法判断の方法』〔有斐閣、1995 年〕65 頁注 7
　〔初出 1987 年〕）。
57)　もちろん、「合憲性」と「合法性」で次元が違うのだと言われれば、たしかに、立法府に対す
　る司法府の敬譲も「憲法判断回避」の論拠の 1 つではあるが、三権の一端を担う行政府に対して
　も、程度が異なるとはいえ、同様のことは当てはまる。

396

この事情は国家賠償制度についても当てはまる。近時では、「行政訴訟にあっては、権利利益の保護救済と行政の適法性維持は表裏の関係にあり、"適法性確保なくして国民の権利の保護救済なし"の観念こそ重要」といわれるほどに[59]、裁判所による客観的な適法性統制に目が向けられるようになっている。私見では、憲法訴訟にもこの理は当てはまる（憲法適合性の確保なくして基本権の保護救済なし）。

　もちろん、具体当事者がもたらす実際の争訟事件から司法審査をはじめるという付随的違憲審査制が一定のメリットを持つことは否定しえないが、そこで「具体的な事実に基づく経験的判断」[60]が担保されるとする議論は、必ずしも説得的とはいえない。たしかに、女性の再婚禁止期間、夫婦同氏制、同性婚など、いずれを扱った訴訟でも具体的当事者がいることは疑いない。しかし、裁判でも結局は、制度それ自体についての抽象的な合憲性審査がなされているのであり、そうであるからこそ、いずれの事案においても、原告がどのような人物であるかについて判決中でほとんど論じられていない（最高裁は特にそうである）。また、このような事案で、個々の原告の特性が合憲・違憲の結論に直接に影響を及ぼしているとは、一般に考えられていない。しかも、そこで憲法問題について真剣な議論を闘わせるのは、法廷にいる当事

58）　戦後、「行政訴訟」と「違憲審査」という役割が新たに司法権の中に入ったにもかかわらず、そのことを十分に消化できずにきたことにつき、南野森「司法権の概念」安西文雄ほか『憲法学の現代的論点〔第2版〕』（有斐閣、2009年）173頁以下、宍戸常寿『憲法裁判権の動態〔増補版〕』（弘文堂、2021年）362頁以下〔初出2007年〕。

　　もちろん、芦部がある時期から、付随的違憲審査制も、古典的な「私権保障型」を超えて「憲法保障型」としての性格を強めつつある、と論じたことはよく知られているが（同『憲法訴訟の現代的展開』〔有斐閣、1981年〕4頁以下〔初出1975年〕）、例えば、憲法判断回避の準則が原則として妥当するという姿勢は、その後も崩さなかった。

59）　亘理格『行政訴訟と共同利益論』（信山社、2022年）61頁〔初出2008年〕。

60）　参照、土井真一「法の支配と司法権」佐藤幸治ほか編『憲法五十年の展望Ⅱ』（有斐閣、1998年）122頁。同旨、佐藤・前掲注40）707頁。なお、毛利・前掲注24）81頁は、佐藤の立場からすれば、平成17年最大判における憲法判断先行は「必ずしも肯定的に評価できるものではな」いとするが、これに対し、土井真一「立法行為と国家賠償」法教388号（2013年）101頁は、同判決の判断につき「付随的違憲審査制の枠を超えるものではないことが明確になっている」として積極的に評価している。

Unit 10-2 国家賠償の機能

者というよりも、訴訟代理人であり、支援団体であり、学者であり、その他の利害関係人である[61]。つまり、付随的違憲審査制・事件性を支える論拠は、ここでは大きな意味を持っていないのである。

(4) 公共訴訟における憲法判断先行の意義

在宅投票制度廃止訴訟[62]から始まり、在外国民選挙権訴訟、再婚禁止期間訴訟、夫婦同氏訴訟、同性婚訴訟など、立法行為について国賠請求が提起される事案の大半が、いわゆる「公共訴訟」(ないし「制度改革訴訟」「政策形成訴訟」とも)であって[63]、具体的当事者の個別的な権利救済を必ずしも第1の目的とする訴訟ではないという事実は、興味深い。むしろそこでは、多数の潜在的当事者に関わる制度改革・社会変革のための一手段として裁判所が用いられている。そのような事案では、「傍論」であっても判決で立法内容の違憲性さえ認められれば、結果的に多くの人々の権利が救済され、訴訟の目的も達成される[64]。

例えば、筋萎縮性側索硬化症(ALS)患者選挙権訴訟(東京地判平成14・11・28判タ1114号93頁)において、裁判所は請求を棄却しつつも、理由中で公選法の違憲性に言及した。その結果、翌年7月には約13万人の国民を対象に、代筆郵便投票制度を認める法改正がなされた。また、再婚禁止最大判では請求が棄却されたにもかかわらず、裁判所による違憲の指摘に従って実務が即時に対応したことは、すでに述べた。

---

61) 戸波江二「最高裁判所の憲法判例と違憲審査の活性化」曹時51巻5号(1999年)27頁も参照。

62) 新聞の取材に応じたところによれば、この事案の原告はもともと、在宅投票の問題について政府に陳情したりしたが何もしてくれなかったため、やむを得ず訴訟を起こすことにしたという(「身障者の在宅投票復活 裁判の目的やっと達す 喜ぶ関係者」朝日新聞夕刊1974年11月25日8頁)。結局、訴訟提起が1つのきっかけとなって、1審判決が下される約半年前には公選法が改正され、原告を含む重度の身体障害者10万人について、在宅投票が認められることになった。制度復活の報を受けて、原告は、立法によって在宅投票が実現すれば裁判の目的は達成したので、訴えを取り下げるかどうか検討したいとまで述べていた(同頁)。

63) 詳しくは、大沢秀介『現代アメリカの社会と司法』(慶應通信、1987年)。

64) この点を強調するものとして、宇賀・前掲注10)74頁。「救済」の意味につき、前掲注52)も参照。

398

これらの例からも分かる通り、「公共訴訟」のなかでは仮に請求が棄却されようとも、裁判所の踏み込んだ違憲判断が、多くの人々の権利救済につながっている。このダイナミズムのなかで、上述の〈γ：違憲・国賠責任否定型〉の判断手法が、重大な役割を果たしている。とりわけ、重大な人権侵害が問題とされている「公共訴訟」において裁判所の憲法判断が持つ意義は、通常のそれとは質的に異なる。むしろ、そこでは裁判所による客観的な国家行為の統制機能がより重視されるべきだろう[65]。

周知の通り、昭和 51 年衆議院議員定数不均衡違憲判決（最大判昭和 51・4・14 民集 30 巻 3 号 223 頁）は「およそ国民の基本的権利を侵害する国権行為に対しては、できるだけその是正、救済の途が開かれるべきであるという憲法上の要請」があることを認めている。筆者は、このような「憲法上の要請」に照らせば、例えば現在、各地の地裁・高裁に係属している同性婚訴訟などの事案では、憲法判断を先行させ、必要に応じて違憲の判断を下すことが裁判所の責務ではないかと考える。もちろん、憲法判断先行が常に違憲判断をもたらすとは限らず、むしろ、前述の「お墨付き」の問題を生じさせることはありえようが、合憲判断であっても、それが社会や学問における議論の前提となり、法改正や判例変更など、その後の積極的な変化をもたらすこともありえよう。

5 まとめにかえて

本稿では、再婚禁止最大判において〈違憲・国賠責任否定〉の判断が下され、「傍論」にける違憲判断が、結果的に多くの人々の権利救済につながったことに着目し、〈憲法判断先行〉が憲法上、要請される場合についての試論的な考察を行った。

最後に、ここまでで検討できなかった課題について 2 点、言及しておく。

第 1 は、「傍論」における違憲判断の可否の問題である[66]。下級裁判所については、現行の訴訟法との関連で、問題が生ずることがいわれる。という

---

65) 戸波・前掲注 61) 28 頁。

Unit 10-2　国家賠償の機能

のも、傍論で法令の違憲判断を示しつつ、結論で請求を棄却する下級審判決が下される場合、原告が上訴をしない限り、国は上訴しえないため、法令の違憲判断を含む判決が確定してしまう。その場合、国としては、⑦下級裁判所の判断だからという理由で、違憲判断を無視するか、あるいは、④違憲判断が確定したからという理由で法改正をするか、のいずれかの選択を迫られる。通常は⑦であろうが、このような対応は、裁判所による確定判決の権威を貶めるものとなる。そのため、傍論中であっても、法令の違憲判断があった場合には、国側が上訴しうる訴訟制度を創設することが急務である（これは、憲法81条の要請だといえよう）。最高裁と異なり、下級裁判所では特に「傍論」での違憲判断を控えるべきだ、と説かれることもあるが[67]、裁判官の判断方法を変えることによって、制度上の不具合が生じないようにする、というアプローチには疑問も残る。

　第2に、本稿で論じた問題の多くは、本来的には、（憲法訴訟法の制定など）立法で解決すべき問題だということである。というのも筆者は、通説とされてきた公権力発動要件欠如説に疑問を投げかける近時の行政法学の見解は[68]、傾聴に値するものがあると考えているためである。あくまで、国家賠償制度の本来的な目的は被害者救済機能・損害分散機能にあり、また、神橋一彦が述べる通り、違法判断の対象が「公務員」の行為だとするならば、職務行為基準説のほうが国賠違法の本質を表現しているということも、否定しえない[69]。

　しかし、日本の現状においては、損害の発生・拡大を避けたり、適法性を確保するための訴訟法上の手段に限界があることから、結果的に、国家賠償制度に様々な意味でしわ寄せが来ており、「過剰負担」というべき状況を呈していることは[70]、やむをえない側面があると思われる。そのようななかで、「数少ない望み」である国家賠償制度に、法治国原理担保機能を求めざるを

---

66)　判決理由中、どこが「傍論」に当たるか、それが何を意味するかという問題については、前掲注38）を参照。

67)　代表的なものとして、高橋・前掲注12）198-199頁。

68)　さしあたり、文献を含め宇賀＝小幡編・前掲注22）119頁以下［中原茂樹］を参照。

400

立法国賠訴訟における憲法判断の先行

えなくなっているのである。このことはとりわけ、基本権保障にとって「訴訟法の留保」が致命的であることを考えれば、なおさらである[71]。

さらに「損害」についても、たしかに、平成17年最大判で、上告人らの「精神的苦痛はそもそも金銭賠償になじまず、国家賠償法が賠償の対象として想定するところではない」とした泉徳治反対意見は、筋論としては否定しえないところがある。しかし、その泉ものちに述懐して、当時、同判決では国家賠償まで認めなくてもよいではないかという気持ちが半分あったが「やはり、国家賠償請求という形を採らないと違憲性を争うことができないというケースも大分あるでしょうから、そういう場合に備えて国家賠償を認めた方がよかったかもしれない」としている[72]。

以上のような状況であるから、国家賠償制度の「濫用」というべき状況を避けつつも、裁判所が実効的な権利救済・憲法保障を十分に果たせるようにするために、本来、適切な訴訟手続をきちんと整備すべきであろう[73]。

---

69)　神橋一彦『行政判例と法理論』（信山社、2020年）283頁［初出2010年］。また、Unit 10-1 鵜澤論文64頁も参照。なお、立法国賠訴訟についていえば、「そもそも論」として、㋐合議制機関ないし組織としての国会それ自体の責任を問うのか、㋑公務員たる個々の国会議員の責任を問うのか、という点が重大な分岐点だと解され、在宅投票訴訟の1審判決は㋐の構成を採っていたが（学説では、戸波・前掲注10）379頁）、昭和60年最判は㋑の構成を採り、その後、これが判例理論となっていることに注意が必要である。というのも、平成17年以降の最高裁判例は、この点について判例変更をせず、あくまで㋑の構成に基づき職務行為基準説を採りつつも、事案によって賠償責任を認めていることから、論理的な説明が苦しくなっているように思われるためである。

70)　藤田・前掲注24）260頁以下を参照。

71)　棟居・前掲注18）288頁［初出1985年］。あわせて、青井・前掲注52）21頁も参照。そもそも、日本の裁判所における行政訴訟の要件審理の困難さと国賠訴訟の手軽さとを比較すると、その違いはあまりに極端だといわざるを得ない。

72)　泉徳治ほか『一歩前に出る司法』（日本評論社、2017年）194頁［泉発言］。裁判を受ける権利（憲法32条）に「実効的権利保護の要請」を読み込む見解からすれば（参照、笹田栄司『実効的基本権保障論』〔信山社、1993年〕）、これが妥当ではあるまいか。もっとも、これを裏返して言えば、他の訴訟で違憲性を主張できるのであれば、そうすべきということにもなりうる。

73)　立法の必要性の指摘として、宇賀・前掲注10）芦部古稀93頁、塩野・前掲注35）343頁、戸松・前掲注50）150頁、新・前掲注36）337頁。さらに進んで、戸波・前掲注61）33頁は「法律によって憲法訴訟の方法や審査手続を整備」すべきことを説く。

401

Unit 11-1 憲法原理と行政法
憲法原理と行政法
—— 憲法原理とその活かし方

櫻井智章

1 はじめに

Unit 11 では最後のテーマとして「憲法原理と行政法」を扱う。行政法令も憲法より下位の法令であるため、他の法令と同様に、最高法規である「憲法」に違反してはならないだけでなく、「憲法」に適合するように解釈されなければならない。その際の「憲法」には憲法規定だけではなく、憲法原理（憲法ランクの法原理・法原則）も含まれる。行政法令は、立法においても解釈においても、明文の憲法規定だけでなく《憲法原理》にも適合するのもでなければならない。

2 憲法の三大原理

「憲法原理」として、まず思い浮かべるのは、国民主権（主権在民）、平和主義（戦争放棄）、基本的人権の尊重という「憲法の三大原理」だと思われる。小学 6 年の社会科で憲法について勉強するようになって以来ずっと叩き込まれてきたはず[1]で、本書の読者で知らない者はいないであろう。

しかし、なぜこの 3 つが「三大原理」なのか。実際、「三大原理は、憲法学通説、なるものの創作物である[2]」という批判すら見られる。芦部信喜は「日本国憲法は、国民主権、基本的人権の尊重、平和主義の 3 つを基本原理

1） 現に本稿筆者の息子（執筆時に小 6）が「憲法の三大原理」を勉強している。
2） 篠田英朗『憲法学の病』（新潮新書、2019 年）120 頁。

とする。これらの原理がとりわけ明確に宣言されているのが憲法前文である[3]」と前文を根拠にしている。しかし、「源氏物語の法律版[4]」と評されたほど複雑な前文の構造を解明した小嶋和司は、日本国憲法の「基本目的」として、「自由の確保」「国際協和」「戦争の放棄」の3つを析出した[5]（図1）。前文という明文の根拠に基づいて考えるのであれば、この小嶋の見解の方が妥当である（しかも、この前文の構造からすれば、冒頭の「正当に選挙された国会における代表者を通じて行動し」の部分は、憲法制定の経過の記述として捉えられるべき[6]であって、代表民主制の採用を宣言したもの[7]と読まれるべきではない。この点で最高裁は適切でない見解に依拠してしまっている[8]）。

図1　前文の構造

出典：小嶋・注5）128頁

また、この三大原理は「マッカーサー三原則」に由来すると言われることもある[9]。しかし、マッカーサー・ノートがそもそも「三原則」かが問題である[10]。マッカーサーがGHQ民政局に指示したメモ（マッカーサー・ノート）は「マッカーサー三原則」と言われてきたが、第3原則（封建制の廃止）の後に予算に関する4つ目の原則が書かれている[11]。従来は第3原則に含められてきた[12]が、内容は無関係なうえ間隔をあけて

---

3) 芦部信喜（高橋和之補訂）『憲法〔第8版〕』（岩波書店、2023年）35頁。
4) 鈴木義男・第90回帝国議会衆議院本会議（昭和21年6月26日）。
5) 小嶋和司『憲法概説』（良書普及会、1987年）127頁以下。
6) 大石眞『憲法概論Ⅰ 総論・統治機構』（有斐閣、2021年）111-112頁、真田秀夫（内閣法制局長官）・第87回国会参議院予算委員会（昭和54年3月10日）。詳細な検討として、初宿正典「日本国憲法前文冒頭における『国会』の意味」法学論叢133巻6号（1993年）1頁以下。
7) 宮澤俊義（芦部信喜補訂）『全訂 日本国憲法』（日本評論社、1978年）32頁など。
8) 在外国民選挙権訴訟：最大判平成17・9・14民集59巻7号2087頁（2095-2096頁）。
9) 鵜飼信成『憲法』（1956年、岩波文庫・2022年）54頁。
10) 詳しくは、佐々木高雄『戦争放棄条項の成立経緯』（成文堂、1997年）第1章。
11) 大石眞『憲法史と憲法解釈』（信山社、2000年）128-129頁。
12) 例えば、芦部・前掲注3）25頁など。

Unit 11-1　憲法原理と行政法

図2　マッカーサー・ノート

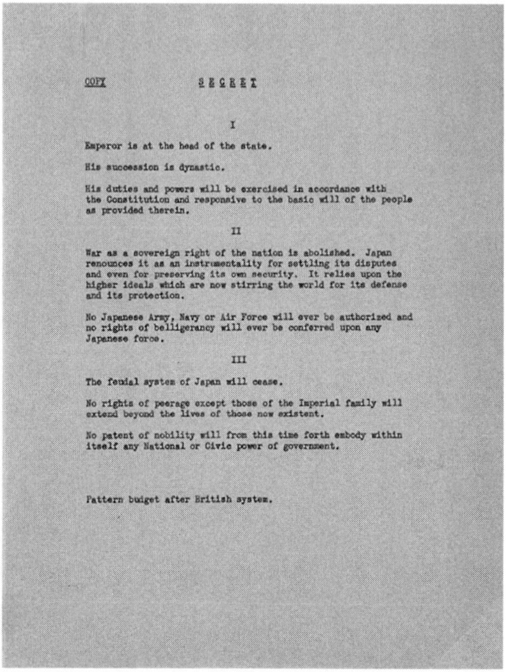

```
COPY                    SECRET

                         I

Emperor is at the head of the state.

His succession is dynastic.

His duties and powers will be exercised in accordance with
the Constitution and responsive to the basic will of the people
as provided therein.

                        II

War as a sovereign right of the nation is abolished.  Japan
renounces it as an instrumentality for settling its disputes
and even for preserving its own security.  It relies upon the
higher ideals which are now stirring the world for its defense
and its protection.

No Japanese Army, Navy or Air Force will ever be authorized and
no rights of belligerancy will ever be conferred upon any
Japanese force.

                        III

The feudal system of Japan will cease.

No rights of peerage except those of the Imperial family will
extend beyond the lives of those now existent.

No patent of nobility will from this time forth embody within
itself any National or Civic power of government.


Pattern budget after British system.
```

出典：国立国会図書館

書かれている（図2）ため、別の原則と理解する方が適切である。近年では学生向けの教科書でも4項目として説明するものが出てきている[13]。

では、なぜ「三大」原理なのか。美濃部達吉は「新憲法の主要原則」として、「国民主権主義」「永久平和主義」「人権尊重主義」「国会中心主義」という4つの原則を挙げていた[14]。「日本国憲法の基本原理」として、宮沢俊義は「個人の尊厳」「国民主権」「社会国家」「平和国家」の4つ[15]を、清宮四郎は「民主主義」「自由主義」「平等主義」「平和主義」の4つ[16]を挙げていた。鈴木安蔵は、「国民主権」「基本的人権の尊重」「絶対平和主義」「諸国民との友好」「議会制」「公務員奉仕者性」という6つの基本原理を挙げていた[17]。いつしか三大原理が普及するようになり学校教育を通じて定着していったが、初期には複数

---

13)　新井誠ほか『憲法Ⅰ　総論・統治〔第2版〕』（日本評論社、2021年）24頁［曽我部真裕］、青井美帆＝山本龍彦『憲法Ⅱ　総論・統治』（有斐閣、2022年）32頁［青井］など。

14)　美濃部達吉（宮澤俊義補訂）『日本国憲法原論』（有斐閣、1952年）101-116頁。

15)　宮沢俊義『憲法〔改訂5版〕』（有斐閣、1973年）67-77頁。

16)　清宮四郎『憲法要論〔増訂版〕』（法文社、1957年）48-54頁。のちに「福祉主義」を加えた5つとしている。同『憲法要論〔全訂版〕』（法文社、1961年）77-85頁。

17)　鈴木安蔵『憲法概論』（勁草書房、1953年）49頁。

404

の基本原理が挙げられていたように、「三大」原理に確固たる根拠があるわけではない。

いわゆる三大原理は、日本国憲法それ自体から内在的に導かれるものというよりも、明治憲法との対比で強調されるようになったものと考えられる[18]。

基本的人権の尊重は、特に明治憲法の「法律の留保」との関係で強調される点であるが、この問題については Unit 4 で扱った。基本権（憲法上の権利）の要請の活かし方については5で後述する。

平和主義は、明治憲法との対比で強調される[19]というだけでなく、諸外国の憲法との対比でも日本国憲法の特徴として語られることが多い（「憲法9条を世界遺産に」「憲法9条にノーベル平和賞を」など）。しかし、現代の憲法では何らかの平和主義条項をもつのが通例である[20]（西修のように多くの国の憲法を数量的に比較検討する比較憲法学は、日本の憲法学でも一定の伝統をもっており[21]、現在の世界的な比較憲法学では「主流化しつつ[22]」あるが、樋口陽一による「人権保障と権力分立の原則のうえに立つ憲法をもっている国といえば……数量的には圧倒的に少数派にすぎないのだから、そのような近代憲法の原理を否定してしまえ、となりかねない[23]」という批判が影響力をもっており、今なお主要先進国を対象とする方が主流である）。憲法9条1項を侵略戦争の放棄と解釈[24]する限り、世界的に珍しいものではない。9条2項を文字通りに、あら

---

18)　憲法の基本原理は「多くの場合、『過去との対比』によってのみ、説明・理解しうる」。Unit 9-2 栗島論文 343 頁注 3）。

19)　ただし、問題視されることの多い《統帥権の独立》は「憲法制定前より実際の慣習と官制の定とに依り確定せる制度」であって「憲法の成文を似て定むる所に非ず」。美濃部達吉『憲法撮要〔改訂第5版〕』（有斐閣、1932 年）322 頁（表現は改めた）。

20)　西修『知って楽しい世界の憲法』（海竜社、2021 年）125 頁以下。

21)　荒邦啓介「『戦後憲法学』の多様化」鈴木敦＝出口雄一編『「戦後憲法学」の群像』（弘文堂、2021 年）108 頁以下。

22)　山元一「解題」ヤニヴ・ロズナイ（山元一＝横大道聡監訳）『憲法改正が「違憲」になるとき』（弘文堂、2021 年）447 頁。このような比較憲法学の成果を取り入れた著作として、横大道聡＝吉田俊弘『憲法のリテラシー』（有斐閣、2022 年）。

23)　樋口陽一『比較憲法〔全訂第3版〕』（青林書院、1992 年）8-9 頁。

24)　砂川事件（最大判昭和 34・12・16 刑集 13 巻 13 号 3225 頁）「同条〔憲法9条〕1項において永久に放棄することを定めたいわゆる侵略戦争」（3233 頁）。

Unit 11-1　憲法原理と行政法

ゆる戦力の不保持と解するのであれば、相当程度の人口・経済規模をもつ国の憲法としてはユニークなものといえるが、実際には世界有数の自衛隊と世界最強の米軍が存在しており、しかもそれが現に合憲なものとして運用されているのである[25]。また、そもそも平和主義は、日常的に発生する具体的な憲法問題で実際に使えることは多くない。

　国民主権も、天皇主権であった明治憲法との対比で強調される点である。しかし、明治憲法時代の憲法学の通説は国家主権説（天皇機関説）であって、天皇主権説ではなかった。天皇主権説を主張していた穂積八束は1910（明治43）年の時点で「按ずるに、若し、多数を以て決すべしとせば、我が学者の通説は所謂君主機関説なること論なし。予の国体論は之を唱ふる既に30年……而も世の風潮と合わず。後進の熟誠を以て之を継続する者なし。今は孤城落日の歎あるなり[26]」と嘆いていた。「後進」となった上杉慎吉が美濃部達吉の天皇機関説を「国体に関する異説[27]」と批判するが、この批判を端緒とする天皇機関説論争[28]を経ても天皇機関説が通説であることは揺るがないどころか、むしろ強固なものとなった（「上杉はいわば学界の孤児になった[29]」。「『上杉・美濃部論争』の折、上杉は世論のみならず同業者からもほぼ総スカンを喰らった[30]」）。天皇機関説は学問的に否定されたのではなく、政治的に葬られたのである（天皇機関説事件、1935〔昭和10〕年）。時の首相（岡田啓介[31]）も法制局長官（金森徳次郎[32]）も枢密院議長（一木喜徳郎[33]）も天皇（昭和天皇[34]）すらも否定していなかった学説が、活動家たちと通じた一部議員

---

25)　米軍につき、砂川事件最高裁判決・前掲注24）、自衛隊につき、林修三（法制局長官）・第21回国会衆議院予算委員会（昭和29年12月21日）など歴代の政府見解、特に自衛隊を違憲と主張してきた社会党の党首が首相となった際の「自衛隊は、憲法の認めるものであると認識するものであります」との村山富市の答弁（第130回国会衆議院本会議、平成6年7月20日）を参照。

26)　穂積八束『憲法提要　上巻』（有斐閣、1910年）214頁（表現は現代的に改めた）。

27)　上杉慎吉「国体に関する異説」（1912年）星島二郎編『最近憲法論』（1913年、みすず書房・1989年）13頁。

28)　星島・前掲注27）に主要な文献が収録されている。

29)　長尾龍一『日本憲法思想史』（講談社学術文庫、1996年）83頁。

30)　西村裕一「憲法」河野有理編『近代日本政治思想史』（ナカニシヤ出版、2014年）242頁。

31)　岡田啓介（岡田貞寛編）『岡田啓介回顧録』（中公文庫、1987年）130-147頁。

406

らの策動によって醸成された「空気」の中で否定されていった歴史は今なお
教訓とされるべきである。かつて「『神ながら』と『科学』との争い[35]」と「科
学」側に位置づけられていた天皇機関説が、現在では天皇主権である明治憲
法を無理やり立憲主義的に解釈しようとした政治的な見解だと捉えられるよ
うになっている。「天皇主権から国民主権へ」という主権の変動の《革命》
的意義[36] を強調すればするほど、明治憲法を「神ながら」に解釈せざるを
えなくなる[37]。戦後憲法学は穂積八束・上杉慎吉流に明治憲法を解釈してい
るのである[38]。

3　国民主権から民主政原理へ

　主権論にとって戦後憲法学の方向性を決定づけたのが尾高・宮沢論争であ
る。この論争が宮沢の「徹底的な勝利[39]」に終わったという評価の定着とと
もに、宮沢の「国家の政治のあり方を最終的にきめる力[40]」という主権の定
義が広く受け入れられるようになった[41]。問題は、ここでいう「国家の政治
のあり方」の意味である。すなわち、これを①日常的な政治のレベルで理解

---

32)　金森徳次郎も機関説論者であるとして法制局長官を辞任させられた。高見勝利編『金森徳次
　　郎著作集 1』（慈学社、2013 年）305-308 頁。のちに日本国憲法制定の際に憲法担当の国務大臣
　　として議会での答弁を担い、憲法誕生の「産婆役」となる（同書 170 頁）。

33)　一木喜徳郎も機関説論者であるとして枢密院議長を辞任させられた。美濃部の師である一木
　　の追い落としが主目的で、平沼騏一郎枢密院副議長が黒幕だったという見解の信憑性を高める事
　　情である。岡田・前掲注 31）147 頁、原田熊雄『西園寺公と政局 第 4 巻』（岩波書店、1951 年）
　　204 頁以下など。

34)　「君主主権説は、自分からいへば寧ろそれよりも国家主権の方がよいと思ふ」。原田・前掲注
　　33）238 頁（昭和天皇が侍従長に話した言葉を西園寺公望の秘書・原田が記す）。

35)　宮沢俊義「美濃部先生の業績」（1948 年）同『日本憲政史の研究』（岩波書店、1968 年）317 頁。

36)　宮沢俊義「八月革命と国民主権主義」世界文化 1 巻 4 号（1946 年）64 頁。

37)　江藤淳「"八・一五革命説" 成立の事情」諸君 14 巻 5 号（1982 年）41 頁。

38)　今野元『上杉慎吉』（ミネルヴァ書房、2023 年）285 頁。

39)　杉原泰雄『国民主権の研究』（岩波書店、1971 年）9 頁。

40)　宮沢俊義「国民主権と天皇制とについてのおぼえがき」（1948 年）同『憲法の原理』（岩波書店、
　　1967 年）285 頁。

41)　代表的には、芦部・前掲注 3）40 頁。

Unit 11-1　憲法原理と行政法

するか、②「政治のあり方」＝「憲法」の決定というレベルで捉えるか、という問題である[42]。

　一般的には①「通常政治」のレベルで主権を捉える見解が広まっているのではないかと思われる（「主権者教育」など）。法律においても、内閣法、情報公開法、公文書管理法などで国民主権が「通常政治」レベルで用いられている。最高裁までも、国民が選挙権の行使を通して国の政治に参加するという「通常政治」レベルで国民主権を理解している[43]（さらに諸外国では類例の少ない最高裁判所裁判官国民審査権さえも「国民主権の原理に基づ」くものと捉えている[44]）。

　しかし、憲法学の通説は②「憲法政治」のレベルで主権を捉えてきた（主権＝憲法制定権力）。宮沢は先に挙げた主権の定義を「シエイエス流に、『憲法制定権力』といってもいい[45]」と述べ、樋口陽一は「主権と『憲法制定権力』は相おおう概念」であり、「『主権』論の本来の土俵で問われていたのは、まさしく pouvoir constituant の問題だった[46]」と指摘した。国民主権に「権力的契機」も含まれると捉える芦部信喜にあっても、その発現場面は憲法改正とされていた[47]。国民主権は強調されるものの、世界創造の局面でのみ登場する「理神論」の神のようのもので、"日本国憲法"という新しい世界が創造されたことの正当化が終われば、主権者は「ヌキ身で常駐」して実定法秩序を破壊することがないように「永久的に凍結[48]」すべきだとされる。解釈論としても「国民主権というシンボルの出番をできるだけ抑制すべき[49]」

---

42)　こうしたレベル（次元）の相違に自覚的なのが学説の「現在地」である。山本龍彦「国民主権」同＝横大道聡編著『憲法学の現在地』（日本評論社、2020年）1頁。直接民主制の理論的支柱とされてきたルソーの見解についても読み直しが進められている。長谷部恭男「ルソーの loi は法律か？」（2016年）同『憲法学の虫眼鏡』（羽鳥書店、2019年）156頁など。

43)　代表的には、最大判平成17・9・14 前掲注8)〔在外国民選挙権訴訟〕2095-2096頁。

44)　最大判令和4・5・25民集76巻4号711頁（720頁）。

45)　宮沢・前掲注40) 285頁。

46)　樋口陽一『近代立憲主義と現代国家』（勁草書房、1973年）233頁、300頁。

47)　芦部・前掲注3) 41-43頁。

48)　樋口・前掲注46) 301-302頁。「主権というのは、憲法史で、蜂の一刺しみたいなもので、一回重要な出番がある」。芦部信喜ほか「憲法40年」法教80号（1987年）13頁 [樋口陽一]。

ことが説かれてきた。明治憲法下で「顕教」（初等教育で教えられた天皇主権説）と「密教」（高等教育で教えられた天皇機関説）の乖離が語られた[50]が、日本国憲法下でも同様に「顕教」（高校までで教わる「通常政治」レベルの国民主権）と「密教」（大学で教わる「憲法政治」レベルの国民主権）の乖離がみられる[51]。

　明治憲法との「断絶」を強調する局面でこそ主権は意義をもったが、現在では憲法制定権力という考え方をも不要とする見解さえ説かれている[52]。実のところ「敗北」と評価されてきた尾高[53]の見解は「主権否定論」「主権抹殺論[54]」であった。現に「主権は、『憲法』体制不可欠の観念でもなければ、憲法思考不可避の観念でもない[55]」。「立憲国家に主権者は存在しない[56]」という見解も説かれている。「『主権』という媒介概念は、精密使用に耐える剃刀ではなく、重量感でのみ勝負しようという大型鈍刀・マサカリのようなものである[57]」と言われるように、主権論によって具体的な憲法問題が解決されるべきものではない。例えば、拘束的な国民投票が認められるかという問題などでは国民主権から議論を展開するのが今なお定石となっているようである[58]。しかし、拘束的な国民投票が認められないのは、憲法41条によって国会が「唯一の立法機関」とされ、国民（有権者団）には立法権が配分されておらず、そうした憲法上の決定を法律によって変更することは許されな

---

49)　樋口陽一『近代憲法学にとっての論理と価値』（日本評論社、1994年）95頁。駒村圭吾『主権者を疑う』（ちくま新書、2023年）77頁以下も参照。

50)　久野収＝鶴見俊輔『現代日本の思想』（岩波新書、1956年）132頁。

51)　木村草太＝西村裕一『憲法学再入門』（有斐閣、2014年）20頁［木村］。

52)　長谷部恭男『憲法の境界』（羽鳥書店、2009年）第1章。

53)　このような評価も見直されつつある。「どうにか論争を宮沢優位の外観で終わらせることに成功した」が「尾高は、宮沢との論争で敗れてはいない」。石川健治「八月革命・七〇年後」辻村みよ子ほか編『「国家と法」の主要問題』（日本評論社、2018年）21頁、22頁注58)。

54)　尾高朝雄「ノモスの主権について」（1948年）同『国民主権と天皇制』（講談社学術文庫、2019年）207頁。

55)　小嶋和司「『主権』論おぼえがき（その一）」（1982年）同『憲法と政治機構〈小嶋和司憲法論集二〉』（木鐸社、1988年）4頁。

56)　マルティン・クリーレ（初宿正典ほか訳）『平和・自由・正義』（御茶の水書房、1989年）176頁。

57)　小嶋・前掲注55)43頁。

58)　例えば、伊藤建「選挙権をめぐる事例分析［問題解説編］」法セ800号（2021年）68頁など。

409

Unit 11-1 憲法原理と行政法

いからに他ならない。地方レベルで「条例」によって拘束的な住民投票を設けることが認められるかという問題についても、個別の法律（または地方自治法）によって決定権限が長（または議会）に付与されている以上、そうした法律レベルでの決定を条例によって長（または議会）から「住民」に移すことは、当該法律に違反する（「法律の範囲内」ではない）というだけのことではないのか。国民主権から説き起こして解決すべき問題ではない。

実際に、主権という「魔力からの解放」を説き「民主主義の問題として議論すれば足りる」との見解が有力に主張されてきた[59]。通常政治のレベルでは、「国民主権」ではなく《民主政原理》として「制度論・手続論へと組み変えてゆく[60]」方が、行政法との関連でも有益ではないかと思われる[61]。

国家法人説についても「君主主権か国民主権かという近代憲法が直面した本質的問題を回避しようとした。……19世紀ドイツの立憲君主制に見合った理論であった[62]」と過剰な意味を担わされて批判されてきたが、国家を法的に把握すれば法人（法主体）となるのは当然の発想である[63]。「国家法人説とわざわざ銘打たなくとも、常識的な近代国家論はその枠組みで議論している[64]」。行政法における行政主体／行政機関の概念も法人論がベースとなっている。「法律上の争訟」と「機関訴訟」の境界が不明確となっている現状では、むしろ法人論の立て直しが必要ではないかと思われる。

---

59)　高見勝利『宮沢俊義の憲法学史的研究』（有斐閣、2000年）352頁、362頁。松井茂記「国民主権原理と憲法学」『岩波講座 社会科学の方法Ⅵ 社会変動のなかの法』（岩波書店、1993年）32頁以下も参照。

60)　高見・前掲注59）362頁。

61)　毛利透『統治構造の憲法論』（岩波書店、2014年）、高橋雅人『多元的行政の憲法理論』（法律文化社、2017年）など。民主政原理が実際にどのように活用されるかについては、三宅雄彦「民主政原理」鈴木秀美＝同編『ガイドブック ドイツの憲法判例』（信山社、2021年）193頁を参照。

62)　芦部・前掲注3）41頁。

63)　わかりやすい説明として、石川健治「天皇機関説事件80周年」同ほか『学問の自由と大学の危機』（岩波書店、2016年）20頁以下。教科書では、長谷部恭男『憲法〔第8版〕』（新世社、2022年）5頁。

64)　樋口陽一ほか「討論（樋口陽一憲法学との対話）」法時82巻5号（2010年）32頁［樋口］。石川健治「憲法学における一者と多者」公法研究65号（2003年）134頁も参照。

4　法治国家原理

　ドイツでは、憲法においても行政法においても、《民主政原理》以上に大きな役割を果たしているのが《法治国家原理》である。日本でも行政法においては基本原理として重視されている（「法治主義」という表現が用いられることが多い）。しかし、憲法学では諸手を挙げて歓迎されているわけでは必ずしもない。というのも、ドイツ法由来の「法治国家」と英米法由来の「法の支配」を対置して、「法治国家ではなく法の支配を」という主張が有力に説かれてきた[65]からである。

　法治国家と法の支配を対比的に捉えることが適切・有益かについては疑問の余地がある[66]。しかし他方で、法治国家原理の具体的内容として挙げられる、法律の留保原則（「国民に対して義務を課し又は権利を制限するには法律の根拠を要するという法原則[67]」）、法律の明確性[68]、比例原則[69]、法的安定性[70]、信頼保護[71]、裁判所による権利保護[72]（実効的な権利救済[73]）などは、日本国憲法の下でも認められているものであり、それらの上位概念として法治国家原理を持ち出す必要性が高いともいえない。

---

65)　何よりも、佐藤幸治『日本国憲法と「法の支配」』（有斐閣、2002 年）を参照。

66)　井上達夫『立憲主義という企て』（東京大学出版会、2019 年）106 頁以下。

67)　最大判平成 18・3・1 民集 60 巻 2 号 587 頁（597 頁）。

68)　最大判昭和 50・9・10 刑集 29 巻 8 号 489 頁〔徳島市公安条例事件〕、最大判昭和 59・12・12 民集 38 巻 12 号 1308 頁〔札幌税関検査事件〕など。

69)　Unit 7 栗島論文および神橋論文を参照。

70)　最判平成 23・9・22 民集 65 巻 6 号 2756 頁など。「法的安定性は法に内在する普遍的な要請」とされる。最大決平成 25・9・4 民集 67 巻 6 号 1320 頁（1332 頁）。

71)　最判昭和 56・1・27 民集 35 巻 1 号 35 頁など。

72)　「法的紛争の当事者が当該紛争の終局的解決を裁判所に求めうることは、法治国家の根幹にかかわる重要な事柄である」。最判昭和 63・1・26 民集 42 巻 1 号 1 頁（6 頁）、最判平成 21・10・23 判タ 1313 号 115 頁（118 頁）。自力救済の禁止が前提となる。この点で、子の連れ去り・奪い合いという実力行使が横行する事態は問題である。

73)　最大判平成 20・9・10 民集 62 巻 8 号 2029 頁（2033-2034 頁）、最判平成 24・2・3 民集 66 巻 2 号 148 頁（151 頁）。

411

Unit 11-1 憲法原理と行政法

もっとも、「法治主義の要請」を前面に押し出した判例[74]も存在する。法令の公布は従前通り「官報」をもって行うと判示したものである[75]。昭和23年7月22日のマッカーサー書簡を受け、同30日の閣議決定で政令201号[76]を制定し、翌31日に公布・即日施行の予定であったが、官報が実際に印刷・発送されたのは8月2日だったため、7月31日時点で公布はなされていなかった[77]。「法治主義の要請」から公布が施行の前提要件であるとして、7月31日に行われた争議行為は無罪とされた。

法治国家原理は、明示的に判例に現れるよりも、特に意識しなくても当然に考慮されるようになることの方が重要である。

5 憲法適合的解釈

最高裁の制度と運用の現状[78]からすると、行政法解釈において憲法原理、特に基本権の要請を活かす最善の方法は《憲法適合的解釈》である。「違憲」判断は小法廷ではできない(裁判所法10条2号)ため、多くの事件に追われて大法廷回付を回避する傾向のある最高裁の現状では、憲法の趣旨を考慮した「違法」判断を求める方が現実的だと考えられるからである。

「憲法適合的解釈」は近年注目されるようになってきた[79]。最大のきっかけは、堀越事件において法廷意見が行った限定解釈は「違憲の疑い」を前提

---

74) 最大判昭和32・12・28刑集11巻14号3461頁。

75) 2023(令和5)年12月に制定された「官報の発行に関する法律」により、法令の公布は「官報をもって行う」旨の明文の規定がようやく置かれた(同法3条1項)。

76) 公務員の労働基本権を制限(争議行為を禁止)した政令である。政令で権利の制限が可能なのは、政令201条がいわゆる「ポツダム政令」だという占領下の特殊事情による。

77) 高校時代に使った人も多いであろう山川出版社『日本史用語集』などで、政令201号が「7月公布」と書かれているのは、最高裁判例に従う限り、誤りである。

78) Discussion1 142-143頁、153-154頁、163-164頁、Unit 6-2櫻井論文257-258頁。

79) シンポジウム「憲法適合的解釈についての比較法的検討」比較法研究78号(2016年)、土井真一編著『憲法適合的解釈の比較研究』(有斐閣、2018年)、柴田憲司「合憲限定解釈と憲法適合的解釈」横大道聡編著『憲法判例の射程〔第2版〕』(弘文堂、2020年)371頁、渡辺康行『憲法裁判の法理』(岩波書店、2022年)331頁など。用語自体は、既に小嶋・前掲注5)114頁などに登場していた。

とする「合憲限定解釈」ではなく「憲法の趣旨」を踏まえた「通常の法令解釈」だと千葉勝美裁判官が強弁し[80]、調査官が「憲法適合的解釈」だと解説した[81]ことである。その際に調査官が依拠した宍戸常寿は、憲法上の要請を踏まえて法令を解釈する「広義の憲法適合的解釈」の下位類型として、①「合憲限定解釈」と②「狭義の憲法適合的解釈」があると整理している[82]。もっとも、①と②の境界は微妙で、堀越事件がまさにそうであるように[83]、ある解釈が①と②のどちらに当たるかが異論の余地なく定まるというものではない。

　広義の憲法適合的解釈は、民事法や刑事法でも問題となるが、行政法の分野でも重要な役割を果たす。不明確・広汎な条例の規定を合憲限定解釈して救済する例は多い[84]が、Unit 1-1 で詳しく扱った泉佐野市民会館事件も、条例の「公の秩序をみだすおそれがある場合」（7条1号）という文言が限定解釈された例である[85]。「集会の自由を保障する見地から」「合憲限定解釈の手法を採用[86]」したものと説明されるが、管理に関する3号の方は（1号よりも論理的には広いはずにもかかわらず）特に限定解釈されていない点にも注意すべきである[87]。

　法律を憲法適合的に解釈して「違法」とした例としては、旧監獄法の規定を合憲限定解釈して信書発信の不許可を「違法」とした判例[88]や、旧薬事法の規定を憲法適合的に解釈して授権趣旨の明確性を要求し、薬事法施行規則（省令）を「委任の範囲を逸脱」して「違法」とした判例[89]などが挙げられる。

---

80) 堀越事件（最判平成24・12・7刑集66巻12号1337頁）における千葉勝美裁判官の補足意見（1351-1355頁）。櫻井智章『判例で読む〔第3版〕』（北樹出版、2024年）273頁も参照。

81) 岩﨑邦生「判解」最判解刑平成24年度516頁。

82) 宍戸常寿「日本」比較法研究78号（2016年）5-6頁。

83) 蟻川恒正「国公法二事件最高裁判決を読む」法セ697号（2013年）30頁以下。

84) Unit 8-1 櫻井論文306-307頁。

85) 最判平成7・3・7民集49巻3号687頁。

86) 近藤崇晴「判解」最判解民平成7年度288-289頁、293頁。

87) Unit 1-1 櫻井論文20-21頁。

88) 最判平成18・3・23判タ1208号72頁。

Unit 11-1　憲法原理と行政法

　近年の判例ではタトゥー施術事件[90]が重要である。医師法17条は「医師でなければ、医業をなしてはならない」と規定する。医業（医行為を業として行うこと）は国民の生命・健康に直結するものであるため、「医業は医師免許を有する医師しか行ってはならない」というルール自体に、憲法的な問題があるとは考えられない。したがって問題は医業（その内容をなす「医行為」）の解釈である。タトゥー施術は「医行為」に当たるのか。「医行為」の解釈として①医療関連性を不要とする解釈[91]と②医療関連性を要求する解釈が、どちらも合理的に成立しうる。しかし、①を採用すると「憲法が保障する職業選択の自由との関係で疑義が生じる[92]」のであれば②が採用されなければならない。はたして最高裁は②を採用した。例によって最高裁は憲法にはまったく触れなかったものの、①を採用して有罪とした第1審の解釈には憲法上問題がある（彫師に医師免許を要求するのは過剰＝比例原則に反する[93]）と考えられるため、この事件が憲法学の興味を引いた[94]のには十分な理由がある。

　憲法適合的解釈は、裁量統制においても意義をもちうる[95]。そうした代表例として従来はエホバの証人剣道拒否事件[96]が挙げられてきたが、新しく「宮本から君へ」助成金拒否事件の最高裁判決[97]が出された。「公益」を理由とする助成金交付拒否を認めつつも、「憲法21条1項による表現の自由の保障

---

89)　最判平成25・1・11民集67巻1号1頁。省令による（法律に基づかない）権利制限として「違憲」と判断することも可能なはずであるが、現在の最高裁には期待しえない。最判平成3・7・9民集45巻6号1049頁も同様。

90)　最決令和2・9・16刑集74巻6号581頁。

91)　本件第1審：大阪地判平成29・9・27判時2384号129頁。学説では、前田雅英「入れ墨の施術と医師法17条にいう『医業』の内容となる医行為」捜査研究825号（2019年）16頁など。

92)　本件控訴審：大阪高判平成30・11・14判時2399号88頁（98頁）。

93)　とりわけ、小山剛「職業と資格」毛利透ほか『憲法訴訟の実践と理論』（判例時報社、2019年）249頁を参照。

94)　小山剛＝新井誠編『イレズミと法』（尚学社、2020年）。

95)　宍戸常寿「合憲・違憲の裁判の方法」戸松秀典＝野坂泰司編『憲法訴訟の現状分析』（有斐閣、2012年）68-71頁、原島啓之「ドイツ連邦行政裁判所の『憲法判断』の考察（二・完）」阪大法学64巻6号（2015年）284頁以下。

96)　最判平成8・3・8民集50巻3号469頁。

97)　最判令和5・11・17民集77巻8号2070頁。

414

の趣旨」から「当該公益が重要なものであり、かつ、当該公益が害される具体的な危険がある場合に限られる」と判断した。

6　おわりに

　ドイツでは、憲法裁判所以外の裁判所（「専門裁判所」といわれる）は、法律を違憲と判断することはできず、適用すべき法律を違憲と考える場合には憲法裁判所に移送しなければならない（基本法 100 条 1 項：具体的規範統制）。しかし、憲法適合的解釈が可能である場合には、それが義務づけられ、憲法適合的解釈をせずに移送することは許されない[98]。そのため、専門裁判所も《憲法適合的解釈》として重要な憲法判断を下している[99]（ドイツの違憲審査制は集中型の抽象的審査制という教科書で一般に書かれているイメージ[100]とは異なる）。

　他方、日本の違憲審査制はアメリカ型の非集中型（分散型）で、すべての裁判所が違憲審査権を有するとされている。実際に下級審も違憲判断を下しているが、唯一、最高裁の小法廷は違憲判断を下すことができない（裁判所法 10 条 2 号）[101]。憲法学では「適用違憲」への期待が高いが、適用違憲であっても違憲判断である以上は小法廷では下すことができない。違憲判断を下せない日本の最高裁の小法廷が行う憲法判断にとっては、ドイツの専門裁判所が行っている憲法判断のあり方が参考になるのではないかと考えられる。

---

98)　毛利透「『法治国家』から『法の支配』へ」法学論叢 156 巻 5・6 号（2005 年）340-341 頁、原島啓之「ドイツ連邦行政裁判所の『憲法判断』の考察㊀」阪大法学 64 巻 5 号（2015 年）296 頁以下。

99)　毛利・前掲注 98）337 頁以下。行政法解釈においては行政裁判所の憲法適合的解釈が重要であり、この点については、原島・前掲注 95）266 頁以下を参照。

100)　高橋和之『立憲主義と日本国憲法〔第 6 版〕』（有斐閣、2024 年）517-518 頁、新井ほか・前掲注 13）196-197 頁［曽我部］など。

101)　違憲判断を下すには大法廷で 8 人以上の裁判官の意見の一致が必要である（最高裁判所裁判事務処理規則 9 条、12 条）。最高裁の違憲判断の「重み」を支えているが、他方で下級審では 3 人で（場合によっては 1 人でも）違憲判断を下すことができることとのバランスを欠くだけでなく、「一部の変な裁判官」の判断に過ぎないと解する余地を残すため、政治部門によって下級審の違憲判断が無視される原因となっていると考えられる。

415

Unit 11-1 憲法原理と行政法

憲法論というと合憲／違憲の判断という意識が強いものと思われる[102] けれども、憲法原理（とりわけ基本権の要請）を憲法適合的解釈という形で法令解釈の中で活かしていく「憲法論」の方が、最高裁の制度と運用の現状を前提とする限り、有効なのではないかと考えられる。

【付記】公法研究 85 号（2024 年）に本稿に関係する文献が多く掲載されている。

---

102) 宍戸常寿『憲法 解釈論の応用と展開〔第 2 版〕』（日本評論社、2014 年）306 頁以下。

Unit 11-2　憲法原理と行政法
行政法と憲法原理
──「法律による行政の原理」とその周辺

神橋一彦

1　はじめに

　本稿は、「憲法原理と行政法」について、憲法の観点から論じた櫻井論文[1]を承け、行政法の観点から検討を行う。したがって、前章の櫻井論文の表題が「憲法原理と行政法」であったのに対し、ここでは「行政法と憲法原理」と題することにした。憲法原理といっても、その内容は多様であるところ、以下、「法律による行政の原理」と憲法原理との関係に焦点を当てる。

　改めていうまでもなく、法律による行政の原理は、行政法の基本原理の中で最も基本的なものであるが、それが憲法に基礎づけられたものであることについては争いがない。しかしながら、この法律による行政の原理と他の憲法原理との関係については、少し整理をする必要があるし、考察・検討のポイントを法律（議会）による行政の統制に限定したとしても、議会と行政との間の関係、さらにはこの原理の要となる立法そのものが、十分にその機能を果たしているかが問題となるところである。

2　法律による行政の原理と憲法原理

(1)　若干の整理

　法律による行政の原理、とりわけその中心をなす「法律の留保」については、Unit 4 における櫻井、鵜澤両論文において行き届いた解説がなされてい

---

1)　Unit 11-1 櫻井論文 402 頁。

Unit 11-2 憲法原理と行政法

る[2]。振り返りになるが、この原理は、「行政の諸活動は、法律の定めるところにより、法律に従って行われなければならない」というものであり、法律の優位の原則、法律の留保の原則、法律の法規創造力の原則という3つの原則からなる[3]。もっとも、この原理は、「法治主義」と同じ意味に捉えられることもあるが、「法治主義」「法治国家原理」といった言葉や「自由主義」「民主主義」「国民主権」といった他の基本原理との関係については、それぞれの用語がそもそも多義性を帯びていることから、文脈や論者によってその説明に若干の違いがみられる[4]。

　例えば、ドイツにおいて「法治国家原理」（Rechtsstaatsprinzip）は、（行政法レベルでの）行政の法律適合性のみならず、権力分立原則、比例原則、法および法律への裁判の拘束、国家責任、法的安定性の原則をも含む、かなり広い内容で理解されており、行政法の原理にとどまらない、1つの憲法原理ないし国家構成原理であるとされている。またそこでは、法治国家原理が民主主義原理と区別して論じられている[5]。これは、ドイツの基本法（憲法）28条1項が、「ラント（州）における憲法適合的な体制は、この基本法の意味における共和的、民主的、および社会的法治国家に適合するものでなければならない。」と規定していることから、そこで「法治国家」や「民主主義」という言葉が、憲法典における用語として解釈の対象となっていることにも一因している。

　これに対して、わが国では、主権論については、憲法学において華々しい

2）　Unit 4-1 櫻井論文91頁、Unit 4-2 鵜澤論文110頁。

3）　藤田宙靖『〔新版〕行政法総論上巻』（青林書院、2020年）65頁以下、本書プロローグ7頁以下参照。

4）　現行憲法施行の直後、行政法学者の柳瀬良幹は、「法治主義」という言葉を（本稿の用語でいう）「法律による行政の原理」と同義のものとして論じ（次の2参照）、A.V. ダイシーの説く「法の支配」（rule of law）とは異なることを強調したが、これをめぐっては、柳瀬の著作を批判した行政学者の辻清明との間で議論の応酬があったところである（柳瀬良幹「法治行政と法の支配──辻教授の所説について」〔初出・1952年〕同『憲法と地方自治』〔有信堂、1954年〕141頁）。また、この点については、Unit 11-1 櫻井論文411頁以下参照。

5）　民主政原理につき、鈴木秀美ほか編『ガイドブック　ドイツの憲法判例』（信山社、2021年）193頁以下〔三宅雄彦〕、法治国家原理につき、同書213頁以下〔石塚壮太郎〕参照。

418

議論が展開されてきたが、法律レベルでは「国民主権」や「民主主義」という語がみられるものの、数としてはごく少数であり、いずれも当該法律の冒頭の目的規定において抽象的、理念的な内容を表現するものにとどまる。さらに、「法治主義」については、法令上の用例は見当たらず、もっぱら学問上の用語である。「国民主権」と「民主主義」との関係については、主として憲法学上の議論となろうが、国民主権が、さしあたり君主主権との対比において、国家的支配の権威の「源」の所在（国民の意思か君主の意思か）に関わる原理であるのに対し[6]、民主主義は、立法への国民の参加など、法の創設や政治組織に関わる原理と一応整理することができよう。わが国法上の用例においても、「国民主権」は、内閣法1条（内閣は、国民主権の理念にのっとり、日本国憲法第73条その他日本国憲法に定める職権を行う。）などのように理念的な文脈で用いられている。またその後の比較的新しい立法である行政機関情報公開法、独立行政法人等情報公開法、公文書管理法においては、一歩進んで、それぞれの目的規定（各法の1条）において、「国民主権」の語がみられるが、それに関しては、政府のアカウンタビリティを国民主権原理のコロラリー（当然の帰結）として導く文脈で説明されている。すなわち、「主権者である国民の信託を受けている政府は、国民に対して、自らの諸活動を説明する責務を負わなければならず、この責務が果たされない場合、主権者は、『情報を与えられた市民（informed citizenry）』とはいえず、真の主権者とはいえなくなる」というわけである[7]。

(2) 2つの観点——自由主義と民主主義

このような法律による行政の原理を支える観点（考え方）としては、①私人の権利自由の保護（自由主義の観点）[8]と②行政活動に対する民主的コントロール（民主主義の観点）の2つが挙げられる。

---

6) 小嶋和司『憲法概説』（良書普及会、1987年＝信山社、2004年）102頁。
7) 宇賀克也『新・情報公開法の逐条解説〔第8版〕』（有斐閣、2018年）32頁以下。なお、e-Gov法令検索で検索すると、現行法令では、「国民主権」が5例、「民主主義」は3例が該当する（2024年9月現在）。

Unit 11-2　憲法原理と行政法

　まず、自由主義的な観点からいえば、特に私人の権利自由に対する制限を
伴う侵害行政については、行政処分など公権力の行使について、要件や効果
が法律（委任立法も含む。）で明らかにされないと、私人の側からはどの範囲
で自分が自由に活動できるか（一定の営業が許可を要するのかどうか、禁止さ
れているかどうかなど）見通しが立たない。すなわち、これらは、静態的に
個人の地位との関係では「法的安定性」の要請ということができるし、もっ
と動態的に個人の活動との関係では「行政活動に対する予見可能性」の要請
といえる。そしてこれは、行政機関の権限が恣意的に濫用されないようにす
るという要請とも表裏の関係に立つ。

　これに対して、民主主義的な観点は、議会による行政活動に対するコント
ロールであるとともに、行政活動の正統性に関するものである。すなわち、
行政活動は往々にして私人の権利自由に対する制限を伴うわけであるが、そ
のような行政活動については、国民の同意を得て行われなければならないと
いう建前がある（民主主義に基づく自己統治の考え方、国民主権主義）。したが
って、ここで根拠となるのは国民代表である国会が定めた法律（さらに、住
民代表である地方議会が定めた条例）ということになる。

(3)　法律の文言の明確性

　ただ、このような法律による行政の原理を実効あらしめるためには、法律
そのものの規定（文言）がある程度明確なものでなければならない（明確性
の要請）。これも自由主義と民主主義の両面からみることができる。

　まず、自由主義の観点からすると、法律の文言が明確でないと行政活動に
対する予見可能性が確保されず、表現の自由において問題とされるように、
場合によっては萎縮的効果が生ずることにもなる。憲法と行政法の両方に関
わる重要なものとして、関税定率法の事例が挙げられるが、同法は、輸入禁

---

8)　このような私人の権利自由の保護をもって「法治主義」と称し、「自由主義」とは別建てとす
　る用法もあるが（柳瀬良幹『行政法教科書』〔有斐閣、1969 年〕27 頁）、法律による行政の原理
　を支える原理として、本稿では法治主義ではなく「自由主義」と称することにする。その根拠と
　しては、憲法 13 条 2 文に求められるが、さらにその基盤には同条 1 文の個人主義の考え方がある。

420

制品として「公安又は風俗を害すべき書籍、図画、彫刻物その他の物品」（事件当時の 21 条 1 項 3 号）を掲げ、その輸入を禁止しているところ、輸入禁制品該当通知には処分性が認められているので、この規定は、処分要件として位置づけられる。そして、「風俗を害すべき書籍」という文言の明確性が最高裁で争点となったところ、法廷意見は、この規定にいう「風俗」とは「専ら性的風俗を意味し、右規定により輸入禁止の対象とされるのは猥褻な書籍、図画等に限られるものということができ、このような限定的な解釈が可能である」として、同規定は、何ら明確性に欠けるものではなく、憲法 21 条 1 項の規定に反しないとした。しかし、これについては、当該文言が不明確かつ過度に広汎であるとして、憲法 21 条 1 項に照らし、違憲、無効であるとする伊藤正己裁判官らの反対意見がある（最大判昭和 59・12・12 民集 38 巻 12 号 1308 頁）。

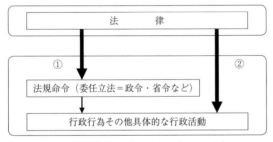

①過度の委任＝行政機関が法律の内容を決めてしまう。
②要件の規定が過度に抽象的な場合→行政機関の判断の余地（裁量）が不当に拡大する。

次に、民主主義の観点からすると、国会（法律）が十分な内容を規定せず、それを行政立法に委任したり（極端な場合は、白地委任[9]）、行政機関による個別の裁量判断に委ねるような場合（過度の委任）、国会（議会）が十分な民主的コントロールを行っていないということになる（図の①）。鵜澤論文でも挙げられた人事院規則については、委任の適法性が問題となったが、それは、この文脈においてである[10]。また、行政機関への委任ではなく、広範な裁量を認める規定によって、実質的な内容を行政機関に委ねている場合にも、問題となりうる（図の②）。

---

9) 白地委任の極端な例としては、1933 年のナチス・ドイツにおける「授権法」（民族および国家の危難を除去するための法律）の例（「ライヒの法律は、ライヒ法律に定める手続によるほか、ライヒ政府によってもこれを議決することができる。」）がある。

Unit 11-2　憲法原理と行政法

　自由主義の観点で取り上げた関税定率法の規定などは、文言が抽象的（過度に広汎である疑いあり）であるだけに、そのぶん行政の裁量も広いものといえる。もっともこの場合、私人の側からすれば、法律そのものが十分な内容を規定していなくとも、最終的に下位の委任立法（法規命令）や審査基準・処分基準（行政規則である解釈基準や裁量基準――行手法5条、11条）の段階で規律の内容が明らかになっていれば、行政活動に対する予見可能性は充たされるのではないかともいえそうである。しかし、それは、実質的な内容を国会自身が十分に定めず、行政機関がこれを決めてしまう点で、行政に対する民主的コントロールの観点から問題があるわけである。

3　重要事項留保説（本質性理論）の問いかけ

(1)　法律の留保学説

　法律の留保の原則によれば、行政活動のうち一定の範囲のものについては、法律の根拠（授権）がなければこれを行うことができないとされる。この点については既に本書でも取り上げられたところであるが[11]、そもそもの出発点となった学説は、私人の権利を制限したり、義務を課す行政活動（自由と財産の侵害）には法律の根拠が必要であるとする侵害留保理論であった。この考え方は、前述の自由主義的な観点と民主主義的な観点に立脚するものであったが、そこには君主主権主義の下において、国民代表である立法機関（議会）が関与することによって私人の権利自由を保障するという考え方があった。その後、法律の留保の原則の適用範囲を拡大する学説が主張されたが、それは主として国民主権主義と結びついた民主主義の観点からであった。すなわち、憲法の基本原理が変更され、国民主権主義の下になると、行政機関はかつての君主主権の下とは異なり当然に行政権を有するものではなく、国民の

---

10)　Unit 4-2 鵜澤論文 114 頁。この他に、過度の委任が問題とされた事例として、最（一小）判平成27・12・14民集69巻8号2348頁（斎藤誠＝山本隆司編『行政判例百選Ⅰ〔第8版〕』〔2022年〕88頁〔田中祥貴〕）。

11)　Unit 4-2 鵜澤論文 118 頁。

422

意思である法律の根拠があって初めて権限を有するものとする全部留保理論が唱えられた[12]。しかしながら、この理論については、およそ行政活動がすべて法律の根拠を要するということは非現実的であるということにとどまらず、憲法解釈上も、国民主権主義の下での三権の関係は、かつての君主と市民、行政と立法という対立構造ではなく、三権とも憲法の下に創設された国家機関であり、行政と立法との間の権限分配は、両機関の機能に着目して考えるべきだという憲法論も主張されてきた。日本においても、侵害留保理論と全部留保理論の中間のどこで法律の留保の原則の妥当範囲を画するかにつき、種々の学説が唱えられたが、侵害留保理論を最低ラインとしつつ、権力留保理論と呼ばれる考え方が、（理論的な位置づけにつき疑義は残るものの）ひとつの落ち着きどころとされているのが現状であろう[13]。

(2) 重要事項留保説（本質性理論）の基本的視点

　これに対し、行政法の教科書・概説書では、法律の留保に関する学説として「重要事項留保説」（本質性理論）と呼ばれる学説が紹介されている。この考え方は、《立法者（議会）は、「重要な事項」（ないし本質的な事項）を自ら決定しなければならない。》[14] というものであるが、そこでは法治国家原理と民主主義原理が根拠とされている。この理論は、ドイツ法における 1970年代以降の判例・学説に由来するものであるが、日本では、1980 年代、大橋洋一によっていち早く詳細な研究がなされ[15]、最近も発展的な研究が続い

---

12)　法律による行政の原理の歴史的背景については、藤田・前掲注 3) 58 頁以下。

13)　法律の留保学説の詳細については、藤田・前掲注 3) 86 頁以下、宇賀克也『行政法概説 I〔第 8 版〕』（有斐閣、2023 年）36 頁以下、大橋洋一『行政法 I〔第 5 版〕』（有斐閣、2023 年）27 頁以下など参照。

14)　この「重要事項留保説（本質性理論）」という名称は、ドイツの Wesentlichkeitstheorie の翻訳である。「重要」も「本質的」もドイツ語の wesentlich という語の訳であるが、前者のほうが日常用語に近いであろう。現に近時は、「重要事項留保説」との訳が多く用いられているので、本稿においてもこれを使用することとした。

15)　大橋洋一「法律の留保学説の現代的課題——本質性理論（Wesentlichkeitstheorie）を中心として」（初出・1985 年）同『現代行政の行為形式論』（弘文堂、1993 年）1 頁。わが国の現状との関係も含め、大橋・前掲注 13) 32 頁以下参照。

Unit 11-2　憲法原理と行政法

ている[16]。

　ここで「重要な事項」が何であるかについては後述するとして、さしあたりこの理論は、①「重要な事項」については、議会が定めなければならず、行政機関が独自に定めることはできない領域があること（議会留保の問題）、そして②規律の対象のうち「重要な事項」については、議会が法律で定めなければならず、それを行政機関に委任してはならないということ（規律密度の問題）、という2つのポイントからなっている。もともと侵害留保理論も、「自由と財産の侵害」、すなわち、私人の自由権的基本権（自由権・財産権）を制限する行政活動をここにいう「重要な事項」であるとしていたとすれば、(i)そのような事項（自由権的基本権に対する制約）については議会が法律によって定めなければならず、(ii)そしてそのような法律の規律には（前述のように）明確性が要求されるということになり、重要事項留保説において、既に（いわばコアな部分として）包含されているともいえる。しかし、そこで基礎となる「議会」観は、国民の意思との距離において最も民主的正統性が高いこと、さらには公開の議事手続において多数派と少数派の討論と妥協が行われる場である点において、議会の決定は行政機関の決定とは異なるということに求められる。

　したがって、重要事項留保説が法律の留保の学説（さらに、議会の役割）の拡大を志向するものであることは確かであるが、そこには①留保領域を拡大しようとする方向（ヨコの広がり）と、②規律密度を高めようとする方向（タテの深化）という、さしあたり2つの方向が存在することがわかる。そしてそのようにみてくると、少なくとも②の規律密度の深化の問題は、行政権そのものに対するコントロールというよりも、議会に対して行政権をコントロールするだけの内容（規律密度）の法律を制定せよと求める点において、（司

---

16)　そのような研究として、山田哲史「本質性理論再論──法律による捜査活動規制論の準備作業として」行政法研究26号（2018年）107頁のほか、原田大樹『公共制度設計の基礎理論』（弘文堂、2014年）［原田①］、同『公共紛争解決の基礎理論』（弘文堂、2021年）［原田②］、渡邊亙『法律の留保に関する比較研究』（成文堂、2019年）所収の諸論文、さらに法律事項（法律または法律に基づく命令で定めなければならない事項）となる行政の範囲につき、仲野武志「法律事項論」『法治国原理と公法学の課題』（弘文堂、2018年）13頁以下がある。

424

法権による）立法権に対するコントロールということができる[17]。この点は、従来の法律の留保の原則に関する学説とはやや視点を異にするものといえよう[18]。

(3) 留保領域の問題——ヨコの広がり

まず法律の留保領域としての「重要な事項」については、(a)基本権が関係する事項と(b)国政全般などそれ以外の事項に分けて考えることができる。

(a) 基本権が関連する事項

ドイツの重要事項留保説についても、そこで何が「重要な事項」かについて必ずしも明らかでないという批判があるが、さしあたり「基本権の実現にとって重要な事項」については、立法者が自ら定めなければならないとされている。これは最初の出発点である侵害留保理論が自由権的基本権（財産権も含む。）の保障にあったことからすれば、その延長にあるものと理解できる。そしてこの基本権がかかわる領域について留保領域を拡大する余地があるとすれば、給付行政において基本権が関連する場合であるが、そこでは基本権に対する一方的な侵害（制限）ではなく、複数の権利利益の調整が主として問題となる。例えば、ドイツでは、重要事項留保説の下、性教育の導入について立法者が法律（ラントの法律）で定めなければならないと解されているが、それは、当該事項が、国家の教育と親の基本権、そして教育を受ける子ども本人の基本権の調整が問題となるからだとされている（ドイツ連邦憲法裁判所第1部決定1977・12・21）。すなわち、そのような国家の任務と私人の基本権の調整は、民主的正統性が最も高い議会が行うべきだという考え方が基礎にあるが、そこには「国家からの自由」にとどまらない基本権の範囲の拡大

---

17)　山田・前掲注16) 141頁以下参照。その意味で重要事項留保説の形成に当たっては、連邦憲法裁判所の判例が重要な役割を果たしている。わが国において重要事項留保説をめぐる議論が低調なのは、ドイツの事例に対応する訴訟の提起（とりわけ憲法訴訟）がわが国では困難であるということもあるだろう。

18)　このようにみてくると、同じ「重要な事項」（wesentlich）といっても、①の留保領域としての「重要な事項」と②の規律密度で問題となる「重要な事項」とでは、さしあたり次元が異なるということになる。

425

Unit 11-2　憲法原理と行政法

が反映されているのである[19]。

(b)　国政全般などそれ以外の事項

　基本権に関連する事項以外で問題となるのは、国政にとって重要な事項である。これは主として民主主義の観点から要請されるものであるが、その際に何が重要な事項に当たるかは、基本権が関連する場合のように、ある程度明確な基準というものは見出しがたく、国民主権主義のもと、国民との距離の近い議会がどこまでを決定すべきかという観点が問題となる。しかし、政治的に重要な事項であるからといって、すべて議会が第一次的に決定すべきであるかは、「行政」とは別の「執政」（外交を含めた国の総合的・全体的な政策や方向づけ[20]）の領域のことなどを考えれば、簡単に判断することはできないであろう[21]。また、防衛作用などは、文民統制の観点から法律で定めることが要求され、かつ、議会の民主的コントロールの観点からすれば自衛隊の行動について、事後の国会承認なども含め、手続につき法律によって定めることが要請されよう（そしてそれを承けて、どこまで国会が法律で定めるべきかという規律密度の問題が出てくる）[22]。いずれにしても、「国政にとって重要な事項は、議会が自ら定めなければならない。」といった一般的な公式を定立することは困難である。また行政組織のあり方についても、どこまでが重要な事項として法律の留保の対象になるかという問題もある[23]。

　このように、留保領域の拡大については、基本権保障に着目した法治主義的（自由主義的）な契機と、国政の民主的コントロールに着目した民主主義

---

19)　BVerfGE 47, 46（判例集の出典）。同判決については、鈴木ほか編・前掲注5）69頁、（学校法領域全体も含め）大橋・前掲注15）14頁以下、評釈として、西原博史「学校における性教育の許容性と親・子どもの基本権——性教育決定」ドイツ憲法判例研究会編『ドイツの憲法判例〔第2版〕』（信山社、2003年）242頁参照。

20)　渡辺康行ほか『憲法Ⅱ　総論・統治』（日本評論社、2020年）115頁［宍戸常寿］。

21)　渡邊・前掲注16）70頁以下参照。

22)　塩野宏「法治主義の諸相」同『法治主義の諸相』（有斐閣、2001年）129頁以下。関連して、Unit 9-2 栗島論文353頁以下参照。

23)　行政組織のどこまでについて法律で規律することを要するかについては、行政組織法の分野における重要問題である（大橋洋一「制度的留保理論の構造分析——行政組織の法定化に関する一考察」同『都市空間制御の法理論』〔有斐閣、2008年〕264頁以下など参照）。

行政法と憲法原理

的な契機とがある。

(4) 規律密度の問題——タテの深化

次に、一定の事項が法律で規律されるべきであるとして、どの程度まで規律密度が求められるかという問題がある。この問題は、行政権の制約を目的とする法律の留保の原則の問題としてではなく、前述した文言の明確性の問題や委任立法の限界（白紙委任の禁止）の問題[24] として論じられてきた。もっとも、従来の最高裁判例を見る限り、委任を受けた法規命令が内容的に委任の範囲を超え違法とされた事例はあるものの、委任立法そのものが過度の委任を行ったとして無効とされた事例はみあたらない。しかし、法律の規律密度の問題についてはなお議論の余地があるとおもわれる[25]。また、重要事項留保説についても、これを規律密度の問題に特化して論じることが妥当ではないかという指摘もある[26]。本稿では、以下、規律密度が問題となるものとして——やや話が跳ぶが——取消訴訟の原告適格の問題を取り上げる。

4　法律の規律密度に関連する問題——取消訴訟の原告適格

(1) 法律上保護された利益説と処分の根拠法規

行政庁の処分に対し、処分の名宛人以外の第三者が取消訴訟を提起する場合における原告適格（行訴法 9 条 1 項）につき、判例は、いわゆる「法律上保護された利益説」に立ち、「当該処分を定めた行政法規が、不特定多数者の具体的利益をもっぱら一般的公益の中に吸収解消させるにとどめず、それが帰属する個々人の個別的利益としてもこれを保護すべきものとする趣旨を含むと解される場合には、かかる利益も右にいう法律上保護された利益に当たり、当該処分によりこれを侵害され又は必然的に侵害されるおそれのある

---

24)　渡辺ほか・前掲注 20）232 頁参照。
25)　従来の立法実務は、規律密度について十分配慮してきたとはいえないと指摘するものとして、宇賀・前掲注 13）40 頁以下参照。
26)　山田・前掲注 16）117 頁。

427

Unit 11-2　憲法原理と行政法

者は、当該処分の取消訴訟における原告適格を有するということができる」
としている（最判平成元・2・17民集43巻2号56頁［新潟空港訴訟］など）。こ
のような考え方にあっては、原告適格という訴訟要件にかかる判断が、処分
の根拠法規という法令の解釈に依拠することになるが（行訴法9条2項も、
解釈基準としてそのことを前提としている。)[27]、その根拠は、行政権に制約を
課す国会制定法（法律）において、一般的公益と私人の利益（私益）が調整
されているからという一応の建前があるからと考えられる[28]。

(2)　原告適格判断と下位法令

　このように、法律上保護された利益説の正当性は、基本的に国会が法律で
定めたということに求められるのであるが、他方で、その規律の内容は、下
位法令である委任立法（委任条例も含む。）によって補完されている。問題は、
原告適格の有無が下位法令の規定によって決まることがあり、それが果たし
て妥当かということである[29]。すなわち、そこでは法律が定めるべきことを
定めていないのではないかという疑問が出てくる。

(a)　場外車券発売施設許可と風俗営業許可

　そのことが問題となったのが、自転車競技法に基づく場外車券発売施設の
設置許可に対する取消訴訟について、周辺住民の原告適格が否定されたサテ
ライト大阪訴訟判決（最判平成21・10・15民集63巻8号1711頁）である。そ
こで同法は、経済産業大臣は、場外施設の設置許可の申請があったときは、
申請に係る施設の位置、構造及び設備が経済産業省令で定める基準に適合す
る場合に限り、その許可をすることができる旨規定し（4条2項）、これを受け、
同法施行規則15条1項は、①学校その他の文教施設及び病院その他の医療
施設から相当の距離を有し、文教上又は保健衛生上著しい支障を来すおそれ
がないこと（同項1号＝位置基準）と②施設の規模、構造及び設備並びにこ

---

27)　主婦連ジュース事件判決は、法律上保護された利益を「<u>行政法規が私人等権利主体の個人的利益を保護することを目的として行政権の行使に制約を課していること</u>により保障されている利益」と表現している（最判昭和53・3・14民集32巻2号211頁）。

28)　この点については、神橋一彦『行政訴訟と権利論』（信山社、2003年）162頁以下参照。

29)　この点は、Unit 4-2鵜澤論文114頁においても言及されていたところである。

428

行政法と憲法原理

れらの配置は周辺環境と調和したものであること（同項4号＝周辺環境調和基準）を定めていた。そして、それを前提に、当該施設周辺に所在する病院の開設者については位置基準によって原告適格が認められたものの、周辺環境調和基準の保護規範性が否定されたため、周辺住民に原告適格は認められなかった。

これに関連して、ぱちんこ屋などの風俗営業許可についてみてみると、法律（風営法）レベルでは、①都道府県公安委員会は、許可申請に係る営業所が、「良好な環境を保全するため特にその設置を制限する必要があるものとして政令で定める基準に従い都道府県の条例で定める地域」（風俗営業制限地域）内にあるときは、許可をしてはならないと規定する（4条2項2号）。これを受けて、②政令（同法施行令）は、条例で風俗営業制限地域を定める基準として、「住居が多数集合しており、住居以外の用途に供される土地が少ない地域」（住居集合地域＝6条1号イ）と「その他の地域のうち、学校その他の施設で特にその周辺における良好な風俗環境を保全する必要がある施設［＝保護対象施設］として都道府県の条例で定めるものの周辺の地域」（同号ロ）を定めている。そして、このような法令の定めの下、条例が定める住居集合地域の住民の原告適格は否定され、保護対象施設の開設者の原告適格は肯定されている（最判平成10・12・17民集52巻9号1821頁）。

風俗許可の場合は、私人の営業の自由が関係していることもあり、法律が政令に基準の設定を委任し、それを受けて条例（地方議会）が最終的な基準を定める流れとなっている（もっとも、原告適格の帰趨が下位法令によって決まることには変わりはない）。これに対して、場外車券発売施設設置許可の場合は、経済産業省令ですべて決められることになっている。しかし、場外車券発売施設の設置についても、第三者も含めた利益調整が必要であるとすると、許可要件を全面的に省令に委任することは、過度な委任（立法の懈怠）というべきであろう[30]。

(b) 納骨堂設置許可

さらに近時、最高裁は、墓埋法（墓地、埋葬等に関する法律）に基づく納骨

---

30) Unit 4-2 鵜澤論文114頁。

429

Unit 11-2 憲法原理と行政法

堂設置許可の取消訴訟につき、納骨堂設置予定地の周辺住民に原告適格を認めたが（最判令和5・5・9民集77巻4号859頁）、この判決において、立法の任務に照らした規律密度の問題が顕在化した。すなわち、同判決においては、一定範囲の周辺住民に原告適格を認めた結論自体には反対はないものの、処分の根拠法規の理解をめぐって法廷意見と宇賀克也裁判官意見との間で注目すべき見解の相違がみられる。

墓地や納骨堂の経営については、墓埋法10条1項は、「墓地、納骨堂又は火葬場を経営しようとする者は、都道府県知事の許可を受けなければならない。」と規定しているのみで、要件については何ら具体的な定めがない。これは、「墓地等の経営が、高度の公益性を有するとともに、国民の風俗習慣、宗教活動、各地方の地理的条件等に依存する面を有し、一律的な基準による規制になじみ難いことに鑑み、……［墓地経営等］に係る許否の判断については、上記のような法の目的に従った都道府県知事の広範な裁量に委ね、地域の特性に応じた自主的な処理を図る趣旨に出たもの」とされており、「同条は、法の目的に適合する限り、墓地経営等の許可の具体的な要件が、……条例又は規則により補完され得ることを当然の前提としているもの」と解されている（同判決法廷意見）。

そして同判決の法廷意見は、墓埋法10条の規定につき、「［墓埋］法は、墓地等の管理及び埋葬等が、国民の宗教的感情に適合し、かつ、公衆衛生その他公共の福祉の見地から支障なく行われることを目的とし（1条）」、「それ自体が墓地等の周辺に居住する者個々人の個別的利益をも保護することを目的としているものとは解し難い」とする平成12年判決（最判平成12・3・17判時1708号62頁）を維持しつつ、市長が定めた墓埋法施行細則8条（当該申請に係る墓地等の所在地が、学校、病院及び人家の敷地からおおむね300m以内の場所にあるときは、当該許可を行わないものとすると規定する。）を根拠に原告適格を承認しているのである。このように、法廷意見によれば、市長が定めた規則を根拠に原告適格が決まることになるが、これについては、宇賀裁判官意見が、法律の留保との関係も含め、次のように批判している。

「許可制度を設けるということは、申請に対して諾否の応答を行政庁が義務付けられ

430

ることを意味するので（行政手続法2条3号）、諾否の応答の基準を想定しない許可制度はあり得ないといえよう。本来、許可制度を設けながら、許可の要件を法律に全く規定しないことは、法律の留保における規律密度の観点から問題であり、地方の実情に配慮した柔軟な要件とすることが望ましい場合であっても、骨格的な要件は法律自体に明示すべきであるといえる。しかし、それが明示されていないゆえに、［墓埋］法10条は、墓地経営等による不利益を被る者の原告適格を認めていないと解するとすれば、いわゆる法律上保護された利益説は、いわゆる（裁判上）保護に値する利益説からの批判に耐えることはできなくなると思われる。取り分け、［墓埋］法10条は、許可要件を条例に委任しているわけではないので、都道府県又は市若しくは特別区が、条例又は規則で許可要件を定めず、審査基準を要綱等のように、法令としての性格を有しないもので定めるにとどまることもあり得るのであり、その場合には、行政事件訴訟法9条2項の「関係法令」として原告適格を認めることが困難になると思われる。」（下線部、筆者）

　ここで宇賀裁判官意見は、墓埋法10条について、同条が周辺住民の個別的利益を保護していると解さなければ、それ自体、本来法律で規定すべき事項を規定してないということになり、ひいては法律上保護された利益説の正当性にも影響することを指摘している。まさに法律の規律密度に関わる問題であり、宇賀裁判官があえて「意見」（当該判決の結論には賛成するが、理由が異なるという立場の個別意見）という形で平成12年判決は変更を免れないと主張したのも、そこに単なる原告適格の判断にとどまらない、法治主義（法律による行政の原理）にとって看過できない原理的な問題が伏在していると認識したからであろう[31]。

31）　このような宇賀裁判官意見の指摘については、法廷意見およびその他の個別意見（林道晴裁判官補足意見）に直接の応答はみられない（関連して、宇賀・前掲注13）42頁以下参照）。この他、社会保障給付決定にかかる処分性との関係で、重要事項留保説の観点から議会の決定の必要性を説くものとして、原田②・前掲注16）135頁。

Unit 11-2 憲法原理と行政法

5 おわりに

　本稿では、法律による行政の原理の前提となる立法のあり方について、重要事項留保説を1つのテコにして概観してきた。ドイツにおいてこの説は、一方でそこにいう「重要事項」の意義が不明確であるという指摘があるものの、他方において何が「重要事項」であるかについて、規律の領域に応じ、議会と行政との間の機能分配の観点などを中心にして議論が行われてきた[32]。そしてそのような議論は、わが国における国会の立法裁量や行政機関の基準策定に関する裁量といった、憲法、行政法双方の問題を検討する際にも参考になるようにおもわれる。いずれにしても、法律による行政の原理が議会による行政統制にかかるものである以上、そこでは、行政を統制する法律の内容的「質」が常に問題となるはずである。そして、そのことは、行政法全般に多岐にわたる影響を及ぼしうるものであることを、最後に指摘しておきたい。

---

32) この点については、山田・前掲注16）が、重要事項留保説にかかる初期（1985年）の研究である Jürgen Staupe, Parlamentsvorbehalt und Delegationsbefugunis（『議会留保と委任権限』）を参照しつつ、ドイツの議論を丁寧に紹介している。原田①・前掲注16）351頁以下は、国際緊急市場規制との関係で、山田・前掲注16）や原田②・前掲注16）83頁は、GPS捜査など刑事訴訟法の定める強制処分との関係で重要事項留保説に言及する。

432

Discussion2
裁量・比例原則における憲法と行政法の関係

1 はじめに

　神橋：司会を務めます立教大学の神橋です。本日はよろしくお願いします。
　本書ではこれまで、11 のトピック（Unit）を取り上げ、24 の論稿を掲載しました。どれも 1 つのテーマが大きく、紙幅の関係上、十分に取り上げられなかった問題、さらには議論の余地が残されている問題があることも確かです。ここで本書を締めくくるに当たり、改めてメンバー全員が集まって座談会を行うことにしました。
　本書では、ちょうど折り返しの時点で 1 度座談会をやっていますが（Discussion1）、そこでも、憲法と行政法の接点などについて既にいろいろ論じています。その際には、それまで本書で取り扱ったトピックの中から「表現の自由」ないしは「集会の自由」と「経済的自由」を取り上げるとともに、憲法と行政法との関係についても、様々な議論をしました。
　今回は主として、その後の本書の後半部分で扱った内容を中心に、まずは、学生や読者の皆さんの関心の高い 2 つのトピックについて議論したいと思います。第 1 は「裁量」で、特に行政裁量と立法裁量の問題です。第 2 は「比例原則」で、これも憲法、行政法双方の観点からいろいろな議論がありました。
　また、前回の座談会以後に取り上げたものとして司法権の問題があります。この問題は非常に大きな問題で、4 人で 1 回ずつ書いておりますが、これについては、いろいろなところに関わってくると思うので、適宜議論の中で言及できればと思います。

433

Discussion2

さらに、（本書の元になった）連載の期間（2021 年〜 2023 年）だけでも、憲法と行政法に関わる重要な最高裁判例が出ています。そのような動きも含め、憲法と行政法との関係について改めて議論することができればと思います。そして、最後に、本書を締めくくるに当たり、読者の皆さんにわれわれからのメッセージをお届けしたいと思います。

2 裁 量

神橋：まず最初に取り上げるのは、「裁量」の問題です。これについては、鵜澤さんの「立法裁量と行政裁量」、そして櫻井さんの「裁量をめぐる憲法論」を掲載しましたが、改めてこの 2 つの論稿を踏まえて議論したいと思います。

まずは、鵜澤さんから内容の振り返りと若干のコメントをいただき、その後、他のメンバーから意見を出し合いたいと思います。それでは鵜澤さん、お願いします。

鵜澤：日本大学の鵜澤です。Unit 6-1 で立法裁量と行政裁量について論じました。その内容をダイジェストしつつコメントしていきたいと思います。行政裁量論は行政法学が学問として成立した当初から議論がありました。行政裁量論は、行政法学の中でも古典的な理論から最も大きく変化してきた部分ではないかと思います。戦前には美濃部説と佐々木説の対立軸で論じられており、現在でも一部残っているところもありますが、ほぼ原型をとどめない程度にまで発展してきていると思います。

特に大きく展開しているのが裁量統制の方法についての議論です。とりわけ平成に入ってから判例上で判断過程統制が展開してきました。その判断過程統制を憲法でも参照して、立法裁量についての統制の議論がどんどん進んでいるのが現状だと思います。新潟大学の山本真敬さんの業績（『立法裁量と過程の統制』〔尚学社、2022 年〕）などは、その典型かと思います。

私の論稿では立法裁量と行政裁量の違いとして、**プロローグ 6 頁**で神橋さんから言及があった、憲法と行政法の規範構造の違いから話をしています。憲法は制限規範であるのに対し、行政法は授権規範の性質が強いということでした。これを受けて立法裁量は憲法により制限されていない部分が裁量の

範囲になるのに対し、行政法では積極的に法律で授権されているときに、裁量の枠も同時に決まっているのが違いだと論じています。

古典的な行政法学は行政行為中心に理論体系をつくり上げていることもあり、行政裁量論は主に行政行為を念頭に置いています。行政行為は根拠規定で要件と効果の形で規律されているので、効果裁量説を採る美濃部説と要件裁量説を採る佐々木説が対立するという古典的裁量論以降ずっと、要件裁量・効果裁量という枠組みで議論がされてきました。

最近の行政法では行政行為以外の行為形式についても重要性が高まっていて、計画についての裁量についても論じられるようになってきています。その際、処分の行政行為の裁量は条件プログラムであるのに対し、計画は目的プログラムという形で論じられていたりもします。

論稿のダイジェストとしてはこんなところですが、前回の座談会からの判例としては、『宮本から君へ』の最高裁判決（最判令和 5・11・17 民集 77 巻 8 号 2070 頁）が最近出たところです。この助成金の交付決定も補助金適正化法の適用があるということで処分とされていますが、給付の実体面、つまり支給要件あるいは支給の基準や支給額等は要綱等で決まっていて、いわば要件が法律で規律されていない行為についての裁量が問題となっています。

本事案では、出演者の中にコカインを使って有罪判決を受けた人がいるのに助成金を交付するのは望ましくないという理由が、不支給の理由として許されるかどうかが問題になっています。補助金適正化法にもそういった条文はないし、要綱等にも明示的な規定は存在しない。法律でも要綱でも規定のないことを考慮して不支給にできるか。そこが、この問題の争点になると思います。このような問題も、要件裁量、効果裁量という枠組みで論じられてきた古典的裁量論から外れたところがあります。

行政法の側でも、行政行為中心の裁量論から脱却しなければいけないところがあるのかと思いますが、そういったところで立法裁量との対話がどんどん重要になってきているのではないか。これが現在の理論状況だと思います。

神橋：ありがとうございました。次に、櫻井さんからコメントをいただければと思います。

櫻井：甲南大学の櫻井です。鵜澤さんがおっしゃったように、行政法では

Discussion2

伝統的に行政行為、行政処分を中心に裁量論が考えられてきました。行政処分であれば、処分の根拠となる法律の条文を出発点として考えていく。これは裁量があろうがなかろうが、行政処分を扱う以上は根拠条文を出発点としなければならないのは当然だと思います。

　鵜澤さんも憲法と行政法の規範構造の違いの話をされましたが、そもそも憲法の条文は行政法の条文と違い、要件・効果で書かれているものは多くありません。そのため行政裁量の議論は、そのままでは立法裁量には使いにくいところがあります。逆に、古典的と言われている裁量統制手法、つまり、重大な事実誤認、不正な動機、比例原則、平等原則などは「裁量があったとしても違法になる」というもので、裁量がない場合でも、もちろん違法になる。そのような一般的なものです。しかも行政に限られるものでもなく、公権力全体に妥当すべきものだと思いますので、立法裁量でも使えるのではないか、これを発展させる方向はどうか、というのが個人的な問題関心でした。

　特に不正な動機については、芦部信喜先生や時国康夫裁判官といった初期に憲法訴訟論を築いた方たちは動機の審査に否定的でしたが、最近は若い研究者を中心にアメリカの判例・文献を紹介する形で動機審査の問題を扱う方が結構いらっしゃいます。それを既存の法理論、行政裁量で説かれてきた考え方とうまく結びつけ、何か発展可能性を探れないか。具体的には参議院の特定枠について実際に試してみました。特定枠は、個人的には問題の多い制度だと思いますが、最高裁では立法裁量の壁に阻まれています（最判令和2・10・23判時2481号9頁、最判令和5・10・12裁判所ウェブサイト）。決して使い勝手のいいものではありませんが、公権力を恣意的に行使してはならないというのは立憲主義の核心ですので、軽視してはならない考え方だと思います。

　そもそも裁量が認められるのは、裁判官が判断するよりも裁量権を与えられた者が判断した方が、よりよく公益を実現できるからなはずです。裁量権者は決して好き勝手をしてよいというものではない。裁判所としては裁量権者の判断を尊重すべきだとしても、裁量権者は行為規範としては公益を最大限に実現する必要があるはずです。この辺りが学説でもコンセンサスがえられていないところだと思いますので、特に司法試験の受験生が非常に苦労する点ではないかと思います。

436

司法試験の憲法は、出題形式がコロコロと変わっていますが、伝統的には原告側から主張して、それに反論して、自分の考えを述べるという形で3方向から論じる方式でした。その際に国側の反論として裁量を持ち出すのは個人的にはおかしいのではないかと感じます。国側としてはベストな選択をしたのだということを積極的に説明すべきです。裁判であれば、負けないためにあらゆることを主張するのも分からなくはないですが、裁量権を行使した側としては、あくまでもベストな選択をしたことを積極的に主張すべきではないかと思います。反論の箇所で「裁量があるから緩やかな審査で」と書くのは適切ではないと個人的には思います。しかし平成29年の問題では、出題趣旨で、国側の反論ではまず「広範な裁量」が書かれていました。

最近では、事前に助言を与えるタイプの出題が多いですが、この場合、裁判所は緩やかにしか審査しないとしても、立法者は事前にきちんと合憲性を審査する必要があるはずです。立法者がきちんと合憲性を審査するからこそ、裁判所は立法者の判断を尊重することができる。しかし令和2年の問題では、立法者の判断を尊重する判例を使って論じてもよいと出題趣旨で述べられています。

この辺りは、おそらく出題委員の先生方も含めて学説がまとまっていない状況ではないかと思います。受験生は本当に大変だなと思っています。

神橋：ありがとうございました。それでは、栗島さん、どうですか。

栗島：埼玉大学の栗島です。鵜澤さんと櫻井さん、それぞれの論稿を大変面白く読ませていただきました。まず鵜澤さんの論稿に関して言うと、先ほど櫻井さんからも話がありましたが、裁量それ自体は日常用語として「何をしてもよい」という意味で理解されがちです。しかし、行政裁量というのは本来そうではなく、もともと法の目的により羈束されていて、いわば足し算的に決まるのだ、ということを最初にはっきりと説明されていて、理解に資するところが大きい論稿だったと思いました。

その上で、鵜澤さんに伺いたいことがあります。櫻井さんの論稿で書かれていることですが、憲法学では、立法裁量はデッドロックとも言われています。立法裁量を出されてしまうと、ほとんどの場合、合憲判断にいってしまう。そのため、ここをどう切り崩すかが憲法学にとっては非常に大きな問題

Discussion2

で、そこから多くの議論が出発していると思います。そこで出てくる道具立ての代表的なものとして「審査基準論」があります。なんとかして、一定の場面で立法者の裁量を抑え込もうとするわけですね。

　行政法の場合は、この辺りをどのように考えるのかと疑問に思いました。裁量に切り込む方法として、行政法では特に判断過程・考慮要素に着目していく方法が発展してきたと思います。それとは異なり、憲法学で違憲審査基準論がやってきたように、審査を厳格ないし緩やかにする際の基準を定めることで、裁判官の思考をコントロールしていこうというアプローチを、行政法の中でとろうとする動きはなかったのでしょうか。

　鵜澤：行政法で議論されているものとしては、審査密度の問題かと思います。行政法でも、判断過程統制を中程度審査に位置づけるという見方が、教科書等の説明にも存在し、判断過程統制は審査密度を上げるための1つの工夫なのだという理解は、一部ではされていると思います。しかし私は、判断過程統制は特殊な審査方法ではなく、審査密度の問題はそれとはまた別にあるのではないかという理解をしています。ですから、私の理解として判断過程統制は審査密度を上げるために登場したわけではないと考えています。私の論文（Unit 6-1）の中ではマクリーン事件の話を最初に出していて、マクリーン事件で示されている事実誤認や事実の評価の誤りという方向も、判断過程審査の流れの一部に位置付けられるという理解を示しています。

　栗島：なるほど、そうなのですね。憲法学では「審査基準」という言葉が長らく用いられてきたと思いますが、最近、三段階審査・比例原則とともに「審査密度」という言葉が憲法学でも用いられるようになってきているので、そこは接点を見つけられるかもしれないと思いました。

　まさに今お話しいただいた点に関連して、2点目の質問をさせて頂きたいのですが、ご論稿の中で、判断過程統制と呼ばれるものの特殊性はあまりなく、マクリーン事件の延長上に位置付けられるという説明をされています。これは、従来の通説とは異なるご説明かと感じました。もしそうだとすると、鵜澤さんの見解では、学説上、あえて判断過程統制とカテゴライズされているものは一体何なのでしょうか。

　鵜澤：行政の判断のどの部分に裁量を認めるかという問題になってくると

438

思います。私としては行政処分とは行政庁による法適用であるという考え方で、法適用である以上は適用すべき法の解釈をして、事実認定をして、要件への当てはめをして効果を導く作業をしているわけで、判断過程統制で考慮事項を見ているのは事実認定をして、その事実の評価をしているという話にすぎない。そういう点では、特殊ではない。行政庁の法適用を裁判所が見直しているだけという理解です。

栗島：憲法学では、立法裁量に切り込むにあたって、いわゆる判断過程審査の手法に期待を寄せている論者が多いようにも思いましたので、この点を質問させて頂きました。神橋さんは、判断過程審査の特殊性について、どのように見られていますか。

神橋：私は問題意識を共有できていない面があるかもしれませんが、憲法学との接点ということでいうと、かつて憲法の菅野喜八郎先生が、Entscheidung——これは「決定」という意味のドイツ語ですが——という言葉については、決定という「行為」と決定の「所産」の2つの意味があるとよくおっしゃっていました（菅野喜八郎「C・シュミットの憲法概念について」『論争憲法・法哲学』〔木鐸社、1994年〕193頁以下など）。そのような思考から裁量論をみると、判断過程というプロセスを経た上で決定の所産としての処分があるわけですが、そのような処分に対する実体法的な評価は、根拠法令や法の一般原則などに照らして行われます。そして、それとともに、判断過程審査というのは、そのような決定に至るまでのプロセスを見ていくということではないかと思います。

したがって、そのようなプロセス、すなわち判断過程がおかしいということになると、決定の所産である処分もおかしいのではないかということにもなります。そこは裁判所から見ると行政にお任せする意味での裁量を与えているけれども、決定のプロセスがおかしいことになると決定の所産もおかしいのではないかという一応の見立てがそこにはあるのだろうと思います。

そういった意味で判断過程審査ということがいわれてきたのは、複雑化した行政を踏まえれば、ある意味で必然的といえるでしょう。それから、古典的学説においても、自由裁量といえど、その逸脱濫用は違法であるとされてきました。その中の1つとして判断過程も含まれるとすれば、古典的学説と

439

Discussion2

も連続性があるのではないかと思います。

　このような図式を立法に当てはめて、立法の所産としての立法内容と、そこに至るまでの立法過程という区分けができるとすれば、それがどのような意味を持つか、むしろ憲法の方に聞いてみたいところです。

　栗島：とても面白い話で、「行為」と「所産」の区別は、裁量の議論をする上で有益な線引きかと思いました。今まで、立法裁量といったときにはほとんど「所産」だけを見てきたのが、「行為」といいますか、判断のプロセスにまでチェックが及ぶことで、審査の踏み込みができるのではないかと憲法学者が期待をしている、という状況かと理解しています。

　神橋：判断過程をチェックするポイントというのはいろいろあって、判断にあたって何がしかの基準があれば基準の合理性が出てくるし、調査審議が合理的かという問題もあります（最判平成4・10・29民集46巻7号1174頁〔伊方原発〕）。また他方で、およそ判断の前提となる基準がない場合もあり、例えば土地収用の事業認定における「事業計画が土地の適正且つ合理的な利用に寄与するものであること。」（土地収用法20条3号）などは、その判断について一般的な基準はないわけだから、ストンと考慮事項という話になってくる。

　そうすると、鵜澤さんが挙げていらっしゃったエホバの証人剣道受講拒否事件（最判平成8・3・8民集50巻3号469頁）ですが、これも「学力劣等で成業の見込みがない」という退学処分の要件に該当するか否かに関する一種の判断過程が問題になっています。そして、この事件の特殊性があるとすれば、Discussion1でも述べましたけど、剣道の受講を含む体育を必修科目にしながら、宗教的な理由から剣道実技ができないという学生に対し代替措置の配慮をしなかったということが事の発端だということです（本書156頁）。そうなると、考慮事項として何を考慮したかというよりも、教育実施の場そのものが――それを「判断過程」ということは可能だと思いますが――憲法の観点からして妥当ではなかったのではないかということになるのではないかと思います。

　それに対し、今日最初に話のあった『宮本から君へ』の事件などは、まさに判断過程における考慮事項の重み付けの中で基本権的な利益をどう考慮す

440

るかというスタンスで論じられているわけです。つまり、判断過程の捉え方といいますか、判断過程の中のどこにポイントを置くかということとの関係で、憲法の人権論をどのように読み込んでいくかが、1つのポイントになるのかなと思います。

栗島：では、次に私から櫻井さんにも質問させていただきます。櫻井さんの論稿も大変興味深く読ませていただきましたが、その中で、立法裁量と審査基準は別物だという話は、学生にとってはかなり混乱を招くポイントではないかと思いました。私の経験でも、学生のなかでは〈広範な立法裁量＝緩やかな審査〉という意味だと理解し、逆に、立法裁量が狭くなるにつれて厳しい審査がされると考える人が非常に多いと思います。櫻井さんは、それは違うのだという話を書かれていたと思いますが、他方で、この2つが被る部分もあるかなという印象もあります。要するにどこまでが同じで、どこからが違うのか、櫻井さんからお話しいただければと思いましたが、いかがでしょうか。

櫻井：先ほど栗島さんもおっしゃられたように、伝統的に立法裁量を持ち出されたら負けてしまうので何とかしなければいけないということで芦部先生、戸松秀典先生などを中心に違憲審査基準の問題としてやっていこうという方向だったと思います。私が学生の頃は憲法の問題は違憲審査基準がすべてだという時代でしたが、その後ロースクールが出来て、それでいいのかというのが問題になってきたように思います。

万能視されてきた違憲審査基準ですが、いつでも使えるものなのか。立法裁量といっても、法律があって初めて権利が形成されるような場合でも果たして使えるのか。あるいは行政処分に対しても使っていいのか、事前の違憲審査でも使っていいのか等、使える場面があまりはっきりしないままです。これは、おそらく司法試験委員の先生方の間でもはっきりしていないと思います。平成23年の採点実感をめぐる混乱も、この辺りに原因があると思います。

立法裁量の広狭が裁判所の審査密度に関係してくるのは確かで、違憲審査基準論ではそれが審査基準の緩厳の問題とされてきました。それで上手く説明できる場面があるのも確かで、経済的自由などは典型例だと思います。た

Discussion2

だ、違憲審査基準が使えない場面は意外に多いのではないか。特に最近は事前に意見を求めるタイプの出題が多く、その場合に裁判所の役割という観点を重視した違憲審査基準でいいのかというのは大きな問題ではないかと思います。

栗島：なるほど、よく理解できました。

櫻井：神戸大学の先生方が、憲法でも行政法でも、司法試験の問題等に疑問を提起してくれますのでありがたいです（木下昌彦「法律案の違憲審査において審査基準の定立は必要か」法セ797号〔2021年〕48-55頁、中川丈久＝興津征雄「令和4年司法試験（行政法）の出題に関する疑義」法セ818号〔2023年〕44-53頁）。

栗島：櫻井さんの論稿を読んでいて私が腑に落ちまして、学生にもぜひ気をつけていただきたいと思いました点は、審査基準論の中では裁判中心主義的な発想が見られるという部分です。つまり、裁判になったら勝つのか、負けるのか、事後的に裁判所にどのように判断されるかを重視する思考モードですね。これは、立法府や行政庁が第一次的に判断をする際の思考モードとは本来、相当に異なるわけです。権力分立の中での司法の役割があっての審査基準論ですので、立法裁量あるいは行政裁量を考える場合には、それとは違う考え方になってくるのだと思います。

蛇足ながら、その点で私が思い浮かべたのは行政不服審査です。日本の場合、行政不服審査は権利救済システムの一部だという理解がかなり強いと思うのですが、ドイツの場合、もちろん権利救済の機能もありますが、まずは行政の自己統制（Selbstkontrolle）としての位置付けが強いと思います。ですから、裁量行使の当・不当まで含めて上級行政庁の完全なコントロールが及び、不利益変更までできるという理解があるのだろうと思います。

この場合の裁量の審査は、裁判所がやる場合とはだいぶ違う審査になってくると思います。櫻井さんの議論は、こういう発想に近いのかなと。例えば自分が法制局の内側にいたらどのように考えるのかというようなことは、行政不服審査の場面と親和性があると思います。いわば、内側の立場から考える裁量と、外側（裁判所）の立場で審査する場合の裁量、この2つは違うのだということは、櫻井さんの非常に重要な指摘だったと思い、私自身も勉強

になったところでした。

　神橋：結局、法とは何かというとき、司法が法のすべてをカバーして担保しているわけではなく、立法という過程があり、そこでとりあえず法というものができる。つまり、国会は国会の憲法解釈、法令解釈をもとに法律というものをつくる。それをうけて、司法は事後的にチェックするわけであり、司法が全ての法を語るわけではない。そうすると、立法は立法で、そこには当・不当の問題があるとしても、立法裁量というものがあり、それが逸脱・濫用ということになれば、違法・違憲になりうる、そういう境界領域もあるわけです。

　そうなると、一種の職務行為基準として、国会（ないし国会議員）は国会で最善の法解釈を目指すという職務上の義務があるはずです。それが不幸にして裁判所と見解が違うことになると違憲になるけれども、それは補完的な機能であり、全ての法について司法が合憲性や適法性を裏書きして担保しているわけではないのだと思いますが、この点いかがですか。

　栗島：おっしゃる通りで、そこの認識が、行政法学者よりも憲法学者では少ないのではないでしょうか。憲法学者は、ややもすると裁判所中心主義に陥りがちではないかと思っていて、櫻井さんの論稿がまさにそこを突いていたものと感じました。

　神橋：私もそう理解しました。

　ところで少し話がそれますが、櫻井さんがいま少し言われた、「裁量権を行使した側としては、あくまでもベストな選択をしたことを積極的に主張すべきではないか」ということですが、最初から「裁量」に逃げるなという話ですね。櫻井さんはどういう訴訟のプロセスを描いているのか、興味を持ちました。

　ご指摘のように、最終的には行政の側がきちんと説明せよというのは、その通りで、結果として裁判に勝てばいいのではないかという議論ではないのですが、実際の裁判のプロセスをみると、主張のやりとりが原告・私人側と被告・行政側との間であり、そのような訴訟のプロセスで、被告・行政側が最初から手の内を見せないで、訴訟の進捗の中で小出しにすることはあると思います。その中で、とりあえず裁量ということで、まずはディフェンスを

443

Discussion2

しておき、そこから突つかれれば小出しにいろいろな主張をしていくという
ことは、実際にあるのではないか。そうなると、実際には裁判所の訴訟指揮
によるところも大きいという気がしますが……。

櫻井：行政側が裁量を持ち出すのは「裁判所は口を出すな」という傲慢な
主張のように個人的には聞こえますが、実際の裁判では負けないことも重要
となりますので、あり得ることかと思います。いずれにせよ学生の勉強にと
って適切なのかは疑問があります。平成29年の司法試験では私は採点委員
をやっていましたので深くは立ち入れませんが、あくまで私の個人的な見解
をいえば、「裁量があるから違憲審査基準を引き下げるべきだ」という主張
は「厳格に審査されたら違憲になってしまうので手心を加えてください」と
いうような、すごく情けない主張に聞こえてしまい、「きちんと合憲だと説
明しろ」と思ってしまいます。

Discussion1 で最高裁に苦言を呈しました（本書143頁、154頁）が、これ
も実務が法曹養成にとって有益とは言い難い例ではないかと思います。

神橋：確かに試験というのは、一定のストーリーの中の箱庭のようなもの
です。そのような中で試験を受ける学生が大変だという趣旨はよく理解でき
ます。

鵜澤：実際にどう採点しているのかはよく分かりませんが、私は、ロース
クールで少し前まで指導してきた立場として、小出しにするような答案はよ
くないという指導をずっとしてきました。行政処分については、申請に対す
る拒否処分とか不利益処分については理由の提示が求められているわけです。
理由の提示の瑕疵は即違法で取消事由となるのが確立した判例理論であり、
処分時に理由の提示が不十分なようでは、そのことのみをもってその処分は
違法とされるはずです。小出しにするようなことはその時点でアウトではな
いかと思います。行政立法などについては理由の提示は義務づけられていま
せんが、櫻井さんの発言でもあったように、裁量はあなたが最適な判断がで
きるからという理由で付与しているのであり、最適な判断をしたのだという
ことを、きちんと説明する義務があると思います。

栗島：なるほど……。試験の答案をどのように考えるか、大変難しい問題
だと思いますが、私個人の理解では、審査基準をいわば2段階目で出す分に

はよいのではないかと思います。すなわち、まず1段階目では、当然、国側として尽くすべき説明をすべて尽くす。ただ、あらゆる説明を尽くしたとしても、それに関する規範的な評価が裁判所と国側でずれることはありえますね。そこで、仮にそれがずれているとしても、そのずれは必ずしも裁判所から違法・違憲と言われる筋合いのものではないのだ、という意味で2段階目の議論が出てくる。そういう意味で、国側として、ある種の予防線として審査基準を持ち出すことは、試験の論述でも禁じられないのではないかと思いました。鵜澤さん、行政法ではこの点いかがでしょうか。

鵜澤：手続の問題と実体の問題を分けて考える必要があります。判断過程審査が実体審査なのか手続審査なのかは、行政法学の中でも争いはありますが、基本的に裁量権の逸脱・濫用は実体の問題で、理由の提示は手続の瑕疵の問題です。手続の問題には、例えば審議会の諮問に反した決定をしているようなケースがあったり、あるいは諮問された審議会の判断過程の中に瑕疵があったりします。群中バス事件（最判昭和50・5・29民集9巻5号662頁）では、結論を左右するような瑕疵だったら重大な手続的瑕疵ということで、処分の取消事由になるとされています。このような場合には、適法・違法の問題と当・不当の問題を分けたときに、当・不当の問題はあるかもしれないけれど、違法とまではいえない（裁量権の逸脱・濫用とまではいえない）というような場合が多く含まれますが、手続の瑕疵はそのような場合でも持ち出すことができます。裁量があるという話と手続の話は別の話で、むしろ裁量があるからこそ、きちんと手続は守るべきだし、理由も説明すべきだと思います。手続の瑕疵は、裁量権の逸脱・濫用とまではいえないような場合に特に威力を発揮するというのは、受験生にも頭に置いて欲しいことです。

　司法試験の行政法の過去問でも実体の瑕疵、手続の瑕疵をいろいろ聞かれています。実体的には少し難しいかな、裁量があることも考慮すると違法とまでは言い切れないかなというところでも、手続の瑕疵で違法とできるよねという辺りを落としどころにして、問題をつくっているように感じます。

神橋：いろいろ議論が出ましたが、いかがでしょうか。

栗島：今の話を聞いていて、当事者が何をどこまで主張してよいのか、すべきなのかという問題とも関わっているように思いました。とりわけ、裁量

Discussion2

がある・ないという問題について、裁判所がこれを判断するのならともかく、当事者の側から言いだすのはおかしいのではないかという話です。

この点、当事者としては、裁量に関する裁判所の判断に影響を与えたいがために「ここは裁量が認められる分野なのだ」ということを主張しようとするのにも理由があるかなと思います。ただ、筋論としていえば、それは当事者が言うことではないという批判もよく分かります。要するに、この公法訴訟における当事者の位置付けが難しいのかなと、お聞きしながら思いました。

鵜澤：民訴的な説明をすると、あくまでも弁論主義が妥当するのは主要事実についてのみです。事実についての主張は当事者の役割ですが、事実をどう評価するか、それを法に当てはめたときに適法か違法かは法的判断で、裁判所の役割です。法的判断についても、当然、当事者は主張しますが、それは裁判所にとっては拘束的な意味は持たないし、当事者の主張がなくても裁判所は自由に判断できるというのが民訴的な説明になります。

栗島：鵜澤さんの論稿は、そこの記述も非常に面白いと感じました。事実の規範的評価は裁判官が行うのであり、当事者は規範的評価について基本的に主張しても意味がない、と。

ただ、最後のほうで、それとは別の問題として経験則とか広く社会一般に関する事実の問題をどう判断すべきかという問題提起がなされています。1つ質問なのですが、現在の訴訟法の枠の中で、これは一体どうしたらよいのでしょうか。現状では、おそらく当事者が研究者等の第三者の鑑定書を持ってくるといった形で、どうにか工夫されていると思います。しかし、そうしたかたちで当事者が影響を与えることが本当によいのかどうか。その辺りは、鵜澤さんからするとどう評価すべきでしょうか。

鵜澤：私は民訴法学者ではありませんが、それこそ、その辺は民訴でも議論がされています。あと、私自身も関心があるし、東大の行政法の巽智彦先生も、精力的に研究されているところです。民訴の教科書的な説明だと、例えば適用すべき法規の主張も、裁判官は法を知るということで、当事者の主張立証は必要ないとずっと言われてきたところではありますが、国際民訴における外国法規の主張については、弁論主義が及ぶと理解すべきではないかという議論もあります。経験則についても、一般的に知られている経験則で

はなく、特殊な専門的知識に属する経験則の場合は別ではないかという議論もあります（以上 Unit 6-1 244-245 頁の脚注で掲げた文献を参照）。

他方で、では特殊な専門的知識についてうまく主張立証できない当事者がいたときに、裁判所で勝手にその専門的知識を持ち出すのは駄目なのかというと、そこの判断が当事者の訴訟活動の上手・下手により左右されるのもおかしいところがあります。当事者の上手・下手で結論が左右されるのはおかしいというのが、従来、経験則について当事者の主張立証は不要であると説かれてきた根底にあるわけで、そこは見落としてはならないと思います。

神橋：それでは裁量については、この辺にしておきましょう。

3　比例原則

神橋：ここからは、もう１つの論点である比例原則を扱います。このテーマについての振り返りとコメントは、最初にお書きいただいた栗島さんからコメントをお願いしたいと思います。

栗島：比例原則の論文（Unit 7-1）は、いろいろなことを詰め込み過ぎて、かえって分かりにくくなったかなと、読み返して少し反省している部分もあります。

そこで、私がこの論文で伝えたかったことを、簡単に整理させてください。まず「比例原則」は訳としては少々いかめしい、近寄り難いイメージがあるように思いますが、実際には、原語は非常にシンプルな言葉です。要するに、均衡・バランスを求める、行き過ぎを禁止するという、そのくらいの意味です。その限りでは、平等などと並んで、比例原則というのはごく普遍的な法原則であると考えることができます。

この、素朴な意味での比例原則についていえば、これは普遍的なものですから、日本の行政法・憲法の判例でも当然に用いられています。現に「目的と手段の均衡」とか「必要最小限度」のような言葉は、さまざまな判決で見られるところです。その限りで言えば、比例原則を採用する・しないというのは、議論するまでもない問題だと思います。

ただ、問題となるのはテクニカルタームとしての比例原則です。このレベ

447

Discussion2

ルでみると、比例原則が、さまざまな国の法秩序でそれぞれ異なった発展を
してきていることが分かります。日本でも、世界的にも、特にドイツで発展
してきた比例原則のモデルがよく知られていますが、ドイツの連邦憲法裁判
所が用いているような比例原則を日本でそのまま採用すべきかと言われれば、
それは当然、違う部分も出てくるでしょうし、それでよいだろうと思います。
ですから、まずは、素朴な意味での比例原則と、テクニカルタームとしての
比例原則、特にドイツ連邦憲法裁判所が採用している比例原則とを分けた上
で、議論を整理してみました。

　さてそのうえで、比例原則は、日本の判例の説明の理解にも役に立つ部分
が多いのではないか、整合性が高いのではないかということを、いくつかの
例をもとに指摘しました。ただ逆説的ですが、まさにそうであるからこそ、
比例原則では、判例を批判的に捉えることができない、つまり武器として弱
いと見られてきた側面があるのだろうと思います。すなわち、前回の座談会
の立法裁量の部分でも話がありましたが、昭和30年代、40年代の非常に素
朴な公共の福祉論による合憲判断が出ていた時代に、裁判官の思考をいかに
して拘束して違憲判断を出させるかという実践的な目的意識が、憲法学では
強かったわけです。その中で、比例原則のような融通無碍の道具で判例を説
明するようでは、勝てる裁判にならないのではないか。このような批判がさ
れたことは、それはそれとして理解できます。

　最近でも金沢市庁舎前広場事件（最三小判令和5・2・21民集77巻2号273頁）
のように、最高裁が明確な基準を出さず、十分な理由付けもないままに、必
要かつ合理的な限度にとどまるとする判断を下しています。そこに対して何
か批判をしようと思う場合には、審査基準のような、もう少し分節化した、
裁判官に対して強く枠をはめるような議論が出てくるのだろうと理解してい
ます。

　神橋：どうもありがとうございました。私は行政法の観点から、この比例
原則を扱いました（Unit 7-2）。この原則は、もともとドイツの警察法に由来し、
それが日本に継受され、それから行政法全体に一般化していく経緯があった
ことはよく知られています。そして、栗島さんの論文（Unit 7-1）にも書か
れていたように、比例原則そのものが法の普遍的な原理としても位置づけら

れるということは、非常に興味深いと思いました。現に、民法学者からも、比例原則は他の法分野でも見られるのだということが指摘されています（瀬川信久「利益衡量・比例原則の新たな広がりと課題——日仏の比較検討」日本學士院紀要76巻1号〔2021年〕55頁）。

　結局、比例原則は、行政法では、最初、警察法から出てきたという由来がありますが、そこにさらに統一的な、もっと深いものがあるのかということになると、残念ながら私の論文ではそこまで議論が及びませんでした。それはある意味、仕方のないことだと思っている部分があって、それはいま言いましたように、比例原則そのものが普遍的なものであって、「均衡がとれている状態」という、一種のバランス感覚が問われているわけですから、比例原則がいろいろな分野に拡散して、行政のさまざまな分野で、こんなところにも出てきますよという話で終わっても仕方がなかったのかなと思います。

　このほか比例原則そのものではないのかもしれませんが、栗島さんの中でドイツ流の三段階審査論に関し、保護領域の確定と具体的な制約の認定については、視線の往復があり、循環しているのではないかという指摘があり、これは非常に興味深く感じました。つまり、これが第1段階であって、第2段階として基本権制約の正当化があり、そこで比例原則が出てくるという説明です（本書270頁）。私の見るところ、これに関連するものと思われるのが、市議会議員の2親等以内の親族が経営する企業は市の工事等の請負契約等を辞退しなければならず、当該議員は当該企業の辞退届を徴して提出するよう努めなければならない旨を定めた府中市議会議員政治倫理条例の規定が憲法21条1項に違反するかどうかが争われた事件です（最判平成26・5・27判時2231号9頁）。この判決では、「本件規定〔＝上述の2親等規制〕が憲法21条1項に違反するかどうかは、2親等規制による議員活動の自由についての制約が必要かつ合理的なものとして是認されるかどうかによるものと解されるが……」というくだりがあります。この部分をどのように考えるかはいろいろな受け止め方があるようですが、議員活動の自由は憲法21条の保護領域に一応入るのだという理解もありうるところです。ただ、最高裁自体がそのことをどこまで強く受け止めているか、若干疑問なところがあります。

　というのも、その後、市議会議員の出席停止の懲罰が争われた岩沼市議会

449

Discussion2

事件大法廷判決（最大判令和2・11・25民集74巻8号2229頁）との関係があるからです。この大法廷判決では、「会議及び委員会への出席が停止され、議事に参与して議決に加わること」が議員の「権利」の行使であると言っており、出席停止の懲罰は、そのような「議員活動に対する制約」であるとも述べています。つまり、それは、議会という行政組織の内部における機関としての権限にとどまらない、議員個人の権利であり、主観訴訟である取消訴訟で保護救済を求めることができると解しているようにみえます。しかしそのことと、「議員活動の自由」が関係する憲法21条との関係はどうかというと、その点についてこの大法廷判決は何も言っていない。しかし、この点は1つの大きな論点で、議論があり得るところです。おそらく、そこまで深堀すると合議体でまとまらないから、あえて触れなかったのではないかとも思われます。

　このように「議員活動の自由」をひとつとってみても、最高裁判例の憲法21条の扱い方が、いささかぞんざいな感じを受けます。つまり、憲法21条の保護範囲はここまでだということを前提に、では次に制約があるかどうかを論じ、3段階目で正当化を検討していきましょうというような、がっちりした話ではないのではないか。その点、判例において、やはり体系性というか、統一感を欠くような印象を受けています。

　栗島：体系性の欠如は、おっしゃる通り、最高裁判例の大きな問題ではないかと思います。私からは、いま触れていただいた保護領域の確定と制約の認定の部分について、少しお話させていただきます。

　ここについては前提として、いわゆる三段階審査が日本に紹介されたとき、①保護領域―②制限―③正当化という通説的な順序に対して、石川健治先生が、最初の二段階（①と②）が逆だという批判（同「憲法解釈学における『論議の蓄積志向』」樋口陽一ほか編『国家と自由・再論』〔日本評論社、2012年〕19頁、32頁以下）をされ、論争になったわけです。私は、中途半端と言われればそれまでですが、①と②は視線の往復があり、どちらが先ともいえないと考えています。

　まず、基本権制限があるかどうかを認定する際に初めて保護領域が問題となるということに、異論はないと思います。ですからそれよりも前に、事案

450

と関係なく、保護領域を抽象的に確定してしまうというのは、やり方として若干人工的な感じがします。たしかに、最終的にはそういう書き方をするのかもしれませんが、あくまで、具体的事案での制限の有無を認定するためにこそ、保護領域を確定する必要があるわけです。

ですから、制限が先だという考え方も分かるのですが、結局、ここの順番がどちらであるかということはあまり大きな問題ではありません。要するに、正当化が必要なのかどうかが、最も重要です。実はドイツ以外の法秩序、例えばカナダの最高裁の判例法理では保護領域と制限を分けずに、1段階目で制限があるかを認定したあと、2段階目で制限の正当化を検討する、こういうプロセスをとっているわけです。たしかに、日本では三段階審査がもう広く知られているのでそれでもいいのかもしれませんが、個人的には、二段階にしてしまってもいいのではないかと思っているところです。

そして、いま神橋さんから最高裁の話がありましたが、判決もそこがよく分からないというものが結構多いです。もちろん三段階審査できれいに説明がつくような、薬事法判決（最大判昭和50・4・30民集29巻4号572頁）のようなものもありますが、そうではないものも結構多くあります。必ずしも、保護領域と制約の部分は常に分けて考えなければいけないというものでもないでしょう。

神橋：ありがとうございました。鵜澤さん、どうですか。

鵜澤：いろいろなところから言及できると思いますが、行政法の観点から比例原則を取り上げるとすれば、神橋さんからも話がありましたが、もともと警察法から出発した原則で、それが他の領域にも、行政法総論の一般的な概念として一般化している状況です。例えば環境法の予防原則と比例原則の関係というような問題が存在します。

では、どんな場合でも比例原則が使えるのか。行政法でも問題になりうると思います。憲法においても比例原則はいわゆる防御権についてはすんなり当てはまるのでしょうが、それ以外だったらどうなるかというと、難しいところがある気がします。

金沢市庁舎前広場事件が出てきましたが、あれも実は給付の問題で、純粋な集会の自由の制限かというと微妙なところがある事案です。ああいった場

Discussion2

面で比例原則がどこまで使えるのかという議論が出てくるのかと思います。もともとが警察法という、自由と財産の侵害という形式が一番当てはまりやすい領域で出発した原則であるので、それをどこまで一般化できるかは、行政法でも憲法でも重要な問題になってくるのではないかと思います。

　神橋：櫻井さんはいかがですか。

　櫻井：比例原則はロースクール以降、違憲審査基準論に代わるものという形で注目を集めてきたところが憲法学ではあります。比例原則は当然のことなのに、なぜ批判的な見解が見られるのかというと、嫌われているのはドイツの憲法裁判所だということで納得しました。

　比例原則の具体的な内容について、栗島さんは目的も含め4つの要素を挙げています。神橋さんは、行政法では目的はあまり問題にならないから手段の方で3つと。まとめ方はどちらでもいいと思いますが、手段に関して、適合性、必要性、狭義の比例性という3つが挙げられます。適合性と必要性は当然のことではないかと思います。不合理な規制はダメだし、不必要な規制もダメだというのは争いようのないことで、それ自体は当然のことではないかと思います。

　特に高橋和之先生をはじめ批判的な方は最後の狭義の比例性の部分を取り上げて、「比例原則の正体は裸の利益衡量だからけしからん」ということをおっしゃるわけです。適合性と必要性を満たす規制は、最高裁がよく使う「必要かつ合理的な規制」なわけです。狭義の比例性は、均衡性とか相当性ともいわれますが、Zumutbarkeit と表現されることがあります。受忍可能かどうか、受忍限度内かどうか。必要かつ合理的な規制であっても、なおかつそれが受忍可能なものかどうか。受忍限度内かどうかは民事法でも行政法でも普通にやっていることですし、刑法では期待可能性ですが、ともかく憲法判断でだけ特殊なことをしようとしているわけではないと私は思います。

　判例批判として弱いというのは、確かに判例を説明しようとすると、それなりに説明もできてしまうのですね。ただ、猿払事件の最高裁判決（最大判昭和49・11・6刑集28巻9号393頁）に対して高橋先生は、「猿払は比例原則だ、けしからん」というようなことをおっしゃるわけですが、比例原則は栗島さんが挙げられた4要素なのに対して、猿払基準は3つ、目的の正当性、目的

452

と手段の合理的関連性、法益の均衡ですので、単純に比較しただけでも、必要性審査が抜けているのではないかという指摘はあり得るわけです。そうした観点から、批判的に読むことができるようなポテンシャルはあるのではないかと思います。

　栗島：今の最後の部分に少し加えさせていただくと、日本のこの議論が不幸な経緯になってしまったと思うのは、アメリカの連邦最高裁におけるアドホック・バランシング――これは「事案ごとの衡量」とでも訳せましょうか――が、司法消極主義の立場と結びついて出てきたもので、アメリカにおけるその評判の悪さが日本の比例原則の評価と結びついてしまった部分があったのだろうという点です。アメリカでもいろいろと議論があるようですが、アドホック・バランシングはもともと合憲に結びつきやすい、緩い基準だとされ、そこがドイツ流の比例原則の理解と何か結びついてしまいました。

　しかも、ドイツ流の比例原則を戦後日本の憲法学で最初に体系的に紹介したのは田上穣治先生であったところ、彼もまたそれが合憲性の推定を伴う、非常に緩い基準だとして紹介をされています。これは正確でなかったと思いますが、いずれにせよ、それが、保守的な日本の最高裁判例の背景にある理論と同視されてしまい、アメリカの最高裁判例を支持する立場から奥平康弘先生からかみつかれた（同「表現の自由」宮沢俊義還暦記念『日本国憲法体系7』〔有斐閣、1965年〕112頁）。そういう経緯で、日本の憲法学における比例原則の受容は不幸な道のりをたどったのではないかという感じがあります。

　本来、いま櫻井さんがおっしゃったように、適合性と必要性、特に必要性の部分の審査をしっかりと使えば、比例原則はかなり強度な審査もできる武器ではないかと私自身も考えています。

　櫻井：おっしゃるとおり、必要性審査をもっとしっかりとやるべき事例は多いように思います。ただ、一時期の答案にみられたように「何でもLRA」では困るのも確かです。

　神橋：行政法の観点から言うと、平等原則と比例原則は法の一般原則の中でも二大原則のように言われ、またそれが憲法上の原則であることも異論はないでしょう。しかしながら、これらの原則が、具体的にどういう場面で威力を発揮するのかということが問題だと思います。

453

Discussion2

例えば平等原則について、私自身、現在、司法試験などの答案の書き方に
あまり関与していませんが、いきなり最初から平等原則を持ち出すというの
は、あまり評価されないのではないかと思います。例えば、平等原則のとこ
ろで取り上げた例ですが（Unit 3-1 76頁参照）、コロナ禍の緊急事態宣言期
間中、東京都知事が、都の営業時間短縮要請に応じなかった事業者に対し、
新型インフルエンザ等対策特別措置法に基づき、当該事業者の店舗を夜間の
一定時間、営業のために使用することを停止する旨の命令を発出した事件が
ありました。あれも特定の事業者が狙い撃ちにされたような形で不平等では
ないかという批判はありましたが、そういう比較で平等原則を主張しても受
け入れてもらえない。結局、あの命令が違法とされたのは、「特に必要があ
ると認めるとき」という法律の定める要件を充足しないからという理由でし
た（東京地判令和4・5・16判時2530号5頁〔グローバルダイニング事件〕）。こ
の場合、必要性の欠如という意味では、比例原則違反ともいえますが、やは
り具体的な法令解釈が根拠となっています。

　そのようにみてくると、比例原則の意義として考えられるのは、この原則
が憲法に由来する原則、あるいは普遍的な一般原則と捉えることにより、問
題を発見したり、整理したりする際の1つの物差しとしては有効なのかもし
れないということです。

　もう一例を挙げると、パトカーによる追跡中、逃走車両が第三者と衝突し
て事故を起こしたという事件がありますが、これは国家賠償法1条1項の違
法に関する重要な論点です。この場合、当該第三者が——この第三者が原告
となり、都道府県を訴えることになりますが——怪我をしたり、亡くなって
いるということで、結果としては、生命・身体という、それ自体重要な法益
が損なわれているわけです。もっとも、最高裁は、このような場合における
国賠法上の違法を論じるにあたって、当該追跡という行為のあり方の方に着
目して、そこでは警察法2条、65条、警察官職務執行法2条1項の規定を
引いているけれども、あわせて必要性、相当性というキーワードが出てきま
す（最判昭和61・2・27民集40巻1号124頁）。これも、比例原則的な判断と
いうことができるでしょう（稲葉馨ほか『行政法〔第5版〕』〔有斐閣、2023年〕
46頁）。このように、いろいろな問題を考えていく際に比例原則というものが、

454

問題の整理や発見に資するところがあるのかなと思うわけです。

鵜澤さん、これはどうですか。

鵜澤：平等原則をいきなり持ち出すのはあまりいい答案でないのではないかというのは、実は平成25年の司法試験で、土地区画整理事業のときの費用の分担についての出題の際、いきなり公平とか平等を持ち出すのはよくないと、まさに採点実感で言われていたと思います。

土地区画整理法では賦課金の額の決め方の問題として、地積などを考慮して公平に定めなければいけないと定められています。実際に地積に応じて分担の割合が決まっているという事案なのですが、たぶんそういうのを飛ばし、いきなり平等とかを出したのだろうと思います。条文にそういうことがしっかり書いてあったときに、いきなり平等を言いだすのはあまり評価されないということなのだと思います。

行政法で平等原則を使えるかというと、平等原則は要するに合理的な理由のない差別を禁止するものですが、法律が合憲であるとなると不合理な差別的取扱いはたいてい立法趣旨に反する取扱いになります。そういう点で、行政法事案では平等原則が直接出てきにくいのはあると思います。比例原則も、法律で要件効果が定められている行政行為についていうと、要件裁量が問題となる場面では問題になりません。問題になるのは効果裁量の部分だけなので、使える場面が限定されています。

他方で委任立法とか、計画など、行政行為以外についての裁量だと、比例原則を直接使うような場面がありえます。そういう点で、伝統的な行政裁量論の中心的領域であった行政行為についての法律の定め方と、それ以外の行為形式についての法律の定め方の違うことが、比例原則に使える場面に影響しているのかなと思います。そのように考えると、憲法ではもっと直接的に平等原則、比例原則が使えるという違いがあるのかと思います。

神橋：確かに、一番パッと頭に浮かぶのは、児童扶養手当の対象となる婚姻外懐胎児童から「父から認知された婚姻外懐胎児童を除く」という部分の違法が問題となった事例（最判平成14・1・31民集56巻1号246頁）ですね。あれも感覚的には平等原則違反だろうと思うけど、最高裁は、児童扶養手当法の委任の趣旨に反し、同法の委任の範囲を逸脱した違法なものであるとし

て、児童扶養手当法の中で処理をしていますね。

鵜澤：高裁判決では平等原則にも言及があります。最高裁では平等原則に全く触れずに違法判断を出しています。

栗島：比例原則がどういう場面で使えるのかをよく考えるべきだというのは、まったくおっしゃる通りだと思います。櫻井さんが Unit 6-2 に書かれていましたが、小山剛先生の『「憲法上の権利」の作法〔第3版〕』（尚学社、2016年）は、三段階審査論を広めたことで一般に有名ですが、実は同書は、それが使える場面と使えない場面があることを明らかにした点が重要です。警察法から出発したという経緯からみても、直接的な自由権侵害のような典型事案では使いやすいと思いますが、そうでないものもあります。そういった場面分けは非常に重要だと思います。

他方で、均衡を失してはならないという、ごく素朴な意味で比例原則を捉えると、非常に多くの場面でそれが出てくることも事実です。このレベルで言えば、婚姻の自由とか財産権のように、法制度に依存した権利の事案でも出てきますし、平等事案でも比例原則が問題となりうる。

こういうものを1個1個「発見」してきて、比例原則はここにもあるし、あっちにもある、だから汎用性があってすごいんだ、という議論もありえます。しかし、そういう素朴なレベルだけで比例原則を捉えてしまうと、結局、その中身がなくなっていってしまう。それでは説明概念として本末転倒ですから、少なくとも、その場面で語られている比例原則がどこまで厳密かつ意味のあるものかということは問う必要があるのではないかと思う部分があります。

まとめると、目的・適合性・必要性・狭義の比例性の審査が使える場面はどういう場面なのか、という議論は必要です。しかし、それとは少し違う意味での比例原則は、平等事案でも見られる。こういうように、比例原則の中でも文節化した説明が必要なのかと考えているところです。

神橋：素朴な意味での普遍的な比例原則は、いろいろな問題を発見する意味があるのではないか。私との関係で言うと、そういう趣旨で言われたのかなと思いました。

栗島：はい。まったくその通りで、多くの場合、比例原則は問題発見のた

めのツールというか、大きな枠組みに過ぎないと認識すべきかと思います。そうであるがゆえに、比例原則を使えば簡単に良い答案が書けるというようなことには、あまりならないと思います。ですから、比例原則だけ覚えて、その刀を振り回していても、その刀だけでは到底太刀打ちできないものが世の中にたくさんあることを意識しておくことが大事ではないでしょうか。審査基準論を学ぶことも無意味になるわけではまったくないし、むしろ、比例原則のなかで十分に活用していくべきです。

櫻井：おかしな点を発見する点では、比例原則は基本的な常識的感覚なので、当然そのとおりなのだと思います。あるいは最高裁判例でもよく見られますが、現行の法体系と整合していないのではないかという形でおかしな点を発見していく上でも重要だと思います。

ただ、それを法的に説明する際にも、うまく使えば使える、役に立つ面はあると思います。

神橋：結局、比例原則には、最終的に補完的な機能というか、受け皿的な意味はあるということでしょうか。

鵜澤：横断的に使えるものというか。

神橋：ええ。横断的にというか、いよいよ法令の解釈を一応試みて、その最後の段階で、いわば説得の根拠として比例原則があるということであって、水戸黄門がドラマの最初から印籠を出してハイ終わりというではないということでしょうね。

鵜澤：試験の答案の話ばかりするのもよくないですが、司法試験の答案で比例原則の話が出てくるのは、時間が足りないのも大きな問題かと思います。時間が足りなくて、とりあえず書いてしまう場面が多いと思います。出題者の方にはその辺を考慮に入れ、出題していただきたいと昔から思っているところです。

櫻井：問題文が多過ぎます。読むだけで時間がものすごくかかってしまいます。

神橋：これはまた、大変生々しい話になってきました。学問的な議論としてはまだいろいろあると思いますが、比例原則はこの辺で終わりといたしましょう。

457

Discussion2

3　憲法と行政法の関係

　神橋：3番目のトピックですが、改めて憲法と行政法の関係を考えてみよ
うということです。実はDiscussion1でも同じテーマで議論しましたが、そ
こでは、規範の構造の違いや、司法審査などとの関係を中心に論じました（148
頁以下）。今回は、この2年余りの間、いろいろ注目すべき最高裁判決が出
るなど、状況も動いていますので、それも踏まえ、改めて憲法と行政法の関
係について、自由に意見を交換したいと思います。

　まず、私から口火を切らせていただくと、現在、日本の政治・社会は大き
く動いています。その中で憲法と行政法は、国と地方公共団体の両方を含め
た国家のあり方と、非常に大きく関わっている場面があります。

　私が最近興味をもっているのは、やや漠然としていますが、政治と司法と
の関係、あるいは行政も含めた統治と司法との関係です。司法というものは、
さしあたり法の適用と紛争の解決が基本にあって、それに加えて憲法の保障
機能があるわけですが、他方で、大きな観点から言うならば、権力のバラン
スをどう取るかということが大きな問題としてあります。そして、その中で
司法の立ち位置というか、裁判はどういう役割を果たすのかという問題があ
るように思います。

　そういった意味で裁判所が果たしている役割を考えたときに、今回の座談
会でも議論になった『宮本から君へ』の事件などは、裁量審査の中に憲法
21条を明示して溶け込ませた点で、ひとつ注目すべき判決ではないかと思
います。ただ他方で、人権の場面では、金沢市庁舎前広場判決などをどう評
価するかについて、さまざまな意見があると思います。

　この他に、統治機構全体や権力のバランスとの関係で、私が興味を持った
のは憲法53条後段に基づく臨時会召集決定の遅滞にかかる違憲訴訟ですが、
これについては2023年9月に最高裁判決が出ています（最判令和5・9・12
民集77巻6号1515頁）。この判決は、「憲法53条後段の規定による臨時会召
集決定の遅滞により、臨時会召集要求をした国会議員の権利又は法律上保護
される利益が侵害されるということはできない」とした上で、「憲法53条後

458

段の規定による臨時会召集要求をした国会議員は、内閣による臨時会召集決定の遅滞を理由として、国家賠償法の規定に基づく損害賠償請求をすることはできない」としています。また、確認訴訟も提起されていますが、法律上の争訟性は肯定しつつも、確認の利益を否定しています。この判決については、さまざまな見解があると思いますが（神橋一彦「判批」行政法研究54号〔2024年〕209頁参照）、ここで1つ問われているのは、国会議員の立場が、当該事案において、「公」と「私」のどちらなのかという意識が判例においてもやはり強いということです。その点は岩沼市議会事件大法廷判決でも、議員は「公」なのか、「私」なのか、「機関」なのか「個人」なのか、必ずしも明らかではない面があります。つまり、その点については、やや統一感を欠くような印象を持ちます。

　また、本書では取り上げることができませんでしたが、行政法の観点から大きな議論を呼んだ事件として、普天間飛行場の代替施設を沖縄県名護市辺野古沿岸域に設置するための公有水面埋立承認をめぐる一連の訴訟があります（最判平成28・12・20民集70巻9号2281頁、最判令和2・3・26民集74巻3号471頁、最判令和4・12・8民集76巻7号1519頁、最判令和5・9・4民集77巻6号1219頁など）。そこでは、沖縄防衛局という国の機関が行った埋立承認の出願につき、沖縄県知事が承認を行う処分庁となっています。そして、埋立承認の取消しについて、沖縄防衛局が審査請求を行ったわけですが、その裁決庁は国土交通大臣という、これも国の機関になっているという構図です。そこでは、沖縄防衛局が、行政不服審査法が適用されない「固有の立場」（7条2項）ではなく、普通の私人と同じ立場といえるかが問題となっているわけですが、この事件も、公か私のどちらかという問題が非常に大きく問われた事件です。

　このように公と私の二分をどう考えるか、またその背景として、司法と行政や政治部門との間の関係をどう考えるかという大きな問題があり、それが全体として権力をどのようにバランスよくコントロールしていくかということとの関係で、解釈のレベルでも、引き続き問題になると思います。

　もとより、これらはひとつひとつ丁寧に扱わなければいけない問題ではありますが、この間の大きな流れについてお話ししました。皆さんからこの執

Discussion2

筆期間中に興味を持たれたことや、議論したい問題などがあれば一言ずつお伺いできればと思います。

鵜澤：『宮本から君へ』の最高裁判決は、あれはあれでいい判決だと思いますが、同じ年に金沢市庁舎前広場についての不許可処分取消訴訟はあの形で決着していて、それを併せて考えると最高裁は物議を呼ばなそうなところを選び、そういう判断をしているなと見えてくるところがあり、素直に喜べないところがあります。

国会の臨時会の召集については、確認訴訟のほうはまだ要求もしていないのだから、確認の利益はないということで不適法になっていますが、既に要求した分についても開会の給付訴訟をやっていれば、訴えの利益は問題とならないですし、また違った判断が出たのではないかと思います。

平成16年の行訴法改正では、確認訴訟の活用について立法者メッセージが出ました。そのせいか、最近の公法上の当事者訴訟の使い方として、確認訴訟を積極的に使おうというのはいいのですが、公法上の当事者訴訟といったら確認訴訟しかないという雰囲気も感じるところで、給付訴訟だってあるのだぞということを思い出してもいいのではないかと思います。

国家賠償請求についての最高裁判決の理屈からすれば、個々の国会議員には開会を要求する権利はないということになりそうなので、どっちみち給付訴訟をやっても棄却されそうな感じはしますが、争い方という点では給付訴訟のほうも念頭においてもいいのではないかと思ったのが、あの判決についての印象でした。

神橋さんから話があった公私の区分のところは、私も難しいなと思っているところです。辺野古の事件についても、国としては一方では私人と同じ立場で審査請求しているわけです。他方で地方自治法の関与、代執行訴訟などもやっているところで、そういう立場の使い分けは、理論的な問題はともかくとして、やり方としてどうなのかと思うところもあります。

理論的な問題のところは、公私の区分は難しいなと思うところがあります。たとえば、泉佐野市のふるさと納税の事件では、ふるさと納税の対象となる公共団体の指定については、法律上の訴訟だということになっています（最判令和2・6・30民集74巻4号800頁）が、地方交付税の額の決定のほうは高

裁まで行っているところですが、こちらは法律上の訴訟ではないという高裁判決が出ています（大阪高判令和5・5・10判時2576号57頁）。一方は地方税法の指定の問題で、もう一方は地方交付税法の額の決定なので根拠法令も全部違うわけですが、同じふるさと納税をめぐる紛争なのに、外部関係、内部関係が違ってくるのも変な話だと思います。

　国会議員が召集を求めることができるのかも同じ問題です。前半でも議論がありましたが、議員活動の自由はどういう位置付けになるのか。あるいは議員活動の自由もそうですし、議員としての権利の位置付けがどうなっているのか、なかなか難しい問題があると思っているところです。

　神橋：ありがとうございました。制度の改革を目指した、いわゆる公共訴訟の中で確認訴訟に注目が集まっていますけれども、今の鵜澤さんの話の中で公法上の当事者訴訟として給付訴訟も手段としてあるのだということですね。この点に関連してお話しますと、現在、神奈川県の厚木市議会で発言取消命令を受けた議員が、当該発言のインターネット会議録への掲載を求めて訴えている事件があります（https://www.sankei.com/article/20210312-MWNILHA6UJJDFBBP52VZBRZ4XQ/〔2024年10月2日閲覧〕）。ここで提起されているのは権利や地位の確認を求める訴えではなく、ホームページの掲載という給付を求める訴えとなります。そしてそこでは、当該請求の根拠が、人格権などある種の個人としての権利なのか、それとも議員として有する議事参与権の延長として位置づけられるものなのかが問題となるものの、議会の運営のあり方が問われるものとして注目しています（横浜地判令和6・11・27判例集未登載［請求棄却］）。

　栗島：ちょうどいま、憲法裁判における国賠訴訟の役割について執筆（Unit 10-2）したところなのですが、今のお話は非常に重要な問題だと思います。おっしゃる通り、最近は、制度改革訴訟・公共訴訟と呼ばれるものが日本でも増えておりますが、そこでは国家賠償が極めて頻繁に用いられています。

　それに対して、他の行政訴訟のルートになると、急に訴訟要件が非常に多くなるという、そこのアンバランスが私自身、気になっているところです。国賠訴訟だと何でも乗る形で、実際、夫婦同氏制の第一次訴訟なども、入口は国賠でスパッと入れてしまい、そうすると憲法判断まで出してくれる。最

近、憲法訴訟は行政訴訟では面倒くさいから、とりあえず慰藉料をつけて立
法国賠でやってしまえというような、安易なほうにどんどん寄っていっている
る感じもする。

　だから行政法学のほうでも、もっと憲法的な問題を入れられるような器と
して、行政事件訴訟の解釈、要件部分の解釈を柔軟に権利認定していっても
らえないものかと、憲法を専攻している身としては思うところです。それは
裁判官に言えということかもしれませんが……。

　鵜澤：確認訴訟は民訴でも確認の利益がいるので、しょうがないところが
あると思います。民訴でいったら、これは確認の利益があるだろうという場
面で否定しているような場合もあるかもしれないので、そこの運用の問題は
あるかもしれません。

　国賠も結局、訴訟要件をクリアしたとしても、同じことは本案で問題とな
ったりします。とりあえず訴訟要件だけ認めろというのも分からなくはない
ですが、訴訟要件で問題にしていたことが単純に本案にスライドするだけで
あれば、その議論に意味があるのか疑問に思います。

　神橋：行政訴訟は、仮の救済は別ですが、一般に、時間がかかるのですよ
ね。国会の臨時会の召集決定にしても、結構短期の話じゃないですか。100
日裁判という制度でもあれば別ですが、最高裁の法廷意見は、結局はラクダ
が針の穴を通るような形で、確認の利益を要求しているような感じがします。
ところがそれが国賠訴訟だと、何年でも違法を争ってくださいという感じで、
じっくりやれるメリットがあるのかもしれない。

　違法かどうかということをとにかくアピールしたいということであれば、
国賠訴訟はいいけれども、仮に憲法53条後段に基づいて内閣に臨時会召集
決定の義務があるとしても、それが召集要求をした当該議員（原告）との関
係で負う義務かどうかというところで、いま裁判所はディフェンスが堅く、
それが一番の問題になっているのだろうと思います。

　栗島：本案の判断に行ってもらえるかどうかというところですね。憲法学
者としては国賠訴訟だと本案に行ってもらえるのは率直に言ってうれしい。
逆にいうと、その器として行政事件訴訟法の使い勝手も上がるといいなとい
うことだと思います。

櫻井：納骨堂の事件（最判令和5・5・9民集77巻4号859頁）で宇賀克也裁判官の意見が「訴訟の入口である原告適格の判断だけのために数年争われ、本案審理に更に数年を要するという非生産的な事態」と指摘していましたが、行政訴訟だと本案前の訴訟要件に無駄に労力がかかる。国賠が好まれるのも当然でしょう。本来、訴訟要件は無駄な裁判を排除して司法リソースを有効活用することに意味があるはずなのに、行政訴訟では訴訟要件こそが司法リソースを無駄使いしている気がして仕方がない。私は民衆訴訟で抽象的規範統制をやっているバイエルン憲法裁判所の勉強をしていますので、訴訟要件をそこまで厳格に解釈しないと何が問題なのか疑問に思うことが多いです。

　個人的には、議員の権限については憲法裁判所を創って機関訴訟で争うのが理論的にも実際上も最適だと思います。憲法53条の問題に関しては、Unit 8-1で少し書きましたが、会期制がそもそも問題だと思っているので、会期制をなくしてしまうのが1番だと思います。臨時会を召集しない問題は戦後当初から起きている問題です。何か「安倍政治がけしからん」というような文脈で裁判になりましたが、問題自体は昔からずっと言われてきた話です。会期不継続の原則がある中で、会期延長には反対しつつ会期が終わるとすぐに臨時会の召集を要求するということが行われると、まともに対応したくなくなる気持ちも分からなくはないわけです。すぐに対応しない例が慢性化していた。これはもちろん憲法的にはダメなわけですが、その根本的な問題は会期制と会期不継続の原則にあるのではないかと思います。

　神橋：召集要求の濫用の問題は、確かに指摘されていて、そこは問題だと思いますが、召集要求を3か月放置しているのは恣意的であるし、今日の議会政治の現状からすると、訴訟となったことも含め、ちょっと放っておけないという感じを持っています。

　櫻井：私が興味を持ったものとしては、行政法とは離れてしまいますが、私がUnit 5-2で触れたテーマとの関連で言うと、性同一性障害者特例法に関する違憲決定（最大判令和5・10・25民集77巻7号1792頁）です。内容よりも手続面にかなり気になるところがあります。

　Unit 8-1で書きましたが、この法律も議員立法でつくられていて、委員会提出なので国会での審議がほとんどありません。委員会中心主義といいなが

Discussion2

ら委員会審査を省略しているわけで、条文の趣旨を確認する公式の資料はありません。裁判手続面では、法律の合憲性が争われても、付随的審査制ということで既存の手続法の下で進行します。この事件では、相手方のいない非訟手続なので、合憲性を主張したい側はどうしようもない。その数日前に下級審でも同じ4号を違憲とする審判が出ました（静岡家浜松支審判令和5・10・11賃金と社会保障1841・1842号88頁）が、これは誰も上訴ができずに決着しています。最高裁は5号について差し戻したわけですが、差戻後の下級審で5号が違憲だと判断されると、誰も上訴できないので、もう最高裁には戻ってこない。違憲だという反対意見までつけて差し戻しておいて、あまりに無責任な気がします。非訟事件における違憲審査は、憲法学では等閑視されてきましたが、かなり大きな問題だと思います。

栗島：今の、違憲判断に上訴ができないという問題は、憲法81条との関係でも本当に深刻だと思います。やや異なる文脈ですが、最近、憲法判断が盛り上がってきている中で、同性婚訴訟など、下級審での立法国賠における違憲判断もかなり増えてきています。そこで、違憲性を認定した原告の請求棄却判決が確定してしまった場合、どうなるのか。その違憲判断が判例なのか傍論なのかという話もありますが、そこの訴訟手続は立法的に整理しないと、特に憲法判断がこれだけ盛り上がってくると問題がますます増えていくだろうなという感じがします。

鵜澤：憲法判例とは何かという問題がある気がしています。普通、判例と言えば判決理由のところで傍論を含まないといいますが、ご存じのように朝日訴訟（最大判昭和42・5・24民集21巻5号1043頁）もそうですし、皇居前広場のメーデーの使用不許可事件（最大判昭和28・12・23民集7巻13号1561頁）もそうですが、訴えの利益を否定しておきながら、「なお」として憲法判断を示している。それだけならまだいいですが、後の最高裁がそれを判例として引用するという、なぜこんなことができるのか、こういう運用はどうなのだろうかと思うところがあります。下級審での違憲判断もそうで、下級審と最高裁の憲法判断は位置づけが違うのではないかとは思います。

さらに、傍論として違憲判断をしたとして、その判断がどのように働くのか、議論が足りていないと思います。

神橋：私が興味を持ったのは憲法問題ではありませんが、健康保険組合が被保険者に対して行うその親族等が被扶養者に該当しない旨の通知の処分性を認めた最高裁判決です（最判令和 4・12・13 民集 76 巻 7 号 1872 頁）。これは被保険者の妻が、収入との関係で被扶養者に当たるかどうかが問題となった事件、社会的にも、実務上も注目を集めました。この判決で通知の処分性は認められたものの、最後、当該通知にかかる審査請求期間を徒過しているということが、上告審で問題とされて、結局、実体審査に入らないで終わってしまっています（この点につき、宇賀克也裁判官反対意見あり）。

　今のかっこ書きのことを思い出し、こういうときかっこ書きにしたらどうなるのか。小法廷だから駄目なのかと思ったりします。今おっしゃった皇居前広場事件と朝日訴訟以外にありましたか。「念のため判断する」というのは、どれぐらいあるのでしょうか。

栗島：「念のため」で最高裁が出した事例は 2 つだけです。ただ、ほかにも問題なのは、再婚禁止期間の一部違憲判決（最大判平成 27・12・16 民集 69 巻 8 号 2427 頁）でしょう。国賠請求は結論としては棄却していますから、あそこでの違憲判断は傍論と読むことも可能ではあります。国賠法上の違法性を否定する上で、法律が違憲であるという判断は不要だと考えられるためです。

　しかし、実は調査官解説では、あの違憲判断は傍論ではないと説明されているんです。ところがもしそうだとするとイラク特措法の名古屋高裁の判決（名古屋高判平成 20・4・17 裁判所ウェブサイト）であるとか、首相の靖国参拝に関する大阪高裁の判決（大阪高判平成 17・7・26 訟月 52 巻 9 号 2955 頁）といった国賠事件における違憲判断も判例ということになってしまい、政治部門がそれに適切に対応していないのはおかしい。下級審だから意味がないのだということだとしたら、今度は、国側が上訴する制度がないことが問題とされるべきでしょう。

神橋：最高裁で請求棄却という結論であるけれども、示された憲法判断が傍論ではないということと、憲法 81 条との関係はあまり議論されていないのかな……。

栗島：そこが、実はよく分かりません。先ほど触れた調査官解説は、国賠

Discussion2

法上の違法判断に先行して、前提として憲法判断がされているのだという説明をしています。つまり、論理的にいえば、憲法判断が結論に至るまでの理由付けの中に入っているから判例なのだ、という説明をしています。憲法81 条のことは触れられていません。

しかし、国賠法上の違法性を結果的に否定する議論の中で、立法行為の違憲性の判断が果たして必要な理由付けとして位置づけられるのかというと、そういう説明は無理があるのではないかという感じがします（詳しくは、Unit 10-2 を参照）。

　鵜澤：最高裁の実務として皇居外苑だとか朝日訴訟だとか、判例として実際引用するので。

　櫻井：何が判例かというのは後の裁判所が決めることで。

　鵜澤：そうなのですけど、憲法判例とはそもそも何なのかということですね。

　神橋：この座談会でも話に上りましたが、要するに最高裁判決も個別ケースに関する事例判断的なものが増えて、判例法理といった形での一般論がなかなか見えづらいのかなという感じがします。それがいいのか悪いのかは、いろいろ評価があると思いますが。

　栗島：そこは結局、先ほど櫻井さんから話がありましたが、「憲法訴訟法」を立法課題として少し真面目に考えなければいけない段階に来ているように思います。Discussion1 では、経験則とか広く社会一般に関わる事実に関する認定をどのようにするのかという問題が議論になりました。この点、例えばドイツの連邦憲法裁判所であれば関係諸機関に意見聴取したり、専門知識を持つ第三者を呼び出すなど、そういう手続きが法律上、準備されているところです。アメリカでもアミカスブリーフという制度があることが知られます。

　日本の場合は、憲法訴訟であっても通常の訴訟法の枠の中でどうにかやろうとしています。それが、そもそも憲法判例とは何かが分からないという今のお話にもつながっているように思います。要するに、立法的に制度を整えないとまずいことが多くなっているのではないかという気がします。

　神橋：それでは、一巡ということで栗島さんから。

栗島：さきほどから何度も出てきて恐縮です（苦笑）。私が最近気になったトピックですね。私は今日本にはいませんが、ドイツにいても、ここのところ、憲法の注目すべき判例が日本で多くなっている印象を受けています。

　私自身が注目したのは、2023年11月に出た『宮本から君へ』に関する最高裁判決です。最高裁までこういった形で訴訟をするのは大変だったと思いますが、しっかりした代理人や関係者がいて、こういった判決が出たのは本当に喜ばしいことかと思います。

　本事案は、給付行政の典型的なもので、通常の行政行為のように、法律の要件に基づいてどうこうというものではありませんでしたから、裁量が広く認められ、出発点としては非常に厳しい事案だったかと思います。ところが、最高裁判決では「表現行為の内容に萎縮的な影響が及ぶ可能性」や「憲法21条1項による表現の自由の保障の趣旨」が言及され、助成金の交付によって害される「公益」の重要性、さらにその具体的な危険性までが要求されました。あてはめまで読むと、行政裁量の審査の枠内できれいに憲法的価値を組み入れて判断した、非常に重要な判決だったといえると思います。

　この判断で私が注目した点は2つあります。1つ目は、憲法判断に踏み込んだことの意義です。給付の場面における表現の自由の事案では、船橋市の図書館の蔵書廃棄事件（最判平成17・7・14民集59巻6号1569頁）がこれまでリーディング・ケースとして紹介されてきました。この判決では、著作者の思想の自由、表現の自由に一応触れられてはいますが、結局、司書が行った行為が職務上の義務に反するかどうかという形で、しかもそれが国賠法上の違法性があるかどうかという、個別法に逃げ込むような形での判断になっていました。『宮本から君へ』事件の第1審判決もまた、憲法をあまり前に出さずに違法の判断をするに留まっていたと思いますが、最高裁は一転、憲法条文を素直に持ち出して、裁量の審査をしています。私たちの企画の意味からしても、まさに憲法と行政法が交差した重要な判決だったかと思いました。

　また、私が注目した2つ目の点、こちらは少しマニアックな視点かもしれませんが、法廷意見でストレートな憲法判断が下されたのは非常に喜ばしいことだったと思います。今までの最高裁判例の傾向から言うと、個別の裁判

官が補足意見で具体的な憲法論、この事案でいえば表現の自由への萎縮的効果に触れることはあっても、法廷意見でこれを書くのはなかなか難しかったかと思います。ただ、補足意見と法廷意見とでは実務上の重みがまったく違いますから、その意味でも、この判決は非常に意義深いものであったのではないかと感じた次第です。

神橋：『宮本から君へ』の事件については、この事件に当初から関わって来られた平裕介弁護士が、法学セミナーで解説を書かれていますので、読者の皆さんには読んでいただければと思います（平裕介「『宮本から君へ』事件――民法34条を起爆剤とする給付行政に係る行政裁量の壁の突破」法セ830号〔2024年〕16頁以下）。これは最近の重要判例として、金沢市庁舎前広場事件判決との温度差なども含め、今後議論されるものと思います。

4　読者へのメッセージ

神橋：最後になりますが、ここで学生や広く読者の皆さんにメッセージのようなものを、各自一言ずついただければと思います。

栗島：まず、連載のあいだ読者の方々からいろいろなコメントをいただけたことに感謝申し上げます。それを読んでいて感じたのは、ぜひ、法律を学習される皆さんには、下級審のものも含め、個々の裁判例にたくさん触れてほしいということです。

というのも、どうしても教員は頭の中にいろいろな事案が入った状態で、理論を説明しているものですから、個別の事案をきちんと一から説明しなかったりします。しかし、あらゆる理論の前提には、具体的な事案が存在しています。遠回りだと思われるかもしれませんが、個別の事案から理論に立ち返ることを繰り返すことで、抽象的な理論がはじめて理解できると思います。

逆に、事例を読まずに表面的な理論だけに触れていくと、勉強が空回りしてしまうというか、知識をただためるだけになってしまう。もちろん公法だけに時間が使えないことは承知していますが、ぜひ時間が許す限り、論文を読む際も、そこで参照されているいろいろな（裁）判例の事案を読み、そこで出てくる様々な根拠法律の条文を見て、「自分で考える」癖をつけてもら

えると、学習には効果的かと思います。

鵜澤：「憲法と行政法の交差点」という企画名で、共通するような話題を取り上げてきたわけですが、憲法と行政法の間に限らず、法学の議論はいろいろなところでいろいろなふうにつながっています。日頃教えていて思うのは、憲法は憲法、行政法は行政法、民法は民法で、それだけで完結して勉強が終わっている人をよく見かけます。行政法で勉強したこの話は民法だとこれだよねとか、民訴だとこれだよねとか、そういうところは憲法と行政法の関係に限らずたくさんあるので、ぜひともいろいろな分野を結びつけたり、あるいは比較対照して勉強するのが法学の上達方法だと思います。

この企画で憲法と行政法の関係、このようにつながっているところがあったり、逆に違うところがあったりというので関心を持った読者の方には、他の分野でもこういう勉強の仕方をしていただきたいと思います。

櫻井：鵜澤さんがおっしゃられたように、法的な思考パターンは限られていますので、ある分野で学んだことが他の分野で生きてくることは多々あります。試験がどうしてもそれぞれの分野の範囲内で解答しろということになるので、勉強もそうなってしまうところがあるのかもしれませんが、法学は実際に役に立つ学問ですので試験の先を見据えて広く勉強していただきたいと思います。

憲法はどうしても早い段階で勉強しますが、行政法をはじめ他の法分野を勉強してから、もう1回戻ってこないと、きちんと理解できないところがあります。憲法は基本原則を身につけるためには重要ですが、法解釈の基本を身につけるには適していません。違憲審査においても、重要なのは審査される側の法令をきちんと解釈することだと思いますので、法解釈の仕方をしっかり身につけることが憲法問題を解く際にも重要だと思います。この点でも、上級生になってからもう1度憲法に挑んでいただくことが重要だと思います。

神橋：いま各メンバーからお話がありましたように、法的思考を学ぶことは非常に大事です。これは憲法、行政法に限らず、民法、刑法も勉強して身についていくのだろうと思います。では、なぜこの法的思考が大事なのかということですが、ややもすれば最近、法学部に行くとか、法律を勉強するとなると、それは裁判官、弁護士、検察官という狭い意味での法曹とか、何か

469

Discussion2

特殊な職業にしか関係ないのではないかという意識が結構あると聞きます。私が学生の頃はそういう意識ではなく、法学部に行けばどこかに就職できるという感じでしたが、イメージがかなり変わってきている面があります。ただ、社会を支える上で、この法的思考は非常に大事で、法曹や司法試験に限らず、公務員や民間においても必要になります。

　実は、この座談会の5日ほど前（2024年1月1日）、能登半島で大変大きな地震がありました。私や鵜澤さんは、以前、金沢大学に勤務していたので、土地勘のある所ではあるけれども、これから被災地の復興は、東日本大震災の時と同様、大きな問題になってくると思います。その点で言うと、東日本大震災（2011年）の際に発生した被害に対し、被災者生活再建支援法に基づいてなされた被災者生活再建支援金の支給決定が、当該決定の前提となった罹災証明書の被害判定に誤りがあったことを理由に取り消され、それが訴訟になった事案があります。これは、行政法の重要論点である職権取消しの限界に関するもので、最終的には一旦支給された支援金を不当利得ということで返還しなければならないのかというシビアな問題につながりますが、この点について控訴審と上告審との間で判断が分かれました。詳細は判決等を読んでいただきたいと思いますが、この制度の仕組みなどもからんで賛否両論いずれも成り立つ悩ましい事例で、最高裁判決の判決文からもそのことが窺えます（最判令和3・6・4民集75巻7号2963頁）。

　これは一例ですが、社会にはさまざまな紛争があり、また制度の構築をどのように図っていくかという問題に我々は必ず直面するわけですが、そこでは法的な思考が必要不可欠です。もちろん、最後にはぎりぎりの非常に難しい判断を迫られることもありますが、そういったことも含め、憲法や行政法に限らず、ひろく法的な思考が社会を支えていることを理解していただくとともに、本書が何かのお役に立てればと思います。

　それでは、時間が来たので座談会はこれで終了します。ご愛読ありがとうございました。

（2024年1月6日収録）

470

索 引

ア

アクセス権（マス・メディアに対する）……17
上尾市福祉会館事件……………21, 22, 127, 138
朝日訴訟………………………………363, 393, 464
芦別国賠事件……………………………………365
厚木基地訴訟…………………………150, 331, 334
　第1次――……………………………………332
　第4次――……………………………………333
あん摩マッサージ指圧師…………………51, 146
伊方原発訴訟……………………………………440
違憲・国賠責任肯定型／否定型………………390
違憲状態判決………………………………187, 249
違憲審査基準論……250, 252, 257, 262, 264, 269,
　　　　　　　　　277, 279, 438, 441
違憲判決の効力…………………………………391
泉佐野市ふるさと納税事件……………………460
泉佐野市民会館事件………………10, 22, 27, 413
一貫性・無矛盾性の要請…………………………75
一定の処分（差止訴訟の対象）…………330, 334
一般的自由…………………………………100, 106
一般配電事業………………………………57, 140
違法性同一説……………………………………360
違法な強制からの自由…………………………100
イラク特措法判決…………………………391, 465
岩手靖国訴訟……………………………………362
岩沼市議会事件判決
　　　　　165, 170, 179, 181, 230, 449
運賃規制………………………………………65, 147
営業許可………44, 54, 56, 59, 60, 65, 237, 428
営業の自由…………………………………………49
営造物………………………………………14, 25
　――管理…………………………19, 29, 128
　――警察……………………………………29, 128
　――利用関係…………………………………26
Nシステム…………………………………102, 113
エホバの証人（神戸高専）剣道受講拒否事件
　　　　　80, 156, 160, 242, 257, 414, 440
O-157食中毒事件……………………………113
大阪空港訴訟……………………………………331
大阪市ヘイトスピーチ条例事件………193, 380
公の施設
　……10, 12, 14, 25, 27, 34, 67, 70, 132, 137, 181
屋外集会………………………………………13, 128
屋内集会………………………………………12, 128
尾高・宮沢論争…………………………………407

カ

概念
　実定法上の――………………………………172
　理論上の――…………………………………171
過剰の禁止（比例原則）………………………282
学会誌への掲載拒絶……………………………227
金沢市庁舎前広場事件……22, 34, 38, 130, 132,
　　　　　134, 160, 448, 451, 458, 460, 468
花柳流花柳会事件判決…………………………225
関西MKタクシー事件……………………………48
間接的制約………………………………………124
管理権者としての政府……………………………18
議院内閣制………………………………300, 319
議員の免責特権…………………………………297
議会基本条例……………………………………304
議会
　――の解散……………………………………302
　――の権限……………………………………320
　――の招集（招集）…………………………300
　――への出席…………………………………301
機関委任事務………………………187, 304, 313
議事参与権…………………………165, 182, 191
規制（行政）………………………………………9
規制緩和…………………………………………60
規制規範…………………………………………236
基地等の経営許可………………………………115
基本権侵害の二段階分析………………………268
基本権の根拠規範内在的効力／外在的効力
　………………………………………………122
基本権保護義務（論）……………………6, 151
義務付け・枠付け………………………………304
義務の実効性確保手段…………………………292
客観訴訟…………………………174, 186, 190
給付（行政）………………………………………9
給付における公平性………………………15, 24
行政過程の透明性………………………………258
行政規制の外部化現象……………………………77
行政契約…………………………………………293
行政財産の目的外使用…………………………26, 32
行政裁量…………………………………………256
　――統制………………………………………259
　――の審査方法………………………………237
行政指導指針………………………………………73
強制処分法定主義………………………………103
行政先例法…………………………………………87
行政の自己拘束………………………75, 76, 85, 93
行政の中立性……………………………………134
行政法
　――総論………………………………………154

471

——の基本原理･････････････････････････7, 101
——の法源････････････････････････････････7
京都府学連事件･･･････････････101, 103, 108
許可（制）･････････････43, 45, 46, 54, 116
規律密度･･･････････････････････････424, 427
筋萎縮性側索硬化症（ALS）患者選挙権訴訟
　･･････････････････････････････････････398
均衡性（狭義の比例性）･･････263, 276, 283, 452
グローバルダイニング事件････････････76, 454
軍政（法）･･････････････････････････････326
訓令・通達･･････････････････････････････374
経済的自由･･･････････････････････････････139
警察････････････････････････128, 284, 326
警察許可･･･････････････43, 46, 48, 143
警察権の限界･････････････････････････････287
警察法2条1項････････････････････102, 115
警察予備隊訴訟･･･････162, 170, 173, 188, 201
警職法2条1項･･･････････････････････････112
形成的行為･･･････････････････････････････58
原告適格（取消訴訟など）
　････････････････114, 121, 231, 336, 427
憲法53条違憲訴訟･･････････････････････458
憲法9条･････････････････････････････････350
憲法改革･･･････････････････････････303, 311
憲法規範の二重化･････････････････････････251
憲法原理･･･････････････････････････････････7
憲法裁判の活性化･････････････････････････277
憲法制定権力･････････････････････････････408
憲法適合的解釈･････････････････････412, 415
憲法と行政法の規範構造････････････････････5
憲法の三大原理･･･････････････････････････402
憲法判断回避の準則･･･････････････････････391
憲法判断裁量説･･･････････････････････････392
行為規範･･･････････････････････････････250
公益事業許可･･････････････････････････45, 50
効果裁量････････････75, 79, 233, 241, 288
効果裁量説･････････････････････････237, 435
公企業の国家独占･･･････････････････････････55
公企業の特許･･････16, 43, 54, 56, 60, 66, 140, 143
公共訴訟･･･････････････････････････398, 461
公共用財産･･･････････････････････････････27
皇居外苑使用不許可事件･･･････････････････363
皇居前広場メーデー使用不許可事件
　･････････････････････････････11, 363, 464
合憲・国賠責任否定型･････････････････････390
公権力発動要件欠如説
　････････････････329, 360, 365, 370, 377, 389, 394
抗告訴訟･･･････････････････････････174, 329
公物管理･･････････････････････････19, 130
公物警察････････････････････････19, 130
神戸税関事件判決･････････････････････241, 290
公務員の法解釈･･･････････････････････････373
公用財産･･･････････････････････････････27
小売市場判決････････････51, 142, 255, 275

公立保育所廃止条例事件････････････････････204
国籍法違憲判決･････････････91, 157, 200, 275
国民主権（主義）
　････････････318, 358, 402, 407, 409, 419, 422
個人タクシー事業者の運賃値下げ申請･･･････81
国家法人説･･････････････････････････････410
国旗国歌訴訟･････････････････330, 335, 338
古物商の許可制･･･････････････････････････40
個別事情審査義務･･････････････････････････79
婚姻外懐胎児童･･･････････････････････････455
根拠規範･･･････････････････････････6, 115

サ

在外国民国民審査権（訴訟）
　･･････････200, 202, 205, 208, 249, 366, 379, 383
在外国民選挙権（訴訟）
　････････････200, 201, 206, 366, 398, 402, 408
再婚禁止期間違憲判決･･･････249, 275, 366, 379,
　　383, 389, 390, 393, 395, 398, 399, 465
財産･･････････････････････････････････119
財産権の侵害･････････････････････････････119
在宅投票制度廃止訴訟
　･････････365, 366, 381, 385, 387, 388, 398
裁判官の人事･････････････････････････････166
裁判を受ける権利･････････････218, 228, 230
裁量基準･･･････77, 79, 81, 86, 258, 288, 293, 422
裁量統制
　･･･････247, 250, 257, 258, 259, 280, 414, 434
裁量の概念･･･････････････････････････････233
差止訴訟･･･････････････････････････････331
サテライト大阪訴訟･････････････････114, 428
猿払事件判決･･････19, 20, 124, 162, 279, 293, 452
三段階審査
　･･････････108, 124, 253, 255, 264, 268, 438, 449, 450
三段論法･･･････････････････････････････238
山北村議会事件判決･････････････165, 179, 180
三位一体改革･････････････････････････････314
自衛隊の統制･･･････････････････････････353
資格制･･･････････････････････････････････43
自然的義務･････････････････････････････117
自然の自由････････････････54, 60, 100, 116
自治事務･･･････････････････････････････313
実質的意味の憲法･････････････････6, 303, 311
自動車の一斉検問････････････････102, 112, 116
GPS捜査･････････････････････････････105
司法権････････162, 170, 171, 174, 183, 185, 186, 190,
　　195, 199, 200, 212, 216, 225, 230, 297, 364, 385
司法権の概念････････････････････････････171
司法権の限界････････････････････････････176
社会観念（通念）審査･･･････････････238, 289
集会の自由･･････10, 12, 20, 22, 23, 34, 38, 99, 131
衆議院の解散の有効性･････････････････････177

472

自由権
………5, 22, 106, 110, 121, 149, 249, 275, 424, 425
重大な損害要件………………………330, 335, 337
自由と財産への侵害……101, 110, 117, 118, 422,
424, 452
住民訴訟………186, 187, 190, 193, 296, 362, 380
重要事項留保説→本質性理論を見よ
主観訴訟………174, 183, 186, 190, 203, 396, 450
需給調整規制………………46, 59, 61, 64, 140
授権規範………………………………6, 234
首相靖国参拝判決………………………………465
受忍義務……………………………113, 150, 334
消極目的（規制）………………44, 48, 56, 65
情報収集活動…………………………………113
情報通信サービス……………………………51
乗務距離規制……………………………………65
条例案の提出…………………………………301
職業の自由………………40, 43, 47, 50, 53, 141
職務行為基準説
………360, 364, 367, 371, 375, 382, 388, 396, 400
職務質問………………………………………112
職務命令に従う義務…………………………374
所持品検査……………………………………113
所掌事務規定…………………………………115
処分違憲………………………………………256
処分基準
………24, 73, 78, 85, 281, 288, 290, 293, 422
処分の蓋然性（要件）………………337, 338, 340
自力救済の禁止………………………………230
侵害概念………………………………………124
侵害留保（説・理論）………8, 101, 112, 118, 120,
123, 149, 328, 425
人格権………………121, 151, 336, 461
信義誠実の原則（信義則）………………69, 75, 77
審査基準（行政手続）………73, 81, 85, 140, 141
紳士協定………………………………………298
信頼保護………69, 75, 76, 86, 87, 91, 94, 411
森林法違憲判決………………………216, 276
制限規範………………………5, 149, 234, 251, 434
政治的行為（人事院規則）
………………………………33, 114, 133, 162, 292
性同一性障害者特例法違憲決定
………………………………196, 249, 463
正当な理由（地方自治法244条2項）………30
制度改革訴訟…………………………………398
制度的契約論…………………………………15
制服を着た市民………………………………344
政府のアカウンタビリティ…………………419
積極目的（規制）
………14, 44, 48, 50, 56, 65, 142, 146, 254
選挙訴訟………………………173, 186, 191
専決処分………………………………………323
全部留保理論…………………………………423
即時強制………………………………………291

組織規範………………………6, 102, 115, 251
損害の直接性・現実性………………………386
尊属殺重罰規定違憲判決……………………275

タ

宝塚市パチンコ条例事件………………174, 192
タクシー事業………………………………46, 61
タクシーの運賃規制………………………65, 147
他事考慮………………………………………79
タトゥー施術事件……………………………414
治安出動命令…………………………………328
地方議会………………………176, 222, 295
地方議会議員の懲罰…………………………180
地方議会の立法能力…………………………306
地方自治の本旨………………296, 310, 318
地方選挙制度…………………………………316
地方分権一括法………………………304, 312
地方分権改革…………………………304, 311
　　第一次——………………………187, 313
　　第二次——………………………………314
抽象的違憲審査
………162, 188, 190, 194, 199, 201, 381, 384
抽象的規範統制………………192, 199, 215, 216
中立性（行政の）………………36, 133, 134, 137
懲戒処分
………19, 241, 280, 281, 289, 292, 337, 338, 369
懲戒処分の基準………………………………74
直接的な制約…………………………………124
敵意ある聴衆の法理…………………………30
適合性（比例原則）………………144, 263, 283
鉄道規制………………………………………66
寺西判事補事件………………………186, 196
伝統的行政裁量論……………………………237
ドイツ連邦憲法裁判所………………………272
統轄………………………………………………320
当事者訴訟……200, 204, 206, 208, 329, 460, 461
同性婚訴訟………………………387, 390, 464
統治権者としての政府………………………18
特別権力関係（論）………18, 26, 130, 223
特免婚姻問題…………………………………167
特許（制）………43, 45, 54, 56, 60, 66, 115, 116,
119, 139, 143, 146, 237
届出制………………………………43, 62, 64
苫米地事件………………………177, 186, 188, 199
富山大学事件判決
………26, 179, 180, 181, 219, 221, 222, 224, 228
取消訴訟中心主義……………………………330

ナ

内閣および防衛大臣による統制……………357
内閣総理大臣による（自衛隊の）統制……355

473

内閣総理大臣の異議……………………175
奈良民商事件…………………………366
新潟空港訴訟…………………332, 428
二元代表制……………………300, 318
西陣ネクタイ判決……………………389
日本原演習場訴訟……………………332
任務規定………………………………115
納骨堂設置許可（事件）………429, 462
乗合バス事業……………………………65

ハ

（共産党）袴田事件判決………………221
パチンコ球遊器判決……………………88
パトカー追跡国賠事件…………291, 454
パブリック・フォーラム（論）
………10, 13, 17, 34, 127, 132, 133
　指定的──……………………………11
判決効…………………………………208
判断過程審査………237, 242, 247, 438, 439, 445
判断代置型審査………………30, 240, 290
ハンムラビ法典………………………266
非訟事件………………………………195
必要性（比例原則）……………263, 283, 452
百条委員会……………………………296
評価規範………………………………250
表現の自由………9, 17, 21, 22, 119, 121, 126, 149,
　　　　　　　334, 414, 420, 467
平等規制…………………………………68
平等（原則）……………70, 74, 76, 78, 79, 86, 94
　法適用の──…………………………71
　法内容の──…………………………71
比例原則………73, 74, 263, 265, 274, 277, 280, 447
　──の根拠…………………………288
　──の問題点…………………………278
　狭義の──…………………………283
比例性…………………………………283
広島県教組教研集会事件……………22, 32
夫婦同氏判決……………………383, 390
付随的制約……………………………124
府中市議会議員政治倫理条例事件……449
船橋市立図書館蔵書廃棄事件………467
部分社会論………165, 179, 180, 219, 222, 224, 231
　真正の──…………………………220
　不真正の──………………………221
プラットフォーム事業者………………18, 52
文官優位のシステム…………………357
分権改革………………………………304
分担管理原則…………………………355
文民条項………………………………345
文民統制……………………………328, 342
ヘイトスピーチ（規制）………31, 67, 136
平和主義………………………………405

辺野古訴訟……………………………459
編集の自由………………………………17
防衛出動命令…………………………328
防衛出動命令服従義務不存在確認訴訟……336
防衛法…………………………………325
法規裁量………………………………286
法執行の平等……………………………75
法治国家原理……………107, 411, 418, 423
法治国家原理担保機能……………360, 364
法定受託事務…………………………313
法的安定性……………………………420
法の一般原則………………………68, 282
法律案の提出…………………………301
法律上の係争……………………178, 224
法律上の争訟………174, 178, 185, 191
法律上保護された利益説……………427
法律による行政の原理………7, 110, 417
法律の法規創造力の原則………7, 110
法律の文言の明確性…………………420
法律の優位の原則………………7, 110
法律の留保………………………………95
　──学説……………………………422
　──の原則…………………7, 110
　明治憲法と──………………………97
法律判断先行説………………………392
法令遵守義務…………………………374
法令の公布……………………………412
傍論………………………………391, 399
本質性理論（重要事項留保説）
………………104, 113, 123, 423, 425

マ

マグナ・カルタ………………………266
マクリーン事件判決……237, 242, 248, 438
マッカーサー三原則…………………403
宮本から君へ事件……10, 414, 435, 440, 458, 467
民衆訴訟………………………………186
民主政原理……………………318, 410
免許制…………………………………46
目的志向性……………………………124
目的と手段の関連性…………49, 267, 274, 279
目的二分論……………………………146
目的の正当性………263, 269, 272, 283, 292, 452

ヤ

薬事法違憲判決
……16, 49, 129, 142, 148, 244, 254, 260, 276, 451
郵便法違憲判決………………………276
要件裁量説……………………………237
要件事実論……………………………239
よど号ハイジャック新聞記事抹消事件

474

…………………………………………249, 375
402 号通達……………………………………376

ラ

立法国賠訴訟…………………………379, 384, 388
立法裁量……50, 90, 207, 234, 237, 243, 246, 248,
　　　　　　252, 261, 276, 434, 436, 437, 441
立法者の合理的意思…………………………92
立法の首尾一貫性………………………89, 91, 93
理由の提示…………………31, 258, 289, 290, 444
路線バス事業……………………………………63

〈著者紹介〉

神橋一彦（かんばし・かずひこ）

1964 年生まれ　東北大学大学院法学研究科博士課程修了

立教大学法学部教授

主な業績として、『行政判例と法理論』（信山社、2020 年）、『行政救済法〔第 3 版〕』（信山社、2023 年）、「公共施設をめぐる『管理』と『警察』──集会の自由との関係を中心に」行政法研究 36 号（2020 年）1 頁、「憲法上の法律関係と確認訴訟──在外国民審査権訴訟などを契機として」立教法学 111 号（2024 年）123 頁など。

鵜澤　剛（うざわ・たけし）

1978 年生まれ　立教大学大学院法学研究科比較法専攻博士課程後期課程退学

日本大学法学部教授

主な業績として、「行政裁量と考慮事項──行政訴訟における要件事実・序説」金沢法学 64 巻 2 号（2022 年）21 頁、「行政権の濫用と行政行為論」行政法研究 39 号（2021 年）55 頁、「自由権の制約と訴えの利益」立教法学 99 号（2018 年）214 頁など。

櫻井智章（さくらい・ともあき）

1977 年生まれ　京都大学大学院法学研究科博士課程修了

甲南大学法学部教授

主な業績として、『判例で読む憲法〔第 3 版〕』（北樹出版、2024 年）、大林啓吾＝柴田憲司編『憲法判例のエニグマ』（共著、成文堂、2018 年）、曽我部真裕＝見平典編『古典で読む憲法』（共著、有斐閣、2016 年）など。

栗島智明（くりしま・ともあき）

1989 年生まれ　慶應義塾大学大学院法学研究科後期博士課程修了

埼玉大学大学院人文社会科学研究科准教授

主な業績として、「憲法の解釈とその変動──憲法（学）は『活きた現実』といかに向き合うか？」論究ジュリスト 38 号（2022 年）70 頁以下、「現代日本型立憲主義論に関する一考察──近時の日本における立憲主義論の興隆とその原因」山元一編『講座立憲主義と憲法学(1)　憲法の基礎理論』（信山社、2022 年）59 頁以下など。

憲法と行政法の交差点
_{けんぽう} _{ぎょうせいほう} _{こうさてん}

──

2025年2月28日　第1版第1刷発行

著　者──神橋一彦・鵜澤　剛・櫻井智章・栗島智明

発行所──株式会社　日本評論社

〒170-8474　東京都豊島区南大塚3-12-4

電話　03-3987-8621（販売）　03-3987-8592（編集）

FAX　03-3987-8590（販売）　03-3987-8596（編集）

https://www.nippyo.co.jp/　振替　00100-3-16

印　刷──平文社

製　本──井上製本所

装　丁──新井大輔（装幀新井）

ⓒ　2025　K.Kanbashi, T.Uzawa, T.Sakurai, T.Kurishima　　　検印省略

ISBN978-4-535-52809-3　　　Printed in Japan

JCOPY〈（社）出版者著作権管理機構　委託出版物〉
本書の無断複写は著作権法上での例外を除き禁じられています。複写される場合は、そのつど事前
に、（社）出版者著作権管理機構（電話03-5244-5088、FAX03-5244-5089、e-mail: info@jcopy.or.jp）
の許諾を得てください。また、本書を代行業者等の第三者に依頼してスキャニング等の行為により
デジタル化することは、個人の家庭内の利用であっても、一切認められておりません。